中华经典名著
全本全注全译丛书

陈曦　周旻　等◎注
陈曦　王珏　王晓东　周旻◎译
韩兆琦◎审阅

史　记 七

世家 列传

中華書局

陈涉世家第十八

【释名】

《陈涉世家》是司马迁为陈涉所领导的整支农民反秦起义军所立的传记。它系统、全面地描写了这支起义军由发动起义、蓬勃发展、战绩辉煌到最后失败的全过程,是我国第一场伟大农民战争的忠实记录。诸如起义的原因,发动的过程,反秦的声势,以及早期农民战争的种种弱点和它失败的历史教训,无不包涵其中。它歌颂了陈涉的果敢精神和农民起义军的强大威力,高度评价和热情歌颂了陈涉在灭秦过程中的历史作用。

本篇可以分为三部分。第一部分交代陈涉起义的背景和其发动起义的过程。第二部分写在陈涉起义的带动下,各地义军纷纷而起,陈涉派出的将领也相继独立称王,这些义军与秦王朝决死斗争,陈涉虽死,但他点燃的反秦烈火已成燎原之势。第三部分补叙了陈涉为王后所犯的错误。篇末论赞引用贾谊的《过秦论》议论了秦朝灭亡的原因。

陈胜者,阳城人也①,字涉。吴广者,阳夏人也②,字叔。陈涉少时,尝与人佣耕,辍耕之垄上,怅恨久之,曰:“苟富贵,无相忘。”庸者笑而应曰③:“若为庸耕,何富贵也?”陈涉太息曰:“嗟乎,燕雀安知鸿鹄之志哉④!”

【注释】

①阳城：秦县名，治所在今河南方城东。

②阳夏：秦县名，治所在今河南太康。

③庸者：被雇用的人。庸，后多作“佣”，受雇。

④鸿鹄（hú）：天鹅。

【译文】

陈胜，阳城人，字涉。吴广，阳夏人，字叔。陈涉年轻时，曾经与人一起被雇佣耕地，陈涉耕作中间到田埂上休息时，怅恨不平了很久，说：“如果将来谁富贵了，不要忘记彼此呀。”同伴们都笑话他：“你受雇佣给人家耕地，怎么可能富贵呢？”陈涉长叹一声：“唉！燕雀哪能知道鸿鹄的凌云志向啊！”

二世元年七月[1]，发闾左適戍渔阳九百人[2]，屯大泽乡[3]。陈胜、吴广皆次当行，为屯长[4]。会天大雨，道不通，度已失期。失期，法皆斩。陈胜、吴广乃谋曰：“今亡亦死[5]，举大计亦死[6]，等死，死国可乎[7]？”陈胜曰：“天下苦秦久矣。吾闻二世少子也[8]，不当立，当立者乃公子扶苏[9]。扶苏以数谏故，上使外将兵[10]。今或闻无罪，二世杀之[11]。百姓多闻其贤，未知其死也。项燕为楚将[12]，数有功，爱士卒，楚人怜之。或以为死，或以为亡。今诚以吾众诈自称公子扶苏、项燕，为天下唱[13]，宜多应者。”吴广以为然。

【注释】

①二世元年：前209年。

②发闾左適戍渔阳：征发住在里巷左侧的居民到渔阳服役。《汉书·食货志》注引应劭曰：“秦时以谪发之，名谪戍。先发吏有过

及赘婿贾人，后以尝有市籍者发，又后以大父母、父母尝有市籍者。適戍曹辈尽，复入闾，取其左发之，未及取右而秦亡。”颜师古曰：“居里门之左者，一切发之。”適戍，发配戍守边防。適，同“谪”。渔阳，秦县名，治所在今北京密云西南。

③屯：驻扎，停驻。大泽乡：在今安徽宿州，当时属蕲县管辖。这里在古代是一片沼泽地，故称“大泽乡”。

④屯长：下级军吏。汉代亦有屯长，《后汉书·百官志》云：“大将军营五部，部校尉一人，比二千石……部下有曲，曲有军候一人，比六百石；曲下有屯，屯长一人，比二百石。”可参考。

⑤亡：逃亡，潜逃。

⑥举大计：此指造反。

⑦死国：《索隐》：“谓欲经营图国，假使不成而败，犹愈为戍卒而死也。”

⑧二世少子也：《索隐》引姚氏按：“隐士遗章邯书云‘李斯为二世废十七兄而立今王’，则二世是始皇第十八子也。”

⑨公子扶苏：秦始皇的长子。始皇死后，二世胡亥与宦官赵高、丞相李斯矫诏命其自尽。

⑩扶苏以数谏故，上使外将兵：秦始皇坑杀儒生，扶苏力谏。秦始皇怒，使出监蒙恬军于上郡。

⑪二世杀之：按，扶苏之死，详见《秦始皇本纪》《李斯列传》。

⑫项燕：项羽祖父，项梁之父。战国末期楚国名将，被秦将王翦所杀。详见《楚世家》《秦始皇本纪》《白起王翦列传》。

⑬唱：《索隐》：“汉书作‘倡’，倡谓先也。《说文》云：‘倡，首也。’”按，扶苏、项燕分属敌对的两个阵营，不可能同时并举，只能选取其一。

【译文】

秦二世元年七月，遣送住在里巷左边的壮丁到渔阳去守边，同行的有九百人，中途停驻在大泽乡。陈胜、吴广都轮到去服役，还充当屯长。正值下大雨，道路不通，他们估计着不能按时赶到渔阳了。误期，按照秦法，都要被斩首。陈胜、吴广就商量说："现在我们逃跑被抓回来也是死，如果造反失败也就是个死，一样是死，可以为自己打天下而死吗？"陈胜说："老百姓很久以来就苦于秦朝暴政。我听说秦二世是秦帝的小儿子，不该当皇帝，应该当皇帝的是公子扶苏。扶苏因为多次进谏，秦帝派他到外面去带兵守边。我听说他没有罪过，二世杀害了他。老百姓们大都只听说扶苏贤明，还不知道他已经死了。项燕是楚国的名将，立过很多战功，并且关心士卒，楚国人都很爱戴他。有人认为他死了，有人认为他只是逃亡躲起来了。现在假如我们这支队伍冒充是公子扶苏和项燕的队伍，带头造反，应该会有很多响应我们的人。"吴广觉得有理。

乃行卜。卜者知其指意①，曰："足下事皆成，有功。然足下卜之鬼乎②！"陈胜、吴广喜，念鬼③，曰："此教我先威众耳。"乃丹书帛曰"陈胜王"，置人所罾鱼腹中④。卒买鱼烹食，得鱼腹中书，固以怪之矣。又间令吴广之次所旁丛祠中⑤，夜篝火，狐鸣呼曰"大楚兴，陈胜王"⑥。卒皆夜惊恐。旦日⑦，卒中往往语，皆指目陈胜⑧。

【注释】

①指意：心思，意图。

②然足下卜之鬼乎：《集解》引苏林曰："狐鸣祠中则是也。"引瓒曰："假托鬼神以威众也，故胜、广曰'此教我威众也'。"茅坤曰："草乱之初，须如此才能倾动人耳。"史珥曰："此必隐君子中之有侠气者，圯上、居巢、袁生、董公，大率是一流人物。"

③念鬼:《索隐》:“念者,思也。谓思念欲假鬼神事耳。”

④罾(zēng):渔网。这里作动词用,捕捞。

⑤间:私下,暗中。次所:驻扎的地方。丛祠:一说指遮蔽在草树中的野庙。颜师古曰:“丛,谓草木岑蔚者也;祠,神祠也。”一说即指社树。王先谦引沈钦韩曰:“古者二十五家为闾,闾各立社,即择其木之茂者为位,故名树为‘社’,又为‘丛’也。”

⑥夜篝火,狐鸣呼曰“大楚兴,陈胜王”:姚苎田曰:“鱼腹狐鸣之事看似儿戏……正以举事之初恐众心疑惧,聊藉此以镇定之。虽以胜、广之草泽经纬,亦未尝真恃此也。而后世处丰豫之朝,为方士所惑……是其识力乃出胜、广之下矣。”篝火,《集解》引徐广曰:“篝者,笼也。”即点灯笼。凌稚隆引姚范曰:“篝,疑同‘煹’,即举火丛祠,岂必笼耶?”《汉书·陈胜传》作“构火”。颜师古曰:“构,谓结起也。”

⑦旦日:太阳初出时,天亮之后。

⑧指目:颜师古曰:“指而私目视之。”

【译文】

陈涉和吴广又找人占卜。占卜者猜出了他们的打算,就说:“你们的事情都能办成,会大有成效。但你们为什么不再去找鬼神占卜一下呢?”陈胜、吴广心里高兴,心里琢磨着“找鬼神占卜”是什么意思,然后醒悟道:“这是教我们借助鬼神来提高威信。”于是在一条白绸上写了“陈胜王”三个红字,偷偷塞进捕鱼人捕到的一条鱼的肚子里。戍卒们买鱼做来吃,发现了鱼肚子里的字条,本来已经觉得很奇怪了。陈胜又让吴广偷偷地到营地旁边林中的野庙里,夜里点起火,模仿狐狸叫声呼叫“大楚兴,陈胜王”。戍卒们夜里都被吓坏了。第二天早晨,戍卒们交头接耳地议论,都指指点点地瞟着陈胜。

吴广素爱人,士卒多为用者。将尉醉[①],广故数言欲亡，忿恚尉[2]，令辱之，以激怒其众。尉果笞广。尉剑挺[3]，广起，夺而杀尉。陈胜佐之，并杀两尉。召令徒属曰："公等遇雨，皆已失期，失期当斩。藉弟令毋斩[4]，而戍死者固十六七。且壮士不死即已，死即举大名耳[5]，王侯将相宁有种乎！"徒属皆曰："敬受命。"乃诈称公子扶苏、项燕，从民欲也。袒右，称大楚。为坛而盟，祭以尉首。陈胜自立为将军，吴广为都尉[6]。攻大泽乡，收而攻蕲[7]。蕲下，乃令符离人葛婴将兵徇蕲以东[8]。攻铚、酂、苦、柘、谯[9]，皆下之。行收兵。比至陈[10]，车六七百乘，骑千余，卒数万人。攻陈，陈守令皆不在[11]，独守丞与战谯门中[12]。弗胜，守丞死，乃入据陈。数日，号令召三老、豪杰与皆来会计事[13]。三老、豪杰皆曰："将军身被坚执锐，伐无道，诛暴秦，复立楚国之社稷，功宜为王。"陈涉乃立为王，号为张楚[14]。

【注释】

①将尉：统领戍卒的县尉。将，统领，带领。《索隐》引《汉旧仪》："大县二人，其尉将屯九百人。"颜师古曰："其官本'尉'耳，时领戍人，故为'将尉'。"

②忿恚（huì）：激怒。

③挺：《集解》引徐广曰："挺，脱也。"一说"挺"即"拔"。

④藉弟：即便，即使。藉，假使，假令。弟，尽管。此处"藉""弟"二字叠用。

⑤且壮士不死即已，死即举大名耳：凌稚隆引洪迈曰："前段连用四'死'字，此段连用三'死'字，不嫌冗繁。"即，则。大名，王先谦曰："大名，即谓'侯''王'之属。《项籍传》众欲立陈婴为王，婴

母言‘暴得大名不祥’,是其证也。”

⑥都尉:官名。战国时始置,秦汉沿置。为高级将领之下的中级武官,地位略低于校尉。

⑦蕲(jī):秦县名,治所在今安徽宿州南。

⑧符离:秦县名,治所在今安徽宿州东北。徇:攻取。

⑨铚(zhì):秦县名,治所在今安徽宿州西南。酂(cuó):秦县名,治所在今河南永城西。苦(hù):古地名,在今河南鹿邑。柘(zhè):秦县名,治所在今河南柘城西北。谯(qiáo):秦县名,治所在今安徽亳州谯城区。

⑩比:及,至。陈:秦县名,治所在今河南淮阳,同时为陈郡的郡治所在地。

⑪陈守令:陈郡的郡守和陈县县令。

⑫守丞:郡守的助理官,秩六百石。谯门:颜师古曰:“谓门上为高楼以望者。”即上有望楼的城门。

⑬三老:古代掌教化的乡官。豪杰:才智出众之人,也指在当地有名望、有势力的人物。

⑭陈涉乃立为王,号为张楚:陈涉在秦二世元年(前209)七月称王。张楚,国号。《索隐》引李奇曰:“欲张大楚国,故称‘张楚’也。”王先谦曰:“张楚,即大楚也。《广雅·释诂》:‘张,大也。’”

【译文】

吴广向来爱护士卒,因此戍卒们都愿意为他效力。一天,押送戍卒的两个将尉喝醉了,吴广就故意当着他们的面一再扬言将要逃跑,以激怒将尉,让他们责辱自己,以便激起戍卒们的义愤。将尉果然鞭打吴广。将尉腰间的佩剑甩脱出来,吴广一跃而起,抓过宝剑杀死了那个将尉。陈胜在一旁帮忙,把另一个将尉也杀了。他们随即把戍卒们召集起来说:“各位遇上大雨,已经不能按期赶到渔阳了,而误期依法是要杀头的。即使不被杀头,十个人里面有六七个也会守边而死。大丈夫不死则已，如果要死那就要让自己称王称侯，那些当王侯当将相的难道都是天生的贵种吗！”戍卒们都附和说：“愿意听从您的指挥。”于是他们就冒充公子扶苏、项燕，来顺从百姓的心愿。他们露出右臂，自己号称大楚，又筑坛结盟誓师，用那两个将尉的头来祭祀。陈胜自己做将军，吴广做都尉。他们先攻下了大泽乡，紧接着又带领大泽乡的人去进攻蕲县。蕲县攻下之后，就派符离人葛婴带兵去夺取蕲县以东的地方。陈胜自己和吴广则率军攻打铚、酂、苦、柘、谯，都攻了下来。他们一路上收编军队，等到了陈县时，已经有了兵车六七百辆，骑兵一千多人，步兵好几万人。于是他们进攻陈县，当时郡守和县令都不在城中，只有郡丞在城门下应战。义军一时不能战胜，不久郡丞被人杀死，这才占据了陈县。过了几天，陈胜下令召集三老、豪杰都来集会议事。三老、豪杰们都说：“将军您身披铠甲，手执利刃，为民众讨伐无道的秦帝，进攻残暴的秦朝，重新建立了楚国的政权，论功应当称王。”于是陈胜就自立为王，国号张楚。

当此时，诸郡县苦秦吏者，皆刑其长吏，杀之以应陈涉①。乃以吴叔为假王②，监诸将以西击荥阳。令陈人武臣、张耳、陈馀徇赵地③，令汝阴人邓宗徇九江郡④。当此时，楚兵数千人为聚者，不可胜数。

【注释】

①“当此时”几句：郭嵩焘曰：“此及下文‘当此时，楚兵数千人为聚者，不可胜数’，‘当此之时，诸将之徇地者不可胜数’，连用‘当此时’三字，见一时仓卒乘乱而起，抢攘衡决，情事历历如见。”

②假王：暂署的、非正式受命的王。

③赵地：战国时赵国属地，大概在今河北南部一带地区。

④汝阴：秦县名，治所在今安徽阜阳。九江郡：秦郡名，治所在寿春

（今安徽寿县）。

【译文】

这时，各郡县痛恨秦朝官吏的百姓们，都纷纷杀掉他们的长官响应陈涉。于是陈涉就派吴广代行王事，率领诸位将领西攻荥阳。派陈郡人武臣、张耳、陈馀等人到赵地一带掠取地盘，派汝阴人邓宗到九江郡掠取地盘。当时楚地几千人一伙的起义军多得不可胜数。

葛婴至东城①，立襄彊为楚王②。婴后闻陈王已立，因杀襄彊还报。至陈，陈王诛杀葛婴。陈王令魏人周市北徇魏地③。吴广围荥阳。李由为三川守④，守荥阳，吴叔弗能下。陈王征国之豪杰与计，以上蔡人房君蔡赐为上柱国⑤。

【注释】

①东城：秦县名，治所在今安徽定远东南。

②襄彊：其人不详，可能是六国时楚国的后代。

③周市：六国时魏国贵族的后代，起兵后一直效忠于魏国旧主。魏地：颜师古曰："即梁地，非河东之魏也。"在今河南开封一带。

④李由：秦丞相李斯的儿子。三川守：三川郡的郡守。三川郡，战国时韩宣王置。因境内有伊河、洛河、黄河三河，故名。治洛阳（今河南洛阳）。

⑤上蔡：秦县名，治所在今河南上蔡西南。房君：封号名。《索隐》曰："房，邑也。爵之于房，号曰'房君'。"上柱国：官名。战国楚制，凡立覆军斩将之功者，官封上柱国，位极尊崇。

【译文】

葛婴到达东城后，拥立襄彊做了楚王。后来他听说陈涉自己称了王，于是杀了襄彊，回去汇报。葛婴到陈后，陈王把他杀死。陈王又派魏人周市北上魏地开辟地盘。吴广这时已经率军包围了荥阳。三川郡的郡守是李由,他守卫荥阳,吴广没能攻下。陈王召集国内的豪杰们一起商议对策,任用上蔡人房君蔡赐做上柱国。

周文,陈之贤人也,尝为项燕军视日①,事春申君②,自言习兵,陈王与之将军印,西击秦。行收兵至关③,车千乘,卒数十万,至戏,军焉④。秦令少府章邯免郦山徒、人奴产子生⑤,悉发以击楚大军,尽败之。周文败,走出关,止次曹阳二三月⑥。章邯追败之,复走次渑池十余日⑦。章邯击,大破之。周文自刭,军遂不战⑧。

【注释】

①视日:《集解》引如淳曰:"视日时吉凶举动之占也。司马季主为日者。"

②春申君:名黄歇,战国末期的楚国大贵族,以善养士闻名。博文善辩。与孟尝君、平原君、信陵君齐名,并称战国四公子。事迹详见《春申君列传》。

③关:指函谷关。在今河南灵宝东北。

④至戏,军焉:据《秦楚之际月表》,周文西征至戏在秦二世元年九月。凌稚隆引许应元曰:"周文'行收兵',即得十万,遂先至关,可谓能矣。而卒败散者,悬军深入,后不继也。"戏,戏亭,在今陕西临潼东北戏水西岸。因戏水流经其下,故名。

⑤少府:官名。始置于战国。秦汉沿置,为九卿之一,掌管山海池泽收入和皇室手工业制造,为皇帝的私府长官。秩中二千石。章邯:秦将。字少荣。灭韩、赵有功。后降项羽,封雍王。详见《项羽本纪》。免:释放。骊山徒:在骊山修建秦始皇陵墓的徒役犯。

骊山，在今陕西临潼东南。人奴产子生：按，“人”“生”二字衍。奴产子，《集解》引服虔曰：“家人之产奴也。”《索隐》：“按：《汉书》无‘生’字，小颜云‘犹今言家产奴也’。”

⑥次：谓军队驻扎。曹阳：亭名，在今河南灵宝东。二三月：梁玉绳引《史诠》曰：“‘月’当作‘日’。”

⑦渑池：秦县名，治所在今河南渑池西。

⑧周文自刭，军遂不战：据《秦楚之际月表》，周文自杀于秦二世二年十一月。自刭，即自刎。

【译文】

周文是陈郡的贤人，曾经在项燕军中占候时日吉凶，又事奉过春申君，自荐熟知用兵之道，于是陈王就任命他为将军，率军向西进攻秦国。周文一路上招收兵马，到达函谷关时，已有兵车千乘，步兵几十万。他们一直打到戏亭，驻扎下来。秦王朝派少府章邯赦免在骊山的苦役犯以及秦人家奴所生的孩子，把他们全部编成一支军队迎击张楚大军，大败张楚军。周文失败后，东逃出关，到曹阳休整了两三个月。章邯追过来又打败了他，周文继续东退，至渑池驻军十多天。章邯再次追击，打得张楚军落花流水。周文自刎，张楚军溃散。

武臣到邯郸，自立为赵王①，陈馀为大将军，张耳、召骚为左右丞相。陈王怒，捕系武臣等家室，欲诛之。柱国曰②：“秦未亡而诛赵王将相家属，此生一秦也。不如因而立之③。”陈王乃遣使者贺赵，而徙系武臣等家属宫中④，而封耳子张敖为成都君，趣赵兵亟入关。赵王将相相与谋曰：“王王赵，非楚意也⑤。楚已诛秦，必加兵于赵。计莫如毋西兵，使使北徇燕地以自广也⑥。赵南据大河⑦，北有燕、代⑧，楚虽胜秦，不敢制赵。若楚不胜秦，必重赵。赵乘秦之弊，可以得志于天下[9]。”赵王以为然，因不西兵，而遣故上谷卒史韩广将兵北徇燕地[10]。

【注释】

①武臣到邯郸，自立为赵王：武臣于秦二世元年八月为赵王。详见《张耳陈馀列传》。邯郸，古都邑名，旧址即今河北邯郸西南之赵王城。

②柱国：此指房君蔡赐。

③此生一秦也。不如因而立之：史珥曰：“即子房蹑足封信之智。”此生一秦也，意思是又产生了一个敌人。

④系：囚禁，关押。

⑤楚：指陈胜。

⑥燕地：约在今河北北部及辽宁部分地区。

⑦大河：即黄河。当时的黄河流经今河南温县、滑县、濮阳，是赵国南部可以倚赖的天然屏障。

⑧代：古国名。入秦后置郡。治所在今河北蔚县东北的代王城。

⑨“若楚不胜秦”几句：史珥曰：“即蒯通两利俱存之智。”凌稚隆引茅坤曰：“此一段情事，有战国权谋之余习。”李笠曰：“按《汉书》，‘若’下无‘楚’字；‘乘’下有‘楚’字，是也。”

⑩而遣故上谷卒史韩广将兵北徇燕地：这是补充叙述周文失败前的事情。上谷，秦郡名，郡治沮阳（今河北怀来东南）。旧属燕国。卒史，官名。亦作“卒吏”。秦始置，西汉因之，西汉中叶后，渐由曹掾所代替。为中央诸官府和地方郡守的主要属吏。

【译文】

武臣到达邯郸后，自立为赵王，任命陈馀为大将军，张耳、召骚为左右丞相。陈王大怒，逮捕了武臣等人的家人，想要全部杀掉。这时上柱国蔡赐劝说道：“秦还没灭亡您就诛杀武臣等人的家人，这就如同又树立了一个和您作对的秦王朝。不如顺水推舟地正式封他为王。”陈王便派使者去向赵王表示祝贺，而把赵王武臣等人的家人扣留在陈王宫里，封张耳的儿子张敖为成都君，催着赵王赶紧率军西进函谷关。赵王的将相们一起商议说：“您在赵地称王，不是陈王的意思。陈王灭了秦朝之后，肯定会派兵来打我们。为我们赵国考虑，不如不率军西进，而是派人向北开辟燕国之地来扩大我们自己的地盘。如果我们南面有黄河作屏障，北面有燕、代的广大地区，那么陈王就是战胜了秦王朝，也节制不了我们。如果陈王不能战胜秦王朝，那他就一定更得依赖我们。到那时，我们赵国趁着秦的衰弱，就可以号令天下。”赵王觉得有道理，于是就不向西出兵，而是派原来上谷郡的卒史韩广带兵向北夺取燕地。

燕故贵人豪杰谓韩广曰：“楚已立王，赵又已立王。燕虽小，亦万乘之国也，愿将军立为燕王。”韩广曰：“广母在赵，不可。”燕人曰：“赵方西忧秦，南忧楚，其力不能禁我。且以楚之强，不敢害赵王将相之家，赵独安敢害将军之家！”韩广以为然，乃自立为燕王①。居数月，赵奉燕王母及家属归之燕。

【注释】

①乃自立为燕王：韩广于秦二世元年九月自立为燕王。

【译文】

韩广到达燕地后，燕国的旧贵族和豪杰们对韩广说：“楚国已经立了王，赵国又立了王。燕国虽小，也曾经是一个拥有万辆兵车的国家，希望将军自立为燕王。”韩广说：“我的母亲还在赵国，不行。”燕国人说：“赵国眼下既怕西面的秦，又怕南面的楚，他们的力量不足以阻止我们自立。况且凭借楚国的强大，还不敢杀害赵王将相的家小，赵国就敢杀害将军的家小吗!”韩广认为有道理,于是就自立为燕王。过了几个月,赵王派人把燕王的母亲和其他家眷护送到了燕国。

当此之时,诸将之徇地者,不可胜数。周市北徇地至狄[①],狄人田儋杀狄令,自立为齐王,以齐反击周市[②]。市军散,还至魏地,欲立魏后故甯陵君咎为魏王[③]。时咎在陈王所,不得之魏。魏地已定,欲相与立周市为魏王,周市不肯。使者五反,陈王乃立甯陵君咎为魏王,遣之国[④]。周市卒为相。

【注释】

①狄:秦县名,治所在今山东高青东南。

②狄人田儋杀狄令,自立为齐王,以齐反击周市:发生在秦二世元年九月。田儋,战国时齐国王室后裔。事迹详见《田儋列传》。

③故甯陵君咎:即魏咎,战国末期魏国王族,曾被封为甯陵君。秦灭魏,废为平民。陈胜起兵后,往从之,被立为魏王。陈胜兵败,被秦将章邯包围,自杀。详见《魏豹彭越列传》。

④乃立甯陵君咎为魏王,遣之国:按,魏人拥立魏咎为魏王在秦二世元年九月,陈胜遣之国在秦二世二年十二月(当时以十月为岁首)。之国,前往封地。

【译文】

这时候,到处掠取地盘的将领不计其数。周市率军北进到达狄县后,狄人田儋杀了狄县县令,自立为齐王,率齐军反抗周市。周市的军队溃散,退回到了魏地,周市想拥立魏国的后裔原甯陵君魏咎做魏王。当时魏咎在陈王那里,来不了魏地。魏地平定后,大家想拥立周市为魏王,周市不同意。使者往返了五次,陈王才同意立甯陵君魏咎为魏王,放他到魏地去。周市后来做了魏王的丞相。

将军田臧等相与谋曰①："周章军已破矣②，秦兵旦暮至，我围荥阳城弗能下，秦军至，必大败。不如少遗兵，足以守荥阳③，悉精兵迎秦军。今假王骄，不知兵权④，不可与计，非诛之，事恐败。"因相与矫王令以诛吴叔⑤，献其首于陈王。陈王使使赐田臧楚令尹印，使为上将⑥。田臧乃使诸将李归等守荥阳城，自以精兵西迎秦军于敖仓⑦。与战，田臧死，军破。章邯进兵击李归等荥阳下，破之，李归等死。阳城人邓说将兵居郯⑧，章邯别将击破之，邓说军散走陈。铚人伍徐将兵居许⑨，章邯击破之，伍徐军皆散走陈。陈王诛邓说。

【注释】

①田臧：秦末农民军将领，吴广部将。

②周章：服虔曰："周章乃周文。"

③守：看。这里指围困。下文"乃使诸将李归等守荥阳城"中"守"字同义。

④兵权：指用兵计谋的变化。权，权宜，变通。

⑤矫：颜师古曰："矫，诈也，托言受令也。"

⑥陈王使使赐田臧楚令尹印，使为上将：凌稚隆引王鏊曰："陈涉兵无纪律若此。"令尹，官名。春秋、战国时楚国最高执政官，协助楚王治理全国军政事务，平时治民，战时治军。楚不设相，令尹兼有将、相全权。

⑦迎：迎战，迎击。敖仓：秦朝储藏粮食的大仓库，在今河南荥阳东北的敖山上。按，"敖仓"位于"荥阳"的北边，这里说田臧等"西迎秦军"，方向有误。

⑧邓说：农民军将领，陈胜部将。《索隐》曰："凡人名皆音'悦'。"郯（tán）：《正义》曰："当作'郏'。"郏在今山东郯城北，距离陈县

遥远，章邯兵照理无法突然到达。“郏（jiá）”即今河南郏县，位于荥阳南、陈县西。

⑨伍徐：《汉书》作“五逢”，农民军将领，陈涉部将。许：秦县名，治所在今河南许昌东。

【译文】

吴广部下的将军田臧等人商议说：“周文的军队已经被打败了，秦军早晚都会到达。我们围攻荥阳攻不下来，秦军一到，我们肯定大败。现在不如只留下少部分兵力，能围住荥阳就行了，而集中全部精锐部队去迎击秦军。如今假王骄傲跋扈，根本不懂用兵打仗，不能和他商量，不把他杀了，我们的计划恐怕就要失败。”于是他们假传陈王的命令杀掉了吴广，把他的人头送到了陈王那里。陈王只得派人赐给田臧楚国令尹的印信，封他为上将。田臧就留下将军李归等人围攻荥阳城，自己率领精锐部队向西在敖仓迎击秦军。两军交战，田臧战死，军队也被击溃。章邯进军到荥阳城下攻打李归等，李归的军队被打败，李归等人战死。阳城人邓说率军驻扎在郏县，章邯派部将将他击败，邓说的军队败散逃回了陈县。铚县人伍徐领兵驻扎在许昌，被章邯率军击败，伍徐的军队也败散逃回了陈县。陈王杀了邓说。

陈王初立时，陵人秦嘉、铚人董緤、符离人朱鸡石、取虑人郑布、徐人丁疾等皆特起①，将兵围东海守庆于郯②。陈王闻，乃使武平君畔为将军③，监郯下军④。秦嘉不受命，嘉自立为大司马⑤，恶属武平君。告军吏曰：“武平君年少，不知兵事，勿听！”因矫以王命杀武平君畔。章邯已破伍徐，击陈，柱国房君死。章邯又进兵击陈西张贺军⑥。陈王出监战，军破，张贺死。

【注释】

①陵:应作“凌”。秦县名,治所在今江苏泗阳西北。取虑:秦县名,治所在今江苏睢宁西南。徐:秦县名,治所在今安徽泗县南。特起:独立起兵。

②东海守庆:名叫庆的东海郡太守。东海郡,郡治在郯(今山东郯城西北)。

③武平君畔:名叫畔的武平君,陈胜部将。

④监:总领,统率。

⑤大司马:官名。掌管军政。

⑥张贺:农民军将领,陈胜部将。

【译文】

陈涉刚刚称王时,陵县人秦嘉、铚县人董緤、符离人朱鸡石、取虑人郑布、徐县人丁疾等都各自拉起一支队伍起义,他们一同带兵把东海太守庆包围在郯县。陈王听说后,就任武平君畔为将军,派他去统领包围郯县的各路军队。秦嘉不愿接受陈王的命令,自封为大司马,而且他也讨厌接受武平君的统领,就对属下军官说:“武平君年轻,不懂行兵打仗,不要听他指挥!”接着又假传陈王的命令把武平君畔杀了。章邯击败伍徐军后,又进兵攻打陈县,上柱国房君战死。章邯又进击驻扎在陈县西郊的张贺军。陈王亲自来到前线督战,但张贺军也被章邯打败,张贺战死。

腊月,陈王之汝阴,还至下城父①,其御庄贾杀以降秦②。陈胜葬砀③,谥曰隐王④。陈王故涓人将军吕臣为仓头军⑤,起新阳⑥,攻陈,下之,杀庄贾,复以陈为楚。

【注释】

①陈王之汝阴,还至下城父:按,这里写陈胜在陈县城西被章邯打

败，往南逃到汝阴，又折向北，来到下城父。汝阴的东北是下城父，再往东北去就是陈胜发动起义的宿县；而东边是郯城，那里驻扎着秦嘉的大军。因此陈胜在摆脱秦军的追赶后，便来到了下城父。汝阴，秦县名，治所在今安徽阜阳。下城父，古邑名，在今安徽涡阳东南。

②御：驾车的人，车夫。

③砀（dàng）：秦县名，治所在今河南永城北。

④谥曰隐王：汉代谥陈胜为“隐王”，事见《高祖本纪》。谥法云：“不显尸国曰‘隐’。”尸，主。主国不显，即功业不彰、在位时间不长。

⑤涓人：也叫“中涓”。颜师古曰：“涓，洁也。涓人，主洁除之人。”即为君王做洒扫、洗涤等内务的人员。这里指侍从亲信，如灌婴、靳歙等都曾做过刘邦的“中涓”。仓头军：《索隐》引韦昭曰：“军皆著青帽。”

⑥新阳：秦县名，治所在今安徽界首北。

【译文】

腊月，陈王溃退逃到汝阴，又折回到了下城父，他的车夫庄贾杀死他投降了秦朝。陈胜死后，被埋在砀县，后人谥其为隐王。从陈王侍从升为将军的吕臣又带着一支头裹皂巾的队伍，在新阳起义，他们一举攻下了陈县，杀死了庄贾，陈县再次回到楚人手里。

初，陈王至陈，令铚人宋留将兵定南阳①，入武关②。留已徇南阳③，闻陈王死，南阳复为秦。宋留不能入武关，乃东至新蔡④，遇秦军，宋留以军降秦。秦传留至咸阳⑤，车裂留以徇⑥。秦嘉等闻陈王军破出走，乃立景驹为楚王⑦，引兵之方与⑧，欲击秦军定陶下⑨。使公孙庆使齐王⑩，欲与并力俱进。齐王曰:“闻陈王战败,不知其死生,楚安得不请而立王!”公孙庆曰:“齐不请楚而立王,楚何故请齐而立王!且楚首事,当令于天下。”田儋诛杀公孙庆。秦左右校复攻陈⑪,下之。吕将军走,收兵复聚。鄱盗当阳君黥布之兵相收⑫,复击秦左右校,破之青波⑬,复以陈为楚。会项梁立怀王孙心为楚王⑭。

【注释】

①南阳:秦郡名,郡治在今河南南阳。

②武关:古关隘名,在今陕西商南西北。是河南南部进入陕西的交通要道。

③徇:掠取,招抚。

④新蔡:今河南新蔡。

⑤传(zhuàn):驿站的车马。这里作动词用,意为用传车押解。

⑥徇:巡行示众。

⑦乃立景驹为楚王:景驹于秦二世二年(前208)一月被立为楚王。景驹,农民军将领,战国时楚国贵族的后代。

⑧方与:秦县名,治所在今山东鱼台西。

⑨定陶:秦县名,治所在今山东定陶西北。

⑩公孙庆:疑即上文“东海守庆”。

⑪左右校:即左右校尉。

⑫鄱盗当阳君黥布之兵相收:《汉书》作“与鄱盗英布相遇”。鄱,指鄱江,古称番水,又称饶河。鄱阳湖水系主要河流之一。在江西东北部。《集解》曰:“英布居江中为群盗,陈胜之起,布归番君吴芮,故谓之‘番盗’也。”黥布,姓英,名布,六县(今安徽六安北)人。曾坐法黥面,输骊山,故称“黥布”。先在鄱江为盗,后归项

梁，称“当阳君”。详见《黥布列传》。相收，泷川引方苞曰：“彼此合为一也。”

⑬青波：秦县名，治所在今河南新蔡西南。

⑭会项梁立怀王孙心为楚王：项梁于秦二世二年（前208）六月立怀王孙心为楚王。怀王孙心，战国时楚怀王的孙子，名心。

【译文】

当初，陈王刚到陈县时，派遣铚县人宋留率兵攻打南阳，进入武关。宋留占领南阳后，传来了陈王被杀的消息，南阳又叛归了秦朝。宋留不可能再入武关，只好向东退到了新蔡，遭遇秦军，宋留率军投降了秦军。秦将把宋留用传车解送到了咸阳，在咸阳车裂示众。秦嘉等人听说陈王被打败从陈县出逃，就拥立景驹为楚王，率军到了方与，准备在定陶与秦军决战。他派公孙庆去见齐王，想联合齐王共同攻秦。齐王说：“听说陈王战败，生死不明，楚怎么能不请示我就立景驹为王呢！”公孙庆说：“齐没有向楚请示就称了王，楚立王为什么要向齐请示！而且楚国率先起事，本来就应该号令天下。”田儋杀了公孙庆。秦军派左右校尉再次攻打陈县，攻了下来。吕将军逃出陈县，收拢残兵。与鄱阳大盗当阳君黥布合兵一处，再次进攻秦朝的左右校尉，在青波县把他们打得大败，陈县再次回到楚人手里。这时项梁已经拥立楚怀王的孙子熊心做了楚王。

陈胜王凡六月。已为王，王陈。其故人尝与庸耕者闻之，之陈，扣宫门曰：“吾欲见涉。”宫门令欲缚之。自辩数①，乃置②，不肯为通③。陈王出，遮道而呼涉④。陈王闻之，乃召见，载与俱归。入宫，见殿屋帷帐，客曰：“夥颐⑤！涉之为王沉沉者⑥！”楚人谓多为夥，故天下传之，夥涉为王，由陈涉始⑦。客出入愈益发舒⑧，言陈王故情。或说陈王曰：“客愚无知，颛妄言⑨，轻威⑩。”陈王斩之。诸陈王故人皆自引去[11]，由是无亲陈王者。陈王以朱房为中正[12]，胡武为司过[13]，主司群臣[14]。诸将徇地，至，令之不是者，系而罪之，以苛察为忠。其所不善者，弗下吏，辄自治之。陈王信用之。诸将以其故不亲附。此其所以败也。陈胜虽已死，其所置遣侯王将相竟亡秦，由涉首事也[15]。高祖时为陈涉置守冢三十家砀，至今血食[16]。

【注释】

①自辩：自己分辩诉说。数：逐条，一条一条的。

②乃置：放过不管。

③不肯为通：不肯通报，禀告。

④遮道：拦路，挡道。遮，拦截。

⑤夥颐：《索隐》："服虔云：'楚人谓多为夥。'按：又言'颐'者，助声之辞也。谓涉为王，宫殿帷帐庶物夥多，惊而伟之，故称夥颐也。"

⑥沉沉者：宫室深邃之貌。

⑦夥涉为王，由陈涉始：俞正燮曰："言其时称王者多，时人轻之，谓王为'夥涉'，盖廋辞相喻也。"姚苎田曰："汉初将相王侯多起侧微，其草野倨侮应不减此，而独于涉传详之。一以应'怅恨'之时而自为摹写；一以见陈涉甫得一隅之地而惟以宫殿帷帐夸耀庸奴，惜其无远大之图，故忽焉殒灭也。"

⑧发舒：放纵，任意妄为。

⑨颛：通"专"。

⑩轻威：有损威仪，降低威信。

⑪诸陈王故人皆自引去：《索隐》："顾氏引《孔丛子》云：'陈胜为王，妻之父兄往焉，胜以众宾待之。妻父怒云："怙强而傲长者，不能久焉！"不辞而去。'是其事类也。"

⑫中正：官名。秦末陈胜置。主管考核官吏，确定官吏的升降。

⑬司过：官名。主管纠正过失之官。

⑭司：通“伺”，侦察，探察。

⑮其所置遣侯王将相竟亡秦，由涉首事也：陈仁锡曰：“陈涉盖首事亡秦者，太史公特作世家，叙其为楚王，兼及当时起兵者，末总结之曰‘其所置遣王侯将相竟亡秦，由涉首事也’二句，括尽之矣。”泷川曰：“叙事中插议论。”

⑯置守冢三十家砀，至今血食：李景星曰：“《史记》《汉书》之《高祖纪》皆言‘置守冢十家’。”血食，指享受祭品。古代祭祀时杀牲取血以祭，故称。

【译文】

陈胜称王共六个月。刚称王时建都陈县。一位过去一起受雇耕地的同伴听说了，来到陈县，敲着宫门说：“我要见陈涉。”守门令要把他绑起来。这人一再分辩诉说，守门令才饶了他，但不给他通报。等到陈王出来，这人过去拦车大声呼喊陈涉。陈王听见了，叫他过来相见，让他上车一同回到宫里。一进宫，看到宫里的殿堂陈设，这人就惊讶地叫道：“夥颐！陈涉你做了王，宫殿真深邃呀！”楚人称“多”为“夥”，后人之所以把那些草头王们称为“夥涉为王”，就是从陈涉开始的。这人在宫里宫外越来越放肆，有时还讲一些陈王过去的事。于是有人劝陈王说：“您的那位客人愚昧无知，专门胡言乱语，会降低您的威信。”陈王于是下令把他杀掉了。陈王的其他老朋友们也都自己走了，从此没有再来亲近陈王的。陈王任用朱房做中正官，用胡武为司过官，专管监察大臣们的过失。将领们出去攻城略地，到地方后，凡是不听朱房、胡武命令的，马上抓来治罪，用办事苛刻细密来向陈王表示忠心。凡是他们不喜欢的人，一旦犯了错，根本不通过司法官吏审理，而是自己随意治罪。陈王偏偏信用这种人。各位将领们也因此与陈王越来越疏远。这就是陈王失败的原因。陈王虽然已经死了，但是他封立任命的侯王将相最终能灭掉秦朝，就是由于他是首先发难者。汉高祖时，专门派了三十户人家在砀地为陈涉守墓，一直到现在都祭祀不绝。

褚先生曰[①]：地形险阻，所以为固也；兵革刑法，所以为治也。犹未足恃也。夫先王以仁义为本，而以固塞文法为枝叶[②]，岂不然哉！吾闻贾生之称曰[③]："秦孝公据崤、函之固[④]，拥雍州之地[⑤]，君臣固守，以窥周室。有席卷天下，包举宇内，囊括四海之意，并吞八荒之心。当是时也，商君佐之[⑥]，内立法度，务耕织，修守战之备；外连衡而斗诸侯[⑦]。于是秦人拱手而取西河之外[⑧]。

【注释】

①褚先生：名少孙，颍川（今河南禹州）人。因《史记》有缺漏，为之增补，见于《三代世表》《外戚世家》等多篇。

②固塞：坚固的要塞，指备战的城防和地形的险阻。文法：指法制、刑法。

③吾闻贾生之称曰：按以下所引文字出自《过秦论》，揭示秦王朝的失败原因。贾生，即贾谊，西汉文帝时杰出的思想家、政论家。事迹详见《屈原贾生列传》。生，汉代对学者、隐者的敬称。

④秦孝公：名渠梁，前361—前338年在位。任用商鞅，实行变法，秦国得以富强。崤、函：崤山、函谷关。位于秦国东部。崤山位于今河南灵宝东南，函谷关位于灵宝东北。

⑤雍州：古"九州"之一。《尚书·禹贡》："黑水、西河惟雍州。"孔颖达疏："雍州之境，被荒服之外，东不越河，而西逾黑水。王肃云'西据黑水，东距西河'，所言得其实。"黑水，或谓即张掖河，或谓即党河（均在今甘肃），或谓即大通河（在今青海），诸说不一。西

河，指今山西、陕西间的黄河。

⑥商君：即商鞅，姬姓，公孙氏，名鞅。辅佐秦孝公实行变法，使秦国富强。事迹详见《商君列传》。

⑦外连衡而斗诸侯：按，倡议“连衡”的是张仪，发生在数十年后的惠文王时，并非秦孝公时事。

⑧于是秦人拱手而取西河之外：按，秦取西河外在惠文王八年（前330），非孝公时。拱手，颜师古曰：“言不劳功力也。”西河之外原属魏国，相当于今陕西东部黄河以西地区。

【译文】

褚先生说：险要阻塞的地形，是用来固守国土的；武器和法规制度，是用来治理国家的。但这些还不足以倚仗。古代的圣王以仁义为立国的根本，而把险要的地形和法规制度视为辅佐的枝叶，难道不是这样吗！我听贾谊先生说：“秦孝公凭借崤山、函谷关的坚固要塞，占有古雍州的整个地盘，君臣合力在固守本土的基础上，向东窥视着周王室。他们有席卷天下、包举宇内、囊括四海的意图，吞并全部天下的心思。在这个时候，商鞅辅佐秦孝公，在内部建立新的法度，奖励耕织，做好了防守与进攻的准备；对外实行连衡政策瓦解了六国的联合。于是秦国毫不费力地夺取了黄河西岸的土地。

“孝公既没，惠文王、武王、昭王蒙故业、因遗策[①]，南取汉中[②]，西举巴、蜀[③]，东割膏腴之地[④]，收要害之郡[⑤]。诸侯恐惧，会盟而谋弱秦。不爱珍器重宝肥饶之地，以致天下之士。合从缔交，相与为一。当此之时，齐有孟尝[⑥]，赵有平原[⑦]，楚有春申[⑧]，魏有信陵[⑨]：此四君者，皆明知而忠信，宽厚而爱人，尊贤而重士。约从连衡[⑩]，兼韩、魏、燕、赵、宋、卫、中山之众[⑪]。于是六国之士有甯越、徐尚、苏秦、杜赫之属为之谋⑫，齐明、周冣、陈轸、邵滑、楼缓、翟景、苏厉、乐毅之徒通其意⑬，吴起、孙膑、带他、兒良、王廖、田忌、廉颇、赵奢之伦制其兵⑭。尝以什倍之地、百万之师仰关而攻秦⑮。秦人开关而延敌⑯，九国之师遁逃而不敢进。秦无亡矢遗镞之费，而天下固已困矣。于是从散约败，争割地而赂秦。秦有余力而制其弊，追亡逐北，伏尸百万，流血漂橹⑰，因利乘便，宰割天下，分裂山河，强国请服，弱国入朝。施及孝文王、庄襄王⑱，享国之日浅，国家无事。

【注释】

①惠文王：名驷，谥惠文。孝公之子，前337—前311年在位。即位后虽车裂商鞅，然仍沿用新法，并在其基础上加紧内政改革和对外扩张。武王：名荡。惠王之子，前310—前307年在位。昭王：也称“昭襄王”，名则。惠王之子，武王之弟，前306—前251年在位。坚持东进国策，在军事上取得很大进展，在实力上对六国形成压倒优势，为后来秦统一奠定了基础。蒙故业、因遗策：即继承秦孝公的事业，延续其基本政策。

②南取汉中：事在惠文王更元十三年（前312）。汉中，战国楚怀王置，因汉水得名。后入秦。约当今之陕西东南部和与之相邻的湖北西北部。

③西举巴、蜀：事在惠王更元九年（前316）。巴、蜀，古代小国名。蜀国的都城在今四川成都，巴国的都城在今重庆北。

④东割膏腴之地：向东方侵占韩、魏等国的肥沃土地。膏腴，肥沃。

⑤收要害之郡：梁玉绳曰：“《新书》《文选》‘收’上有‘北’字。”王叔岷曰：“《李斯列传》称惠王时‘北收上郡’，即此所谓‘北收要

害之郡’也。”

⑥孟尝：即齐国孟尝君田文。齐国宗室，曾任齐湣王相，以养士闻名。事迹详见《孟尝君列传》。

⑦平原：即赵国平原君赵胜。赵惠文王的弟弟，赵国国相，以养士闻名。事迹详见《平原君列传》。

⑧春申：即楚国春申君黄歇。任楚考烈王相，以养士闻名。事迹详见《春申君列传》。

⑨信陵：即魏国信陵君魏无忌。魏安釐王的弟弟，以养士闻名。事迹详见《魏公子列传》。

⑩约从连衡：《秦始皇本纪》引此文作“约从离衡”。《索隐》曰：“言孟尝等四君皆为其国共相约结为纵，以离散秦之横。”译文从之。

⑪兼韩、魏、燕、赵、宋、卫、中山之众：梁玉绳曰：“此与《贾子》《汉书》《文选》皆不言齐、楚两国，当是脱耳。”按，《秦始皇本纪》引此文有齐、楚两国。

⑫于是：此时。六国：《秦始皇本纪》之《索隐》曰：“韩、魏、赵、燕、齐、楚是也，与秦为‘七国’，亦谓之‘七雄’。又六国与宋、卫、中山为九国，其三国盖微，又前亡。”甯越：《吕氏春秋·博志》称之曰：“赵中牟之鄙人也……十五岁而周威公师之。”又《汉书·艺文志》有《甯越》一篇。徐尚：梁章钜曰：“疑即《魏世家》之‘外黄徐子’，说魏太子申以百战百胜之术者。”苏秦：当时有名的纵横家，己姓，苏氏，字季子，东周洛阳（今河南洛阳东）人。事迹详见《苏秦列传》。杜赫：《秦始皇本纪》之《索隐》引《吕氏春秋》曰：“以安天下说周昭文君。”之属：之类，之徒。

⑬齐明：《秦始皇本纪》之《索隐》曰：“东周臣，后仕秦、楚及韩。”周冣（jù）：《秦始皇本纪》之《索隐》曰：“周之公子，亦仕秦。”陈轸：当时著名的纵横家，楚国夏邑（今河南商丘东南）人。曾仕于秦、楚。事迹详见《张仪列传》。邵滑：也作“昭滑”“召滑”，与齐明

等同时，楚怀王之臣。楼缓：先为魏相，后又仕秦。翟景：梁玉绳以为即《战国策·赵策》中的“翟章”。苏厉：司马迁以为是苏秦之弟。事迹详见《苏秦列传》。乐毅：战国时燕国名将，灵寿（今河北灵寿）人。多才善用兵。事迹详见《乐毅列传》。

⑭吴起：战国初期杰出的政治家、军事家，卫国左氏（今山东曹县北）人。事迹详见《孙子吴起列传》。孙膑：战国时杰出的军事家。孙武后代。曾与庞涓同学兵法。事迹详见《孙子吴起列传》。带他、兒良：王念孙以为“带他”即“带季”，与兒良同为赵、魏将。王廖：其人不详。田忌：齐国名将。事迹参见于《孙子吴起列传》。廉颇、赵奢：都是赵国名将，事迹详见《廉颇蔺相如列传》。泷川引中井曰：“‘齐有孟尝’以下二十余人多不并世者，皆任口说出，非有考据。”

⑮仰关而攻秦：《索隐》：“仰字亦作‘卬’，并音仰。谓秦地形高，故并仰向关门而攻秦。有作‘叩’字，非也。”

⑯延敌：引敌，引敌使之进入。

⑰流血漂橹：语出《尚书·武成》，原作“血流漂杵”。橹，《索隐》引《说文》曰：“大盾也。”

⑱孝文王：名柱。昭王之子，秦始皇的祖父，前250年在位。庄襄王：初名异人，后改名子楚，秦始皇的父亲，前249—前247年在位。

【译文】

“秦孝公死后，惠文王、武王、昭王继承孝公的事业，继续采用孝公定下的政策，向南夺取了汉中，向西夺取了巴、蜀之地，向东夺取了大片肥沃之地，占有了一些要害的郡县。东方各诸侯害了怕，聚会订盟谋划削弱秦国。于是他们不吝惜拿出奇珍异宝与肥沃领地，用以招揽各地的人才。他们采用合纵结盟，连成一个整体。在这个时候，齐国有孟尝君，赵国有平原君，楚国有春申君，魏国有信陵君：这四位都明智忠信，宽厚爱人，尊贤重士。他们建立了东方各国的合纵联盟，瓦解了秦的连横政策，使韩、魏、燕、赵、宋、卫、中山诸国都联合起来。这时的东方六国之士中，有甯越、徐尚、苏秦、杜赫一类的人为联合抗秦出谋划策，有齐明、周最、陈轸、邵滑、楼缓、翟景、苏厉、乐毅一类的人为诸国互通信息，有吴起、孙膑、带他、兒良、王廖、田忌、廉颇、赵奢一类的人领兵作战。他们曾凭借着比秦国土地大十倍的地盘、百万的军队，西上函谷关进攻秦国。秦国从容地打开关门让他们西进，而东方的九国联军却退军逃跑不敢进去。秦兵没费一根箭杆、一个箭头，而东方各诸侯国却已经疲惫不堪了。于是东方诸侯的合纵联盟土崩瓦解，各国重又争先恐后地割让地盘讨好秦国。而秦国则还有余力攻击东方的疲惫，追击败逃的部队，打得东方诸侯横尸百万，血流成河几乎可以漂起盾牌。趁着这种便利形势，宰割天下，分裂山河，使得较强的国家请求服从，弱小国家的国君入秦朝拜。接着孝文王、庄襄王两代，都因为在位的时间太短，国家没有什么动作。

“及至始皇，奋六世之余烈①，振长策而御宇内②，吞二周而亡诸侯③，履至尊而制六合④，执敲朴以鞭笞天下⑤，威振四海。南取百越之地⑥，以为桂林、象郡⑦，百越之君俯首系颈，委命下吏⑧。乃使蒙恬北筑长城而守藩篱⑨，却匈奴七百余里⑩，胡人不敢南下而牧马，士亦不敢贯弓而报怨⑪。于是废先王之道⑫，燔百家之言⑬，以愚黔首⑭。堕名城⑮，杀豪俊，收天下之兵聚之咸阳，销锋鍉，铸以为金人十二⑯，以弱天下之民。然后践华为城，因河为池，据亿丈之城，临不测之谿以为固⑰。良将劲弩，守要害之处，信臣精卒，陈利兵而谁何⑱。天下已定，始皇之心，自以为关中之固，金城千里，子孙帝王万世之业也。

【注释】

①六世：指孝公、惠文王、武王、昭王、孝文王、庄襄王。余烈：余业，遗传下来的事业。

②振长策：颜师古曰："以乘马为喻也。"策，驱赶骡马役畜的鞭棒。御宇内：即统治天下，统御天下。御，驾御，统治。

③吞二周：指灭掉东周国、西周国。秦昭王于前255年灭西周国，庄襄王于前249年灭东周国。都不是发生于秦始皇之时。

④履至尊：登上至尊之位。制六合：统御全国，统治天下。六合，天地四方，泛指全天下。

⑤敲朴：都是打人的工具。《索隐》引瓒曰："短曰敲，长曰朴。"

⑥百越：即古越族。一作"百粤"。秦汉前已广泛分布于长江中下游以南地区。从事农耕、渔猎，以水上航行、金属冶炼著称。有断发文身习俗。

⑦桂林：秦郡名，郡治在今广西桂平西南。象郡：秦郡名，郡治临尘（今广西崇左）。

⑧委命：寄托性命，交托生命。

⑨蒙恬：秦始皇时代的名将，蒙骜之孙。秦始皇病死，赵高与李斯合谋，伪造诏书，立二世胡亥，他与公子扶苏被迫自杀。事迹详见《蒙恬列传》。藩篱：以喻边防要塞。

⑩却匈奴七百余里：据《匈奴列传》，战国末期，今内蒙古黄河以南的鄂尔多斯一带地区被匈奴人占领，秦始皇统一六国后，"使蒙恬击胡，悉收河南地，因河为塞"，将边界向北扩展到了今河套以北。

⑪士：此指匈奴人。贯弓：指拉弓射箭。

⑫废先王之道：即废弃儒家遵奉的"礼乐""仁义"等。

⑬燔（fán）百家之言：据《秦始皇本纪》，当时令史官"非秦记皆烧

之。非博士官所职，天下敢有藏《诗》《书》、百家语者，悉诣守、尉杂烧之”。

⑭黔首：即指平民，百姓。秦始皇二十六年，下令“更名民曰‘黔首’”。

⑮堕名城：《秦始皇本纪》之《集解》引应劭曰：“坏坚城，恐人复阻以害己也。”堕，毁坏。

⑯销锋鍉，铸以为金人十二：熔化这些兵器，改铸成了十二个大铜人。鍉，通“镝”，箭头。

⑰临不测之谿以为固：此指以黄河为其护城河。不测，无法测量。

⑱谁何：《索隐》：“音呵，亦‘何’字，犹今巡更问何谁。”王叔岷曰：“‘谁何’复语，其义相同。”

【译文】

“待至始皇即位，在以往六代国君奠定的基础上奋发而起，挥动长鞭来驾驭天下，吞并了东、西二周灭亡了各国诸侯，登上皇帝宝座统治天下，手执棍棒以严刑峻法治理国家，威力震慑四海。他向南征服百越之地，在那里设置了桂林、象郡，使百越的君主低下头、脖子上系着绳子请降，归命秦吏。他命蒙恬北筑长城，镇守边关，把匈奴人打得向北退却了七百多里，使匈奴人再也不敢南下牧马，再也不敢挽弓搭箭地前来寻衅报仇。于是秦始皇便废弃古代圣贤的治国之道，焚毁百家之言，以此来愚弄百姓。他们铲平东方的名都大城，残杀豪杰名士，把天下的武器都收集到咸阳，把那些矛头箭镞通通熔化，铸成了十二个大金人，为的是削弱天下的黎民百姓，让他们没办法造反。然后秦朝则以华山作为它东面的城墙，以黄河作为它东面的护城河，据守高耸入云的大城，下临深不可测的黄河作为固守的险要关塞。精明强干的将军、强劲精良的弓弩武器镇守住要害之处，忠诚的大臣、精锐的士兵们拿着锋利的武器盘查行人。待一切安排完毕，天下安定下来，秦始皇自认为关中地区的巩固，就如同千里的铜墙铁壁,他的子子孙孙可以享有万世无穷的帝王之业了。

"始皇既没,余威振于殊俗①。然而陈涉瓮牖绳枢之子②,甿隶之人③,而迁徙之徒也。材能不及中人,非有仲尼、墨翟之贤,陶朱、猗顿之富也④。蹑足行伍之间,俯仰仟佰之中⑤,率罢散之卒⑥,将数百之众,转而攻秦。斩木为兵,揭竿为旗,天下云会响应,赢粮而景从⑦,山东豪俊遂并起而亡秦族矣⑧。

【注释】

①殊俗:指风俗特殊的边远地区。

②瓮牖(yǒu)绳枢:用破瓮口作窗户,用绳子缚着门枢。指房屋简陋,家境贫穷。

③甿隶:平民。甿,《集解》引许广曰:"田民曰氓。"

④陶朱、猗顿:都是古代有名的大富翁。陶朱,即陶朱公范蠡,字少伯,楚国宛(今河南南阳)人。辅佐勾践灭吴后,归相印,居于今山东定陶一带,后经商致富。事迹详见《越世家》。猗顿,春秋鲁国人,初为穷士,以放牧、制盐发家致富。详见《货殖列传》。

⑤俯仰:这里偏指"俯","俯首",与上句"蹑足"意思相近。也有本引此文作"倔起",即突然兴起。仟佰:千人百人之长。

⑥罢散:疲困松散。

⑦赢粮:担负粮食,携带粮食。王叔岷引《方言》曰:"赢,担也。"景从:如影随形。形容紧紧依附追随。景,后多作"影"。

⑧山东:崤山以东,泛指战国六国之地。

【译文】

"秦始皇死后,他的余威还震撼着异邦异域。但是陈涉不过是个穷人的儿子，一个平民，还是个被征发的戍卒。论才能他算不上中等，没有孔丘、墨翟那样贤良，也没有范蠡、猗顿那样富有。他身处戍卒队伍，是成百上千的士兵中的一员，率领着疲困松散的几百名乌合之众，掉转矛头攻打秦王朝。他们砍削木棒做武器，举起竹竿当旗子，结果天下风起云涌响应他，人们都自带粮食投奔他，东方各地的豪杰于是同时起兵灭掉了秦王朝。

“且天下非小弱也；雍州之地，崤、函之固自若也。陈涉之位，非尊于齐、楚、燕、赵、韩、魏、宋、卫、中山之君也；锄櫌棘矜①，非铦于句戟长铩也②；適戍之众③，非俦于九国之师也④；深谋远虑，行军用兵之道，非及乡时之士也⑤。然而成败异变，功业相反也。尝试使山东之国与陈涉度长絜大⑥，比权量力，则不可同年而语矣。然而秦以区区之地，致万乘之权，抑八州而朝同列⑦，百有余年矣⑧。然后以六合为家，崤、函为宫。一夫作难而七庙堕⑨，身死人手，为天下笑者，何也？仁义不施，而攻守之势异也⑩。”

【注释】

①锄櫌（yōu）：锄田去草和碎土平地的农具。棘矜（qín）：戟柄。棘，通“戟”。矜，本谓矛柄，亦指戟柄。王念孙曰：“《方言》矜谓之杖。棘矜，谓伐棘以为杖。”

②铦（xiān）：锐利。长铩：有本作“长铩”，即长矛。

③適戍：惩罚贫弱平民守卫边防。適，通“谪”，惩罚。戍，守卫。

④俦（chóu）：比，相比。

⑤乡时之士：指吴起、孙膑等善用兵之人。乡，通“向”，昔日，从前。

⑥度长絜大：比较优劣。

⑦抑：压制，压倒。八州：古代称中国有九州，秦国居于一州，故称秦国以外的其他区域为“八州”。朝同列：使东方诸侯都来向秦朝拜。

⑧百有余年矣：从秦孝公实行变法（前356年）到秦始皇统一天下（前221年），共一百三十多年。

⑨一夫：指陈涉。七庙堕：指政权覆灭，国家灭亡。七庙，天子的祖庙。古代帝王为进行宗法统治，设七庙，即太祖庙与三昭庙三穆庙，供奉七代祖先，因也用以代称王朝。《礼记·王制》：“天子七庙，三昭三穆，与太祖之庙而七。”堕，损毁，败坏。宗庙被毁也就意味着王朝灭亡。

⑩仁义不施，而攻守之势异也：凌稚隆引真德秀曰：“贾生论秦成败千有余言，而断之曰‘仁义不施，而攻守之势异也’，文字甚妙，但非至当之论，盖儒者以攻尚谲诈，而守尚仁义故耳。”

【译文】

“统一了天下的秦王朝，没有比以前的秦国更加弱小；雍州的地盘，崤山、函谷关还是跟过去一样险要。陈涉的地位也不比当年齐、楚、燕、赵、韩、魏、宋、卫、中山的君主更尊贵；陈涉军队所用的锄把木棒，不比当年东方士兵所用的勾戟长矛更锋利；被征发遣送的民夫苦役，怎么能跟东方各国训练有素的军队相比；深谋远虑、行兵布阵的才能，陈涉的军官也远远比不上当时东方的军事家啊。然而成败结局、所建立的功业却恰恰相反。如果用当年东方诸国的条件来和陈涉比量长短高低，其差别不是一般大。但秦国当年就凭着小小的雍州之地，发展成为一个拥有万辆兵车的大国，控制了东方各国，让其他诸侯臣服于秦，前后有一百多年。然后又以天下为家，把崤山、函谷关以内的关中做了宫室。然而陈涉这么一介匹夫举兵发难，秦朝的宗庙被铲平，秦朝的帝王被杀死，被天下人所嘲笑，这是什么原因呢？这是由于秦王朝不施行仁义，不懂得打天下与守天下的方针、战略不同。”

【集评】

司马贞曰：“胜立数月而死，无后，亦称‘世家’者，以其所遣侯王将相竟灭秦，以其首事也。”（《史记索隐》）

洪迈曰：“秦以无道毒天下，六王皆万乘之国，相踵灭亡，岂无孝子慈孙、故家遗俗？皆奉头鼠伏。自张良狙击之外，更无一人敢西向窥其锋者。陈胜出于戍卒，一旦奋发不顾，海内豪杰之士乃始云合响应，并起而诛之。数月之间，一战失利，不幸陨命于御者之手，身虽已死，其所置遣侯王将相竟亡秦。项氏之起江东，亦矫称陈王之令而渡江。秦之社稷为墟，谁之力也？且其称王之初，万事草创，能从陈馀之言，迎孔子之孙鲋为博士，至尊为太师。所与谋议，皆非庸人崛起者可及，此其志岂小小者哉！汉高帝为之置守冢于砀，血食二百年乃绝。子云指以为‘乱’，何邪？若乃杀吴广，诛故人，寡恩忘旧，无帝王之度，此其所以败也。”（《容斋续笔》）

汤谐曰：“此文前后之妙易知，中间之妙难知；中间提笔之妙犹易知，零叙之妙难知。盖陈胜王凡六月，一时多少侯王将相，起者匆匆而起，立者匆匆而立；遣者匆匆而遣，下者匆匆而下；畔者匆匆而畔，据者匆匆而据；胜者匆匆而胜，败者匆匆而败；失者匆匆而失，复者匆匆而复；诛者匆匆而诛，散者匆匆而散。有六月内结局者，有六月内未结局者，有六月后续出者。种种头绪，纷如乱丝。详叙恐失仓卒之意，急叙又有挂漏之患，岂非难事？乃史公却是匆匆写去，却已一一详尽，不漏不支，不躐不乱，岂非神手！若于此等妙处不能潜心玩味，真见其然，犹为枉读《史记》也。”（《史记半解》）

李景星曰：“升项羽于本纪，列陈涉于世家，俱属太史公破格文字。项羽垂成，而终为汉困死，是古今极不平事。升之本纪，盖所以惜之，而不以成败论也。陈涉未成，能为汉驱除，是当时极关系事，列之世家，盖所以重之，而不与寻常等也。且涉虽一起即蹶，所遣之王侯将相卒能亡秦，既不能一一皆为之传，又不能一概抹杀，摈而不录。即云有各纪、传在，无妨带叙互见；然其事有可以隶属者，亦有不能强为隶属者，此中安置，颇觉棘手。惟斟酌于纪、传之间，将涉列为世家，将其余与涉俱起不能遍为立传之人皆纳入《涉世家》中，则一时之草泽英雄皆有归宿矣。故通篇除吴广外，牵连而书者至有二十余人之多。千头万绪，五花八门，却自一丝不乱。非大手笔何能为此！”（《史记评议》）

【评论】

陈涉于秦二世元年七月揭竿起义，很快在陈县称张楚王，到秦二世二年十二月（当时以十月为岁首）被秦将章邯打败，溃逃中被叛徒所杀，前后历时仅六个月，但司马迁特别看重陈涉的首先发难之功，他说：“陈胜虽已死，其所置遣侯王将相竟亡秦，由涉首事也。”没有陈涉起义的带动，就没有汉王朝的建立。这是他将陈涉写入“世家”的原因之一。冯班曰：“陈涉起自谪戍而败，然亡秦之侯王将相多涉所置。自项梁未起，以天下之命制于一人之手，升为‘世家’，太史公之旨也。”

司马迁又说“桀、纣失其道而汤、武作，周失其道而《春秋》作，秦失其政而陈涉发迹”，把陈涉与商汤、周武王、孔子这些大圣人相提并论，一方面是因为陈涉的首难之功，另一方面则出于他敬佩陈涉等在生死关头的勇敢抉择。当陈涉等遇雨失期，按律当斩时，陈涉说：“今亡亦死，举大计亦死，等死，死国可乎？”又说：“王侯将相宁有种乎！”这豪迈的英雄气概，以及打破既有秩序的反抗精神，是司马迁非常欣赏和敬佩的，这是司马迁人生观、价值观的绝好表现。《陈涉世家》在三十世家中的位置，是汉代与汉代以前，两批世家的分水岭。汉代以前的世家，写的都是世袭贵族，而自此篇之后，汉代的世家所写则多为在楚汉战争中胜利的刘邦的功臣与他的子侄，可以看作是由平民而起家的“贵族”。这是不是可以看作是对“王侯将相宁有种乎”的一种呼应呢？所以司马迁把陈涉这样一个无“世”可传，无“家”可宅的“瓮牖绳枢之子，甿隶之人”提到“世家”，与汤、武、孔子并列，正是反映了他的进步的历史观，他的重视下层人民的力量，不迷信“君权神授”。

这篇“世家”并不能仅仅看作是陈涉一个人的传记，而是司马迁为陈涉所领导的整支农民反秦起义军所立的传记，李景星、汤谐对此有精彩的论述。它把近二十支起义军和二十多位起义将领的事迹都系于陈涉名下，一方面显示陈涉首难之功，同时也展现出起义队伍成分复杂、动机不一、追求各殊，充分展示了这场起义的全部复杂性。这样把相关人物归入一人传记的写法与把周文王诸子归入《管蔡世家》、把刘邦兄弟子侄归入《楚元王世家》的思路相似。

文中补叙了陈涉发达后，当年和他一起庸耕的老朋友来见他时的情景。一方身份地位的变化，打破了原本同一社会层次中人的平衡，于是各种尴尬与矛盾就出现了。姚苎田曰：“一以应‘怅恨’之时而自为摹写；一以见陈涉甫得一隅之地而惟以宫殿帷帐夸耀庸奴，惜其无远大之图，故忽焉殒灭也。”一个小小的侧面，揭示出的是陈涉脱离群众，自尊自贵，是他最终失败的一大原因。从写法上，这一小段也精彩绝伦。这段文字对陈涉与其乡下老朋友的精细描写，其性情、口吻实在太典型、太突出了。老朋友先是“扣宫门曰：‘吾欲见涉’”；其次是见陈王出，“遮道而呼涉”；其三是“见殿屋帷帐，客曰：‘夥颐！涉之为王沉沉者！’”其四是“出入愈益发舒，言陈王故情”。写这些乡下老朋友的“没修养”，“无礼节”，“眼皮短浅，没见过世面”，以及“不把自己当外人”的“无知”“放纵”“不懂忌讳”等等，写得情景逼真，活灵活现。而陈涉本人由生活到思想、到行为做派的巨大变化，以及其身边侍从的派头架势也就都可以想象出来了。如此文笔，古今少见。

史记卷四十九

外戚世家第十九

【释名】

《外戚世家》名为“世家”,实为后妃之传,外戚只是连带说及。

本篇分为三大部分,第一部分是一篇小序,指出了后妃对帝王与国家政治的重要影响,并感慨男女之爱的特殊,以及后妃命运的奇诡。第二部分以时间为序,写了西汉高祖至武帝时期几个后妃,以及相关亲属的故事。第三部分是褚少孙补充的武帝的姐姐以及几位妃嫔与外戚的故事。

自古受命帝王及继体守文之君①,非独内德茂也②,盖亦有外戚之助焉③。夏之兴也以涂山④,而桀之放也以末喜⑤。殷之兴也以有娀⑥,纣之杀也嬖妲己⑦。周之兴也以姜原及大任⑧,而幽王之禽也淫于褒姒⑨。故《易》基《乾》《坤》⑩,《诗》始《关雎》⑪,《书》美釐降⑫,《春秋》讥不亲迎⑬。夫妇之际,人道之大伦也⑭。礼之用,唯婚姻为兢兢⑮。夫乐调而四时和⑯,阴阳之变,万物之统也⑰。可不慎与?受命人能弘道,无如命何⑱。甚哉,妃匹之爱⑲,君不能得之于臣,父不能得之于子⑳,况卑下乎!既驩合矣㉑,或不能成子姓[22]；能成子姓矣，或不能要其终[23]：岂非命也哉[24]？孔子罕称命[25]，盖难言之也。非通幽明之变[26]，恶能识乎性命哉[27]？

【注释】

①受命帝王：指开国之君。受命，受天之命。古帝王自称受命于天以巩固其统治。继体守文：《正义佚存订补》曰："继体，谓嫡子继先祖者也。守文，谓守先祖法令也。"泷川引中井曰："承父祖之统者皆'继体'矣，不必论嫡庶。"

②内德：帝王本人内禀的德性，自身固有的道德。

③外戚：指帝王的母族、妻族。在本文中主要指后妃。

④夏之兴：指夏朝之兴起。详见《五帝本纪》《夏本纪》。涂山：《索隐》引韦昭云："涂山，国名，禹所娶，在今九江。"引应劭云："九江当涂有禹墟。《大戴》云'禹娶涂山氏之女，谓之侨，侨产启'。"大禹娶涂山之女为妻，详见《夏本纪》。涂山相传在今安徽当涂。

⑤桀之放：夏朝的末代帝王桀被流放。《夏本纪》记载为："汤遂率兵以伐夏桀，桀走鸣条，遂放而死。"末喜：也作"妺喜""妹喜"，夏桀的宠妃。《索隐》引《国语》："桀伐有施，有施人以妹喜女焉。"

⑥殷之兴：殷朝祖先契的兴起。契是帝喾之子，是舜、禹时代的贤臣，因助禹治水有功，被舜任为司徒，掌教化之职。事迹详见《五帝本纪》。有娀（sōng）：指有娀氏之女，契的母亲简狄。简狄吞玄鸟卵而生契的故事详见《殷本纪》。

⑦纣之杀：指商朝的末代帝王纣被周武王起兵讨伐，兵败自焚而死事。详见《殷本纪》《周本纪》。嬖（bì）：宠幸。妲（dá）己：纣王的宠妃，有苏氏之女。《索隐》引《国语》："殷辛伐有苏氏，有苏氏以妲己女焉。"《索隐》："有苏，国也。己，姓也。妲，字也。"纣王宠幸妲己导致亡国事，见《殷本纪》。

⑧姜原：周朝始祖后稷的母亲。有邰氏之女，帝喾之妻。姜原履大人迹而生稷的故事详见《周本纪》。大任：周文王的妻子，周武王的母亲。挚任氏之仲女。

⑨幽王之禽：指周幽王被犬戎攻杀事。幽王，名宫涅，一作“宫湦”。周宣王之子，前781—前771年在位。褒姒：《索隐》曰：“褒是国名，姒是其姓，即龙漦之子，褒人育而以女于幽王也。”有关褒姒其人以及幽王宠幸褒姒导致国破身亡事，详见《周本纪》。《索隐》又曰：“此文自‘夏之兴’至‘褒姒’，皆是魏如耳之母词，见《国语》及《列女传》。”

⑩《易》基《乾》《坤》：《易经》的六十四卦是从《乾》《坤》二卦开始的。基，始。《系辞》云：“乾道成男，坤道成女，乾知大始，坤作成物。”

⑪《诗》始《关雎》：《关雎》是《诗经》的开篇之作。《诗大序》云：“《关雎》，后妃之德也，风之始也，所以风天下而正夫妇也。”

⑫《书》美釐降：《尚书·尧典》称赞虞舜之美，尧将两个女儿嫁给了他。颜师古曰：“釐，理也。《尚书·尧典》称舜之美云：‘釐降二女于妫汭。’言尧欲观舜治迹，以己之二女妻之。舜能以治降下二女，以成其德。”按，尧将两个女儿嫁给舜之事，详见《五帝本纪》。

⑬《春秋》讥不亲迎：《索隐》曰：“《公羊》‘纪裂繻来逆女’，何以书？讥也，讥不亲迎也。”按，纪国国君娶鲁国之女，纪国国君没有亲自迎娶，孔子认为此举不合礼法，加以讥讽。

⑭夫妇之际，人道之大伦也：夫妻之间的关系是社会人伦的一项重要内容。颜师古曰：“伦，理也。”

⑮礼之用，唯婚姻为兢兢：对于“礼”的运用，没有比婚姻之礼更需要认真对待的了。颜师古曰：“兢兢，戒慎也。”谨慎小心的样子。

⑯乐调而四时和：乐律和谐了，则四季就能风调雨顺。四时，即四季。

⑰阴阳之变，万物之统也：《索隐》曰：“阴阳变，则能生万物，是阴阳即夫妇也。夫妇道和而能化生万物。万物，人为之本，故云‘万

物之统’。”

⑱人能弘道,无如命何:《论语·卫灵公》曰:“人能弘道,非道弘人。”《论语·宪问》曰:“道之将行也与,命也;道之将废也与,命也。公伯寮其如命何!”无如命何,能拿命运怎么样呢。意即无法改变命定的东西。

⑲妃(pèi)匹之爱:夫妇之爱。妃匹,匹配,婚配。妃,配。

⑳君不能得之于臣,父不能得之于子:二句解法不一,《索隐》曰:“以言夫妇亲爱之情,虽君父之尊而不夺臣子所好爱,使移其本意,是不能得也,故曰‘匹夫不可夺志’是也。”《正义佚存订补》曰:“言臣子有亲爱之情,君父虽尊,犹不能夺,况卑下而能止制乎?”

㉑驩合:合欢,指男女成亲。驩,通“欢”。

㉒或不能成子姓:有些人不能有孩子。王叔岷引《礼记·丧大记》郑注:“子姓,谓众子孙也。姓之言生也。”《索隐》曰:“即赵飞燕等是也。”

㉓或不能要其终:《索隐》曰:“以言虽有子姓而意不能要终,如栗姬、卫后等皆是也。”

㉔岂非命也哉:叶玉麟曰:“‘命’字,一篇之主。”

㉕孔子罕称命:《论语·子罕》曰:“子罕言利与命与仁。”

㉖通幽明之变:了解有形的和无形的事物之间的因果变化。《易系辞》曰:“仰以观于天文,俯以察于地理,是故知幽明之故。”

㉗恶能识乎性命哉:《论语·公冶长》:“子贡曰:‘夫子之言性与天道,不可得而闻也。’”凌稚隆引冯班曰:“先本六艺,言妃匹之际系天下之兴亡,此正言也。而汉之诸后,或不由德,特言命以志感慨,文有烟波。”又曰:“妙在‘盖难言之’句,不然与上文不相顾矣。”恶(wū)能,怎么能,岂能。恶,《索隐》:“恶犹于何也。”

【译文】

自古以来,秉承天命、开创鸿业的帝王或继承帝统、遵法守成的君主，都不只是因为内在的品德美好，大都也得益于外戚的大力襄助。夏朝的兴起是因为有涂山氏的女子，而夏桀的被流放则是因为娶了末喜为妻。殷朝的兴起是因为娶了有娀氏之女，而殷纣的被杀是因为他宠信妲己。周朝的兴起是因为有了姜原和大任，而周幽王被擒是因为他终日和褒姒荒淫。所以《易经》是以象征阴阳和男女的《乾卦》和《坤卦》为开头的，《诗经》以赞美后妃之德的《关雎》作为开篇，《书经》赞美唐尧把两个女儿下嫁给虞舜，《春秋》讥讽君主娶妻不亲自去迎接的失礼行为。夫妻关系，是人伦关系当中最重要的一条。对于礼的运用，没有比婚姻之礼更需要认真对待的了。乐声和谐才能使四季风调雨顺，而阴阳的变化是万物生长变化的根本。因此，人们怎么能够不慎重对待呢？人们可以弘扬大道，但对于天命却是无可奈何的。夫妻之间的爱情也是一种命定的无法改变的事情，即使你是国君，你也无力把你臣民和美的夫妻关系变成你的；即使你是父亲，你也不能把你儿女的夫妻和谐变成你的，更不用说那些卑贱的人了！有的人夫妻关系和谐，但不能生育儿女；也有的能生儿育女，但又不能白头偕老：这一切难道不是天命吗？孔子很少谈论命运，因为这实在很难讲清楚吧。一个人如果不能通晓幽明之变，又怎么能看清天命呢？

太史公曰：秦以前尚略矣①，其详靡得而记焉。汉兴，吕娥姁为高祖正后②，男为太子。及晚节色衰爱弛，而戚夫人有宠③，其子如意几代太子者数矣④。及高祖崩，吕后夷戚氏⑤，诛赵王，而高祖后宫唯独无宠疏远者得无恙⑥。

【注释】

①尚略：久远，稀少。

②吕娥姁（xū）：即吕后，名雉，字娥姁。汉高祖皇后，惠帝母。事迹详见《吕太后本纪》。

③戚夫人：汉高祖宠妃。生子刘如意，后立为赵王。

④数：屡次，多次。

⑤夷：夷灭，杀光。

⑥无恙：平安，无患。

【译文】

太史公说：秦朝以前，后妃外戚的资料缺乏，已经没有办法细写了。汉朝兴起，吕娥姁是汉高祖的正宫皇后，她的儿子刘盈做了太子。等到她晚年，容颜衰老，高祖疏远了她，而戚夫人得到宠爱，她的儿子刘如意差点儿取代太子的事情发生了好几次。等到高祖去世，吕后就灭了戚夫人，杀了赵王如意，高祖的妃子们只有那些一向被疏远、不受宠的才安然无事。

吕后长女为宣平侯张敖妻[①]，敖女为孝惠皇后[②]。吕太后以重亲故[③]，欲其生子万方[④]，终无子，诈取后宫人子为子。及孝惠帝崩，天下初定未久，继嗣不明[⑤]。于是贵外家，王诸吕以为辅[⑥]，而以吕禄女为少帝后[⑦]，欲连固根本牢甚，然无益也。高后崩[⑧]，合葬长陵[⑨]。禄、产等惧诛[⑩]，谋作乱。大臣征之，天诱其统[⑪]，卒灭吕氏。唯独置孝惠皇后居北宫[⑫]。迎立代王[⑬]，是为孝文帝，奉汉宗庙。此岂非天邪？非天命孰能当之[⑭]？

【注释】

①吕后长女：即鲁元公主。宣平侯张敖：刘邦功臣张耳的儿子。秦朝末年，从其父起兵，陈涉封其为成都君，令合诸侯兵破秦军定赵；项羽立其父为常山王。后随父归汉，汉封其父为赵王。张耳卒，继位为赵王，后其相贯高等谋杀高祖事发，被废为宣平侯。

②敖女:《索隐》引皇甫谧云:"名'嫣'。"

③重亲:关系最近的亲戚。亦可解为亲上加亲。按,张皇后是惠帝的外甥女,所以说是重亲。

④万方:千方百计,想尽办法。

⑤继嗣不明:指张后抱养的孩子是否真是孝惠帝的儿子,群臣有怀疑。详情见《吕太后本纪》。按,周勃、陈平诸人诛灭诸吕后,担心惠帝的儿子为帝日后报复,所以要斩草除根。

⑥王诸吕以为辅:惠帝卒后,吕后临朝,大封娘家人。详情见《吕太后本纪》。

⑦吕禄:建成侯吕释之之子,吕后七年(前181)被封为赵王。少帝:惠帝之子,原名刘义,后改名刘弘。

⑧高后崩:吕后崩于前180年。

⑨合葬长陵:《集解》引《关中记》曰:"高祖陵在西,吕后陵在东。汉帝后同茔,则为合葬,不合陵也。诸陵皆如此。"长陵,刘邦的陵墓,在今陕西咸阳东北,吕后的陵墓在长陵的东侧偏南。

⑩禄、产:即吕禄、吕产。吕产是吕后长兄周吕侯吕泽之子,吕后六年被封为梁王。

⑪天诱其统:泷川曰:"天使不失高祖之统也。"《集解》引徐广曰:"统,一作'衷'。"梁玉绳曰:"作'衷'是也,史公用左氏语。"

⑫北宫:《索隐》曰:"宫在未央北,故曰北宫。"

⑬代王:即刘恒,高祖之子,母薄姬。高祖十一年(前196)被封为代王。吕后八年(前180),周勃等平定诸吕后,迎立为皇帝。事迹详见《吕太后本纪》《孝文本纪》。

⑭非天命孰能当之:泷川曰:"承上文'岂非命也哉'。"凌稚隆引邓以瓒曰:"吕后已有本纪,此又总括帷簿事,然却尽首尾,亦可见简叙法。"梁玉绳曰:"《本纪》标目既编高后之年,《外戚》裁篇难缺娥姁之事,撮叙大略,体例宜然,但何以不及其父吕公封临泗

侯乎?”

【译文】

吕后的长女是宣平侯张敖的妻子,张敖的女儿又给她的舅舅孝惠帝做了皇后。吕后为了亲上加亲曾想尽办法让她的外孙女给皇帝生儿子,终究也没有生出儿子,只得从后宫抱来别的美人之子谎称是她的儿子。等到孝惠帝去世,当时天下刚刚安定不久,继承皇位的人还不明确。于是外戚尊贵起来,吕后大肆封娘家人为王,让他们辅佐朝政,而且把吕禄的女儿嫁给少帝为后,想让刘、吕两家盘根错节,关系更为稳固,然而毫无益处。吕后去世,与高祖刘邦合葬在长陵。这时吕禄、吕产等人害怕被诛杀,便密谋作乱。大臣们起来讨伐他们,上天引导着汉家的皇统,终于消灭了吕氏。而单单留下了孝惠皇后,让她住在北宫。大臣们把代王迎来即位,这就是孝文帝,由他奉祠汉室的宗庙。这难道不是天命吗?不是天命谁能担当这样的使命呢?

薄太后,父吴人①,姓薄氏,秦时与故魏王宗家女魏媪通②,生薄姬。而薄父死山阴③,因葬焉。及诸侯畔秦,魏豹立为魏王④,而魏媪内其女于魏宫⑤。媪之许负所相⑥,相薄姬,云当生天子。是时项羽方与汉王相距荥阳⑦,天下未有所定。豹初与汉击楚⑧,及闻许负言,心独喜,因背汉而畔,中立,更与楚连和⑨。汉使曹参等击虏魏王豹⑩,以其国为郡⑪,而薄姬输织室⑫。豹已死⑬,汉王入织室,见薄姬有色,诏内后宫,岁余不得幸。始姬少时,与管夫人、赵子儿相爱,约曰:“先贵无相忘。”已而管夫人、赵子儿先幸汉王。汉王坐河南宫成皋台⑭,此两美人相与笑薄姬初时约。汉王闻之,问其故,两人具以实告汉王。汉王心惨然,怜薄姬,是日召而幸之。薄姬曰:“昨暮夜妾梦苍龙据吾腹⑮。”高帝曰:

"此贵征也,吾为女遂成之[16]。"一幸生男,是为代王。其后薄姬希见高祖[17]。

【注释】

①吴:汉县名,治所在今江苏苏州。

②故魏王:指秦朝统一前的魏国末代国君假,前227—前225年在位。宗家:同族,本家。魏媪:姓魏的女性。

③山阴:秦县名,治所在今浙江绍兴。《索隐》:"顾氏按《冢墓记》在会稽县,县西北楫山上今犹有兆域。"

④魏豹:战国时魏国贵族。秦末农民起义时,从其兄魏咎投奔陈胜,陈胜立咎为魏王。后秦将章邯攻魏,咎兵败自杀,他逃奔楚,楚怀王以兵数千相助,得以复徇魏地,连下二十余城,遂自立为魏王。章邯攻赵,他率军与诸侯救赵。巨鹿大战后,又引精兵从项羽入关。汉王元年(前206),项羽改封他为西魏王,都平阳(今山西临汾西南)。

⑤魏媪内其女于魏宫:时间应在汉元年下半年或汉二年上半年。

⑥许负:西汉初著名相士。一说负为老妇人之称。

⑦项羽方与汉王相距荥阳:项羽与刘邦于汉二年(前205)四月至汉四年(前203)九月间在荥阳对峙。荥阳,秦县名,治所在今河南郑州古荥镇。

⑧豹初与汉击楚:战事发生在汉二年(前205)四月。魏豹于汉二年三月投降刘邦,并随刘邦一起攻打项羽。事情详见《项羽本纪》《高祖本纪》。

⑨因背汉而畔,中立,更与楚连和:泷川曰:"《汉书·外戚传》无'畔'字,此疑衍。"汉二年五月,刘邦溃败后,魏豹向刘邦请假返回封国,过河后即叛变刘邦,又跟项羽连合。

⑩汉使曹参等击虏魏王豹:按,据《淮阴侯列传》,此役的统帅是韩

信。据《魏豹彭越列传》,魏豹渡河反汉后,刘邦曾派谋士郦食其前往劝说,魏豹执意不回,于是刘邦于汉二年八月派韩信率军击败他。

⑪以其国为郡:韩信灭魏后,高祖在原魏国属地设立了河东、太原、上党三个郡。

⑫输:送入,投入。织室:主管宫中织造丝帛的官府。

⑬豹已死:韩信攻破魏国并俘获了魏豹后,刘邦不计前嫌将其释放,让他与周苛等一起守荥阳。汉三年夏,项羽将刘邦围困在了荥阳。后刘邦出逃后,坚守孤城的周苛、枞公等讨厌魏豹反复无常,将他杀死。

⑭河南宫成皋台:《索隐》曰:"是河南宫之成皋台。"按,据《索隐》说则此台应在当时洛阳城内的"河南宫"内。《汉书》作"河南成皋灵台",则此台在当时的成皋(在今河南荥阳西北)。据此,刘邦纳薄氏应在他与项羽在荥阳对峙之时。

⑮据:处于,盘压。

⑯吾为女遂成之:意思是我今天就让你怀孕。叶玉麟《批点史记》曰:"序管夫人、赵子儿,点缀琐事,愈有情致。"吴见思曰:"深宫曲台,私语巧笑,默然共会,情神相通,写得微秀。"女,通"汝"。遂成,完成,成功。

⑰希见:罕见,很少见到。

【译文】

薄太后的父亲是吴县人,姓薄氏,秦朝时同故魏王宗族中的女子魏媪私通,生下了薄姬。薄姬的父亲后来死在山阴,于是就葬在了那里。到诸侯反抗秦朝的时候,魏豹自立为魏王,这时魏媪就把薄姬送进了魏王的宫里。魏媪带着薄姬到许负那里去看相,许负看了薄姬的面相后,说她应当会生一位天子。这时项羽正和刘邦在荥阳对峙,天下归谁还没有确定。魏豹最初是同刘邦联合攻打项羽的,等到他听了许负所说的话，内心独自欢喜，于是他就背离刘邦反叛了，开始中立，后来渐渐就同项羽联合了。后来刘邦派了曹参等打败并俘虏了魏豹，把魏国改作郡，把薄姬送进了织锦室。魏豹死后，刘邦一次去了织锦室，发现薄姬颇有姿色，下诏把她收进后宫，可是薄姬进了后宫一年多也没有得到宠幸。当初薄姬年少时，与管夫人、赵子儿很亲密，三人立下誓约说："将来谁要是先富贵了不要把别人忘了。"后来管夫人、赵子儿都得到刘邦宠幸。有一天刘邦在河南宫的成皋台上闲坐，管、赵两个美人在那里谈起她们当初与薄姬的约定而相互戏笑。刘邦听见了，问她们缘故，这两人就如实禀报了。刘邦听了之后心中悲伤，很可怜薄姬，于是当日就召见临幸了薄姬。薄姬对刘邦说："昨天夜里妾梦见一条苍龙盘踞在我的腹上。"刘邦说："这是显贵的征兆，今天让我来成全了你吧。"一次同宿就生了男孩，这就是后来的代王刘恒。从那次以后，薄姬很少见到刘邦。

高祖崩[①]，诸御幸姬戚夫人之属[②]，吕太后怒，皆幽之[③]，不得出宫。而薄姬以希见故，得出，从子之代[④]，为代王太后。太后弟薄昭从如代。代王立十七年[⑤]，高后崩。大臣议立后，疾外家吕氏强[⑥]，皆称薄氏仁善，故迎代王，立为孝文皇帝，而太后改号曰皇太后，弟薄昭封为轵侯[⑦]。薄太后母亦前死，葬栎阳北[⑧]。于是乃追尊薄父为灵文侯，会稽郡置园邑三百家[⑨]，长丞已下吏奉守冢[⑩]，寝庙上食祠如法[⑪]。而栎阳北亦置灵文侯夫人园，如灵文侯园仪。薄太后以为母家魏王后，早失父母[⑫]，其奉薄太后诸魏有力者[⑬]，于是召复魏氏[⑭]，赏赐各以亲疏受之。薄氏侯者凡一人[⑮]。薄太后后文帝二年，以孝景帝前二年崩[⑯]，葬南陵[⑰]。以吕后会葬长陵，故特自起陵，近孝文皇帝霸陵。

【注释】

①高祖崩：高祖崩于前195年。

②御幸：亲近，宠爱。姬：皇后以外的妃嫔的统称。

③幽：幽禁，禁闭。

④代：刘恒的封国，其都城中都在今山西平遥西南。

⑤代王立十七年：即前180年。

⑥疾：患，痛恨，以之为病。外家：泛指母亲和妻子的娘家人。

⑦薄昭封为轵（zhǐ）侯：封地轵县，在今河南济源东南。《索隐》曰："按《地理志》，轵县在河内，恐地远非其封也。长安东南有轵道亭，或当是所封也。"洪亮吉曰："案《外戚世家》，窦广国封章武侯，彭祖封南皮侯，皆属勃海；田胜封周阳侯，属上郡，较河内更远，何独疑轵远非封地乎？又昭以帝舅之尊，不当仅封一亭。《索隐》恐误。《汉书·恩泽侯表》，孝惠子亦封轵侯，岂亦轵道亭乎？《索隐》误可知。"

⑧栎阳：汉县名，治所在今陕西西安阎良区。楚汉战争时期刘邦的留都。

⑨会稽郡：汉郡名，郡治即今江苏苏州。园邑：汉代为守护陵园所置的县邑。

⑩长丞已下吏奉守冢：梁玉绳曰："《汉书》'吏'作'使'，是，此脱其旁耳。"长丞，主管园邑的长官与其副职，有如县里的县长与县丞。已，通"以"。奉守，供奉，守护。

⑪寝庙：古代帝王的宗庙分两部分，前曰庙，后曰寝，合称"寝庙"，或作"庙寝"。庙是供祀祖先的地方，寝是放置祖先衣冠的地方。上食：献上食品，上供。祠：祭祀。

⑫早失父母：按，《汉书》作"太后早失父"。泷川曰："古抄本、枫山、三条本无'母'字，与《汉书》合。"译文从古抄本。

⑬其奉薄太后诸魏有力者：泷川曰："古抄本、枫山、三条本无'者'

字，与《汉书》合。”奉，供养，养育。颜师古曰：“言太后为外家所养也。”

⑭召：指将薄太后的娘家人叫进京城。复：免除徭役或赋税。

⑮薄氏侯者凡一人：薄氏只有太后之弟薄昭封侯。

⑯薄太后后文帝二年，以孝景帝前二年崩：薄太后比其子孝文帝晚死两年，死于孝景帝前元二年，前155年。孝景，即汉景帝刘启，文帝之子。前156—前141年在位。与其父文帝统治时期合称“文景之治”，为其后的汉武帝盛世打下基础。

⑰葬南陵：《索隐》引《庙记》曰：“在霸陵南十里，故谓‘南陵’。”

【译文】

刘邦驾崩后，那些曾被刘邦宠幸的嫔妃如戚夫人等，都被怒不可遏的吕后通通囚禁了起来，不准她们出宫。而薄姬由于历来极少见到高祖的缘故，得以出宫，跟随她的儿子刘恒去了代国，成为代王太后。太后的弟弟薄昭也跟着一同去了代国。代王即位十七年，吕后驾崩。大臣们商议着立新君，他们痛恨外戚吕氏势力强盛，都称赞薄氏仁德善良，所以决定迎代王入朝，立为孝文皇帝，薄太后改称号为皇太后，她的弟弟薄昭被封为轵侯。薄太后的母亲已在此前死去，葬在栎阳城北面。孝文帝于是追尊薄太后的父亲为灵文侯，在会稽郡修建陵园，安置三百户人家作为陵园的园邑，设置主管园邑的长官和副职守护陵墓，并按照规定的礼仪进行供奉祭祀。在栎阳城北也兴建灵文侯夫人的陵园，所有供奉祭祀的礼仪跟灵文侯的陵园一样。薄太后认为自己的母亲是魏王的后代，自己的父亲死得又早，魏家的许多人照顾她们母女很尽力，于是孝文帝下令召魏家人入京并免去了他们的徭役赋税，而且还让他们按亲疏远近接受赏赐。薄氏家族中有一人被封侯。薄太后比孝文帝晚去世两年，也就是孝景帝前元二年，安葬在南陵。因为吕后已经和高祖合葬在了长陵，所以特地给薄太后单独造了陵园，靠近孝文皇帝的霸陵。

窦太后[①]，赵之清河观津人也[②]。吕太后时，窦姬以良家子入宫侍太后[③]。太后出宫人以赐诸王，各五人，窦姬与在行中。窦姬家在清河，欲如赵近家[④]，请其主遣宦者吏："必置我籍赵之伍中[⑤]。"宦者忘之，误置其籍代伍中。籍奏，诏可，当行。窦姬涕泣，怨其宦者，不欲往，相强，乃肯行。至代，代王独幸窦姬，生女嫖[⑥]，后生两男[⑦]。而代王王后生四男[⑧]，先代王未入立为帝而王后卒。及代王立为帝，而王后所生四男更病死。孝文帝立数月，公卿请立太子，而窦姬长男最长，立为太子[⑨]。立窦姬为皇后，女嫖为长公主[⑩]。其明年[⑪]，立少子武为代王[⑫]，已而又徙梁[⑬]，是为梁孝王。

【注释】

①窦太后：《集解》引皇甫谧云："名猗房。"王先谦引周寿昌曰："《初学记》引《世王传》曰：'窦氏少小头秃，不为家人所齿。遇七月七日夜，人皆看织女，独不许后出。有光照室，为后之瑞。"

②清河观津：清河郡的观津县。清河，汉郡名，郡治清阳（在今河北清河东南）。观津，汉县名，治所在今河北武邑东南。按，观津县地属信都郡（郡治在今河北冀州），不属清河郡。

③良家子：清白人家的孩子，以别于罪犯罚没为奴者。

④欲如赵近家：请求去赵国，以求离家近点。赵国的都城邯郸，离清河郡较近。

⑤籍：名单。赵之伍：去赵国的五个人。

⑥嫖：汉文帝和窦皇后的女儿，汉景帝刘启的姐姐。

⑦两男：即汉景帝刘启与梁孝王刘武。

⑧王后生四男：梁玉绳曰："《景纪》作'三男'，疑'四'字非。"更病死：先后都得病而死。更，交互。

⑨窦姬长男最长,立为太子:文帝前元元年(前179)正月,窦姬的长男,即日后的汉景帝刘启,被立为太子。

⑩女嫖为长公主:泷川引中井曰:"此宜称'馆陶公主',《汉书》作'馆陶公主'。"汉代皇帝的姐妹称长公主,此时汉景帝还没有即位,他的姐姐还不能称"长公主"。

⑪其明年:即汉文帝前元二年(前178)。

⑫少子:窦皇后所生的第二个儿子。

⑬已而又徙梁:改封事在汉文帝前元十二年(前168)。梁,国都为睢阳,在今河南商丘西南。

【译文】

窦太后是赵国清河观津人。吕太后执政时,窦姬以良家女选入宫中侍奉太后。后来吕太后把一批宫女遣送出宫,用来赐给各诸侯王,每个人五个宫女,窦姬就在这批宫女之中。窦姬家在清河,想到离家较近的赵国,就请求主管遣送的宦官:"一定把我的名册放在去赵国的队伍里。"结果那个宦官忘记了,错把她的名册放到去代国的队伍中了。名册上呈吕后,吕后立即照准,就该马上启程。窦姬伤心哭泣,怨恨那个宦官,不想去代国,后来被强迫催促,才肯动身。到了代国以后,代王只宠爱窦姬一人,先生一女名嫖,后来又生二子。代王的王后生有四个儿子,早在代王进京为帝之前,王后就死了。代王做了皇帝不久,王后生的四个儿子也都相继病死。因此到孝文帝即位几个月后,公卿大臣请求立太子,窦姬的大儿子刘启在皇子中年龄最大,被立为了太子。而窦姬也被立为皇后,女儿刘嫖后来成了长公主。第二年,立小儿子刘武为代王,不久改封到梁国,这就是梁孝王。

窦皇后亲蚤卒,葬观津[①]。于是薄太后乃诏有司,追尊窦后父为安成侯,母曰安成夫人。令清河置园邑二百家,长丞奉守,比灵文园法[②]。窦皇后兄窦长君[③],弟曰窦广国,字少君[④]。少君年四五岁时，家贫，为人所略卖[⑤]，其家不知其处。传十余家[⑥]，至宜阳[⑦]，为其主入山作炭，暮卧岸下百余人[⑧]，岸崩，尽压杀卧者，少君独得脱，不死。自卜数曰当为侯[⑨]，从其家之长安。闻窦皇后新立，家在观津，姓窦氏。广国去时虽小，识其县名及姓[⑩]，又常与其姊采桑堕[⑪]，用为符信[⑫]，上书自陈。窦皇后言之于文帝，召见，问之，具言其故，果是。又复问他何以为验，对曰："姊去我西时，与我决于传舍中[⑬]，丐沐沐我[⑭]，请食饭我，乃去。"于是窦后持之而泣，泣涕交横下。侍御左右皆伏地泣，助皇后悲哀[⑮]。乃厚赐田宅金钱，封公昆弟家于长安[⑯]。绛侯、灌将军等曰[⑰]："吾属不死，命乃且县此两人[⑱]。两人所出微，不可不为择师傅宾客，又复效吕氏大事也。"于是乃选长者士之有节行者与居。窦长君、少君由此为退让君子，不敢以尊贵骄人[⑲]。

【注释】

①窦皇后亲蚤卒，葬观津：《索隐》引《三辅决录》云："窦太后父少遭秦乱，隐身渔钓，坠泉而死。景帝立，太后遣使者填父所坠渊，起大坟于观津城南，人间号曰'窦氏青山'也。"亲，指父母。蚤，通"早"。

②比灵文园法：与灵文园的规格待遇相同。

③窦长君：《索隐》引《决录》曰："建，字长君。"

④窦广国，字少君：《正义》引《括地志》曰："窦少君墓在冀州武邑县东南二十七里。"

⑤略卖：被劫走又卖掉。略，夺取，掠取。

⑥传：通"转"，辗转。

⑦宜阳：汉县名，治所在今河南宜阳。

⑧暮卧岸下：李笠曰："《说文》山部，岩，岸也。此云'入山作炭'，当非水涯，当谓'卧岩下'。"

⑨数曰：说了好几次，总是说。底本"曰"字作"日"。泷川曰："古抄本、枫山、三条本'日'作'曰'。"今据改。

⑩识：记，记得。

⑪常：通"尝"，曾经。

⑫符信：凭证，信物。

⑬决：通"诀"，分别。传（zhuàn）舍：古代供行人食宿之所。

⑭沐：米汁。古人常作洗头之用。按，下一个"沐"字用作动词。

⑮助皇后悲哀：凌稚隆曰："又于旁人形容一句，极写其生死离别，骨肉乍逢，真堪一恸也。"林纾曰："记窦皇后弟窦广国事，史公之写物情挚矣。下一'丐'字、'请'字，觉窦皇后之深情，窦广国身世之落寞，寥寥数语，而惨状悲怀，已尽呈纸上。'助皇后悲哀'，悲哀宁能助耶？然舍却'助'字，又似无字可以替换。苟令窦皇后见之，思及'助'字之妙，亦且破涕为笑。"

⑯封公昆弟家于长安：泷川引中井曰："'封公昆弟'难通，《班史》削此句，是也。"

⑰绛侯：指周勃，汉初开国功臣之一，封绛侯。吕后卒，他与陈平合谋，一举尽诛诸吕，迎立文帝，任右丞相。事迹详见《绛侯世家》。灌将军：指灌婴，汉初开国功臣之一，封颍阴侯。吕后死后，齐哀王刘襄举兵攻诸吕，他奉吕禄命率军迎击，至荥阳，屯兵不前，和周勃等内外配合，诛灭诸吕，拥立代王刘恒为文帝，拜太尉。后代周勃为丞相。事迹详见《樊郦滕灌列传》。

⑱命乃且县（xuán）此二人：颜师古曰："恐其后擅权，则将相大臣当被害。"王叔岷曰："'乃'与'且'，义并犹'将'也。"县，拴系，系联。

⑲不敢以尊贵骄人：史珥曰："绛灌相业，此为大矣，可传可法。"凌

稚隆曰："此可为保全外戚之法。"

【译文】

窦皇后的双亲早已去世，葬在观津。于是薄太后就命令有关官员，追尊窦皇后的父亲为安成侯，母亲为安成夫人。命令清河县为他们修建陵园并划出二百户人家作为陵园的园邑，设置主管园邑的长官和副职奉守陵墓，和对待灵文园的章程相同。窦皇后的哥哥叫窦长君，弟弟叫窦广国，字少君。窦少君四五岁时，家里贫穷，被人掳掠拐卖，家里人不知他被卖在何处。窦少君先后被转卖了十多家，最后被卖到宜阳，为他的主人进山烧炭，晚上少君和一百多人睡在山崖下，山崖崩塌，那一百多人全被压死在了睡觉的地方，只有窦少君得以脱险，没被压死。他自己去算了一卦，几次说要封侯，于是跟随着主人家到了长安。他听说新立的皇后是观津人，姓窦。窦广国被拐离家的时候年龄虽小，但还记得老家的县名和自己的姓氏，还记得曾经跟着姐姐采桑，从树上掉下来等，他就用这些作凭证，上书陈说。窦皇后把这件事告诉了孝文帝，广国即被召见，问他的身世，他详细说了原委，果然是窦皇后的弟弟。又问还能用其他的什么来验证，他回答说："姐姐离开我西去的时候，和我在驿站宿舍里作别，姐姐讨了水来给我洗头，又要来食物给我吃，然后才离去。"于是窦皇后就拉住弟弟痛哭起来，涕泪纵横流下。周围侍候的人也都趴在地上哭泣，陪着皇后一起难过。于是朝廷赏给了窦广国很多土地、房屋和金钱，封窦氏兄弟为公，让他们迁居长安。绛侯周勃、将军灌婴等人说："我们这些人当初没被吕氏杀死，不想今天性命竟要悬在窦氏兄弟二人手中。这两个人出身低贱，不能不给他们挑选师傅和宾客，否则就会再次效法吕氏阴谋叛乱。"于是专门选派了一批年长有德、品行端正的士人和他俩在一起。窦长君、窦少君兄弟从此成为谦虚退让的君子，不敢倚仗他们的贵戚身份对人骄横傲慢。

窦皇后病，失明。文帝幸邯郸慎夫人、尹姬，皆毋子。

孝文帝崩[①]，孝景帝立，乃封广国为章武侯[②]。长君前死，封其子彭祖为南皮侯[③]。吴、楚反时[④]，窦太后从昆弟子窦婴[⑤]，任侠自喜[⑥]，将兵，以军功为魏其侯[⑦]。窦氏凡三人为侯[⑧]。

【注释】

①孝文帝崩：孝文帝崩于文帝后元七年，前157年。

②章武侯：封地在章武，在今河北黄骅西南。

③南皮侯：封地在南皮，即今河北南皮。

④吴、楚反时：即指“七国之乱”，爆发于景帝前元三年，前154年。过程详见《吴王濞列传》《袁盎晁错列传》《绛侯世家》等篇。

⑤从昆弟子：堂兄弟的儿子。窦婴：字王孙，窦太后的堂侄。反对立梁孝王刘武为太子，为窦太后所恶。事迹详见《魏其武安侯列传》。

⑥任侠：与人相交讲信用，遇不平负气仗义。自喜：自爱，自我欣赏。汉景帝曾说窦婴“沾沾自喜”。

⑦魏其侯：封地在魏其，在今山东临沂东南。

⑧三人：即窦广国、窦彭祖、窦婴。

【译文】

后来窦皇后生病，双目失明。孝文帝宠爱邯郸慎夫人、尹姬，但这两人都没有生子。孝文帝驾崩后，孝景帝继位，封窦广国为章武侯。窦长君在景帝即位前就去世了，于是封他的儿子窦彭祖为南皮侯。后来在吴、楚等国反叛时，窦太后堂兄弟的儿子窦婴，任侠自爱，曾率军参加平叛，因为立有军功被封为魏其侯。窦氏一族被封侯的共有三人。

窦太后好黄帝、老子言[①]，帝及太子诸窦不得不读《黄帝》《老子》，尊其术[②]。窦太后后孝景帝六岁，建元六年崩[3]，合葬霸陵[4]。遗诏尽以东宫金钱财物赐长公主嫖[5]。

【注释】

①黄帝、老子言：即指“黄老学说”。这种学说从战国中期兴起，其代表著作即《管子》等。楚汉战争中，张良、陈平等曾运用这种思想帮着刘邦打败了项羽；汉代建国后，萧何、曹参等又运用这种学说，主张“清静无为”，休养生息，使社会经济得以恢复发展。窦太后的“好黄帝、老子言”，不过是希望继续推行“无为而治”的既定路线而已。徐孚远曰：“文帝好道家言，故窦太后亦好之也。”

②帝及太子诸窦不得不读《黄帝》《老子》，尊其术：按，窦太后在景帝时期颇干预朝政，至武帝即位初期仍权势欲不减。详情见《魏其武安侯列传》。太子，景帝前期的太子名荣，栗姬所生，事迹见下文。后期的太子名彻，即日后的汉武帝。《黄帝》，后人依托的古书之一，今所见之《黄帝四经》应即其重要的一种。《老子》，即通常所说的《道德经》，八十一章，是道家学派最重要的著作。

③窦太后后孝景帝六岁，建元六年崩：按，黄本、金陵局本于“后孝景帝六岁”下都有“建元六年”四字，意谓景帝死后之第六年，即武帝之建元六年，窦太后崩。今据补。此年即前135年。建元，汉武帝刘彻的第一个年号（前140—前135年）。

④合葬霸陵：汉代帝后合葬多是同茔异穴。窦太后陵位于文帝霸陵东南一千九百米。

⑤东宫：即长乐宫，因其地处未央宫之东，故称。当时是太后居所。

【译文】

窦太后喜好黄帝、老子的学说，因此孝景帝、太子，以及窦氏诸人，都不得不跟着她一起读《黄帝》《老子》，尊奉黄帝、老子的学术。窦太后是在孝景帝驾崩后第六年，也就是汉武帝建元六年去世的，和孝文帝合葬在霸陵。生前她留下遗诏，把东宫的金钱财物全部赐给长公主刘嫖。

王太后①，槐里人②，母曰臧儿。臧儿者，故燕王臧荼孙也③。臧儿嫁为槐里王仲妻，生男曰信，与两女④。而仲死，臧儿更嫁长陵田氏⑤，生男蚡、胜。臧儿长女嫁为金王孙妇⑥，生一女矣。而臧儿卜筮之，曰两女皆当贵。因欲奇两女⑦，乃夺金氏。金氏怒，不肯予决⑧，乃内之太子宫⑨。太子幸爱之⑩，生三女一男。男方在身时⑪，王美人梦日入其怀。以告太子，太子曰："此贵征也⑫。"未生而孝文帝崩，孝景帝即位，王夫人生男。先是臧儿又入其少女兒姁⑬，兒姁生四男。景帝为太子时，薄太后以薄氏女为妃。及景帝立，立妃曰薄皇后。皇后毋子，毋宠。薄太后崩⑭，废薄皇后。

【注释】

①王太后：《集解》引皇甫谧云："名娡。"

②槐里：汉县名，治所在今陕西兴平东南。即秦时之所谓废丘，章邯为雍王时的都城。

③臧荼：原是燕王韩广的部将，秦末农民起义后，随项羽入关。汉元年（前206）被项羽封为燕王。后降汉。汉五年（前202）反汉，被高祖击败俘获。事情见《项羽本纪》《高祖本纪》。孙：此处指孙女。

④两女：指王皇后与王兒姁（ní xū）。

⑤长陵田氏：长陵县姓田的一个人。长陵，刘邦陵墓所在的县名，县治在今陕西咸阳东北。

⑥臧儿长女：即日后的王皇后。金王孙：姓金，名王孙。

⑦欲奇两女：想使两个女儿显得与众不同。奇，异。

⑧不肯予决：指田氏不肯与之离婚。

⑨内："纳"的古字，送进，使进入。

⑩幸爱:宠幸喜爱。

⑪方在身:正怀着孕。

⑫贵征:富贵的征兆。

⑬少女:小女儿。

⑭薄太后崩:薄太后崩于景帝前元二年,前155年。

【译文】

王太后是槐里人,母亲叫臧儿。臧儿是从前燕王臧荼的孙女。臧儿起初嫁给槐里人王仲为妻,生有儿子叫王信,还生了两个女儿。王仲死后,臧儿又改嫁长陵县的田家,生了田蚡和田胜。臧儿在王家生的长女嫁给了金王孙,已经有了一个女儿。臧儿为子女卜筮,结果说两个女儿都要大贵。臧儿于是就想把她的两个女儿当作奇货,便从金家夺回了大女儿。金家很生气,不同意离婚,臧儿就把大女儿送进太子宫里。太子很宠爱她,和她生了三女一男。当男孩还在胎孕的时候,王美人梦见太阳投入怀中。她把这个梦告诉了太子,太子说:"这是大贵的征兆。"男孩还没降生,孝文帝就驾崩了,孝景帝即位后,王夫人生下这个男孩。在此以前,臧儿也把小女儿兒姁送进了太子宫,兒姁生了四个儿子。景帝做太子的时候,薄太后就选了薄氏的女儿做太子妃。等到景帝即位,薄氏妃子就被立为薄皇后。皇后没有生子,不受宠爱。薄太后驾崩后,薄皇后也就跟着被废黜。

景帝长男荣[①],其母栗姬。栗姬,齐人也[②]。立荣为太子[③]。长公主嫖有女,欲予为妃[④]。栗姬妒,而景帝诸美人皆因长公主见景帝[⑤],得贵幸,皆过栗姬,栗姬日怨怒,谢长公主[⑥],不许。长公主欲予王夫人[⑦],王夫人许之。长公主怒,而日谗栗姬短于景帝曰:"栗姬与诸贵夫人幸姬会,常使侍者祝唾其背[⑧],挟邪媚道[⑨]。"景帝以故望之[⑩]。景帝尝体不安，心不乐，属诸子为王者于栗姬⑪，曰："百岁后⑫，善视之。"栗姬怒，不肯应，言不逊。景帝恚⑬，心嗛之而未发也⑭。

【注释】

①长男荣：即刘荣，又称栗太子。事迹详见《五宗世家》。

②齐：汉初诸侯国名，国都为临淄（今山东淄博临淄区）。首封之君为高祖的儿子刘肥。

③立荣为太子：刘荣于景帝前元四年（前153）被立为太子。

④长公主嫖有女，欲予为妃：《汉书》作"欲予太子为妃"。此女即阿娇，日后的陈皇后。

⑤美人：皇帝妃嫔称号之一。秦置，汉沿置。

⑥谢：推辞，拒绝。

⑦欲予王夫人：张文虎《校刊札记》曰："疑'夫人'下脱'男'字。"

⑧祝唾：咒骂并吐唾沫，表示憎恨。

⑨挟邪媚道：为了自己取媚而采用邪魔外道的手段。

⑩望：怨恨。

⑪属（zhǔ）：托付，嘱托。诸子为王者：指其他妃妾所生已封王的孩子。

⑫百岁后：百年后，婉言自己死后。

⑬恚（huì）：恼怒，气愤。

⑭嗛（xián）：怀恨。

【译文】

景帝的长子刘荣，他的母亲是栗姬。栗姬是齐国人。景帝立刘荣做了太子。长公主刘嫖有个女儿，她想让这个女儿给太子做妃子。栗姬为人妒忌，而景帝的几位美人都是凭借长公主的引见，得以和皇帝亲近的，她们得到的尊贵和宠爱都超过了栗姬，栗姬天天怨怒，为此谢绝了长公主的要求，不应允亲事。长公主想把女儿嫁给王夫人的儿子，王夫人同意了。从此长公主就怨恨栗姬，天天在景帝面前讲栗姬的坏话说：“栗姬每逢跟诸位贵夫人以及受宠的姬妾们聚会时，总是指使她的侍从在她们的背后诅咒、吐口水，施用妖邪惑人的巫术。”景帝因此恼怒栗姬。孝景帝曾有一次身体不适，心情不好，他把他那些已经被封为王的儿子托付给栗姬，说：“我去世以后，你要好好地对待他们。”栗姬生气，不肯答应，并且出言不逊。景帝非常气愤，怀恨在心，没有发作。

长公主日誉王夫人男之美，景帝亦贤之，又有曩者所梦日符[①]，计未有所定。王夫人知帝望栗姬，因怒未解，阴使人趣大臣立栗姬为皇后[②]。大行奏事毕[③]，曰：“‘子以母贵，母以子贵[④]’，今太子母无号，宜立为皇后。”景帝怒曰：“是而所宜言邪[⑤]！”遂案诛大行，而废太子为临江王[⑥]。栗姬愈恚恨，不得见，以忧死[⑦]。卒立王夫人为皇后，其男为太子[⑧]，封皇后兄信为盖侯[⑨]。景帝崩[⑩]，太子袭号为皇帝。尊皇太后母臧儿为平原君[⑪]。封田蚡为武安侯，胜为周阳侯[⑫]。

【注释】

①曩（nǎng）者：昔日，从前。曩，昔，前。所梦日符：即上文所说的王夫人“梦日入怀”事。符，验，征兆。

②阴使人趣（cù）大臣立栗姬为皇后：茅坤曰：“即骊姬请晋献公之无易太子申生意，语所谓‘倒跌’也。”陈仁锡曰：“武帝母也，极其丑诋，直笔，亦谤书。”阴，暗中。趣，唆使，催促。

③大行：礼官。主接待宾客。

④子以母贵，母以子贵：语出《公羊传·隐公元年》。王先谦引周寿昌曰：“时朝廷用《公羊》决事，故大行引之。”

⑤而：尔，汝。

⑥废太子为临江王：按，刘荣于景帝前元七年（前150）被废为临江王，二年后又被召至京城，自杀。事见《五宗世家》。临江，诸侯国名，国都在江陵（今湖北荆州）。

⑦不得见，以忧死：吴见思曰："写栗姬之祸，凡有数层，妒忌为根，而不许长公主为第一节。"又曰："逐层写来，觉闺房衽席，亦有戈矛，其端甚微，其祸甚烈。"

⑧卒立王夫人为皇后，其男为太子：两件事都发生在景帝前元七年四月。

⑨封皇后兄信为盖侯：王信于景帝中元五年，前145年受封。据《绛侯世家》，窦太后提议景帝封王信为侯，景帝没同意，跟丞相周亚夫商量，周亚夫反对，直到亚夫死后，王信才被封侯。但据《惠景间侯者年表》，王信于景帝中元五年封侯，而周亚夫死于景帝后元二年（前142），则王信封侯时周亚夫已罢相，只是还没有死。盖侯，封地在盖县，在今山东沂源东南。

⑩景帝崩：汉景帝崩于前141年。

⑪平原君：封地在今山东平原南。

⑫封田蚡为武安侯，胜为周阳侯：二人于前141年受封。武安，在今河北武安西南。周阳，在今山西绛县西南。

【译文】

长公主整天在景帝面前夸奖王夫人的儿子刘彻好，景帝也觉得刘彻贤明，又有从前他母亲梦日入怀的祥兆，但主意还没有最后拿定。王夫人知道孝景帝恼怒栗姬，趁着皇帝怒气未消，暗中指使人催促大臣奏请立栗姬为皇后。有一天，大行礼官奏事完毕后，说："'子随母贵，母随子贵'，现在太子的母亲还没有尊号，应该立她为皇后。"景帝大怒说："这是你应该讲的话吗！"于是论罪处死了大行官，并废了太子，改封为临江王。栗姬越发地恼怒怨恨，而又见不着皇帝，于是忧愤而死。最后立王夫人为皇后，她的儿子也被立为太子，皇后的哥哥王信被封为盖侯。景帝驾崩后，太子刘彻继位为皇帝。尊太后的母亲臧儿为平原君。封田蚡为武安侯，田胜为周阳侯。

景帝十三男[1]，一男为帝，十二男皆为王[2]。而兒姁早卒，其四子皆为王[3]。王太后长女号曰平阳公主[4]，次为南宫公主[5]，次为林虑公主[6]。

【注释】

①景帝十三男：梁玉绳曰："当作'十四男'。"

②十二男皆为王：梁玉绳曰："当作'十三男'。"按，景帝被封王的十三个儿子是：刘德被封河间王、刘阏于被封临江王、刘荣被封临江王、刘馀被封鲁王、刘非被封江都王、刘端被封胶西王、刘彭祖被封广川王、刘胜被封中山王、刘发被封长沙王、刘越被封广川王、刘寄被封胶东王、刘乘被封清河王、刘舜被封常山王。详见《五宗世家》。

③四子皆为王：刘越被封广川王，刘寄被封胶东王，刘乘被封清河王，刘舜被封常山王。见《五宗世家》。

④平阳公主：本称"阳信公主"，封地在阳信县（在今山东阳信北）。后因嫁给了曹参的曾孙、袭封平阳侯的曹时，故称"平阳公主"。

⑤南宫公主：封地在南宫，在今河北南宫西。

⑥林虑公主：封地在林虑。林虑即战国韩临虑邑。西汉于此置隆虑县。东汉为避殇帝刘隆名讳改称林虑。故治即今河南林州。

【译文】

孝景帝一共有十三个儿子，一个当了皇帝，其他十二个都被封为王。太后的妹妹兒姁早逝，她的四个儿子都被封为王。王太后的长女号平阳公主，次女为南宫公主，三女儿为林虑公主。

盖侯信好酒。田蚡、胜贪①，巧于文辞。王仲蚤死，葬槐里，追尊为共侯，置园邑二百家。及平原君卒，从田氏葬长陵，置园比共侯园。而王太后后孝景帝十六岁，以元朔四年崩②，合葬阳陵③。王太后家凡三人为侯④。

【注释】

①田蚡、胜贪：按，田蚡贪财专权事，详见《魏其武安侯列传》。

②元朔四年：梁玉绳曰："'四年'当作'三年'。"《汉书》作"三年"。元朔，汉武帝刘彻的第三个年号（前128—前123年）。元朔三年为前126年。

③合葬阳陵：阳陵是汉景帝刘启的陵墓，在今陕西咸阳萧家村乡张家湾村。王皇后陵在阳陵的东北。

④王太后家凡三人为侯：即王信、田蚡、田胜三人被封为侯。

【译文】

盖侯王信好饮酒。田蚡、田胜贪婪，善用文辞巧辩。王仲早死，葬在槐里，追尊为共侯，设置了二百户的园邑。等到平原君去世，跟田氏一起葬在长陵，设置的陵园同共侯陵园一样。王太后比孝景帝晚死十六年，在元朔四年驾崩，与景帝合葬在阳陵。王太后家共有三人被封侯。

卫皇后字子夫，生微矣①。盖其家号曰卫氏②，出平阳侯邑③。子夫为平阳主讴者④。武帝初即位⑤，数岁无子。平阳主求诸良家子女十余人，饰置家。武帝祓霸上还⑥，因过平阳主。主见所侍美人⑦，上弗说⑧。既饮，讴者进，上望见，独说卫子夫。是日，武帝起更衣⑨，子夫侍尚衣轩中⑩，得幸。上还坐，欢甚，赐平阳主金千斤。主因奏子夫奉送入宫。子夫上车，平阳主拊其背曰⑪："行矣⑫，强饭，勉之！

即贵，无相忘。”入宫岁余，竟不复幸。武帝择宫人不中用者[13]，斥出归之[14]。卫子夫得见，涕泣请出。上怜之，复幸，遂有身，尊宠日隆。召其兄卫长君、弟青为侍中[15]。而子夫后大幸，有宠，凡生三女一男。男名据。

【注释】

①微：一指微贱，一指身世不明。卫子夫兼有二者。

②号曰卫氏：自称姓卫。据《卫将军骠骑列传》："其父郑季，为吏，给事平阳侯家，与侯妾卫媪通，生青。……故冒姓为卫氏。"卫子夫是卫青的同母姐，其生父是谁，史无明文。

③出平阳侯邑：在平阳侯家的封地上长大。平阳侯，其首封者为刘邦的开国功臣曹参。封地是平阳县，在今山西临汾西南部。

④平阳主讴者：平阳公主家的歌伎。泷川曰："古抄本、枫山、三条本'阳'下有'公'字，下同。"讴者，歌伎。

⑤武帝初即位：武帝于前141年即位，武帝建元元年为前140年。梁玉绳曰："篇内五称'武帝'，皆后人妄改，史公本文必曰'今上'、曰'上'。"

⑥祓（fú）霸上：到霸水边上去祭祀祈福。当时的霸水自蓝田流来，经长安城东，北流入渭水。祓，即禊（xì），三月上巳日的临水而祭，以求去除不祥。《集解》引徐广曰："三月上巳，临水祓除谓之禊。盖与'游'字相似。"《索隐》引苏林曰："游水自洁，故曰祓除。"

⑦侍：《汉书》作"偫"（zhì）。偫，储备，积储。

⑧说：后作"悦"。

⑨更衣：婉指上厕所。黄生《义府》曰："贵者入厕，出必更衣，如王敦在石崇家入厕之事可证。"

⑩侍尚衣：侍候君王更换衣服。轩：有窗户的长廊。这里指通向厕所的小厅。

⑪拊：抚摩。表示亲热的一种动作。

⑫行矣：犹言“走好”。

⑬宫人：宫女。

⑭斥出归之：选出来让她们回家。

⑮卫长君：卫子夫的同母兄，名“长子”，字“长君”，曾任侍中。弟青：即卫青，字仲卿。卫子夫的同母弟，其生父名郑季。卫子夫入宫为皇后，他亦被武帝重用，历任太中大夫、车骑将军，官至大将军，封长平侯。数次大破匈奴。事迹详见《卫将军骠骑列传》。侍中：秦始置，两汉沿置，为正规官职外的加官之一。因侍从皇帝左右，出入宫廷，与闻朝政，逐渐变为亲信贵重之职。

【译文】

卫皇后字子夫，生在微贱之家，身世不是很清楚。她们家里人自称姓卫，生活在平阳侯的封地里。卫子夫是平阳公主的歌姬。武帝新即位，几年没有儿子。平阳公主就挑选了十几个良家女子，妆扮起来放在家里。武帝从霸上袚祭回来，顺便拜访平阳公主。公主就把准备好的那些女子全叫出来，武帝都不喜欢。酒宴结束后，歌女们上前表演，武帝远远望去，惟独喜欢卫子夫。这天，武帝起身如厕时，子夫在轩中侍奉，得到武帝的临幸。武帝回到座位上，特别高兴，赐给平阳公主黄金千斤。公主趁机奏请把卫子夫奉送入宫。子夫上车后，平阳公主抚着她的背说：“走吧，好好吃饭，珍重！如果尊贵了，别把我忘了。”子夫入宫一年多，竟然没有再次得到武帝的临幸。武帝挑那些不中用的宫人，打发她们出宫回家。卫子夫因而得见武帝，她哭泣着请求出宫。皇上怜爱她，再次临幸，于是有了身孕，尊宠日益隆盛。武帝召见她的哥哥卫长君和弟弟卫青，让他们任侍中。子夫后来大得亲幸，倍受宠爱，共生了三女一子。儿子名叫刘据。

初，上为太子时，娶长公主女为妃[①]。立为帝，妃立为皇后，姓陈氏[②]，无子。上之得为嗣，大长公主有力焉[③]，以故陈皇后骄贵。闻卫子夫大幸，恚，几死者数矣。上愈怒。陈皇后挟妇人媚道[④]，其事颇觉，于是废陈皇后[⑤]，而立卫子夫为皇后[⑥]。

【注释】

①长公主：即刘嫖。刘嫖嫁与刘邦功臣陈婴之孙陈午为妻。

②妃立为皇后，姓陈氏：《索隐》曰："《汉武故事》云'后名阿娇'，即长公主嫖女也。曾祖父婴，堂邑侯。传至父午，尚长公主，生后。"

③大长公主有力：即帮助武帝母子搞垮了栗姬，废掉了栗太子，夺取了皇后、太子之位，事见前文。

④挟妇人媚道：即前文其母长公主诬陷栗姬时说栗姬之所谓"与诸贵夫人幸姬会，常使侍者祝唾其背"云云。

⑤于是废陈皇后：武帝于元光五年（前130）废陈皇后。据《汉书·外戚传》，陈皇后使女子楚服等为之咒诅，被废，居长门宫。

⑥立卫子夫为皇后：卫子夫于元朔元年（前128）三月被立为皇后。

【译文】

当初武帝做太子时，娶了长公主的女儿为妃。后来做了皇帝，太子妃被立为皇后。皇后姓陈氏，没有生子。武帝之所以能立为太子，大长公主出了不少力，因此陈皇后骄横傲慢。当她听说卫子夫大受宠幸时，非常气愤，多次寻死觅活。武帝对她也是愈来愈生气。陈皇后施用妇人惑人的邪术，其事多被觉察，于是就废了陈皇后，而立卫子夫为皇后。

陈皇后母大长公主，景帝姊也，数让武帝姊平阳公主曰："帝非我不得立，已而弃捐吾女，壹何不自喜而倍本乎①!”平阳公主曰:“用无子故废耳②。”陈皇后求子,与医钱凡九千万,然竟无子。

【注释】

①壹何不自喜而倍本乎:姚苎田曰:“犹云岂不以得立为天子自幸,而乃忘我之力乎?”壹何,何其,多么。倍本,忘本。倍,通“背”。

②用:因为,由于。

【译文】

陈皇后的母亲大长公主是景帝的姐姐,她责怪武帝的姐姐平阳公主说:“皇帝没有我就不可能即位,过后竟抛弃了我的女儿,这是多么不自感庆幸而忘恩负义呢!”平阳公主说:“是因为她没有儿子的缘故才废的。”陈皇后渴求得子,求医问药的钱花了九千万,然而终于未能生子。

卫子夫已立为皇后。先是卫长君死,乃以卫青为将军,击胡有功,封为长平侯①。青三子在襁褓中,皆封为列侯②。及卫皇后所谓姊卫少儿③,少儿生子霍去病,以军功封冠军侯④,号骠骑将军⑤。青号大将军⑥。立卫皇后子据为太子⑦。卫氏枝属以军功起家⑧,五人为侯⑨。

【注释】

①封为长平侯:武帝元朔二年(前127),卫青等将匈奴人驱逐出今内蒙古河套一带,汉朝廷在这一带建立了朔方郡。以功封为长平侯。长平,在今河南西华东北。

②三子在襁褓中,皆封为列侯:元朔五年(前124),卫青等在漠北再次大破匈奴,以功拜大将军,他的儿子卫伉被封为宜春侯、卫不疑被封为阴安侯、卫登被封为发干侯。襁褓,背负婴儿用的宽带和

包裹婴儿的被子。后亦泛指婴儿包。这里指其年纪幼小。

③卫少儿:卫子夫的同母姐。

④以军功封冠军侯:元朔六年(前123),霍去病两次随卫青出征匈奴,功冠全军,封冠军侯。冠军,在今河南邓州西北。

⑤号骠骑将军:武帝元狩二年(前121),霍去病在河西大败匈奴,功勋卓著,加封骠骑将军。骠骑将军,高级军官名。西汉时秩禄同大将军,金印紫绶,位比三公,而实际的优宠和权力都在丞相之上。

⑥青号大将军:元朔五年(前124),卫青于漠北大破匈奴,被立为"大将军"。大将军,国家最高级武官。战国时始置,秦汉沿置。金印紫绶,位比三公,但实际的优宠和权力都在丞相之上。

⑦立卫皇后子据为太子:刘据于元狩元年(前122)四月被立为太子。

⑧卫氏枝属:卫子夫的家人亲戚。

⑨五人为侯:指卫青和他的三个儿子,以及霍去病,皆被封侯。姚苎田曰:"篇末于卫、霍功名,独连书'军功'字样,可谓克自振拔,而不乞灵于椒房者矣。"凌稚隆曰:"传中历叙薄氏侯一人,窦氏三人为侯,王氏三人为侯,卫氏五人为侯,见外戚之宠,以渐而盛。"按,卫皇后与太子事,《史记》只记到了这里,关于他们母子的悲惨结局详见《汉书·武五子传》。

【译文】

卫子夫最终被立为皇后。在此之前,她的哥哥卫长君就去世了,于是就封卫子夫的弟弟卫青为将军,卫青因抗击匈奴有功,封为长平侯。卫青的三个儿子,年纪很小就被封为列侯。卫皇后又有所谓的姐姐卫少儿,卫少儿生有儿子霍去病,也因军功被封为冠军侯,官号骠骑将军。卫青官号大将军。卫皇后的儿子刘据被立为太子。卫皇后的亲族以军功起家,有五人被封侯。

及卫后色衰,赵之王夫人幸,有子,为齐王[①]。王夫人蚤卒[②]。而中山李夫人有宠[③]，有男一人，为昌邑王[④]。李夫人蚤卒[⑤]，其兄李延年以音幸[⑥]，号协律[⑦]。协律者，故倡也[⑧]。兄弟皆坐奸，族[⑨]。是时其长兄广利为贰师将军[⑩]，伐大宛，不及诛，还，而上既夷李氏，后怜其家，乃封为海西侯[⑪]。他姬子二人为燕王、广陵王[⑫]。其母无宠，以忧死。及李夫人卒，则有尹婕妤之属，更有宠[⑬]。然皆以倡见，非王侯有土之世女[⑭]，不可以配人主也[⑮]。

【注释】

①王夫人幸，有子，为齐王：王夫人所生之子叫刘闳，于元狩六年（前117）被封为齐王。事见《三王世家》。

②王夫人蚤卒：《封禅书》载："上有所幸王夫人，夫人卒，少翁以方盖夜致王夫人及灶鬼之貌云，天子自帷中望见焉。"

③中山：汉诸侯国名，国都在卢奴（今河北定州）。此时的中山国王为景帝的儿子刘胜。李夫人：李延年妹。以妙丽善舞得幸于汉武帝。

④有男一人，为昌邑王：李夫人所生之子叫刘髆，于天汉四年（前97）被封为昌邑王。

⑤李夫人蚤卒：《汉书·外戚传》载李夫人病重，武帝前去探望，李夫人不愿让武帝看见其憔悴的容颜，拒绝见面。又说李夫人死后，武帝思念不已，方士少翁言能致其神，夜张灯设帏，令帝坐他帐中遥望，见一妙龄女子如李夫人貌。有人认为这是将王夫人事置于李夫人身上了。蚤卒，早死。

⑥以音幸：因为擅长音乐而获得宠幸。按，李延年是武帝的男宠，事迹参见《佞幸列传》。

⑦号协律：李延年因任"协律都尉"，所以人称"协律"。

⑧倡：乐伎。

⑨兄弟皆坐奸，族：梁玉绳曰："延年先已坐法腐，不得言与中人乱。……徐广于《佞幸传》曰：'一云坐弟季与中人乱。'《汉书》《外戚》《佞幸》二传亦曰'延年坐其弟乱后宫，族'，则此为误也。"

⑩长兄广利：即李广利，事迹详见《大宛列传》与《汉书·张骞李广利传》。贰师将军：西汉临时设置的杂号将军。汉武帝为获得大宛汗血马，派李广利出征大宛，因汗血马在贰师城，故以之为李广利的将军名号。伐大宛自太初元年（前104）八月始，至太初四年（前101）春止，前后历时两年多。

⑪既夷李氏，后怜其家，乃封为海西侯：梁玉绳曰："广利以伐大宛功侯，非武帝怜李氏而封之。"按，李广利以伐大宛而封海西侯事，见《大宛列传》。海西侯，《正义》曰："汉武帝令李广利征大宛，国近西海，故号海西侯也。"

⑫燕王、广陵王：即指燕王刘旦和广陵王刘胥。按，据《汉书·武五子传》，此二王皆李姬所生。刘旦、刘胥同于元狩六年（前117）受封。详见《三王世家》。

⑬更：更相，相继。

⑭世女：底本作"士女"。泷川曰："枫山本、三条本'士女'作'世女'。"今据改。

⑮不可以配人主也：徐孚远曰："此非刺夫人、婕妤，乃刺后妃也，托言耳。"

【译文】

等到卫皇后年长色衰，赵国的王夫人受到宠幸，王夫人生有一子，被封为齐王。王夫人早逝。中山李夫人受宠，生有一子，被封为昌邑王。李夫人早逝，她的哥哥李延年因精于音律而得宠，任协律都尉。所谓协律，就是从前的歌舞艺人。后来他们兄弟因淫乱后宫而被灭族。当时她的长兄李广利为贰师将军，正在征讨大宛，没有被杀，回到长安，武帝已经诛灭了李氏，后来怜悯他这一家，才把他封为海西侯。武帝其他姬妾还生有两个儿子，一个封为燕王，一个封为广陵王。他们的母亲都不受宠爱，忧愤而死。到李夫人去世后，又有尹婕妤之流，相继受宠。然而她们都是以歌女的身份得见武帝，不是有封地的王侯之家的女子，没有资格和皇帝匹配。

褚先生曰[①]：臣为郎时[②]，问习汉家故事者锺离生[③]。曰：王太后在民间时所生一女者[④]，父为金王孙。王孙已死，景帝崩后，武帝已立，王太后独在。而韩王孙名嫣[⑤]，素得幸武帝，承间白言太后有女在长陵也。武帝曰："何不蚤言！"乃使使往先视之，在其家。武帝乃自往迎取之。跸道[⑥]，先驱旄骑出横城门[⑦]，乘舆驰至长陵[⑧]。当小市西入里，里门闭，暴开门，乘舆直入此里，通至金氏门外止，使武骑围其宅，为其亡走，身自往取不得也[⑨]。即使左右群臣入呼求之。家人惊恐，女亡匿内中床下。扶持出门，令拜谒。武帝下车泣曰："嚄[⑩]！大姊，何藏之深也！"诏副车载之，回车驰还，而直入长乐宫。行诏门著引籍[⑪]，通到谒太后[⑫]。太后曰："帝倦矣，何从来？"帝曰："今者至长陵得臣姊，与俱来。"顾曰："谒太后！"太后曰："女某邪？"曰："是也。"太后为下泣，女亦伏地泣[⑬]。武帝奉酒前为寿，奉钱千万，奴婢三百人，公田百顷[⑭]，甲第[⑮]，以赐姊。太后谢曰："为帝费焉。"于是召平阳主、南宫主、林虑主三人俱来谒见姊，因号曰脩成君。有子男一人，女一人。男号为脩成子仲，女为诸侯王王后[16]。此二子非刘氏，以故太后怜之。脩成子仲骄恣[17]，陵折吏民[18]，皆患苦之。

【注释】

①褚先生：名少孙。因《史记》有缺漏，为之增补，见于《三代世表》《外戚世家》等多篇。

②郎：官名。战国时已有，秦汉沿置。皇帝的侍从人员，其低者为郎中，秩三百石；其略高者为中郎，秩六百石，均属于郎中令。

③故事：旧事，过去的事情。锺离生：姓锺离的先生。生，先生的简称。或单称“生”，亦可单称“先”。

④所生一女：《集解》引徐广曰：“名‘俗’。”《汉书·外戚传》作“生女俗，在民间”。

⑤韩王孙名嫣：韩嫣，字王孙，武帝的男宠。官至上大夫，常与帝同住，自由出入禁宫。事迹参见《韩信卢绾列传》《佞幸列传》。

⑥跸道：谓禁行人，以清车驾所过之路。

⑦先驱旄骑：指帝王车驾前的仪仗队。旄骑，即旄头骑，帝王仪仗中警卫前驱的骑兵，披头散发，故称。横城门：也称“横门”。《集解》引《三辅黄图》曰：“北面西头门。”

⑧乘舆：皇帝乘坐的车子。这里指代皇帝。

⑨身：亲自，亲身。指武帝。

⑩嚄（huò）：叹词。表示惊讶。

⑪行：走在路上。诏门著引籍：中井曰：“门，谓长乐宫门也。著引籍，记姓字于门籍也，使是后出入不阻耳。”按，“引籍”即“门籍”，守门者所掌管的一种名簿，在册者即可进入。

⑫通：通报，禀报。

⑬太后为下泣，女亦伏地泣：叶玉麟曰：“褚先生此篇绝佳，历历如

绘，扪之有棱，精彩处几欲上掩史公。”吴见思曰：“写儿女子性情如见。写旌旄跸道，是一幅图画；乘舆里门，是一篇游记；惊恐亡匿，是一首闺房艳体。色泽姿致，无字不嘉。”

⑭公田：由政府控制和支配的田地。

⑮甲第：上等的家宅。

⑯女为诸侯王王后：《集解》引徐广曰：“嫁为淮南王安太子妃也。”按，据《淮南衡山列传》，淮南王刘安之子刘迁娶脩成君之女为妃。淮南王图谋造反，怕脩成君女发觉，于是让刘迁和脩成君之女离了婚。刘迁没有当过王，这个女子不应是“王后”。

⑰脩成子仲：脩成君之子，其名为仲。骄恣：骄傲放纵，为所欲为。

⑱陵折：凌辱，欺压。

【译文】

褚先生说：我当郎官的时候，问过熟悉汉家旧事的锺离先生。据他说，王太后在民间时，所生女儿的父亲是金王孙。金王孙已经过世，景帝驾崩后，武帝即位，只有王太后还在世。韩王孙名嫣，平素深得武帝宠幸，是他找机会告诉武帝，说太后有个女儿住在长陵。武帝说：“怎么不早说！”于是立即派人先去探察，那个女儿正好在家。武帝闻讯，便亲自前往迎接。先是清道戒严，接着仪仗队出了横城门，武帝随后直奔长陵。他们从小街西侧进入里巷，里门关闭着，侍从们就冲破里门，簇拥着武帝进入里巷，直抵金氏门外才停下来。武帝派武装骑兵包围了金氏住宅，因为怕那女子逃跑，弄得自己迎接不着。武帝随即派左右群臣进去呼叫寻找。金氏家人惊恐不已，金女藏匿到内室床下。等到找到后扶她出门，让她拜见武帝。武帝下车哭着说：“哎呀！大姐，怎么藏得这么深啊！”下令副车载上她，掉转车子飞驰回城，直入长乐宫。武帝在行车途中就诏令守卫宫门的官员，为这位大姐登记门籍，并让人通报自己前来拜见太后。太后说：“皇上这么劳累，从哪里回来的？”武帝说：“今天到长陵找到了我的姐姐，和她一起来了。”回过头来对姐姐说：“拜见太后！”太后说：“你就是某某吗？”女子回答说：“是呀。”太后为之落泪，女子也伏在地上哭泣。武帝举杯上前祝贺，将一千万钱、奴婢三百名、公田一百顷以及豪宅一所，赐给这个姐姐。太后替女儿道谢说：“让皇上破费了。”这时太后又让人把平阳公主、南宫公主、林虑公主叫来拜见姐姐，于是武帝封她为脩成君。脩成君生有一子一女。儿子号为脩成子仲，女儿后来嫁给诸侯王做了王后。这两个孩子都不是刘氏的后代，所以太后特别疼爱他们。脩成子仲骄横放纵，欺凌官吏百姓，人们深受其苦。

卫子夫立为皇后，后弟卫青字仲卿，以大将军封为长平侯。四子，长子伉为侯世子①，侯世子常侍中②，贵幸。其三弟皆封为侯，各千三百户。一曰阴安侯，二曰发干侯，三曰宜春侯③，贵震天下。天下歌之曰：“生男无喜，生女无怒，独不见卫子夫霸天下！”

【注释】

①世子：帝王和诸侯的嫡长子。

②常侍中：常在宫廷侍奉皇帝。

③一曰阴安侯，二曰发干侯，三曰宜春侯：泷川引中井曰：“按卫将军本传，青三子，长子伉，宜春侯；次不疑，阴安侯；季子登，发干侯。少孙误为伉有三弟，又以宜春为季弟，皆误。”

【译文】

卫子夫被立为皇后，她的弟弟卫青，字仲卿，以大将军被封为长平侯。卫青有四个儿子，长子卫伉是他的世子，做过武帝的侍从，尊贵，而且十分得宠。卫伉的三个弟弟都封为侯，各有食邑一千三百户。一个为阴安侯，第二个为发干侯，第三个为宜春侯，富贵显赫，震动天下。天下为之歌唱道："生男不要喜，生女别生气，难道没有见到卫子夫荣华富贵天下第一吗！"

是时平阳主寡居①，当用列侯尚主②。主与左右议长安中列侯可为夫者，皆言大将军可。主笑曰："此出吾家，常使令骑从我出入耳，奈何用为夫乎？"左右侍御者曰："今大将军姊为皇后，三子为侯，富贵振动天下，主何以易之乎？"于是主乃许之。言之皇后，令白之武帝，乃诏卫将军尚平阳公主焉。

【注释】

①平阳主寡居：平阳公主原来的丈夫是曹参曾孙曹时，平阳公主此时已与之离异，独居于京城。

②尚：专指娶公主为妻。

【译文】

当时武帝的姐姐平阳公主离异独居，应当找一个列侯做丈夫。公主和她身边的人讨论长安城中的列侯有谁适合做她的丈夫，大家都说大将军卫青可以。公主笑道："他原是从我家出去的，过去我常让他做护卫骑着马随我出入，怎么可以让他当我的丈夫呢！"左右侍奉公主的人说："如今大将军的姐姐是皇后，三个儿子都是列侯，富贵震动天下，公主怎么可以轻视他呢！"于是公主同意了这门婚事。她把这事告诉了皇后，让皇后告诉武帝，武帝遂下诏让卫青娶平阳公主。

褚先生曰：丈夫龙变①。传曰②："蛇化为龙，不变其文[3]；家化为国，不变其姓。”丈夫当时富贵，百恶灭除[4]，光耀荣华，贫贱之时何足累之哉[5]！

【注释】

①龙变：像龙一样变化。

②传：书传，著作。

③蛇化为龙，不变其文；家化为国，不变其姓：四句不详其所出。不变其文，不改变其身上固有的斑纹。家化为国，家变成了国。指获得了封侯、封王。

④当时富贵，百恶灭除：当一个人变得富贵了，他的种种恶行就被掩盖了，也即没人敢讲了。

⑤贫贱之时：这里指贫贱时恶劣的言行或不光彩的经历。何足累之哉：对他又能有什么影响呢！累，牵累，影响。

【译文】

褚先生说：大丈夫像龙一样变化。古书上说：“蛇变化为龙，不变它的花纹；家变为国，不改变自己的姓氏。”大丈夫一旦逢时，取得富贵，则其先前的百般罪恶便都会被掩盖，光耀荣华，贫贱之时的事情又怎么能连累他呢！

武帝时，幸夫人尹婕妤[1]。邢夫人号娙娥[2]，众人谓之娙何。娙何秩比中二千石[3]，容华秩比二千石[4]，婕妤秩比列侯。常从婕妤迁为皇后。尹夫人与邢夫人同时并幸，有诏不得相见。尹夫人自请武帝，愿望见邢夫人，帝许之。即令他夫人饰，从御者数十人，为邢夫人来前。尹夫人前见之，曰：“此非邢夫人身也。”帝曰：“何以言之？”对曰：“视其身貌形状[5]，不足以当人主矣[⑥]。”于是帝乃诏使邢夫人衣故衣，独身来前。尹夫人望见之，曰：“此真是也。”于是乃低头俯而泣，自痛其不如也。谚曰：“美女入室，恶女之仇。”

【注释】

①婕妤（jié yú）：宫中女官名。汉武帝时始置，位视上卿，秩比列侯。《索隐》引《汉书仪》云：“皇后为婕妤下舆，礼比丞相也。”

②娙（xíng）娥：汉皇帝嫔妃名号。武帝始置。《索隐》引《汉旧仪》云：“娙娥秩比将军、御史大夫。”《说文》云：“娙，长也，好也。”许慎曰：“秦晋之间谓好曰娙。”

③秩：官职，品位。比：相当于。中二千石：朝官的九卿一级。《索隐》引崔浩曰：“中犹满也。汉制九卿以上，秩一岁满二千斛。”又据《汉官仪》，中二千石的俸禄为每月一百八十斛。

④容华：妃嫔的封号名，在娙娥之下。二千石，秦汉时中央列卿和地方郡守一级高级官吏的秩俸等级。

⑤身貌：王念孙以为当作“体貌”。王叔岷说同。

⑥当：引申为匹配。

【译文】

武帝时，被宠幸的妃嫔中有个尹婕妤，还有个官号为娙娥的邢夫人，众人都叫她娙何。娙何的品级相当于中二千石，容华的品级相当于二千石，婕妤的品级相当于列侯。曾有人由婕妤升迁为皇后。尹夫人与邢夫人同时被亲幸，但武帝有诏令，两人不能相见。有一次尹夫人亲自请求武帝，希望能看见邢夫人，武帝答应了。武帝就让另一位夫人梳妆打扮，带着几十个侍从，假装是邢夫人，来到面前。尹夫人上前见她，说：“这不是邢夫人本人。”武帝说：“为什么这么说？”尹夫人回答说：“看她的身段相貌姿态，不足以匹配皇上。”于是武帝就下令让邢夫人穿上旧衣服，单独前来。尹夫人远远看见她，说："这才是真的。"于是就低头俯身哭泣，自己伤心不如邢夫人。谚语说："美女进屋，就是丑女的寇仇。"

褚先生曰：浴不必江海，要之去垢；马不必骐骥，要之善走；士不必贤世①，要之知道②；女不必贵种，要之贞好。传曰："女无美恶，入室见妒；士无贤不肖，入朝见嫉。"美女者，恶女之仇。岂不然哉！

【注释】

①贤世：贤于世。

②知道：谓通晓天地之道，深明人世之理。

【译文】

褚先生说：洗澡不必非到江海，主要是能去掉污垢；骑马不必非骑骐骥，主要是能善于奔走；士人不必才德盖世，主要是要懂道理；女子不必出身高贵，主要是贞洁美丽。古书上说："女子不论美丑，进门就会遭人妒忌；士人不论贤愚，入朝就会遭人嫉恨。"美女是丑女的仇敌，难道不是这样吗？

钩弋夫人姓赵氏①，河间人也②。得幸武帝，生子一人，昭帝是也③。武帝年七十，乃生昭帝。昭帝立时，年五岁耳④。卫太子废后⑤，未复立太子。而燕王旦上书，愿归国入宿卫⑥。武帝怒，立斩其使者于北阙。

【注释】

①钩弋夫人：据《汉书·外戚传》，她生来双手皆拳，武帝为之掰开后，手即时伸，从此得幸。因居于钩弋宫，故称。

②河间：汉代诸侯国，国都在乐成（今河北献县东南）。河间国的始封之王是景帝之子刘德，武帝晚年的河间王是刘德之曾孙刘授。

③昭帝：即刘弗陵，生于武帝太始三年（前94）。

④昭帝立时，年五岁耳：《汉书·昭帝纪》记载为："后元二年二月，上疾病，遂立昭帝为太子，年八岁。明日，武帝崩，戊辰，太子即皇帝位。"

⑤卫太子废：征和二年（前91），太子刘据因巫蛊事被逼反，后兵败自杀。卫太子，卫皇后所生的太子刘据。

⑥愿归国入宿卫：言下之意是希望能当太子。归国，将自己的封国撤销归还朝廷。入宿卫，入宫充当护卫。

【译文】

钩弋夫人姓赵氏，河间人。受武帝宠幸，生有一个儿子，就是汉昭帝。武帝七十岁时，才生昭帝。昭帝即位时，年仅五岁。卫太子刘据被废以后，武帝没有再立太子。而燕王刘旦上书，请求交回燕国封土，回朝来给武帝宿卫。武帝大怒，立刻将其使者斩首于北阙。

上居甘泉宫①，召画工图画周公负成王也②。于是左右群臣知武帝意欲立少子也。后数日，帝谴责钩弋夫人。夫人脱簪珥叩头③。帝曰："引持去，送掖庭狱④！"夫人还顾，帝曰："趣行⑤，女不得活！"夫人死云阳宫⑥。时暴风扬尘，百姓感伤。使者夜持棺往葬之，封识其处⑦。

【注释】

①甘泉宫：离宫名，在今陕西淳化西北的甘泉山上。

②负：背着。武王死后，成王年幼，当时周朝的政务都是靠周公辅助

处理的。

③脱簪珥：摘去首饰。这是古人认罪请罚的一种姿态。

④掖庭狱：汉代宫廷里的秘狱。掖庭，宫中两旁妃嫔居住的宫舍。《通鉴注》："掖庭属少府，有秘狱，凡宫人有罪者下之。"

⑤趣（cù）行：急行，赶紧走。

⑥云阳宫：即甘泉宫。

⑦封识：垒土并做好标志。识，标志，记号。《索隐》引《三辅故事》云："葬甘泉宫南，后昭帝起云陵，邑三千户。"《正义》引《括地志》曰："云阳陵，汉钩弋夫人陵也，在云阳县西北五十八里。……武帝末年杀夫人，殡之而尸香一日。昭帝更葬之，棺但存丝履也。"

【译文】

武帝住在甘泉宫，召画工画了一幅周公负成王图。于是左右群臣明白了武帝想要立小儿子的心思。几天后，武帝谴责钩弋夫人。夫人摘下簪笄耳饰叩头请罪。武帝说："把她拉出去，送到掖庭狱！"夫人回头看着武帝，武帝说："快走，你活不成了！"钩弋夫人被处死于云阳宫。死的时候，暴风刮得尘土飞扬，百姓都很为之悲伤。使者夜间带着棺材去将她收殓埋葬，堆起坟头，做了标志。

其后帝闲居，问左右曰："人言云何？"左右对曰："人言且立其子，何去其母乎？"帝曰："然。是非儿曹愚人所知也[①]。往古国家所以乱也，由主少母壮也。女主独居骄蹇，淫乱自恣，莫能禁也[②]。女不闻吕后邪？"故诸为武帝生子者，无男女，其母无不谴死，岂可谓非贤圣哉[③]！昭然远见，为后世计虑，固非浅闻愚儒之所及也。谥为"武"，岂虚哉[④]！

【注释】

①儿曹：指你辈，你们。

②女主独居骄蹇（jiǎn），淫乱自恣，莫能禁也：史珥曰："说弊甚透，致诸死地则因噎废食矣。"骄蹇，骄奢傲慢，骄横不逊。自恣，放纵自己，不受约束。

③其母无不谴死，岂可谓非贤圣哉：沈家本曰："此言失实，武帝时以谴死者，独钩弋耳。陈后、卫后，皆以巫蛊死，非因生子谴死也。王夫人、李夫人，皆有子而早卒，何尝谴死耶？"中井积德曰："生男而死，尚有谓也，生女何为杀之？恐是传闻妄诞。"黄震曰："为武帝生子者，其母无不谴死，褚先生赞其为'圣贤'，虽曰有感之言，亦岂人情也哉！"王若虚曰："母子，天伦也。立其子必杀其母，是母乃子之贼，而子乃母之累。生子皆谴死，后宫谁敢举子者？非不仁，抑亦不智。末流至元魏，以此为定制。椒庭忧恐，皆祈祝不愿生冢嫡，有辄相劝为自安计，读之令人惨然。武帝此举可为法哉？而帝自以为明，史臣又从而赞誉之，何其怪也！"

④谥为"武"，岂虚哉：王叔岷《史记斠证》曰："武帝之谴死钩弋，诚可谓'武'矣，然其残忍亦自可见。审'固非浅闻愚儒之所及'一语，似有讥讽意。"

【译文】

事后，武帝闲坐时问身边的人说："人们都说了些什么？"身边人回答说："人们说就要立她的儿子了，为什么要除掉她呢？"武帝说："是这样。这不是你们小孩子、蠢家伙所能理解的。以往国家之所以出乱子，就是因为君主年幼，母后壮盛。壮盛的女主寡居，骄横傲慢，淫乱放纵，恣意妄为，无人能够禁止。你们没听说过吕后的事吗？"因此凡给武帝生过孩子的，不管生的是男是女，其母亲一律处死，难道能说这就不是圣贤了吗？这样明确的高瞻远瞩，为后世深思熟虑，本来就不是那些见闻浅陋的愚儒所能企及的。武帝谥号为

"武",岂会是虚的呢!

【集评】

徐孚远曰:"纪后妃而号曰'外戚',非也。后代史书皇后自作纪,而外戚别作传,乃为得之。"(《史记测义》)

锺惺曰:"总叙中突出一'命'字,遂作全篇主意。逐节叙事,不必明言'命'字,而起伏颠倒,隐然各有一'命'字散于一篇之中,而使人自得之。非独文情章法之妙,使宫帏恩幸之间各有以自安而无所觊。夺无限妄想,消无限隐忧,固作史之深心也。"(《史怀》)

吴见思曰:"通编虽列五家,中间隐之以'天命'二字挑剔照应,而神情自成一片。(薄姬)'当生天子',可幸遇矣,偏下蚕室;下蚕室,不遇矣,偏纳后宫;纳后宫,复遇矣,偏不得幸,三番曲折,写天命之靡常。(窦姬)因遣而请,因请而误,因误而怨,乃至独幸,五层转折,因缘福泽,皆在误中,非人之所能为也。"(《史记论文》)

杨琪光曰:"读此篇,汉宫闱不堪数矣。《史》《汉》皆为直笔之,皆若无为忌讳,汉法虽严,其如彼何哉?《班史》从后书之,犹可无畏;史公竟指摘并世事,直哉!铁笔如山,难为动摇矣。"(《史汉求是》)

李景星曰:"《外戚世家》大旨主于纪后,后之戚族乃带叙及之。通篇以'命'字为骨,开首一序即接连点出,以下步步跟定,再不脱离。有明应处,如'此岂非天耶''非天命孰能当之'等句是。有暗写处,如'吕太后以重亲,故欲其生子万方,终无子';窦太后欲置赵籍,'中宦者忘之,误置代籍中';'陈皇后求子,与医钱凡九千万,然竟无子'等处是。盖后之与国有内助关系,而外戚之于后又有连带关系,合并叙来,面面俱到。忙中寓闲,最见手法。其特出神处,尤在以咏叹作顿挫,使读之者得言外之意,反复玩味,愈引愈长。后来史家叙此等事,皆以平铺为之,则味同嚼腊矣。"(《史记评议》)

【评论】

本篇通过记叙汉朝前期从高祖到武帝的几个后妃的事迹，展示了宫廷内部为争宠夺权而进行的你死我活的斗争，具有重要的认识意义。

司马迁认为后妃的品德好坏，对国家兴衰有密切关系。在本篇开头小序中，司马迁说："自古受命帝王及继体守文之君，非独内德茂也，盖亦有外戚之助焉。"这里的外戚实指皇后。司马迁在这里首先强调了帝王本人的"内德茂"，同时也指出"外戚之助"的重要作用，这是很全面，很符合实际的。就汉初情况来说，吕后在杀功臣的问题上起的作用就不小，彭越是她亲自操作害死的，这在《吕太后本纪》中写得很清楚；韩信是被她诱杀的，这在《淮阴侯列传》里也讲得很清楚。鲁迅先生曾为批驳"女人祸水论"而写了《阿金》《女人未必多说谎》等杰出文章。他说："我一向不相信昭君出塞会安汉，木兰从军就可以保隋；也不信妲己亡殷，西施沼吴，杨妃乱唐的那些古老话。我以为在男权社会里，女人是决不会有这种大力量的。兴亡的责任，都应该男的负。但向来的男性的作者，大抵将败亡的大罪，推在女性身上。"(《阿金》)又说："关于杨妃，禄山之乱以后的文人就都撒着大谎，玄宗逍遥事外，倒说是许多坏事情都由他。敢说'不闻夏殷衰，中自诛褒妲'的有几个。就是妲己、褒姒，也还不是一样的事？女人的替自己和男人伏罪，真是太长远了。"(《女人未必多说谎》)鲁迅文章的揭露事实真相，对于认识历史本质是非常深刻、非常有用的，但鲁迅完全否定这些帝王身边受宠女人的作用，却是过于简单、过于片面了。相比之下，还是司马迁的见解全面而又主次分明。

本篇开头的小序中还提到了后妃难以把握的命运问题，古来不少学者于是认为《外戚世家》通篇都围绕着"命"来展开，如锺惺说："总叙中突出一'命'字，遂作全篇主意。逐节叙事，不必明言'命'字，而起伏颠倒，隐然各有一'命'字散于一篇之中。"(《史怀》)姚苎田说："《外戚传》序拈出'命'字作全传眼目，故各篇中凡写遭逢失意处，俱隐隐有'命'字在内。"(《史记菁华录》)这绝对是错误的。陈仁锡说："汉高帷簿不修，窦太后以外，均有惭德焉，故史迁述三代之盛以致其讥。其托之'命'者，盖有不胜之慨焉。一篇之中，三致意云。言'命'则无德可知，读者勿以'命'之一字为史家本旨。"(《史诠》)强调"德"，这只是问题的一个方面，如果从文中所叙事实来看，所谓的"命"，有多少是不带着心计的"偶然性"呢？汉文帝的母亲薄太后，可谓命运多舛。魏王豹纳之不久败亡，她下织室；有幸被刘邦看中纳入后宫，却一直不能得幸；偏是她旧时姐妹的嘲笑使她有了得幸的机会，于是她见到刘邦就说："昨暮夜妾梦苍龙据吾腹。"于是果然生下了文帝。至于她幼时就被相人说成"当生天子"，大概率也是文帝继位后人们编出来的神预言。所以这是"命"吗？汉文帝的窦太后是"命"最好的了，她本想去赵国，却阴差阳错被送去了代国，没想到意外得宠。文中说："代王王后生四男，先代王未入立为帝而王后卒。及代王立为帝，而王后所生四男更病死。孝文帝立数月，公卿请立太子，而窦姬长男最长，立为太子。立窦姬为皇后。"文帝继位是在功臣与刘氏宗室诛灭吕氏集团的巨变之后，文帝的王后与她所生的四个儿子在文帝继位前后都死去了，当时究竟是什么情况，《史记》中没有记载，但是否真的是纯粹的"偶然"呢？联想吕太后让刘姓皇子都娶吕氏之女的记载，多少会让人产生一些猜测。至于像汉武帝的母亲王皇后为了让自己的儿子做太子，长公主为了让自己的女儿日后做皇后，两人一拍即合，结为姻亲，下圈套陷害栗姬，同时怂恿汉景帝废掉栗姬、杀了太子刘荣，这跟"命"更是全无关系，是赤裸裸的阴谋。即如褚少孙引用的："女无美恶，入室见妒；士无贤不肖，入朝见嫉。"宫廷里女人之间的斗争真是你死我活的，不是"命"或者"偶然性"所能概括的。

《外戚世家》也是《史记》中比较"好看"的篇章之一。宫闱秘事本就吊人胃口，而司马迁描写情景非常生动，人物形象鲜明，性格各异，注意材料取舍、细节描绘，所以引人入胜。像窦皇后姊弟相认一节，窦皇后之深情，窦广国身世之落寞，寥寥数语，而惨状悲怀，已尽呈纸上。李景星说本篇"特出神处，尤在以咏叹作顿挫，使读之者得言外之意，反复玩味，愈引愈长。后来史家叙此等事，皆以平铺为之，则味同嚼腊矣”，有井范平说本篇“用笔纤细，写得当时情景尽，而不失于深婉”，都指出了本篇的优异之处。本篇也因生动、曲折地描写了黑暗、凶险的后宫生活内幕，成了后世“宫闱秘事小说”之祖。

褚少孙所补的几段也可圈可点，尤其是汉武帝迎脩成君事写得相当精彩。汉武帝想博得母亲王太后的欢心，他打听到王太后有一个入宫前在民间所生的女儿。汉武帝想暗暗地将此女接来，给王太后一个意外的惊喜。本来是应该悄悄办理的事情，由于是汉武帝依着他的性情办，于是就闹得惊天动地，鸡飞狗跳，几乎把个民间女子活活吓死。当这个女子被从床下拉出，被扶持着来见汉武帝时，汉武帝还说：“嚄！大姊，何藏之深也！”应该说，褚少孙这种绘形绘声的本领，比司马迁一点都不差。

只是褚少孙对于武帝杀钩弋夫人这事所做的议论，真是错得太过分了。所以钱锺书在《管锥编》中批评说：“（褚少孙）描写佳处，风致不减马迁；而议论三节，迂谬直是曲儒口角。文才史识，两不相蒙，有若是者！”

楚元王世家第二十

【释名】

《楚元王世家》主要记载了楚和赵两个刘姓诸侯王国从立国到国除的情况。之所以将这两个诸侯国放在一篇世家中，是因为这两个诸侯国的国君都不听忠臣之劝而参加了七国之乱。文中也旁及刘邦长兄刘伯的夫人与其儿子的事迹，次兄刘仲与其儿子的事迹等。所以也可以将这篇世家看作是对刘邦整个家族的介绍。

全篇可以分三个部分，第一部分主要交代刘邦四兄弟的情况，特别记录刘邦封其长兄之子为羹颉侯的情况，以见刘邦怀恨报复的性格。第二部分叙述楚元王的传承世系，着重写楚王刘戊与吴王谋反败亡，及景帝复立元王子刘礼之事。第三部分写赵王刘遂兄弟受封及赵王参与吴楚谋反、灭国绝祀之事。篇末论赞对统治者由于不用贤才、不纳贤者之言而导致亡国破家的事实表现了深深慨叹。

楚元王刘交者，高祖之同母少弟也[①]，字游。高祖兄弟四人，长兄伯[②]，伯蚤卒。始高祖微时，尝辟事[③]，时时与宾客过巨嫂食[④]。嫂厌叔，叔与客来，嫂详为羹尽，栎釜[⑤]，宾客以故去。已而视釜中尚有羹，高祖由此怨其嫂。及高祖为帝，封昆弟，而伯子独不得封[⑥]。太上皇以为言[⑦]，高祖曰："某非忘封之也[⑧]，为其母不长者耳[⑨]。"于是乃封其子信为羹颉侯[⑩]，而王次兄仲于代[⑪]。

【注释】

①同母：按，《汉书》作"同父"。颜师古曰："言同父，知其异母。"王先谦引周寿昌曰："晁错对景帝语，称'高祖庶弟元王'，见《吴王传》。"以为本文之所谓"同母"者误。

②长兄伯：这里的"伯"应是排行，而不是名字。下文"仲"同此。

③辟事：因惹了事而躲避。

④巨嫂：长嫂，即前文"长兄伯"之妻。

⑤栎（lì）釜：颜师古曰："以勺轹釜，令为声也。"栎，朱骏声《说文通训》："栎、轹并借为撩，按捞取作声也。"

⑥封昆弟，而伯子独不得封：封昆弟事在高祖五年（前202）二月。昆弟，兄弟。伯子，名信。

⑦太上皇：皇帝父亲的尊号。刘邦于六年尊其父为太上皇。见《高祖本纪》。

⑧某：刘邦此处应该是自称其名的，史家避讳，用"某"替代。

⑨不长者：不是厚道之人。长者，忠厚之人。

⑩封其子信为羹颉侯：《索隐》曰："羹颉，爵号耳，非县邑名，以其栎釜故也。"《正义》曰："《括地志》云：'羹颉山在妫州怀戎县东南十五里。'高祖取其山名为侯号者，怨故也。"按，怀戎旧城在今河北涿鹿西南。《汉书补注》：宋祁曰："当作颉羹。"王先谦引《一统志》，谓"颉羹城在庐州府舒城县西北三十里，信墓在县西北三十五里，俗呼为'舒王冢'"。崔适曰："此虽名号侯，而别有封邑……羹颉山乃因侯而名山。"凌稚隆引敖英曰："史称高帝豁达大度，顾以嫂氏戛羹之怨而怀憾终身，不得已而封侄以侯，犹以

‘戛羹’名封，其于‘大度’宁不有疵乎？”

⑪次兄仲：刘濞之父。代：国都在今河北蔚县东北之代王城。泷川曰：“《汉书·高祖纪》云：‘六年正月，立兄宜兴侯喜为代王’，‘七年十二月，匈奴攻代，代王喜弃国自归洛阳，赦为合信侯。’”按，《史记·高祖本纪》谓刘仲封代王在高祖七年平城之围后。

【译文】

楚元王刘交，是汉高祖刘邦的同母小弟，字叫游。高祖有兄弟四人，长兄刘伯，很早就过世了。当初高祖微贱的时候，曾经为了避难，时时领着客人到大嫂家去吃饭。大嫂讨厌高祖总来白吃，因此高祖与客人再次来家时，就假装羹饭已经吃完，故意用勺子刮锅，客人见此情景便走了。客人走后，高祖看见锅里还有羹饭，从此便怨恨起大嫂。等到高祖做了皇帝，分封兄弟，唯独不封大哥的儿子。太上皇为老大家说情，高祖说：“我并不是忘了封他，只因为他的母亲不是个厚道人。”于是才封大哥的儿子刘信为羹颉侯，而封二哥刘仲为代王。

高祖六年①，已禽楚王韩信于陈②，乃以弟交为楚王，都彭城③。即位二十三年卒④，子夷王郢立⑤。夷王四年卒⑥，子王戊立。王戊立二十年，冬，坐为薄太后服私奸，削东海郡⑦。春⑧，戊与吴王合谋反⑨，其相张尚、太傅赵夷吾谏⑩，不听。戊则杀尚、夷吾，起兵与吴西攻梁⑪，破棘壁⑫。至昌邑南，与汉将周亚夫战⑬。汉绝吴、楚粮道，士卒饥，吴王走，楚王戊自杀⑭，军遂降汉。

【注释】

①高祖六年，前201年。

②禽：擒获，擒拿。

③乃以弟交为楚王，都彭城：韩信被降为淮阴侯后，刘邦将楚国之地封给了自己的弟弟刘交。彭城，今江苏徐州。

④即位二十三年卒：卒于文帝元年（前179）。梁玉绳曰："按《汉传》，元王好书多艺，与鲁穆生、白生、申公俱受《诗》浮丘伯，世有《元王诗》。诸子多贤，天子尊宠元王子比皇子。当与河间献王并号贤藩，而史公概不之及，仅叙在位年数，不亦疏乎？又，高帝初封交为文信君，此亦失书。"按，据《汉书·楚元王传》，刘邦起兵后，"使仲与审食其留侍太上皇，交与萧、曹等俱从高祖见景驹，遇项梁，共立楚怀王。因西攻南阳，入武关，与秦战于蓝田。至霸上，封交为文信君，从入蜀汉，还定三秦，诛项籍。即帝位，交与卢绾常侍上，出入卧内，传言语诸内事隐谋"。此在刘邦之兄弟子侄中，实为仅有，而本传一概不载，不可谓不是一大缺失。

⑤夷王郢立：夷王郢于文帝元年（前179）继其父位，第二年为夷王郢元年。夷王郢，《汉书》作"郢客"。谥夷。

⑥夷王四年卒：夷王四年即文帝五年（前175）。

⑦"王戊立二十年"几句：按，《汉书》作"削东海、薛郡"。梁玉绳曰："戊二十年夏四月薄太后崩，则'冬'字误也。"按，《汉书》无"冬"字。私奸，《索隐》引姚察语以为是"私奸服舍中"，即在守孝的场所奸淫了某女。服虔则以为是"私奸中人"，即奸淫了宫女，所以罪大。楚王戊二十年相当于景帝前元二年，前155年。

⑧春：梁玉绳曰："'春'上缺年，或曰'明年'，或曰'二十一年'。"

⑨吴王：即刘濞（bì），刘邦次兄刘仲之子。高祖十一年（前196），黥布谋反，攻杀荆王刘贾后，刘邦遂立刘濞因刘贾之地为吴王。文帝时，刘濞之子在长安被时为太子的景帝用棋盘打死，刘濞心怀怨恨。景帝即位后，采纳晁错建议，削减诸侯封地。刘濞遂串联楚、赵、胶西、胶东等诸国发动叛乱。过程详见《吴王濞列传》。

⑩相、太傅：按，诸侯国的国相和太傅都是朝廷派任的。国相，职辅

诸王掌管王国行政,秩二千石(或中二千石)。太傅,汉初为诸侯王国设太傅,职在辅王,秩二千石,成帝以后改称傅。

⑪梁:诸侯国名,国都在睢阳(今河南商丘城南)。当时的梁王刘武,是汉景帝的同母弟。吴、楚等七国叛乱,他与汉军协力平乱,建大功,深受景帝器重。

⑫棘壁:古邑名,在今河南柘城西北,当时梁国都城睢阳的西南方。

⑬至昌邑南,与汉将周亚夫战:当时周亚夫的主力大军就屯扎在昌邑。关于吴、楚军攻昌邑,周亚夫击败吴、楚军的详情,见《绛侯世家》。昌邑,汉县名,治所在今山东巨野东南,当时梁国都城睢阳的东北方。周亚夫,汉初开国功臣周勃的儿子,吴、楚等国叛乱时任太尉。

⑭楚王戊自杀:梁玉绳:"《汉五行志》引刘向云:'戊与吴王谋反,兵败走丹徒,为越人所斩,堕死于水。'是戊与濞同死于越也。"

【译文】

高祖六年,在陈地擒捕楚王韩信后,便封小弟刘交为楚王,建都彭城。刘交在位二十三年后去世,其子夷王刘郢继位。夷王在位四年后去世,其子刘戊继位。楚王刘戊继位后的第二十年冬天,因在为薄太后服丧期间犯了奸淫宫女罪,被削去了东海郡。到了春天,刘戊与吴王刘濞等共同谋议造反,他的相国张尚、太傅赵夷吾劝阻,刘戊不听。刘戊就杀了张尚、赵夷吾,起兵和吴王一起向西进攻梁国,击破棘壁。刘戊率军到达昌邑县南时,同汉将周亚夫交战。汉军切断了吴、楚军队的粮道,士兵饥饿,吴王逃走,楚王刘戊自杀,吴、楚的军队便投降了朝廷。

汉已平吴、楚[①],孝景帝欲以德侯子续吴[②],以元王子礼续楚[③]。窦太后曰[④]:"吴王,老人也[⑤],宜为宗室顺善[⑥]。今乃首率七国,纷乱天下,奈何续其后!"不许吴[⑦],许立楚后。是时礼为汉宗正[⑧]。乃拜礼为楚王,奉元王宗庙,是为楚文王。文王立三年卒[9]，子安王道立。安王二十二年卒[10]，子襄王注立。襄王立十四年卒[11]，子王纯代立[12]。王纯立，地节二年[13]，中人上书告楚王谋反[14]，王自杀，国除，入汉为彭城郡。

【注释】

①汉已平吴、楚：七国之乱爆发于景帝三年一月，两个月后即被平定。

②德侯子：即刘通。德侯，即刘广，原吴王刘濞的弟弟。续吴：接续做吴王。

③元王子礼：即刘礼。刘交之子，刘戊之叔。刘礼从文帝时起即在朝任宗正，又在七国之乱中拱卫朝廷有功，事见《绛侯世家》。

④窦太后：文帝之皇后，景帝之母，其戏剧性的身世经历见《外戚世家》。

⑤吴王，老人也：论辈分，刘濞是汉景帝的叔叔，论年龄，年已六十，所以窦太后会这样说。

⑥顺善：顺从善道。

⑦不许吴：不为吴国立后。

⑧宗正：官名。掌管皇室亲族事务，为九卿之一。

⑨文王立三年卒：楚文王于景帝六年（前151）去世。

⑩安王二十二年卒：楚安王于武帝元光六年（前129）去世。

⑪襄王立十四年卒：楚襄王于武帝元鼎二年（前115）去世。

⑫子王纯代立：按，以上所记楚国各王都有谥号，只有此句称“王纯”，可知此时刘纯尚在世。此上都是司马迁的原文。梁玉绳曰：“此下二十七字后人妄续，当削之。”

⑬地节二年：前68年。地节，汉宣帝的年号（前69—前66）。

⑭中人上书告楚王谋反：梁玉绳曰：“《汉书》言纯子延寿嗣位，以谋反为后母父赵长年所告自杀，此言纯为‘中人’告反，谬矣。”中人，宫中之人，指帝王身边的人。多指宦官。

【译文】

朝廷平定吴、楚叛乱后，孝景帝想让德侯刘广的儿子接续做吴王，让楚元王的儿子刘礼接续做楚王。窦太后说："吴王是皇家老人，理应尊行善道。如今竟带头率领七国造反，扰乱天下，怎么能给他接续后代！"不许给吴王立后，只许给楚王立后。这时刘礼是朝廷的宗正。于是封刘礼为楚王，奉祀楚元王的宗庙，这就是楚文王。楚文王在位三年去世，其子安王刘道继位。安王在位二十二年去世，其子襄王刘注继位。襄王在位十四年去世，其子刘纯继位。刘纯继位后，到了宣帝地节二年，宦官上书告发刘纯意欲造反，刘纯自杀，国号废除，封地收归朝廷，改为彭城郡。

赵王刘遂者，其父高祖中子①，名友，谥曰幽②。幽王以忧死③，故为"幽王"④。高后王吕禄于赵⑤，一岁而高后崩⑥。大臣诛诸吕吕禄等⑦，乃立幽王子遂为赵王⑧。孝文帝即位二年⑨，立遂弟辟彊，取赵之河间郡为河间王⑩，是为文王。立十三年卒，子哀王福立⑪。一年卒，无子，绝后，国除，入于汉⑫。

【注释】

①中子：排行居中的儿子。梁玉绳曰："高祖八男，赵王友行居六。"

②谥曰幽：凡谥号为"幽"者，多数为不得善终者。《谥法解》："壅遏不通曰幽""蚤孤铺位曰幽""动祭乱常曰幽"。此取其第一义。

③幽王以忧死：吕后七年（前181），刘友遭其王后吕氏女馋毁，被吕后召进京城，置之邸，使卫士守之，不得食，活活饿死，见《吕太后本纪》。

④故为"幽王"：底本作"故为幽"。泷川曰："枫山本'幽'下有'王'字。"今据增。

⑤吕禄：吕后的侄子，吕释之之次子，吕后七年被封为赵王。

⑥一岁而高后崩：吕后卒于其摄政八年（前180）之七月。

⑦大臣诛诸吕吕禄等：大臣诛灭诸吕之事发生在高后八年八月，详见《吕太后本纪》。

⑧立幽王子遂为赵王：刘遂于文帝元年（前179）被封为赵王。吕氏被铲除后，代王刘恒即位，即为孝文帝。文帝复立被吕氏所灭之刘氏诸国。刘如意没有后代，故立刘遂为赵王。

⑨孝文帝即位二年：前178年。

⑩立遂弟辟彊，取赵之河间郡为河间王：意即从赵国割出河间郡，为河间国，立赵王之弟为河间王，羊毛出在羊身上，且能使诸侯大国化整为零。辟彊，《索隐》曰："又音'辟疆'。"河间郡，郡治在乐城（今河北献县东南）。

⑪立十三年卒，子哀王福立：事在文帝十四年，前166年。

⑫国除，入于汉：撤销河间国的建制，收归中央管辖。按，由此看来，文帝时已开始削减诸侯国领地了。事在文帝十五年，前165年。

【译文】

赵王刘遂，他的父亲是高祖的中子，名字叫友，谥号为幽。幽王因为忧愤而死，所以谥为"幽王"。幽王死后，吕太后封吕禄为赵王，一年后吕太后去世。大臣们铲除了吕禄和整个吕氏家族的势力，于是立幽王刘友的儿子刘遂为赵王。孝文帝即位的第二年，从赵国的封地中割出河间郡，辟为河间国，封刘遂的弟弟刘辟彊为河间王，这就是河间文王。文王在位十三年去世，其子哀王刘福继位。哀王在位一年去世，因为无子，绝了后嗣，河间国被废除，封地收归朝廷。

遂既王赵二十六年①，孝景帝时坐晁错以適削赵王常山之郡②。吴、楚反，赵王遂与合谋起兵。其相建德、内史王悍谏③，不听。遂烧杀建德、王悍，发兵屯其西界，欲待吴与俱西。北使匈奴[4]，与连和攻汉。汉使曲周侯郦寄击之[5]。赵王遂还，城守邯郸，相距七月[6]。吴、楚败于梁，不能西。匈奴闻之，亦止，不肯入汉边。栾布自破齐还[7]，乃并兵引水灌赵城[8]。赵城坏，赵王自杀，邯郸遂降。赵幽王绝后[9]。

【注释】

①遂既王赵二十六年：相当于景帝前元三年，前154年。

②坐晁错以適削赵王常山之郡：由于景帝采纳了晁错削夺王国封地的建议，且赵王犯有过失，于是汉景帝又削去了赵国的常山郡。適，通"谪"，因罪被罚。常山郡，汉郡名，郡治在元氏（今河北元氏西北）。按，晁错究竟以赵王的什么"罪过"削去了他的常山郡，史无明文。

③内史：官名。汉初诸侯王、侯国所置此官，掌封国民政。

④匈奴：我国古代北方民族之一。战国时游牧于燕、赵、秦以北地区。其族随世异名，因地殊号。西汉初期对西汉王朝的北部边境构成巨大威胁。

⑤曲周侯郦寄：字况。汉初开国功臣郦商之子，继其父爵为曲周侯。原与吕禄交善，吕后死，周勃胁迫郦商诱劝吕禄交出军权，离开北军，乃得诛灭诸吕。事见《吕后本纪》。

⑥城守邯郸，相距七月：梁玉绳曰："按《史》《汉景纪》《绛侯》《梁孝王世家》《周勃》《文三王传》，七国以正月反，三月灭。此及《高五王传》作'七月'，误。《郦商》《吴濞传》作'十月'，更误。赵虽后下，不能相拒如是之久也。"城守，据城而守。距，通"拒"。

⑦栾布自破齐还：按，吴、楚叛乱之初，齐国并未响应跟从。而齐国周围的胶东、胶西、菑川、济南四国都反了，他们包围并胁迫齐国同反。栾布打败四国，解救了齐国。事见《齐悼惠王世家》。栾布，汉初名将，原为彭越的部下，七国反，他以将军率军平齐，下

赵。事迹见《季布栾布列传》。

⑧赵城：即指邯郸。

⑨赵幽王绝后：刘友的两个儿子，刘遂造反兵败自杀，刘辟彊有子无孙，断了后嗣。

【译文】

刘遂做赵王的第二十六年，孝景帝时，因为犯有过失，而晁错正建议景帝削夺封国的土地，因而被削去了常山郡。吴、楚等国叛乱，赵王刘遂就伙同他们合谋起兵。他的相国建德、内史王悍加以劝阻，刘遂不肯听从。刘遂烧死了建德和王悍，发兵驻扎在赵国的西部边界，想和吴王会师后一道向西进发。他派人去北方出使匈奴，想联合匈奴一起进攻朝廷。朝廷派曲周侯郦寄攻打赵国。赵王刘遂便退了兵，据邯郸城固守，与朝廷大军对峙了七个月。吴、楚叛军在梁地被打败，无法西进。匈奴听到消息后，也停止了行动，不肯进入汉朝边界。汉将栾布击败围困齐地的叛乱诸国，回师与郦寄合兵，引水淹没赵都邯郸。邯郸的城墙被水冲垮，赵王刘遂自杀，邯郸向朝廷投降了。幽王刘友从此绝后。

太史公曰：国之将兴，必有祯祥，君子用而小人退；国之将亡，贤人隐，乱臣贵①。使楚王戊毋刑申公，遵其言②，赵任防与先生③，岂有篡杀之谋，为天下僇哉④？贤人乎，贤人乎！非质有其内⑤，恶能用之哉？甚矣⑥！“安危在出令，存亡在所任⑦”，诚哉是言也！

【注释】

①“国之将兴”几句：《礼记·中庸》有：“国家将兴，必有祯祥；国家将亡，必有妖孽。”祯祥，吉祥的征兆，好兆头。

②使楚王戊毋刑申公，遵其言：假如楚王刘戊没有刑罚申公培，而能听从他的劝告。申公，名培，汉初儒生。少与楚元王之子刘郢受

学于齐人浮丘伯，治《诗》，亦通《春秋穀梁传》。刘郢继位为楚王后，请申培为其子刘戊之傅。刘戊性行淫暴，对他十分厌恶。至刘戊与吴国串通为乱，申公极力劝阻，刘戊罚他做苦役。详情见于《儒林列传》。

③防与先生：姓名失考。时称贤者。

④僇：侮辱，耻笑。

⑤质有其内：本身具有崇高的品质。泷川引冈白驹曰："非身有德不能知贤人，贤人亦不就。"

⑥甚矣：泷川引中井曰："二字疑衍。不然，此下有脱文也。"

⑦安危在出令，存亡在所任：泷川曰："《主父偃传》引《周书》云：'安危在出令，存亡在所用。'《周书·王佩解》：'存亡在所用，离合在出命。'"

【译文】

太史公说：国家将要兴盛的时候，一定会出现吉祥的征兆，这就是君子被重用，而小人被贬退；国家将要覆亡的时候，就必然是贤人隐退，乱臣显贵。假如楚王刘戊不刑罚申公培，能听从他的劝告；假如赵王刘遂能任用防与先生，哪里还会有起兵造反、篡位弑主的阴谋，而被天下人耻笑呢？贤人啊！贤人啊！不是本质贤明的君主，怎么可能任用贤人呢？太重要啦！"国家的安危在于政令，国家的存亡在于用人"，这句话说得太正确了！

【集评】

柯维骐曰："《汉书》以《楚元王传》与《荆燕吴传》并列，而以赵王遂与高祖五子同传，盖楚元王，高祖之弟，而赵王，高祖之子也。史迁世家只序楚元王，而此特附赵王者，盖以防与先生与申公事类，有贤不用，卒犯大戮，均可为世戒也。"（《史记评林》引）

李景星曰："'楚元王世家'后附'赵世家'，而统名之曰'元王世家’，与‘管蔡世家’附‘曹世家’同，皆因同姓而又较有关系也。同姓则可以附书，较有关系则又不能与他附书者同列，必特别出之以示郑重，太史公于此非漫然也。况赵王遂又与吴、楚同谋，其不听善言而取灭亡又与楚王戊同类，合而书之政自相宜。观赞语曰‘使楚王戊毋刑申公，赵任防与先生’云云，则史公之命意可知矣。”（《史记评议》）

吴见思曰：“此以楚王戊、赵王遂谋反一案，提作合传，文章亦简净平当，止于楚王传中带叙羹颉之事，以做姿致而已。”（《史记论文》）

【评论】

楚国最早是封给韩信的，韩信被免后，刘邦就封他最小的弟弟刘交为楚王，以镇抚楚国，可见楚国政治地位之重要，亦可知楚元王之封本来就是刘邦削弱异姓诸侯王、封同姓为王镇抚各地思想的体现。只是随着时间的推移，到景帝时，同姓诸侯已成为威胁王朝统治的隐患，景帝采用晁错的意见进行削藩，结果吴、楚等国因而为乱。这场内乱是刘姓统治集团内部利益之争的大爆发，表明刘邦在封同姓为诸侯的问题上一开始就有弊病。刘邦一直被称赞为“规模宏远”，一个最突出的表现就是他很清楚在推翻秦王朝后要建立自己的统一帝国，这比项羽强得多；但这个帝国是采用秦朝那样的中央集权，还是采用分封制，他并不十分清楚。如果说他在立国后大封诸侯还带有奖赏笼络的成分，在打击异姓诸侯后分封同姓为王，就明显表现出他的政治素养还是比不上李斯、秦始皇。另一方面，刘邦的个性也决定了他会采取这种方式。《楚元王世家》在文章开头就写了刘邦与长嫂结怨，以致怀恨终生，后不得已才封其子刘信为侯，却还以“羹颉”为号，以示羞辱的故事。这个故事表现了刘邦很“小家子气”的一面，性格的弱点使他在封同姓为诸侯一事上做出了错误的决定。

《史记》中记载七国之乱最详尽的是《吴王濞列传》，除本世家外，还有很多篇章也涉及此事，如《齐悼惠王世家》《绛侯世家》《梁孝王世家》

等。司马迁一再写到此事,不仅因为它是西汉历史上的重大事件,也寄托了司马迁的深深感慨:在利益面前,血源亲情显得那么脆弱,那么不堪一击。想想赵王刘遂竟然勾结匈奴准备灭同宗之国,这是多么令人心寒。

本篇的论赞通过议论指出任贤是国家兴盛的根本。《礼记·中庸》说:"国家将兴,必有祯祥;国家将亡,必有妖孽。"这种说法带有比较明显的迷信成分,而司马迁则将其改为:"国之将兴,必有祯祥,君子用而小人退;国之将亡,贤人隐,乱臣贵。"将贤人与乱臣指为"祯祥"与"妖孽"的具体内容,破除了迷信,而使其中所含的真理成分更加显露,这无疑是司马迁的贡献。然而任贤首先要求国君具有优良的内在品质,像楚王戊、赵王遂这种无德的国君,是不会用贤的,相反还会杀害贤人。司马迁感叹道:"贤人乎,贤人乎!非质有其内,恶能用之哉?"联想到他自己的遭遇,可见其悲愤之情。

关于楚元王刘交,本篇中只交代了他的在位年数,似乎是个普普通通的刘氏子弟,不过因为是刘邦同母兄弟而得封大国。实际上,据《汉书·楚元王传》可知,他好书多艺,文雅干练,为刘邦兄弟中仅有。他从刘邦起事就与萧何、曹参等刘邦集团核心人物一起,跟着刘邦打天下。刘邦即帝位,他与卢绾都可以"出入卧内,传言语诸内事隐谋",关系非同一般。本篇对此一概不载,不可谓不是一大缺失。

至于本文开头讲述的刘邦发迹前去大嫂家蹭饭而被大嫂嫌弃,等刘邦称帝后不肯为她的儿子封侯,理由是"其母不长者",最后给他封了个"羹颉侯"。有人说"羹颉"是个谐音,就是为了报复长嫂当年的刮锅底。另外,《史记》还在《高祖本纪》和《汉兴以来将相名臣年表》里两次提到刘邦调侃父亲当年看不上自己,总夸二哥能干,如今再看谁挣下的家业大。可见刘邦对二哥也是一直心有芥蒂。这些看似闲笔,实则可以看出刘氏兄弟在汉朝建立前后混杂着亲情和权力的各种纠葛,又从一个侧面,显现了中国传统的家天下情境中,皇权无时无刻不被血缘与血统所困扰的现实。

史记卷五十一

荆燕世家第二十一

【释名】

本篇是刘氏远属诸侯王刘贾、刘泽的世家。刘贾、刘泽皆因姓刘而得以封王。刘贾在楚汉战争期间的确有军功，而刘泽却是全凭权谋而获封王。全篇分两部分。第一部分写刘贾因佐刘邦开国有功被封王，与其后来被黥布所灭的过程。其功劳主要是烧项羽粮草积聚，招降楚大司马周殷，与卢绾击临江王共尉等。第二部分写刘泽用权谋逢迎吕后被封琅邪王；吕后死后，又摇身变为诛吕的骨干，迎立文帝，受封燕王。传至其孙刘定国，因荒淫乱伦失国。篇末论赞，作者对刘贾、刘泽的封王表现了嘲讽意味。刘贾尚出于侥幸，刘泽则皆出于奸猾狡诈。

荆王刘贾者，诸刘，不知其何属①。初起时，汉王元年②。还定三秦③，刘贾为将军，定塞地④，从东击项籍⑤。

【注释】

①诸刘，不知其何属：《集解》曰："《汉书》：'贾，高帝从父兄。'"应该是刘姓宗族中的一个，不知属于哪个支派。

②初起时，汉王元年：《汉书》作"不知其初起时"。意思是一直到汉王元年才有了关于刘贾事迹的记载。汉王元年，前206年。

③还定三秦：刘邦于汉元年（前206）十月（当时以十月为岁首）入关灭秦后，被项羽封为汉王，领地是巴、蜀、汉中三郡，都南郑（今陕西汉中南郑区）。刘邦在这年的四月到达汉中，又于同年八月返回，将关中地区收归已有。过程详见《项羽本纪》《高祖本纪》。三秦，项羽三分关中，封秦降将章邯为雍王，司马欣为塞王，董翳为翟王，合称三秦。后用以指称关中地区。

④定塞地：平定了塞王司马欣所占据的塞国地盘。塞国的都城栎（yuè）阳在今陕西西安阎良区。

⑤从东击项籍：战事发生在汉二年（前205）四月。刘邦重新占据关中后，于汉二年十月东出，准备与项羽争夺天下。四月，刘邦乘项羽北出伐齐之机，率军攻占了项羽的国都彭城（今江苏徐州）。项羽闻讯，率三万骑兵从齐国驰回，趁汉军无备，发起猛攻。汉军惨败。

【译文】

荆王刘贾，出身于刘氏宗族，但不知属于哪一宗系。一直到汉王元年才有了关于他事迹的记载。高祖从汉中回师平定三秦时，刘贾被任命为将军，他率军平定了塞王司马欣的领地，接着跟随高祖东进，攻打项羽。

汉四年①，汉王之败成皋②，北渡河，得张耳、韩信军③，军修武，深沟高垒④，使刘贾将二万人⑤，骑数百，渡白马津入楚地⑥，烧其积聚，以破其业，无以给项王军食。已而楚兵击刘贾，贾辄壁不肯与战⑦，而与彭越相保⑧。

【注释】

①汉四年：前203年。

②败成皋：在成皋（在今河南荥阳）被项羽打得大败。刘邦与项羽

在荥阳一带对峙了两年多,双方互有胜败。刘邦的惨败有两次,一是荥阳之败,一是成皋之败。

③得张耳、韩信军:刘邦从成皋逃脱后,易装入韩信军,袭夺了韩信的兵权。详见《淮阴侯列传》。按,据《淮阴侯列传》与《秦楚之际月表》,刘邦成皋之败与夺韩信、张耳军事,都发生在汉三年秋。

④军修武,深沟高垒:据《高祖本纪》,刘邦夺了韩信大军后,驻扎在小修武(在修武城东),并听从郎中郑忠劝谏,深沟高垒,按兵不动,只是派兵侵扰项羽的后方。修武,秦县名,治所在今河南获嘉。

⑤使刘贾将二万人:《高祖本纪》作"使卢绾、刘贾将卒二万人,骑数百"。

⑥白马津:古黄河上的渡口,在今河南滑县北。

⑦辄壁不肯与战:总是坚守营垒,不肯出战。辄,总是,往往。壁,这里作动词用。

⑧与彭越相保:颜师古曰:"相保,谓依恃以自安固。"彭越,字仲,昌邑(今山东金乡西北)人。秦末陈胜、项梁等起义,他投机观望。楚汉战争时,率三万余人投刘邦。事迹详见《魏豹彭越列传》。

【译文】

汉王四年,高祖在成皋被项羽打败,北渡黄河,得到张耳、韩信的军队,驻扎在修武,深挖壕沟,高筑营垒,按兵不动,而派刘贾率领两万人和骑兵数百名,渡过白马津,进入楚地,烧掉那里囤积的粮草,破坏当地的产业,使他们无法给项王供应军需。不久,项羽回兵攻打刘贾,刘贾固守营垒,不肯交战,并与彭越互相倚仗、共同防御。

汉五年①,汉王追项籍至固陵②,使刘贾南渡淮围寿春③。还至④,使人间招楚大司马周殷⑤。周殷反楚,佐刘贾举九江⑥,迎武王黥布兵⑦,皆会垓下,共击项籍⑧。汉王因使刘贾将九江兵，与太尉卢绾西南击临江王共尉[9]。共尉已死，以临江为南郡。

【注释】

①汉五年：前202年。

②汉王追项籍至固陵：汉四年（前203）末，楚汉订立鸿沟之约，项羽东撤。刘邦随即撕毁协议，率兵东追项羽至固陵。项羽反击，因韩信、彭越等各路大军未按预定时间到达，刘邦大败。固陵，秦县名，治所在今河南太康南。

③寿春：秦县名，治所在今安徽寿县。

④还（huán）至：很快到达。还，随即，立即。

⑤间：私下，暗中，偷偷地。大司马：古官名。主管军事，此处是虚衔。周殷：项羽属下将领。当时率军驻扎在今安徽舒城、六安一带。

⑥举：攻克，占领。九江：即九江国，在今安徽中部一带地区。秦亡后项羽封英布置，都六县（今安徽六安东北）。

⑦武王黥布：姓英，名布，六县人。曾坐法黥面，输骊山，故称“黥布”。项羽北伐齐国时，黥布未积极支持，被项羽怨恨。刘邦败于彭城后，他听从了汉使随何的劝说，背楚归汉。

⑧皆会垓下，共击项籍：各路大军集结，围困项羽于垓下情事，详见《项羽本纪》《高祖本纪》。垓下，古地名，在今安徽固镇东。

⑨太尉：官名。秦至西汉设置，为全国军政首脑，与丞相、御史大夫并称三公。卢绾（wǎn）：刘邦的同乡，少时与刘邦友善。秦末从刘邦起义。刘邦被项羽封为汉王，卢绾即被刘邦任为太尉。事迹见《韩信卢绾列传》。临江王共尉：被项羽所封的临江王共敖的儿子。临江，即临江国，都江陵（今湖北荆州）。据《汉书·高帝纪》，刘邦派刘贾、卢绾率军攻灭共尉事发生在汉五年十二月，灭项羽后不久。

【译文】

汉王五年,高祖领兵追击项羽到达固陵,派刘贾南渡淮水去围攻寿春。刘贾很快到达寿春,派人暗中招降楚大司马周殷。周殷背叛项羽后,帮着刘贾攻取了九江郡,迎回了武王黥布的军队,他们一起到垓下会师,共同围攻项羽。接着,高祖派刘贾率领九江的军队,与太尉卢绾会合,向西南进攻临江王共尉。共尉死后,改临江国为南郡。

汉六年春[①],会诸侯于陈[②],废楚王信,囚之,分其地为二国[③]。当是时也,高祖子幼,昆弟少,又不贤,欲王同姓以镇天下,乃诏曰:"将军刘贾有功,及择子弟可以为王者。"群臣皆曰:"立刘贾为荆王,王淮东五十二城[④];高祖弟交为楚王,王淮西三十六城[⑤]。"因立子肥为齐王[⑥]。始王昆弟刘氏也[⑦]。

【注释】

①汉六年:前201年。

②会诸侯于陈:有人告发韩信谋反,刘邦用陈平计,假称要南游云梦泽(旧址约当今湖北武汉以西、荆州以东的大片长江以北地区,当时这一带基本为水泽地),令各国诸侯都要到半路的陈县(治所在今河南淮阳)去朝见刘邦,真实意图是要袭捕韩信。

③废楚王信,囚之,分其地为二国:发生在汉六年(前201)十二月。刘邦在陈县诱捕韩信后,因找不到确实的罪证,将其释放,贬为淮阴侯。并将韩信的封地分成两块,其一为"楚",都彭城(今江苏徐州);其一为"荆",都吴县(今江苏苏州)。事情详见《淮阴侯列传》。

④淮东五十二城:指淮水东南直至长江下游的苏州以及浙江北部的

湖州一带。《汉书·高帝纪》作“以故东阳郡、鄣郡、吴郡五十三县立刘贾为荆王”。

⑤淮西三十六城：约当今之江苏西北部、安徽北部、河南东部等一带地区。《汉书·高祖本纪》作“以砀郡、薛郡、郯郡三十六县立弟文信君交为楚王”。

⑥肥：即刘肥，惠帝异母兄。齐国都临淄（今山东淄博临淄区）。事迹详见《齐悼惠王世家》。

⑦始王昆弟刘氏：刘贾、刘交、刘肥等刘氏子弟之封王均在高祖六年（前201）正月。

【译文】

汉王六年春天，高祖在陈县会合诸侯，废黜了楚王韩信，并囚禁了他，将他的封地分成两国。当时，高祖的儿子幼小，兄弟少，又无才无德，想封同姓人为王以镇抚天下，就下诏说：“将军刘贾有功，同时也选子弟中可以封王的。”大臣们都说：“请立刘贾为荆王，领淮水以东五十二城；请立皇上的弟弟刘交为楚王，领淮水以西三十六城。”高祖趁此立儿子刘肥为齐王。开始分封自家兄弟、刘氏族人为王。

高祖十一年秋，淮南王黥布反，东击荆①。荆王贾与战，不胜，走富陵②，为布军所杀。高祖自击破布③。十二年④，立沛侯刘濞为吴王⑤，王故荆地⑥。

【注释】

①高祖十一年秋，淮南王黥布反，东击荆：过程详见《黥布列传》。高祖十一年，前196年。东击荆，黥布起兵后，首先向东方出击，杀了荆王刘贾。

②富陵：汉县名，治所在今江苏盱眙东北。当时属荆。

③高祖自击破布：刘邦于汉十一年七月亲率大军征讨黥布，于十二年十月（当时以十月为岁首）大败之。黥布向南逃至长沙，被长沙王诱杀。详见《黥布列传》。按，刘邦在此次与黥布作战中，身中一箭，第二年也死了。详见《高祖本纪》。

④十二年：前195年。

⑤刘濞：刘邦次兄刘仲之子。随刘邦征讨黥布，作战勇敢，晋封吴王。

⑥王故荆地：吴国领有原荆国的封土，只是将都城由吴县迁于广陵（今江苏扬州）。

【译文】

高祖十一年秋，淮南王黥布起兵造反，向东攻打荆国。荆王刘贾与他交战，没能取胜，逃到富陵，被黥布的部下杀死。高祖只得亲自统兵讨伐黥布。高祖十二年，黥布被打败，立沛侯刘濞为吴王，领原荆王刘贾的封地。

燕王刘泽者，诸刘远属也①。高帝三年②，泽为郎中。高帝十一年，泽以将军击陈豨③，得王黄④，为营陵侯⑤。

【注释】

①诸刘远属：刘氏的远房支属。《汉书》曰："泽，高祖从祖昆弟。"

②高帝三年：前204年。当时刘邦正与项羽在荥阳一带对峙。

③泽以将军击陈豨（xī）：陈豨受所豢养宾客不法事牵涉，因恐被杀而举兵反汉。刘邦亲自统兵征讨，刘泽当时是他部下的一员小将。陈豨，汉初开国功臣之一，封阳夏侯。

④王黄：韩王信的部将。韩王信反汉，被刘邦亲率大军击败后，逃入匈奴，王黄收拢韩王信的败散兵卒，与匈奴谋攻汉。后又与陈豨合兵攻汉，被刘邦亲率大军讨平。

⑤营陵侯：封地营陵，在今山东安丘西北。

【译文】

燕王刘泽，是刘氏宗族的远房宗亲。高祖三年，刘泽充任郎中。高祖十一年，刘泽以将军身份领兵攻打陈豨，得到了王黄，被封为营陵侯。

高后时[1]，齐人田生游乏资[2]，以画干营陵侯泽[3]。泽大说之[4]，用金二百斤为田生寿[5]。田生已得金，即归齐。二年[6]，泽使人谓田生曰："弗与矣[7]。"田生如长安[8]，不见泽，而假大宅[9]，令其子求事吕后所幸大谒者张子卿[10]。居数月，田生子请张卿临，亲修具[11]。张卿许往。田生盛帷帐共具，譬如列侯。张卿惊。酒酣，乃屏人说张卿曰[12]："臣观诸侯王邸弟百余[13]，皆高祖一切功臣[14]。今吕氏雅故本推毂高帝就天下[15]，功至大，又亲戚太后之重[16]。太后春秋长[17]，诸吕弱，太后欲立吕产为吕王，王代[18]。太后又重发之[19]，恐大臣不听。今卿最幸，大臣所敬，何不风大臣以闻太后[20]，太后必喜。诸吕已王，万户侯亦卿之有[21]。太后心欲之，而卿为内臣，不急发，恐祸及身矣。"张卿大然之，乃风大臣语太后。太后朝，因问大臣。大臣请立吕产为吕王。太后赐张卿千斤金[22]，张卿以其半与田生。田生弗受，因说之曰："吕产王也[23]，诸大臣未大服。今营陵侯泽，诸刘[24]，为大将军[25]，独此尚觖望[26]。今卿言太后，列十余县王之[27]，彼得王，喜去，诸吕王益固矣。"张卿入言，太后然之。乃以营陵侯刘泽为琅邪王[28]。琅邪王乃与田生之国。田生劝泽急行毋留。出关，太后果使人追止之，已出，即还。

【注释】

①高后时:据下文,应在高后五年(前183)。高后,即吕后,名雉,前188年其子惠帝死,吕雉遂公开临朝执政,前187—前180年在位。

②田生:即田先生。据《楚汉春秋》,此人名田子春。游:周游。

③画:谋划,筹划。干:干谒。

④说:满意,喜欢。

⑤为田生寿:凌约言曰:"田生画策处甚奇,颇有战国策士风。而泽一见之,即轻金为寿,亦能下士矣。"

⑥二年:两年后,即吕后七年(前181)。

⑦弗与矣:《集解》引孟康曰:"与,党与。言不复与我为与也。"一说"与"解作"助"。泷川引中井曰:"弗与矣,咎其不我助之词。"

⑧如:往,去。

⑨假:租赁。

⑩事:侍奉。大谒者张子卿:《集解》引如淳曰"阉人也"。齐召南曰:"此书(《汉书》)《恩泽侯表》与《周勃传》皆作'张释',与《史记·吕后纪》同;而《匈奴传》作'张泽',与《史记·文帝纪》及表同。"王先谦曰:"'释''泽'古字通用,'卿'盖美称。下文田生亦屡称'卿',盖若'鲁扶卿''张恢生''辕固生''申培公'之比。"大谒者,官名。汉世谒者中地位较高者。谒者职掌迎宾司仪。

⑪亲修具:王先谦引周寿昌曰:"不假手厮仆,若魏其迎田蚡,夫妻治具是也。"指亲自备办筵席。

⑫屏:斥退,支开。

⑬诸侯王邸弟百余:按,此处是夸张说法。刘邦在其称帝前后,曾封异姓功臣韩信、彭越、黥布、吴芮、卢绾等为王,又封同姓功臣刘贾与其亲属子侄刘仲、刘交、刘肥等为王。但这些异姓王于刘邦在世时即已绝大多数被诛灭,即使加上他们,也达不到百余。邸弟,

府第。邸，古时郡国王侯朝见天子在京城预置的宅第。

⑭一切：《索隐》曰：“犹一例，同时也。”一概，通通。

⑮雅故本：三字同义，犹言“本来、向来”。推毂：推动，协助。

⑯亲戚太后之重：是太后重要的亲戚。

⑰春秋长：年龄大。

⑱太后欲立吕产为吕王，王代：梁玉绳曰：“是时为高后七年，乃刘泽王琅邪、吕禄王赵之时也。赵王友幽死后，吕后令代王徙王赵，代王不从，遂封吕禄为赵王，则知吕后初意欲以代王禄也。此文当作‘太后欲立吕禄为王，王代’。”吕产，吕后长兄吕泽之次子。吕禄，吕后次兄吕释之之子。代，汉初诸侯国名，都中都（在今山西平遥）。

⑲重发之：即指难以开口。

⑳风：暗示，讽劝。

㉑万户侯亦卿之有：据《吕太后本纪》，张卿后来被封为建陵侯。万户侯，食邑万户之侯。

㉒赐张卿千斤金：李笠曰：“《汉书》无‘斤’字，当据改，汉制以黄金一斤为‘一金’。”

㉓吕产王也：梁玉绳认为“吕产”应作“吕禄”。

㉔诸刘：《汉书》作“诸刘长”，在刘姓诸臣中，年龄最大。王先谦曰：“《史记》‘诸刘’下少‘长’字，当依此订。”

㉕大将军：王先谦曰：“大将军者，侈言之，非泽本立此号也。”

㉖觖（jué）望：不满，怨望。

㉗列：“裂”的古字。

㉘乃以营陵侯刘泽为琅邪王：《吕太后本纪》记载为：“太后女弟吕媭有女，为营陵侯刘泽妻，泽为大将军。太后王诸吕，恐即崩后刘将军为害，乃以刘泽为琅邪王，以慰其心。”有井范平曰：“‘田生如长安’云云，突如之极，使人不知何故。层层说来，转入本题，前

之突如者，自成妙着。变幻之笔，盖自《檀弓·知庄子卒章》来。”琅邪，汉郡名，郡治在今山东诸城。按，从齐国割出一个郡封给刘泽，既“慰其心”，又削弱了齐国，吕后此举可谓一举两得。

【译文】

吕后当政的时候，齐国的田先生因出游在外缺少资费，就通过进言献策的方式求见营陵侯刘泽。刘泽非常高兴，用二百斤黄金为田先生祝寿。田先生得到这笔钱后，就返回了齐国。过了两年，刘泽派人对田先生说：“不要再同我来往了吧。”于是田先生回到长安，不去见刘泽，而是租了一座大宅院，让他的儿子找机会去侍奉吕后所宠幸的大谒者张子卿。过了几个月，田先生的儿子请张子卿到家里做客，说是他的父亲要亲自备办酒肴招待他。张子卿答应前来。田先生挂起豪华的帷帐，摆上精美的器具，排场摆得宛如一方诸侯。张子卿很是吃惊。酒兴正浓时，田先生屏退左右的人，然后对张子卿说：“我察看过的诸侯王的宅第有一百多所，拥有者都是高祖时的功臣。而吕氏族人本来也是帮着高皇帝打天下的，功劳很大，又都是太后的骨肉之亲。现在太后年事已高，而吕氏的势力薄弱，太后想立吕产为吕王，统辖代国。但自己难以启齿，怕大臣们不答应。现在您最受太后宠幸，又受大臣们敬重，何不讽劝大臣，让他们向太后提出建议，太后一定高兴。等到诸吕都封了王，万户侯也会为您所有。太后心里想这样做，而您是内臣，如不赶紧行动，恐怕就会大祸临头。”张子卿觉得田先生的说法非常对，于是就讽劝大臣们向吕后建议立吕产为王。太后上朝时，趁机向群臣询问此事，大臣们请求立吕产为吕王。太后赏赐张子卿黄金一千斤，张子卿拿出当中的一半给田先生。田先生没有接受，反而趁机劝说道：“吕产封王，大臣们未必完全心服。如今营陵侯刘泽，是刘氏宗族，身为大将军，就对此不满意。现在您去劝劝太后，划出十几个县封他为王，刘泽得到王位，欢喜而去，诸吕的王位就更加巩固了。”张子卿进宫禀告，太后认为很好。于是封营陵侯刘泽为琅邪王。刘泽就和田先生一起前往封国。田先生劝刘泽急速起程，不要逗留。刚出函谷关，太后果然派人追赶阻拦他们，但他们已经出关，追赶的人就回去了。

及太后崩[①]，琅邪王泽乃曰："帝少，诸吕用事，刘氏孤弱。"乃引兵与齐王合谋西[②]，欲诛诸吕[③]。至梁[④]，闻汉遣灌将军屯荥阳[⑤]，泽还兵备西界[⑥]，遂跳驱至长安[⑦]。代王亦从代至[⑧]。诸将相与琅邪王共立代王为天子[⑨]。天子乃徙泽为燕王[⑩]，乃复以琅邪予齐，复故地[⑪]。泽王燕二年，薨[⑫]，谥为敬王。传子嘉，为康王[⑬]。至孙定国[⑭]，与父康王姬奸，生子男一人[⑮]。夺弟妻为姬。与子女三人奸[⑯]。定国有所欲诛杀臣肥如令郢人[⑰]，郢人等告定国，定国使谒者以他法劾捕格杀郢人以灭口。至元朔元年[⑱]，郢人昆弟复上书具言定国阴事[⑲]，以此发觉。诏下公卿，皆议曰："定国禽兽行，乱人伦，逆天，当诛。"上许之。定国自杀，国除为郡。

【注释】

①太后崩：吕后崩于前180年。

②与齐王合谋西：《集解》引《汉书音义》曰："泽至齐，为齐王所劫，不得去。乃说王，求诣京师，齐具车送之。不为本与齐合谋也。"《索隐》："《汉书·齐王传》云使祝午劫琅邪王至齐，因留琅邪王不得反国。泽乃说求入关，齐乃送之。与此文不同者，刘氏以为燕、齐两史各言其主立功之迹，太史公闻疑传疑，遂各记之，则所谓实录。"齐王，即刘襄，齐悼惠王刘肥之子，前188—前179年在位。

③欲诛诸吕：刘泽本属吕氏一党，这大概是吕氏被诛后刘泽自己的粉饰之语。

④梁：汉初封彭越为梁王，都定陶（今山东定陶）。吕后时改封吕产

为梁王。

⑤灌将军：即灌婴，汉初开国功臣之一，封颍阴侯。刘襄起兵后，他奉吕禄命率军迎击，至荥阳，屯兵不前，和周勃等内外配合，诛灭诸吕，拥立代王刘恒为文帝，拜为太尉。事迹详见《樊郦滕灌列传》。荥阳：汉县名，治所在今河南郑州古荥镇。历来为兵家必争之地。

⑥泽还兵备西界：按，此处与《齐悼惠王世家》记载不同。据《齐悼惠王世家》，刘襄起兵后，刘泽被齐王刘襄扣留，其军队也被夺，刘泽只身前往长安，无"回兵备西界"事。

⑦遂跳驱至长安：刘泽被刘襄劫持后，诈称愿到长安探听虚实，于是孤身奔赴长安。跳驱，脱身独自驰往。

⑧代王亦从代至：吕后八年（前180）后九月，代王被迎入京城。周勃、陈平等乘灌婴与刘襄结盟，吕氏惶恐动摇之际，借助刘章等人的力量诛灭了吕氏一党。他们害怕刘襄的英武，不愿让他当皇帝，于是迎立代王为帝。详情见《吕太后本纪》《孝文本纪》。代王，即刘恒，刘邦之子，薄太后所生。

⑨诸将相与琅邪王共立代王为天子：《齐悼惠王世家》记载为："大臣议欲立齐王，而琅邪王及大臣曰：'齐王母家驷钧，恶戾，虎而冠者也。方以吕氏故几乱天下，今又立齐王，是欲复为吕氏也。代王母家薄氏，君子长者；且代王又亲高帝子，于今见在，且最为长。以子则顺，以善人则大臣安。'于是大臣乃谋迎立代王。"

⑩乃徙泽为燕王：当时前燕王吕通已被诛灭，所以封刘泽于燕。燕国都蓟（在今北京西南）。

⑪复以琅邪予齐，复故地：琅邪郡原属齐国，是吕后割出封给刘泽用以笼络他的。如今齐国反吕有功，所以将琅邪郡归还给了齐国。

⑫泽王燕二年，薨：刘泽死于文帝前元二年，前178年。

⑬康王：名嘉，前177—前152年在位。

⑭定国：康王子，即《汉兴以来诸侯王年表》所列之燕定王，前151—前128年在位。

⑮子男：男孩。

⑯子女：女儿。

⑰定国有所欲诛杀臣肥如令郢人：意思是刘定国想要杀一个名叫“郢人”的肥如县县令。肥如，汉县名，治所在今河北卢龙北。

⑱元朔元年：前128年。元朔，汉武帝的第三个年号（前128—前123）。

⑲阴事：不可告人的事，不被人知的罪行。

【译文】

等到吕太后驾崩，琅邪王刘泽就说：“皇上年幼，诸吕执政，刘氏势单力薄。”于是率领军队同齐王合谋西去，想要诛灭诸吕。到了梁地，听说朝廷派遣灌婴将军驻扎在荥阳，刘泽就回师加强自己封国西部边界的守备力量，而他自己快速赶到长安。代王刘恒也从代国来到了长安。于是将军卿相们就和琅邪王共同拥立代王为天子。天子于是改封刘泽为燕王，把琅邪郡归还给了齐国，恢复了齐国原来的领地。刘泽做燕王的第二年去世，谥号为敬王。王位传给儿子刘嘉，就是康王。王位传至刘泽的孙子刘定国，他和父亲康王的姬妾通奸，生了一个儿子。又霸占弟弟的妻子为姬妾。还和自己的三个女儿通奸。刘定国打算杀死肥如县令郢人时，郢人等向朝廷告发了刘定国，刘定国为了灭口，就派谒者假借其他法令告发、逮捕并杀死郢人。到武帝元朔元年，郢人的兄弟再次上书详细揭发了刘定国的阴私罪行，刘定国的罪恶因此暴露。武帝诏令公卿论处，公卿都说：“刘定国所为是禽兽之行，乱人伦，逆天理，应当处死。”武帝同意了公卿的建议。刘定国自杀，封国废除，改设为郡。

太史公曰：荆王王也，由汉初定，天下未集[①]，故刘贾虽属疏[②]，然以策为王[③]，填江淮之间[④]。刘泽之王，权激吕氏[⑤]，然刘泽卒南面称孤者三世[6]。事发相重[7]，岂不为伟乎[8]！

【注释】

①未集：颜师古曰："集，和也。"

②属疏：血缘关系远。

③策：策封。

④填江淮之间：指被封为荆王。填，通"镇"，镇抚。

⑤权激吕氏：《索隐》曰："田子春欲王刘泽，先使张卿说封吕产，乃恐以大臣觖望，泽卒得王，故为权激诸吕也。"凌稚隆引陈仁锡曰："田生以私恩小德，几亡汉室。小人误国，往往如是。"李笠曰："太史公之赞曰'刘泽之王，权激诸吕'，'权激'者，罪之也，非嘉之也。观《汉书》'伟'作'危'，史公之用意更明矣。班史语明，史公语微，以意逆志，斯不远而。"

⑥三世：指刘泽、刘嘉、刘定国三人。

⑦事发相重：一说以为指能与朝内的反吕势力配合起事。陈仁锡曰："谓诸吕变作，而泽能举兵入讨；又与群臣共立代王，是与内朝相倚重也。"一说指与吕氏相互借重以获得封王。《索隐》曰："谓先发吕氏令重，我亦得其功，是事发相重也。"

⑧岂不为伟乎：《汉书》作"岂不危哉"。按，"事发相重"若取陈仁锡之解，则可说"不亦伟乎"；若取《索引》解，则末句应同《汉书》，作"不亦危乎"。

【译文】

太史公说：荆王能被封王，是由于汉王朝刚刚建立，天下尚未安定，所以刘贾虽是刘氏的远房宗亲，也还是被册封为王，让他镇抚江淮之间。刘泽被封为王，是他用权谋激发吕氏的结果，虽然如此，刘泽最终还是南面称孤，传国三代。他能发兵举事，入讨诸吕，为各方倚重，难道还不够伟大吗！

【集评】

吴见思曰："刘贾、刘泽，俱以疏属得封，故合作一传。"(《史记论文》)

黄震曰："田生如长安，不见泽，而以计谒高后之所幸张子卿，使王诸吕以张本，而王刘泽于燕。然则田生所干刘泽之画，即明年所施于张子卿之计。曰'弗与'云者，弗与我施行所画，从之之词耳。泽，刘氏也，而王诸吕，乃出其计，其罪大矣。故太史公之赞曰：'刘泽之王，权激吕氏。'……于干刘泽，不言其所画，而于干子卿言之，文法之相为先后如此。"(《黄氏日钞》)

李景星曰："《荆燕世家》用笔最简括，事最多，而制局又最紧，是太史公极用意文字。《荆世家》曰'诸刘，不知其何属'；《燕世家》曰'诸刘远属'，两世家相合处，即在于此。《荆世家》叙刘贾之功，凡分五层，俱用重笔；《燕世家》叙刘泽之王，全在田生说张卿一段，虽亦分五层，而笔笔轻活，与前半叙次有奇正相生之妙。赞语劲矫，'权激吕氏'，'事发相重'，造句极简重古奥。"(《史记评议》)

【评论】

刘贾与刘泽都是因为与刘邦同族而被封王，但两人获封的情况也不一样。刘贾在楚汉战争中确实立有军功，尤其是烧了项羽的积聚物资，对于彻底打败项羽是相当重要的，所以当韩信被袭捕后，刘邦将楚国拆分，封给刘氏宗亲，刘贾被封为荆王虽属侥幸也还算是有点道理。刘泽的封王却完全是靠着狡诈手段。刘泽最大的军功是俘获了叛将王黄，但很大程度并非是在战场上，而是由于汉军的悬赏，王黄的部下把他缚送给刘泽的，刘泽因此被封为营陵侯。如果考虑刘泽的另一个身份是他娶了吕后妹妹的女儿，是吕后的外甥女婿，很难说他的封侯是不是更多地凭借了裙带关系。刘泽的封王则更不光彩。他在吕后当政时期逢迎讨好吕后，靠着田生、张子卿的活动，在封吕产为吕王时夹带着被封为琅邪王。等到齐王刘襄起兵讨诸吕，刘章、周勃、陈平等也在朝廷发动了政变的情势下，已被刘襄软禁在齐国的刘泽诈称去长安为刘襄运作继位，及时地投奔了周勃、陈平，并因诋毁刘襄、拥立刘恒，而最终被文帝刘恒封为燕王。所以刘泽的封王跟他姓刘关系并不大，而是他钻营的结果。司马迁在这篇“世家”中对刘泽篡改事实的自我粉饰之辞照样写出，而将真实情况放在了《齐悼惠王世家》中，这是他的惯用写法，在两相对比中，刘泽善于逢迎、见风使舵的卑劣品行就更加让人憎厌了。

本篇叙事简短而集中，略贾详泽，重点突出，尤其写刘泽一节，明叙田生之诡计，暗写刘泽之奸谲，明刺刘泽，又暗讽吕后；还有对田生所干刘泽之计，于明年施于张子卿时乃写出等，皆用笔委曲，布局巧妙，体现出作者的匠心。

本篇写刘泽为讨好吕后，而派田生往说吕后的男宠张子卿，让张子卿示意众大臣迎合吕后，劝吕后封诸吕为王。以此知当时之欲巴结、投靠吕后者，大有人在，而刘泽竟因此获封琅邪王，透露了当时宗室诸人的一种动态。奇怪的是刘泽获封后与田生一道东归时，文章写道：“琅邪王乃与田生之国。田生劝泽急行毋留。出关，太后果使人追止之，已出，即还。”此事与《孟尝君列传》的写孟尝君出函谷关事相雷同，孟尝君被放走是由于秦昭王听幸姬鼓动，一时大意，事后反悔是自然的；刘泽协助吕后成功地封诸吕为王，封刘泽对于诸吕受封是极为有利的事，吕后何故派人追之使返？疑是史公误书。

论赞中说刘泽“事发相重，岂不为伟乎”。刘泽的一生作为，原无“伟”处，只有因隙蹈险，故《汉书》称其“岂不危哉”，谓田生与刘泽，亦犹苏秦、张仪之行，“真倾危之士哉”！《汉书》的说法更为合理。

史记卷五十二

齐悼惠王世家第二十二

【释名】

齐悼惠王，是刘邦的庶长子刘肥。《齐悼惠王世家》记述了刘肥受封于齐，成为汉初最为显赫的诸侯，他及他的子孙们在刘邦死后直至武帝时期的遭遇，以及齐国不断被分割的历史。记述主体是朱虚侯刘章在诛灭诸吕时的作为与贡献，以及济南王等四王参与“七国之乱”最终被灭。篇末论赞，是对齐国近百年间的兴衰变化的感慨。

这篇作品涉及问题很多，应与《吕太后本纪》《楚元王世家》《袁盎晁错列传》《吴王濞列传》《汉兴以来诸侯王年表》等参照阅读。

齐悼惠王刘肥者①，高祖长庶男也②。其母外妇也③，曰曹氏。高祖六年④，立肥为齐王，食七十城⑤，诸民能齐言者皆予齐王⑥。齐王，孝惠帝兄也⑦。孝惠帝二年⑧，齐王入朝⑨。惠帝与齐王燕饮，亢礼如家人⑩。吕太后怒，且诛齐王⑪。齐王惧不得脱，乃用其内史勋计⑫，献城阳郡⑬，以为鲁元公主汤沐邑⑭。吕太后喜，乃得辞就国⑮。

【注释】

①齐悼惠王刘肥：刘肥被封齐国，都临淄（在今山东淄博临淄区）。悼惠是其谥号。

②庶男：庶出之子。

③外妇：指男子于正妻以外在别处另娶的妾或私通之妇。

④高祖六年：前201年。

⑤食七十城：《汉书·高帝纪》："以胶东、胶西、临淄、济北、博阳、城阳郡七十三县立子肥为齐王。"王先谦曰："《史记》云'七十城'，举大数。"

⑥能齐言者皆予齐王：《索隐》曰："此时人多流亡，故使齐言者皆还齐王。"王骏图曰："此谓近齐城邑，凡语言与齐一类者，皆割属齐王，言其疆域之大也。流亡尽使还国，势难尽人而安置之，徒多无业之民，于齐王何益乎？"

⑦孝惠帝：即刘盈，吕后所生。

⑧孝惠帝二年：前193年。

⑨齐王入朝：齐王于孝惠二年之十月入朝。当时以"十月"为岁首。

⑩亢礼如家人：颜师古曰："以兄弟齿列，不从君臣之礼。"按，《吕太后本纪》记载为："孝惠与齐王燕饮太后前，孝惠以为齐王兄，置上坐，如家人之礼。"亢礼，以平等礼节相待。

⑪且诛齐王：《吕太后本纪》记载为："太后怒，乃令酌两卮鸩，置前，令齐王起为寿。齐王起，孝惠亦起，取卮欲俱为寿。太后乃恐，自起泛孝惠卮。齐王怪之，因不敢饮，详醉去，问，知其鸩。"且，将。

⑫内史勋：按，《吕太后本纪》作"内史士"，与《汉书·高五王传》同，梁玉绳以为"士"是姓，"勋"是名。内史，官名。汉初诸侯国设置内史，执掌封国民政。

⑬城阳郡：郡治在今山东莒县。属齐国。

⑭鲁元公主：吕后所生之女。汤沐邑：天子赐给诸侯之封邑。周朝

诸侯朝见天子，天子则赐一块地方作食宿斋戒沐浴之用。西汉时，皇帝、诸侯、皇后、公主都有这样一块私人封地以收取赋税，也称“汤沐邑。”

⑮乃得辞就国：史珥曰：“此意最妙，悼惠之得归国在是，朱虚之得封、得入侍亦在是。一时权术，遂关宗社安危。”就国，回自己的封国。

【译文】

齐悼惠王刘肥，是高祖刘邦的庶长子。刘肥的母亲是高祖先前的外妇，姓曹氏。高祖六年，立刘肥为齐王，食邑七十城，凡是能说齐语的百姓都随地割属齐王。齐王是孝惠帝的兄长。孝惠帝二年，齐王入京朝见。孝惠帝与齐王宴饮，二人行平等礼节就像平民人家的兄弟一样。吕太后为此发怒，将要诛杀齐王。齐王害怕不能免祸，就用他的内史勋的计策，献出城阳郡，用来作鲁元公主的汤沐邑。吕太后很高兴，齐王才得以辞朝归国。

悼惠王即位十三年，以惠帝六年卒①。子襄立，是为哀王②。

哀王元年③，孝惠帝崩，吕太后称制④，天下事皆决于高后。二年，高后立其兄子郦侯吕台为吕王⑤，割齐之济南郡为吕王奉邑⑥。

哀王三年，其弟章入宿卫于汉⑦，吕太后封为朱虚侯⑧，以吕禄女妻之⑨。后四年⑩，封章弟兴居为东牟侯⑪，皆宿卫长安中。

哀王八年，高后割齐琅邪郡立营陵侯刘泽为琅邪王⑫。

其明年⑬，赵王友入朝⑭，幽死于邸⑮。三赵王皆废⑯。高后立诸吕为三王⑰，擅权用事。

【注释】

①惠帝六年:前189年。

②是为哀王:刘襄死后谥号为哀。《谥法解》:“早孤短折曰哀”“恭仁短折曰哀”。

③哀王元年:前188年。

④称制:行使帝王的职权。按,惠帝死后,吕后实际上掌有天下,所以汉代史表直书其为“吕后元年”。

⑤郦侯吕台:吕后的长兄吕泽的儿子,高祖九年(前198)封为郦侯。郦,县名,治所在今河南内乡。《集解》引徐广曰:“郦,一作‘鄜’。”王叔岷曰:“《汉书·恩泽侯表》《高五王传》并作‘鄜侯’。”鄜,汉县名,治所在今陕西黄陵西北。

⑥济南郡:郡治在东平陵(在今山东章丘东北)。奉邑:给邑以供宗庙祭祀所需之费用。按,吕后此举削弱刘氏壮大吕氏,一举两得。

⑦入宿卫于汉:到朝廷充当皇帝的宿卫人员。

⑧朱虚侯:封地为朱虚,在今山东安丘西。

⑨吕禄:吕后的次兄建成侯吕释之的儿子。按,吕后安排刘、吕两族联姻,一为监督,二为加强吕氏与刘氏之亲缘关系。

⑩后四年:即哀王七年,吕后六年,前182年。

⑪东牟侯:封地为东牟,在今山东牟平。

⑫琅邪郡:汉郡名,郡治在东武(今山东诸城)。

⑬其明年:梁玉绳曰:“‘明年’误,《汉传》改‘是岁’。”泷川引张熷曰:“齐哀王八年,乃高后七年也。《汉书》刘泽为琅邪王及赵王幽死,并在高后七年,《本纪》《传》《年表》并同。此言‘明年’误也。”

⑭赵王友:刘邦之子。初封淮阳王,惠帝元年改封赵王。

⑮幽死于邸:吕后七年,刘友被召至京城,扣押在府邸,不得食,遂饿死。见《吕太后本纪》。

⑯三赵王皆废：刘邦的三个先后被封为赵王的儿子刘如意、刘友和刘恢都被废。刘如意已于高帝十二年（前195）被吕后毒死，吕后七年刘友被幽死；同年二月刘恢被移封赵王，六月即被迫自杀。事情详见《吕太后本纪》。

⑰立诸吕为三王：《集解》徐广曰："燕、赵、梁。"吕产封梁王，吕禄封赵王，吕通封燕王。事情详见《吕太后本纪》。

【译文】

悼惠王即位十三年，于惠帝六年去世。他的儿子刘襄即位，即为哀王。

齐哀王元年，孝惠帝去世，吕太后执掌朝政，天下大事都由吕太后决断。哀王二年，吕太后封她兄长的儿子郦侯吕台为吕王，割出齐国的济南郡作为吕王的封地。

哀王三年，哀王的弟弟刘章进宫值宿护卫，吕太后封他为朱虚侯，把吕禄的女儿嫁给他为妻。四年后，封刘章的弟弟刘兴居为东牟侯，都在长安宫中担任宿卫。

哀王八年，吕后割齐国的琅邪郡，封营陵侯刘泽为琅邪王。

第二年，赵王刘友入京朝见，被幽禁死于京城的住处。三个赵王先后都被废。吕后立三位吕氏为燕王、赵王、梁王，擅权当政。

朱虚侯年二十，有气力①，忿刘氏不得职②。尝入侍高后燕饮，高后令朱虚侯刘章为酒吏③。章自请曰："臣，将种也④，请得以军法行酒⑤。"高后曰："可。"酒酣，章进饮歌舞⑥。已而曰："请为太后言耕田歌⑦。"高后儿子畜之⑧，笑曰："顾而父知田耳⑨。若生而为王子，安知田乎？"章曰："臣知之。"太后曰："试为我言田。"章曰："深耕穊种，立苗欲疏⑩；非其种者，锄而去之⑪。"吕后默然。顷之，诸吕有一人醉，亡酒⑫，章追，拔剑斩之而还，报曰："有亡酒一人，臣谨行法斩之[13]。”太后左右皆大惊。业已许其军法，无以罪也。因罢[14]。自是之后，诸吕惮朱虚侯，虽大臣皆依朱虚侯，刘氏为益强。

【注释】

①有气力：有气概，而又勇武多力。

②不得职：指不被任用，不能掌权。王叔岷曰：“《御览》八二二引‘职’作‘势’。”

③酒吏：古代宴饮时主持酒政的人。王先谦引沈钦韩曰：“‘吏’当作‘史’，《宾之初筵》云：‘或立之监，或佐之史。’”

④将种：武将的后代。

⑤行酒：监酒，在席间主持酒政。

⑥酒酣，章进饮歌舞：李笠曰：“既云‘酒酣’，不宜复进‘饮’也，《汉书》无‘饮’字，作‘进歌舞’，当据删。”

⑦请为太后言耕田歌：李笠曰：“‘歌’何以曰‘言’？且下所‘言’者，非‘歌’也。‘歌’字盖涉上文‘歌舞’字误衍。上有‘已而’二字，则所言在‘歌舞’后也。《汉书》无‘歌’字。”

⑧高后儿子畜之：高后把刘章当小孩子看。畜，看待，对待。王先谦引沈钦韩曰：“《庄子·庚桑楚》曰：‘能儿子乎？’吕后盖以小儿视之。”

⑨而：你，你的。刘章的父亲刘肥，是刘邦微贱时所生，所以吕后这样说。

⑩深耕穊（jì）种，立苗欲疏：颜师古曰：“穊种者，言多生子孙也；疏立者，四散置之，令为藩辅也。”穊种，稠密栽种。穊，密。

⑪非其种者，锄而去之：吴见思曰：“有意无意，若近若远，绝妙比兴。”

⑫亡酒：逃席而避酒。

⑬臣谨行法斩之：泷川曰："古钞本、枫、三本'行'下有'军'字，与《汉书》合。"王叔岷曰："《初学记》《白帖》引此，'行'下亦并有'军'字。"

⑭因罢：凌稚隆引董份曰："章志奇矣，然犯人所深忌，而轻言之，幸得脱虎口，甚岌岌矣。"陈沂曰："章志奇矣，一曰'吕后默然'，一曰'吕后大惊'，章亦幸脱虎口耳。"郭嵩焘曰："朱虚侯所以得免者，由娶吕禄女故也，亦吕后深惜吕氏之意。"

【译文】

朱虚侯刘章二十岁，勇武有力，对刘氏不能掌权而愤愤不平。他曾侍奉吕后宴饮，吕后让他当监酒令官。刘章亲自请求说："我是武将的后代，请准许我按军法行使酒令。"吕后说："可以。"喝到酒兴正浓的时候，刘章献上歌舞助兴。而后又说："请让我为太后唱耕田歌。"吕后一向把他当作孩子看待，笑着说："想来你父亲还知道耕田的事。你生下来就是王子，怎么会知道耕田的事呢？"刘章说："我知道。"吕后说："试着给我说说吧。"刘章说："深耕密种，留苗稀疏；不是同类，坚决铲锄。"吕后听了默默不语。过了一会儿，吕氏族人中有人喝醉，逃离了酒席，刘章追过去，拔剑将他斩杀后回来了，禀报说："有一个人逃离酒席，我已按军法把他杀了。"吕后周围的人都大为吃惊。但吕后此前已经允许他按军法监督酒宴，也就没有怪罪他。酒宴也因而结束。从此以后，吕氏家族的人都忌惮朱虚侯，即使是朝廷大臣也都依从朱虚侯，刘氏的声势因此渐渐强盛起来。

其明年①，高后崩②。赵王吕禄为上将军③，吕王产为相国④，皆居长安中，聚兵以威大臣，欲为乱⑤。朱虚侯章以吕禄女为妇，知其谋，乃使人阴出告其兄齐王，欲令发兵西，朱虚侯、东牟侯为内应，以诛诸吕，因立齐王为帝。

【注释】

①其明年：即吕后八年，前180年。

②高后崩：吕后崩于八年八月初一。

③上将军：当时非固定官名，只表示在诸将中地位最高。吕禄时为赵王，统率北军，周勃虽为太尉，亦不能进入。

④吕王产为相国：按，相国比丞相位尊权重。汉初只有萧何、曹参相继为相国，后不再任命。吕后临死前又特别任命吕产为相国，并让他统领南军，军政大权全归其掌握。功臣陈平、周勃等都被弃置不用，是促成功臣集团与刘氏宗亲共同发动政变的重要原因。

⑤聚兵以威大臣，欲为乱：郭嵩焘曰："吕后以南、北军属之吕禄、吕产，使据兵自固，以毋为人所制而已。产、禄庸才，并所将兵亦解以属之太尉，是岂欲为乱者？史公以周勃除诸吕，特重吕氏之罪，以疑似被之名耳。"

【译文】

此后第二年，吕太后去世。赵王吕禄任上将军，吕产为相国，都居住在长安城中，聚集军队威慑大臣，准备作乱。朱虚侯刘章因为妻子是吕禄的女儿，所以知道了他们的阴谋，于是派人暗中离开长安，报告他的哥哥齐哀王刘襄，准备让他发兵西进，朱虚侯、东牟侯做内应，以便铲除吕氏族人，从而立齐王为皇帝。

齐王既闻此计，乃与其舅父驷钧、郎中令祝午、中尉魏勃阴谋发兵①。齐相召平闻之②，乃发卒卫王宫③。魏勃绐召平曰："王欲发兵，非有汉虎符验也④。而相君围王，固善。勃请为君将兵卫卫王⑤。"召平信之，乃使魏勃将兵围王宫。勃既将兵，使围相府。召平曰："嗟乎！道家之言'当断不断，反受其乱'⑥，乃是也。"遂自杀。于是齐王以驷钧为相，魏勃为将军，祝午为内史，悉发国中兵。使祝午东诈琅邪王曰："吕氏作乱，齐王发兵欲西诛之。齐王自以儿子⑦，年少，不习兵革之事，愿举国委大王。大王自高帝将也⑧，习战事。齐王不敢离兵，使臣请大王幸之临菑见齐王计事，并将齐兵以西平关中之乱。"琅邪王信之，以为然，乃驰见齐王。齐王与魏勃等因留琅邪王，而使祝午尽发琅邪国而并将其兵⑨。

【注释】

①驷钧：姓驷名钧。郎中令：官名。战国时始置，职掌宫廷门户。秦汉时为九卿之一，秩中二千石，总管宫殿内一切事务。又各诸侯王国亦仿中央设置此官。中尉：此亦指诸侯国的中尉。主管该封国军事。

②齐相：齐国国相。当时诸侯国国相由朝廷派任，对朝廷负责。召（shào）平：按，汉初有三个"召平"，分别见于《项羽本纪》《萧相国世家》与本篇，都分明不是一个人。

③乃发卒卫王宫：名为"卫"，实则是将其扣押在了王宫里。

④非有汉虎符验：没有汉朝廷的虎符作为凭证，则无权调兵。虎符，古代调遣兵将的凭证。

⑤勃请为君将兵卫卫王：颜师古曰："谓将兵及卫守之具，以禁卫王，令不得发也。"泷川曰："疑衍一'卫'字。"王叔岷曰："《通鉴》删一'卫'字。"

⑥当断不断，反受其乱：王先谦引沈钦韩曰："《春申君传》赞引之，《后汉书·儒林传》引作《黄石公三略》。"按，《黄石公三略》属于道家兵书。乱，指祸患。

⑦儿子：犹言"小孩子"。刘襄是刘泽的孙子辈，所以这么自称。

⑧自高帝将：颜师古曰："言自高帝时已为将也。"

⑨尽发：谓全部征发。按，吕后割琅邪郡以封刘泽，刘襄自然异常痛恨，故一旦起兵，就先行扣押刘泽夺回其地。

【译文】

齐王听到这个计策后，就和他的舅父驷钧、郎中令祝午、中尉魏勃暗地里谋划起兵。齐相召平听说此事，就发兵包围王宫。魏勃骗召平说："齐王想发兵，但他没有朝廷的虎符验证。相君您围住了王宫，这本来就是好事。我请求替您领兵护卫齐王。"召平相信了他的话，就让魏勃领兵围住王宫。魏勃领兵以后，派兵包围了相府。召平说："唉！道家的话'当断不断，反受其乱'，正是如此呀。"遂自杀而死。于是齐王任命驷钧为国相，魏勃为将军，祝午为内史，发动全国兵力。他派祝午东去诈骗琅邪王说："吕氏作乱，齐王想发兵西进诛灭他们，但齐王觉得自己是小辈，年纪也轻，又不熟悉征战之事，愿把整个封国托付给大王。大王从高帝时起就是将军，熟悉战事。现在齐王不敢离开军队，所以派我前来请大王，希望您到临淄去会见齐王商议大事，一起率齐军西行，平定关中之乱。"琅邪王相信了他，认为不错，就驱车驰奔去见齐王。齐王与魏勃等趁机扣留了琅邪王，并派祝午征调、统领琅邪国的全部军队。

琅邪王刘泽既见欺，不得反国，乃说齐王曰："齐悼惠王高皇帝长子，推本言之，而大王高皇帝適长孙也①，当立。今诸大臣狐疑未有所定，而泽于刘氏最为长年，大臣固待泽决计。今大王留臣无为也，不如使我入关计事②。"齐王以为然，乃益具车送琅邪王③。

【注释】

①適：同"嫡"。

②入关：入函谷关。这里指入朝。

③乃益具车送琅邪王：《荆燕世家》云：“及太后崩，琅邪王泽乃曰：‘帝少，诸吕用事，刘氏孤弱。’乃引兵与齐王合谋西，欲诛诸吕。至梁，闻汉遣灌将军屯荥阳，泽还兵备西界，遂跳驱至长安。”与此记载不同。《荆燕世家》之《索隐》曰：“刘氏以为燕、齐两史各言其主立功之迹，太史公闻疑传疑，遂各记之。”吴见思曰：“齐王诈琅邪王，只‘高帝将也’一句；琅邪诈齐王，只‘高帝嫡长孙’一句，投入其心，安得不听。两边权术相照。”史珥曰：“齐王使祝午诈琅邪王，与成祖诈大宁同，然成祖能挟大宁制其死命，而齐王惑于‘当立’之言，使琅邪入长安，诈人者复诈于人矣。”

【译文】

琅邪王刘泽上当受骗，不得返回封国，于是就游说齐王道：“齐悼惠王是高皇帝的长子，究其根本而言，大王您就是高皇帝的嫡长孙，理应继承皇位。如今诸位大臣对谁该继位犹豫不决，我在刘氏家族里最为年长，大臣们本来就是等待我去决定大计的。如今大王把我扣留在这里，我就不能有所作为了，不如让我进京去商议大事。”齐王认为很对，就准备了许多车辆，欢送琅邪王入朝议事去了。

琅邪王既行，齐遂举兵西攻吕国之济南[①]。于是齐哀王遗诸侯王书曰[②]：“高帝平定天下，王诸子弟，悼惠王于齐[③]。悼惠王薨，惠帝使留侯张良立臣为齐王[④]。惠帝崩，高后用事，春秋高，听诸吕擅废高帝所立[⑤]，又杀三赵王[⑥]，灭梁、燕、赵以王诸吕，分齐国为四[⑦]。忠臣进谏，上惑乱不听[⑧]。今高后崩，皇帝春秋富[⑨]，未能治天下，固恃大臣诸侯。今诸吕又擅自尊官[⑩]，聚兵严威，劫列侯忠臣[⑪]，矫制以令天下，宗庙所以危[⑫]。今寡人率兵入诛不当为王者。”

【注释】

①西攻吕国之济南：徐孚远曰："齐王发兵，先取琅邪，后取济南，盖收复全齐以为根本，恐吕氏未即灭，为两持计也。"

②遗（wèi）：给，分送。书：此处指檄文。

③悼惠王于齐：按，《吕太后本纪》亦载此刘襄之《遗诸侯王书》，作"悼惠王王齐"。

④惠帝使留侯张良立臣为齐王：汉初惯例，前任诸侯王去世，嗣子继任，程序上需要由朝廷任命。张良，刘邦的谋士，汉初"三杰"之一。事迹详见《留侯世家》。

⑤听诸吕擅废高帝所立：此实为吕后所为，而婉言"听诸吕"。擅废高帝所立，梁玉绳曰："《吕后本纪》及《汉书·高五王传》作'擅废帝更立'，是也，此误。"废帝更立，惠帝死后，太子继位为帝，四年后被吕后禁闭杀害，改立刘弘为帝。事见《吕太后本纪》。

⑥三赵王：刘如意、刘友、刘恢。

⑦分齐国为四：指齐国先把城阳郡给了鲁元公主做汤沐邑；又割琅邪郡置琅邪国，封给了刘泽；割济南郡置吕国，给了吕台，故称。

⑧上：当时朝廷的实际掌权者是吕后，故此处"上"暗指吕后。

⑨春秋富：颜师古曰："言年幼也，比之于财，方未匮竭，故谓之富。"

⑩尊官：封为高官。

⑪劫：威逼，胁迫。忠臣：杨树达引李慈铭曰："'忠臣'犹'中臣'，谓朝臣也。"

⑫宗庙所以危：《汉书》作"宗庙以危"。

【译文】

琅邪王走后，齐国就起兵向西攻打吕国的济南。这时齐哀王给各国诸侯发出书信说："高帝平定天下后，分封子弟为王，悼惠王封在齐国。悼惠王去世后，惠帝派留侯张良立我为齐王。惠帝去世，高后执政，因为她年纪老迈，听凭诸吕擅自废黜和拥立皇帝，又杀了三个赵王，灭亡了梁国、燕国、赵国，来封诸吕为王，还把我的齐国一分为四。朝臣进言劝谏，主上昏乱不听。现在太后驾崩，皇帝幼小，还不能治理天下，自然要依赖大臣诸侯。而如今诸吕擅自自封高官，聚集重兵，耀武扬威，胁迫列侯朝臣，假传圣旨以号令天下，刘氏政权因此危急。现在我率军入关，就是要诛杀那些不应为王的人。”

汉闻齐发兵而西，相国吕产乃遣大将军灌婴东击之①。灌婴至荥阳②，乃谋曰：“诸吕将兵居关中，欲危刘氏而自立。我今破齐还报，是益吕氏资也③。”乃留兵屯荥阳，使使喻齐王及诸侯，与连和，以待吕氏之变而共诛之④。齐王闻之，乃西取其故济南郡，亦屯兵于齐西界以待约⑤。

【注释】

①相国吕产乃遣大将军灌婴东击之：按，在此紧急关头吕氏能把兵权授于灌婴，足见对其相当信任。大将军，在此时还不是固定官名，只表示其地位高，有统领诸将之权。

②荥阳：汉县名，治所在今河南郑州古荥镇。

③益吕氏资：增加吕氏的资本。

④以待吕氏之变而共诛之：凌稚隆曰：“灌婴此出，吕产所遣也，乃不党吕氏，而留兵荥阳以待其变，岂非安刘一功臣哉？”按，灌婴中途倒戈，促使周勃、陈平、刘章等在京城发动政变，吕氏失败已成定局。至于如何收拾局面，只是方式、手段问题了。

⑤西取其故济南郡，亦屯兵于齐西界以待约：史珥曰：“号称‘讨贼’，而首以取所割地为事，声罪而不致讨，屯兵待约，其无远见可知。向微产、禄先诛，则亦殆矣。”吴见思曰：“讨诸吕不直指长安，而只为区区济南，屯兵待约，此齐王之所以不得立也。”

【译文】

朝廷听说齐国已经发兵西来，相国吕产于是派大将军灌婴率军东出抗击。灌婴到了荥阳，就盘算道："诸吕掌握兵权盘踞在关中，想危害刘氏而自立为帝，我如果打败齐军回去报捷，这就等于为吕氏增加本钱了。"于是便让军队停留下来驻扎荥阳，派使臣告谕齐王和诸侯，愿意与他们联合，以待吕氏叛乱时，共同诛灭他们。齐王闻听后，就率军西进，夺回了原属齐国的济南郡，并在齐国西界驻军，来等待履行盟约。

吕禄、吕产欲作乱关中①，朱虚侯与太尉勃、丞相平等诛之②。朱虚侯首先斩吕产③，于是太尉勃等乃得尽诛诸吕④。而琅邪王亦从齐至长安。大臣议欲立齐王，而琅邪王及大臣曰⑤："齐王母家驷钧，恶戾，虎而冠者也。方以吕氏故几乱天下，今又立齐王，是欲复为吕氏也。代王母家薄氏，君子长者⑥；且代王又亲高帝子，于今见在，且最为长⑦。以子则顺，以善人则大臣安⑧。"于是大臣乃谋迎立代王，而遣朱虚侯以诛吕氏事告齐王，令罢兵⑨。

【注释】

①吕禄、吕产欲作乱关中：按，诸吕"欲作乱关中"，史无实载。

②朱虚侯与太尉勃、丞相平等诛之：刘章、周勃、陈平等于高后八年九月诛灭吕氏。过程详见《吕太后本纪》。太尉勃，即周勃，汉初开国功臣之一。事迹详见《绛侯世家》。此时任太尉。丞相平，即陈平，汉初开国功臣之一。事迹详见《陈丞相世家》。此时任右丞相。

③首先斩吕产：吕产是吕氏集团的首领。周勃等发动政变后，刘章在未央宫前遇到吕产，将他杀死。这个出乎意料的消息激动得周

勃“拜贺朱虚侯曰:‘所患独吕产,今已诛,天下定矣。’”详见《吕太后本纪》。黄震曰:“赵隐王以鸩死,赵幽王以幽死,赵共王以愤死,燕王建有子亦见杀,唯齐王肥献城吕氏之女,幸脱虎口。甚矣,吕氏之不仁也。肥子朱虚侯竟能手诛诸吕,复安社稷。呜呼,真高皇帝子孙哉!”

④于是太尉勃等乃得尽诛诸吕:凌约言曰:“叙诛诸吕,曰‘首先’,曰‘于是乃得’,而朱虚侯、太尉、丞相其功之大小具见矣,何等笔力!”按,此次政治斗争,不仅诛灭了诸吕的吕产、吕禄、吕通等骨干人物,而且是“分部悉捕诸吕男女,无少长皆杀之”。此外樊哙的妻子吕媭,被认为“非刘氏”的孝惠帝的几个儿子也都被杀了。

⑤大臣:应指周勃、陈平。

⑥代王母家薄氏,君子长者:此应指代王刘恒的舅舅薄昭。按,文帝十年,薄昭杀汉使者,被迫自杀,实在称不上是“君子长者”。

⑦于今见在,且最为长:按,当时刘邦还有一个儿子是淮南王刘长,年龄比刘恒小。见《淮南王列传》。

⑧以子则顺,以善人则大臣安:杨树达曰:“立齐王则为高帝孙矣,故云‘以子则顺’也。”凌稚隆曰:“琅邪王及大臣论代王当立,是矣,而以两母家较量去取,恐非确论。岂其目击吕氏之变,不得不虑及此耶?”按,齐王英武,周勃、陈平欲立弱者以便于掌控,这是他们在找借口压制齐王。哪知代王表现出来的“谦退”只是一种韬晦之计,即位后方显出其厉害。可参看《吕太后本纪》《孝文本纪》。

⑨遣朱虚侯以诛吕氏事告齐王,令罢兵:按,在这场政变中,刘章、刘襄什么都没得到,从此埋下了对朝廷的不满。

【译文】

吕禄、吕产想在关中作乱,朱虚侯刘章与太尉周勃、丞相陈平等诛杀了他们。朱虚侯刘章首先斩了相国吕产,于是太尉周勃等才得以全部诛杀吕氏族人。这时琅邪王刘泽也从齐国来到了长安。大臣们商议想立齐王刘襄为皇帝，可是琅邪王刘泽及一些大臣说："齐王的母舅驷钧，凶恶残暴，就像一头戴着帽子的老虎。刚刚因为吕氏的缘故，几乎使天下大乱，如今再立齐王，这是想再出现一个吕氏呀。代王的母家薄氏，是忠厚君子。况且代王是高帝的亲生儿子，如今还活着，且最年长。立儿子则名正言顺，立善良之人则大臣安心。"于是众大臣就计划迎立代王为帝，而派朱虚侯把已经诛杀诸吕的事告诉齐王，让他收兵。

灌婴在荥阳，闻魏勃本教齐王反，既诛吕氏，罢齐兵，使使召责问魏勃①。勃曰："失火之家，岂暇先言大人而后救火乎②！"因退立，股战而栗，恐不能言者，终无他语③。灌将军熟视笑曰："人谓魏勃勇，妄庸人耳，何能为乎！"乃罢魏勃④。魏勃父以善鼓琴见秦皇帝。及魏勃少时，欲求见齐相曹参⑤，家贫无以自通，乃常独早夜埽齐相舍人门外⑥。相舍人怪之，以为物，而伺之⑦，得勃。勃曰："愿见相君，无因，故为子埽，欲以求见。"于是舍人见勃曹参，因以为舍人。一为参御，言事，参以为贤，言之齐悼惠王。悼惠王召见，则拜为内史。始，悼惠王得自置二千石⑧。及悼惠王卒而哀王立，勃用事，重于齐相⑨。

【注释】

①"闻魏勃本教齐王反"几句：泷川引中井曰："平定吕氏之乱，齐王有大功。其举兵，奉高帝之约束矣，非'反'也。"徐孚远曰："齐王英武，代王宽仁，此大臣所以有彼我也。"本，意指最早、最坚决。按，此乃过河拆桥之举。灌婴诬齐国"造反"，通过整治魏勃以震慑齐王。

②岂暇先言大人而后救火乎:《索隐》曰:"谓救火之急,不暇先启家长也。亦犹国家有难,不暇待诏命也。"大人,家长,一家之主。

③"因退立"几句:史珥曰:"批隙导窾,一言已足,是岂'股战而栗'者所能?勃盖知婴忌己之勇,故饰诈以脱祸耳。"吴见思曰:"'终无他语'更妙。"

④乃罢魏勃:《索隐》曰:"谓不罪而放遣之。"中井曰:"魏勃亦宜言:'非刘氏而王者,天下共击之',是高皇帝之约。臣劝齐王,谨奉高皇帝之约也,非教反矣。然勃之免死以怯也。即直对不屈,或速罪也。"

⑤曹参:汉初开国功臣之一,封平阳侯,曾任齐相。事迹详见《曹相国世家》。

⑥埽:同"扫",打扫卫生。舍人:王公贵人左右亲近人之称。亦名门下、食客。

⑦以为物,而伺之:《索隐》引姚氏曰:"物,怪物。"颜师古曰:"谓鬼神。"伺,暗中窥探。

⑧自置二千石:自己任命二千石一级的官。据《后汉书·百官志》,汉初各诸侯国的国相由朝廷派任,御史大夫以下都由各诸侯王自己任命。而"御史大夫及诸卿,皆为二千石"。诸卿,指中令、内史、中尉等官员。

⑨勃用事,重于齐相:吴见思曰:"插魏勃事,又因魏勃插叙其父,插叙其少时事,传外著色,忙处独闲,正见才力。"

【译文】

灌婴在荥阳,听说最初是魏勃教唆齐王反叛的,等朝廷诛灭吕氏,齐国收兵后,就派人把魏勃叫来责问。魏勃说:"失火的人家,哪有闲暇先报告家长然后才去救火呢?"说完退立一旁,两腿打颤,像是吓得说不出话的样子,终于没再说什么。灌婴将军仔细打量了半天,笑着说:"人们都说魏勃勇敢,在我看来不过是个平庸之辈,能有什么作为呢!"于是放了魏勃。魏勃的父亲由于擅长弹琴,曾受到过秦朝皇帝的召见。魏勃年少时,想求见齐相曹参,但由于贫穷,没有财力疏通关系,于是就常常半夜起来,到齐相舍人门外打扫卫生。那位舍人觉得奇怪,以为是什么怪物,就暗中窥探,结果捉到了魏勃。魏勃说:“我想拜见相君,因为没有办法,所以替您打扫,想借此得以求见。”于是这位舍人就把魏勃引荐给了曹参,曹参便把魏勃也收为自己的舍人。有一次魏勃为曹参赶车,谈到他对某些事情的看法,曹参认为他有才干,便把他推荐给了齐悼惠王。悼惠王召见魏勃,任命他为内史。汉朝建国初年,悼惠王有权任命二千石的官员。等到悼惠王去世,哀王刘襄继位时,魏勃当权,其权势比齐相还大。

王既罢兵归,而代王来立,是为孝文帝①。孝文帝元年②,尽以高后时所割齐之城阳、琅邪、济南郡复与齐③,而徙琅邪王王燕,益封朱虚侯、东牟侯各二千户④。是岁,齐哀王卒⑤,太子侧立,是为文王。

【注释】

①代王来立,是为孝文帝:按,周勃、陈平等拥立代王,以及代王进京即位的过程,详见《吕太后本纪》《孝文本纪》。

②孝文帝元年:前179年。

③尽以高后时所割齐之城阳、琅邪、济南郡复与齐:按,齐王刘肥献城阳发生在惠帝时,不在高后时。

④益封朱虚侯、东牟侯各二千户:按,这对于刘章来说,是惨重的打击。刘章在诛除诸吕的过程中,立有大功。文帝本来准备封刘章为赵王,封其弟刘兴居为梁王。但听说他们当初想拥立齐王,便只给两人每人加封了二千户。朱虚侯因此忧愤而死,其弟刘兴居

心怀怨望，后来造反。益封，增加封邑。

⑤齐哀王卒：齐哀王卒于文帝前元二年，前178年。

【译文】

齐王罢兵回到封国，代王刘恒来到长安即位，即为孝文帝。孝文帝元年，把吕后当权时期从齐国割出的城阳、琅邪、济南郡又还给齐国，改封琅邪王刘泽为燕王，加封朱虚侯、东牟侯封地各二千户。这一年，齐哀王去世，太子刘侧继位，即为齐文王。

齐文王元年，汉以齐之城阳郡立朱虚侯为城阳王，以齐济北郡立东牟侯为济北王①。二年，济北王反，汉诛杀之，地入于汉。后二年②，孝文帝尽封齐悼惠王子罢军等七人皆为列侯③。齐文王立十四年卒④，无子，国除，地入于汉。

【注释】

①齐文王元年，汉以齐之城阳郡立朱虚侯为城阳王，以齐济北郡立东牟侯为济北王：按，朝廷此举，是为了削弱齐国势力，同时增加刘肥子孙间的矛盾。齐文王元年，即汉文帝前元二年，前178年。济北，国都为卢县（在今山东长清西南）。

②后二年：梁玉绳曰："'后二年'误，《五王传》作'明年'，是也。"即齐文王三年，汉文帝前元四年，前176年。

③尽封齐悼惠王子罢军等七人皆为列侯：按，这是朝廷继续用众建诸侯的办法削弱诸侯国的势力。钱大昕曰："按《汉书·王子侯表》：管共侯罢军、氏丘共侯宁国、营平侯信都、扬丘侯安、扬虚侯将闾、朸侯辟光、安都侯志、平昌侯卬、武成侯买、白石侯雄渠，皆悼惠王子，以文帝四年五月甲寅同日封。"《惠景间侯者年表》缺"扬丘侯安"，"氏丘"作"瓜丘"。七人，钱大昕曰："此云'七人'，

盖'十人'之讹。"

④齐文王立十四年卒：齐文王卒于文帝前元十五年，前165年。

【译文】

齐文王元年，朝廷割齐国的城阳郡封给朱虚侯，立他为城阳王；割出齐国的济北郡封给东牟侯，立他为济北王。齐文王二年，济北王反叛，被朝廷诛杀，封地收归了朝廷。又过了两年，孝文帝把齐悼惠王的儿子刘罢军等七人全部封为列侯。齐文王在位十四年去世，因没有儿子，封国被废除，封地被收归朝廷。

后一岁[①]，孝文帝以所封悼惠王子分齐为王[②]，齐孝王将闾以悼惠王子杨虚侯为齐王[③]。故齐别郡尽以王悼惠王子：子志为济北王[④]，子辟光为济南王[⑤]，子贤为菑川王[⑥]，子卬为胶西王[⑦]，子雄渠为胶东王[⑧]，与城阳、齐凡七王。

【注释】

①后一岁：即文帝前元十六年，前164年。

②以所封悼惠王子分齐为王：朝廷把原齐王领有的封土再次分割，分给了刘肥还活着的六个儿子，封他们为王。这些人两年前已封侯。

③齐孝王将闾：即刘将闾，刘肥之子，刘襄、刘章之弟。此前为杨虚侯，这次被封齐王，封地只有齐郡。杨虚：县名，治所在今山东茌平东北。

④子志为济北王：按，原济北王刘兴居因造反被诛灭。济北国都卢县（在今山东长清西南）。

⑤子辟光为济南王：按，济南郡原为齐国领地，吕后曾割以封吕台，诸吕被灭后，复归齐国。济南国都东平陵（在今山东章丘东北）。

⑥菑川：都剧县（在今山东昌乐西北）。
⑦胶西：都高密（今山东高密西南）。
⑧胶东：都即墨（在今之山东平度东南）。

【译文】

一年后，孝文帝分割齐国的封地，分给先前封为列侯的悼惠王的儿子们，封立他们为王。齐孝王刘将闾以悼惠王儿子的身份，由原来的杨虚侯改封为齐王。把原来齐国所辖的其他郡分封悼惠王的其他儿子：封刘志为济北王，封刘辟光为济南王，封刘贤为菑川王，封刘卬为胶西王，封刘雄渠为胶东王，加上城阳王、齐王一共是七个王。

齐孝王十一年①，吴王濞、楚王戊反②，兴兵西，告诸侯曰“将诛汉贼臣晁错以安宗庙”③。胶西、胶东、菑川、济南皆擅发兵应吴、楚④。欲与齐⑤，齐孝王狐疑，城守不听，三国兵共围齐⑥。齐王使路中大夫告于天子⑦。天子复令路中大夫还告齐王：“善坚守，吾兵今破吴、楚矣⑧。”路中大夫至，三国兵围临菑数重，无从入。三国将劫与路中大夫盟，曰：“若反言汉已破矣⑨，齐趣下三国⑩，不且见屠。”路中大夫既许之，至城下，望见齐王，曰：“汉已发兵百万，使太尉周亚夫击破吴、楚，方引兵救齐，齐必坚守无下⑪！”三国将诛路中大夫。

【注释】

①齐孝王十一年：即景帝前元三年，前154年。景帝前156—前141年在位。
②吴王濞、楚王戊反：反叛爆发于景帝三年正月。吴王刘濞，见前注。楚王刘戊，刘邦弟楚元王刘交的孙子，文帝前元五年（前

175）嗣其父为楚王。景帝即位后，削其东海郡，于是跟吴王刘濞等发动叛乱。事情详见《吴王濞列传》《绛侯世家》《梁孝王世家》。

③告：通告，亦即发布讨伐檄文。晁错：颍川（今河南禹州）人。时为御史大夫，建议景帝削夺王国封地。吴、楚等七国以“清君侧”为名发动叛乱，景帝听从袁盎之言，将他处死。事情详见《袁盎晁错列传》。以安宗庙：这次是皇族内部发动的叛乱，故而特别说“安宗庙”。

④胶西、胶东、菑川、济南皆擅发兵应吴、楚：按，参加此次叛乱的，除此六国外，还有赵国。擅发兵，不经朝廷允许而发兵。

⑤与：结盟，党与。

⑥三国兵共围齐：王先谦引刘奉世曰：“《吴王濞传》前云‘胶西、胶东、淄川、济南共围临淄’，后云‘胶西、胶东、淄川三国各引兵归’，则此‘三国’无济南也。然初言‘四国共围齐’，又言‘三国’，疑必有误。”梁玉绳曰：“《汉书》袭《史》原文，故同其误。”王叔岷曰：“疑‘三国’本作‘四国’，‘四’误为‘三’，后人遂或略济南、或略胶西、或略胶东，以实‘三国’之数矣。古书作‘三’‘四’，或皆积画，字相似，由此误也。”

⑦路中大夫：《集解》引张晏曰：“姓路，为中大夫。”中大夫，官名，王者身边的侍从人员，备顾问应对。《索隐》引《路氏谱》谓此路中大夫名“卬”。

⑧今：将，即。

⑨若：你。

⑩趣下：快快投降。趣，疾速。

⑪齐必坚守无下：茅坤曰：“路中大夫有古烈士风。”

【译文】

齐孝王十一年，吴王刘濞、楚王刘戊谋反，发兵西进，通告诸侯说

“将去诛杀朝廷的贼臣晁错，以安定宗庙”。这时胶西王、胶东王、菑川王、济南王都擅自发兵，响应吴、楚。吴、楚想拉拢齐国，齐孝王犹豫不定，固守王城，没有答应。于是三国出兵，共同围攻齐国。齐王派中大夫路卬向天子报告。天子又让路中大夫回国告知齐王说：“好好坚守城池，朝廷的军队就要打败吴、楚叛军了。”路中大夫回到齐国时，三国的军队包围着临淄城，无法进入。三国将领劫持了路中大夫，逼着他订立盟约说：“你要能反过来说朝廷已经被打败了，齐国赶快向三国投降，就饶你无事，否则就要屠城。”路中大夫答应了他们，来到临淄城下，望着齐王说：“朝廷已经发兵百万，派太尉周亚夫击破了吴、楚叛军，现在正带兵前来援救齐国，你们一定要坚守城池，不要投降！”三国将领杀死了路中大夫。

齐初围急，阴与三国通谋，约未定，会闻路中大夫从汉来，喜，及其大臣乃复劝王毋下三国。居无何，汉将栾布、平阳侯等兵至齐①，击破三国兵，解齐围。已而复闻齐初与三国有谋，将欲移兵伐齐。齐孝王惧，乃饮药自杀②。景帝闻之，以为齐首善③，以迫劫有谋，非其罪也，乃立孝王太子寿为齐王④，是为懿王，续齐后。而胶西、胶东、济南、菑川王咸诛灭，地入于汉⑤。徙济北王王菑川⑥。齐懿王立二十二年卒，子次景立，是为厉王⑦。

【注释】

①栾布：汉初名将，文帝时，历任燕相、内史。吴、楚七国反，他以将军率军平齐，下赵。因功被封为俞（shū）侯。事迹详见《季布栾布列传》。平阳侯：此指曹奇，曹参之孙，文帝后元四年（前160）嗣为平阳侯。曾屡任军职，善治兵。详见《曹相国世家》。

②齐孝王惧,乃饮药自杀:梁玉绳曰:“《吴濞传》云‘齐王悔约自杀’,在吴举兵未败之先,与《汉书·枚乘传》言‘齐王杀身以灭其迹’正合。枚叔当时人,且谏书不应虚说,则此叙孝王自杀事在乱平之后,误也。”王叔岷曰:“《吴王濞传》‘齐王后悔,饮药自杀畔约’;《汉书·吴濞传》改作‘齐王后悔,背约城守’,《通鉴·汉纪八》从之。盖不信齐王自杀在吴举兵未败之先也。《世家》叙齐王自杀在乱平之后,《汉书·高五王传》所记与此同,《通鉴》亦从之。验以枚乘谏书,则《史记·吴王濞列传》所记为是。史公取材,往往兼存异说,所以可贵矣。”按,今人多以为枚乘谏书是后人伪造的。

③首善:颜师古曰:“言其初首无逆乱之心。”

④乃立孝王太子寿为齐王:事在景帝前元四年,前153年。徐孚远曰:“景帝寡恩,而立齐后固有文帝之风。”

⑤胶西、胶东、济南、菑川王咸诛灭,地入于汉:按,到目前为止,刘肥的儿子只存活刘志一人。其子孙的封国只剩有齐国、济北国和城阳国。

⑥菑川:都剧县(今山东昌乐西北)。按,济北郡被收归朝廷。

⑦齐懿王立二十二年卒,子次景立,是为厉王:齐懿王卒于汉武帝元光三年,前132年。次景,《汉兴以来诸侯王年表》与《汉书·高五王传》作“次昌”。

【译文】

齐国起初被围攻到危急之时,曾暗中与三国共同谋划,盟约还没有议定,正好听说路中大夫从朝廷回来,非常高兴,大臣们就再次劝谏齐王不要投降三国。没过多久,汉将栾布、平阳侯曹奇等率军来到齐国,击破了三国军队,解除了齐国的包围。事后听说齐国起初曾与三国有过共谋,又要移兵攻打齐国。齐孝王害怕了,就喝毒药自杀了。景帝听说后,认为齐王开始是好的,由于受到逼迫威胁才与三国共谋,这不是他们的罪过，于是立孝王的太子刘寿为齐王，这就是懿王，延续了齐王之后。而胶西王、胶东王、济南王和菑川王都被诛灭了，他们的领地都收归朝廷。徙封济北王为菑川王。齐懿王在位二十二年去世，他的儿子次景继位，即为齐厉王。

齐厉王，其母曰纪太后。太后取其弟纪氏女为厉王后。王不爱纪氏女。太后欲其家重宠[①]，令其长女纪翁主入王宫[②]，正其后宫[③]，毋令得近王，欲令爱纪氏女。王因与其姊翁主奸。

【注释】

①欲其家重宠：《索隐》曰："欲世宠贵于王宫也。"王骏图曰："重，复也。谓欲其弟之女复受王宠也。"

②纪翁主：纪太后所生，齐厉王的姐姐。颜师古曰："天子不亲主婚，故谓之'公主'；诸王即自主婚，故其女号'翁主'。'翁'者，父也。"

③正：纠正，整治。

【译文】

齐厉王的母亲是纪太后。纪太后把自己弟弟的女儿嫁给厉王做了王后。厉王不爱纪家的女儿。纪太后为了让纪家世代宠贵，就让她的长女纪翁主进入王宫，管理后宫，不让其他妃嫔亲近厉王，欲使厉王只能亲近纪氏女。厉王于是与他的姐姐翁主通奸。

齐有宦者徐甲[①]，入事汉皇太后[②]。皇太后有爱女曰脩成君[③]，脩成君非刘氏，太后怜之。脩成君有女名娥，太后欲嫁之于诸侯，宦者甲乃请使齐，必令王上书请娥。皇太后喜，使甲之齐。是时齐人主父偃知甲之使齐以取后事[4]，亦因谓甲：“即事成[5]，幸言偃女愿得充王后宫[6]。”甲既至齐，风以此事[7]。纪太后大怒，曰：“王有后，后宫具备。且甲，齐贫人，急乃为宦者[8]，入事汉，无补益，乃欲乱吾王家！且主父偃何为者？乃欲以女充后宫！”徐甲大穷[9]，还报皇太后曰：“王已愿尚娥[10]，然有一害，恐如燕王[11]。”燕王者，与其子昆弟奸[12]，新坐以死，亡国[13]，故以燕感太后[14]。太后曰：“无复言嫁女齐事[15]。”事浸浔闻于天子[16]。主父偃由此亦与齐有郤。

【注释】

①徐甲：即徐某。只知姓徐，不知其名。

②汉皇太后：即武帝的母亲王太后。

③脩成君：见《外戚世家》相关注释。

④主父偃：复姓主父，名偃。学长短纵横之术，兼学《易》《春秋》、百家言。卫青荐之于武帝。建议武帝削弱诸侯势力，武帝从其计，下“推恩令”，令诸侯王多分封子弟为侯，于是藩国始分，势力日削。事见《平津侯主父列传》。

⑤即：假如，如果。

⑥幸：谦词。希望，期望。

⑦风：暗示，讽劝。

⑧急乃为宦者：梁玉绳引孙侍御曰：“言徐甲贫窘无聊，乃自刑而为宦者耳。”

⑨大穷：十分困窘。

⑩尚：专指娶公主为妻。徐甲这是把脩成君的女儿高抬成了公主。

⑪恐如燕王：颜师古曰：“言齐王与其姊妹奸，终当坐之至死，不足嫁

女与之。”燕王，即刘定国。详见前注。

⑫与其子昆弟奸：颜师古曰：“子昆弟者，言是其子女又长幼非一，故云‘子昆弟’也。一曰，子昆弟者，定国之姊妹也。言定国奸其子女及其姊妹。”《荆燕世家》说刘定国“与父康王姬奸，生子男一人。夺弟妻为姬。与子女三人奸”。子女，即女儿。

⑬新坐以死，亡国：武帝元朔元年（前128），刘定国事发，身死国灭。

⑭感：触动，打动。

⑮无复言嫁女齐事：吴见思曰：“徐甲用隐语，太后用怼语，语各不多，情事如见。”杨树达曰：“娥后嫁淮南王安太子迁，见《淮南王传》。”

⑯浸浔：渐渐，逐渐。

【译文】

齐国有个宦官徐甲，入朝侍奉武帝的母亲王太后。王太后有爱女为脩成君，因为脩成君非刘氏所出，所以王太后可怜她。脩成君有个女儿名娥，王太后想把她嫁给诸侯王，于是徐甲就自荐出使齐国，定让齐王上书请求娶娥。王太后很高兴，就派他前往齐国。当时齐人主父偃知道徐甲出使齐国，是为了让齐王娶娥为王后之事，也趁机对徐甲说：“假如事情办成了，希望您提提我的女儿，说她愿意到齐王后宫服侍。”徐甲到齐国后，委婉地向纪太后提了出来。纪太后听罢大怒，说：“齐王已有王后，后宫嫔妃也已齐备。况且你徐甲，原是齐国的贫民，穷困已极才去做宦官，进入汉朝宫廷侍奉。你没给齐国带来什么益处，还想惑乱我们齐国王室！再说主父偃是什么东西，他也想把女儿送进宫来！”徐甲非常尴尬，只得回朝禀告王太后说：“齐王已经愿意娶娥了，但有个隐患，我怕会像燕王一样。”燕王就是因为和自己的几个女儿通奸，刚刚论罪处死，封国被撤除，所以徐甲故意用燕王的事来刺激王太后。王太后说：“那就不要再提把娥嫁到齐国去的事了。”这件事渐渐传开，连武帝也听说了。主父偃也因此对齐国产生了怨恨。

主父偃方幸于天子[①]，用事[②]，因言："齐临菑十万户，市租千金[③]，人众殷富，巨于长安，此非天子亲弟爱子不得王此[④]。今齐王于亲属益疏。"乃从容言[⑤]："吕太后时齐欲反，吴、楚时孝王几为乱。今闻齐王与其姊乱[⑥]。"于是天子乃拜主父偃为齐相，且正其事。主父偃既至齐，乃急治王后宫宦者为王通于姊翁主所者[⑦]，令其辞证皆引王。王年少，惧大罪为吏所执诛，乃饮药自杀[⑧]。绝无后。是时赵王惧主父偃一出废齐[⑨]，恐其渐疏骨肉[⑩]，乃上书言偃受金及轻重之短[⑪]。天子亦既囚偃[⑫]。公孙弘言[⑬]："齐王以忧死毋后，国入汉，非诛偃无以塞天下之望[⑭]。"遂诛偃[⑮]。齐厉王立五年死，毋后，国入于汉[⑯]。

【注释】

①主父偃方幸于天子：据《平津侯主父列传》，主父偃在武帝元光年间（前134—前129年）因上书皇帝，深受赏识，"一岁中四迁"。

②用事：掌权，当权。《平津侯主父列传》记载："尊立卫皇后，及发燕王定国阴事，盖偃有功焉。大臣皆畏其口，赂遗累千金。"

③市租千金：《正义佚存》曰："谓临淄之市，所卖之物，日出税、利千金。言齐人殷富也。千金，万贯也。"汉时称黄金一斤曰"一金"，"一金"可抵铜钱一万枚。一贯为铜钱一千枚。

④非天子亲弟爱子不得王此：据《高祖本纪》，曾有说客向刘邦进言，说齐国国大兵强，"非亲子弟，莫可使王齐矣"。意思是不能分封给亲缘关系远的人。

⑤从容：自然地，不慌不忙地。

⑥"吕太后时齐欲反"几句：吴见思曰："主父之言分两半节，上半节两层，一则齐富，一则亲疏；下半节两层，一则孝王为乱，一则齐王

奸姊。盖浸润之言，决非一时说完，故两次写。”

⑦急治：风风火火地查办。史珥曰：“观偃所为，已是江充先趋。”

⑧乃饮药自杀：齐厉王死于武帝元朔二年，前127年。

⑨赵王：即刘彭祖，景帝之子，景帝五年由广川王改封为赵王。事迹详见《五宗世家》。

⑩恐其渐疏骨肉：杨树达曰：“时彭祖太子丹与其姊妹奸，彭祖之惧盖以此。”

⑪言偃受金及轻重之短：《平津侯主父列传》记载为：“告言主父偃受诸侯金，以故诸侯子弟多以得封者。”轻重，颜师古曰：“谓用心不平。”受金，指接受金钱贿赂。

⑫亦：已，已经。

⑬公孙弘：齐人，专攻《公羊》。时任御史大夫，主管监察。事迹详见《平津侯主父列传》。

⑭塞：平息。望：怨恨，不满。

⑮遂诛偃：《平津侯主父列传》记载为“乃遂族主父偃”。

⑯毋后，国入于汉：按，齐王刘将闾一支至此彻底覆灭。

【译文】

主父偃正受武帝的宠信，专断政事，他趁机对武帝说：“齐国的临淄有十万户，市场的租税每天能收千金，人多殷富，超过了长安，不是天子的亲弟或者爱子，是不得在此封王的。如今的齐王与皇室的亲属关系日益疏远了。”又漫不经心地说：“吕后驾崩时齐国就曾造反，吴、楚叛乱时齐孝王也差点反叛。如今又听说齐王和自己的姐姐淫乱。”于是武帝就任命主父偃为齐国相，让他去查办此事。主父偃一到齐国，就加紧审讯那些为齐王和他姐姐牵线搭桥的宦官，让他们在供词中把齐王牵扯进来。齐王年少，害怕罪大被官吏拘捕诛杀，就服毒自杀了。齐王绝嗣无后。这时赵王刘彭祖对主父偃一出京城就废掉了齐国感到惧怕，担心他逐个离间刘氏骨肉之情，于是就上书武帝，告发主父偃接受贿赂，以及因挟怨而对齐国说长道短的事。武帝借此将主父偃囚禁。公孙弘说:"齐王因忧惧自杀,绝了后代,封地收回朝廷,如果不杀主父偃,就无法平息天下人的怨恨。"于是诛杀了主父偃。齐厉王在位五年去世,没有后代,封土被朝廷收回。

齐悼惠王后尚有二国,城阳及菑川①。菑川地比齐②。天子怜齐,为悼惠王冢园在郡,割临菑东环悼惠王冢园邑尽以予菑川,以奉悼惠王祭祀。城阳景王章③,齐悼惠王子,以朱虚侯与大臣共诛诸吕,而章身首先斩相国吕王产于未央宫。孝文帝既立,益封章二千户,赐金千斤。孝文二年,以齐之城阳郡立章为城阳王。立二年卒,子喜立,是为共王④。共王八年⑤,徙王淮南⑥。四年,复还王城阳⑦。凡三十三年卒⑧,子延立,是为顷王。顷王二十六年卒⑨,子义立,是为敬王。敬王九年卒⑩,子武立,是为惠王。惠王十一年卒⑪,子顺立,是为荒王。荒王四十六年卒⑫,子恢立,是为戴王。戴王八年卒⑬,子景立,至建始三年⑭,十五岁卒⑮。

【注释】

①城阳及菑川:当时的城阳王是刘肥的孙子刘喜。菑川王是刘肥的儿子刘志。

②比:挨近。两国都城相距百余里。

③城阳景王章:即刘章,谥景。《谥法解》:"由义而济曰景""耆意大虑曰景""布义行刚曰景"。《史记评林》引陈沂曰:"复叙城阳王始终,且以见章于汉有功,故国永而后善终也。"

④子喜立,是为共王:刘喜于文帝三年(前177)被立。

⑤共王八年:即文帝前元十一年,前169年。

⑥徙王淮南：按，原淮南王刘长（zhǎng）因谋反，被流放自杀。见《淮南衡山列传》。淮南，都寿春（今安徽寿县）。

⑦四年，复还王城阳：文帝前元十六年（前164），复封原淮南王刘长的儿子刘安为淮南王，故让刘喜又回了城阳。

⑧凡三十三年卒：刘喜卒于景帝中元六年，前144年。

⑨顷王二十六年卒：刘延卒于武帝元狩五年，前118年。

⑩敬王九年卒：刘义卒于武帝元封二年，前109年。

⑪惠王十一年卒：刘武卒于武帝天汉三年，前98年。此与《汉书》传、表合，而《汉兴以来诸侯王年表》作七年，误。

⑫荒王四十六年卒：刘顺卒于宣帝甘露二年，前52年。

⑬戴王八年卒：刘恢卒于元帝初元五年，前44年。

⑭建始三年：前30年。建始，汉成帝年号（前32—前28年）。

⑮十五岁卒：指刘景当了十五年城阳王而死。《正义》曰："从'建始四年'上至'天汉四年'六十七年矣，盖褚先生次之。"梁玉绳曰："'是为惠王'以下四十八字，后人所续，当删之。且所说孝王景之年，与《汉书》不合。"按，《汉书·诸侯王表》谓刘景为城阳王"二十四年薨"。

【译文】

这时，齐悼惠王的后代还领有两国，即城阳国和菑川国。菑川国的领地紧靠齐国。武帝怜悯齐国，因为悼惠王的陵园在齐郡，于是就把临淄以东环绕悼惠王陵园的城邑全部划给菑川国，以供奉悼惠王的祭祀。城阳景王刘章，是齐悼惠王的儿子，他以朱虚侯的身份与大臣共同诛灭了诸吕，而且是刘章亲自在未央宫斩杀了相国吕产。孝文帝即位后，给刘章增封二千户，赏赐黄金千斤。孝文帝二年，以齐国的城阳郡封刘章为城阳王。刘章在位二年去世，他的儿子刘喜继位，即为城阳共王。共王八年，改封为淮南王。四年后，又回来做城阳王。在位共三十三年去世，他的儿子刘延继位，即为城阳顷王。顷王在位二十六年去世，儿子刘义继位，即为城阳敬王。敬王在位九年去世，儿子刘武继位，即为城阳惠王。惠王在位十一年去世，儿子刘顺继位，即为城阳荒王。荒王在位四十六年去世，儿子刘恢继位，即为城阳戴王。戴王在位八年去世，儿子刘景继位，直至建始三年，刘景为城阳王十五年而死。

济北王兴居，齐悼惠王子，以东牟侯助大臣诛诸吕，功少。及文帝从代来，兴居曰："请与太仆婴入清宫[1]。"废少帝[2]，共与大臣尊立孝文帝。孝文帝二年，以齐之济北郡立兴居为济北王，与城阳王俱立。立二年，反[3]。始大臣诛吕氏时，朱虚侯功尤大，许尽以赵地王朱虚侯，尽以梁地王东牟侯。及孝文帝立，闻朱虚、东牟之初欲立齐王，故绌其功[4]。及二年[5]，王诸子[6]，乃割齐二郡以王章、兴居[7]。章、兴居自以失职夺功[8]。章死[9]，而兴居闻匈奴大入汉[10]，汉多发兵，使丞相灌婴击之，文帝亲幸太原[11]，以为天子自击胡，遂发兵反于济北。天子闻之，罢丞相及行兵，皆归长安。使棘蒲侯柴将军击破虏济北王[12]，王自杀，地入于汉，为郡。后十三年，文帝十六年[13]，复以齐悼惠王子安都侯志为济北王[14]。十一年[15]，吴、楚反时，志坚守，不与诸侯合谋[16]。吴、楚已平，徙志王菑川[17]。

【注释】

①请与太仆婴入清宫：按，刘兴居在诛灭诸吕过程中没什么作为，故文帝即位后他主动要求去驱逐吕后所立的傀儡小皇帝。事见《吕太后本纪》。太仆婴，即夏侯婴，也称滕婴。跟随刘邦起兵反秦，是汉初开国功臣之一。事迹详见《樊郦滕灌列传》。太仆，官

名，周官有太仆，掌正王之服位，出入王命，为王左驭而前驱。秦汉沿置，为九卿之一，为天子执御，掌舆马畜牧之事。

②废少帝：按，少帝被驱逐及惨死情形，见《吕太后本纪》。

③立二年，反：刘兴居于文帝三年（前177）造反。

④绌：通“黜”，罢斥，废除。

⑤二年：指文帝二年，前178年。

⑥王诸子：文帝封自己的儿子刘参为太原王，刘胜为梁王，刘武为代王。

⑦乃割齐二郡以王章、兴居：按，文帝忌恨刘章兄弟，但又不得不加以分封，故从立有大功的齐国割出两个郡，封刘章为城阳王，刘兴居为济北王。

⑧章、兴居自以失职夺功：凌稚隆引董份曰：“汉所患吕氏者莫如产，自朱虚侯诛产，而后太尉以次收族吕氏，是朱虚首善功莫大也。以帝之仁厚，而犹苛责人之微指，以绌其大功，况他人乎？”又引邓以瓒曰：“总诸事，说兴居所以反之因，最有味，是《左氏》法。”王维桢曰：“朱虚、东牟二侯有功王室，安得以初欲立齐王之故绌其功，是自启乱阶也。”失职，这里指被剥夺了自己应得的封王待遇。夺功，立有功勋而不被承认。

⑨章死：刘章死于文帝三年四月。

⑩匈奴大入汉：文帝三年五月，匈奴“入居北地、河南为寇”。

⑪文帝亲幸太原：匈奴入侵时，文帝先后去了甘泉宫和高奴（今陕西延安东北）。匈奴人撤退后，又去了太原。

⑫棘蒲侯柴将军：即柴武，汉初开国功臣之一，封为棘蒲侯。据《高祖功臣年表》，棘蒲侯名为“陈武”。泷川曰：“盖棘蒲侯有二姓也。”击破虏济北王：刘兴居于文帝三年八月被击败。徐克范《读汉兴以来诸侯年表补》曰：“孝文固称宽仁，而济北兴居之反亦非无由。初大臣诛诸吕时，朱虚侯章功尤大，许尽以赵地王朱虚，尽

以梁地王东牟。及文帝入立，闻朱虚、东牟初欲立齐王，故黜其功。及二年王诸子，仅割齐二郡以王章、兴居，章、兴居自以失职夺功，章死，而兴居遂乘匈奴之变反于济北。此由帝一念之私所召致也。”

⑬文帝十六年：前164年。

⑭安都侯志：即刘志。安都，依《正义》说在今河北高阳西南。

⑮十一年：刘志为济北王的第十一年，即景帝三年，前154年。

⑯志坚守，不与诸侯合谋：凌稚隆引王维桢曰：“齐分七国后，多逆诛灭，惟菑川王志，以忠保其国。”梁玉绳曰：“济北王志因其郎中令劫守不得发兵耳，见《吴濞传》，此言非实。”

⑰徙志王菑川：景帝前元三年（前154），刘志被移封菑川王。

【译文】

济北王刘兴居，是齐悼惠王的儿子，他以东牟侯的身份协助朝廷大臣诛灭诸吕，功劳不大。等到孝文帝从代国来到长安，刘兴居说：“请让我和太仆夏侯婴一起去清理宫廷。”于是他废掉了少帝，和大臣们共同拥立了孝文帝。孝文帝二年，文帝割取齐国的济北郡封刘兴居为济北王，和城阳王刘章同时受封。济北王即位两年后，就造反了。当初大臣诛灭吕氏时，朱虚侯功劳最大，朝廷曾答应把赵国的土地封给朱虚侯，封他为王。把梁国的土地封给东牟侯，封他为王。等到孝文帝即位，听说朱虚侯和东牟侯起初想立齐王为帝，所以就削减了他们的功劳。直到孝文帝二年，文帝分封自己的儿子们为王时，才割出齐国的两个郡来封刘章和刘兴居为王。刘章和刘兴居都认为自己失去了应得的王位，被剥夺了功劳。刘章死去后，刘兴居听说匈奴大举入侵，汉廷征调了大量军队，派丞相灌婴率军往击匈奴，孝文帝也北上太原，就认为是天子亲自领兵攻击匈奴，于是在济北起兵造反。文帝听说后，立即将丞相及发出的军队调回长安。派棘蒲侯柴将军率军前往讨伐，打败了叛军，俘虏了济北王，济北王自杀，封地被朝廷收回，改为济北郡。十三年后，也就是孝文帝十六年，文帝复封齐悼惠王的儿子安都侯刘志为济北王。济北王刘志在位的第十一年，吴、楚发动叛乱，刘志坚守城池，不与叛乱的诸侯合谋。吴、楚之乱平定后，朝廷就改封刘志为菑川王。

济南王辟光，齐悼惠王子，以勒侯孝文十六年为济南王[①]。十一年，与吴、楚反。汉击破杀辟光[②]，以济南为郡，地入于汉。

【注释】

①以勒侯孝文十六年为济南王：梁玉绳曰："'勒'乃'朸'之讹。"朸(lì)，汉县名，治所在今山东惠民西。

②击破杀：为三个动词连用。

【译文】

济南王刘辟光是齐悼惠王的儿子。孝文帝十六年，由勒侯晋封为济南王。十一年后，与吴、楚一同反叛。汉军打败叛军，杀死了刘辟光，把济南设为郡，封地归入朝廷。

菑川王贤，齐悼惠王子，以武城侯文帝十六年为菑川王[①]。十一年，与吴、楚反，汉击破，杀贤。天子因徙济北王志王菑川。志亦齐悼惠王子，以安都侯王济北。菑川王反，毋后，乃徙济北王王菑川。凡立三十五年卒[②]，谥为懿王[③]。子建代立，是为靖王。二十年卒[④]，子遗代立，是为顷王。三十六年卒[⑤]，子终古立，是为思王。二十八年卒[⑥]，子尚立，是为孝王。五年卒[⑦]，子横立，至建始三年[⑧]，十一岁卒[⑨]。

【注释】

①武城侯：封地为武城，《索隐》以为属平原郡，在今山东武城西北。

②凡立三十五年卒：刘志卒于武帝元光五年，前130年。

③谥为懿王：《谥法解》："温柔贤善曰懿。"

④二十年卒：刘建卒于武帝元封元年，前110年。

⑤三十六年卒：刘遗卒于昭帝元凤六年，前75年。

⑥二十八年卒：刘终古卒于元帝初元二年，前47年。

⑦五年卒：《汉书·诸侯王表》作："考王尚嗣，六年薨。"据《汉书》，刘尚卒于元帝永光三年（前41）。

⑧建始三年：前30年。

⑨十一岁卒：刘横当了十一年菑川王后去世。陈仁锡曰："'是为顷王'至'十一岁卒'四十四字，亦褚生所续者。"梁玉绳曰："此（是为顷王）下四十四字后人妄续，且年数、谥法多误也。"

【译文】

菑川王刘贤是齐悼惠王的儿子。孝文帝十六年，由武城侯被晋封为菑川王。十一年后，与吴、楚一同反叛，汉军打败叛军，杀死了刘贤。景帝于是改封济北王刘志为菑川王。菑川王刘志是齐悼惠王的儿子，由安都侯晋封为济北王。菑川王造反失败，无后，就改封济北王为菑川王。济北王刘志在位三十五年去世，谥号为懿王。儿子刘建继位，即为菑川靖王。靖王在位二十年去世，儿子刘遗继位，即为菑川顷王。顷王在位三十六年去世，儿子刘终古继位，即为菑川思王。思王在位二十八年去世，儿子刘尚继位，即为菑川孝王。孝王在位五年去世，儿子刘横继位。到汉成皇帝建始三年，刘横做了菑川王十一年去世。

胶西王印，齐悼惠王子，以昌平侯文帝十六年为胶西王[①]。十一年，与吴、楚反。汉击破，杀印，地入于汉，为胶西郡。

【注释】

①昌平侯：梁玉绳曰："当作'平昌'。此作'昌平'，误。"平昌，汉县名，治所在今山东商河西北。

【译文】

胶西王刘卬是齐悼惠王的儿子，孝文帝十六年，由昌平侯晋封为胶西王。十一年后，参与吴、楚叛乱。朝廷击败他们，杀了刘卬，封地归入朝廷，改设为胶西郡。

胶东王雄渠，齐悼惠王子，以白石侯文帝十六年为胶东王①。十一年，与吴、楚反，汉击破，杀雄渠，地入于汉，为胶东郡。

【注释】

①白石侯：封地为白石。其地说法不一。《正义》曰："白石古城在德州安德县北二十里。"则在今山东德州陵城区一带。

【译文】

胶东王刘雄渠是齐悼惠王的儿子。孝文帝十六年，由白石侯晋封为胶东王。十一年后，参与吴、楚叛乱，被朝廷击败，被杀，封地归入朝廷，改设为胶东郡。

太史公曰：诸侯大国无过齐悼惠王。以海内初定，子弟少，激秦之无尺土封①，故大封同姓，以填万民之心②。及后分裂，固其理也③。

【注释】

①激：感慨，感触。

②大封同姓，以填万民之心：《汉兴以来诸侯王表序》曰："天下初定，骨肉同姓少，故广强庶孽，以镇抚四海，用承卫天子也。"《汉书·诸侯王表序》曰："汉兴之初，海内新定，同姓寡少，惩戒亡秦孤立之败，于是剖裂疆土，立二等之爵。功臣侯者百有余邑，尊王子弟，大启九国。"填，通"镇"，镇抚。

③及后分裂，固其理也：《汉兴以来诸侯王表序》曰："汉定百年之间，亲属益疏，诸侯或骄奢，忕邪臣计谋为淫乱，大者叛逆，小者不轨于法，以危其命，殒身亡国。天子观于上古，然后加惠，使诸侯得推恩分子弟国邑，故齐分为七，赵分为六，梁分为五，淮南分三，及天子支庶子为王，王子支庶为侯，百有余焉。"

【译文】

太史公说：汉初所封诸侯大国，没有超过齐悼惠王的。由于天下刚刚平定，刘氏子弟较少，汉高祖有感于秦朝对宗亲没有封给尺寸土地，所以就大封同姓，以此来镇抚万民之心。及至后来齐国被分成若干小国，本来也是理所当然的事情。

【集评】

吴见思曰："此是齐世家，因悼惠王始封，遂以名篇耳。"（《史记论文》）

凌约言曰："此叙齐世家，而前后血脉却以朱虚侯贯之，是亦一体。"（《史记评林》引）

黄震曰："赵德王以鸩死，赵幽王以幽死，赵共王以愤死，燕王建有子亦见杀，唯齐王肥以献城吕氏之女，幸脱虎口，甚矣，吕氏之不仁也。肥子朱虚侯竟能手诛诸吕，复安社稷，呜呼，真高祖子孙哉！"（《黄氏日钞》）

茅坤曰："《汉书》本此篇全文，其叙七王处，废兴稍有次第，而生色少。"（《史记钞》）

李景星曰:“《齐悼惠王世家》以齐王为主,而城阳、菑川、济南、济北、胶东、胶西,皆悼惠王后,故附载焉。通篇当分两截一尾读。前一截叙齐琅邪、朱虚、东牟事;后一截叙齐胶东、胶西、菑川、济北事,而中间作一小结,以界清前后。末尾又附城阳六传做为余波,以终齐事。而于其中又插入魏勃事、路中大夫事、及纪太后嫁女等事。忽而正写,忽而旁写;忽而用重笔,忽而用闲笔。如千军万马中有整辔从容之乐。自非才力富足,那能办此?”(《史记评议》)

【评论】

《齐悼惠王世家》是又一篇展现汉王朝的皇室与外戚、中央与地方等各派势力之间尖锐复杂矛盾的作品,主要写齐国与汉中央朝廷之间的纠葛。现先将主要过程梳理如下:

刘邦从韩信手中夺下齐国,封刘肥为齐王,辖七十余城,成为西汉第一大诸侯;

刘邦死后,迫于吕后淫威,刘肥将城阳郡献给鲁元公主为汤沐邑;

吕后元年,从齐国分割出济南郡建立吕国,封吕台为吕王;

吕后七年,从齐国分割出琅邪郡建立琅邪国,封刘泽为琅邪王;

文帝元年,将城阳、济南、琅邪三郡还给齐国;

文帝二年,从齐国分割出城阳、济北二郡,建立城阳、济北二国,封刘章为城阳王,封刘兴居为济北王;

文帝三年,刘兴居反,济北郡收回朝廷;

文帝四年,尽封刘肥之子刘罢军等十人皆为列侯;

文帝十五年,齐文王去世,国除,地入于汉;

文帝十六年,封刘襄七个弟弟为王:刘将闾为齐王、刘志为济北王、刘辟光为济南王、刘贤为菑川王、刘卬为胶西王、刘雄渠为胶东王、淮南王刘喜徙为城阳王;

景帝三年,济南王、菑川王、胶东王、胶西王参加吴、楚七国之乱,失

败被诛,济南国除为郡,济北王徙为菑川王,景帝子刘端封胶西王;

景帝四年,衡山王徙为济北王,景帝子刘彻封为胶东王;

武帝元朔二年,齐厉王去世,无后,国除为郡;

武帝元狩六年,武帝子刘闳封为齐王;

武帝元封元年,刘闳去世,无后,国除为郡。

成帝建始三年,城阳王、菑川王皆去世。

从以上过程可以看出,在刘邦死后,齐国一直被中央王朝所防范、侵割,文帝时被分为七国,景帝时因参与吴、楚之乱,只有齐、菑川、城阳三国还是刘肥一系;至武帝元朔二年,齐厉王去世,刘肥一系的齐国已经不存在了。刘肥的后代只有城阳王刘章与菑川王刘志两族福禄绵长,直至汉成帝时。

齐国与中央朝廷关系紧张起来,主要是由于在诛灭吕氏集团时,齐王刘襄兄弟有争夺皇位的企图,这让汉文帝既对他们心怀怨恨,也时刻防范。所以立了大功的刘襄、刘章兄弟几乎什么也没有得到,相继郁郁而死,他们的兄弟刘兴居忍不下这口气,起兵造反,则被汉文帝削平。汉文帝的这种过河拆桥、恩将仇报的行为一直被后人指责,如王维桢说:“朱虚、东牟二侯有功王室,安得以初欲立齐王之故绌其功,是自启乱阶也。”徐克范《读汉兴以来诸侯年表补》说:“孝文固称宽仁,而济北兴居之反亦非无由。……仅割齐二郡以王章、兴居,章、兴居自以失职夺功,章死,而兴居遂乘匈奴之变反于济北。此由帝一念之私所召致也。”但是从汉文帝的角度,从维护汉朝统治稳固长久的角度,对于地方诸侯大国的管控确实不可放松,所以贾谊才会提出“众建诸侯而少其力”,文帝也迅速接受了这个建议。如他封刘肥的十个儿子为侯,后来又拆分齐国封其中七人为王,正是对这一建议的实践。可是刘肥这些子孙们对此也是心知肚明的,所以在吴王、楚王发动叛乱时,济南、菑川、胶西、胶东四国方即响应,这是对中央朝廷打压他们的报复。叛乱被平定之后,济南国除为郡,收归朝廷,刘肥一系的济北王被替换为淮南王刘长之子,胶东、胶西王都被替换为景帝的儿子。齐国再不会对中央王朝构成威胁了。待至汉武帝逼死了齐厉王刘次景，齐王无后，齐国的建制被撤销，这个当初最大的诸侯国就这样消亡了。

在齐悼惠王刘肥的儿子中，司马迁最欣赏的是朱虚侯刘章，他的才干在《吕太后本纪》中已有充分表现，本篇中司马迁又补充了一个以军法行酒，言耕田以暗讽当除吕氏的故事，说“自是之后，诸吕惮朱虚侯，虽大臣皆依朱虚侯，刘氏为益强”，俨然将他作为了刘氏宗室的领袖。而他在被封为城阳王之后的第二年就因“失职夺功”郁郁而终，正是二十余岁的壮年，司马迁对此非常愤慨，也非常惋惜。

本篇中写得最精彩的人物当属齐国中尉魏勃。他是刘襄起兵讨诸吕的决策核心人物，又亲自摆平了反对起兵的齐相召平，作为将军发兵西进；当灌婴追责齐国擅自发兵之罪时，他又演了一出故作恐慌的好戏瞒过了灌婴。此外，司马迁还补叙了他设计见曹参，因而得见悼惠王刘肥，受到刘肥和刘襄两代齐王重用的经历。明代郝敬《史汉愚按》说他“识进止”“通达”，“自通齐王，取二千石，盖范雎、蔡泽之流”。他的智勇双全正是司马迁所喜欢的，所以把他写得活灵活现。

篇中还塑造了齐国的路中大夫这一感人形象。七国之乱中，叛乱的济南等四国围困齐国，他奉齐王之命向景帝报告，景帝让他告诉齐王坚守，他在回临淄时被四国劫持，与他盟誓，要他反过来让齐国投降，否则就杀了他。路中大夫到了城下，见到齐王，却还是传达了朝廷让齐国坚守的旨意，于是被四国杀害。路中大夫与春秋时晋大夫解扬一样，都是“受吾君命以出，有死无陨”的义士、勇士。解扬遇到了楚庄王那样的英主，遂得以获释，载誉而归；路中大夫所遭遇的却是一群叛将，竟因此献出了生命，着实令人唏嘘。

萧相国世家第二十三

【释名】

萧何是大汉帝国的开国元勋，汉高祖刘邦曾把萧何、韩信、张良合称“三杰”。本篇记述了萧何在辅佐刘邦灭秦、灭项中所建立的种种功勋，以及萧何受刘邦封赏时的分外荣宠；还记述了萧何在刘邦称帝后岌岌可危的为相处境。在篇末的“太史公曰”当中，司马迁对许多大功臣被杀而萧何独独“位冠群臣，声施后世”的境遇表现了深深感慨。

萧相国何者，沛丰人也①。以文无害为沛主吏掾②。高祖为布衣时，何数以吏事护高祖③。高祖为亭长④，常左右之⑤。高祖以吏繇咸阳⑥，吏皆送奉钱三，何独以五⑦。秦御史监郡者与从事⑧，常辨之⑨。何乃给泗水卒史事⑩，第一。秦御史欲入言征何⑪，何固请，得毋行⑫。

【注释】

①沛丰：沛县下属丰邑。沛县，治所在今江苏沛县。丰邑，在今江苏丰县。

②文无害：或称“无害”。《集解》引《汉书音义》曰：“文无害，有文

无所枉害也。律有无害都吏。如今言‘公平吏’。一曰,‘无害’者如言‘无比’,陈留间语也。”王先谦曰:“‘文无害’犹言‘文吏之最能者’耳。”泷川曰:“言能通晓法令,无所疑滞也。”主吏掾(yuàn):即功曹,主管县中人事。

③吏事:指刑狱之事。护:袒护,救助。

④亭长:秦汉时在乡村每十里设一亭,置亭长,掌治安,捕盗贼,理民事,兼管停留旅客。

⑤左右:通“佐佑”,辅助。

⑥繇:颜师古曰:“繇读曰徭。徭,役也。”

⑦吏皆送奉钱三,何独以五:颜师古曰:“出钱以资行,他人皆三百,何独五百。”《索隐》引刘氏曰:“时钱有重者一当百,故有送钱三者。”送奉,赠送。

⑧御史监郡:苏林曰:“秦时无刺史,以御史监郡。”御史是朝官,秦朝时派到郡里监督工作。

⑨辨之:王先谦《汉书补注》以为“辨”通“办”,指交办的事情都能办得挺好。

⑩泗水:郡名,郡治在相县(今安徽濉溪西北)。卒史:秦始置,西汉因之,西汉中叶后,渐由曹掾所代替。为中央诸官府和地方郡守的主要属吏。

⑪欲入言征何:颜师古曰:“欲因入奏事之次,言于朝廷,征何用之。”征,调。

⑫何固请,得毋行:锺惺曰:“智勇之士生乱世欲以将相自奋,群雄并起,人人皆君,全在审择所事,不轻从人。秦御史欲入言征何,何固请毋行,眼中已看定一沛公矣。”固请,坚决辞谢。

【译文】

相国萧何,是沛县丰邑人。因通晓法令,处事公平,做了沛县的功曹。高祖还是平民的时候,多次因刑狱之事被萧何救护过。后来高祖做了亭长，萧何更是经常帮助他。高祖以小吏的身份送役卒到咸阳服役，同僚胥吏都资送他三百钱，唯独萧何给了五百。督察郡政的秦朝御史交待萧何办事，萧何常办得井井有条。萧何被提拔为泗水郡卒史，考绩位列同行第一。秦御史想借奏事之便，建言朝廷征调萧何，萧何坚决推辞，获准不去。

及高祖起为沛公①，何常为丞督事。沛公至咸阳②，诸将皆争走金帛财物之府分之③，何独先入收秦丞相、御史律令图书藏之④。沛公为汉王⑤，以何为丞相。项王与诸侯屠烧咸阳而去⑥。汉王所以具知天下厄塞，户口多少，强弱之处，民所疾苦者，以何具得秦图书也⑦。何进言韩信⑧，汉王以信为大将军。语在《淮阴侯》事中⑨。

【注释】

①高祖起为沛公：秦二世元年（前209）九月，刘邦在沛县起兵，被拥立为沛县县令，称沛公。战国时楚国例称县令曰“公”，故楚汉战争时期凡称“公”者多曾任过县令。

②沛公至咸阳：汉元年（前206）十月，刘邦入咸阳，秦王子婴向刘邦投降。过程详见《高祖本纪》。

③走：奔向，前往。

④何独先入收秦丞相、御史律令图书藏之：梁玉绳曰：“《汉书·高纪》言何‘收秦丞相府图籍文书’，则知《汉书》误脱‘御史律令’，而此误脱‘文书’。此所谓‘图书’，即图籍也。方回《续古今考》云：‘……图谓绘画山川形势、器物制度、族姓原委、星辰度数，籍谓官吏版簿户口生齿百凡之数，律与令则前王、后王之刑法，文书则二帝三王以来政事议论。’”秦丞相、御史，这里指秦朝

的丞相府和御史大夫府。

⑤沛公为汉王:项羽进入咸阳后,自称西楚霸王,封刘邦为汉王,领有巴、蜀、汉中三郡,都南郑(今陕西汉中)。

⑥项王与诸侯屠烧咸阳而去:屠烧咸阳事应在鸿门宴后的十二月底或一月初。《项羽本纪》记载为:"居数日,项羽引兵西屠咸阳,杀秦降王子婴,烧秦宫室,火三月不灭。"项羽当时之所以不都关中,一来是想回东方,满足其"衣锦昼行";二来也是"见秦宫室皆已烧残破"。

⑦"汉王所以具知天下厄塞"几句:郭嵩焘曰:"于此表何之功,与《留侯世家》'此三人力也',及'留侯本招此四人力也',皆特揭其功之显著者。"按,《汉书·萧何传》在此段下还有刘邦被封汉王后,不愿受命前去汉中,萧何为他分析形势,劝其入汉的情节。厄塞,狭窄险要的关塞。强弱,指各地区的贫富与军事实力的不同而言。民所疾苦,百姓最痛恨、最感痛苦的事。以何具得秦图书也,泷川曰:"叙事中插议论。"

⑧何进言韩信:事在汉元年六七月间。韩信原追随项羽,不受重用,转归刘邦。又因官职低微而逃离,被萧何追回,力荐,被刘邦擢任为大将军。过程详见《淮阴侯列传》。

⑨语在《淮阴侯》事中:意即《淮阴侯列传》里有对此事的记载。即通常所说的"互见法"。

【译文】

等到高祖起兵称沛公后,萧何常以县丞的身份督办各种事务。沛公进入咸阳后,将领们都争相跑到府库中瓜分钱帛财物,唯独萧何先奔入秦丞相府、御史大夫府收集法令条文、图籍文书。后来沛公当了汉王,就任命萧何为丞相。项羽和诸侯屠灭烧毁咸阳,然后离去。汉王之所以详尽了解天下的险关要塞、户口多少、强弱分布、百姓疾苦等,都是因为萧何得到了秦朝的档案文书。萧何还向汉王进言,推荐韩信,汉王任命韩信为大将军。这件事的详细经过，记载在《淮阴侯列传》中。

汉王引兵东定三秦[①]，何以丞相留收巴、蜀[②]，填抚谕告[③]，使给军食。汉二年[④]，汉王与诸侯击楚[⑤]，何守关中，侍太子[⑥]，治栎阳[⑦]。为法令约束[⑧]，立宗庙社稷宫室县邑[⑨]，辄奏上，可许以从事；即不及奏上，辄以便宜施行，上来以闻[⑩]。关中事计户口转漕给军[⑪]，汉王数失军遁去，何常兴关中卒[⑫]，辄补缺[⑬]。上以此专属任何关中事。

【注释】

①东定三秦：事在高祖元年（前206）八月。项羽大封诸侯后，各路诸侯遂离开关中前往封地。刘邦到达汉中没几个月，即又回军，重新夺取了三秦地区。三秦地区除章邯曾在废丘长时间地抗击过刘邦外，其他大都望风而降。

②留收巴、蜀：留守并招抚巴、蜀。

③填抚：即镇抚。填，通“镇”。

④汉二年：前205年。

⑤汉王与诸侯击楚：事在汉二年四月。刘邦夺得三秦之地后，东出收服了河南国、韩国、魏国、殷国。此时项羽正忙于伐齐，刘邦攻下了项羽的国都彭城。项羽率军回救，大败刘邦。刘邦溃退奔逃的狼狈情景，详见《项羽本纪》。

⑥何守关中，侍太子：刘邦在彭城被打败后，将儿子刘盈送回关中，立为太子，令萧何等护卫刘盈，并镇守关中。

⑦栎阳：在今陕西西安阎良区。

⑧为法令约束：制订法令条文、规章制度。

⑨立宗庙社稷宫室县邑：唐顺之曰：“萧何相业，只此数句尽之。”

按，以上数句表现出刘邦、萧何等的雄才大略，在惨败的形势下，高瞻远瞩，指挥若定。

⑩即不及奏上，辄以便宜施行，上来以闻：按，于此可见萧何之忠实能干，亦见刘邦对其信任之专。即，倘若。

⑪关中事计户口转漕给军：泷川引中井曰："'关中事'三字衍，《班史》无之。"计户口，指按户口征粮征丁。转漕给军，运送粮食以供应前线。陆运曰"转"，水运曰"漕"。

⑫兴：征调，调发。

⑬辄补缺：《项羽本纪》写刘邦自彭城溃退荥阳后，"诸败军皆会，萧何亦发关中老弱未傅悉诣荥阳"。

【译文】

汉王引兵东进，平定三秦，萧何以丞相的身份留守汉中，收服巴、蜀民心，安抚晓谕百姓，让他们为汉军供给粮食。汉王二年，汉王联合诸侯攻打项羽，萧何镇守关中，奉侍太子，以栎阳为临时治所。他制定各种法令条文、规章制度，建立宗庙、社稷、宫殿、县邑，凡此种种，他总是先奏请汉王，汉王予以批准，才去施行；倘若来不及禀报，就酌情先行处理，等到汉王回来再作禀报。在关中按户口征收粮草，然后通过水陆两路转运粮饷，供应前方军队，汉王在战场上多次损兵折将，士卒遁逃，萧何则常征发关中士卒，给他弥补缺额。汉王因此把关中的事务专门委托给萧何。

汉三年①，汉王与项羽相距京、索之间②，上数使使劳苦丞相③。鲍生谓丞相曰④："王暴衣露盖，数使使劳苦君者，有疑君心也。为君计，莫若遣君子孙昆弟能胜兵者悉诣军所⑤，上必益信君。"于是何从其计，汉王大说。

【注释】

①汉三年：前204年。

②相距京、索之间:从汉二年五月刘邦彭城之败后,刘邦与项羽在京、索一带形成对峙。京,即京县,秦县名,治所在今河南荥阳东南。索,即索亭,古城名,在今河南荥阳。

③劳苦:慰劳。

④鲍生:其名不详。王先谦引沈钦韩曰:"书中'辕生''王生'之类甚多,皆谓先生也。"按,汉时可称"先生"曰"生",亦可单称曰"先",如《袁盎晁错列传》有所谓的"张恢先"。

⑤诣(yì):前去,到。

【译文】

汉王三年,汉王同项羽对峙在京县与索亭之间,多次派遣使者回去慰劳丞相。鲍生对萧何说:"汉王在外,露宿风餐,却屡屡派人来慰劳您,这是对您起疑心了。为您考虑,不如您把能拿起武器的子孙兄弟全都送到军营,这样汉王就会更加信任您。"于是萧何听从了鲍生的计策,汉王大为高兴。

汉五年[①],既杀项羽,定天下[②],论功行封。群臣争功,岁余功不决[③]。高祖以萧何功最盛,封为酂侯[④],所食邑多[⑤]。功臣皆曰:"臣等身被坚执锐,多者百余战,少者数十合,攻城略地,大小各有差。今萧何未尝有汗马之劳,徒持文墨议论,不战,顾反居臣等上[⑥],何也?"高帝曰:"诸君知猎乎?"曰:"知之。""知猎狗乎?"曰:"知之。"高帝曰:"夫猎,追杀兽兔者狗也,而发踪指示兽处者人也[⑦]。今诸君徒能得走兽耳[⑧],功狗也[⑨]。至如萧何,发踪指示,功人也。且诸君独以身随我,多者两三人;今萧何举宗数十人皆随我,功不可忘也。"群臣皆莫敢言。

【注释】

①汉五年：前202年。

②既杀项羽，定天下：汉五年二月，刘邦在定陶县登基称帝。

③群臣争功，岁余功不决：泷川曰："《汉书》'余'下无'功'字。"按，群臣争功详见《留侯世家》。

④酂（cuó）：在今河南永城西。王先谦曰："何先封沛郡之酂，而后封南阳之酂。音'嵯'者沛郡县，音'赞'者南阳县。"

⑤食邑：封地的别称。据《高祖功臣侯者年表》，萧何被封酂侯在高祖六年正月。王先谦引齐召南曰："按《功臣表》，六年十二月甲申，封曹参、靳歙、夏侯婴、王吸、傅宽、召欧、薛欧、陈濞、陈婴、陈平，凡十侯。至正月丙午，封张良、刘缠、萧何、周勃、樊哙、郦商、灌婴、周昌、武虎、董渫、孔聚、陈贺、陈豨，共十三侯。其余功臣未封者尚多，即上文所云'群臣争功，岁余不决'者也。"

⑥顾反：犹言反而。

⑦发踪：发现野兽的踪迹。凌稚隆引白云先生曰："'发踪指示'四字于何不切当，宜归子房。"

⑧诸君徒能得走兽：《汉书》作"诸君徒能走得兽"。王先谦引吴仁杰曰："所谓'走得兽'者，谓其追而杀之耳；云'得走兽'，则乖本旨矣。"梁玉绳亦有此说。

⑨功狗：凌稚隆引邓以瓒曰："率语若戏，婉然狎侮，英雄气象。"

【译文】

汉王五年，已经消灭了项羽，平定了天下，汉王于是论功封赏。群臣争功，过了一年多，封赏还定不下来。高祖认为萧何的功劳最大，封他为酂侯，给他的食邑很多。功臣们都说："我们身披坚固的铠甲，手执锐利的兵器，经历的战斗多者上百次，少者几十次，攻破敌人的城池，夺取敌人的土地，不管大小都立过功劳。现在萧何未尝有过汗马之功，只不过靠舞文弄墨，发发议论，从未上过战场，封赏却反而比我们多，凭什么呢?”高祖说:“诸位知道打猎吗?”功臣们说:“知道。”高祖又说:“你们知道猎狗吗?”功臣们说:“知道。”高祖说:“打猎的时候,追杀野兽兔子的是猎狗,发现猎物踪迹,向猎狗指示野兽所在之处的是猎人。你们诸位也仅能追获走兽,功劳形同猎狗。至于萧何,他能发现踪迹,指示方向,功劳实同猎人。何况你们都只是自己本人追随我,至多不过加上两三个亲属;而萧何全部宗族几十个人都跟随我,他的功劳是不能忘记的。”群臣听了,都不敢再说什么。

列侯毕已受封,及奏位次①,皆曰:“平阳侯曹参身被七十创②,攻城略地,功最多,宜第一。”上已桡功臣多封萧何③,至位次未有以复难之,然心欲何第一。关内侯鄂君进曰④:“群臣议皆误。夫曹参虽有野战略地之功,此特一时之事⑤。夫上与楚相距五岁⑥,常失军亡众,逃身遁者数矣⑦。然萧何常从关中遣军补其处,非上所诏令召,而数万众会上之乏绝者数矣。夫汉与楚相守荥阳数年⑧,军无见粮⑨,萧何转漕关中,给食不乏。陛下虽数亡山东⑩,萧何常全关中以待陛下,此万世之功也。今虽亡曹参等百数,何缺于汉?汉得之不必待以全。奈何欲以一旦之功而加万世之功哉⑪!萧何第一,曹参次之。”高祖曰:“善。”于是乃令萧何第一,赐带剑履上殿⑫,入朝不趋⑬。

【注释】

①位次:指高低顺序。见《高祖功臣侯者年表》。

②创:兵器之伤。

③桡(náo):屈从,屈服。

④关内侯:爵位名。战国时秦国始置,秦汉沿置,为二十级军功爵之

第十九级。得此爵有侯号,但无封国,居关内京畿,故称。是仅次于彻侯(即通侯、列侯)的高级爵位。鄂君:据《高祖功臣侯者年表》,此人名千秋。

⑤一时:不多一会儿,少时。

⑥与楚相距五岁:按,楚汉相争,实际只有两年零八个月。

⑦逃身遁:《汉书》"逃"作"跳"。颜师古曰:"跳身,谓轻身走出也。"李笠曰:"逃身,谓脱身。"

⑧相守荥阳数年:从汉二年五月形成对峙到汉四年九月双方订立鸿沟条约,前后共对峙了两年零四个月。

⑨见粮:犹存粮。

⑩数亡山东:按,此指东方的某些地区,非指全部,因荥阳亦在"山东"。山东,崤山(在今河南灵宝东南)以东。

⑪加:强加,凌驾。

⑫赐带剑履上殿:泷川引朱锦绶语,以为先秦时群臣侍立,礼应佩剑,"自秦法群臣侍殿上者不得持尺寸之兵,适与古制相反。汉沿其法,故特赐萧何以宠之"。

⑬入朝不趋:按,自萧何开始,后代皇帝凡欲宠异某臣,则必赐其"剑履上殿,入朝不趋,赞拜不名";而某臣地位至此,则往往距离篡位已经不远了。趋,古代的一种礼节,以碎步疾行表示敬意。

【译文】

列侯们都已受封,等到要奏请排列位次时,列侯们都说:"平阳侯曹参身受创伤七十处,攻城略地,功劳最多,应该位居第一。"高祖已经迫使功臣屈从自己,给萧何多加了封赏,到排定位次时,没有办法再驳回功臣们的意见,然而心里仍想让萧何排在第一。关内侯鄂千秋进言说:"群臣的议论都是错误的。曹参虽然有野战略地之功,但这不过是一时的事情。皇上同项羽对峙了五年,常常损兵折将,脱身逃跑的也很多。萧何却常能及时地从关中派遣士卒补充缺额。虽然不是皇上下诏令征召兵员，但在皇上缺兵少将的危急时刻，他总是及时地派来几万人马，这也有多次了。楚、汉两军在荥阳相持多年，军中没有粮草，萧何通过水陆两路从关中运送粮饷，使军队给养不乏。陛下虽然几次丢掉了崤山以东的大片土地，而萧何却牢牢地保全了关中，以等待陛下，让陛下可以运用关中的人力物力反攻，这才是万世不朽的功勋。像曹参这样的，即使少他几百个，对于大汉又有什么亏缺呢？汉朝不是因为有了他们才得以保全的。今天怎么能够让一时的功劳凌驾在万世的功勋之上呢！萧何应该第一，曹参可以排第二。”高祖说：“说得好。”于是让萧何在功臣中位居第一，赐他可以佩剑穿履上殿，入朝拜见时不必小步快走。

上曰：“吾闻进贤受上赏①。萧何功虽高，得鄂君乃益明。”于是因鄂君故所食关内侯邑封为安平侯②。是日，悉封何父子兄弟十余人③，皆有食邑。乃益封何二千户④，以帝尝繇咸阳时何送我独赢奉钱二也⑤。

【注释】

①进贤受上赏：泷川曰：“《汉书》武帝元朔元年诏曰：‘进贤受上赏，蔽贤蒙显戮，古之道也。’武帝盖述高祖之旨。”

②安平侯：封地为安平，在今山东青州西北。

③悉封何父子兄弟十余人：《汉书》作“封何父母兄弟十余人”，梁玉绳曰：“作‘父母’是。”

④益：增加。

⑤独赢奉钱二：陈子龙曰：“前以功封，此又推旧恩也。”泷川曰：“一饭之食，睚眦之怨，记而不忘，高祖盖非木强忽细故者。”赢奉，多给。

【译文】

高祖说：“我听说进荐贤能的人应该受上赏。萧何的功劳虽然很高，但他是得到了鄂君的申说才更加彰显。”于是依照鄂君原先所享关内侯的食邑，封他为安平侯。同一天，萧何父子兄弟十余人全都受封，都有食邑。此外又给萧何加封食邑二千户，这是因为高祖当年往咸阳送役卒时，萧何比别人多馈赠了二百钱。

汉十一年[①]，陈豨反[②]，高祖自将，至邯郸。未罢，淮阴侯谋反关中[③]，吕后用萧何计，诛淮阴侯，语在《淮阴》事中。上已闻淮阴侯诛，使使拜丞相何为相国，益封五千户，令卒五百人一都尉为相国卫[④]。诸君皆贺，召平独吊[⑤]。召平者，故秦东陵侯[⑥]。秦破，为布衣，贫，种瓜于长安城东，瓜美，故世俗谓之"东陵瓜"，从召平以为名也。召平谓相国曰："祸自此始矣。上暴露于外而君守于中[⑦]，非被矢石之事而益君封置卫者[⑧]，以今者淮阴侯新反于中，疑君心矣[⑨]。夫置卫卫君，非以宠君也。愿君让封勿受，悉以家私财佐军，则上心说[⑩]。"相国从其计，高帝乃大喜。

【注释】

①汉十一年：前196年。

②陈豨：汉初开国功臣之一。高祖七年（前200）封阳夏侯，以赵相统领代、赵边兵。高祖十年（前197）八月，因被所豢养宾客不法事牵涉，疑惧而举兵反叛。事见《韩信卢绾列传》。

③淮阴侯谋反关中：淮阴侯韩信被诬告谋反，及被吕后所杀事，详见《淮阴侯列传》。

④都尉：战国时始置，秦汉沿置。为高级将领之下的中级武官，地位略低于校尉。

⑤召（shào）平：一作"邵平"。吊：慰问。这里有警告、提醒的意思。

⑥故秦东陵侯：按，秦始皇统一六国后，未再分封功臣子弟，此所谓

“东陵侯”，可能是秦灭六国以前所封。

⑦暴露：引申指冒着风雨寒暑。

⑧被：后作“披”。这里指迎着、冒着。矢石：箭镞与飞石。

⑨疑君心矣：泷川曰：“《汉书》‘疑’上有‘有’字，此当据补。上文云：‘数使使劳苦者，有疑君心也。’”

⑩则上心说：泷川曰：“‘心’疑‘必’讹。”说，后作“悦”。

【译文】

高祖十一年，陈豨造反，高祖亲自领兵前去讨伐，到达邯郸。平叛还未结束，淮阴侯韩信又在关中图谋造反，吕后采用了萧何的计策，诛杀了淮阴侯，此事经过记载在《淮阴侯列传》中。高祖听闻淮阴侯被诛杀的消息后，就派使者到长安拜丞相萧何为相国，增封食邑五千户，命令一名都尉率领五百士兵充任相国的卫队。大家都给萧何道贺，唯独召平却来哀吊。召平是过去秦朝的东陵侯。秦朝灭亡后，召平成了平民百姓，家境贫困，在长安城东种瓜为生，他种的瓜甜美，故而世人都称他的瓜为“东陵瓜”，就是以召平曾做过东陵侯而取的名。召平对相国萧何说：“您的灾祸从此就要开始了。皇上在外面征战，风餐露宿，您在朝中留守，没有亲冒矢石的危险，而皇上却给您增加封地，派设卫队，这是因为现在淮阴侯在关中造反，皇上也对您起了疑心。皇上给您派卫队保护您，不是为了尊宠您。希望您不要接受封赏，而且要拿出全部家财去资助军队，这样皇上的心里就欢喜了。”相国萧何听从了召平的建议，高祖于是大为高兴。

汉十二年秋，黥布反[①]，上自将击之，数使使问相国何为。相国为上在军，乃拊循勉力百姓[②]，悉以所有佐军，如陈豨时。客有说相国曰：“君灭族不久矣。夫君位为相国，功第一，可复加哉？然君初入关中，得百姓心，十余年矣[③]，皆附君，常复孳孳得民和[④]。上所为数问君者，畏君倾动关中。

今君胡不多买田地，贱贳贷以自污[5]？上心乃安。”于是相国从其计，上乃大说。

【注释】

①汉十二年秋，黥布反：梁玉绳曰：“‘十二’乃‘十一’之讹文。”据《高祖本纪》，黥布于十一年（前196）秋七月反汉。有关黥布反汉的原因和过程，详见《黥布列传》。

②拊循：抚慰，安抚。勉力：劝勉，鼓励。

③十余年：萧何于汉元年（前206）随刘邦入咸阳，到这时正好十年。

④常复孳孳得民和：泷川曰：“常，读为‘尚’，《汉书》作‘尚’。”孳孳，勤勉的样子。

⑤贳（shì）：赊欠。

【译文】

高祖十二年秋，黥布造反，高祖亲自带领军队前去讨伐，期间数次派遣使者询问萧何在做些什么。相国萧何觉得皇上在前线平叛，于是就更加努力地安抚勉励百姓，拿出全部家财送去供应军需，就像陈豨造反时自己所做的一样。这时宾客中有人劝萧何说：“您离灭族不远了。您位为相国，功居第一，还能再往哪里增加呢？而您从初入关中起，就得到老百姓的拥护，至今十多年了，人们都亲附您，到现在您还是勤奋不懈地治理政务，赢得百姓的拥戴。皇上之所以多次派人来询问您的情况，是怕您的威信撼动关中。您现在何不多买些田地，发放一些低息贷款，从而自污行迹降低声望呢？这样，皇上就对您放心了。”于是相国萧何采纳了他的计策，高祖大为高兴。

上罢布军归[1]，民道遮行上书[2]，言相国贱强买民田宅数千万。上至，相国谒。上笑曰：“夫相国乃利民[3]！”民所上书皆以与相国，曰：“君自谢民[4]。”相国因为民请曰：“长安地狭，上林中多空地，弃[5]，愿令民得入田，毋收稿为禽兽食[6]。”上大怒曰[7]：“相国多受贾人财物，乃为请吾苑！”乃下相国廷尉，械系之[8]。数日，王卫尉侍[9]，前问曰：“相国何大罪，陛下系之暴也[10]？”上曰：“吾闻李斯相秦皇帝[11]，有善归主，有恶自与。今相国多受贾竖金而为民请吾苑[12]，以自媚于民，故系治之。”王卫尉曰：“夫职事苟有便于民而请之，真宰相事，陛下奈何乃疑相国受贾人钱乎！且陛下距楚数岁，陈豨、黥布反，陛下自将而往，当是时，相国守关中，摇足则关以西非陛下有也[13]。相国不以此时为利[14]，今乃利贾人之金乎？且秦以不闻其过亡天下，李斯之分过[15]，又何足法哉？陛下何疑宰相之浅也[16]。”高帝不怿[17]。是日，使使持节赦出相国[18]。相国年老，素恭谨，入，徒跣谢[19]。高帝曰：“相国休矣！相国为民请苑，吾不许，我不过为桀、纣主，而相国为贤相。吾故系相国，欲令百姓闻吾过也[20]。”

【注释】

①上罢布军归：据《汉书·高帝纪》，高祖十一年七月，黥布反叛，刘邦亲自前往征讨；十二年十月击破黥布军后，刘邦安排其他将领追捕黥布，自己返回长安。

②道遮行：在路上拦住。

③利民：王先谦曰：“夺民所有以为利。”

④谢：道歉，请罪。

⑤上林中多空地，弃：李笠曰：“‘地’‘弃’疑误倒，《文选》李陵《答苏子卿书》注引《史记》正作‘上林中多空弃地’。”上林，即上林苑。秦旧苑，汉初荒废，至汉武帝时重新扩建。故址在今陕西西

安一带。

⑥稿：同“稾”，禾秆。

⑦上大怒曰：凌稚隆曰：“太史公下‘大悦’‘大怒’字，而高祖之忌心洞见矣。”

⑧乃下相国廷尉，械系之：凌稚隆引董份曰：“既以田宅自污，上喜矣，而复为民请田，是失本计也。上益惧其得民，故系之。”泷川曰：“相国之意，欲以使帝施德，下文所谓‘有善归主’者，非以欲自卖恩也。”廷尉，九卿之一，掌刑狱。械系，用刑具把人拘禁起来。

⑨王卫尉：姓王的卫尉。卫尉，九卿之一，职掌统辖宫廷卫士，管辖宫内宿卫。

⑩暴：猝然，突然。

⑪李斯：秦朝丞相。事迹详见《李斯列传》。

⑫贾竖：对商人的蔑称。刘邦常骂书生曰“竖儒”，“竖”字意思与此处相同。

⑬摇足：动足。喻稍有举动。关以西：函谷关以西。

⑭不以此时为利：姚苎田曰：“一语刺中帝之隐微，妙在仍引向‘利’字，说得雪淡。若云‘此时为变’，则痕迹显然，难为听者矣，词令妙品。”为利，谋利。

⑮分过：分担过失。

⑯何疑宰相之浅也：凌稚隆引董份曰：“相国所以免祸者，以得三智谋士耳，功名难处如此！淮阴之败，以无士也。存亡在所画，悲哉！”又引许应亨曰：“鲍生、东陵侯及客为何谋，皆出于权诈，而王卫尉之为高帝陈者，独正而笃，贤矣哉！”史珥曰：“王卫尉此语极正大，汉庭谏臣虽多，唯汲长孺有此本领。”姚苎田曰：“鄂君窥帝之意向何，因而逢迎之；王卫尉当帝之方怒何，从而匡救之，王之优于鄂远矣。”浅，肤浅，浅薄。

⑰不怿（yì）：不高兴。王先谦曰：“帝不欲何布德于民，故系治之；而

卫尉之言正,不能不勉从,故不怿,非感言而惭愧也。”

⑱持节:古代使臣出使,必手持符节以为信物,故称。

⑲徒跣(xiǎn):赤足。表示自行请罪。

⑳吾故系相国,欲令百姓闻吾过也:按,刘邦可以说是善于自我解嘲,文过饰非。故,故意。

【译文】

高祖平定了黥布叛乱,在撤兵返回长安的途中,百姓们拦着车驾上书,控告相国萧何低价强买百姓们价值几千万的田宅。高祖回到长安后,相国萧何前来拜见。高祖笑着说:“你萧相国居然夺百姓所有以为利!”说着就把百姓的那些上书都给了萧何,说:“你自己去向百姓们谢罪吧。”相国萧何趁机为民请命说:“长安一代地方狭窄,而上林苑中倒还有许多空地可以耕种,都白白地荒着,希望您能让百姓们进去耕种,留下秸秆给禽兽作饲料就行了。”高祖大怒说:“你萧相国多半是接受了商人们的贿赂,竟然还敢来讨要我的上林苑!”于是把萧何拿下送交廷尉,披枷戴锁拘禁起来。过了几天,王卫尉侍从高祖,他进前问道:“相国犯了什么大罪,陛下突然把他关了起来?”高祖说:“我听说李斯做秦始皇丞相的时候,有成绩归主上,有了差错归自己。现在相国接受了商人们的贿赂,却为百姓来索要我的上林苑,想以此来讨好百姓,所以我把他关起来了。”王卫尉说:“凡是职务分内的事,如果有对民众有利的事就请求陛下去做,这才真是宰相的责任,陛下您怎么就怀疑起他接受商人的贿赂呢!当初您同项羽对峙数年,后来陈豨、黥布反叛,您又亲自率兵前去平叛,那时萧相国留守关中,如果他稍微跺跺脚,那么整个函谷关以西就不会为陛下所有。萧何不在那时谋求大利,如今他反而去贪图商人的那点儿贿赂吗?况且秦始皇就是因为听不到自己的过错而断送了天下,李斯替君主分担过错的做法,又有什么值得效法的?陛下怎么会怀疑萧相国到如此浅薄的地步。”高祖听后心里不痛快。当天,高祖就派使者手持符节,去把萧相国赦免释放了。萧相国年纪已大,为人又一向谦恭谨慎，他光着脚来向高祖请罪。高祖说："相国免礼吧！你为百姓们请求开放上林苑，我不答应，这说明我不过是桀、纣一样的暴君，而相国则是一个贤明的相国。我之所以要把你拘禁起来，就是想让百姓们知道我的过错。"

何素不与曹参相能①，及何病，孝惠自临视相国病②，因问曰："君即百岁后③，谁可代君者？"对曰："知臣莫如主。"孝惠曰："曹参何如？"何顿首曰："帝得之矣！臣死不恨矣④！"

【注释】

①相能：彼此亲善和睦。

②孝惠：即刘盈，刘邦之子，吕后所生。前194—前188年在位。自临：亲临，亲自前往。

③即：假如，倘若。

④不恨：不遗憾。王先谦引周寿昌曰："《高纪》帝崩时，吕后问相，帝已定何后为参，兹云惠帝发问始为参者，殆帝恐何意有可否也。纪、传各就当时语书之，非有不同。"徐孚远曰："进淮阴侯，荐曹相国，此事宰相器也，汉廷臣不及。"

【译文】

萧何与曹参素来不和睦，等到萧何病重，孝惠帝亲自前去探视，趁机问道："假如您百岁之后，谁可以接替您的职务呢？"萧何回答说："最了解臣子的莫过于君主。"孝惠帝说："曹参怎么样？"萧何叩头回答说："皇上找到合适的人了！我就死而无憾了！"

何置田宅必居穷处①，为家不治垣屋②。曰："后世贤，师吾俭；不贤，毋为势家所夺③。"孝惠二年④，相国何卒，谥为文终侯。后嗣以罪失侯者四世，绝，天子辄复求何后，封续酂侯，功臣莫得比焉[⑤]。

【注释】

①穷处：贫瘠荒僻的地方。

②垣屋：有围墙的房屋。

③不贤，毋为势家所夺：按，萧何此举深得老子之精义。

④孝惠二年：前193年。

⑤功臣莫得比焉：姚苎田曰："酂侯之封，直至东汉之末，盖与两汉相终始，此但就武帝时言之。"

【译文】

萧何购置田宅，一定选在贫困偏僻的地方，营造宅第也从来不修建围墙。他说："后代子孙如果贤德，可以从中师法我的俭朴；如果不肖无能，这种田宅也不会被有势力的人家所侵夺。"孝惠帝二年，相国萧何去世，谥为文终侯。萧何的后代有四代子孙因为犯罪丢掉了侯爵，但每次丢爵后，皇帝总是再找一个萧何的后人，让他继任酂侯，汉朝的功臣中没有谁能比得上他。

太史公曰：萧相国何于秦时为刀笔吏[①]，录录未有奇节[②]。及汉兴，依日月之末光[③]，何谨守管籥[④]，因民之疾秦法，顺流与之更始。淮阴、黥布等皆以诛灭，而何之勋烂焉[⑤]。位冠群臣，声施后世[⑥]，与闳夭、散宜生等争烈矣[⑦]。

【注释】

①刀笔吏：指主办文案的书吏。颜师古曰："刀，所以削书也。古者用简牒，故吏皆以刀笔自随也。"

②录录：平庸无为。盖谓亦步亦趋，拘谨而无所作为之状。

③日月之末光：指刘邦与吕后。

④管籥（yuè）：锁匙。

⑤烂：盛。

⑥施（yì）：延续，流传。

⑦闳夭、散宜生：都是周初大臣，辅佐武王灭纣开国。详见《周本纪》。争烈：比功勋。烈，业绩，功业。

【译文】

太史公说：相国萧何在秦朝的时候，只不过是一个刀笔小吏，碌碌无为，没有什么卓异的操守。等到大汉兴起，他依靠着高祖、吕后日月般的光辉，谨慎地拿着钥匙，守护关中这一根本重地，利用民众痛恨秦朝严刑苛法，顺应时代潮流，制定了一套符合民心的措施，与百姓们一起更新政治。淮阴侯韩信及黥布等人因谋反而被诛杀后，萧何的功勋就显得更加灿烂了。他位居群臣之首，声名流传后世，可以和周朝的闳夭、散宜生等争光比美了。

【集评】

郭嵩焘曰："史公于萧、曹以下皆薄视之……然萧何运筹，要是三代以下名相，自汉以后无有能及者也。"又曰："《萧何传》极写高帝猜忮之心，以何守关中久，得民心故也。高帝以匹夫有天下，一变三代相承立国之局，其心惴惴焉，唯惧人之效其所为而思所以诛戮之，而遂以开后世有天下者猜忌功臣之风，于是圣人以道经营天下、奠定生民之盛轨不复可见于世。由高帝以天下自私而不闻道，贻祸若斯之烈也。"（《史记札记》）

方苞曰："《萧相国世家》所叙实迹仅四事，其定汉家律令及受遗命辅惠帝皆略焉。盖收秦律令图书、举韩信、镇抚关中三者，乃鄂君所谓'万世之功'也。其终也，举曹参以自代而无少芥蒂，则至忠体国可见矣。至其所以自免，皆自他人发之，非智不足也。使何自觉之，则于至忠体国之道有伤矣。故终载请上林空地械系廷尉，明何用诸客之谋非得已耳。若定律令，则别见曹参、张苍传。何之终，惠帝临问而举参，则受遗命不待言矣。盖是二者，于何为顺且易，非万世之功之比也。"（《望溪先生文集》）

吴见思曰："此篇亦顺叙、平叙之文，中间以高帝作经，诸事作纬，前后起伏照应，贯串连络，其神采全在两论功、三说客，及高帝两'大喜'、一'大悦'、一'大怒'、一'不怿'，照应点缀，而浩然神气行乎其中。……胜处更在召平种瓜一段，于极忙之中忽用闲笔；于极浓之中忽用淡笔。如此文情，惟史公能之。"（《史记论文》）

李景星曰："《萧相国世家》是一篇极整齐文字，亦是一篇极变化文字。通篇以高帝为经，以余事为纬。正叙萧何功烈处，不过'先入收秦丞相御史律令图籍'云云，'收巴蜀，填抚谕告，便给军食'云云，'守关中，侍太子'云云。此外俱从四面八方著笔。精神焕发处尤在两论功、三说客，及高帝两'大喜'、一'大悦'、一'大怒'、一'不怿'，于诸臣议论无定，高帝喜怒不测之中，活托出一有一无二之开国元勋来。此等处，全以神行，绝不板滞蹊径，非太史公其孰能之？……赞语以淮阴、黥布为萧相国反衬，以闳夭、散宜生为萧相国正比，一以寓感叹之意，一以见身份之高。而'谨守管籥'数语，更括尽萧相国一生作用。行文至此，神乎技矣。"（《史记评议》）

【评论】

在刘邦的开国功臣中，萧何的功劳堪称无与伦比。他在协助刘邦灭秦灭项中立下了丰功伟绩。他非常有政治远见，在刘邦大军进入咸阳后，便有远超一般将领的作为，"诸将皆争走金帛财物之府分之，何独先入收秦丞相、御史律令图书藏之。……项王与诸侯屠烧咸阳而去。汉王所以具知天下厄塞，户口多少，强弱之处，民所疾苦者，以何具得秦图书也”，从而为刘邦全面了解当时的国情民心、制订较之项羽更高一筹的政治举措提供了重要基础。

刘邦常年征战在东方，不论其胜败如何，萧何总是为他“守关中，侍太子”，并“计户口转漕给军，汉军数失军遁去，何常兴关中卒，辄补缺”。《高祖本纪》写刘邦之论“汉三杰”，其论萧何曰：“镇国家，抚百姓，给馈饷，不绝粮道，吾不如萧何。”篇中鄂千秋论萧何的“万世之功”有所谓：“上与楚相距五岁，常失军亡众，逃身遁者数矣。然萧何常从关中遣军补其处，非上所诏令召，而数万众会上之乏绝者数矣。夫汉与楚相守荥阳数年，军无见粮，萧何转漕关中，给食不乏。陛下虽数亡山东，萧何常全关中以待陛下。”这种固守根本，渊源不断地支援前方而使军粮永无匮乏的功劳，对于保障刘邦军队最终战胜项羽起到了十分关键的作用。刘邦在大封功臣的时候，毫不客气地把那些冲锋陷阵的功臣比作猎狗，而把萧何比作“发踪指使”的猎人，让他功居第一，的确不是偶然的。

萧何还善于荐贤，其荐韩信、荐曹参，均为历史美谈。首先是他的荐韩信，把韩信由一个开小差新过来的小卒一跃而提升为统率百万兵马的大将，成为千古佳话。其次是临终前举荐曹参为自己的接班人，为大汉的相国。萧何大公无私，心里只有国家社稷，而没有个人与私家的一分一毫。至于萧何在为相期间实行清静无为的政策，使社会安定，经济得到发展，这种做法也符合司马迁的社会理想。清代方苞说：“《萧相国世家》所叙实迹仅四事，其定汉家律令及受遗命辅惠帝皆略焉。盖收秦律令图书、举韩信、镇抚关中三者，乃鄂君所谓‘万世之功’也。其终也，举曹参以自代而无少芥蒂，则至忠体国可见矣。”（《望溪先生文集》）称萧何为千古名相，不亦宜乎？

除了正面描写萧何的历史功勋，本篇还写了萧何与刘邦之间的钩心斗角，表现了封建社会君臣之间普遍存在的深刻矛盾。萧何是刘邦的老朋友、老上司，对刘邦如此忠心，功劳又如此之大，却在刘邦的猜忌下活得战战兢兢，时时刻刻都在谋求自保，这就清楚地揭示了统治集团被权力扭曲人性的一种历史规律。作者表现刘邦与萧何双方的行为心理都极其生动,极其细致入微。早在楚汉战争时期,刘邦与项羽相持于荥阳期间,萧何为之镇守关中,刘邦一连多次地派人回来慰问萧何。这时幕僚鲍生对萧何说:“王暴衣露盖,数使使劳苦君者,有疑君心也。为君计,莫若遣君子孙昆弟能胜兵者悉诣军所,上必益信君。”萧何照办了,于是“汉王大悦”。当萧何帮着刘邦杀掉韩信后,刘邦“令卒五百人一都尉为相国卫”。萧何很高兴,前东陵侯召平对他说:“祸自此始矣。上暴露于外而君守于中,非被矢石之事而益君封置卫者,以今者淮阴侯新反于中,疑君心矣。夫置卫卫君,非以宠君也。愿君让封勿受,悉以家私财佐君,则上心悦。”萧何照办了,“高帝乃大喜”。当黥布造反,刘邦亲往镇压时,萧何还想和以往一样,“乃拊循勉力百姓,悉以所有佐军”。这时又有人提醒萧何说:“君灭族不久矣。夫君位为相国,功第一,可复加哉?然君初入关中,得百姓心,十余年矣,皆附君,常复孳孳得民和。上所为数问君者,畏君倾动关中。今君胡不多买田地,贱贳贷以自污?上心乃安。”萧何又照办了,于是“上乃大悦”。

萧何在杀韩信的问题上扮演了极不光彩的角色,故本文的论赞说:“淮阴、黥布等皆以诛灭,而何之勋烂焉。位冠群臣,声施后世,与闳夭、散宜生等争烈矣。”意思是韩信等人被杀后这才显出了萧何的地位。与此相似的是司马迁在《曹相国世家》又写曹参说:“曹相国参攻城野战之功所以能多若此者,以与淮阴侯俱。及信已灭,而列侯成功,唯独参擅其名。”其嘲讽的意味都是很明显的。

史记卷五十四

曹相国世家第二十四

【释名】

曹参在刘邦的开国功臣中取得的战功最多，排名位居第二；《高祖功臣年表》则将他排在第一格。他深通黄老之术，在为相期间实施了“无为”政略。《曹相国世家》先是写曹参随刘邦起义，入关灭秦；接着叙述了曹参在楚汉战争与西汉建国初期为刘邦所建立的种种功勋；还叙述了曹参在惠帝时期继萧何为相国的种种表现。在篇末的“太史公曰”当中，司马迁表达了对曹参成功、扬名的深沉感慨。

平阳侯曹参者[1]，沛人也。秦时为沛狱掾[2]，而萧何为主吏[3]，居县为豪吏矣[4]。高祖为沛公而初起也，参以中涓从[5]。将击胡陵、方与[6]，攻秦监公军[7]，大破之。东下薛[8]，击泗水守军薛郭西[9]。复攻胡陵，取之。徙守方与。方与反为魏[10]，击之。丰反为魏[11]，攻之。赐爵七大夫[12]。击秦司马尼军砀东，破之，取砀、狐父、祁善置[13]。又攻下邑以西，至虞，击章邯车骑[14]。攻爰戚及亢父[15]，先登[16]。迁为五大夫。北救阿[17]，击章邯军，陷陈[18]，追至濮阳[19]。攻定陶[20]，取临济[21]。南救雍丘，击李由军，破之，杀李由，虏秦候一人[22]。

秦将章邯破杀项梁也[23],沛公与项羽引而东。楚怀王以沛公为砀郡长[24],将砀郡兵。于是乃封参为执帛[25],号曰建成君[26]。迁为戚公[27],属砀郡。

【注释】

①平阳:在今山西临汾西南。曹参:《集解》引张华曰:"曹参,字敬伯。"

②狱掾:狱曹的属吏。

③主吏:秦汉郡县官员的主要属吏。

④豪吏:指在政府中担任吏职的地方豪强。

⑤中涓:古代君主亲近的侍从官。颜师古曰:"涓,洁也,言其在内主知洁清洒扫之事,盖亲近左右也。"灌婴、靳歙等人也做过刘邦的中涓。

⑥将击胡陵、方与:发生在秦二世二年(前208)十月(当时以十月为岁首)。胡陵,秦县名,治所在今山东鱼台东南。方与,秦县名,治所在今山东鱼台西。

⑦监公:监指秦监御史,秦一郡置守、尉、监三人。公为对人之尊称。当时沛县上属泗水郡,据《高祖本纪》与《樊郦滕灌列传》,被刘邦等打败的泗水监,其名曰"平"。

⑧东下薛:发生在秦二世二年(前208)十一月。薛,秦郡名,郡治在今山东曲阜。

⑨泗水守:据《高祖本纪》,此人名"壮"。

⑩方与反为魏:秦二世二年(前208)十二月,驻守方与的刘邦军反叛归附了魏咎。

⑪丰反为魏:镇守丰邑的雍齿叛变,投靠了魏咎。

⑫七大夫:爵位名。秦二十等爵中的第七级。《汉书·高帝纪下》:"其七大夫以上,皆令食邑,非七大夫以下,皆复其身及户,勿

事。”颜师古注：“七大夫，公大夫也；爵第七，故谓之七大夫。”

⑬击秦司马尼（yí）军砀（dàng）东，破之，取砀、狐父、祁善置：发生在秦二世二年二月。司马，武官名。砀，秦郡名，治所在今河南夏邑东南。狐父，亭名，在今安徽砀山南。祁善置，《正义》曰：“祁县之善置。”秦之祁县，在今河南夏邑东北。置，《集解》引孙检曰：“汉谓驿曰‘置’。”

⑭又攻下邑以西，至虞，击章邯车骑：发生在秦二世二年三月。下邑，秦县名，治所在今安徽砀山。虞，秦县名，治所在今河南虞城。章邯，秦朝将领。后降项羽，被封雍王。事迹详见《项羽本纪》。

⑮爰戚：秦县名，治所在今山东嘉祥东南。亢父：秦县名，治所在今山东济宁南。

⑯先登：先于众人而登。

⑰北救阿：《汉书》“阿”上有“东”字。秦二世二年七月，起义军首领田荣被章邯围困在东阿，刘邦、项羽击败章邯，将其救出。东阿，秦县名，治所在今山东东阿西南。

⑱陷陈：同“陷阵”，攻破敌人的营垒或阵地。

⑲濮阳：秦县名，在今河南濮阳西南。

⑳定陶：秦县名，治所在今山东定陶西北。

㉑临济：秦县名，治所在今河南封丘东。

㉒“南救雍丘”几句：发生在秦二世二年八月。雍丘，秦县名，治所在今河南杞县。李由，李斯之子，三川郡郡守。候，军官名。

㉓秦将章邯破杀项梁：发生在秦二世二年九月。项梁被杀后，楚军元气大伤。事情详见《项羽本纪》。

㉔楚怀王：秦末农民起义时项梁拥立的楚王。战国时楚怀王熊槐之孙。砀郡长：秦二世二年九月，楚怀王任刘邦为砀郡郡守。

㉕执帛：楚官名。亦为孤卿（少师、少傅、少保三孤）的别称。《集解》引张晏曰：“孤卿也。”“卿”中的地位偏低者。王先谦引沈钦

韩曰："《礼》：'孤执皮帛。'楚僭王号，故次于执珪。高祖初起，官爵皆从楚制。"

㉖号曰建成君：俞樾曰："楚汉之际，受封者虚建名号，而不必有其地。"

㉗戚：王先谦曰："即爰戚也，时属泗水郡。因沛公为砀郡长，故改戚属砀郡耳。"

【译文】

平阳侯曹参是沛县人。秦朝时，曹参是沛县的狱掾，而萧何是沛县的主吏，他俩都是沛县的大吏。汉高祖做沛公而刚刚起事时，曹参就以中涓的身份跟随着。他率军进击胡陵、方与，攻打秦朝监郡御史率领的部队，大获全胜。他向东攻下薛郡，在薛郡城西进击泗水郡郡守的军队。接着，曹参再次进攻胡陵，将其夺取。随即率军转移，去守卫方与。这时方与已经叛降魏王，曹参就进击方与。丰邑也叛变投靠了魏国，曹参又攻打丰邑。沛公赐给曹参七大夫的爵位。曹参在砀郡东面击败秦将司马尼的军队，夺取了砀郡、狐父和祁县的善置。接着攻打下邑以西的地方，到达虞县，进击秦将章邯的车骑兵。攻打爰戚和亢父时，曹参最先登城。因此升为五大夫。他率军北进救援东阿，进击章邯军队，攻破敌人的阵地，并乘胜追击到濮阳。他攻打定陶，占领临济。南救雍丘，打败了秦将李由的军队，杀死了李由，俘虏了秦朝军候一人。这时秦将章邯打败项梁的军队，杀死项梁，沛公与项羽率军东归。楚怀王任命沛公为砀郡长，统领砀郡的军队。沛公封曹参为执帛，号称建成君。后曹参升为爰戚县县令，隶属于砀郡。

其后从攻东郡尉军，破之成武南①。击王离军成阳南②，复攻之杠里③，大破之。追北④，西至开封，击赵贲军⑤，破之，围赵贲开封城中。西击秦将杨熊军于曲遇，破之⑥，虏秦司马及御史各一人。迁为执珪⑦。从攻阳武，下轘辕、缑氏[8]，绝河津[9]，还击赵贲军尸北[10]，破之。从南攻犨[11]，与南阳守齮战阳城郭东[12]，陷陈，取宛，虏齮，尽定南阳郡[13]。从西攻武关、峣关[14]，取之。前攻秦军蓝田南[15]，又夜击其北，秦军大破，遂至咸阳，灭秦[16]。

【注释】

①从攻东郡尉军，破之成武南：发生在秦二世三年（前207）十月。成武，秦县名，治所在今山东成武。

②王离：秦朝大将，王翦之孙，封武城侯。成阳：也作“城阳”，秦县名，治所在今山东鄄城东南。

③杠里：古邑名，在今山东菏泽东北。按，此处记载与《项羽本纪》不同。据《项羽本纪》，王离将赵王歇、张耳等围困在巨鹿。怀王派宋义、项羽等率军前去救援赵，同时派刘邦率军西下，则刘邦不可能在此时攻破王离于成阳、杠里。

④追北：追击败军。

⑤赵贲（bēn）：秦朝大将。

⑥西击秦将杨熊军于曲遇，破之：攻赵贲、击杨熊都发生在秦二世三年（前207）三月。曲遇，古邑名，在今河南中牟东。

⑦执珪：先秦楚国爵位名。圭以区分爵位等级，使执圭而朝，故名。《集解》引张晏曰：“侯伯执珪以朝，位比之。”

⑧从攻阳武，下轘（huán）辕、缑（gōu）氏：发生在秦二世三年四月。阳武，秦县名，治所在今河南原阳东南。轘辕、缑氏，即轘辕关与缑氏县，都在今河南偃师东南。

⑨绝河津：赵将司马卬想要渡河南来，刘邦于是在秦二世三年四月切断了黄河渡口平阴津。《正义》引《括地志》云：“平阴故津在洛州洛阳县东北五十里。”在今河南孟津东北。

⑩尸北：古邑名，在今河南偃师西。

⑪犨（chōu）：秦县名，治所在今河南鲁山东南。

⑫阳城：秦县名，治所在今河南方城东。

⑬取宛，虏齮（yǐ），尽定南阳郡：按，此处记载与《高祖本纪》不同。据《高祖本纪》，南阳守齮在阳城战败后，"走保城守宛"，又被刘邦围困，遂降，刘邦于是封他为殷侯，令其守南阳，自己率兵西去。宛，秦县名，治所在今河南南阳，当时亦为南阳郡的郡治。

⑭武关：在今陕西商南东南丹江北岸。按，刘邦于秦二世三年八月攻下武关。峣（yáo）关：在今陕西商洛。

⑮蓝田：秦县名，治所在今陕西蓝田西南。按，刘邦攻下峣关和在蓝田破秦军都发生在秦二世三年九月。详情见《留侯世家》。

⑯遂至咸阳，灭秦：汉元年（前206）十月，刘邦入咸阳，秦王子婴降。

【译文】

此后，曹参跟着沛公攻打东郡郡尉的军队，在成武南面打败敌军。在成阳南进击王离的军队，在杠里又与王离交锋，大获全胜。曹参乘胜追击败逃的敌军，西至开封，击败秦将赵贲的军队，把赵贲包围在开封城内。接着向西进军，在曲遇进击秦将杨熊的军队，打败了秦军，俘虏秦军司马及御史各一人。曹参升为执珪。跟随沛公往攻阳武，夺取轘辕、缑氏，切断黄河渡口，然后回师进击赵贲的军队，在尸乡的北面将其击败。接着跟随沛公南下进攻犨县，在阳城城东与南阳郡郡守齮交战，曹参率先攻破敌阵，夺取了宛县，俘虏了郡守齮，完全平定了南阳郡。曹参跟随沛公继续西进，夺取了武关、峣关。并乘胜向前进击蓝田南部的秦朝军队，又在夜间袭击蓝田城北的秦朝军队，秦军彻底崩溃，于是曹参跟着沛公到达咸阳，灭掉了秦朝。

项羽至，以沛公为汉王①。汉王封参为建成侯②。从至汉中③，迁为将军。从还定三秦，初攻下辩、故道、雍、斄④。击章平军于好畤南⑤，破之，围好畤，取壤乡⑥。击三秦军壤东及高栎[7]，破之。复围章平，章平出好畤走。因击赵贲、内史保军[8]，破之。东取咸阳，更名曰新城。参将兵守景陵二十日[9]，三秦使章平等攻参，参出击，大破之，赐食邑于宁秦[10]。参以将军引兵围章邯于废丘[11]。以中尉从汉王出临晋关[12]。至河内，下修武[13]，渡围津，东击龙且、项他定陶[14]，破之。东取砀、萧、彭城[15]。击项籍军，汉军大败走[16]。参以中尉围取雍丘[17]。王武反于黄，程处反于燕[18]，往击，尽破之。柱天侯反于衍氏[19]，又进破取衍氏。击羽婴于昆阳[20]，追至叶[21]。还攻武彊[22]，因至荥阳[23]。参自汉中为将军、中尉，从击诸侯及项羽，败，还至荥阳，凡二岁[24]。

【注释】

①项羽至，以沛公为汉王：汉元年一月（当时以十月为岁首），项羽分封诸侯，以刘邦为汉王。

②封参为建成侯：按，只有名号没有封地。

③从至汉中：汉元年四月，刘邦入汉中。

④下辩：秦县名，治所在今甘肃成县西北。故道：秦县名，治所在今陕西宝鸡南。地处陈仓道（由汉中翻越秦岭至渭水流域的通道）的北端。雍：秦县名，治所在今陕西凤翔南。斄（tái）：秦县名，治所在今陕西武功西南。

⑤章平：章邯之弟。好畤（zhì）：秦县名，治所在今陕西乾县东北。

⑥壤乡：属好畤县。

⑦壤东：壤乡之东。高栎（lì）：乡名。

⑧内史保：名叫保的内史。内史，官名。西周始置，春秋沿置，是天子亲近的高级辅佐官。秦汉沿置，掌治京师。

⑨景陵：具体不详。

⑩“三秦使章平等攻参”几句:发生在汉二年(前205)正月。据《高祖本纪》,此次战役章平被俘虏。宁秦,秦县名,治所在今陕西华阴东北。

⑪围章邯于废丘:按,刘邦军于汉元年(前206)八月将章邯围困,直到汉二年(前205)攻破,达十月之久。废丘,秦县名,在今陕西兴平东南。当时是章邯雍国的都城。

⑫以中尉从汉王出临晋关:曹参等于汉二年三月随刘邦东出。中尉,秦汉时为武职,掌管京师治安。临晋关,在今陕西大荔朝邑镇东黄河上。战国魏置,以扼蒲津渡口。刘邦“出临晋关”,目的是要渡黄河攻魏王豹。当时魏豹的国都在今山西临汾西南。

⑬至河内,下修武:发生在汉二年三月。刘邦东出后,魏豹降汉,并跟随刘邦攻取河内,俘虏了项羽所封殷王司马卬。河内,秦郡名,郡治怀县(在今河南武陟西南)。修武,秦县名,治所在今河南获嘉。

⑭渡围津,东击龙且、项他定陶:发生在汉二年四月。围津,即白马津,在今河南滑县东北。龙且、项他,都是项羽的部将。定陶,秦县名,治所在今山东定陶西北。

⑮萧:秦县名,治所在今安徽萧县西北。彭城:即今江苏徐州。当时是项羽的都城,在萧县以东。

⑯击项籍军,汉军大败走:刘邦趁项羽讨伐田荣之机,大举攻入彭城,项羽回救,大败刘邦。发生在汉二年四月。详见《项羽本纪》《高祖本纪》。

⑰雍丘:秦县名,治所在今河南杞县。

⑱王武反于黄,程处反于燕:梁玉绳曰:“《史》《汉》《樊哙传》云‘破王武于外黄’;《汉·灌婴传》云‘王武反,击破之,攻下外黄’,则此缺‘外’字。”译文从之。外黄,秦县名,治所在今河南民权西北。燕,秦县名,治所在今河南延津东北。

⑲柱天侯反于衍氏:张照引《卮林》曰:“‘柱天侯’亦犹‘建成

侯’‘奉春君’之类……不必指其食邑。”衍氏，古邑名，在今河南郑州北。

⑳羽婴：其人不详。昆阳：秦县名，治所在今河南叶县。

㉑叶：秦县名，治所在今河南叶县西南。

㉒还攻武彊：按，武彊距离“衍氏”近，所以用“还攻”。武彊，古邑名，在今河南郑州东北。

㉓荥阳：秦县名，治所在今河南郑州古荥镇。王先谦曰：“高帝时在荥阳。”

㉔“参自汉中为将军、中尉”几句：曹参自汉元年八月随刘邦平定三秦，东出征战，到二年四月败于彭城，五月逃回荥阳，前后有两年。

【译文】

项羽到达咸阳后，封沛公刘邦为汉王。汉王封曹参为建成侯。曹参跟随汉王到了汉中，升为将军。又跟随汉王回师平定三秦，首先是进攻下辩、故道、雍县、斄县。接着在好畤南面进击章平的军队，打败了他们，包围了好畤，夺取了壤乡。随后在壤乡的东部和高栎两处进击三秦的军队，打败了他们。曹参再次把章平包围在好畤城内，章平出城逃跑。于是进击赵贲和内史保的军队，将其击败。曹参乘胜东进，攻克咸阳，改名为新城。曹参率军守卫景陵二十天，三秦即派章平等人围攻曹参，曹参出兵迎击，大败敌军，汉王把宁秦县赐给曹参为食邑。曹参以将军的身份领兵在废丘包围了章邯。以中尉的身份跟随汉王东出临晋关。打到河内，攻下了修武，从围津渡过黄河，在定陶进击龙且、项他的军队，打败了他们。曹参进而往东夺取了砀、萧县、彭城。接着进击项羽的军队，汉军大败逃走。曹参以中尉的身份包围夺取了雍丘。这时汉将王武反叛于外黄、程处反叛于燕县，曹参率军前往讨伐，彻底打败了他们。柱天侯在衍氏反叛，曹参又进兵击败叛军，夺回了衍氏。接着在昆阳攻打羽婴，并追击到叶县。而后回师进攻武彊，乘势到达荥阳。曹参从汉中做将军、中尉，跟随汉王进击诸侯及项羽，到被项羽打败，回到荥阳，前后有两年。

高祖二年[①]，拜为假左丞相[②]，入屯兵关中。月余，魏王豹反，以假左丞相别与韩信东攻魏将军孙遫军东张[③]，大破之。因攻安邑[④]，得魏将王襄。击魏王于曲阳，追至武垣，生得魏王豹[⑤]。取平阳[⑥]，得魏王母妻子，尽定魏地，凡五十二城。赐食邑平阳[⑦]。因从韩信击赵相国夏说军于邬东[⑧]，大破之，斩夏说[⑨]。韩信与故常山王张耳引兵下井陉，击成安君[⑩]，而令参还围赵别将戚将军于邬城中[⑪]。戚将军出走，追斩之。乃引兵诣敖仓汉王之所[⑫]。韩信已破赵，为相国，东击齐[⑬]。参以右丞相属韩信[⑭]，攻破齐历下军，遂取临菑[⑮]。还定济北郡[⑯]，攻著、漯阴、平原、鬲、卢[⑰]。已而从韩信击龙且军于上假密，大破之，斩龙且，虏其将军周兰[⑱]。定齐，凡得七十余县。得故齐王田广相田光，其守相许章，及故齐胶东将军田既[⑲]。韩信为齐王[⑳]，引兵诣陈[㉑]，与汉王共破项羽[㉒]，而参留平齐未服者。

【注释】

①高祖二年：前205年。

②假左丞相：王先谦引周寿昌曰："此犹后世之虚衔也，元年萧何已真拜丞相。"按，韩信、樊哙、周勃等也都有过这种待遇，而真正的丞相只有萧何。

③魏王豹反，以假左丞相别与韩信东攻魏将军孙遫（sù）军东张：魏王豹于汉二年三月归附刘邦，后来刘邦在彭城被项羽打败后，魏豹又于本年五月反汉。韩信于八月击破魏豹军。详见《淮阴侯列传》。别，另带一支人马。东张，古邑名，在今山西永济西北。

④安邑：战国时魏国的旧都。秦置县，治所在今山西夏县西北。

⑤击魏王于曲阳，追至武垣，生得魏王豹：按，《淮阴侯列传》记载为“信乃益为疑兵，陈船欲渡临晋，而伏兵从夏阳以木罂缻渡军，袭安邑。魏王豹惊，引兵迎信，信遂虏豹”，而《曹相国世家》又补出许多情节。曲阳，《集解》引今河北曲阳城西之“上曲阳”与今晋县城西之“下曲阳”以为说；梁玉绳以为即今太原北之“阳曲”，三地皆与上文所说之“安邑”相隔悬远。《方舆纪要》“绛县”条下：“曲阳城，在县东南……或曰在曲沃之阳，故曰曲阳。”绛县在今山西曲沃东北。武垣，《汉书·萧曹传》作“东垣”。《集解》引徐广曰：“河东有垣县。”梁玉绳曰：“‘武’字、‘东’字衍。”垣县治所在今山西垣曲东南。

⑥平阳：当时魏国的都城，在今山西临汾西南。

⑦赐食邑平阳：曹参因有于平阳获魏豹之功，故日后被封为“平阳侯”。

⑧击赵相国夏说军于邬东：按，当时的代王是陈馀，由赵王赵歇所封。陈馀留在赵国辅佐赵歇，任命夏说为代相，管理代国事务。详见《张耳陈馀列传》。邬，秦县名，治所在今山西介休东北。

⑨斩夏说：发生在汉二年后九月。

⑩韩信与故常山王张耳引兵下井陉，击成安君：事在汉三年（前204）十月，详见《淮阴侯列传》。故常山王张耳，大梁人。陈胜起义后，张耳与陈馀前往投奔，从武臣北略赵地，立武臣为赵王，自任右丞相。武臣死，他又立赵歇为王。后被秦将章邯围于巨鹿，他嫌陈馀援救不力，两人结怨。不久从项羽入关，被封为常山王。井陉，指井陉口，要塞名，在今河北井陉西北。其东口称土门关，其西口即今娘子关。成安君，陈馀的封号。陈馀和张耳原为刎颈之交，后因巨鹿之围结怨，分道扬镳。张耳随项羽入关，被封为常山王，陈馀未受封。陈馀当时既恨张耳、项羽，又反刘邦。

⑪还围赵别将戚将军于邬城中：发生在韩信破杀陈馀与赵歇后。别

将，秦汉时地位略低于将军的武官，或称“将”。有时奉主将之命别率一部队与主力军配合作战，有时则在一主将统辖下专司某一兵种或某一军务。戚将军，《汉书·萧曹传》作“戚公”。具体不详。郧城，即上文之“郧县”。

⑫敖仓：秦朝所建粮仓名，在当时荥阳城西北的黄河边上。当时刘邦驻扎在附近。因黄河常年冲刷南移，其地已经落入黄河中流。

⑬韩信已破赵，为相国，东击齐：事在汉四年（前203）十月。这里的“相国”应是虚衔。韩信奉命击魏时已加衔为“左丞相”，今更虚加为“相国”。“相国”之称尊于“丞相”。

⑭参以右丞相属韩信：按，曹参的右丞相也是虚衔。右丞相地位高于左丞相。

⑮攻破齐历下军，遂取临菑：韩信于汉四年十月袭破齐历下军。详见《淮阴侯列传》《田儋列传》。历下，古地名，在今山东济南历城。因南有历山，城在山下而得名。临菑，当时齐王田广的都城，在今山东淄博临淄区。

⑯还定济北郡：济北郡位于临菑西部，所以用“还定”。济北郡，郡治博阳（在今山东泰安东南）。梁玉绳曰：“楚汉之间，诸王各自立郡……胶东、济北，项羽所立国名，与齐号为‘三齐’。临淄即齐都，博阳即济北王都，《曹参传》济北郡，盖田荣并三齐之后以济北为郡。”

⑰著：秦县名，治所在今山东济阳西。漯（tà）阴：县名，治所在今山东禹城东，在当时著县的西南。平原：县名，治所在今山东平原西南。鬲：秦县名，治所在今山东德州东南。卢：县名，治所在今山东长清西南。以上五县当时都属于济北郡。

⑱“已而从韩信击龙且军于上假密”几句：发生在汉四年十一月，具体过程详见《淮阴侯列传》。龙且，项羽将军，奉命率军救齐。上假密，王先谦曰：“假密，即高密。‘高’‘假’双声。有下密县，故

此称‘上假密’。”高密在今山东高密西。虏其将军周兰，梁玉绳曰：“按《灌婴传》，婴虏周兰。”张照曰：“《灌婴传》云：‘从韩信攻龙且于高密，身生得亚将周兰。’是时参、婴并隶于信，故叙功略同。”

⑲得故齐王田广相田光，其守相许章，及故齐胶东将军田既：按，此处田光和许章的身份与《田儋列传》记载不同。据《田儋列传》，田广为王时，国相是田横，田光是守相。梁玉绳曰：“《田儋》《灌婴传》皆言婴得光。”两个“故”字也不该用。守相，颜师古曰：“为相居守者。”胶东，郡名，郡治即墨（在今山东平度东南）。

⑳韩信为齐王：汉四年二月，齐国平定后，韩信向刘邦上书，请求做齐假王，刘邦经张良、陈平等提醒，顺势封他为齐王。

㉑引兵诣陈：事在汉五年十一月。汉四年九月，刘邦与项羽缔结鸿沟之约，项羽引兵东归。五年十月，刘邦毁约追击项羽至固陵（属陈郡），双方交战，项羽小胜。为调动韩信、彭越等，刘邦听取张良之谋，划出地盘分封给韩信、彭越、黥布等，于是韩信等引兵对项羽形成围攻之势。陈，秦郡名，郡治在今河南淮阳。

㉒与汉王共破项羽：垓下之战发生在汉五年（前202）十二月。详见《高祖本纪》。

【译文】

汉高祖二年，拜曹参为假左丞相，进入关中屯驻军队。过了一个多月，魏王豹反叛，曹参以假左丞相的身份，另与韩信各自率军东进，在东张城大败魏将孙遬的军队。曹参等乘胜进攻安邑，俘获了魏将王襄。接着在曲阳追击魏王豹，追到武垣，将魏豹生擒。随后曹参等又攻占了平阳，俘获了魏豹的母亲、妻室、儿女，最后平定了魏地全境，总共取得五十二座城池。汉王把平阳赐给曹参作食邑。于是曹参跟随韩信在邬县城东大破赵相国夏说的军队，斩杀了夏说。韩信与原常山王张耳率兵东下井陉，攻打成安君陈馀，同时命令曹参回师把赵国别将戚将军围困在邬县城中。戚将军弃城逃跑，曹参追击，将其斩杀。于是曹参率兵到敖仓汉王的营地。韩信打垮赵国后，做了相国，率军东进攻打齐国。曹参以右丞相的身份隶属韩信，击溃了驻守历下的齐国军队，乘胜夺取了临淄。接着回师平定济北郡，攻下了著县、漯阴、平原、鬲县、卢县。不久又跟随韩信在上假密大破楚将龙且的军队，杀了龙且，俘虏了龙且的部将周兰。整个齐国被平定，总共夺得七十多个县。俘获了原齐王田广的国相田光以及他的代理相国许章和前齐胶东将军田既。韩信做了齐王，率军到陈郡与汉王会合，共同打败了项羽，而曹参则被留下来平定齐国那些尚未降服的地方。

项籍已死，天下定，汉王为皇帝①，韩信徙为楚王②，齐为郡③。参归汉相印④。高帝以长子肥为齐王，而以参为齐相国⑤。以高祖六年赐爵列侯⑥，与诸侯剖符，世世勿绝。食邑平阳万六百三十户，号曰平阳侯，除前所食邑。

【注释】

①汉王为皇帝：汉五年二月，刘邦即皇帝位。

②韩信徙为楚王：韩信于汉五年一月移封为楚王。

③齐为郡：韩信移封为楚王后，齐国改设为郡，属朝廷管辖。

④参归汉相印：按，此事各篇皆无载。

⑤高帝以长子肥为齐王，而以参为齐相国：高祖六年（前201）一月，刘邦封刘肥为齐王。以参为齐相国，徐孚远曰："平阳侯与淮阴侯共定齐地，假其威名以镇定，故终高帝世为齐相不徙。"

⑥赐爵列侯：曹参于高祖六年被封为平阳侯。可参看《萧相国世家》。

【译文】

项羽死后，天下大定，汉王做了皇帝，韩信被徙封为楚王，齐国改置为郡。曹参交回了汉王相印。高祖封长子刘肥为齐王，任命曹参为齐国相国。曹参在高祖六年被封为侯爵,和其他被封侯的人一起,与朝廷剖符为信,誓言爵位世代相传,永不断绝。曹参的食邑平阳共有一万六百三十户,封号为平阳侯,取消原先所封的食邑。

以齐相国击陈豨将张春军[①],破之。黥布反[②],参以齐相国从悼惠王将兵车骑十二万人[③],与高祖会击黥布军,大破之[④]。南至蕲[⑤],还定竹邑、相、萧、留[⑥]。

【注释】

①击陈豨将张春:战事发生在汉十一年(前196)冬。陈豨于汉十年(前197)八月谋反。

②黥布反:黥布于汉十一年七月反叛。黥布事迹详见《黥布列传》。

③悼惠王:即刘肥,谥悼惠。

④与高祖会击黥布军,大破之:刘邦于高祖十二年(前195)十月在会甄(今安徽宿州西南)击破黥布军。

⑤蕲(jī):汉县名,治所在今安徽宿州南。

⑥竹邑:汉县名,治所在今安徽宿州北。相:汉县名,治所在今安徽濉溪西北。萧:汉县名,治所在今安徽萧县西北。留:汉县名,治所在今江苏沛县东南。

【译文】

后来,曹参以齐国相国的身份领兵攻打陈豨部将张春的军队,打败了敌军。黥布反叛,曹参又以齐国相国的身份跟从齐悼惠王刘肥率领军队车骑十二万人,与高祖合攻黥布的军队,大败敌军。向南打到蕲县,又回师平定了竹邑、相县、萧县、留县。

参功:凡下二国[①],县一百二十二;得王二人,相三人,将军六人,大莫敖、郡守、司马、候、御史各一人[②]。

【注释】

①二国:指魏与齐。

②"得王二人"几句:史珥曰:"叙参战功详悉委折,文势得此一总,方不散漫。"梁玉绳曰:"《曹参》《周勃》两世家及《樊》《郦》《灌》《靳》传俱总言战功,而通计之,其数多不合。"王二人,指魏王豹和齐王田广。相三人,指夏说、田光、许章。将军六人,指李由、王襄、戚公、龙且、周兰、田既。郡守,即南阳守。大莫敖,颜师古引张晏曰:"楚卿号也。时近六国,故有'令尹''莫敖'之官。"

【译文】

曹参的战功:总共打下两个诸侯国,一百二十二个县;俘虏诸侯王二人,诸侯国相国三人,将军六人,大莫敖、郡守、司马、候、御史各一人。

孝惠帝元年[①],除诸侯相国法[②],更以参为齐丞相。参之相齐,齐七十城[③]。天下初定,悼惠王富于春秋,参尽召长老诸生[④],问所以安集百姓[⑤],如齐故俗[⑥],诸儒以百数,言人人殊,参未知所定。闻胶西有盖公[⑦],善治黄老言[⑧],使人厚币请之[⑨]。既见盖公,盖公为言治道贵清静而民自定,推此类具言之。参于是避正堂,舍盖公焉[⑩]。其治要用黄老术[⑪],故相齐九年[⑫],齐国安集,大称贤相。

【注释】

①孝惠元年:前194年。

②除诸侯相国法:为与朝廷所置"相国"相区别,更改诸侯国"相国"的称呼,改变其设置办法以及职权范围等。

③参之相齐,齐七十城:据《齐悼惠王世家》:"高祖六年,立肥为齐王,食七十城,诸民能齐言者皆予齐。"凌约言曰:"特著齐七十

城，以见所以酬参者自不为薄。”泷川曰：“以见国大任重。”

④长老：年高者。

⑤安集：犹安抚。

⑥如齐故俗：底本无“俗”字，黄善夫本、金陵局本皆有。今据补。

⑦胶西：郡名，郡治在今山东高密西南。

⑧黄老言：指黄老学说。黄老学派从战国后期开始形成，“黄”是托黄帝主张，“老”是指老子思想。

⑨厚币：厚礼。

⑩避正堂，舍盖公：凌稚隆引锺惺曰：“参意何尝不定？礼盖公，正田单拜卒为神师故智耳。”颜师古曰：“舍，止也。”按，这里的“正堂”似应指丞相府的正堂，而非丞相衙门的正堂。

⑪要（yào）：要点，关键。

⑫相齐九年：自高祖六年（齐悼惠王元年，前201）至孝惠二年。

【译文】

孝惠帝元年，改变了诸侯王国内的相国的称呼及设置办法、权力范围等，改任曹参为齐国丞相。曹参做齐国丞相时，齐国有七十座城邑。当时天下刚刚平定，悼惠王年纪还轻，曹参就把当地的长老诸生召集起来，询问按着齐地固有的习俗，安抚百姓的办法。但前来的儒生数以百计，众说纷纭，曹参不知如何决定。他听说胶西有位盖公，精研黄老学说，就派人带着厚礼把他请来。见到盖公后，盖公对曹参说，治理国家的办法贵在清静无为，则百姓自然安定，并本着这种清静无为的精神，一一向曹参讲述。曹参于是腾出相府正堂，让盖公居住。曹参治理齐国的要诀，就是用黄老之术，所以他当齐国丞相九年，齐国安定，人们大大地称赞他是贤明的丞相。

惠帝二年[①]，萧何卒。参闻之，告舍人趣治行，“吾将入相”[②]。居无何，使者果召参。参去，属其后相曰[③]：“以齐狱市为寄[4],慎勿扰也。”后相曰:“治无大于此者乎?”参曰:“不然。夫狱市者,所以并容也,今君扰之,奸人安所容也[5]? 吾是以先之。”

【注释】

①惠帝二年:前193年。

②告舍人趣治行,“吾将入相”:茅坤曰:“何之公,参之明,两绝世者也。”锺惺曰:“萧何与参不相能,及病,举参自代,识量如此,虽欲不以大臣许之不可也。参闻何卒,告舍人趣治行,吾将入相,何盖棺后一腔公忠被参托出,以告千古。古人真相知处,即在‘不相能’中如此。”舍人,颜师古曰:“犹‘家人’也。一说,私属官,主家事者也。”王先谦曰:“谓为‘私属官’可也,以为‘主家事’,则拘矣。”趣,速,赶紧。入相,入朝为相。

③属:托付。

④狱市:说法不一。一指地名,梁玉绳引《梁溪漫志》云:“《孟子》‘庄岳之间’注:‘齐街里名。’……‘狱’字合从‘岳’音。盖谓‘岳市’乃齐阛阓之地,奸人所容,故当勿扰之。”《集解》引《汉书音义》曰:“狱市兼受善恶,若穷极,奸人无所容窜;奸人无所容窜,久且为乱。秦人极刑而天下畔,孝武峻法而狱繁,此其效也。……参欲以道化其本,不欲扰其末。”一说指刑法与市场两件事情。梁玉绳引《猗觉寮杂记》云:“狱、市二事。狱如教唆词讼,资给盗贼;市如用私斗秤,欺谩变易之类,皆奸人图利之所,若穷治尽,则事必枝蔓,此等无所容,必为乱,非省事之术也。”寄:托付。

⑤今君扰之,奸人安所容也:锺惺曰:“大哉言乎! 千古不易。王导云:‘若不容置此辈,何以为京师?’其论本此。”

【译文】

孝惠帝二年,萧何去世。曹参听到这个消息,就告诉身边亲信抓紧收拾行装，说“我要入朝为相”。没过多久，果然有使者来召曹参。曹参临走时，嘱托继任的齐国丞相说：“我把齐国的狱市委托给你了，千万不要去干扰。”继任的齐相说：“治理齐国难道没有比它更重要的事吗？”曹参说：“不能这样讲。狱市就是用来藏垢纳污、善恶并容的。如果你去干扰它，那些为非作歹的人到哪里去容身呢？所以我首先提出这件事。”

参始微时①，与萧何善；及为将相，有郤②。至何且死，所推贤唯参。参代何为汉相国，举事无所变更③，一遵萧何约束。择郡国吏木诎于文辞④，重厚长者，即召除为丞相史⑤。吏之言文刻深⑥，欲务声名者，辄斥去之。日夜饮醇酒。卿大夫已下吏及宾客见参不事事⑦，来者皆欲有言。至者，参辄饮以醇酒，间之，欲有所言，复饮之，醉而后去，终莫得开说，以为常。

【注释】

①微时：卑贱而未显达的时候。

②及为将相，有郤：颜师古曰：“参自以战斗功多，而封赏每在何后，故怨何也。”王先谦引刘奉世曰：“此特师古意料之尔。”郤，通“隙”，隔阂，矛盾。

③举事无所变更：颜师古曰：“举，皆也，言凡事皆无变改。”

④木诎（qū）：犹“木讷（nè）”，拙于言辞。《正义佚存》曰：“若击木，质朴无余音也。”

⑤丞相史：西汉时丞相之属官。

⑥言文：指解释法律文字。

⑦已：通“以”。宾客：指依附于某人以谈资谋议为生的人。不事事：不做事。

【译文】

曹参还没显贵的时候，与萧何很要好；及至做了将相，彼此之间就有了嫌隙。等到萧何临死时，他向皇帝推荐替代自己的贤才只有曹参。曹参接替萧何做了汉朝相国，凡事都不做变更，一切遵照萧何的成规。曹参从各郡国官吏中，专门拣选不善言辞、持重敦厚的有德之人，马上召来充任丞相属吏。凡属吏中，执法行文严苛深求、务求虚名的人，就一概予以裁撤。曹参一天到晚，只是痛饮美酒。卿大夫以下的官吏和宾客们见曹参不理政事，都上门来给他提意见。可是只要有人前来，曹参就立即拿出美酒招待。等过了一会儿，来客刚要说些什么，曹参就又赶紧劝着他喝，来客直到喝醉后离去，始终没有开口劝说的机会。像这种情况，都成了常事。

相舍后园近吏舍，吏舍日饮歌呼。从吏恶之①，无如之何，乃请参游园中，闻吏醉歌呼，从吏幸相国召按之②。乃反取酒张坐饮③，亦歌呼与相应和④。参见人之有细过，专掩匿覆盖之，府中无事。

【注释】

①从吏：颜师古曰："吏之常从相者也。"

②幸：希望，期望。按：查办。

③张坐饮：颜师古曰："张设坐席而饮也。"

④歌呼与相应和：凌约言曰："当时韩、彭俎醢，黥布就擒，其沉湎醇醪，日在醉乡，以若所为，类西晋刘伯伦辈，欲托以自终也。"

【译文】

相府的后园靠近属吏的宿舍，属吏们整天饮酒歌唱，大呼小叫。曹参的随从官员非常厌恶，又无可奈何，于是就请曹参到后园游玩，让他听听那些属吏醉酒高歌、狂呼乱叫的声音,希望曹参把他们召来加以惩罚。不料曹参反而让人把酒拿到园子里来,陈设座席痛饮,并且也高歌呼叫,与那些属吏相应和。曹参见到别人有什么细小的过失,总是替人隐瞒遮盖,因此相府相安无事。

参子窋为中大夫①。惠帝怪相国不治事,以为“岂少朕与”②?乃谓窋曰:“若归,试私从容问而父曰:‘高帝新弃群臣,帝富于春秋,君为相,日饮,无所请事③,何以忧天下乎?’然无言吾告若也④。”窋既洗沐归⑤,闲侍,自从其所谏参⑥。参怒,而笞窋二百⑦,曰:“趣入侍,天下事非若所当言也。”至朝时,惠帝让参曰:“与窋胡治乎⑧?乃者我使谏君也。”参免冠谢曰⑨:“陛下自察圣武孰与高帝?”上曰:“朕乃安敢望先帝乎!”曰:“陛下观臣能孰与萧何贤?”上曰:“君似不及也。”参曰:“陛下言之是也。且高帝与萧何定天下,法令既明,今陛下垂拱⑩,参等守职⑪,遵而勿失,不亦可乎?”惠帝曰:“善。君休矣⑫!”

【注释】

①参子窋(zhú):即曹窋。曹窋逢迎诸吕,得吕后信重。吕后死,他又参与谋诛诸吕,迎立文帝。文帝即位,被免官。详见《吕太后本纪》。中大夫:汉官名。备顾问应对。

②岂少朕与:《索隐》曰:“不足之词,故胡亥亦云:‘丞相岂少我哉?’”颜师古曰:“言岂以我为年少故耶?”王先谦引王念孙曰:“小司马说是也。《晏子春秋·外篇》亦云:‘夫子何少寡人之甚也!’”少,轻视,看不起。

③无所请事:意即无所事事。

④无言吾告若也:《索隐》曰:“当自云是己意也。”

⑤洗沐:汉制,官吏五日一休假而沐浴称为洗沐,也叫“休沐”。

⑥自从其所:颜师古曰:“犹言自出其意也。”

⑦笞(chī):用竹板、木棍打人。

⑧与窋胡治乎:钱大昕曰:“犹言‘胡与笞’。”胡,为什么,为何。治,王先谦引陈景云曰:“汉人以笞掠为治。”王骏图曰:“盖谓闻君昨治窋过,其实与窋何干而治之乎?”

⑨免冠:脱帽表示谢罪。

⑩垂拱:垂衣拱手。这里指垂拱而治,形容清闲无事的样子。

⑪守职:忠于职守。史珥曰:“‘守职’二字宜味,正是法令既明后善政,彼盖鉴于秦之深覈,不欲务赫赫名,非是一味废弛。”

⑫君休矣:颜师古曰:“且令出休息。”

【译文】

曹参的儿子曹窋任中大夫。孝惠帝埋怨相国曹参不理政事,觉得曹参“岂不是小看我吗”?于是对曹窋说:“你回家后,找个合适的机会私下问问你父亲,就说:‘高皇帝刚刚丢弃群臣,新皇帝还很年轻,您身为相国,整天饮酒,无所事事,怎么忧念天下呢?’但不要说是我让你问的。”曹窋休假日回到了家里,闲暇无事时侍候在父亲身边,便自出其意地劝谏曹参。曹参很生气,打了曹窋二百板子,说:“你赶快回去侍候皇帝,天下事不是你应该过问的。”到上朝的时候,孝惠帝责备曹参说:“您为什么要惩治曹窋呢?先前的事是我让他规劝您的。”曹参摘掉头冠请罪说:“请陛下自己仔细考虑一下,在圣明英武上您和高帝谁强?”惠帝说:“我怎么敢跟先帝相比呢!”曹参说:“陛下看我和萧何谁更贤能?”惠帝说:“您好像不如萧何。”曹参说:“陛下说的这番话很对。高帝与萧何平定了天下,法令已经明确,如今陛下垂拱而治,我等谨守职责,遵循原有的法度而不随意更改,不就行了吗?”惠帝说:“好。您休息休息吧!”

参为汉相国,出入三年[①]。卒,谥懿侯[②]。子窋代侯。百姓歌之曰:"萧何为法,顜若画一[③];曹参代之,守而勿失。载其清净[④],民以宁一[⑤]。"

【注释】

①出入三年:泷川曰:"《汉书》无'出入'二字。"梁玉绳曰:"'三年'乃'四年'之误。参自惠帝二年为相国,至五年卒也。"

②谥懿侯:《谥法解》:"温柔贤善曰懿。"

③顜若画一:《集解》引徐广曰:"顜,一音较。"《索隐》曰:"训直,又训明,言法明直若画一也。"画一,颜师古曰:"言整齐也。"

④载:王念孙曰:"行也,谓行其清静之治也。"清净:同"清静",意即"无为"。

⑤民以宁一:梁玉绳曰:"上言'画一',则此不得谓'宁一',《汉》传作'壹'。"宁壹,安定统一。

【译文】

曹参任汉朝相国,前后共计三年。他死了以后,被谥为懿侯。儿子曹窋继承了平阳侯的爵位。当时百姓唱道:"萧何制定法令,严明而又公平;曹参继任相国,谨遵而无变更。在清静无为的政策下,百姓安定统一。"

平阳侯窋,高后时为御史大夫。孝文帝立,免为侯[①]。立二十九年卒[②],谥为静侯。子奇代侯,立七年卒[③],谥为简侯。子时代侯[④]。时尚平阳公主[⑤],生子襄。时病疠[⑥],归国。立二十三年卒[⑦],谥夷侯。子襄代侯。襄尚卫长公主[⑧],生子宗。立十六年卒[⑨],谥为共侯。子宗代侯。征和二年中[⑩],宗坐太子死[⑪],国除。

【注释】

①孝文帝立，免为侯：泷川曰："《名臣》《百官》两表皆于高后八年书'御史大夫张苍'。则文帝未立，已免官明矣。考窋以高后四年为御史大夫，八年免，《史》《汉》《吕后纪》八年九月称窋行御史大夫事。后九月，代邸群臣上议即曰'御史大夫张苍'，不列窋名，是窋之免官必在八月以后。特大臣诛诸吕之际，变起仓卒，窋尚守故官。苍之继窋，当亦在九月，其莅官在后九月耳。此以窋免于文帝立后。"

②立二十九年卒：据《高祖功臣年表》，曹窋于惠帝六年继承侯位，在位二十九年，于文帝后元三年（前161）去世。

③子奇代侯，立七年卒：曹奇于文帝后元四年（前160）继承侯位，在位七年，于景帝三年（前154）去世。

④子时代侯：曹时于景帝四年（前153）继承侯位。

⑤平阳公主：景帝之女，武帝同母姐。本称"阳信公主"，因嫁平阳侯曹时，故称。中井曰："时是'平阳'侯，而尚阳信公主也，故公主亦称'平阳'耳。他处尚可，但是文不当称'平阳公主'。"

⑥疠：恶疮。

⑦立二十三年卒：曹时于景帝四年（前153）继承侯位，在位二十三年，于武帝元光四年（前131）去世。

⑧卫长公主：武帝和卫子夫所生的公主。

⑨立十六年卒：曹襄于武帝元光五年（前130）继承侯位，在位十六年，于武帝元鼎二年（前115）去世。

⑩征和二年：前91年。征和，汉武帝年号（前92—前89年）。

⑪宗坐太子死：太子指刘据，卫子夫所生。武帝末年，江充擅权，太子与充有隙。后巫蛊之祸起，太子遭诬，举兵诛江充，兵败逃亡。不久为吏追捕，自杀。受此牵连，卫氏被灭族。曹宗是卫子夫女儿所生，亦受牵连。关于巫蛊之祸事，可参看《汉书·武五子传》

《江充传》。

【译文】

平阳侯曹窋，吕后时任御史大夫。孝文帝即位后，免去御史大夫而在家为侯。曹窋继承侯位二十九年去世，谥为静侯。其子曹奇接替侯位，在位七年去世，谥为简侯。其子曹时接替侯位。曹时娶平阳公主，生子曹襄。曹时染了恶疮，回到封地。曹时在位共二十三年去世，谥为夷侯。其子曹襄接替侯位。曹襄娶卫长公主，生子曹宗。曹襄在位十六年去世，谥为共侯。其子曹宗接替侯位。征和二年，曹宗因受戾太子事件的牵连而死，封国被废除。

太史公曰：曹相国参攻城野战之功所以能多若此者，以与淮阴侯俱。及信已灭，而列侯成功，唯独参擅其名①。参为汉相国，清静极言合道②。然百姓离秦之酷后，参与休息无为，故天下俱称其美矣③。

【注释】

①及信已灭，而列侯成功，唯独参擅其名：《萧相国世家》记载为："淮阴、黥布等皆以诛灭，而何之勋烂焉。位冠群臣，声施后世，与闳夭、散宜生等争烈矣。"二者可资比较。徐孚远曰："此言深惜淮阴侯，使人怆然。"姚苎田曰："非薄参也，痛惜淮阴耳。"

②清静极言合道：方苞曰："言参之清静，时人极言其合道，即下'天下皆称其美'是也。"杨慎曰："但倒一字，谓'言极合道'也。"姚苎田曰："此赞言简而意甚长，不满平阳意最为显著。"

③俱称其美：指称道惠帝，同时亦称道曹参。董份曰："太史公赞语极有意味，盖黄老虽非治之正道，然休息疮痍，尤得政体，太史公岂专进黄老者哉？"

【译文】

太史公说：相国曹参攻城野战的功劳之所以如此多，是因为他跟着淮阴侯韩信作战的缘故。等到韩信被杀以后，而列侯成就战功的，唯独曹参专擅其名。曹参作为汉朝相国，极力主张清净无为，这完全合于道家的学说。百姓遭受秦朝的酷政统治以后，曹参给予他们休养生息的时机，所以天下的人都称颂他的美德。

【集评】

刘辰翁曰："本攻城野战材也，及为相国，独遵用盖公语，遂能养汉初气脉，在亡秦之后，文景之前，此汉之所以为汉也。"（《班马异同评》）

方孝孺曰："秦之亡不在乎无制，而患乎多制；不患乎法疏，而患乎过密。使参相汉复苛推而详禁之，是续亡秦之焰而炽之也。故参宁受无功之名，而不忍图有功以祸当世。则利泽阴施于斯民，民安于汉而不离，汉业藉以久远者，参之功也。"（《汉书评林》引）

赵翼曰："《曹参世家》叙功处，绝似有司所造册籍。自后樊哙、郦商、夏侯婴、灌婴、傅宽、靳歙、周緤等传，纪功皆用此法。并细叙斩级若干，生擒若干，降若干人；又分书身自擒斩若干，所将卒擒斩若干；又总叙攻得郡若干、县若干，擒斩大将若干、裨将若干、二千石以下若干，纤悉不遗，另成一格。盖本分封时所据功册，而迁料简存之者也。"（《廿二史札记》）

李景星曰："曹相国参，前后似两截人。而太史公作世家，亦前后分两截叙。前写战功，活画出一个名将；后写治国，又活画出一个名相。似此人品，乃可称出入将相本领；似此笔法，乃能传真正将相事业，岂非天辟异境！至前半写战功处，屡用'取之''破之''击之''攻之'等字。叠顿回应作章法，峭利森严，咄咄逼人。秦以前无此体，汉以后亦无此笔，真是千古绝调！赞语亦分将相两半写，抑扬转折，风神独远。"（《史记评议》）

【评论】

本篇写曹参的政绩时寄托了作者司马迁对“无为”政治的向往和反对酷吏政治的思想。司马迁赞扬曹参说：“参为汉相国，清静极言合道。然百姓离秦之酷后，参与休息无为，故天下俱称其美矣。”这与其对吕后的评价几乎是同一口吻。《吕太后本纪》的“太史公曰”有言：“孝惠皇帝、高后之时，黎民得离战国之苦，君臣俱休息乎无为……刑罚罕用，罪人是希。”而曹参这时正是位居群臣之首的相国，是“无为”政治的发明人和具体实行者。在他为齐相时，即尊礼传授黄老之术的盖公。当奉调入朝为相国时，他劝告来接替他任齐相的人要以勿扰狱市为头等大事。为相国后任用质朴宽厚者为吏而斥去酷吏，并与属吏一起饮酒歌呼。他不责人“细过”，却对劝谏他的儿子曹窋痛加笞责。他还敢于在惠帝的责问面前据理力争，从而保证了“黎庶攸宁”“刑罚罕用”的政治局面。司马迁在篇中还满怀深情地插入了一则民谣：“萧何为法，觏若画一；曹参代之，守而勿失。载其清净，民以宁一。”他如此专注地写曹参的相业是有其寄托的。茅坤说：“此篇专看参之所以守何法处，故于饮酒自颓放处皆有本旨，而民歌其相业，‘清净’‘宁一’四字，一篇之大旨也。此岂足为相业乎？而迁何言之太详也？”（《史记钞》）汤谐说：“史公极赏参之清静简易，一遵萧何约束，故全在后幅着精神。”（《史记半解》）汉武帝时任用赵禹、张汤等“条定法令”，在萧何所次律令之外搞了很多诸如“见知故纵”“腹诽”等名目，并任用大批狱吏舞文弄法，随意出入人罪。作为这种酷吏政治的受害者，司马迁在本篇肯定汉初“无为”政治，以此反衬和批判武帝时的“多欲”政治。因此，与其说司马迁在此是对比着秦朝法令的严酷来写曹参的相业，毋宁说他是针对着汉武帝时所实行的酷吏政治来写自己的社会理想。

本篇提到了曹参与萧何“不相能”，但其事实如何，又是如何产生的这种问题，司马迁没有明说。联系《萧相国世家》来看，似乎与刘邦很有关系。该篇写到既杀项羽，论功行封，群臣争功的情景说：“高祖以萧何功最盛，封为酇侯，所食邑多。功臣皆曰：‘臣等身被坚执锐，多者百余战，少者数十合，攻城略地，大小各有差。今萧何未尝有汗马之劳，徒持文墨议论，不战，顾反居臣等上，何也？’高帝曰：‘诸君知猎乎？’曰：‘知之。’……高帝曰：‘夫猎，追杀兽兔者狗也，而发踪指示兽处者人也。今诸君徒能得走兽耳，功狗也。至如萧何，发踪指示，功人也。且诸君独以身随我，多者两三人；今萧何举宗数十人皆随我，功不可忘也。’群臣皆莫敢言。”对于这段话，萧何听着自然高兴，两千年来的读者也听着很逗乐；但让曹参、周勃这些名将听着是不是也高兴、也觉着逗乐呢？这不是把萧何架在火上烤吗？他是人，别人都是狗，嘴里不敢说，心里还不把萧何恨之入骨？更有甚者，待至给功臣排位次时，将军们都说：“平阳侯曹参身被七十创，攻城略地，功最多，宜第一。”刘邦这时虽然心里还是想让萧何居前，但也实在不好再出面驳回诸将的意思了。这时又跳出了一个鄂千秋，他说：“曹参虽有野战略地之功，此特一时之事……萧何常全关中以待陛下，此万世之功也。今虽亡曹参等百数，何缺于汉？……奈何欲以一旦之功而加万世之功哉！”他竟然倚仗着刘邦的气焰，说曹参只是“一时之功”，焉能与萧何的“万世之功”相比；甚而说“虽亡曹参等百数，何缺于汉”？是可忍，孰不可忍？但曹参居然忍耐下去了，可见他在黄老哲学的修养上达到了何等惊人的程度。

司马迁对曹参的战功是对比着韩信来写的。《太史公自序》说曹参“与信定魏，破战拔齐，遂弱楚人”。本篇的“太史公曰”中也说：“曹相国参攻城野战之功所以能多若此者，以与淮阴侯俱。”其实，曹参在反秦战争期间本来比韩信功劳显著，只是到了楚汉战争时才跟随了韩信。司马迁认为之所以后来让曹参独显战功，是因为韩信被刘邦除掉了。对于韩信被杀后连战功也被记在他人名下，司马迁是极为惋惜的。本篇篇末的“太史公曰”中，司马迁写道：“及信已灭，而列侯成功，唯独参擅其名。”在《萧相国世家》的篇末，司马迁也有大致相同的感慨：“淮阴、黥布等皆以诛灭，而何之勋烂焉。位冠群臣，声施后世，与闳夭、散宜生等争烈矣。”都是说由于韩信等一等功臣被刘邦所杀,故而才让萧何、曹参这种二三流的角色露出头来。有关这方面的评论,可参读《萧相国世家》题解,这里不再赘述。

史记卷五十五

留侯世家第二十五

【释名】

《留侯世家》全面记述了张良辅佐刘邦灭秦、灭楚，以及稳定汉初政治局面的历史功绩。全文可分为四部分。第一部分交待了张良的出身及其青年时事，着重描述了张良与客狙击秦始皇、下邳圯上受书；第二部分写张良辅佐刘邦灭秦、灭项时期的事迹，重点描述了张良为刘邦出谋攻破秦峣关、劝刘邦勿留居秦宫、鸿门宴之前拉拢项伯、劝刘邦烧绝栈道、下邑献破楚大计、劝刘邦勿立六国后世等；第三部分写刘邦建国后，张良在分封诸侯、定都关中、护持太子诸事上所起的作用；第四部分是"太史公曰"，司马迁在悠游唱叹中凸显了张良"运筹策帷帐之中，决胜千里外"的智慧才干。

留侯张良者①，其先韩人也②。大父开地③，相韩昭侯、宣惠王、襄哀王④。父平，相釐王、悼惠王⑤。悼惠王二十三年⑥，平卒。卒二十岁，秦灭韩⑦。良年少，未宦事韩⑧。韩破，良家僮三百人，弟死不葬⑨，悉以家财求客刺秦王⑩，为韩报仇，以大父、父五世相韩故。

【注释】

①留侯：张良的封爵。留，秦县名，治所在今江苏沛县东南。《正义》引《括地志》云："故留城在徐州沛县东南五十五里。今城内有张良庙也。"梁玉绳曰："下有'子房'之称，何以此不书良字，《班史》补之矣。"

②韩：战国七雄之一。开国君主韩景侯（名虔）是春秋晋国大夫韩武子之后，与魏、赵一起瓜分了晋国。周威烈王二十三年（前403）封为诸侯。初期都于阳翟（今河南禹州），后迁都于新郑（今河南新郑）。

③大父开地：颜师古引应劭曰："大父，祖父；开地，名也。"王先谦引沈钦韩曰："《荀子·臣道》篇：'韩之张去疾，赵之奉阳，齐之孟尝，可谓篡臣也。'杨倞注：'盖张良之祖。'《韩非·说林》：'张谴相韩，病将死，公乘无正怀三十金而问其疾。'按，张谴相韩当在公仲、公叔之后，荀子与韩非俱并时目击者，当非妄谈；而《史》名'开地'、名'平'，无一同者。王符《氏姓志》云：'良，韩公族，姬姓。良为韩报仇，秦索贼急，乃变姓为张，匿于下邳。'今考诸书，则良之先以张为氏，符言非也。"梁玉绳曰："《荀子·臣道》篇以韩之张去疾为'篡臣'，杨注谓'去疾，张良之祖'，恐不然。"

④韩昭侯：懿侯之子，前362—前333年在位。宣惠王：昭侯之子，前332—前312年在位，韩国从他起改侯称王。襄哀王：宣惠王之子，前311—前296年在位。

⑤釐（xī）王：襄哀王之子，前295—前273年在位。悼惠王：按，《韩世家》及《世本》皆作"桓惠王"。釐王之子，前272—前239年在位。

⑥悼惠王二十三年：即秦孝文王元年，前250年。

⑦卒二十岁，秦灭韩：秦王政十七年（前230），韩王安九年，秦灭韩，把韩地设置为颍川郡。

⑧宦事：做官服事。梁玉绳引宋祁语："'宦'疑是'尝'字。"

⑨不葬：不行葬礼。

⑩客：宾客，食客。这里指勇士、刺客。

【译文】

留侯张良，他的祖先是韩国人。祖父张开地，曾是韩昭侯、宣惠王、襄哀王三朝的国相。父亲张平，是韩釐王、悼惠王两朝的国相。悼惠王二十三年，张平去世。他去世二十年后，韩国被秦国所灭。张良年纪小，还没有在韩国做官。韩国灭亡后，张良家里还有奴仆三百多人，但当他弟弟死时，葬礼一切从俭，却拿着全部财产去寻求刺客刺杀秦王为韩国报仇，因为他的祖父和父亲做过五代韩王的国相。

良尝学礼淮阳[①]。东见仓海君[②]。得力士，为铁椎重百二十斤[③]。秦皇帝东游，良与客狙击秦皇帝博浪沙中，误中副车[④]。秦皇帝大怒，大索天下，求贼甚急，为张良故也。良乃更名姓，亡匿下邳[⑤]。

【注释】

①淮阳：指淮阳郡治陈县（今河南淮阳）。

②仓海君：颜师古曰："当时贤者之号也。"《集解》《索隐》都以为是秦朝时秽貊国的君长。《索隐》曰："姚察以武帝时东夷秽君降，为仓海郡，或因以名，盖得其近也。"《正义》曰："《汉书·武帝纪》云：'元朔元年，东夷秽君南闾等降，为仓海郡，今貊秽国。'得之。太史公修史时已降为郡，自书之。"

③铁椎：铁锤。

④狙（jū）击秦皇帝博浪沙中，误中副车：《秦始皇本纪》记载为："二十九年，始皇东游。至阳武博浪沙中，为盗所惊。求弗得，乃令

天下大索十日。”狙击，暗中埋伏，伺机袭击。狙，《索隐》曰：“伏伺也。狙之伺物，必伏而候之，故今云‘狙候’也。”博浪沙，古地名，在今河南阳武东南。副车，古代帝王外出时的随从车。亦称“属车”。《索隐》引《汉官仪》云：“天子属车三十六乘。”

⑤亡匿：逃跑并躲藏起来。下邳：秦县名，治所在今江苏睢宁西北。《汉书评林》引张泰复曰：“子房博浪之击，始皇大索十日不得，非子房之智也，天下厌秦无道，莫不欲共击之，故有愿为子房隐者。”

【译文】

张良曾经到淮阳学礼。他又东游拜访仓海君。物色到了一个大力士，手持重达一百二十斤的大铁锤。当秦始皇巡游东方时，张良和这个大力士在博浪沙中狙击秦始皇，错打中了副车。秦始皇大怒，在全国大行搜查，紧急捉拿刺客，就是为了张良他们。张良只好改名换姓，逃到下邳隐藏起来。

良尝闲从容步游下邳圯上①，有一老父，衣褐②，至良所，直堕其履圯下③，顾谓良曰：“孺子④，下取履！”良鄂然，欲殴之。为其老，强忍，下取履⑤。父曰：“履我！”良业为取履⑥，因长跪履之⑦。父以足受，笑而去。良殊大惊，随目之。父去里所⑧，复还，曰：“孺子可教矣。后五日平明，与我会此。”良因怪之，跪曰：“诺。”五日平明，良往。父已先在，怒曰：“与老人期⑨，后⑩，何也？”去，曰：“后五日早会！”五日鸡鸣，良往。父又先在，复怒曰：“后，何也？”去，曰：“后五日复早来。”五日，良夜未半往⑪。有顷，父亦来，喜曰：“当如是。”出一编书⑫，曰：“读此则为王者师矣。后十年兴。十三年孺子见我济北，穀城山下黄石即我矣⑬。”遂去，无他言，不复见。旦日视其书，乃《太公兵法》也⑭。良因异之，常习诵读之。居下邳，为任侠[15]。项伯常杀人，从良匿[16]。

【注释】

①圯（yí）：《索隐》引李奇曰："下邳人谓桥为圯。"又引文颖曰："沂水上桥也。"

②褐：粗布短衣，古代贫者所服。

③直：特意，故意。王念孙曰："欲以观其能忍与否……特堕其履，而使取之也。"一说作"正""恰好"解。

④孺子：泛称年幼者，犹言"小子"。

⑤强忍，下取履：凌稚隆曰："圯上老父谓良'下取履'，即侯嬴使公子执辔，王生使张释之结袜，古人以'强忍'成就豪杰，类如此。卒之良因解击秦军，强忍一；谏沛公还军霸上，强忍二；劝帝捐关以东，强忍三；蹑足封假王，强忍四；天下已定遂学道辟谷，强忍五。'强忍'二字，一篇关键。"

⑥业：既已。

⑦长跪：直身而跪。古时席地而坐，坐时两膝据地，以臀部着足跟。跪则伸直腰股，以示庄敬。这里指跪下身去。

⑧里所：一里来地。颜师古曰："行一里许而还。"所，许，约计其数。

⑨期：约会。

⑩后：迟到。

⑪夜未半：梁玉绳曰："《汉》传无'未'字，是。"

⑫一编书：《集解》引徐广曰："编，一作'篇'。"杨树达引《后汉书·臧宫传》之引《黄石公记》曰："柔能制刚，弱能制强。柔者德也，刚者贼也。弱者仁之助也，强者怨之归也。故曰：有德之君以所乐乐人；无德之君以所乐乐身。乐人者其乐长，乐身者不久而亡。舍近谋远者劳而无功；舍远谋近者逸而有终。逸政多忠臣，劳政多乱人。故曰：务广地者荒，务广德者强。有其有者安，

贪人有者残。残灭之政,虽成必败。”又,《隋书·经籍志》有《黄石公记》三卷。

⑬后十年兴。十三年孺子见我济北,穀城山下黄石即我矣:苏轼《留侯论》曰:“夫子房受书于圯上之老人也,其事甚怪,然亦安知其非秦世有隐君子者出而试之?……以为子房才有余而忧其度量之不足,故深折其少年刚锐之气,使之忍小忿而就大谋。”刘咸炘曰:“史公于秦汉间名人微时事必详书,自陈、项及汉诸后、诸功臣皆然,此正所以著古今之变。夫圯上黄石,正篝火狐鸣、遇龙斩蛇之类也。‘宰天下如是肉’,正‘彼可取而代’‘大丈夫当如是’之类也。薄姬与赵、管之约,正陈涉辍耕怅恨之类也。后世不察,乃信假说以为实,谓命世之夙成,史公当失笑耳。”兴,兴起,发迹,隐指诸侯群起反秦。穀城山,也称黄山,在今山东平阴西南,当时属济北郡。

⑭《太公兵法》:《正义》引《七录》曰:“《太公兵法》一帙三卷。太公,姜子牙,周文王师,封齐侯也。”郭嵩焘曰:“张良智术纯袭老子‘欲翕固张,欲取固与’之旨,所从受学,殆亦‘盖公言黄老’者之流,而托名《太公兵法》耳。”中井曰:“‘太公兵法’乃留侯之秘权,非实说。”

⑮任侠:行侠义之事。《汉书·季布传》颜师古注:“任,谓任使其气力。侠之言挟也,以权力挟辅人也。”又引如淳曰:“相与信为任,同是非为侠。”

⑯项伯常杀人,从良匿:按,张良解救项伯事,参见《项羽本纪》。凌稚隆曰:“为后解鸿门之难眼目。”项伯,项羽叔父。常,通“尝”,曾经。

【译文】

张良曾闲来无事在下邳桥上散步,有个穿着粗布短衣的老人走到张良跟前,故意让自己的鞋子掉到桥下,转头对张良说:“小子,下去给我捡鞋!”张良愣了一下,想揍他。但见他年老,就强压着怒火,下去把鞋捡了上来。老人又说:“给我穿上!”张良已经给他捡了鞋,于是就跪下去给他穿上了。老人等张良给他穿好鞋,满意地笑着走了。张良非常吃惊,目送老人远去。老人走出一里来地,又走了回来,对张良说:“你这小子还可以培养培养。五天后的黎明,你我在此会面。”张良越发觉得奇怪,便跪着恭敬地回答说:“是。”到了第五天黎明,张良到桥头去。老人已经先到了,生气地对张良说:“同老人约会,竟然迟到,怎么回事?”回身就走,并说:“五天后早点儿来!”到了第五天鸡鸣时分,张良就赶到了桥头。老人又先在那里等着了,又生气地说:“又迟到了,怎么搞的?”又回头便走,并说:“五天后再早点儿来!”到了第五天,还不到半夜,张良就到了桥头。过了一会儿,老人来了,高兴地说:“就应当这样。”于是拿出一编书交给张良说:“读了这部书你就可以成为帝王之师了。十年后将有王者兴起。再过十三年你我将在济北见面,你如果在穀城山下见到一块黄石头,那就是我。”说完就走了,再没有别的话,也没有再见过面。天亮后张良一看这部书,原来是《太公兵法》。于是张良把它视为奇书,经常研究记诵。张良住在下邳期间,经常做行侠仗义之事。项伯曾经杀了人,就是躲在张良这里。

后十年①,陈涉等起兵②,良亦聚少年百余人。景驹自立为楚假王③,在留。良欲往从之,道遇沛公④。沛公将数千人,略地下邳西,遂属焉。沛公拜良为厩将⑤。良数以《太公兵法》说沛公,沛公善之,常用其策。良为他人言,皆不省。良曰:“沛公殆天授⑥。”故遂从之,不去见景驹⑦。

【注释】

①后十年:即秦二世元年,前209年。

②陈涉等起兵:陈涉起兵反秦事详见《陈涉世家》。

③景驹自立为楚假王:秦二世二年(前208)一月,秦将章邯击杀陈涉,义军将领秦嘉于是拥立景驹为楚王。详见《陈涉世家》《项羽本纪》。景驹,义军将领,楚人。假王,暂代为王。

④道遇沛公:刘邦于秦二世元年九月起事,攻占沛县为沛公。次年一月(当时以十月为岁首)赴留县去向景驹借兵,遇张良。凌稚隆曰:"为后封留眼目。"

⑤厩(jiù)将:别将之一,主管军中马匹。

⑥沛公殆(dài)天授:《淮阴侯列传》记载为:"陛下所谓天授,非人力也。"《郦生陆贾列传》云:"此非人力,天之所建也。"殆,几乎,差不多。天授,上天所授。

⑦故遂从之,不去见景驹:《汉书》作"故遂从之不去"。梁玉绳曰:"《汉书》无'见景驹'三字,乃班氏改正《史记》之失也。班于《高纪》言'沛公道得张良,遂与俱见景驹,是补《史》缺。盖良亦见驹,但自此决意从沛公耳。"

【译文】

十年后,陈涉等人起兵反秦,张良也趁机聚集起一百多少年。这时,景驹自立为楚假王,驻扎在留县。张良本想去投奔他,半路上遇见了沛公刘邦。沛公正带着几千人,开辟地盘到了下邳城西,于是张良就归了沛公。沛公任张良为厩将。这期间,张良好几次给沛公讲《太公兵法》,沛公很认可,经常采纳他的主张。张良对别人讲,那些人却都不能领会。张良说:"沛公大概是禀受了天命吧。"因此就追随沛公,不再去见景驹了。

及沛公之薛,见项梁①。项梁立楚怀王②。良乃说项梁曰:"君已立楚后,而韩诸公子横阳君成贤,可立为王,益树党③。"项梁使良求韩成,立以为韩王④。以良为韩申徒⑤,与韩王将千余人西略韩地。得数城,秦辄复取之,往来为游兵颍川⑥。

【注释】

①沛公之薛，见项梁：刘邦见项梁事发生在秦二世二年四月。薛，秦县名，治所在今山东滕州东南。项梁，项羽的叔父。秦二世元年九月，项梁、项羽在会稽郡（治今江苏苏州）起兵。第二年四月杀掉景驹，攻占薛县。

②项梁立楚怀王：为号召楚国遗民反秦，项梁采纳范增之谋，于秦二世二年五月立楚王后代熊心为楚怀王。详见《项羽本纪》。

③韩诸公子横阳君成贤，可立为王，益树党：颜师古曰："广立六国之后，共攻秦也。"公子，诸侯之子。横阳君成，即韩成，封号横阳君。

④项梁使良求韩成，立以为韩王：泷川引周寿昌曰："劝项梁立韩后，与他日说汉高销六国印相反。盖时异则事殊，不独为韩也。"求，访察，寻找。

⑤申徒：《集解》引徐广曰："即'司徒'耳，但语音讹转，故字亦随改。"按，《汉书》作"司徒"。司徒，周时为六卿之一，曰地官大司徒。掌管国家的土地和人民的教化。

⑥颍川：秦郡名，郡治阳翟（今河南禹州），为韩国之旧地。

【译文】

等沛公到了薛县，拜见了项梁。这时项梁已经拥立了楚怀王。张良就劝项梁说："您已经拥立了楚国的后代，韩国的公子横阳君韩成很贤明，可以立他为王，楚国盟友就更多了。"于是项梁就派张良找到了韩成，立他为韩王。又任命张良做他的司徒，和韩成率领一千多人向西开辟韩地。他们攻占了几个城邑，但又被秦军夺了回去，只好在颍川一带流动作战。

沛公之从雒阳南出轘辕①，良引兵从沛公，下韩十余城，击破杨熊军[②]。沛公乃令韩王成留守阳翟，与良俱南，攻下宛[③]，西入武关[④]。沛公欲以兵二万人击秦峣下军[⑤]，良说曰："秦兵尚强，未可轻。臣闻其将屠者子，贾竖易动以利。愿沛公且留壁[⑥]，使人先行，为五万人具食，益为张旗帜诸山上，为疑兵，令郦食其持重宝啖秦将[⑦]。"秦将果畔[⑧]，欲连和俱西袭咸阳，沛公欲听之。良曰："此独其将欲叛耳，恐士卒不从。不从必危，不如因其解击之[⑨]。"沛公乃引兵击秦军，大破之。逐北至蓝田，再战，秦兵竟败[⑩]。遂至咸阳，秦王子婴降沛公[⑪]。

【注释】

①从雒阳南出轘辕（huán yuán）：发生在秦二世三年（前207）五月。雒阳，同"洛阳"，在今河南洛阳。轘辕，山名，在今河南偃师东南。山路险隘，凡十二曲，将去复还，故名。

②击破杨熊军：据《高祖本纪》《秦楚之际月表》，刘邦于秦二世三年三月在开封西击破杨熊军后，西至颍川与张良等会合，然后才"南出轘辕"。杨熊为秦朝将领。

③攻下宛：发生在秦二世三年七月。按，据《高祖本纪》，宛城是其守将采纳舍人之言归顺了刘邦，并非被攻下。宛，秦县名，治所在今河南南阳。当时也是南阳郡的郡治所在地。

④西入武关：时在秦二世三年八月。武关，在今陕西商南东南丹江北岸。

⑤峣（yáo）下：即指峣关。旧址在今陕西商州西北。关临峣山，故名。为关中平原通往南阳盆地之要隘。

⑥留壁：留守营垒。王骏图曰："'且留壁'者，谓且留居旧垒之中，不做进攻之状也，与'使人先行'正相应。'为五万人具食'者，谓

沛公本有兵二万，今使人先往为备五万人粮食，欲使秦将疑我兵来之众也，与‘益张旗帜为疑兵’正相应。”

⑦郦食其（yì jī）：刘邦的谋士，常为说客，为汉奔走于诸侯间。事迹详见《郦生陆贾列传》。啖（dàn）：吃，喂。这里是“引诱”的意思。

⑧畔：通“叛”。

⑨解：通“懈”，松懈。

⑩逐北至蓝田，再战，秦兵竟败：时在秦二世三年九月。逐北，追击败军。蓝田，秦县名，治所在今蓝田西。竟，终，彻底。

⑪遂至咸阳，秦王子婴降沛公：汉元年（前206）十月刘邦入咸阳，秦王子婴投降。过程详见《高祖本纪》。秦王子婴，《秦始皇本纪》记为“二世兄之子”；《李斯列传》记为“始皇之弟”。秦二世三年八月，赵高弑秦二世，立子婴；子婴即位后，计诛赵高，并自行让出帝号，仍称“秦王”。

【译文】

沛公从雒阳出轘辕关南下时，张良领兵与沛公会合，一起攻下了韩地十多个城池，打败杨熊的部队。沛公于是让韩成留守阳翟，让张良随他一同南进，他们攻下了宛城，西进攻入武关。沛公想用两万人攻击秦朝镇守峣关的军队，张良进言说：“秦军的战斗力目前还很强，不能轻敌。我听说镇守峣关的将领是屠户的儿子，商人容易被利益诱惑。希望您先暂且扎下营垒，派一部分人先行，到前边为五万人准备饭食，同时在四周的山上多树旗帜，作为疑兵，再派郦食其带上贵重财宝去贿赂秦将。”秦将果然叛秦，想和沛公联合一起西进袭击咸阳，沛公想同意。张良说：“这只是那个守将想叛秦，恐怕他的部下不随他叛秦。他的部下要是不随他叛秦，那就危险了，不如趁着现在他们思想松懈，放松了戒备，突然袭击他们。”沛公同意，于是引兵突袭峣关，大败秦军，夺下了峣关。接着沛公乘胜追击到了蓝田，与秦军再次交锋，秦军彻底瓦解。于是沛公顺利地进入咸阳，秦王子婴投降了沛公。

沛公入秦宫，宫室帷帐狗马重宝妇女以千数，意欲留居之。樊哙谏沛公出舍[①]，沛公不听。良曰："夫秦为无道，故沛公得至此。夫为天下除残贼[②]，宜缟素为资[③]。今始入秦，即安其乐，此所谓'助桀为虐'。且'忠言逆耳利于行，毒药苦口利于病'，愿沛公听樊哙言。"沛公乃还军霸上[④]。

【注释】

①樊哙谏沛公出舍：《集解》引徐广曰："一本云：'哙谏曰："沛公欲有天下邪？将欲为富家翁邪？"沛公曰："吾欲有天下。"哙曰："今臣从入秦宫，所观宫室帷帐珠玉重宝钟鼓之饰，奇物不可胜极；入其后宫，美人妇女以千数，此皆秦所以亡天下也。沛公急还霸上，无留中。"沛公不听。'"胡三省曰："樊哙起于狗屠，识见如此！余谓哙之功当以谏留秦宫为上，鸿门诮让项羽次之。"梁玉绳曰："徐广载别本哙谏辞一段，当改入之。此谏与排闼数言同出于忠谠，史氏所宜书，疑是后人从《汉》传妄裁之也。"

②残贼：指凶残暴虐之人。《孟子·梁惠王下》云："贼仁者谓之贼，贼义者谓之残。残贼之人，谓之一夫。""一夫"即所谓"独夫民贼"。

③缟素为资：犹言"以俭朴为本"。缟素，白色丝帛。这里用以比喻廉洁俭朴。资，《集解》引晋灼曰："资，藉也。欲沛公反秦奢泰，服俭素以为藉也。"胡三省曰："缟素，有丧之服，谓吊民也。"

④还军霸上：据《高祖本纪》，刘邦听从了樊哙、张良的劝谏，不仅"封秦重宝财物府库，还军霸上"，还"约法三章"，废除了秦朝的苛刻法律，遂使"秦人大喜"，"唯恐沛公不为秦王"。此举决定了刘、项双方的兴衰成败。霸上，古地名，在今陕西西安东。

【译文】

沛公进了宫，一见宫室里帷帐狗马、奇珍异宝、美女娇娥数以千计，就想留下住在里头不出去了。樊哙劝谏他到外面住，沛公不听。张良说："正因为秦的荒淫无道，所以您今天才能到了这里。既然我们是为天下除暴君，就应该以俭朴为本。现在才刚刚进入咸阳，您就安于昏君的享乐，这就是所谓'助桀为虐'。况且俗话说'忠言逆耳利于行，毒药苦口利于病'，希望您听从樊哙的劝告。"沛公于是退出秦宫，回军驻扎在霸上。

项羽至鸿门下①，欲击沛公。项伯乃夜驰入沛公军，私见张良，欲与俱去。良曰："臣为韩王送沛公②，今事有急，亡去不义③。"乃具以语沛公。沛公大惊，曰："为将奈何④？"良曰："沛公诚欲倍项羽邪⑤？"沛公曰："鲰生教我距关无内诸侯⑥，秦地可尽王，故听之。"良曰："沛公自度能却项羽乎⑦？"沛公默然良久，曰："固不能也。今为奈何？"⑧良乃固要项伯⑨。项伯见沛公，沛公与饮为寿⑩，结宾婚⑪。令项伯具言沛公不敢倍项羽，所以距关者，备他盗也。及见项羽后解，语在《项羽》事中⑫。

【注释】

①项羽至鸿门下：汉元年（前206）十二月，项羽率大军驻扎于新丰鸿门。

②送：此处犹言"跟从"。

③亡去：逃跑。

④为将奈何：《汉书》作"为之奈何"。

⑤倍：通"背"，背叛。

⑥鲰（zōu）生：浅薄愚陋的人，小人。古代骂人之词。《索隐》引臣瓒曰："《楚汉春秋》鲰生本姓解。"内："纳"的古字。

⑦自度能却项羽乎：凌稚隆引王安石曰："子房因机乘时与之斡旋，未尝自我发端，故消弭事变全不费力。"又引陈埴曰："子房言无虚发，平生智谋都因事方用，所以拨转主心如转户枢。"自度，自己衡量。却，退，打退。

⑧"沛公默然良久"几句：泷川曰："'良久'二字见沛公沉思之状，《汉书》删之。"按，类似的语句又见于《项羽本纪》《淮阴侯列传》。二字摹写心理极细，写出刘邦明知不如，却又不肯轻易承认。

⑨固要：再三邀请，一再邀请。

⑩为寿：献酒祝人长寿。

⑪结宾婚：结交为友，并订下婚约。宾，中井曰："'宾'盖结为友之义，与'婚'别项。"

⑫及见项羽后解，语在《项羽》事中：按，"鸿门宴"发生在汉元年十二月。语在《项羽》事中，意即详细经过写在《项羽本纪》中。《史记》记事在使用"互见法"时常点明此事在"事"或"语"中，此"事""语"即指该人的本纪、世家或列传。解，和解。

【译文】

项羽率军到了鸿门，想要进击沛公。项伯连夜飞马赶到沛公军营，私下去见张良，想叫张良和他一起走。张良说："我是受韩王之托跟随沛公的，今天事态紧急，我一个人逃跑太不仗义了。"于是去见沛公把所有情况都告诉了他。沛公大惊，说："这可怎么办呢？"张良说："您是真想背叛项羽吗？"沛公说："有个无知的小子教我把住关口不让诸侯们进来，据有秦国的地盘就可以称王了，所以我听了他的话。"张良说："您自己估量着能打退项羽吗？"沛公沉默了好一会儿才说："当然不可能了。咱们现在该怎么办呢？"张良于是再三邀请项伯与沛公相见。项伯前来见沛公，沛公给项伯敬酒，与他结交为友，并订为儿女亲家。沛公请项伯带话给项羽说他根本不敢叛变项羽，之所以派人守关，是为了防备其他盗贼。后来沛公又亲自拜见项羽，二人和解，事情详细记述在《项羽本纪》中。

汉元年正月[①],沛公为汉王,王巴、蜀[②]。汉王赐良金百溢[③],珠二斗,良具以献项伯[④]。汉王亦因令良厚遗项伯[⑤],使请汉中地[⑥]。项王乃许之,遂得汉中地。汉王之国[⑦],良送至褒中,遣良归韩[⑧]。良因说汉王曰:"王何不烧绝所过栈道[⑨]?示天下无还心,以固项王意[⑩]。"乃使良还,行,烧绝栈道[⑪]。

【注释】

①汉元年:即刘邦做汉王的第一年,前206年。

②沛公为汉王,王巴、蜀:事在汉元年一月。鸿门宴后,项羽分封各路诸侯为王。封刘邦为汉王,领有巴、蜀之地。前文刘邦入关时亦称"汉元年十月"者,乃史家之追称。巴、蜀,秦之二郡名。巴郡郡治在江州(在今重庆北),蜀郡郡治在成都(在今四川成都)。

③溢:重量单位。一溢为二十四两,有曰二十两。

④具:全部。

⑤厚遗(wèi):厚赠,送厚礼。

⑥汉中:秦郡名,郡治在南郑(今陕西汉中)。

⑦之国:汉元年四月,项羽及各路诸侯都离开咸阳,前往自己的封地。

⑧良送至褒中,遣良归韩:按,《高祖本纪》称刘邦由咸阳去南郑的路线是"从杜南入蚀中",走的是"子午道"。其北口在今陕西西安东南,其南口在今陕西汉中以东、安康西北的石泉县附近。而《留侯世家》则曰"良送至褒中",又似乎是走的"褒斜道"。其北口在今陕西眉县西、宝鸡东南;其南口在今汉中西北。二者相互歧异。又,此文所记张良送行细节与《汉书·张良传》同,而《汉书·高帝纪》记为"张良辞汉归韩,汉王送至褒中",则是张良已

至南郑，而后始辞刘邦由南郑北返。又按，“遣良归韩”，与前文之“为韩王送沛公”语相应。褒中，古邑名，在今陕西勉县东北。距南郑已经很近。

⑨栈道：亦称“阁道”，在险绝处傍山架木而成的一种道路。

⑩固：使之深信。意即麻痹项羽。

⑪行，烧绝栈道：颜师古曰：“且行且烧，所过之处皆烧之也。”按，据《高祖本纪》，刘邦等所烧的栈道，是子午道上的栈道，烧栈道的是刘邦；据本文，则所烧的栈道是褒斜道上的栈道，烧栈道的是张良。二者不同。又据《高祖本纪》的下文有“八月，汉王用韩信之计，从故道还，袭雍王章邯。邯迎击汉陈仓”云云，则知刘邦所烧的是子午道上的栈道。也只有如此，才可能使韩信出兵时有所谓“明修栈道，暗度陈仓”。

【译文】

汉王元年正月，沛公被封为汉王，封国在巴、蜀地区。汉王赏给张良黄金百溢、珠二斗，张良全送给了项伯。汉王也趁机让张良厚赠项伯，让项伯帮忙向项羽求要汉中地。项羽答应了，于是汉王得到了汉中地。汉王去他的封地，张良将他们送到褒中，汉王让张良回韩国。张良临行时向汉王提议说：“大王为什么不把走过的栈道烧掉呢？这可以向所有人表示您没有再回去的想法，可以迷惑项羽让他对您更为放心。”于是汉王就让张良回去，一路边走边烧，把栈道全烧光了。

良至韩，韩王成以良从汉王故，项王不遣成之国，从与俱东。良说项王曰：“汉王烧绝栈道，无还心矣。”乃以齐王田荣反书告项王①。项王以此无西忧汉心，而发兵北击齐②。

【注释】

①田荣：齐王田儋之弟，狄县（今山东高青东南）人。秦二世二年

(前208),田儋率兵救魏,被章邯击杀,齐人立田假为齐王。他得项梁救援,逐走田假,立田儋之子田市(fú)为王。项梁追击章邯,遣使催齐发兵合击。他以楚不杀田假而拒不出兵。项羽分封时,封田都为齐王,而将田市改封于胶东,田荣不得封。田荣遂反项羽,自立为齐王。事见《田儋列传》。反书:报告叛乱的文书。《项羽本纪》谓"汉使张良徇韩",良乃以"齐、梁反书遗项王",可为参证。张良致书项羽的时间,此处谓在刘邦收取关中之前,而《项羽本纪》则谓在刘邦收复关中之际。

②发兵北击齐:按,张良烧绝栈道迷惑项羽,使其误以为刘邦满足于做一个汉王;又把齐王反书拿给项羽看,促成项羽北征田荣,刘邦才有机会回师平定三秦。二者关系至大。凌稚隆曰:"汉之所以王,楚之所以亡,在此一着。"

【译文】

张良回到韩国时,韩王成因为让张良跟随汉王,项羽怀恨而没让他去韩国,带着他一起东行到了自己的国都彭城。张良到彭城后对项羽说:"汉王烧毁了栈道,没有回来的意思了。"接着又把齐王田荣的造反文书送给了项羽。项羽于是便不再防备西边的汉王,而放心地引兵北上去攻打齐国了。

项王竟不肯遣韩王,乃以为侯,又杀之彭城①。良亡,间行归汉王②,汉王亦已还定三秦矣③。复以良为成信侯④,从东击楚⑤。至彭城,汉败而还⑥,至下邑⑦,汉王下马踞鞍而问曰⑧:"吾欲捐关以东等弃之⑨,谁可与共功者?"良进曰:"九江王黥布,楚枭将,与项王有郄⑩;彭越与齐王田荣反梁地⑪:此两人可急使。而汉王之将独韩信可属大事⑫,当一面⑬。即欲捐之,捐之此三人,则楚可破也。"汉王乃遣随何说九江王布[14]，而使人连彭越[15]。及魏王豹反[16]，使韩信将兵击之[17]，因举燕、代、齐、赵[18]。然卒破楚者，此三人力也[19]。

【注释】

①项王竟不肯遣韩王，乃以为侯，又杀之彭城：凌稚隆引何孟春曰："张良从沛公，盖欲为韩报仇也。子婴诛而韩王成立，则复辞汉而为韩，万世之下，称其不忘故主之义。"姚苎田曰："或谓良脱身为韩报仇，卒之韩成王之死，实以良归汉之故致之，似良有负于韩矣。不知良于此时但知秦为韩仇，灭秦而复韩，则良志已遂。……且良知沛公'天授'，而犹弃之归韩，心事纯洁极矣。迨羽以疑忌戮成，而良又借汉以灭羽，仍是报韩之初志也，良真纯臣也哉！"茅坤曰："子房自此以前种种为韩，以后死心于汉矣。"彭城，今江苏徐州，当时是项羽的国都。

②间行：潜行，避开人行走。

③还定三秦：事在汉元年（前206）八月。刘邦拜韩信为大将，重返关中，很快将三秦收归己有。过程参见《淮阴侯列传》《高祖本纪》。

④成信侯：是张良的封号，没有封地。

⑤从东击楚：刘邦收复关中后，于汉二年（前205）十月（当时以十月为岁首）东出。

⑥至彭城，汉败而还：按，刘邦攻入彭城，项羽率军回救，大破刘邦的过程，详见《项羽本纪》。

⑦下邑：秦县名，治所在今安徽砀山。当时占据此地的是刘邦的将领吕泽（吕后之兄）。

⑧踞鞍：坐在马鞍上。马鞍可解下，用以坐卧。

⑨捐关以东等弃之：舍弃关东地区，作为封赏之资，以劝诱立功。

⑩九江王黥布，楚枭将，与项王有郄：据《黥布列传》，项羽伐齐时，

黥布不听其召，只派了一员偏将前去；至刘邦破楚彭城，黥布亦坐视未救，故项羽遂与黥布有郄。黥布，姓英名布，因受过黥刑，故称“黥布”。事迹详见《黥布列传》。枭将，勇猛的将领。郄，通“隙”，隔阂，矛盾。

⑪彭越：字仲，昌邑（今山东金乡西北）人。秦末陈胜、项梁等起义，他投机观望。由于未随刘、项入关，不得分封。田荣反叛项羽后，派人赐彭越将军印，让他攻打楚军，彭越于是据梁地反叛。详见《彭越列传》。梁地：在今河南东北部一带。

⑫属：委托。

⑬当一面：犹“独当一面”。

⑭汉王乃遣随何说九江王布：详见《黥布列传》。随何，刘邦谒者，能言善辩。

⑮使人连彭越：《高祖本纪》与《彭越列传》都无记载。

⑯魏王豹反：事在汉二年五月。魏王豹，战国时魏国王室后裔。秦末农民起义时，从其兄魏咎投奔陈胜，陈胜立咎为魏王。后秦将章邯攻魏，咎兵败自杀，他逃奔楚，楚怀王以兵数千相助，得以复徇魏地，连下二十余城，遂自立为魏王。鸿门宴后项羽改封他为西魏王，都平阳（今山西临汾西南）。楚汉战争起，降汉，从刘邦击楚入彭城。项羽大破汉军，他与刘邦退至荥阳，找借口返国叛汉。

⑰使韩信将兵击之：汉二年（前205）八月，韩信击破并俘虏了魏豹，过程详见《淮阴侯列传》。

⑱因举燕、代、齐、赵：按，攻克的顺序是代、赵、燕、齐。举，拔掉，攻下。代，陈馀的封国，都代（今河北蔚县东北的代王城）。为赵王歇所封。赵，陈馀等拥立赵歇建立的诸侯国名，都襄国（今河北邢台），被韩信灭于汉三年（前204）十月。燕，臧荼封国，都蓟（今北京西南部）。齐，田儋、田荣相继在临淄（今山东淄博临淄区）建立的诸侯国。田荣败死后，其弟田横又拥立田荣子田广为

齐王，于汉四年（前203）十一月被韩信所灭。以上韩信“举代、赵、燕、齐”的过程详见《淮阴侯列传》。

⑲卒破楚者，此三人力也：凌稚隆引杨慎曰：“此叙事缴语法，后云‘竟不易太子，四人力也’，与此句法同。”

【译文】

项羽最终也没有让韩成回封地，改封为侯，又将韩王杀死在彭城。张良逃走，抄小路去投奔了汉王，而汉王这时已经回军收复了三秦。汉王封张良为成信侯，让他随同东征项羽。他们一直打到彭城，汉军被项羽回师打败后，向西逃到了下邑，汉王下马坐在马鞍子上休息，问道：“我如果拿出函谷关以东的地盘用来封赏，谁可以帮我同建破楚之功？”张良进言说：“九江王黥布，曾是项羽的猛将，现在与项羽不和；彭越和齐王田荣联合正在梁地反项：这两个人可以赶紧收用。您部下将军中只有韩信可以委派重任，独当一面。假如您真想把地盘拿出来分封，就封给他们三个，那么项羽肯定可以打败。”于是汉王就派了随何去劝说九江王黥布，又派人去联合彭越。魏王豹叛汉，汉王派韩信率军征讨，韩信破魏后，顺势平定了燕、代、齐、赵。汉王最终打败项羽靠的就是这三个人的力量。

张良多病，未尝特将也①，常为画策臣，时时从汉王。汉三年②，项羽急围汉王荥阳③，汉王恐忧，与郦食其谋桡楚权④。食其曰：“昔汤伐桀，封其后于杞⑤。武王伐纣，封其后于宋⑥。今秦失德弃义，侵伐诸侯社稷，灭六国之后，使无立锥之地。陛下诚能复立六国后世，毕已受印，此其君臣百姓必皆戴陛下之德⑦，莫不乡风慕义⑧，愿为臣妾⑨。德义已行，陛下南乡称霸，楚必敛衽而朝⑩。”汉王曰：“善。趣刻印，先生因行佩之矣⑪。”

【注释】

①特将:独自统率指挥军队。

②汉三年:前204年。

③荥阳:秦县名,治所在今河南郑州古荥镇。历来为军事要地。

④桡(náo):这里指削弱、限制。

⑤汤伐桀,封其后于杞:《陈杞世家》记载为:"杞东楼公者,夏后禹之苗裔也。殷时或封或绝。周武王克殷纣,求禹之后,得东楼公,封之于杞。"《夏本纪》记载为:"汤封夏之后,至周封于杞也。"都说封夏朝之后于杞者是周,非殷。杞,古国名,国都即今河南杞县。

⑥武王伐纣,封其后于宋:武王灭纣后,封纣王的儿子武庚为诸侯,仍都朝歌(今河南淇县),统殷遗民。武庚叛乱被灭,改封纣王兄长微子启于宋。详见《宋微子世家》。宋,古国名,都商丘(今河南商丘南)。

⑦戴:顶戴,感念。陛下:梁玉绳曰:"天子称'陛下',自秦始也。然是时汉王未即天子位,而郦食其、张良凡称'陛下'者十五,非也。"

⑧乡风慕义:犹如顺着风向那样羡慕道义。

⑨臣妾:这里指臣下、子民。

⑩敛衽而朝:王念孙曰:"衽,袂也。此云'敛衽而朝',《货殖传》'海岱之间敛袂而往朝焉',是'衽'即'袂'也。"杨树达曰:"《食其传》云'食其好读书';又骑士谓食其云'沛公不好儒,未可以儒生说',则食其所读乃儒家书,故有此等迂阔之论也。"敛衽,整饬衣襟,表示恭敬。衽,衣袖。

⑪趣刻印,先生因行佩之矣:颜师古曰:"'佩'谓授与六国使带也。"趣,迅速。

【译文】

张良体弱多病,从未独自领过兵,只是作为一个出谋划策的人,经常跟随在汉王身边。汉王三年，项羽把汉王紧紧围困在荥阳，汉王又害怕又忧虑，就和郦食其商量如何削弱项羽的势力。郦食其说："从前商汤伐灭夏桀，把他的后代封在了杞地。周武王灭纣之后，把他的后代封在了宋地。如今秦背弃德义，侵伐诸侯社稷，灭亡六国之后，让他们的后代没有了立锥之地。您诚然能重新封立六国的后代，使他们都接受印信，那么这些国家的君臣百姓，就一定都会感戴陛下的恩德，无不望风投靠，仰慕您的德义，愿意给您做臣仆。您的德义风行天下，您也就可以南向成为霸主，项羽也必然俯首称臣了。"汉王说："好。赶快刻印，你就带着这些印去办理此事。"

食其未行，张良从外来谒。汉王方食，曰："子房前①！客有为我计桡楚权者。"具以郦生语告，曰："于子房何如？"良曰："谁为陛下画此计者？陛下事去矣！"汉王曰："何哉？"张良对曰："臣请藉前箸为大王筹之②。"曰："昔者汤伐桀而封其后于杞者，度能制桀之死命也。今陛下能制项籍之死命乎？"曰："未能也。""其不可一也。武王伐纣封其后于宋者，度能得纣之头也③。今陛下能得项籍之头乎？"曰："未能也。""其不可二也。武王入殷，表商容之闾④，释箕子之拘⑤，封比干之墓⑥。今陛下能封圣人之墓，表贤者之闾，式智者之门乎⑦？"曰："未能也。""其不可三也。发钜桥之粟，散鹿台之钱，以赐贫穷⑧。今陛下能散府库以赐贫穷乎？"曰："未能也。""其不可四矣。殷事已毕，偃革为轩⑨，倒置干戈⑩，覆以虎皮，以示天下不复用兵。今陛下能偃武行文⑪，不复用兵乎？"曰："未能也。""其不可五矣。休马华山之阳⑫，示以无所为。今陛下能休马无所用乎？"曰：

"未能也。""其不可六矣。放牛桃林之阴，以示不复输积[13]。今陛下能放牛不复输积乎？"曰："未能也。""其不可七矣。且天下游士离其亲戚[14]，弃坟墓[15]，去故旧，从陛下游者，徒欲日夜望咫尺之地[16]。今复六国，立韩、魏、燕、赵、齐、楚之后，天下游士各归事其主，从其亲戚[17]，反其故旧坟墓，陛下与谁取天下乎？其不可八矣。且夫楚唯无强，六国立者复桡而从之[18]，陛下焉得而臣之？诚用客之谋，陛下事去矣！"汉王辍食吐哺[19]，骂曰："竖儒[20]，几败而公事[21]！"令趣销印[22]。

【注释】

①子房前：泷川曰："汉高呼诸臣常称其名，独于张良则否，盖以宾待之也。"子房，张良的字。

②臣请藉前箸为大王筹之：刘辰翁曰："借箸，谓能不能，每下一箸。"藉，借用。箸，筷子。筹，运算。

③度能得纣之头也：泷川引中井曰："此以封杞、宋为桀、纣未灭时事，故有'制命'之说。宜从文而观其条贯。"按，张良不应对历史如此无知，中井曲为之辞。

④表：标也，如匾额桩柱之类，用以彰显有善行者。商容：纣王时曾任典礼乐之官，知礼达义，为百姓敬爱。后被纣王免职，隐于太行山。闾，里巷。

⑤释箕子之拘：王念孙曰："'释箕子之拘'本作'式箕子之门'。……若作'释箕子之拘'，则与下文不合矣。《汉书·张良传》《新序·善谋》篇并作'式箕子之门'。"箕子，纣王之叔，任太师，纣杀比干后，佯狂为奴，被纣囚禁。拘，囚禁。

⑥封：加土。比干：纣时贤臣。见纣王对内重刑厚敛，对外黩武好战，耽于酒色，国势日危，以死力谏，被剖心而死。

⑦式：通“轼”，车前横木。古人乘车路逢某事某物有应表示敬意者，即把头伏在车前横木上，这种动作也叫作“轼”。

⑧发钜桥之粟，散鹿台之钱，以赐贫穷：《周本纪》记武王灭商后，曾经“命南宫括散鹿台之财，发钜桥之粟，以振贫弱萌隶”。钜桥，商纣王时之粮仓名，仓址在今河北曲周东北。鹿台，在今河南淇县朝歌镇南。殷纣王所筑。大三里，高千尺。据《殷本纪》，武王破商后，纣王“入登鹿台，衣其宝玉衣，赴火而死”。

⑨偃革为轩：《索隐》引苏林云：“革者，兵车也；轩者，朱轩、皮轩也。谓废兵车而用乘车也。”偃，废，放置不用。轩，有篷的车，即所谓“乘车”，与兵车相对而言。

⑩干戈：指武器。

⑪偃武行文：颜师古引如淳曰：“偃武备而治礼乐也。”

⑫休马：放马休息。谓不打仗。

⑬放牛桃林之阴，以示不复输积：《周本纪》记载为：“纵马于华山之阳，放牛于桃林之虚，偃干戈，振兵释旅，示天下不复用也。”凌稚隆引王世贞曰：“‘纵马’‘放牛’云者，盖官不复录为兵车用，置之民间，听其耕牧耳。”方苞曰：“马、牛皆征之井甸者，事毕纵放，使有司授而还之也。必于野外者，车徒至众，非城邑所能容也。”放牛，把牛散放掉。桃林，亦称桃林塞，在今河南灵宝以西，陕西潼关以东地区。输积，运送和储存粮草。

⑭游士：指在外奔走，从事游说活动以求名图利的人。

⑮弃坟墓：此指背井离乡。

⑯望咫尺之地：企图能得到一小块封地。咫尺，比喻小。一咫为八寸。

⑰从：往就，往投。

⑱楚唯无强，六国立者复桡而从之：李笠曰：“言天下唯楚最强，若果立六国者，是复令其折挠而赴楚也。”无强，没有比它更强的。桡，柔弱貌。

⑲辍(chuò):终止,中断。哺:口中含嚼的食物。

⑳竖儒:对儒生的鄙称。犹言“这个儒家小子”。

㉑而公:傲慢的自称词,犹今言“你老子(我)”。

㉒令趣销印:让人赶紧销毁印章。王若虚曰:“张良八难,古今以为美谈,窃疑此论甚疏。夫桀、纣已灭,然后汤、武封其后。而良云‘度能制桀死命’‘得纣之头’,岂封于未灭之前耶?……郦生所以说帝者,特欲系众人之心,庶几叛楚而附汉耳,非使封诸项氏也。奈何其以汤、武之事势相较哉?汤、武虽殊时,事理何异?‘制死命’与‘得其头’,亦何以分列为两节?‘表商容之间,释箕子之拘,封比干之墓’,此本三事,而并之者,以其一体也;至于‘倒置干戈’‘纵马’‘放牛’,独非一体乎?而复析之为三,何哉?……八难之目,安知无误耶!”按,张良之语,徒以气势压人,其理甚觉无谓。至郦生之荒谬当驳,自不待言。杨树达曰:“良之起本为韩报仇,故尝说项梁立韩成为韩王。而此时则力阻高祖立六国者,知六国已无可为也。此良之所以为智也。”凌稚隆引苏轼曰:“‘刻印’‘销印’,何尝累高祖之知人?适足明圣人之无我。”又引王维桢曰:“方次刻印,即次销印,才见汉王从谏如转丸处。”

【译文】

郦食其还没出发,张良从外地回来见汉王。汉王正在吃饭,说道:“子房,前来!有人帮我想了一个削弱项羽势力的计策。”把郦食其的主意全部告诉了张良,问道:“子房觉得这个计划怎么样?”张良说:“是谁给您出了这个主意?您的大事就要完了!”汉王说:“为什么?”张良说:“请让我借您面前的筷子给您筹算一下。”他说:“当初商汤打败夏桀,封夏的后代于杞国,是因为有把握可以置夏桀于死地。如今您能够置项羽于死地吗?”汉王说:“不能。”“这是第一个不行。周武王讨伐殷纣王,封殷的后代于宋国,是因为有把握能得到殷纣的人头。如今您能得到项羽的人头吗?”汉王说:“不能。”“这是第二个不行。周武王进入殷都后,在商容所住的里巷口立表表彰他,对箕子表示敬意,重修了比干的坟墓。如今您能够去修圣人的坟墓,在贤人的里巷口立表,到智者的门前去表示敬意吗?”汉王说:“不能。”“这是第三个不行。周武王能拿出钜桥仓库的粮食,散发鹿台所存的钱币,来救济贫穷的人。如今您能拿出仓库里的东西去救济贫穷的人吗?”汉王说:“不能。”“这是第四个不行。周武王讨伐殷纣的战争结束后,就把战车改为轩车,把兵器头朝下放置,并用虎皮蒙上,向天下人表示今后不再使用它们了。如今您能够废除武事采用文治,不再打仗吗?”汉王说:“不能。”“这是第五个不行。周武王把战马散放到华山南坡牧养,表示以后不用它们了。如今您也放弃战马,不再用它们吗?”汉王说:“不能。”“这是第六个不行。周武王把运输用的牛散放到桃林塞的北面,表示今后不再运送粮草了。如今您也能把牛放出去不再运送粮草了吗?”汉王说:“不能。”“这是第七个不行。所有的游士抛开亲人,离乡背井,舍弃朋友而来追随您,只是日夜盼望有朝一日能得到一小块封地。现在您恢复六国,封立昔日韩、魏、燕、赵、齐、楚六国的后代为王,如今您身边的这些游士们各自回去侍奉他们的旧主,回到他们的亲戚故旧身边、本乡本土上去了,您还靠谁来夺取天下呢?这是第八个不行。而且今天项羽是最强不过的,重新封立的六国又屈服于项羽,您还能指挥谁呢?您如果真的采用了这个主意,您的大事就全完了!”汉王立刻停止吃饭,吐出了嘴里的东西,骂道:“这个书呆子!差点儿坏了老子的大事!”下令赶紧把那些印章毁掉。

汉四年①,韩信破齐而欲自立为齐王②,汉王怒。张良说汉王③,汉王使良授齐王信印,语在《淮阴》事中。其秋,汉王追楚至阳夏南④,战不利而壁固陵,诸侯期不至⑤。良说汉王⑥,汉王用其计,诸侯皆至。语在《项籍》事中。

【注释】

①汉四年:前203年。

②韩信破齐:汉四年十一月,韩信在潍水击败杀死齐王田广。

③张良说汉王:《淮阴侯列传》记载为:“汉方不利,宁能禁信之王乎?不如因而立,善遇之,使自为守;不然,变生。”

④追楚至阳夏南:按,汉四年九月,楚汉订立鸿沟之约,项羽撤兵东归。刘邦撕毁盟约,率兵追击项羽至阳夏南。梁玉绳曰:“事在五年十月,此云四年之秋,误。”阳夏,秦县名,治所在今河南太康。

⑤战不利而壁固陵,诸侯期不至:刘邦原与韩信、彭越相约共击项羽。韩信、彭越失期未来,刘邦兵败,只好驻守固陵。详见《项羽本纪》。壁,筑垒固守。固陵,秦县名,治所在今河南太康南。诸侯,这里指韩信、彭越等。期,约定时间。

⑥良说汉王:为调动韩信、彭越等的参战积极性,张良劝刘邦预先分割项羽的土地分封给韩信、彭越等,使他们各自为了自己的利益而战。详见《项羽本纪》。凌稚隆引刘子翚曰:“食其欲立六国后,张良难之。及追楚,复请王越、信何也?盖是时楚兵垂败,借信、越一战之力以灭之,因时应变,此善用兵者也。”

【译文】

汉王四年,韩信灭掉齐国后想要自己做齐王,汉王听说后大怒。张良劝住了汉王,汉王就派张良授予韩信齐王印信封他做了齐王。这件事详细记述在《淮阴侯列传》中。秋天,汉王追击项羽到了阳夏南,又被项羽打败,只好退守固陵,各路诸侯到了约定时间都没来。张良为汉王献计,汉王采用了张良的计谋后,各路诸侯果然都来了。这件事详细记述在《项羽本纪》中。

汉六年正月,封功臣①。良未尝有战斗功,高帝曰:“运筹策帷帐中②,决胜千里外,子房功也。自择齐三万户③。”

良曰："始臣起下邳，与上会留，此天以臣授陛下。陛下用臣计，幸而时中，臣愿封留足矣，不敢当三万户[4]。"乃封张良为留侯，与萧何等俱封。

【注释】

①汉六年正月，封功臣：梁玉绳曰："按《侯表》及《汉书·高帝纪》，封功臣在十二月，非正月也。"按，上年（汉五年）之十二月，项羽被刘邦所灭；二月，刘邦即皇帝位；至六年十二月，刘邦分封第一批功臣曹参、靳歙、夏侯婴、陈平等。当时以十月为岁首。汉六年，前201年。

②筹策：原指计算工具，这里指谋划。

③自择齐三万户：按，垓下之战后，刘邦将韩信由齐王改封为楚王，所以此时可以让张良"自择齐三万户"。

④幸而时中，臣愿封留足矣，不敢当三万户：按，张良处处谦退，故其下场与韩、彭不同。时中，有时料中。

【译文】

汉高祖六年正月，分封功臣。张良没有带兵打仗的功绩，高皇帝说："决策于军帐之中，制胜于千里之外，这就是子房的功劳。你自己在齐地选择三万户为封邑。"张良说："当初我在下邳起兵，与您在留县相会，这是上天把我交给陛下。陛下您采用我的计策，侥幸有的还算好用，我的愿望是封在留县就足够了，不敢领受三万户。"于是高皇帝就封张良为留侯，与萧何等人一起受封。

上已封大功臣二十余人[1]，其余日夜争功不决，未得行封。上在雒阳南宫，从复道望见诸将往往相与坐沙中语[2]。上曰："此何语？"留侯曰："陛下不知乎？此谋反耳。"上曰："天下属安定[3]，何故反乎？"留侯曰："陛下起布衣[4]，以此属取天下[5]，今陛下为天子，而所封皆萧、曹故人所亲爱，而所诛者皆生平所仇怨。今军吏计功，以天下不足遍封，此属畏陛下不能尽封，恐又见疑平生过失及诛，故即相聚谋反耳[6]。"上乃忧曰："为之奈何？"留侯曰："上平生所憎，群臣所共知，谁最甚者？"上曰："雍齿与我故，数尝窘辱我[7]。我欲杀之，为其功多，故不忍。"留侯曰："今急先封雍齿以示群臣，群臣见雍齿封，则人人自坚矣[8]。"于是上乃置酒，封雍齿为什方侯[9]，而急趣丞相、御史定功行封。群臣罢酒，皆喜曰："雍齿尚为侯，我属无患矣[10]！"

【注释】

①上已封大功臣二十余人：据《高祖功臣侯者年表》，在雍齿前受封的共有二十九人。

②复道：楼与楼之间的空中通道。

③属：刚刚。颜师古曰："属，近也。"

④布衣：平民百姓。

⑤此属：这班人。

⑥恐又见疑平生过失及诛，故即相聚谋反耳：刘知幾曰："群小聚谋，侯问方对。若高祖不问，竟欲无言耶？且诸将图乱，密言台上，犹惧觉知；群议沙中，何无避忌？然则复道之望，坐沙而语，是敷演妄益耳。"李维桢曰："沙中之人，快快不平见于词色，未必谋反。但留侯为弭乱计，故权辞以对耳。"茅坤曰："沙中偶语，未必谋反也。谋反乃族灭事，岂野而谋者？子房特假此恐吓高帝。及急封雍齿，则群疑定矣。"史珥曰："'疑''畏'二字曲尽情事；'谋反'二字尚不脱说客家风。后来猜忌功臣，韩、彭烹醢，未必非两字启

之。”平生，平素。

⑦雍齿与我故，数尝窘辱我：秦二世元年（前209），刘邦起兵于沛，令雍齿守丰。魏人招之，雍齿遂叛刘投靠了魏。楚汉战争时雍齿又归附了刘邦。所谓“有故”及“尝窘辱我”，即指此事。《汉书·张良传》作“有故”。王念孙曰：“‘有故’即‘有怨’。”窘辱，谓使其吃苦头。

⑧自坚：自我坚信。

⑨什方：也作“什邡”，秦县名，治所在今四川什邡南。

⑩雍齿尚为侯，我属无患矣：泷川引王世贞曰：“按《功臣表》，曹参至陈平九人，皆以十二月甲申封。张良至陈豨十三人，以正月丙午封。周灶以丁未封……而诸将陈武等以三月丙申、庚子等日继封。然则曹参诸公，远者先三十四日。”凌稚隆引何孟春曰：“晋文公之赦头须，与高帝之先侯雍齿，其事最相类，二君皆置怨以安人心，非诚然也。”

【译文】

高皇帝封过二十余人后，其余的就日夜争功不休，高皇帝无法再行封赏了。一天高皇帝在雒阳南宫，从复道上望见将领们常常坐在沙堆上互相议论。高皇帝问：“这些人在说什么？”张良说：“陛下不知道吗？他们正商量着造反呢。”高皇帝说：“天下刚刚安定，为什么又要造反？”张良说：“陛下从平民起家，靠着这帮人夺得了天下，现在您做了天子，分封的都是萧何、曹参这些老朋友，而所诛杀的都是您平常仇恨的人。现在军事文书们统计各人的功劳，认为天下不够分封，因而这些人害怕陛下不能封赐所有人，又担心过去有什么过失而被您杀掉，所以他们就聚在一起商量着要造反了。”高皇帝于是担忧地说：“那该怎么办呢？”张良说：“您平常最恨，人们也都知道的，是谁？”高皇帝说：“是雍齿。雍齿和我有旧仇，曾经多次让我吃苦头。我总想杀他，但因为他功多，所以一直没忍心。”张良说：“如今就赶快先封赏雍齿给群臣看，他们一见雍齿受封，也就各自安心了。”于是高皇帝立即大摆宴席，封雍齿为什方侯，催促丞相、御史们评定功劳，进行封赏。宴会结束后，群臣们都高兴地说：“雍齿都能封侯，我们就没什么可担心的了！”

刘敬说高帝曰“都关中”①。上疑之。左右大臣皆山东人②，多劝上都雒阳③：“雒阳东有成皋④，西有崤、黾⑤，倍河⑥，向伊、雒⑦，其固亦足恃。”留侯曰：“雒阳虽有此固，其中小，不过数百里，田地薄，四面受敌，此非用武之国也。夫关中左崤、函⑧，右陇、蜀⑨，沃野千里，南有巴、蜀之饶，北有胡苑之利⑩，阻三面而守⑪，独以一面东制诸侯。诸侯安定，河渭漕挽天下⑫，西给京师；诸侯有变，顺流而下，足以委输。此所谓‘金城千里⑬，天府之国’也⑭，刘敬说是也。”于是高帝即日驾，西都关中⑮。留侯从入关⑯。留侯性多病，即道引不食谷，杜门不出岁余⑰。

【注释】

①刘敬说高帝曰“都关中”：张文虎曰：“‘曰’字疑衍，《汉书》无。”刘敬，高祖五年（前202）至洛阳谒见刘邦，劝刘邦迁都关中，被采纳，以功赐姓刘氏。事迹详见《刘敬叔孙通列传》。

②山东：崤山（或曰华山）以东，泛指今河南、河北南部以及山东西部等地区。

③多劝上都雒阳：按，这是因为洛阳离他们的故乡近，可以满足他们“富贵还乡，衣锦昼行”的虚荣，也是出于他们农民出身的乡土观念。

④成皋：古邑名，在今河南荥阳西北。地形险要，为刘邦与项羽反复争夺两年多的军事重镇，其南侧即后来所说的虎牢关。

⑤崤、黾：崤山及渑池。崤山，在今河南洛宁西北。山分东西二崤，

中有谷道，坂坡峻陡，为古代军事要地。渑池，秦县名，治所在今河南渑池西。

⑥倍河：北边紧靠黄河。

⑦向伊、雒：南面就是伊、洛二水。伊水在河南西部，源出河南栾川伏牛山北麓，东北流，在偃师入洛水。洛水即今河南洛河。

⑧左崤、函：东侧有崤山和函谷关。

⑨右陇、蜀：西侧有陇山与岷山。陇山在今陕西陇县西北的陕、甘、宁三省交界地区。岷山在今四川与甘肃界上。二山相连。

⑩胡：指匈奴等北方少数民族。苑：牧场。《正义》曰："上郡、北地之北与胡接，可以牧养禽兽，又多致胡马，故谓胡苑之利也。"又，《汉书评林》载《汉官仪》引侯应之曰："阴山东西千余里，单于之苑囿也。"李笠曰："'苑'当从中统本作'宛'，谓大宛也。'胡宛'字并与上'巴蜀'作对也。"

⑪阻：凭借，倚靠。

⑫漕挽：指水运和陆运。

⑬金城：指坚固的城。

⑭天府：天然的府库，指物产富饶的地区。

⑮高帝即日驾，西都关中：梁玉绳曰："按《高纪》《名臣表》《刘敬传》皆以都关中在五年，此在六年，误。"《索隐》："高祖即日西迁者，盖谓其日即定计耳，非即日遂行也。"按，这次是都栎阳（在今陕西西安临潼东北），七年（前200）迁居长安。

⑯从入关：按，其他诸侯都各自去了自己的封地，而张良跟随刘邦入了关，足见刘邦对张良的倚重。

⑰留侯性多病，即道引不食谷，杜门不出岁余：凌稚隆引陆深曰："性固多病，叙事者乃于'从入关'时著其'杜门不出'，得子房之心矣。"性多病，王先谦引周寿昌曰："'性'犹'生'也，亦犹'体'也。《魏志·吴质传》'上将军真性肥，中领军朱烁性瘦'，与此

'性'义同。"道引,也作"导引"。道,古"导"字。古人常用的一种气功养生之术,静居运气以健身。不食谷,不吃粮食。道家的一种修炼术。杜门,闭门不出。

【译文】

刘敬建议高皇帝"应该把国都设在关中"。高皇帝迟疑不决。左右大臣们都是崤山以东的人,大都劝高皇帝建都雒阳,说:"雒阳东有成皋,西有崤山和渑池,背靠黄河,面对伊、雒二水,形势险要,足以倚仗。"张良说:"雒阳固然险要,但是它中间狭窄,方圆不过几百里,土地瘠薄,四面都容易受到敌人的攻击,并非用武之地。关中左边是崤山和函谷关,右边是陇山与岷山,中间沃野千里,南面的巴、蜀物产丰富,北面的胡地盛产牛马,我们可以倚靠南、北、西三面防守,只用向东一面控制东方的诸侯。诸侯安定的时候,可以通过黄河、渭水把天下的粮草向西运到京师;一旦有诸侯叛乱,关中的人力物力通过渭水、黄河顺流而下,完全可以供给前线。这就是所谓的'金城千里,天府之国'。刘敬的意见是对的。"于是高皇帝当天就驾上车子西行建都关中去了。张良跟随高皇帝进入了关中。张良一直多病,入关后,就学习道家的导引吐纳和辟谷,几乎有一年多闭门不出。

上欲废太子[①],立戚夫人子赵王如意[②]。大臣多谏争,未能得坚决者也。吕后恐,不知所为。人或谓吕后曰:"留侯善画计策,上信用之。"吕后乃使建成侯吕泽劫留侯[③],曰:"君常为上谋臣[④],今上欲易太子,君安得高枕而卧乎?"留侯曰:"始上数在困急之中,幸用臣策。今天下安定,以爱欲易太子,骨肉之间,虽臣等百余人何益[⑤]。"吕泽强要曰:"为我画计。"留侯曰:"此难以口舌争也。顾上有不能致者[⑥],天下有四人。四人者年老矣,皆以为上慢侮人,故逃匿山中，义不为汉臣。然上高此四人。今公诚能无爱金玉璧帛⑦，令太子为书，卑辞安车⑧，因使辩士固请，宜来。来，以为客，时时从入朝，令上见之，则必异而问之。问之，上知此四人贤，则一助也。”于是吕后令吕泽使人奉太子书，卑辞厚礼，迎此四人。四人至⑨，客建成侯所。

【注释】

①太子：即刘盈，后即位为孝惠帝，吕后所生。

②戚夫人：刘邦宠姬。赵王如意：即刘如意，封赵王。

③建成侯吕泽：据《高祖功臣侯者年表》，封建成侯的是吕释之，吕泽为周吕侯，且此时吕泽已死。梁玉绳引《通鉴考异》曰：“‘泽’当是‘释之’。”劫：挟持，强制。

④常：通“尝”，曾经。

⑤虽臣等百余人：即使有一百个张良。

⑥顾：转折语词。不能致：请不到。

⑦无爱：不心疼，不吝惜。

⑧卑辞：言辞谦恭。安车：古代可以坐乘的小车。古车立乘，此为坐乘，故称安车。供年老的高级官员及贵妇人乘用。高官告老还乡或征召有重望的人，往往赐乘安车。

⑨四人至：凌稚隆引王守仁曰：“果于隐者必不出；谓隐而出焉，必其非隐者也。”叶玉麟引吴汝纶曰：“金玉璧帛可招致，则其人可知。”郭嵩焘曰：“此四人者，不为高帝屈，独肯为吕后屈乎？……史公亦但据疑以传疑之词，并此四人之名迹不及知……其后惠帝立，亦未尝一旌其保护之功，亦足证其事之虚实矣。”凌稚隆引王守仁曰：“《世家》谓留侯招四皓为太子辅，余疑非真四皓也，乃子房为之也。夫四人遁世已久，形容状貌人皆不识之矣，故子房于

吕泽劫计之时，阴与筹度，取他人之须眉皓白者，伟其衣冠以诬乎高帝，此又不可知也。良、平之属，平昔所挟以事君者，何莫而非奇功巧计？彼岂顾其欺君之罪哉？况是时高帝之惑已深，吕氏之情又急，何以断其计之不出此也？”

【译文】

高皇帝想废掉太子刘盈，另立戚夫人生的儿子赵王如意为太子。很多大臣谏阻，但都没能彻底改变高皇帝的想法。吕后很惶恐，不知怎么办是好。有人提醒吕后说：“留侯善于出谋划策，皇上也很信任重用他。”于是吕后就派建成侯吕泽挟持了张良，对他说：“您曾为皇上出谋划策，现在皇上想要更换太子，您怎么能躺在屋里睡大觉不管呢？”张良说：“当初皇上曾经多次处于困难危急之中，采纳我的意见也是侥幸的事。现在天下已经安定，他出于个人的感情偏好想换太子，这是他们骨肉之间的事，这种事即使有一百个张良也没有用。”吕泽逼迫他说：“必须给我想个办法！”张良说：“这种事单凭言语谏诤是行不通的。但是有这么四个人，皇上一直想请而至今请不到。这四人年纪都大了，他们认为皇上傲慢无礼好侮辱人，宁愿到深山里躲起来，也不愿做汉朝的臣子。但是皇上一直对这四人很崇敬。现在您如果能不吝惜金玉璧帛，让太子写上封信，言辞要特别谦恭，安排好舒适的车子，派一个口才好的人一再请他们来，他们应该是会来的。如果他们来了，就让他们做太子的宾客，经常跟随太子进宫朝拜，让皇上看到他们，皇上看到他们一定会感到奇怪而询问。一问而得知是谁，皇上知道他们德高望重，这对太子会是一种很大的帮助。”于是吕后让吕泽派人带着太子的书信和厚礼，谦恭地去请这四人。四人来到后，住在建成侯吕泽的家里。

汉十一年[①]，黥布反[②]，上病，欲使太子将，往击之。四人相谓曰：“凡来者，将以存太子。太子将兵，事危矣。”乃说建成侯曰：“太子将兵，有功则位不益太子[③]；无功还，则从此受祸矣[4]。且太子所与俱诸将[5]，皆尝与上定天下枭将也，今使太子将之，此无异使羊将狼也，皆不肯为尽力，其无功必矣。臣闻'母爱者子抱'[6]，今戚夫人日夜侍御[7]，赵王如意常抱居前，上曰'终不使不肖子居爱子之上'[8]，明乎其代太子位必矣。君何不急请吕后承间为上泣言[9]：'黥布，天下猛将也，善用兵，今诸将皆陛下故等夷[10]，乃令太子将此属，无异使羊将狼，莫肯为用，且使布闻之，则鼓行而西耳[11]。上虽病，强载辎车[12]，卧而护之，诸将不敢不尽力。上虽苦，为妻子自强[13]。'"于是吕泽立夜见吕后，吕后承间为上泣涕而言，如四人意。上曰："吾惟竖子固不足遣[14]，而公自行耳。"于是上自将兵而东，群臣居守，皆送至灞上[15]。留侯病，自强起，至曲邮[16]，见上曰："臣宜从，病甚。楚人剽疾[17]，愿上无与楚人争锋。"因说上曰："令太子为将军，监关中兵[18]。"上曰："子房虽病，强卧而傅太子[19]。"是时叔孙通为太傅[20]，留侯行少傅事[21]。

【注释】

①汉十一年：前196年。

②黥布反：详见《黥布列传》。

③位不益太子：颜师古曰："太子嗣君，贵已极矣，虽更立功，位无加益矣。"

④无功还，则从此受祸矣：按，《左传·闵公二年》晋献公命其太子申生为将，里克曾对此有深刻论述，其事亦见于《晋世家》。

⑤俱：偕，同行。

⑥母爱者子抱：王先谦引沈钦韩曰："《韩非子·备内》篇：'语曰：其

母好者其子抱。然则其为之反也,其母恶者其子释。'"

⑦侍御:侍奉君王。

⑧不肖:不贤,没出息。

⑨承间:趁机,找机会。

⑩故等夷:《集解》引徐广曰:"夷犹侪也。"《索隐》引如淳云:"等夷,言等辈。"

⑪鼓行而西:《集解》引晋灼曰:"鼓行而西,言无所畏也。"

⑫强:勉力,勉强。辎(zī)车:古代一种有帷盖的大车,既可载物,也可卧息。

⑬自强:自己努力。

⑭惟:思,考虑。

⑮灞上:在陕西西安东、灞水西高原上,故名。

⑯曲邮:古村落名,在今陕西临潼东。

⑰剽(piào)疾:强悍敏捷。

⑱监关中兵:王先谦曰:"《高纪》:'以三万人军霸上。'"徐孚远曰:"太子监关中兵,一以固根本,亦以安太子解不击黥布之事也。"

⑲傅:辅导,护持。

⑳叔孙通:当时有名的儒生,秦时以文学征召为待诏博士。后归依刘邦。汉朝建国后,他杂采古礼和秦代制度,与儒生共立朝仪。高祖九年(前198)任太子太傅。事迹详见《刘敬叔孙通列传》。太傅:指太子太傅,辅导太子的官。

㉑行:代理。

【译文】

汉高祖十一年,黥布起兵反叛,高皇帝当时病重,想让太子率兵前去征讨。四人商量道:"我们到这里来,就是为了保护太子。让太子领兵出征,事态已经很危险了。"于是他们去见建成侯吕泽说:"太子领兵出征,有了功劳,不会给太子带来好处;但无功而还,从此就要遭殃了。而且和太子一起出征的那些将领，都是过去同皇上一起平定天下的猛将，现在让太子去统领他们，这与让羊去统领一群狼没什么两样，他们谁也不会替太子尽力，必然是无功而返。我听说‘爱哪个母亲，哪个母亲的孩子就被抱得多’，现在戚夫人日则同行，夜则同寝，赵王如意常被抱在皇帝面前，皇上常说‘无论如何不能让那个不成器的小子坐在我心爱的儿子的上头’，赵王如意必定要取代太子是很明显的。您为什么不赶快请吕后找机会向皇上哭诉说：‘黥布，那是天下有名的猛将，善于用兵，现在这些将领过去都是您的同辈，让太子去统领他们，与让羊去统领狼群没两样，没有人愿意为他尽力。这要是让黥布知道了，他就会大张旗鼓、无所顾忌地向西杀来。皇上现在虽然有病，但还是坚持一下，即使在篷车里躺着不动，只要您在，诸将谁也不敢不尽力。您虽然吃些苦，为了妻儿，就自己去做吧。’”于是吕泽当夜就把四人的意思告诉了吕后，吕后找机会按着四人的意思对高皇帝哭诉了一番。高皇帝说：“我早就琢磨着这小子不中用，还是我自己去吧！”于是高皇帝亲自率军东征，留守京都的大臣们，都送行到灞上。张良正病着，也勉强挣扎着来到曲邮，面见高皇帝说：“我本来应随您一起去，但病得太重不可能了。楚人迅猛剽悍，希望您不要同他们正面硬拼。”并乘机对高皇帝说：“应该任命太子为将军，监督节制关中的所有军队。”高皇帝答应了，说：“子房你即使病着，躺着也要强打精神替我照顾太子吧！”当时叔孙通是太傅，张良代理少傅职务。

汉十二年①，上从击破布军归，疾益甚②，愈欲易太子。留侯谏，不听，因疾不视事③。叔孙太傅称说引古今，以死争太子④。上详许之⑤，犹欲易之。及燕⑥，置酒，太子侍。四人从太子，年皆八十有余，须眉皓白，衣冠甚伟。上怪之，问曰：“彼何为者？”四人前对，各言名姓，曰东园公、角里先生、绮里季、夏黄公⑦。上乃大惊，曰：“吾求公数岁，公辟逃我，今公何自从吾儿游乎？”四人皆曰：“陛下轻士善骂，臣等义不受辱，故恐而亡匿。窃闻太子为人仁孝，恭敬爱士，天下莫不延颈欲为太子死者，故臣等来耳。”上曰：“烦公幸卒调护太子[8]。”

【注释】

①汉十二年：前195年。

②疾益甚：据《高祖本纪》，“高祖击布时，为流矢所中，行道病，病甚”。

③因疾：这里指借口有病。不视事：不再处理政务。

④叔孙太傅称说引古今，以死争太子：按，叔孙通劝阻刘邦易太子事，详见《刘敬叔孙通列传》。古今，“古”指晋献公事，“今”指秦始皇事。争，争辩，劝阻。

⑤详：通“佯”，假装。

⑥燕：通“宴”。

⑦东园公、角（lù）里先生、绮里季、夏黄公：《汉书·王贡两龚鲍传》颜师古注：“四皓称号本起于此，更无姓名可知。此盖隐居之人，匿迹远害，不自标显，秘其氏族，故史传无得而详。至于后代皇甫谧、圈称之徒及诸地理书说，竟为四人施安姓氏，自相错互，语又不经，班氏不载于书，诸家皆臆说，今并弃略，一无取焉。”

⑧卒：终，一直到底。调护：调教辅佐。

【译文】

汉高祖十二年，高皇帝打败黥布的军队回来后，病情越来越重，越来越想更换太子。张良劝说无效，于是推说有病不再处理政事。叔孙通在高皇帝面前称古道今引证历史教训加以劝说，甚至要用一死来劝阻高皇帝。高皇帝假意答应了他，但还是想更换太子。及至宫里开宴会，酒席摆好，太子随侍一旁。四位老人跟随着太子，年纪都在八十开外，须眉皓白，衣帽伟丽。高皇帝觉得奇怪，便问："他们是什么人？"于是四人上前各报姓名，是东园公、角里先生、绮里季、夏黄公。高皇帝于是大吃一惊，说："我寻访你们好几年了，你们避而不见，如今你们为什么自己来与我儿子交往呢？"四人都说："您看不起士人，动不动就骂人，我们不愿受您的侮辱，所以害怕躲藏起来了。听说太子仁慈孝顺，礼贤下士，天下没有人不愿意为他效死，所以我们就来了。"高皇帝说："那就烦请你们始终如一地调教护持太子吧。"

四人为寿已毕，趋去。上目送之，召戚夫人指示四人者曰①："我欲易之，彼四人辅之，羽翼已成，难动矣。吕后真而主矣②。"戚夫人泣，上曰："为我楚舞，吾为若楚歌③。"歌曰："鸿鹄高飞，一举千里。羽翮已就，横绝四海。横绝四海，当可奈何！虽有矰缴，尚安所施④！"歌数阕⑤，戚夫人嘘唏流涕。上起去，罢酒。竟不易太子者，留侯本招此四人之力也⑥。

【注释】

①指示：指给……看。

②吕后真而主矣：李笠曰："盖'母以子贵'之义也，赵王不立则吕后不废，故云'真而主'也。"而，尔，汝。

③若：你。

④"鸿鹄（hú）高飞"几句：史珥曰："'鸿鹄高飞'一歌虽有雄概，而音韵凄激，如将不胜。高帝鼓缶之景宛然。"陈祚明《古诗选》曰："上四句雄浑，下四句苍凉，开孟德四言之风。"鸿鹄，天鹅。羽翮（hé），羽翼。绝，横渡。矰缴（zēng zhuó），系有丝绳、弋射飞鸟的

短箭。

⑤阕（què）：乐终，亦称乐曲一首为一阕。

⑥竟不易太子者，留侯本招此四人之力也：梁玉绳引《通鉴考异》曰："高祖刚猛伉厉，非畏缙绅讥议者也，但以大臣皆不肯从，恐身后赵王独立，故不为耳。若决意欲废太子，立如意，不顾义理，以留侯之久故亲信，犹云'非口舌所能争'，岂山林四叟片言遽能柅其事哉！"又引《读史漫录》曰："《通鉴》不载四皓事，极有识见。盖子房调护太子自有方略，不假此也。如'请以太子为将，监关中兵'，此子房之略，其计深矣。"又引《史记疑问》曰："四老者，既无令名于天下分争之日，又无经济于孝惠为帝之年。逃匿山中而辩士可请；不为汉臣而吕后可要。急请间泣，唯知柔媚之乞怜，延颈欲死，剿袭游谈之浮说，即有是人，品奚足重？盖尽属子虚者矣。"

【译文】

四人向高皇帝敬酒后一齐退去。高皇帝目送他们退下，叫过戚夫人指着他们说："我想更换太子，可是那四个人辅助他，他的翅膀已经长成，动不了他啦。吕后真是你的主子啊！"戚夫人泪如雨下，高皇帝说："你给我跳个楚地的舞吧，我为你唱首楚歌。"唱道："鸿鹄高飞，一举千里。翅膀已硬，横绝四海。横绝四海，谁能奈何！纵有短箭，又有何用！"他反复唱了好几遍。戚夫人抽泣着。于是高皇帝离席而去，宴会就此结束。高皇帝最终没废掉太子，就是因为张良出主意请来了这四个人的缘故。

留侯从上击代①，出奇计马邑下②，及立萧何相国③。所与上从容言天下事甚众，非天下所以存亡，故不著④。留侯乃称曰："家世相韩，及韩灭，不爱万金之资，为韩报仇强秦，天下振动。今以三寸舌为帝者师⑤，封万户，位列侯，此布衣之极，于良足矣。愿弃人间事，欲从赤松子游耳⑥。"乃学辟谷，道引轻身⑦。会高帝崩，吕后德留侯，乃强食之⑧，曰：

"人生一世间，如白驹过隙[9]，何至自苦如此乎！"留侯不得已，强听而食。后八年卒[10]，谥为文成侯。子不疑代侯。

【注释】

①从上击代：高祖十年（前197）秋，代相陈豨反叛，张良跟随刘邦率军前去征讨。详见《韩信卢绾列传》。代，汉初建立的诸侯国名。韩王信为代王时，都马邑（今山西朔州）；陈豨为代相时，居代县（今河北蔚县东北之代王城）。

②出奇计马邑下：郭嵩焘曰："《高祖本纪》：'闻豨将皆故贾人，乃多与金啖豨将。'留侯计划多此类，尤善窥伺隐秘，所谓'出奇计马邑下'者，或谓此也。"

③及立萧何相国：泷川曰："'何'下添'为'字看。"《集解》引《汉书音义》曰："何时未为相国，良劝高祖立之。"

④不著：史书不记载。

⑤三寸舌：《索隐》引《春秋纬》曰："舌在口，长三寸。"

⑥从赤松子游：凌稚隆引刘子翚曰："良从赤松子游，盖婉其辞以脱世网，所谓'鸿飞冥冥，弋人何慕'焉。"又引邵宝曰："志欲退以辟祸也，辟谷其术耳。"赤松子，传说中的仙人。

⑦乃学辟谷，道引轻身：袁黄曰："张良辟谷，曹参湎于酒，陈平淫于酒与妇人，其皆有不得已乎？其忧思深，其道周，其当吕氏之际乎？"道引，导气引体。古医家、道家的养生术。轻身，道教谓使身体轻健而能轻举。

⑧会高帝崩，吕后德留侯，乃强食之：杨树达曰："高祖所谓三杰，淮阴见诛，萧何械系，良之辟谷，所以自全耳。及高祖已崩，良固可以食矣，不必全由吕后之强也。"高帝崩于高祖十二年（前195）四月。德，感念。

⑨人生一世间，如白驹过隙：泷川曰："白驹，白马也；隙，间隙也。语

又见《魏豹传》。”

⑩后八年：即吕后元年，前187年。梁玉绳曰：“《汉传》‘八’作‘六’。考《高祖功臣侯者年表》，良以高帝六年封，卒于吕后二年，在位十六年，则当是‘九年’，《史》《汉》俱误。”

【译文】

张良还曾随高皇帝去讨伐代国，在马邑为高皇帝出过奇计，还曾建议高皇帝任萧何为相国。他平常与高皇帝谈过的事情还有很多，但那些没关系到国家的存亡，所以这里就不再记述了。张良于是说：“我们家世代任韩国相，韩国被灭后，我不吝惜万贯家财，为韩国向秦朝报仇，曾使天下震动。现在我凭借三寸不烂之舌做了帝王之师，封为万户侯，这是一个平民可以到达的顶点了，对我来说已经足够了。我愿意抛弃人世间的一切事情，想跟随赤松子去做神仙。”于是他就学习辟谷之术，和导引轻身之术。时值高皇帝去世，吕后感激张良的恩德，就强迫他吃东西，说：“人活在世上，就像白马驰过墙缝一样短暂，为什么要这样苦着自己呢！”张良不得已，勉强恢复了吃饭。八年后张良去世，谥号为文成侯。他的儿子张不疑继承了留侯的爵位。

子房始所见下邳圯上老父与《太公书》者，后十三年从高帝过济北，果见穀城山下黄石，取而葆祠之①。留侯死，并葬黄石冢。每上冢伏腊，祠黄石②。留侯不疑，孝文帝五年坐不敬③，国除④。

【注释】

①葆祠：当作珍宝供奉。葆，通“宝”。《集解》引徐广曰：“《史记》‘珍宝’字皆作‘葆’。”《汉书·张良传》作“宝”。

②每上冢伏腊，祠黄石：意谓每年两次祭祀张良时，也同时祭祀黄石。姚苎田曰：“此段只详子房成功后善刀而藏之，妙。其文离奇

幻忽,独与他传结处迥殊,盖他传多详其世次,此自不疑外无闻,却以黄石并葬终之。子房乎?老人乎?一而二,二而一矣。”伏,夏季伏日之祭。腊,冬季腊月之祭。

③孝文帝五年:前175年。坐不敬:犯不敬之罪。不敬,不尊敬皇帝。按,《高祖功臣侯者年表》记载为“不疑坐与门大夫谋杀楚故内史,当死,赎为城旦,国除”。梁玉绳曰:“《史》、《汉》表‘坐杀楚内史’,非‘不敬’也,此与《汉传》误。”

④国除:封国被废除。

【译文】

张良当初在下邳桥头遇到的送给他《太公兵法》的那位老人,十三年以后,张良跟着高皇帝经过济北,果然见穀城山下有一块黄石头,就把它带回珍重地供奉起来。张良死时,人们也把黄石同他埋在了一起。每逢夏、冬两季祭祀张良时,同时也祭祀那块黄石。留侯张不疑在孝文帝五年因犯了不敬之罪,封国被废除。

太史公曰:学者多言无鬼神,然言有物[①]。至如留侯所见老父予书,亦可怪矣。高祖离困者数矣[②],而留侯常有功力焉,岂可谓非天乎?上曰:“夫运筹策帷帐之中,决胜千里外,吾不如子房[③]。”余以为其人计魁梧奇伟[④],至见其图,状貌如妇人好女。盖孔子曰:“以貌取人,失之子羽[⑤]。”留侯亦云[⑥]。

【注释】

①物:精灵,具有神怪性质的东西。古代有些唯物的思想家,他们不相信有鬼神,但却相信有一种很灵异,甚至可以兴妖作怪的东西。例如王充在《论衡·论死》中说:“夫物未死,精神依倚形体,故能

变化，与人交通。”就反映了汉朝人的这种见识。这在当时比起相信鬼神来，还算是进步的。

②离困：遭遇困难，陷入困境。离，后多作“罹（lí）”，遭，陷。

③夫运筹策帷帐之中，决胜千里外，吾不如子房：三句亦见于《高祖本纪》。

④计：王骏图曰：“度必也。”

⑤以貌取人，失之子羽：《仲尼弟子列传》云：“澹台灭明，武城人，字子羽……状貌甚恶。欲事孔子，孔子以为材薄。既已受业，退而修行，行不由径，非公事不见卿大夫。南游至江，从弟子三百人，设取予去就，名施乎诸侯。孔子闻之，曰：‘吾以言取人，失之宰予；以貌取人，失之子羽。’”按，《韩非子·显学》亦言此事，曰：“澹台子羽，君子之容也，仲尼几而取之，与处久而行不称其貌。”与此相反。

⑥留侯亦云：泷川曰：“‘留侯’上添‘余于’二字看。”

【译文】

太史公说：很多学者不相信鬼神，但却认为有物怪。至于像张良见到的给他书的老人，也可以说是一怪了。汉高祖多次遭遇困境，而张良常常能出力建功，使他转危为安，这难道说不是天意吗？汉高祖曾说：“运筹于军帐之中，决胜于千里之外，我不如张子房。”我也因此总认为张良一定是个身材魁梧、相貌奇伟的人，等到后来见到他的画像，竟然长得像个美女。孔子曾说过：“以容貌取人，我看错过澹台子羽。”对于张良，我也犯了同样的错误。

【集评】

真德秀曰：“子房为汉谋臣，虽未尝一日居辅相之位，而其功实为三杰之冠，故高帝首称之。其人品在伊、吕间，而学则有王霸之杂；其才如管仲，而气象高远则过之。自汉而下，惟诸葛孔明略相伯仲。”（《史记评

林》引)

黄震曰:“利啖秦将,旋破峣关,汉以是先入关。劝还霸上,固要项伯,汉以是脱鸿门。烧绝栈道,激项攻齐,汉以是得还定三秦。败于彭城,则劝连布、越。将立六国,则借箸销印。韩信自王,则蹑足就封。此汉所以卒取天下。劝封雍齿,销变未形;劝都关中,垂安后世。劝迎四皓,卒定太子。又所以维持汉室于天下既得之后。凡良一谋一画,无不系汉得失安危,良又三杰之冠也哉!”(《黄氏日钞》)

司马光曰:“以子房之明辨达理,足以知神仙之为虚诡矣,然其欲从赤松子游者,其智可知也。夫功名之际,人臣之所难处。如高帝之所称者,三杰而已,淮阴诛夷,萧何系狱,非以履盛满而不止也?故子房托于神仙,遗弃人间,等功名于外物,置荣利而不顾,所谓明哲保身者,子房有焉。”(《通鉴考异》)

吴汝纶曰:“史公于高帝君臣皆不当其一眄。‘子房状貌如妇人好女’,盖轻之也。叙四皓事,亦见此意,皆讥其阴附吕氏以取媚。”(《批注史记》引)

李景星曰:“盖子房乃汉初第一谋臣,又为谋臣中第一高人,其策谋甚多,若从详铺叙,非繁而失节,即板而不灵。且其事大半已见于《项》《高》二纪中,世家再见,又嫌于复,故止举其大计数条著之于篇。而中间又虚括其辞曰‘常为画策臣,时时从汉王’;篇末又总结之曰‘所与上从容言天下事甚众,非天下所以存亡,故不著’。用笔如此,乃觉详略兼到,通体皆灵。尤妙在‘老人授书’及‘四皓定太子’两段,全于淡处着笔,虚处传神,使留侯逸情高致,一一托出,信乎其为文字中之神品也。赞语冲逸淡远,极与世家相称。‘至见其图,状貌如妇人好女’。带补留侯状貌,亦为他处所无。”(《史记评议》)

【评论】

张良在刘邦称帝后被封为侯爵的一百四十三位功臣中,排行为第六十二，但司马迁却把他列在《史记》的“世家”中。在刘邦的部下中他是一个非常特殊的人物。首先，与刘邦部下大都出身于社会下层不同，他出身于六国老贵族的世袭之家；其次，他与刘邦部下的任何功臣都不同，他没有周勃、樊哙那样的攻城野战之功，也没有萧何那样的镇守后方之劳；刘邦的谋士不少，郦食其能劝齐王田广解除武装，随何能策反黥布，陆贾能劝说南越归汉，陈平是对敌工作部的总指挥，独独张良只是跟在刘邦身边，没有任何独当一面的纪录。张良只有出点子，这些点子又都完全是通过刘邦的选择而施行出来的，所以张良的功勋无法量化，除刘邦自己外无任何人能说得清。刘邦把张良与萧何、韩信说在一起，称他们是“三杰”，说张良的神通是“运筹策帷帐中，决胜千里外”；黄震颂扬张良为“三杰之冠”，说“利啖秦将，旋破峣关，汉以是先入关；劝还霸上，固要项伯，以是脱鸿门；烧绝栈道，激项攻齐，汉以是还定三秦；败于彭城，则劝连布、越；将立六国，则借箸销印；韩信自王，则蹑足就封，此汉所以卒取天下。劝封雍齿，销变未形；劝都关中，垂安后世；劝迎四皓，卒定太子，又所以维持汉室于天下既定之后。凡良一谋一画，无不系汉安危得失，良又三杰之冠也哉！”(《黄氏日钞》)但即使如此，张良在功臣中的排名仍是上不去，在一百四十三个功臣中只排在了第六十二位。刘邦功臣有幸列入“世家”的只有五个人，即萧何、曹参、张良、陈平、周勃。张良在功臣中的排名如此靠后，而司马迁写《史记》却对张良如此重视，将他排在陈平、周勃之前，这里面不仅体现了司马迁对张良历史贡献的高度评价，也体现了他对张良思想人格的特别认识。

张良奉行的是“黄老哲学”，其处世要诀是“后发制人”，“以柔克刚”，是“欲取之，先予之”，以及“吃小亏占大便宜”等。张良对黄老哲学修炼得可谓天衣无缝、炉火纯青，帮着刘邦斗垮了秦王朝，斗垮了项羽，又帮着刘邦与吕后斗垮了众功臣。而与此同时张良还得留着一份心眼儿随时地与刘邦、吕后斗，以保证自己的安全。与秦朝斗、与项羽斗、与功臣斗，见于《高祖本纪》《留侯世家》《淮阴侯列传》等等，写法明确，一翻便知。至于留着心眼儿与刘邦、吕后斗，就相对隐晦巧妙得多了。他给刘邦提建议，或是等刘邦发问他才说，或是等别人先说他再说；而且发言只是点到为止，决不说得太透；凡是估计刘邦不能接受的，他决不去自讨没趣。刘邦要废吕后、废太子，周昌与叔孙通等都急到了那个份上，张良始终一言不发。待至吕后逼着他出主意，他提出了商山四皓。商山四皓真的能解决问题么？这是张良的金蝉脱壳之计。能起作用最好不过；起不了作用，至少张良自己这一关是先过去了。《留侯世家》有一段说："留侯从入关。留侯性多病，即道引不食谷，杜门不出岁余。"这一年发生了什么事情呢？这一年有人向刘邦举报说韩信要造反，于是陈平就给刘邦出主意，让刘邦假说到南方视察，路经陈县时暗中布置武士，等刚为楚王不到一年的韩信前来谒见时，乘其不意就把韩信逮捕了。但由于没有证据，只好把韩信软禁在京城。《留侯世家》还有一段写张良："留侯乃称曰：'家世相韩，及韩灭，不爱万金之资，为韩报仇强秦，天下振动。今以三寸舌为帝者师，封万户，位列侯，此布衣之极，于良足矣。愿弃人间事，欲从赤松子游耳。'乃学辟谷，道引轻身。"这种情况出现在刘邦病死的前一年，即高祖十一年。这一年发生了什么事呢？这一年的正月，被软禁了五年多的韩信，被吕后强加罪名灭了三族；这一年的三月，梁王彭越被强加罪名剁成肉酱，三族被灭；这一年的七月，淮南王黥布被逼造反，被刘邦亲自带兵讨平。宋代司马光说："以子房之明辨达理，足以知神仙之为虚诡矣，然其欲从赤松子游者，其智可知也。夫功名之际，人臣之所难处。如高帝之所称者，三杰而已，淮阴诛夷，萧何系狱，非以履盛满而不止也？故子房托于神仙，遗弃人间，等功名于外物，置荣利而不顾，所谓明哲保身者，子房有焉。"（《通鉴考异》）能说就说，不能说就不说，再不行就设法躲开，有如水之随器赋形，如庄子所说"以无厚入有间，恢恢然必有余地矣"。

张良不求功、不求名，不求官职、不求权位。刘邦分封功臣时，别人都争抢不休，以致愁得刘邦几个月无法进行；而张良则一路退让。刘邦想让张良在齐地“自择三万户”，这在当时不会少于十个县。张良却说我只要一个留县就够了，“不敢当三万户”。张良在刘邦跟前始终以“宾客”自居，他帮着刘邦打天下，但他却总是把“为韩国报仇”挂在嘴上。当刘邦一灭项羽、一当皇帝，张良就开始高唱“导引”“避谷”，并请求退隐去寻找神仙赤松子了。总之，张良对刘邦一无所求，故而刘邦对张良也就没法摆“主子”的架子。刘邦对吕后、萧何、樊哙都可以骂骂咧咧，张口“你爸爸”“你老子”；但对于张良却是或称“先生”、或称“子房”，总是客客气气。这就是张良的生命艺术。

《留侯世家》通篇带有一种虚诞飘忽的色彩，从而使张良事迹具有了一种神话传奇的性质。作品于开头先声夺人地写了张良与力士刺秦始皇的情景，一亮相就使人震惊。但这时的张良还只是一个荆轲、高渐离似的赳赳武夫，还不是后来的“帝王师”。接着就写了圯上老人的午夜赠书，文笔怪骇传神，从此张良的豪侠之气一扫而光。从侠客、刺客到“帝王师”的转变，其间必有一个脱胎换骨的过程。这个艰难的过程要怎样表现才能令人理解、令人信服呢？司马迁通过描述这样一个似真似假、如梦如幻的“圯上老人”对他多方刁难后授以奇书的故事，以一种四两拨千斤的方式，使张良再次出现在读者面前时就已经是一位具有诡异色彩的“黄老哲学”奉行者了。

本篇中驳斥郦食其劝刘邦分封的一段话，后人多认为是对张良之明智的赞扬。宋代王若虚却对这段驳论的漏洞，举发得很中肯、很有力（见前文注释）。张良驳人之语，硬凑八项，徒以气势压人；其道理之不合、逻辑之混乱，都不足分析。这应是水平不高之人编造的一段故事，《史记》收入此论，既是对张良思想水平的降低，也是对司马迁文学水平的降低。司马迁本人的笔下，不可能出现如此拙劣的文字。

史记卷五十六

陈丞相世家第二十六

【释名】

陈平是刘邦的重要谋臣，地位仅次于张良，人称"良平"。《陈丞相世家》记述了陈平以奇计协助高祖定天下；又在汉初多难之际履险如夷，并能卒建大功，成为西汉一代名臣的全过程。全篇可分为五个部分，司马迁在第一部分叙述了陈平发迹前的生活经历，着重记述了他如愿娶得富人张负孙女，以及他在里巷公平地给大家分配祭肉时的感叹，所谓"嗟乎，使平得宰天下，亦如是肉矣"，预示了他日后会有大成就。在第二部分，司马迁叙述陈平先投魏咎，又投项羽，皆不得其用；后改投刘邦，屡出奇计，协助刘邦创建大汉帝国并初步稳定天下的事迹。第三部分写陈平在吕后朝屈伸变化、极意应付，以及吕后死后他参与诛灭诸吕的经过。第四部分写陈平在文帝朝为相掌权的情形。在最后的"太史公曰"中，司马迁评价了陈平的历史贡献，慨叹了他的足智多谋，字里行间含有揶揄之韵。

陈丞相平者，阳武户牖乡人也[①]。少时家贫，好读书，有田三十亩，独与兄伯居[②]。伯常耕田，纵平使游学[③]。平为人长大美色。人或谓陈平曰："贫何食而肥若是？"其嫂嫉平之不视家生产[④]，曰："亦食糠覈耳[⑤]。有叔如此，不如无有。”伯闻之,逐其妇而弃之。

【注释】

①阳武:古县名,秦置,治所在今河南原阳东南。

②独:独身一人,没有妻子。伯:兄弟中排行老大的。

③纵:听任,放纵。游学:外出求学。

④嫉:痛恨。不视家生产:不管家中生计。凌稚隆引许应元曰:“太史下‘其嫂嫉平’数句,盖先为其无盗嫂事地也。”

⑤糠覈(hé):指粗劣的粮食。

【译文】

丞相陈平是阳武县户牖乡人。他年少时家中贫困,喜好读书。家里有田地三十亩,陈平独身依附大哥生活。大哥平常在家种田,听任陈平外出游学。陈平长得身材高大,相貌英俊。有人问陈平:“你家里那么穷,吃了什么长得这么魁梧?”陈平的嫂子早就恼恨他不管家中生计,道:“只不过是吃米糠罢了。有个这样的小叔子,不如没有。”大哥听到这话,就把妻子休掉了,赶出家去。

及平长,可娶妻,富人莫肯与者,贫者平亦耻之。久之,户牖富人有张负[①],张负女孙五嫁而夫辄死,人莫敢娶。平欲得之。邑中有丧,平贫,侍丧[②],以先往后罢为助[③]。张负既见之丧所,独视伟平[④],平亦以故后去[⑤]。负随平至其家,家乃负郭穷巷,以弊席为门,然门外多有长者车辙[⑥]。张负归,谓其子仲曰[⑦]:“吾欲以女孙予陈平。”张仲曰:“平贫不事事[⑧],一县中尽笑其所为,独奈何予女乎?”负曰:“人固有好美如陈平而长贫贱者乎?”卒与女。为平贫,乃假贷币以聘,予酒肉之资以内妇[⑨]。负诫其孙曰:“毋以贫故,事人不谨[10]。事兄伯如事父，事嫂如母[11]。”平既娶张氏女，赍用益饶[12]，游道日广[13]。

【注释】

①张负：《索隐》：“按：负是妇人老宿之称，犹‘武负’之类也。然此张负既称富人，或恐是丈夫尔。”

②侍丧：为丧家服务，帮人办理丧事。侍，为之做事。

③为助：解说不一。一说指帮助。一说指赚取生活补助。

④独视伟平：颜师古曰：“视而悦其奇伟。”

⑤以故后去：故意比别人晚离开。

⑥家乃负郭穷巷，以弊席为门，然门外多有长者车辙：姚苎田曰：“三句都是张负目中看出，著一‘乃’字、一‘然’字，又是张负心口商度，真正神笔。”负郭穷巷，靠近外城城边，住在偏僻的小巷子里。长者，道德修养为人称道的老人。《索隐》曰：“言长者所乘安车，与载运之车轨辙或别。”

⑦其子仲：可能指排行老二的儿子。仲指排行，并非人名。

⑧不事事：即上文所言“不视家生产”。

⑨内：“纳”的古字，迎娶。

⑩事人：事奉人，服侍人。谨：谨慎，恭敬。

⑪事嫂如母：《集解》曰：“兄伯已逐其妇，此嫂疑后娶也。”凌稚隆引许应元曰：“兄已逐妇，而负言事嫂，亦概言礼当如是耳。”郭嵩焘曰：“上‘逐其妇而弃之’一时之愤辞也。语言之失，因以弃嫂，陈平亦岂能安？史公于此多不暇斡旋，止可因前后之文以通知其情事；裴骃便据此以嫂为后娶，恐失之。”

⑫赍用：指生活费用。饶：富裕。

⑬游道：交游的路子。

【译文】

等到陈平年长该娶妻了，富人家不肯把女儿嫁给他；而娶穷人家的女儿，陈平又感到羞耻。这样过了许久，户牖乡有个叫张负的富户，他的孙女曾五次嫁人，五次丈夫皆死，没人敢再娶她。陈平想和她结亲。这时候乡里有人办丧事，陈平因为家贫，就去帮忙料理丧事，靠着早去晚归，多得些报酬以贴补家用。张负在丧家见到他，相中他相貌魁梧英俊，而陈平也故意拖延着晚离开，等待张负闲暇下来。一次，张负跟着陈平去他家，发现他家住在靠近外城城墙的偏僻小巷子里，拿一领破席就当门了，但是门外却有很多长者留下的车轮印迹。张负回到家中对二儿子说："我想把孙女嫁给陈平。"二儿子说："陈平穷又不事生产，全县的人都讥笑他的行为，为什么偏要把我的女儿嫁给他？"张负说："哪有仪表堂堂像陈平这样的人会长久贫寒卑贱呢？"最终还是把孙女嫁给了他。因为陈平穷，张家就借钱给他置办聘礼，还给他置办酒宴的钱来娶亲。张负还特意告诫孙女说："不要因为人家穷，就对人家不恭谨。侍奉兄长要像侍奉父亲一样，侍奉嫂嫂要像侍奉母亲一样。"而陈平自从娶了张家女子之后，资财日益宽裕，交游也越来越广。

里中社①，平为宰②，分肉食甚均③。父老曰："善，陈孺子之为宰！"平曰："嗟乎，使平得宰天下，亦如是肉矣④！"

【注释】

①里中社：住在同一个里巷的居民祭祀土地神。《太平御览》卷五百三十二引蔡邕《陈留东昏库上里社碑》云："惟斯库里，古阳武之牖乡。陈平由此社宰，遂相高祖也。"泷川引《礼记·祭法》郑玄注曰："百家以上，则共立一社，今之'里社'也。"社，祭祀土地神。分春秋两次，于春耕前祭祀，祈求丰收，谓之春社；秋季祭祀叫"秋社"，以谢丰年。

②平为宰：颜师古曰："主切割肉也。"《荆楚岁时记》云："社日，四邻并结宗会社，宰牲牢，为屋于树下，先祭神，然后享其胙。"

③分肉食甚均：李笠曰："'食'字疑衍。下云'亦如是肉矣'，赞云'方其割肉俎上之时'可以证也。"按，《汉书》无"食"字。

④使平得宰天下，亦如是肉矣：其语气与陈涉"辍耕之垄上"之叹，及项羽、刘邦观始皇之语相同，皆用以预示其来日不凡。又《张耳陈馀列传》有所谓"项羽为天下宰，不平"，可与此遥相呼应。

【译文】

陈平所居的里巷祭祀土地神，陈平做主持割肉的人，他把祭肉分配得很均匀。老人们都夸他说："好，陈家孩子真会做分割祭肉的人！"陈平感慨地说："唉！有朝一日能够主宰天下，我也能像今天分配祭肉一样公平合理！"

陈涉起而王陈[1]，使周市略定魏地[2]，立魏咎为魏王[3]，与秦军相攻于临济[4]。陈平固已前谢其兄伯[5]，从少年往事魏王咎于临济。魏王以为太仆。说魏王不听，人或谗之，陈平亡去。

【注释】

①陈涉起而王陈：秦二世元年（前209）七月，陈涉在大泽乡（今属安徽宿州）揭竿起事，攻占陈郡（治今河南淮阳），自称为王，建立张楚政权。

②周市（fú）：魏大梁（今河南开封）人。陈胜称王，任将军，率军攻占魏地。其部众及齐、赵皆欲立他为魏王，不肯，而立原魏国王族魏咎为王，自己任相。事迹详见《陈涉世家》。略定：攻克平定。魏地：指今河南开封一带地区。

③立魏咎为魏王：魏咎于秦二世元年九月被立为魏王。秦二世二年（前208）十二月（当时以十月为岁首）到达魏地。

④与秦军相攻于临济：秦将章邯于秦二世二年十二月在陈县城西破杀陈涉后，又于秦二世二年一月进兵围攻魏咎驻守的临济。临济，古邑名，在今河南开封东北。

⑤谢：告辞，辞别。

【译文】

陈涉起兵到陈地称王，派周市平定魏地，拥立魏咎为魏王，与秦朝军队在临济交战。陈平早些时候便已辞别了他的哥哥，跟着一帮年轻人去临济在魏王手下做事了。魏王让他做了太仆。这期间陈平给魏王出了很多计策，魏王不采纳，再加上有人在魏王面前说陈平的坏话，陈平就逃走了。

久之，项羽略地至河上①，陈平往归之，从入破秦②，赐平爵卿③。项羽之东王彭城也④，汉王还定三秦而东，殷王反楚⑤。项羽乃以平为信武君⑥，将魏王咎客在楚者以往，击降殷王而还。项王使项悍拜平为都尉⑦，赐金二十溢⑧。居无何，汉王攻下殷⑨。项王怒，将诛定殷者将吏。陈平惧诛，乃封其金与印，使使归项王，而平身间行杖剑亡⑩。渡河⑪，船人见其美丈夫独行，疑其亡将，要中当有金玉宝器⑫，目之，欲杀平。平恐，乃解衣裸而佐刺船⑬。船人知其无有，乃止⑭。

【注释】

①久之，项羽略地至河上：时间大概在汉元年（前206）十月。项羽于秦二世三年（前207）十二月在巨鹿大破秦兵；又于七月逼降章邯。听闻刘邦已入关，匆匆挥军西进。河上，此指位于今河南

东北部的黄河边上。

②从入破秦：跟着项羽一道入关。按，当时秦王子婴已向刘邦投降。

③爵卿：《集解》引张晏曰："礼秩如卿，不治事。"即礼遇视卿，而无职事之官。

④项羽之东王彭城：项羽入关后大封诸侯，自立为西楚霸王，都彭城（今江苏徐州）。汉元年（前206）四月，各路诸侯纷纷前往各自的封地，项羽也去了彭城。

⑤殷王反楚：应在汉二年十月前后。殷王，司马卬，原属陈涉部将武臣麾下，武臣死后，归顺项羽，后被封为殷王，都朝歌（今河南淇县）。

⑥信武君：封号名。只有称号而无封地。

⑦项悍：项羽部将。都尉：武官名。战国时始置，秦汉沿置。为高级将领之下的中级武官，地位略低于校尉。随其职务而冠以名号，如护军都尉、驸马都尉、强弩都尉等。

⑧溢：古代重量单位，二十两为一溢。

⑨汉王攻下殷：事在汉二年三月。《高祖本纪》记载为："汉王从临晋渡，魏王豹将兵从。下河内，虏殷王，置河内郡。"

⑩身：独自一人。间行：暗地避人行走。

⑪渡河：按，当时彭城（今江苏徐州）位于黄河东南，而刘邦驻扎的修武（今河南获嘉）在黄河北边，所以陈平往投刘邦需要渡过黄河。

⑫要："腰"的古字。

⑬刺船：撑船。

⑭船人知其无有，乃止：凌稚隆引徐中行曰："平之侍丧里中，以'早至晚去为助'，非助也，为动张负而娶其孙也；间行归汉，'裸而佐刺船'，非佐刺船也，欲舟人之知其无金也。彼其平居细事，犹能钓奇若是。况居帷帐之中，受腹心之寄，当危机交急之时也哉！"吴见思曰："闲处着笔，非写船人也，正见流离中之丰神。"

【译文】

过了一段时间，项羽率军打到黄河边上，陈平又投奔了项羽，跟随项羽入关攻破秦王朝，被项羽封了个卿一级的爵位。项羽称王，东去彭城，汉王刘邦又趁机杀回来夺取了关中，并率兵东出，这时殷王司马卬也背叛了项羽。于是项羽就封陈平为信武君，让他率领着魏王咎留在彭城的旧部前去讨伐，陈平打败并使司马卬投降而回。项王派项悍前去拜陈平为都尉，赐黄金二十溢。没过多久，殷王又被汉王刘邦降服。项王大怒，要诛杀前次去平定殷地叛军的将军官吏。陈平害怕被杀，就把项羽赐给他的黄金和官印包好，派人送还给项羽，自己只身一人手持宝剑从小路逃跑了。渡黄河的时候，船夫见他是个美男子，又独自一人行走，怀疑他是个逃跑的将军，腰中应当带有金玉宝器，一直用眼睛看他，想杀死他。陈平很害怕，便故意脱掉衣服，袒露身子帮着船夫划船。船夫知道他一无所有，这才没有伤害他。

平遂至修武降汉①，因魏无知求见汉王②，汉王召入。是时万石君奋为汉王中涓③，受平谒④，入见平⑤。平等七人俱进，赐食。王曰："罢，就舍矣。"平曰："臣为事来，所言不可以过今日。"于是汉王与语而说之，问曰："子之居楚何官？"曰："为都尉。"是日乃拜平为都尉，使为参乘⑥，典护军⑦。诸将尽谨⑧，曰："大王一日得楚之亡卒，未知其高下，而即与同载，反使监护军长者⑨！"汉王闻之，愈益幸平⑩。遂与东伐项王。至彭城，为楚所败。引而还，收散兵至荥阳，以平为亚将⑪，属于韩王信，军广武⑫。

【注释】

①平遂至修武降汉：陈平应于汉二年（前205）三、四月之交来到修

武，投靠了刘邦。

②因：凭藉，通过。魏无知：刘邦的谋士。《索隐》曰："《汉书》张敞与朱邑书云：'陈平须魏倩而后进。'孟康云：'即无知也。'"

③万石君奋：即石奋，以奉事恭敬得刘邦喜爱，任为中涓。石奋有四个儿子，皆以孝顺恭谨闻名，官均至二千石，父子五人加起来有万石，故景帝称他为"万石君"。事迹见《万石君列传》。

④谒：如今之名片。

⑤入见平：指使陈平得以入宫进见。

⑥参乘：古时乘车，尊者在左，御者在中，另一人在右，称参乘。多以亲近左右之人任之。有时也让某人临时参乘，以示亲近尊敬。这里应该是后者。

⑦典护：监领，督察。

⑧讙（huān）：喧哗。

⑨反使监护军长者：王念孙曰："长者，诸将自谓。犹言使之监护我等也。'监护'下不当有'军'字，《汉书》《汉纪》皆无'军'字。"

⑩汉王闻之，愈益幸平：史珥曰："用人若此，宜其有'豁达'之目。"幸，亲近，宠爱。

⑪亚将：次将，副将。

⑫广武：古城名，故城在今河南荥阳东北广武山上。

【译文】

陈平于是逃到修武降汉，通过魏无知求见汉王，汉王召他进去。这时候万石君石奋正做汉王的中涓官，他接了陈平的名片，引陈平觐见。陈平等七个人都进去了，汉王赐给他们饮食。汉王说："吃完后，到客舍去休息吧。"陈平说："我有要事前来，所说的话不能拖过今日。"于是汉王就跟他交谈，言谈甚欢，汉王问他："您在项羽那里身居何职？"陈平说："做都尉。"当天汉王就任命陈平为都尉，和他同乘一辆车，负责协调监督军队。诸将喧哗不服，说："大王得到项羽的一个逃兵才一天，还不知道他的能力大小，就和他同乘一辆车，还要让他来监督我们这些老将！”汉王听说后，更加宠幸陈平。于是陈平就跟着汉王一起东进，攻打项羽。结果到了彭城，被项羽打得大败。汉王领兵返回，一路上收集溃散的汉兵到达荥阳，任命陈平为副将，隶属于韩王信，驻扎在广武。

绛侯、灌婴等咸谗陈平曰①：“平虽美丈夫，如冠玉耳②，其中未必有也。臣闻平居家时，盗其嫂③；事魏不容，亡归楚；归楚不中，又亡归汉。今日大王尊官之④，令护军。臣闻平受诸将金，金多者得善处⑤，金少者得恶处。平，反覆乱臣也，愿王察之。”汉王疑之，召让魏无知⑥。无知曰：“臣所言者，能也；陛下所问者，行也。今有尾生、孝己之行而无益于胜负之数⑦，陛下何暇用之乎？楚、汉相距⑧，臣进奇谋之士，顾其计诚足以利国家不耳⑨。且盗嫂受金又何足疑乎？”汉王召让平曰：“先生事魏不中，遂事楚而去，今又从吾游⑩，信者固多心乎⑪？”平曰：“臣事魏王，魏王不能用臣说，故去，事项王。项王不能信人，其所任爱，非诸项即妻之昆弟⑫，虽有奇士不能用，平乃去楚。闻汉王之能用人，故归大王。臣裸身来，不受金无以为资。诚臣计画有可采者，愿大王用之；使无可用者，金具在⑬，请封输官⑭，得请骸骨⑮。”汉王乃谢，厚赐，拜为护军中尉，尽护诸将⑯。诸将乃不敢复言。

【注释】

①谗：说别人坏话，说陷害人的话。《屈原贾生列传》有“天子议以为贾生任公卿之位，绛、灌、东阳侯、冯敬之属尽害之”，盖绛侯、灌婴之善“谗”非一事。

②冠玉：装饰帽子的美玉。《集解》引《汉书音义》："饰冠以玉，光好外见，中非所有。"

③盗其嫂：颜师古曰："盗犹私也。"谓与其嫂私通。凌稚隆引王韦曰："始言'伯逐其妇'，继言'事嫂如母'，'盗嫂'之事何自来哉？绛侯、灌婴等所闻，未必非妄言，太史公并载之，用意深矣。"郭嵩焘以为"盗嫂受金是同一类事"，即指盗窃其嫂之资财。

④尊官：封为高官。

⑤善处：与下文"恶处"意思相反。即相当于善待。

⑥召让：召来责备。

⑦尾生：古代传说中坚守信约的男子。《庄子·盗跖》："尾生与女子期于梁下，女子不来，水至不去，抱梁柱而死。"孝已：传说为殷高宗武丁的儿子，以孝行著，因遭后母谗言，被放逐而死。与《左传》所写之申生大体相似。

⑧距：通"拒"。

⑨不：同"否"。

⑩事魏不中，遂事楚而去，今又从吾游：按，李笠认为应削去"遂"字，作"事魏不中，事楚而去，今又从吾游"。中，满意，合适。去，离开。

⑪多心：谓二三其心，反复无定。

⑫诸项：项羽的各位同族。王先谦引周寿昌曰："诸项，伯、庄外，唯声、佗、悍、冠见各传，桃侯刘襄为项氏亲，降汉封侯，见《表》。"昆弟：兄弟。昆，兄。

⑬金具在：《汉书》作"大王所赐金具在"。中井曰："'金具在'，所受于诸将之金。""时平已闻无知之语，故汉王不诘金事，而平直以金事为对。"

⑭输官：交给官府。

⑮请骸骨：请把人身归我自己所有，即请求辞职的客气说法。

⑯拜为护军中尉，尽护诸将：史珥曰："平言'项王虽有奇士不能用'，是对面下针；'不受金无以为资'，妙在直致；帝'厚赐而使尽护诸将'，真英雄作用。"护军中尉，疑为秦官，刘邦为汉王时沿置，主掌尽护诸将，地位较高。

【译文】

绛侯周勃、灌婴等都在汉王面前诋毁陈平说："陈平虽然是个美男子，但也只不过是像帽子上的美玉一样徒作装饰罢了，他的内里未必有真才实学。我们听说陈平在家时，曾和嫂嫂私通；在魏王那里不能容身，逃出来归附项羽；归附项羽不行，又逃来归降您。现在大王如此器重他，使他做高官，让他监护军队。我们还听说陈平收受将领们的钱财，钱给得多的就得到好的待遇，钱给得少的就遭遇坏的待遇。陈平是个反复无常的奸佞乱臣，希望大王您明察。"汉王于是怀疑起陈平来，召来魏无知责问他。魏无知说："当初我向您推荐他，是说他有才能；现在您所问的是他的品行。假如有人有尾生、孝己那样的品行，而对于我们的胜败不起任何作用，您哪有闲工夫使用这样的人呢？现在楚、汉对峙，我推荐的是有奇谋的人，只看他的计谋是不是对国家有利罢了。至于是否私通嫂嫂、收受钱财，又有什么值得怀疑的呢？"汉王又把陈平找来责问说："先生您为魏王办事不相投，于是就去侍奉项羽，而又离去，如今您又跟随了我，讲信义的人原本就是这样三心二意吗？"陈平说："我侍奉魏王，魏王不能采用我的计策，所以我去投奔了项王。项王也不能信任人，他所信任的不是自己的同族就是妻子的兄弟，即使有奇才也不得重用，所以我才离开了他。我听说大王您知人善任，所以才来投奔您。我空身而来，不收受钱财便没有办事的费用。如果我的计谋确实有值得采纳的，希望大王您采用；假若没有值得采用的，钱财都还在，请允许我封好送交国库，我自己请求辞职还乡。"汉王于是向陈平道歉，丰厚地赏赐了他，任命他为护军中尉，监督全体将领。从此将领们才不敢再说什么了。

其后，楚急攻，绝汉甬道，围汉王于荥阳城[①]。久之，汉王患之，请割荥阳以西以和[②]。项王不听。汉王谓陈平曰：“天下纷纷，何时定乎？”陈平曰：“项王为人，恭敬爱人[③]，士之廉节好礼者多归之。至于行功爵邑[④]，重之[⑤]，士亦以此不附。今大王慢而少礼，士廉节者不来；然大王能饶人以爵邑[⑥]，士之顽钝嗜利无耻者亦多归汉[⑦]。诚各去其两短，袭其两长[⑧]，天下指麾则定矣[⑨]。然大王恣侮人，不能得廉节之士。顾楚有可乱者[⑩]，彼项王骨鲠之臣亚父、锺离眛、龙且、周殷之属[⑪]，不过数人耳。大王诚能出捐数万斤金，行反间，间其君臣，以疑其心，项王为人意忌信谗[⑫]，必内相诛。汉因举兵而攻之，破楚必矣。”汉王以为然，乃出黄金四万斤，与陈平，恣所为，不问其出入。

【注释】

①绝汉甬道，围汉王于荥阳城：事在汉三年（前204）四月。《高祖本纪》记载为：“汉王军荥阳南，筑甬道属之河，以取敖仓，与项羽相距岁余。项羽数侵夺汉甬道，汉军乏食，遂围汉王。”甬道，两侧筑有墙垣的通道。

②请割荥阳以西以和：意思是，请求以荥阳为界，双方讲和，项羽占荥阳以东，刘邦占荥阳以西。

③项王为人，恭敬爱人：按，《淮阴侯列传》记载为：“项王见人，恭敬慈爱，言语呕呕，人有疾病，涕泣分食饮。”

④行功爵邑：指论功行赏，封给有功者爵位和封地。

⑤重：舍不得，吝惜。

⑥饶：厚惠。

⑦士之顽钝嗜利无耻者：郭嵩焘曰：“西汉二百余年，始终不离此种

人才。”顽钝,圆滑而无骨气。

⑧袭:兼有。

⑨指麾(huī)则定:挥手之间就可搞定。比喻极其简单。麾,同“挥”。

⑩然大王恣侮人,不能得廉节之士。顾楚有可乱者:刘辰翁曰:“平言高帝‘恣侮’人,不能得‘廉洁之士’;谓项王诸臣,招之不可,独有间耳。且廉洁之士,一为人所疑,即洁身而走,故可间。”恣侮,任意侮辱。乱,扰乱。指破坏关系。

⑪彼项王骨鲠(gěng)之臣亚父、锺离眜(mò)、龙且(jū)、周殷之属:徐孚远曰:“其后周殷降汉,有愧此三贤,不可以当‘骨鲠’之目也。”骨鲠之臣,刚直正派的官员。亚父,指范增。是项羽对范增的敬称。锺离眜、龙且、周殷,都是项羽的部将。事迹详见《项羽本纪》《淮阴侯列传》。

⑫意忌:猜疑嫉妒。

【译文】

后来楚军加紧进攻,切断了汉军的甬道,把汉王围困在荥阳城。过了很长时间,汉王为这种困境而忧虑,于是请求以荥阳为界,荥阳以东属楚,荥阳以西属汉,双方讲和。项王不同意。汉王对陈平说:“天下如此纷乱,什么时候才能安定呢?”陈平说:“项王为人谦恭有礼,对人爱护,具有清廉节操、喜欢礼仪的士人多归附他。可是到了论功行赏、授爵封邑时,他又吝啬这些爵邑,士人因此又不愿归附他。现在大王您对人傲慢,缺少礼貌,具有清廉节操的士人不来;但是大王您舍得给人爵位、食邑,因此那些圆滑没有气节且唯利是图的人又都会归附汉王您。假如你们两位谁能够去掉自己短处,兼收对方的长处,那么天下挥手可定。可是您常常随意侮辱人,不能罗致到具有清廉节操的士人。只是楚军内部也有容易被扰乱的地方,忠于项王、给项王起主心骨作用的大臣,也不过就是亚父范增和锺离眜、龙且、周殷等几个人罢了。大王您如果能拿出几万斤金,行反间计,离间其君臣,让他们互生猜疑之心,项王为人猜忌多疑，听信谗言，这样他们一定会自相残杀。那时您再出兵攻打他们，必能攻破楚军。”汉王认为陈平说得很对，便拿出黄金四万斤，让陈平随意使用，不过问他用了多少和怎样用的。

陈平既多以金纵反间于楚军，宣言诸将锺离眛等为项王将，功多矣，然而终不得裂地而王，欲与汉为一，以灭项氏而分王其地。项羽果意不信锺离眛等①。项王既疑之，使使至汉。汉王为太牢具②，举进。见楚使，即详惊曰③：“吾以为亚父使，乃项王使！”复持去，更以恶草具进楚使④。楚使归，具以报项王。项王果大疑亚父。亚父欲急攻下荥阳城，项王不信，不肯听。亚父闻项王疑之，乃怒曰：“天下事大定矣，君王自为之！愿请骸骨归！”归未至彭城，疽发背而死⑤。陈平乃夜出女子二千人荥阳城东门，楚因击之，陈平乃与汉王从城西门夜出去⑥。遂入关，收散兵复东⑦。

【注释】

①意：怀疑。

②太牢具：古代宴请客人的最高规格礼节，牛、羊、豕皆备。

③详惊：装作吃惊。详，通“佯”，假装。

④更以恶草具进楚使：凌稚隆引陈懿典曰：“甫进太牢，忽更草具，其狙公之芧乎？楚之使、楚之君试一思之，可不莞尔而笑乎？”乾隆《通鉴辑览》曰：“陈平此计乃欺三尺童未可保其必信者，史乃以为奇而世传之，可发一笑。”史珥曰：“曲逆间范增号称‘奇计’，然其术甚浅，岂羽本无机智，以浅中之乃所以为奇与？”恶草具，粗劣的饮食。《集解》引《汉书音义》曰：“草：粗也。”

⑤疽（jū）：中医指局部皮肤肿胀坚硬的毒疮。

⑥陈平乃与汉王从城西门夜出去：据《秦楚之际月表》，此事发生在汉三年（前204）七月；据《汉书·高帝纪》，则发生在汉三年五月。泷川曰："'夜'字与上文复，《汉书》删。"

⑦遂入关，收散兵复东：据《史记》诸篇，此事应发生在汉三年九月；据《汉书》，则发生在汉三年五月。

【译文】

陈平用了很多钱在楚军中进行离间活动，在众将中扬言锺离眛等人作为项王的将领，功劳很多，然而最终却不能够分地为王，因此他们想同汉王联合，消灭项氏，瓜分他的土地，各自称王。项羽果然不再信任锺离眛等人了。项羽已经怀疑他们，派遣使者到汉军中打探消息。汉王备下猪、羊、牛三牲齐备的筵席，命人端进。见到楚使，佯装吃惊地说："我还以为是亚父的使者，原来是项王的使者！"于是就把好菜端了回去，改换成粗劣的饭菜给项羽的使者吃。使者回去后，把所见所闻都详细报告给了项羽。项羽果然大大地怀疑亚父范增。范增想要赶快攻下荥阳城，但项羽不信任他，根本不听他的。范增听说项羽在怀疑自己，于是生气地说："天下的形势基本定局了，以后的事情您自己干吧！我请求告老还乡！"他回乡还没有到达彭城，就因背上毒疮发作而死。陈平于是夜里让两千名妇女出荥阳城东门，楚军不知有诈便发动攻击，陈平就与汉王从荥阳西门出城逃离。汉王随即进入关中，收集溃散的士兵再次东进。

其明年①，淮阴侯破齐②，自立为齐王，使使言之汉王③。汉王大怒而骂，陈平蹑汉王④。汉王亦悟⑤，乃厚遇齐使，使张子房卒立信为齐王⑥。封平以户牖乡。用其奇计策，卒灭楚⑦。常以护军中尉从定燕王臧荼⑧。

【注释】

①其明年：即汉四年，前203年。

②淮阴侯破齐：汉四年十月，韩信打败齐国历下军，十一月又在潍水上打败齐楚联军，杀了项羽的大将龙且，俘虏了齐王田广。

③自立为齐王，使使言之汉王：《淮阴侯列传》记载与此不同。据《淮阴侯列传》，韩信平定齐地后，派人向刘邦请求为齐“假王”。

④陈平蹑（niè）汉王：据《淮阴侯列传》，韩信派人向刘邦请求为齐“假王”，刘邦大怒，正要怒骂，张良、陈平暗中踩刘邦的脚，附耳说：“汉方不利，宁能禁韩信之王乎？不如因而立，善遇之，不然变生。”蹑，踩，踏。

⑤汉王亦悟：《淮阴侯列传》记载为：“汉王亦悟，因复骂曰：‘大丈夫定诸侯，即为真王耳，何以假为？’”

⑥卒立信为齐王：刘邦在汉四年（前203）二月立韩信为齐王。

⑦用其奇计策，卒灭楚：楚汉双方订立鸿沟之约后，双方结束对峙，项羽遂撤军东归，刘邦也准备西去。据《项羽本纪》，张良、陈平献策说：“汉有天下太半，而诸侯皆附之；楚兵罢食尽，此天亡楚之时也，不如因其机而遂取之。今释弗击，此所谓‘养虎自遗患’也。”刘邦采用此建议，向东追击项羽，最终在垓下破灭项羽。

⑧常：通“尝”，曾经。燕王臧荼：原是燕国将领。追随项羽入关，项羽封王，将燕国土分为二，改封原燕王韩广为辽东王，都无终（今天津蓟州区），而以他为燕王，都蓟（今北京市西南）。不久攻杀韩广，并其地。后归汉。汉五年（前202）七月反叛，九月即被平定。参见《张耳陈馀列传》《项羽本纪》《淮阴侯列传》《高祖本纪》。

【译文】

第二年，淮阴侯韩信打败了齐国，私下自立为齐王，派使者把这件事禀报给汉王。汉王大怒，斥骂韩信，陈平暗踩汉王的脚。汉王也立刻省悟了，于是优厚地款待齐使，并派张良前去封韩信做齐王。汉王同时把户牖乡封给陈平。汉王采用陈平的奇计妙策，最终消灭了项羽。陈平还曾经以护军中尉的身份跟随汉王平定了燕王臧荼的叛乱。

汉六年[①]，人有上书告楚王韩信反[②]。高帝问诸将，诸将曰："亟发兵坑竖子耳[③]。"高帝默然。问陈平，平固辞谢，曰："诸将云何？"上具告之。陈平曰："人之上书言信反，有知之者乎[④]？"曰："未有。"曰："信知之乎？"曰："不知。"陈平曰："陛下精兵孰与楚[⑤]？"上曰："不能过[⑥]。"平曰："陛下将用兵有能过韩信者乎？"上曰："莫及也。"平曰："今兵不如楚精，而将不能及，而举兵攻之，是趣之战也[⑦]，窃为陛下危之。"上曰："为之奈何？"平曰："古者天子巡狩[⑧]，会诸侯。南方有云梦，陛下弟出伪游云梦[⑨]，会诸侯于陈[⑩]。陈，楚之西界，信闻天子以好出游[⑪]，其势必无事而郊迎谒[⑫]。谒，而陛下因禽之，此特一力士之事耳[⑬]。"高帝以为然，乃发使告诸侯会陈，"吾将南游云梦"。上因随以行[⑭]。行未至陈，楚王信果郊迎道中。高帝豫具武士[⑮]，见信至，即执缚之，载后车。信呼曰："天下已定，我固当亨！"高帝顾谓信曰："若毋声[⑯]！而反[⑰]，明矣！"武士反接之[⑱]。遂会诸侯于陈，尽定楚地。还至雒阳，赦信以为淮阴侯[⑲]，而与功臣剖符定封[⑳]。

【注释】

①汉六年：前201年。

②人有上书告楚王韩信反：汉五年十二月垓下之战后，刘邦夺取了韩信的兵权，并将韩信由齐王改封为楚王，都下邳（今江苏邳州西南）。

③亟（jí）：急速。

④人之上书言信反，有知之者乎：据前文，刘邦已召集诸将讨论过此事，陈平如此发问及刘邦的回答于情理不合。《资治通鉴》将“知之者乎”改为“信知之乎”，较此为好。

⑤陛下精兵孰与楚：据后文“今兵不如楚精”，此处语序应为“陛下兵孰与楚精”。

⑥不能过：刘邦此言不实。他已于去年垓下之战后夺了韩信的兵权。

⑦趣（cù）：催促，逼使。

⑧巡狩：天子视察境内，或视察诸侯。亦作“巡守”。

⑨弟：尽管，只管。云梦：薮泽名。汉魏之前所指云梦范围并不很大，晋以后的经学家才将云梦泽的范围越说越广，把洞庭湖都包括在内。

⑩陈：汉县名，治所在今河南淮阳。

⑪好：无恶意。

⑫无事：没有防备，不作戒备。郊迎谒：到陈县郊外迎接拜谒。

⑬此特一力士之事耳：凌稚隆引胡广曰：“昔者明王五载一巡狩，令诸侯各朝于方岳，大明黜陟，故刑一人天下服其罪，赏一人天下劝其贤。韩信未有逆节，汉祖不能斟酌古典，卒用陈平计，一朝系信，而生诸侯之疑。一二年间，韩王信反马邑，赵相贯高谋柏人，陈豨反代地，黥布、卢绾之徒悉以叛涣，岂非伪游云梦之计致之与？使后世天子不复言巡狩，诸侯不敢言朝觐，皆自此始。”史珥曰：“不为信辩反之真伪，而委曲以售其谲，于‘六出’中最为无赖之行。子长于‘封平’之上加‘于是’二字，诛其心也。”郭嵩焘曰：“‘人有上书告楚王反’，语无端倪，而于陈平所以为高帝谋者叙之特详，以明高帝诛戮功臣，亦陈平‘智计’附会以成之也。”

⑭随以行：刘辰翁曰：“谓即日行，使其不测。”

⑮豫具：预先备有。

⑯若：你。

⑰而:你。

⑱武士反接之:按,刘邦于汉六年(前201)十二月袭捕了韩信。凌稚隆曰:"云梦之计果奇乎哉?幸信之不反耳。脱信果反,且潜以兵袭帝于云梦,又焉得召之即来以就后车之载哉?吾固于帝之游云梦而知信之无反心,平之计未为奇也。"反接,反绑双手。

⑲赦信以为淮阴侯:中井曰:"反逆者,三族之罪也,岂可赦哉?赦信,以见其无罪也。"凌稚隆引程敏政曰:"吕氏之杀淮阴,千古共愤,而予以为平实启之,吕氏特成之耳。'伪游云梦'一言使高帝为无恩之主,元勋受无罪之诛,平亦不义之甚矣!"

⑳剖符:犹剖竹。古代帝王分封诸侯、功臣时,以竹符为信证,剖分为二,君臣各执其一,后因以"剖符""剖竹"为分封、授官之称。

【译文】

汉高祖六年,有人上书告发楚王韩信谋反。高祖询问各位将领,将领们说:"立即发兵活埋了这小子!"高祖沉默不语。又问陈平,陈平一再推辞,说:"诸位将领怎么说?"高祖把将领们的意见告诉了他。陈平说:"有人上书告韩信造反,这件事有别人知道吗?"高祖说:"没有。"陈平又问:"韩信知道有人告发他吗?"高祖说:"不知道。"陈平又问:"陛下的精锐部队跟楚国比哪个强?"高祖说:"我的比不过。"陈平又问:"陛下的将领们之中,用兵有超过韩信的人吗?"高祖说:"没有谁比得过。"陈平说:"如今您的兵不如韩信的兵精,您的将领又比不上韩信,就这样还要发兵去打他,这不是逼着他同我们决战吗,我私底下为陛下担忧!"高祖说:"应该怎么办呢?"陈平说:"古时天子巡察各地,会见诸侯。南方有个云梦泽,陛下尽管假装出游云梦,在陈县会见诸侯。陈县与楚国的西部边界相邻,韩信听到天子怀着善意出游,他一定会不做任何戒备到郊外迎接拜见陛下。拜见时,您就趁势逮捕他,一个大力士就能做到。"高祖认为陈平说得很对,便派人通知各地的诸侯们到陈县相会,"我要南行出游云梦"。于是高祖就随即出发了。还没有到达陈县,楚王韩信果然在郊外的路上迎接。高祖事先安排好武士，见韩信一到，武士便立即把他捆绑起来，放在高祖銮驾后面的车子上。韩信大声喊道："天下已经安定，我是应该被你们烹杀了！"高祖回头对韩信说："你不用喊叫！你谋反，已经很明显了！"武士把韩信两手反绑在后。高祖于是在陈县会见了诸侯，全部平定了楚地。高祖回到雒阳，赦免了韩信，降封他为淮阴侯，而与其他功臣剖符确定封赏。

于是与平剖符，世世勿绝，为户牖侯①。平辞曰："此非臣之功也。"上曰："吾用先生谋计②，战胜克敌，非功而何？"平曰："非魏无知，臣安得进？"上曰："若子可谓不背本矣③。"乃复赏魏无知。其明年④，以护军中尉从攻反者韩王信于代⑤。卒至平城，为匈奴所围⑥，七日不得食。高帝用陈平奇计，使单于阏氏⑦，围以得开。高帝既出，其计秘，世莫得闻⑧。

【注释】

①为户牖侯：前已"封平以户牖乡"，如今"为户牖侯"，则前次只是封以食邑，现在是正式封侯。按，陈平两次获赏皆为韩信事而得。

②吾用先生谋计：凌稚隆曰："君而'先生'其臣者，见此。"

③若子可谓不背本矣：泷川曰："初称'先生'，敬之也；后称'子'，亲之也。"凌稚隆曰："平之归功无知，果不背本耶？不过以帝猜忌之故乃寓意于不忍背无知，因以明其不背汉耳。不然云梦之游且忍于缚同事之信，而独不忍一无知哉？此亦平自全计也。"

④其明年：即高帝七年，前200年。

⑤从攻反者韩王信于代：陈平于高帝七年十月跟随刘邦前去平定韩王信的反叛。韩王信，战国时韩襄王庶孙。秦末随张良投奔刘

邦。汉王二年（前205）被封为韩王。五年定封韩王，都颍川（今河南禹州）。次年徙都晋阳（今山西太原西南），令防御匈奴。自请迁都马邑（今山西朔州）。因被匈奴围困，他遣使欲求和，招致刘邦怀疑。刘邦写信责备，他惶恐不安，于是投降了匈奴。代，郡国名，在今山西北部和河北西北部地区。

⑥卒至平城，为匈奴所围：按，刘邦于七年十月在代地攻打韩王信和匈奴联军，大获全胜；又于十一月乘胜追击，结果被匈奴大军围困于平城东北的白登。卒，最后。平城，古邑名，在今山西大同东北。

⑦单于：匈奴最高统治者的称呼。阏氏（yān zhī）：单于的正妻。

⑧其计秘，世莫得闻：《集解》引桓谭《新论》曰："彼陈平必言汉有好丽美女，为道其容貌天下无有，今困急，已驰使归迎取，欲进与单于。单于见此人，必大好爱之。爱之则阏氏日以远疏。不如及其未到，令汉得脱去；去，亦不持女来矣。阏氏妇女，有妒媚之性，必憎恶而事去之。此说简而要。及得其用，则欲使神怪，故隐匿不泄也。"梁玉绳曰："按韩王信、夏侯婴、匈奴等传，则汉之所以动阏氏解围者，止于重赂而已，乌有所谓奇秘之计哉？史公造为此言，遂使桓谭、应劭意测以美女动之，不惟鄙陋可羞，亦诬陈平甚矣。"王鸣盛曰："陈平，小人也。汉得天下皆韩信功，一旦有告反者，间左蜚语，略无证据，平不以此时弥缝其隙，乃唱伪游云梦之邪说，使信无故见黜；其后为吕后所杀，直平杀之耳。迨高祖命即军中斩樊哙，而平械之归。哙，吕氏党也，故平活之。其揣时附势如此。且平'六出奇计'，而其解白登之围，特图画美人以遗阏氏，计甚庸鄙，又何奇哉？"

【译文】

当时高祖与陈平剖符为信，封陈平为户牖侯，立誓让陈平家族爵位世代相传不断。陈平辞谢说："这不是我的功劳。"高祖说："我采用了先生的计谋，才能克敌制胜，这不是功劳是什么呢？"陈平说："当初如果没有魏无知的引荐，我怎么能得以进身呢？”高祖说：“像你这样可以说是不忘本了。”于是又赏赐了魏无知。第二年，陈平以护军中尉的身份跟从高祖在代地攻打谋反的韩王信。最后到了平城，被匈奴军队围困，一连七天没吃上饭。高祖又采用了陈平的妙计，派人到单于的妻子那里疏通关系，包围才得以解除。高祖脱身以后，陈平的计策始终秘而不宣，世间没人得知内情。

高帝南过曲逆①，上其城，望见其屋室甚大，曰：“壮哉县！吾行天下，独见洛阳与是耳。”顾问御史曰②：“曲逆户口几何？”对曰：“始秦时三万余户，间者兵数起③，多亡匿，今见五千户④。”于是乃诏御史，更以陈平为曲逆侯⑤，尽食之，除前所食户牖。

其后常以护军中尉从攻陈豨及黥布⑥。凡六出奇计⑦，辄益邑，凡六益封。奇计或颇秘，世莫能闻也。

【注释】

①曲逆：汉县名，治所在今河北顺平东南。

②御史：春秋战国时期列国皆有御史，为国君亲近之职，掌文书及记事。秦设御史大夫，职副丞相，位甚尊；并以御史监郡，遂有纠察弹劾之权。此处顾问的应是前者。王先谦引沈钦韩曰：“御史掌图书秘籍，故户口之数职知之，每有封爵与丞相同被诏，亦因此。”

③间者：近来。

④见：“现”的古字。

⑤乃诏御史，更以陈平为曲逆侯：按，汉代皇帝下达命令的程序是，先把意思告知御史大夫，由御史大夫写成正式文书转给丞相，再由丞相下达实施。此类事可参看《三王世家》《儒林列传》等篇。

⑥常以护军中尉从攻陈豨及黥布：泷川曰："陈平初仕汉，以都尉为护军中尉，至是仍居其职。"凌稚隆引陈仁锡曰："益封不迁其职，所以能尽其用。"按，刘邦讨陈豨事在汉十年（前197）九月。陈豨，刘邦的部将，高祖七年（前200）冬随刘邦讨伐韩王信时，被封为侯，任以为"代相国"，并令其"监赵、代边兵"。后被刘邦猜疑，于高祖十年（前197）八月起兵反叛。黥布，原为项羽部将。楚、汉战争时，他听从汉使随何的劝说，背楚归汉。高祖十一年（前196），他见韩信、彭越先后被灭，遂于七月举兵反。事见《黥布列传》。刘邦亲自率军征讨，于十二年（前195）十月将其击溃。

⑦凡六出奇计：王先谦引钱大昭曰："间疏楚君臣，一奇计也；夜出女子二千人荥阳东门，二奇计也；蹑汉王立信为齐王，三奇计也；伪游云梦缚信，四奇计也；解平城围，五奇计也；其六当在从击臧荼、陈豨、黥布时，史传无文。"凌稚隆曰："平出奇计不只六也，嗣后囚哙致上，使上自诛，一；帝崩，驰至宫，哭甚哀，二；佯不治宰相事，饮酒戏妇女，三；吕后欲王诸吕，平伪听之，四；吕后崩，平与勃合谋卒诛诸吕，立文帝，五；既诛诸吕，以右丞相让勃，不居功，六。前六计者佐高帝定天下，而后六计则事太后以自全耳。总之了结魏无知称'奇谋之士'一句案。"

【译文】

高祖南归经过曲逆，登上城楼，望见县城的房屋都很高大，不禁赞叹说："这座县城真壮观啊！我行遍天下，只见到洛阳和这个县是这样的。"回头问御史说："曲逆的户口有多少？"御史回答说："当初秦朝时有三万多户，近来连年战乱，很多人逃亡藏匿，如今现存五千户。"高帝于是便命令御史，改封陈平为曲逆侯，尽享全县各户的赋税收入，取消以前所封他的户牖乡。

此后陈平曾以护军中尉的身份跟从高祖征讨陈豨和黥布。他一共出过六次奇计，每次都增加了封邑，一共增封了六次。奇计有的颇为隐秘，世间无人得知。

高帝从破布军还，病创[①]，徐行至长安。燕王卢绾反[②]，上使樊哙以相国将兵攻之[③]。既行，人有短恶哙者[④]。高帝怒曰："哙见吾病，乃冀我死也。"用陈平谋而召绛侯周勃受诏床下[⑤]，曰："陈平亟驰传载勃代哙将[⑥]，平至军中即斩哙头！"二人既受诏，驰传未至军，行计之曰："樊哙，帝之故人也，功多，且又乃吕后弟吕媭之夫[⑦]，有亲且贵，帝以忿怒故，欲斩之，则恐后悔。宁囚而致上，上自诛之。"未至军，为坛[⑧]，以节召樊哙。哙受诏，即反接载槛车，传诣长安[⑨]，而令绛侯勃代将，将兵定燕反县。

【注释】

①病创：受伤。按，刘邦平定黥布之反时，被流矢射中。事见《高祖本纪》。

②燕王卢绾（wǎn）反：卢绾是刘邦少年时代的好友，随刘邦起事。高祖五年被立为燕王。十一年，陈豨反，卢绾受命征讨，与陈豨通连。于高祖十二年（前195）一月反。过程见《韩信卢绾列传》。

③樊哙：少以屠狗为业。后随刘邦起事，以功封舞阳侯。娶吕后妹妹吕媭为妻。事迹见《樊郦滕灌列传》。相国：此为虚衔。高祖时只有萧何任相国实职。

④人有短恶（wù）哙者：颜师古曰："陈其短失过恶于上，谓谮毁之。"杨树达曰："谓哙'党于吕氏，高帝崩后，哙将尽诛戚氏及赵王如意'也。见《哙传》。"短恶，揭人短处，说人坏话。

⑤绛侯周勃：从刘邦起兵于沛，每战必为先锋，封绛侯。事迹详见《绛侯世家》。

⑥传(zhuàn):驿车。

⑦吕嬃(xū):吕后的妹妹,名嬃。用事专权,大臣畏惧。事见《吕太后本纪》。

⑧为坛:以供宣诏与任命新将军之用。

⑨反接载槛车,传诣长安:凌稚隆引杨维祯曰:"其不斩哙者,以哙吕后弟嬃之夫,帝驾将晏,汉牝将鸣,虑忤后尔。"袁黄曰:"床下之对,察帝甚亲,知帝必不起,而政自吕后出。执以归上,上在,幸自诛之,则手刃哙者非我也。有如宫车一日宴驾,而哙得以逋其诛,则为德于吕氏岂有涯哉。此平之谲也。"槛车,囚车。

【译文】

高祖随击败黥布的军队回来,因受伤而患病,缓慢地回到长安。这时,燕王卢绾反叛,高祖派樊哙以相国的身份率兵前去讨伐。军队出发后,有人说樊哙的坏话。高祖发怒说道:"樊哙见我生病,竟盼着我死吗?"便采用了陈平的计谋,召绛侯周勃在病榻前受命,说:"陈平你速乘驿车载着周勃去代替樊哙领兵,你到了军中立即斩下樊哙的头!"二人接受了高祖的诏命,乘驿车急行,还没有到达军中,边走边商议说:"樊哙是皇帝的老朋友,功劳多,而且又是吕后妹妹吕嬃的丈夫,既是皇亲,又是显贵,皇帝因为一时愤怒想杀他,只怕将来要后悔。我们宁可把他囚禁起来交与皇帝,由皇帝自己处决他。"他们没有到军营中,便堆土筑坛,用符节召来樊哙。樊哙接受诏令,立即被反绑起来装上囚车,用驿车将其送往长安。让绛侯周勃代替樊哙做统帅,率兵平定燕地各县的叛乱。

平行闻高帝崩①,平恐吕太后及吕嬃谗怒②,乃驰传先去③。逢使者诏平与灌婴屯于荥阳④。平受诏,立复驰至宫,哭甚哀,因奏事丧前⑤。吕太后哀之,曰:"君劳,出休矣。"平畏谗之就⑥,因固请得宿卫中⑦。太后乃以为郎中令[⑧],曰:“傅教孝惠。”[⑨]是后吕媭谗乃不得行[⑩]。樊哙至,则赦复爵邑[⑪]。孝惠帝六年[⑫],相国曹参卒[⑬],以安国侯王陵为右丞相,陈平为左丞相[⑭]。

【注释】

①高帝崩:刘邦卒于高祖十二年(前195)四月。

②平恐吕太后及吕媭谗怒:泷川:“枫山本无‘怒’字。”

③驰传先去:陈平乘驿车先行进京。

④诏平与灌婴屯于荥阳:荥阳是军事重地,屯兵此处是为了防备出现非常之变。灌婴,汉初开国功臣之一,以军功封颍阴侯。事迹详见《樊郦滕灌列传》。

⑤奏事丧前:在丧前复命。

⑥畏谗之就:颜师古曰:“就,成也。言畏谗毒己者得成其计。”

⑦宿卫中:在宫中宿卫。

⑧太后乃以为郎中令:按,陈平能有此任命,是因为保全了樊哙。郎中令,战国时始置,职掌宫廷门户。秦汉时为九卿之一,秩中二千石,总管宫殿内一切事务。

⑨曰:“傅教孝惠”:李笠曰:“‘曰’字疑衍。”陈仁锡曰:“‘孝惠’当作‘皇帝’。”傅教,辅佐教导。

⑩吕媭谗乃不得行:按,陈平途中受诏后没去荥阳,而是“复驰至宫,哭甚哀,因奏事丧前”,属于苦表心迹,后又有固请宿卫的表现,可谓善于谋身。

⑪樊哙至,则赦复爵邑:泷川曰:“高祖欲斩樊哙,恐其党于吕氏也。而‘赦死复爵’,岂老苏所谓‘遗患’者耶?但既夺其兵权,则哙不能有为,平、勃讲之精矣。”

⑫孝惠帝六年:前189年。

⑬相国曹参卒:梁玉绳曰:“参于孝惠五年八月卒,此与《汉书·参

传》误作六年。”曹参，汉初开国功臣之一，封平阳侯。孝惠帝二年（前193）继萧何为相国。事迹详见《曹相国世家》。

⑭王陵为右丞相，陈平为左丞相：事在孝惠帝六年十月。按，汉高祖时置一丞相，高祖十一年改称相国。惠帝、高后时置左、右丞相，以右丞相为上。

【译文】

陈平在返京途中听说高祖去世，他害怕吕媭进谗言、吕太后听信谗言发怒，于是就赶快乘驿车先回长安。路上遇到朝廷使者传令陈平和灌婴驻守荥阳。陈平接受命令后，没有去荥阳，反而立即赶到宫中，哭得非常哀痛，在高祖灵堂前禀奏处理樊哙一事的经过。吕太后可怜他，说："您辛苦了，出去休息吧。”陈平害怕谗言加于自身，于是坚决请求留宿宫中，担任警卫。吕太后于是就任命他为郎中令，并说："请好好辅佐教导皇帝。”这之后吕媭的谗言才不起作用。樊哙被押到长安，便被赦免并恢复了原来的爵位和封邑。孝惠帝六年，相国曹参去世，任用安国侯王陵为右丞相，陈平为左丞相。

王陵者，故沛人，始为县豪，高祖微时①，兄事陵。陵少文，任气，好直言。及高祖起沛，入至咸阳，陵亦自聚党数千人，居南阳，不肯从沛公②。及汉王之还攻项籍③，陵乃以兵属汉。项羽取陵母置军中，陵使至，则东乡坐陵母④，欲以招陵。陵母既私送使者，泣曰："为老妾语陵，谨事汉王。汉王，长者也，无以老妾故，持二心。妾以死送使者。”遂伏剑而死。项王怒，烹陵母。陵卒从汉王定天下。以善雍齿，雍齿，高帝之仇⑤，而陵本无意从高帝，以故晚封，为安国侯⑥。

【注释】

①微：贫贱，卑下。

②居南阳，不肯从沛公：据《高祖本纪》，刘邦攻取南阳后，“引兵西，无不下者。至丹水，高武侯鳃、襄侯王陵降西陵”。则王陵在入武关前已归附刘邦，只是没有跟随刘邦入关。南阳，郡名，秦置，治宛县（今河南南阳）。

③汉王之还攻项籍：刘邦回军平定三秦后，于汉二年（前205）四月东出，与项羽争天下。

④东乡坐陵母：让王陵母亲居上座。东乡，面向东。古代以东为上方、尊位。

⑤雍齿，高帝之仇：雍齿在秦时是沛县的富豪，刘邦起事后，令他守丰（今江苏丰县）。他受到周市挑唆，背叛刘邦，据丰地投靠了魏，使刘邦大吃苦头。秦二世二年（前208），刘邦攻破丰，他逃入魏地。楚汉战争时复归刘邦，助邦平定诸侯。

⑥陵本无意从高帝，以故晚封，为安国侯：梁玉绳曰：“考《张丞相传》，陵救张苍，在沛公初定南阳未入武关之前，而陵之封侯同在六年，又位居十八人中，安得谓陵‘不肯从汉，及攻羽时始从，以故晚封’邪？”按，据《高祖功臣侯者年表》，曹参、陈平、靳翕、傅宽等之封侯在汉六年（前201）十二月；萧何、张良、樊哙、周勃等之封侯在正月；而王陵之封安国侯乃在八月，所谓“晚封”或指此。全祖望曰：“王陵是自聚党定南阳者，未尝从起丰，未尝从至霸上，未尝为汉守丰。《史》表功状之言皆谬。但陵自定南阳，归汉甚早。而不从入关者，盖高祖留以为外援，本传以为‘不肯属汉’，则又非也。陵不属汉，何以能免张苍于死？而次年高祖即用其兵以迎太公，非陵属汉之明文乎？且陵母之贤，一死以坚陵之从汉矣，则谓陵‘不肯属汉’，‘高祖恨之，其封独晚’，非也。盖汉初功臣位次，第一曰从起丰沛，二曰从入关，三曰从定三秦，而陵

之功，皆在三者之后，又无秘策如陈平等，则其晚宜矣。”

【译文】

王陵是沛县人，当初是县里的豪绅，高祖在贫贱时，像对待兄长那样侍奉王陵。王陵缺少文采，意气用事，喜欢直言。到了高祖在沛县起兵，进入关中抵达咸阳时，王陵也自己聚集党羽几千人，占据南阳，不肯跟从沛公。等到汉王回军进攻项羽时，王陵才率兵归属汉王。项羽接来王陵的母亲，把她安置在军营里，王陵的使者到的时候，项羽让王陵的母亲坐在朝东长者的席位上，想用这种办法来招降王陵。王陵的母亲私下送别使者时，哭着说：“替我告诉王陵，要恭谨地侍奉汉王。汉王是个宽厚的长者，不要因为我的缘故，而对汉王有三心二意。我以一死来给你送行吧。”说罢即拔剑自刎而死。项王大怒，烹煮了王陵的母亲。王陵最终跟从汉王平定天下。王陵跟雍齿关系不错，雍齿是高祖的仇人，而王陵又原本无意跟从高祖，由于这些缘故受封较晚，被封为安国侯。

安国侯既为右丞相，二岁，孝惠帝崩[①]。高后欲立诸吕为王，问王陵，王陵曰：“不可。”问陈平，陈平曰“可”[②]。吕太后怒，乃详迁陵为帝太傅[③]，实不用陵。陵怒，谢疾免，杜门竟不朝请，七年而卒[④]。

【注释】

①孝惠帝崩：惠帝刘盈卒于前188年。

②陈平曰“可”：据《吕太后本纪》，吕后欲封诸吕，问右丞相王陵，王陵曰：“高帝刑白马盟曰：‘非刘氏而王，天下共击之。’今王吕氏，非约也。”问左丞相陈平、绛侯周勃，勃等对曰：“高帝定天下，王子弟；今太后称制，王昆弟诸吕，无所不可。”

③详迁陵为帝太傅：事在吕后元年（前187）十一月。详，通“佯”。

太傅，与太师、太保合称“三公”，职主辅佐天子治理天下。秦不置。吕后元年初置。吕后此举是为了夺王陵的相权。

④陵怒，谢疾免，杜门竟不朝请，七年而卒：凌稚隆引林伯桐曰：“王陵不肯立诸吕为王，则有守；一见张苍知为美士，则有识；与雍齿交，不因高祖怒雍齿而改其交，则有信：三者皆难能而可贵，宜乎高祖微时而兄事之，及吕后问可相者而以为王陵可代曹参也。”谢疾免，称病辞职。朝请，诸侯朝见天子，春季谓朝，秋季谓请。泛指按时朝见。七年而卒，王陵卒于吕后七年（前181）。

【译文】

安国侯做了右丞相，两年后，孝惠帝去世。吕太后想立吕氏宗族的人为王，询问王陵，王陵说：“不行。”又问陈平，陈平说：“可以。”吕太后大怒，于是假意提升王陵为皇帝的太傅，实际上不重用王陵。王陵很生气，称病辞职，闭门不出，始终不入宫朝见，七年后去世。

陵之免丞相，吕太后乃徙平为右丞相，以辟阳侯审食其为左丞相①。左丞相不治②，常给事于中③。食其亦沛人。汉王之败彭城西，楚取太上皇、吕后为质④，食其以舍人侍吕后。其后从破项籍为侯⑤，幸于吕太后。及为相，居中，百官皆因决事⑥。

【注释】

①辟阳侯审食其（yì jī）：秦末以舍人跟从刘邦起事。刘邦在外征战，他侍奉吕后、刘盈留沛。楚汉战争中，与吕后、刘盈俱被项羽俘获，后被释放。封辟阳侯。事迹还杂见于《吕太后本纪》《淮南王列传》。

②不治：颜师古引李奇曰：“不治丞相职事也。”《吕太后本纪》作

“不治事”。

③给事：供职，服务。

④楚取太上皇、吕后为质：刘邦在彭城被打败溃退，其家小外逃时撞上了项羽派去抓捕的人。刘太公和吕后都被俘去。事见《项羽本纪》。按，汉四年（前203）九月，刘邦与项羽订立鸿沟之约，项羽释放了太公和吕后，审食其也于此时一同被放。

⑤从破项籍为侯：刘邦于汉五年（前202）十二月在垓下破灭项羽。汉六年（前201）八月，封审食其为辟阳侯。

⑥因：借助，通过。

【译文】

王陵被免了丞相之职后，吕太后就改封陈平做右丞相，任命辟阳侯审食其为左丞相。审食其为相后不管丞相职分内的事，经常在宫里服务。审食其也是沛县人。当初汉王在彭城被项羽打败西逃时，楚军抓走汉王的父亲和吕后做人质，审食其以家臣侍从的身份侍候吕后。他后来又跟随汉王打败项羽，被封为辟阳侯，特别受吕太后的宠爱。到他做了丞相，仍经常住在宫中，百官都得通过他才能决断事情。

吕媭常以前陈平为高帝谋执樊哙，数谗曰：“陈平为相非治事，日饮醇酒，戏妇女。”陈平闻，日益甚[①]。吕太后闻之，私独喜[②]。面质吕媭于陈平曰[③]：“鄙语曰‘儿妇人口不可用’，顾君与我何如耳。无畏吕媭之谗也。”吕太后立诸吕为王，陈平伪听之[④]。及吕太后崩[⑤]，平与太尉勃合谋，卒诛诸吕[⑥]，立孝文皇帝，陈平本谋也[⑦]。审食其免相。

【注释】

①陈平闻，日益甚：按，刘氏与吕氏之间权力斗争日益激烈，陈平为

避祸，故意做出此种姿态。

②吕太后闻之，私独喜：王先谦曰："平不以能加于辟阳之上，又无治迹，故后喜之。"

③质：对质，验证。

④陈平伪听之：按，《吕太后本纪》等篇叙及此事皆无"伪"字，吴见思曰："只如此写，妙。是直笔？是回护？令人自得之。"

⑤及吕太后崩：吕后卒于其在位八年八月。

⑥平与太尉勃合谋，卒诛诸吕：吕后死后，齐王刘襄起兵讨伐诸吕，诸吕派灌婴率军迎战，灌婴到达荥阳后倒戈，与齐王联合。周勃、陈平等密谋策划，在京城诛灭了诸吕，扶持文帝即位。过程详见《吕太后本纪》。

⑦陈平本谋也：黄震曰："陈平与太尉勃卒诛诸吕，然使诸吕谋逆者，平阿意太后之过也。纵火焚人之家，而随以扑灭，其功耶？罪耶？"

【译文】

吕媭常因为陈平从前为刘邦谋划捉拿樊哙而记恨，数次进谗言道："陈平当丞相不理政务，每天饮美酒，玩弄女人。"陈平听到后，饮酒作乐日益加剧。吕太后闻知此事，暗自高兴。有一天她当着吕媭的面对陈平说："俗话说'小孩子和女人的话不可听'，关键就看你对我怎么样了。你不要害怕吕媭说你的坏话。"吕太后立吕氏宗族的人为王，陈平假装顺从这件事。等到吕太后去世，陈平跟太尉周勃合谋，终于诛灭了吕氏宗族，拥立孝文皇帝即位，此事陈平是主要策划者。审食其被免去左丞相一职。

孝文帝立[1]，以为太尉勃亲以兵诛吕氏，功多；陈平欲让勃尊位，乃谢病[2]。孝文帝初立，怪平病[3]，问之。平曰："高祖时，勃功不如臣平。及诛诸吕，臣功亦不如勃。愿以右丞相让勃。”于是孝文帝乃以绛侯勃为右丞相，位次第一；平徙为左丞相，位次第二。赐平金千斤，益封三千户。

【注释】

①孝文帝立：刘恒于前179年即帝位。

②陈平欲让勃尊位，乃谢病：姚苎田曰：“此时平者不让勃，文帝终亦必更置之，而平之宠衰矣。千古智人，占先着处。”

③怪平病：王先谦引周寿昌曰：“怪其无故以病谢。”

【译文】

孝文帝即位后，认为太尉周勃亲自率军诛灭了诸吕，功劳最大；陈平想把右丞相的尊位让给周勃，就称病告假。孝文帝刚即位，对陈平称病感到奇怪，就询问他。陈平说：“高祖的时候，周勃的功劳不如我陈平。等到消灭吕氏一党时，我的功劳又不如周勃。我愿意把右丞相的尊位让给周勃。”如此孝文帝就任命绛侯周勃为右丞相，位列第一；改任陈平为左丞相，位列第二。赏赐陈平黄金千斤，增加食邑三千户。

居顷之，孝文皇帝既益明习国家事，朝而问右丞相勃曰：“天下一岁决狱几何①？”勃谢曰：“不知。”问：“天下一岁钱谷出入几何？”勃又谢不知，汗出沾背，愧不能对②。于是上亦问左丞相平。平曰：“有主者。”上曰：“主者谓谁？”平曰：“陛下即问决狱③，责廷尉④；问钱谷，责治粟内史⑤。”上曰：“苟各有主者，而君所主者何事也？”平谢曰：“主臣⑥！陛下不知其驽下⑦，使待罪宰相⑧。宰相者，上佐天子理阴阳，顺四时，下育万物之宜⑨，外镇抚四夷诸侯，内亲附百姓，使卿大夫各得任其职焉。”孝文帝乃称善。右丞相大惭，出而让陈平曰："君独不素教我对！"陈平笑曰："君居其位，不知其任邪？且陛下即问长安中盗贼数，君欲强对邪？"于是绛侯自知其能不如平远矣[⑩]。居顷之，绛侯谢病请免相，陈平专为一丞相[⑪]。

【注释】

①决狱：判决狱讼。

②愧不能对：方孝孺曰："周勃挟诛吕氏之权，常有德色，帝待之益庄。……不责其德色之不恭，而引职事以问之。……文帝岂不知其不能对哉？出其不意问其所当知，使其不对而自惭，惭而不敢怨，怨而不敢怒，其骄慢之虚气至是索然销铄而无余。天下之大权不待发于声色而尽归于己……此其得御权臣之道者也。"

③即：若，如果。

④责：问。廷尉：九卿之一，掌刑狱。

⑤治粟内史：九卿之一，掌管天下钱谷，以供国之常用，后改称"大司农"。

⑥主臣：说法不一。一说为：《集解》引孟康曰："主臣，主群臣也。"《正义佚文》曰："使卿大夫各得任其职，是主群臣也，他说皆非。"一说为：《集解》引张晏曰："若今人谢曰'惶恐'也。马融《龙虎赋》曰：'勇怯见之，莫不主臣。'"一说以为是"发语敬谢之辞"。按，陈平有智有谋，不会表现出惶恐之状，且联系下文"宰相者，上佐天子理阴阳，顺四时，下育万物之宜，外镇抚四夷诸侯，内亲附百姓，使卿大夫各得任其职焉"，似孟康说更为恰当。

⑦驽下：才能低下，资质驽钝。

⑧待罪宰相：古时官吏唯恐失职获罪，故称居官供职为待罪。

⑨上佐天子理阳阳，顺四时，下育万物之宜：泷川曰："周官三公之

职，以论道经邦，燮理阴阳为务，汉初犹守此说。观陈平对文帝，丙吉问牛喘，可以见焉。董仲舒治《公羊春秋》推阴阳，京房据《易》说灾变，刘向传《穀梁春秋》以《洪范》，自是阴阳五行灾异之说寝兴，以为天象人事关系甚密。元、成之间，薛宣为丞相，徐防为太尉，张禹录尚书事，前后以灾异、饥馑、寇贼策免；荧惑守心，丞相翟方进引责自杀；春霜夏寒，月青无光，丞相于定国自劾归侯印。至后汉，其风犹存。明帝时日食，三公免冠自劾，事详于赵翼《二十二史札记》二卷。"

⑩绛侯自知其能不如平远矣：凌稚隆曰："一岁治狱，可以知民俗厚薄；一岁钱谷，可以知国计虚实，此真宰相任，而平乃责之廷尉、治粟，乌得谓知其任哉？异日者魏相奏杀父兄及夫者数，何以不责在廷尉；奏发仓廪故事诏书数，何以不责在治粟？若平言，魏相为不知任耶？则何以后世称相'知大体'？"又引杨维桢曰："宰相于天下事无不知，况于狱数系民命，钱谷系国命！廷尉、内史其职主也，而一岁生杀、出纳之数上计冢宰者，独可不知乎？平所学黄老术，战国之纵横说耳。其陈相职于帝者，平果能之否乎？亦不过剿言以妄帝耳。帝善其言，而勃又惭其言而去，遂专相以为德也，君子哂之。"

⑪陈平专为一丞相：姚苎田曰："吕后称制时，惟平与吕氏最亲顺；及诛诸吕，其功皆出周勃；又奉玺绶迎文帝，亦勃为之，文帝之德勃也至矣。故此段'以为'二字写文帝意中语也。陈平智士，极善先意迎合，故亟谢病；又不公为逊让，待上之问，而后分别言之，以为自己地步。所谓'高祖时勃功不如臣平'，明明自居开国元勋矣；及后又以口舌扼勃，而终去之，此亦阴谋之一事也。史笔如镜，不待明指而见。"郭嵩焘曰："吕后之阴私，王陵不能容，而陈平居相如故；文帝之明习国家事，周勃不能容，而陈平之居相亦如故。此风一开，延至于今垂二千年。祖述陈平，以保全禄位，皆居

之以为‘奇计’矣。”

【译文】

过了一段时间，孝文帝已经渐渐熟悉国家大事，有一次上朝的时候他问右丞相周勃：“全国一年中要判处多少案件？”周勃谢罪说：“我不知道。”孝文帝又问：“全国一年钱粮的收入支出各有多少？”周勃又谢罪称不知，急得汗流浃背，惭愧自己不能回答。于是孝文皇帝又问左丞相陈平。陈平说：“有主管的人。”孝文帝问：“主管的人又是谁？”陈平说：“陛下若问判决案件的情况，可询问廷尉；问钱粮收支的情况，可询问治粟内史。”孝文帝又问：“如果各自有主管的人，那么您主管什么事呢？”陈平说：“主管群臣！陛下不以为我的才能低下，让我官居宰相。宰相的职责，是对上要辅佐天子调理阴阳，顺应四时变化；对下要培育万物适时生长；对外要镇压抚慰四方蛮夷和诸侯；对内要使百姓亲附，使卿大夫胜任他们的职责。”孝文帝于是称赞他回答的好。右丞相周勃觉得惭愧至极，退朝后责怪陈平说：“您怎么平时不教我这些对答的话！”陈平笑道：“您身居相位，不知道丞相的职责吗？陛下如若问起长安城中盗贼的数目，您也要勉强凑数来对答吗？”这之后绛侯周勃知道自己的才能远不如陈平。过了不久，周勃便托病请求免去右丞相的职务，陈平独自担任整个丞相的职责。

孝文帝二年①，丞相陈平卒，谥为献侯②。子共侯买代侯。二年卒③，子简侯恢代侯。二十三年卒④，子何代侯。二十三年⑤，何坐略人妻⑥，弃市⑦，国除。始陈平曰：“我多阴谋，是道家之所禁。吾世即废⑧，亦已矣⑨，终不能复起，以吾多阴祸也。”然其后曾孙陈掌以卫氏亲贵戚⑩，愿得续封陈氏，然终不得。

【注释】

①孝文帝二年：前178年。

②谥为献侯：《谥法解》："聪明睿哲曰献。"

③二年卒：卒于文帝四年，前176年。

④二十三年卒：卒于景帝四年，前153年。

⑤二十三年：即武帝元光五年，前130年。

⑥略：夺取，掳掠。

⑦弃市：即指处死。古代执行死刑多在闹市，并将尸体暴露街头，以表示与众人共弃之。

⑧吾世：我这一代。

⑨亦已矣：也就完了，结束了。

⑩曾孙陈掌以卫氏亲贵戚：《汉书》作"以卫氏亲戚贵"。陈掌，陈平的曾孙，因其父陈何犯法被诛，国除，故不得嗣侯。武帝时任詹事。据《卫将军骠骑列传》，陈掌与卫皇后之姊卫少儿私通，后娶少儿为妻，因此甚得武帝之宠幸。

【译文】

孝文帝二年，丞相陈平去世，谥为献侯。他的儿子共侯陈买承袭侯爵。陈买袭爵两年后去世，儿子简侯陈恢承袭侯爵。陈恢袭爵二十三年后去世，儿子陈何承袭侯爵。陈何为侯二十三年，因抢夺他人的妻子被处死，从此侯国的建制被取消。当初陈平曾经说过："我经常使用阴谋，这是道家所禁忌的。如果在我这一代后被削爵除国，家族也就永远完了，终归不能再兴起封侯，因为我阴谋搞得多，招致的祸患也就多啊。"此后他的曾孙陈掌因为是卫氏的亲戚显贵一时，他希望能够续封陈家原来的爵位，但终究未能实现。

太史公曰：陈丞相平少时，本好黄帝、老子之术[①]。方其割肉俎上之时[②]，其意固已远矣。倾侧扰攘楚、魏之间[③]，卒归高帝。常出奇计,救纷纠之难,振国家之患。及吕后时[④],事多故矣[⑤],然平竟自脱[⑥],定宗庙,以荣名终,称贤相,岂不善始善终哉!非知谋孰能当此者乎[⑦]?

【注释】

①黄帝、老子之术:即指"黄老哲学"。是战国中期兴起的一种学问,黄是托名黄帝主张、老指老子思想。《史记》中的张良、陈平以及由司马迁加工塑造成的范蠡,都是黄老之学的奉行者。

③俎(zǔ):切肉切菜用的砧板。

③倾侧:困顿,颠沛。扰攘:混乱不定,犹豫不决。

④吕后时:吕后掌权时。

⑤多故:多变乱,多患难。

⑥自脱:自免。

⑦非知谋孰能当此者乎:凌稚隆引王鏊曰:"'知谋'二字,断尽陈平一生。"林云铭曰:"'知谋'二字,一篇主脑。"赵恒曰:"太史公论倾侧扰攘,卒归高帝,其智也;纷纠之难,常出奇计,亦智也;时事多故,不惟自脱,卒定宗庙,以荣名终,可谓大智矣。总束之曰'非智谋而能若是乎'。论留侯筹策功力则归之天,论平功名则归之智谋,智谋者,人也。正谲之间耳。读陈平一传,可见人无所不至也。"知,同"智"。

【译文】

太史公说:丞相陈平年轻的时候,本来喜欢黄帝、老子的学说。当他在砧板上分割祭肉的时候,他的志向就很远大了。他在楚、魏两国难以容身,最终归附太祖高皇帝。他常会想出奇谋,解救纷繁的危难,消除国家的祸患。到吕后执政时期,朝廷斗争复杂,然而陈平竟能自免于祸,安定宗庙社稷,保持荣耀的名望终身,被称为贤相,难道不是少有的善始善终吗!如果不是拥有足够的才智和谋略,谁能做到这一步呢?

【集评】

郭嵩焘曰："《陈丞相世家》兼附王陵、审食其二传，以并在高、惠之世与平为左、右丞相，其事以类相从，是史公极意经营以归简约之旨。"(《史记札记》)

泷川曰："与陈平同相者，王陵、审食其，二人事迹少可传者，故附记陈平语中。"(《史记会注考证》)

林云铭曰："'智谋'是陈曲逆一生得力，不特善于立功，且善于自全。但智谋非临时可办，其叙少时所好与分肉里社之事，正见其决策当年，胸中早有一副大本领也。至吕后临朝时，子房见几辟谷于前，王陵戆谏免相于后，而曲逆且被吕媭之谗，乃能全身以立功于国，其作用为尤难者。赞中'倾侧扰攘''纷纠''患难''多故'等字，极言其难下手处，能下手处，所以为'智谋'。"(《古文析义》)

刘咸炘曰："史公于秦汉间名人微时事必详书，自陈、项及汉诸后、诸功臣皆然，此正所以著古今之变。夫圯上黄石，正篝火狐鸣、遇龙斩蛇之类也。'宰天下如是肉'，正'彼可取而代''大丈夫当如是'之类也。薄姬与赵、管之约，正陈涉辍耕怅恨之类也。后世不察，乃信假说以为实，谓命世之夙成，史公当失笑耳。"(《太史公书知意》)

姚苎田曰："《淮阴侯传》先载漂母及市中少年等琐事，后一一应之。此传亦先载兄伯之贤、张负之识，以后无一笔照应，而独以'阴祸''绝世'为一传之结。夫'阴祸'固与'长厚'背驰者也，削彼存此，史公之与平也岂不严哉！凡此须于无文字处会之。"(《史记菁华录》)

【评论】

本篇称陈平为刘邦"六出奇计"。由于"奇计"十分隐秘，被司马迁记载下来的只有五次。第一次是对项羽集团施行反间计，离间了项羽与其猛将锺离眛、谋士范增的关系，最终导致锺离眛被疏远，范增怒而请辞，"疽发背而死"。刘邦曾说"项王有一范增而不能用，此其所以为我禽也”，由此语可知陈平此计的重要。第二次是当刘邦被项羽围困在荥阳想要突围时，陈平先把纪信装扮成刘邦，让他领着两千女子开东门投降项羽，而后自己和刘邦开西门一溜烟逃去，在危急关头替刘邦解了困。第三次是帮着刘邦对付韩信，当韩信向刘邦请求代理齐王时，刘邦原本不想答应，这时陈平和张良为刘邦分析形势，告诉他只有封韩信才能换取韩信的出兵灭项。第四次是当“人有上书告楚王韩信反”时，陈平为刘邦设计假说出游云梦，会诸侯于陈，于是韩信便轻而易举地被袭捕了。第五次是当刘邦被匈奴人包围在平城时，刘邦采用陈平之计，“使单于阏氏”，从而获得解围。而陈平由献计得到的利益是：当韩信被捕后，刘邦“于是与平剖符，世世勿绝，为户牖侯”。清代史珥说：“陈平不为信辩反之真伪，而委曲以售其谲，于‘六出’中最为无赖之行。子长于陈平之上加‘于是’二字，诛其心也。”（《四史剿说》）刘邦从平城回来后，“更以陈平为曲逆侯”。曲逆在当时是和洛阳相似的大城，刘邦让陈平“尽食之”。

刘邦死后，陈平先是讨好吕后，阿谀取容；而当吕后一死，诸侯起兵讨伐吕氏一党时，他与周勃又摇身一变，加入了反吕的行列。由于陈平、周勃的地位高，威望大，所以不仅没有人再算他们以前谄媚吕氏的旧账，反而把他们看成了诛灭诸吕的元勋。然据《吕太后本纪》，当孝惠帝死，佞幸张辟强劝丞相迎合吕后主动建议封诸吕为侯时，“丞相乃如辟强计”。这里的“丞相”就是陈平。司马迁写到这里，特别强调道：“吕氏权由此起”。不久，吕后又要立诸吕为王。吕后问王陵，王陵谨守高帝“非刘氏不得王”的遗命，坚决反对。吕后又问周勃、陈平，周勃等对曰：“高帝定天下，王子弟；今太后称制，王昆弟诸吕，无所不可。”明代茅坤对此评论道：“使平、勃有殉国之忠，岂得动？”（《史记钞》）凌稚隆说：“陈平、周勃不以此时极谏，而顾阿谀曲从，乃致酿成其祸。他日虽有安刘之功，仅足以赎近日之罪耳！”（《史记评林》）当王陵责备陈平、周勃为何不坚持原则时，他们的回答是：“于今面折廷争，臣不如君；夫全社稷，定刘氏之后，君亦不如臣。”本篇写到这件事时说：“吕太后立诸吕为王，陈平伪听之。”有人据此便说陈平、周勃当时是故意韬晦，以退为进，以求日后的待机而起。其实这都是他们事成之后的粉饰之辞。两个投机分子的偶然成功，完全是利用了刘襄、刘章、灌婴等人的联合反吕之机。如果吕后不死，或者吕后死后没有刘襄、刘章、灌婴等人的联合讨吕行动，谁又能知道陈平、周勃后面还有什么表现呢？

陈平一生的为人处世得力于黄老。诸吕被灭后，陈平、周勃等想挑选一个容易被他们控制的刘邦的儿子为帝，结果挑中了善于韬晦的代王刘恒。刘恒即位后对陈平、周勃都很严厉，陈平在政变后为相一年就死了；周勃则先被汉文帝下狱，后又被逐回封地，惶恐抑郁而死。司马迁写陈平死前曾叹息道：“我多阴谋，是道家之所禁。吾世即废，亦已矣，终不能复起，以吾多阴祸也。”这一方面表现了人臣建立大功之后的君臣关系的难处，同时也表现了司马迁对陈平这种专门玩弄阴谋的人物的憎恶。

需要特别交待的是，本篇还附记了王陵的事迹。王陵是刘邦的重要开国功臣，还是刘邦临终嘱咐吕后日后要任以为丞相的重要人物。但王陵在《史记》中没有专传，其事迹除附记于本篇外，还零碎散见于《高祖本纪》《吕太后本纪》《张丞相列传》《高祖功臣侯者年表》等篇。在受封的一百四十三个功臣中，王陵名列第十二。在他前面只有萧何（第一）、曹参（第二）、周勃（第四）、樊哙（第五）、郦商（第六）、夏侯婴（第七）、灌婴（第八）、傅宽（第十）、靳翕（第十一）等，远比陈平（第四十七）、张良（第六十二）等高得多。在刘邦去世前，王陵的声誉名望应该是很高的；王陵的受打压、被排斥，应该是在吕后封王诸吕，陈平、周勃卖身投靠吕后，分揽丞相与太尉大权的时候。当时王陵因坚持“非刘氏不得王”的刘邦遗言，被陈平、周勃所排斥，被吕后所罢官。王陵气愤地闭门不出，七年而卒。王陵坚守“非刘氏不得王”的原则，这与陈平等人的投机之举正好形成了鲜明对照。

绛侯周勃世家第二十七

【释名】

本篇是绛侯周勃与其子条侯周亚夫的合传，展示了周氏为汉王朝建立的卓越功勋，以及他们最后的悲惨结局。在周勃事迹部分，先是写了周勃在佐助刘邦灭秦、灭项中所建立的功勋，继而写了周勃在汉朝建国初期为维护和巩固刘氏王朝所做出的贡献，还写了周勃晚年的悲惨遭遇。在周亚夫事迹部分，先是着重通过“周亚夫军细柳”一节，彰显了周亚夫的治军才能；还写了周亚夫平定吴、楚七国之乱的历史功勋，以及他立朝刚正，最后被景帝所害的情形。在篇末的“太史公曰”中，司马迁表现出了对周勃父子巨大功勋的肯定和对其悲惨结局的感慨同情。

绛侯周勃者[1]，沛人也。其先卷人[2]，徙沛。勃以织薄曲为生[3]，常为人吹箫给丧事[4]，材官引强[5]。高祖之为沛公初起[6]，勃以中涓从攻胡陵，下方与[7]。方与反，与战，却適[8]。攻丰[9]，击秦军砀东[10]。还军留及萧[11]。复攻砀，破之[12]。下下邑[13]，先登[14]。赐爵五大夫[15]。攻蒙、虞[16]，取之。击章邯车骑，殿[17]。定魏地[18]。攻爰戚、东缗[19]，以往至栗[20]，取之。攻啮桑[21]，先登。击秦军阿下，破之[22]。追至濮阳，下甄城[23]。攻都关、定陶[24],袭取宛朐[25],得单父令[26]。夜袭取临济[27],攻张[28],以前至卷[29],破之。击李由军雍丘下[30]。攻开封,先至城下为多[31]。后章邯破杀项梁[32],沛公与项羽引兵东如砀[33]。自初起沛还至砀,一岁二月。楚怀王封沛公号安武侯,为砀郡长[34]。沛公拜勃为虎贲令[35],以令从沛公定魏地。攻东郡尉于城武,破之[36]。击王离军,破之[37]。攻长社[38],先登。攻颍阳、缑氏,绝河津[39]。击赵贲军尸北[40]。南攻南阳守齮[41],破武关、峣关[42]。破秦军于蓝田[43],至咸阳,灭秦[44]。

【注释】

①绛侯周勃:周勃的封地为绛。绛,汉县名,治所在今山西侯马东北。

②卷:秦县名,治所在今河南原阳西南。

③薄曲:用竹篾或苇篾编成的养蚕用具。

④常:通"尝",曾经。

⑤材官:为汉代中下级武官,皆以勇武之士任之,指挥善骑射特种士兵。引强:挽拉强弓。《集解》引《汉书音义》曰:"能引强弓官,如今挽强司马也。"中井曰:"郡国设材官骑士,平时无所用,有事而后发之,常给口食而不役,如救火卒然,故必别有生业也。"

⑥高祖之为沛公初起:秦二世元年(前209)九月,刘邦起兵反秦,攻下沛县后被拥立为沛县令,称"沛公"。

⑦勃以中涓从攻胡陵,下方与:秦二世二年(前208)十月(当时以十月为岁首),刘邦攻破胡陵和方与。胡陵,秦县名,治所在今山东鱼台东南。方与,秦县名,治所在今山东鱼台西。

⑧却適:击退敌人。適,通"敌"。

⑨攻丰:秦二世二年十一月,驻守丰邑的刘邦部将雍齿反叛,刘邦前往攻打。丰,乡邑名,刘邦故里,在今江苏丰县。

⑩击秦军砀东：秦二世二年一月，刘邦攻打秦将章邯部。按，此处与《高祖本纪》《秦楚之际月表》记载皆不同。《高祖本纪》记为“与战萧西”，《秦楚之际月表》记为“击秦军砀西”。砀，秦县名，治所在今安徽砀山东南。

⑪还军留及萧：砀东之战刘邦失利，故而向东退兵。详见《高祖本纪》。留，秦县名，治所在今江苏沛县东南。萧，秦县名，治所在今安徽萧县西北。

⑫复攻砀，破之：秦二世二年二月，刘邦再次在砀地与秦军交战。《秦楚之际月表》记载为：“攻下砀，收得兵六千，与故凡九千人。”

⑬下下邑：于秦二世二年三月攻克下邑。下邑，秦县名，治所在今安徽砀山。

⑭先登：先于众人而登。

⑮五大夫：爵位名。战国时楚、魏始设，秦、汉因之，为二十等爵的第九级。

⑯蒙：秦县名，治所在今河南商丘东北。虞：秦县名，治所在今河南虞城北。

⑰击章邯车骑，殿：秦将章邯于秦二世二年十二月击败并杀死陈涉后，挥军东下，与刘邦、项梁等作战。殿，说法不一。颜师古曰：“殿之为言‘填’，谓镇军后以捍敌。”王先谦引周寿昌曰：“为高帝殿后也。”一说谓二等功，类似今之所谓“殿军”。《集解》引孙检曰：“上功曰‘最’，下功曰‘殿’，战功曰‘多’。周勃事中有此三品，与诸将俱计功则曰‘殿’‘最’，独捷则曰‘多’。”《索隐》取孙氏说。

⑱定魏地：此三字可能是跟下文有关的误衍，《高祖本纪》《曹相国世家》相关记载都无此三字。

⑲爰戚：秦县名，治所在今山东嘉祥东南。东缗：秦县名，治所在今山东金乡。

⑳栗：秦县名，在今河南夏邑。

㉑啮（niè）桑：古邑名，在今江苏沛县西南。

㉒击秦军阿下，破之：章邯在临济打败并杀死了齐王田儋，又将田儋的弟弟田荣围困在东阿。田荣求救，项梁率项羽、刘邦于秦二世二年七月打败章邯，救了田荣。阿，也称“东阿”，秦县名，治所在今山东东阿。

㉓追至濮阳，下甄城：发生在秦二世二年七月。《项羽本纪》记为“项梁使沛公及项羽别攻城阳，屠之。西破秦军濮阳东，秦军收入濮阳”。濮阳，古县名，秦置，治所在今河南濮阳西南。甄城，也作“鄄（juàn）城”，秦县名，治所在今山东鄄城北。

㉔都关：古县名，秦置，治所在今山东郓城西。定陶：古县名，秦置，治所在今山东定陶西北。

㉕宛朐（qú）：古县名，秦置，治所在今山东菏泽西南。

㉖单（shàn）父令：单父县的县令。单父，古县名，秦置，治所在今山东单县。

㉗临济：古邑名，在今河南封丘东。

㉘张：古县名，秦置，治所在今山东梁山东北。

㉙前至：率先到达。

㉚击李由军雍丘下：此役战于秦二世二年（前208）八月，三川郡守李由兵败被杀。雍丘，古县名，秦置，治所在今河南杞县。

㉛攻开封，先至城下为多：杨树达引李慈铭曰：“攻开封既先至；及城破，又勃功最多也。”开封，古县名，秦置，治所在今河南开封。

㉜章邯破杀项梁：项梁因屡败秦军，骄傲轻敌，被章邯于秦二世二年九月在定陶击杀。详见《项羽本纪》。

㉝沛公与项羽引兵东如砀：《项羽本纪》记为“乃与吕臣俱引兵而东。吕臣军彭城东，项羽军彭城西，沛公军砀”。

㉞封沛公号安武侯，为砀郡长：封于秦二世二年后九月。凌稚隆引

一本作“武安侯”,《汉书》作“武安侯”,陈仁锡、梁玉绳皆以为应作武安侯。砀郡长,砀郡的郡守。砀郡,郡治睢阳(今河南商丘西南)。

㉟虎贲令:《集解》引徐广曰:“一云‘句盾令’。”《索隐》:“《汉书》云‘襄贲令’。贲音肥,县名,属东海。徐广又云‘句盾令’,所见本各别也。”

㊱攻东郡尉于城武,破之:发生在秦二世三年(前207)一月。当时刘邦受命向西攻略。东郡,郡名,秦置,治所在濮阳(今河南濮阳西南)。郡尉,官名。秦始置,职佐郡守负责一郡之军事。秩比二千石。城武,一作“成武”,在今山东成武。位于濮阳东南。

㊲击王离军,破之:发生在秦二世三年一月。《秦楚之际月表》记为“攻东郡尉与王离军于成武南”。按,据《项羽本纪》,刘邦此次攻打成武时,王离、涉间等正在巨鹿围困赵王歇和张耳等。王离,秦朝大将,名将王翦的孙子。

㊳长社:古县名,秦置,治所在今河南长葛东北。

㊴攻颍阳、缑(gōu)氏,绝河津:发生在秦二世三年四月。按,据《高祖本纪》,楚怀王曾与诸将约定“先入关中者王之”,故刘邦此次西征,一路绕城急行。为阻止司马卬南渡争功,切断了黄河在平阴的渡口。颍阳,古县名,秦置,治所在今河南许昌西南。缑氏,古县名,秦置,治所在今河南偃师东南。河津,这里指平阴津,位于今河南孟津东北。

㊵赵贲:秦朝将军。尸:即尸乡,聚邑名,在今河南偃师城西。

㊶南阳守齮(yǐ):名叫齮的南阳郡郡守。南阳郡,秦置,郡治在今河南南阳。按,据《高祖本纪》,刘邦于秦二世三年七月攻南阳郡,不能下,陈恢劝说刘邦以官爵收降秦将,遂不战而下南阳。

㊷破武关、峣关:刘邦破武关在秦二世三年八月,破峣关在三年九月,乃用张良计袭破之,见《留侯世家》。武关,在今陕西丹凤东

南。峣关，又名蓝田关，在今陕西商州西北，蓝田东南。武关和峣关都是关中地区通往河南南部的重要通道。

㊸破秦军于蓝田：据《留侯世家》，刘邦采用张良计谋袭破峣关军，后“逐北至蓝田，再战，秦兵竟败。遂至咸阳”。蓝田，古县名，秦置，治所在今陕西蓝田西。

㊹至咸阳，灭秦：汉元年（前206）十月，刘邦入咸阳，秦朝宣告灭亡。

【译文】

绛侯周勃是沛县人。他的祖先是卷县人，后来迁居到沛县。周勃靠编织蚕箔为生，也常常给办丧事的人家吹箫管，奏挽歌，后来又做了能拉硬弓的材官。高祖被推为沛公刚刚起兵的时候，周勃就以中涓的身份跟随高祖，攻打胡陵，攻占方与。方与反叛，周勃率军与叛军交战，打退了叛军。此后攻打丰邑，又在砀县东进击秦军。终因战事不利而退守留县和萧县。再次攻打砀县，周勃将其攻克。接着攻打下邑，周勃率先登上城墙。高祖赐给他五大夫爵位。后来周勃又进攻蒙、虞，攻下了二县。高祖袭击秦将章邯的车骑部队，功劳为“殿”。继而往攻爰戚、东缗，一直打到栗县，都攻了下来。在进攻啮桑时，周勃最先登城。周勃又在东阿城下进击秦军，击溃了他们。并乘胜追击到了濮阳，夺取甄城。接着汉军又攻下了都关、定陶，袭取了宛朐，俘获了单父县令。周勃趁着夜色袭取临济，攻下张县，并乘胜前进至卷县，攻克了下来。接着在雍丘城下进击李由军队。攻占开封时，周勃最先到达，功劳为“多”。后来，秦将章邯打败了项梁军，杀死了项梁，沛公、项羽等一同率兵向东退回了砀县。从起兵沛县到退军砀县，前后一年零两个月。这时，楚怀王封沛公刘邦为安武侯，任他做砀郡郡长。沛公拜周勃为虎贲令，周勃以虎贲令的身份跟随沛公平定魏地。在城武县进攻东郡郡尉的军队，击破了他们。又攻打秦将王离的军队，将其击破。进攻长社时，周勃最先登城。接着进攻颍阳、缑氏，切断黄河渡口。在尸乡北边进击秦将赵贲的军队。南下攻打南阳郡守龆，西进攻破武关和峣关。又在蓝田大败秦军，攻入咸阳，灭了秦朝。

项羽至[①]，以沛公为汉王。汉王赐勃爵为威武侯[②]。从入汉中[③]，拜为将军。还定三秦，至秦，赐食邑怀德[④]。攻槐里、好畤[⑤]，最[⑥]。击赵贲、内史保于咸阳[⑦]，最。北攻漆[⑧]。击章平、姚卬军[⑨]。西定汧[⑩]。还下郿、频阳[⑪]。围章邯废丘[⑫]。破西丞[⑬]。击盗巴军[⑭]，破之。攻上邽[⑮]。东守峣关[⑯]。转击项籍[⑰]。攻曲逆[⑱]，最。还守敖仓[⑲]，追项籍[⑳]。籍已死[㉑]，因东定楚地泗水、东海郡[㉒]，凡得二十二县。还守雒阳、栎阳，赐与颍阴侯共食锺离[㉓]。以将军从高帝击反者燕王臧荼，破之易下[㉔]。所将卒当驰道为多[㉕]。赐爵列侯[㉖]，剖符世世勿绝。食绛八千一百八十户，号绛侯。

【注释】

①项羽至：汉元年十二月，项羽入咸阳。秦二世三年十二月，项羽于巨鹿大破秦兵，七月章邯投降。汉元年十月率军向关中进发，十二月抵达咸阳城东之鸿门。

②威武侯：这是沿用秦代制度，是尊称，并非封邑。

③从入汉中：汉元年四月，周勃跟随刘邦前往汉中封地。

④怀德：古县名，秦置，治所在今陕西大荔东南。

⑤槐里：即秦时的废丘。汉三年置县，治所在今兴平东南。好畤：古县名，秦置，治所在今陕西乾县东。

⑥最：凌稚隆曰："曰先登，曰却敌，曰殿，曰最，曰为多，皆以论其功也。"

⑦击赵贲、内史保于咸阳：约在汉元年九月，是曹参、周勃一起参与的军事行动。赵贲，秦朝将军，章邯属下。内史保，名叫保的内

史。内史，西周始置，春秋沿置，或称“作册内史”“作命内史”，职在宫中佐周天子管理著作简册，以及对诸侯卿大夫的策命和爵禄的废置等，权力较大，为天子亲近的高级辅佐官。秦汉沿置，掌治京师。秩中二千石。

⑧漆：古县名，秦置，治所在今陕西彬州。

⑨章平：秦将，章邯之弟。姚卬：秦将，章邯属下。

⑩汧（qiān）：古县名，秦置，治所在今陕西陇县南。

⑪郿：古县名，秦置，治所在今陕西眉县东北。频阳：古县名，秦置，治所在今陕西铜川东南。

⑫围章邯废丘：汉军于汉王元年八月即将章邯军围困于废丘，到此时还没攻下。

⑬西丞：西县县丞。西县，在今甘肃天水西南。

⑭盗巴：章邯的部将。

⑮上邽（guī）：古县名，秦置，治所在今甘肃天水西。

⑯东守峣关：按，这是为了守卫关中东南部之安全。

⑰转击项籍：刘邦从汉中回师平定关中后，东出攻略河南西部与山西南部。后趁项羽伐齐之机，东攻彭城。

⑱攻曲逆：钱大昕《廿二史考异》曰：“《汉书》‘曲逆’作‘曲遇’，‘逆’字误。”梁玉绳曰：“曲遇在中牟，故下文云‘还守敖仓’；若曲逆，属中山（在今河北顺平东南），不相值也。”曲遇，秦县名，在今河南中牟东北。

⑲还守敖仓：汉二年四月，刘邦在彭城被项羽打败后，退守敖仓。

⑳追项籍：刘邦于彭城战败后，向西溃退，与项羽在荥阳、成皋一带形成对峙。后来韩信破魏、平赵、下齐，与刘邦一起对项羽形成夹击之势，楚汉达成和议，双方以鸿沟为界罢兵。项羽于汉四年九月东归。刘邦用张良计，于汉五年（前202）十月追击项羽。过程详见《高祖本纪》《项羽本纪》。

㉑籍已死：汉五年（前202）十二月，刘邦、韩信与项羽决战垓下，项羽败死。详见《项羽本纪》《高祖本纪》。

㉒泗水：按，黄本、金陵局本皆作“泗川”，中华旧校本改“泗川”作“泗水”，今中华新校本又改回作“泗川”。泗水是秦郡名，郡治相县（今安徽濉溪西北），垓下即在泗水郡境内，当时属项羽。就上下文看，这是周勃连续攻取的两个地区，泗水郡临近东海郡，而东海郡周边则无“泗川”或“四川”之名。东海郡：秦置，治郯（tán）县（今山东郯城北）。当时属项羽。

㉓颍阴侯：即灌婴。汉初开国功臣之一，封颍阴侯。事迹详见《樊郦滕灌列传》。共食锺离：锺离是周勃、灌婴共同的食邑。锺离，县名，秦置，在今安徽蚌埠东。

㉔从高帝击反者燕王臧荼，破之易下：高祖五年七月，臧荼反叛；八月即被讨平。臧荼，原燕国将领。秦末农民起义后，随从项羽入关，封燕王。易，本燕故邑，汉置县，治所在今河北雄县西北。

㉕当驰道：颜师古曰：“当高祖所行之前。”郭嵩焘曰：“驰道，犹言‘辇道’，谓当上前也。盖以前锋击贼，仍存护卫之意。”驰道，古代供君王车驾所行之道。

㉖列侯：秦制爵分二十级，彻侯位最高。汉承秦制，为避汉武帝刘彻讳，改彻侯为通侯，或称“列侯”。

【译文】

项羽到了咸阳后，封沛公刘邦为汉王。汉王赐封周勃爵位为威武侯。周勃跟随汉王进入汉中，拜为将军。等到汉王回师平定三秦时，大军刚到秦地，汉王就把怀德赐给周勃做食邑。在攻打槐里、好畤时，周勃的战功为“最”。在咸阳进击赵贲和内史保时，周勃的功劳为“最”。向北进攻漆县。攻打章平、姚卬的军队。向西平定汧县。回军攻下了郿县、频阳。在废丘包围了章邯的军队。接着打败了西县县丞。进击盗巴军队，打败了敌军。攻克了上邽。又东下镇守峣关。转而攻击项羽。在攻取曲遇时，周勃的战功为“最”。接着回师驻守敖仓，又东进追击项羽。项羽死后，周勃率军乘势往东平定了楚地的泗水、东海两郡，共占领二十二个县。后来又回师守卫雒阳、栎阳，高祖把锺离县赐给周勃与颍阴侯灌婴，作为二人共享的食邑。周勃以将军的身份跟随高祖去讨伐反叛的燕王臧荼，在易县城下打败了臧荼。周勃率领的士兵在驰道上抵御敌军，战功为“多”。赐给周勃列侯的爵位，并剖符为信，保证其爵位世代相继，永不断绝。赐绛县八千一百八十户为食邑，号称绛侯。

以将军从高帝击反韩王信于代①，降下霍人②。以前至武泉③，击胡骑，破之武泉北。转攻韩信军铜鞮④，破之。还，降太原六城⑤。击韩信胡骑晋阳下⑥，破之，下晋阳。后击韩信军于硰石⑦，破之，追北八十里⑧。还攻楼烦三城⑨，因击胡骑平城下⑩，所将卒当驰道为多。勃迁为太尉⑪。

【注释】

①击反韩王信于代：发生在高祖七年（前200）十月。韩王信，战国时韩国王室后裔，各地反秦兵起时，随张良投奔刘邦。后被封为韩王。高祖六年九月，匈奴包围韩王信的都城马邑（今山西朔州），韩王信投降匈奴。代，即代郡，战国赵武灵王置，秦汉亦置郡。其地约当今之山西北部和与之临近的河北西北部地区。

②霍人：县名，汉置，治所在今山西繁峙东。

③武泉：古县名，汉置，治所在今内蒙古呼和浩特东北。

④铜鞮：古县名，汉置，治所在今山西沁县南。

⑤太原六城：《正义》：“并州县。从铜鞮还并，降六城也。”

⑥晋阳：太原郡郡治，在今山西太原的西南郊。

⑦后击韩信军于硰（shā）石：王先谦曰：“‘后’当作‘复’，下文‘复

击绾军沮阳’即其证。”硰石，古邑名，在今山西静乐东北。

⑧北：败军。

⑨楼烦：县名，汉置，治所在今山西宁武。

⑩因击胡骑平城下：约在高祖七年十一月，匈奴人将刘邦围困在平城。详见《陈丞相世家》《韩信卢绾列传》。平城，古县名，汉置，治所在今山西大同东北。

⑪勃迁为太尉：高祖十一年（前196）任周勃为太尉。

【译文】

周勃以将军身份跟随高祖北上代地，去讨伐造反的韩王信，降服了霍人县。接着向前进军，到达武泉，攻打匈奴骑兵，在武泉北将其击破。而后又转过来在铜鞮击溃了韩王信的军队。进而回师收复了太原郡的六座城池。并在晋阳城下打败了韩王信与匈奴的联军，攻克了晋阳城。后来在硰石进攻韩王信的军队，打败了他们，并乘胜追击八十里。回师进攻楼烦三城，并乘胜在平城城下攻击匈奴骑兵，周勃率领的士兵在驰道上抵御敌军，战功为“多”。周勃迁升为太尉。

击陈豨，屠马邑[①]。所将卒斩豨将军乘马絺[②]。击韩信、陈豨、赵利军于楼烦[③]，破之。得豨将宋最、雁门守圂[④]。因转攻得云中守遬、丞相箕肆、将勋[⑤]。定雁门郡十七县、云中郡十二县。因复击豨灵丘，破之，斩豨[⑥]，得豨丞相程纵、将军陈武、都尉高肆[⑦]。定代郡九县。

【注释】

①击陈豨（xī），屠马邑：陈豨于高祖十年八月，勾结匈奴叛乱，自称代王，刘邦出兵镇压。陈豨，汉初开国功臣之一，封阳夏侯，统领赵、代两国军队。后被刘邦猜忌，反叛。马邑，古县名，汉置，治所

在今山西朔州。

②乘（chéng）马绨（chī）：复姓乘马，名绨。

③赵利：原为赵国将领。韩王信谋反，他也乘机称王。刘邦前去镇压，他和陈豨都被击败。

④得：抓获。雁门守圂：叫圂的雁门郡郡守。雁门，即雁门郡，战国赵武灵王置，秦汉亦置郡，治善无（今山西右玉西）。

⑤云中守遬（sù）：名叫遬的云中郡郡守。云中，郡名，汉置，治所在今内蒙古托克托东北。丞相箕（jī）肆：名叫箕肆的韩王信丞相。将勋：泷川曰："枫、三本'将'下有'军'字。"李笠曰："'军'字当补。"即名叫勋的韩王信将军。

⑥击豨灵丘，破之，斩豨：发生在高祖十二年（前195）冬。据《高祖本纪》《韩信卢绾列传》，斩杀陈豨的是樊哙之军。《高祖本纪》曰："樊哙别将兵定代，斩陈豨当城。"《韩信卢绾列传》云"樊哙军卒斩豨于灵丘"。灵丘，古县名，汉置，治所在今山西灵丘东。

⑦得豨丞相程纵：梁玉绳曰："《郦商传》以为商得程纵，何也？"将军陈武：梁玉绳曰："此陈武乃陈豨将，别是一人，非棘蒲侯。"

【译文】

周勃攻打叛将陈豨，屠灭了马邑城。他所率领的士兵斩杀了陈豨的部将乘马绨。在楼烦进攻韩王信、陈豨、赵利等人的联军，打败了他们。俘获了陈豨的将领宋最和雁门郡守圂。趁势转攻云中郡，俘虏了云中郡守遬、韩王信的丞相箕肆与将军勋。平定了雁门郡十七个县、云中郡十二个县。又乘胜进击陈豨于灵丘，将其击垮斩杀，并俘获了陈豨的丞相程纵、将军陈武、都尉高肆等。平定了代郡九县。

燕王卢绾反[①]，勃以相国代樊哙将[②]，击下蓟[③]，得绾大将抵、丞相偃、守陉、太尉弱、御史大夫施[④]，屠浑都[⑤]。破绾军上兰[⑥]，复击破绾军沮阳[⑦]，追至长城[⑧]，定上谷十二县[⑨]，右北平十六县[10]，辽西、辽东二十九县[11]，渔阳二十二县[12]。最从高帝得相国一人[13]，丞相二人，将军、二千石各三人[14]；别破军二[15]，下城三，定郡五，县七十九，得丞相、大将各一人。

【注释】

①燕王卢绾反：发生于高祖十二年（前195）冬。《高祖本纪》记载为：陈豨谋反被镇压后，“陈豨降将言豨反时，燕王卢绾使人之豨所，与阴谋。上使辟阳侯迎绾，绾称病。辟阳侯归，具言绾反有端矣”。卢绾，刘邦少年时期的好朋友，跟从刘邦起兵反秦。高祖五年（前202）跟随刘邦击败燕王臧荼，封燕王。

②勃以相国代樊哙将：听闻卢绾欲谋反，刘邦最初派樊哙前去征伐。不久又听说樊哙跟吕后串通，想等刘邦死后图谋不轨。刘邦遂命陈平前去诛杀樊哙，令周勃夺印代替樊哙统兵讨卢绾。过程见《陈丞相世家》。樊哙，汉初开国功臣之一，吕后的妹夫。按，这里的相国是虚衔，非实职。

③蓟：蓟县，汉置，治所在今北京城之西南部。是当时广阳郡的郡治所在地。

④大将抵：名叫抵的卢绾大将。丞相偃：名叫偃的卢绾丞相。守陉（xíng）：名叫陉的广阳郡郡守。太尉弱：名叫弱的卢绾太尉。

⑤浑都：古县名，汉置，治所在今北京昌平西南。

⑥上兰：水名，亦名马兰溪。其地说法不一。

⑦沮（zǔ）阳：古县名，汉置，治所在今河北怀来东南。

⑧长城：泷川引沈涛曰：“盖谓燕之长城，自造阳至襄城。”

⑨上谷：即上谷郡，治所在沮阳（在今河北怀来东南）。

⑩右北平：汉郡名，治所在平刚（在今辽宁凌源西南）。

⑪辽西：汉郡名，治所在阳乐（在今辽宁义县西南）。辽东：汉郡名，治所在襄平（今辽宁辽阳）。

⑫渔阳:汉郡名,治所在渔阳(在今北京密云西南)。

⑬最:颜师古曰:“最者,凡也。总言其攻战克获之数。”

⑭二千石:这里指享受二千石俸禄的官员。

⑮别破军二:指独自领兵,独立消灭了两支敌军。

【译文】

燕王卢绾反叛,周勃以相国的身份代替樊哙领兵,攻下蓟县,俘虏了卢绾的大将抵、丞相偃、广阳郡守陉、太尉弱、御史大夫施等,屠灭了浑都县。在上兰打败了卢绾的军队,又在沮阳再次击破他们,并追击叛军到长城下,平定了上谷郡十二个县,右北平郡十六个县,辽西郡、辽东郡二十九个县,渔阳郡二十二个县。周勃跟随高祖征伐,总计虏获相国一人,丞相二人,将军、二千石官员各三人;此外,还独自率军击败了两支敌军,攻下了三座城池,平定了五个郡,共七十九个县,俘虏了丞相、大将各一人。

勃为人木强敦厚①,高帝以为可属大事。勃不好文学,每召诸生说士②,东乡坐而责之③:“趣为我语④。”其椎少文如此⑤。勃既定燕而归,高祖已崩矣,以列侯事孝惠帝⑥。孝惠帝六年⑦,置太尉官⑧,以勃为太尉。十岁⑨,高后崩⑩。吕禄以赵王为汉上将军⑪,吕产以吕王为汉相国⑫,秉汉权⑬,欲危刘氏⑭。勃为太尉,不得入军门。陈平为丞相,不得任事。于是勃与平谋,卒诛诸吕而立孝文皇帝⑮。其语在《吕后》《孝文》事中⑯。

【注释】

①木强:朴实倔强。颜师古曰:“木谓质朴。”

②诸生:众有知识学问之士。说士:游说之士。

③东乡坐而责之:《集解》引如淳曰:"勃自东乡坐,责诸生说士,不以宾主之礼。"

④趣(cù):快点,迅速。

⑤椎(chuí)少文:鲁钝而没有文才。椎,泷川曰:"'椎朴''椎鲁'之'椎',钝也。……《高纪》高帝评周勃云'重厚少文'。"

⑥以列侯事孝惠帝:按,一般而言,列侯要待在自己的封地,而周勃以列侯的身份在孝惠帝朝任职。

⑦孝惠帝六年:前189年。

⑧置太尉官:平城之战后,周勃升任太尉,高祖十二年征伐卢绾后,废太尉一职;此时再置,仍以周勃任之。《汉书·百官公卿表》与此同。

⑨十岁:指周勃二次任太尉的第十年。

⑩高后崩:高后八年(前180)七月,吕后卒。

⑪吕禄:吕后哥哥吕释之的儿子。为汉上将军:高后八年七月,吕后病重,行将不起,害怕刘氏与功臣发难,遂任吕禄"为上将军,军北军"。则周勃这个太尉的军权已被架空。

⑫吕产:吕后哥哥吕泽的儿子,吕后六年(前182)被封为吕王。为汉相国:吕后除命吕禄"为上将军,军北军"外还任命吕产为相国,居南军。此举是为了架空陈平这个"右丞相"。

⑬秉:把持,操控。

⑭欲危刘氏:这是周勃等人对吕氏集团的指控。

⑮卒诛诸吕:发生在高后八年(前180)九月。详见《吕太后本纪》。

⑯其语在《吕后》《孝文》事中:《吕太后本纪》和《孝文本纪》有对此事的详细记载。

【译文】

周勃为人质朴刚直,老实敦厚,高祖认为可以托付大事。周勃没什么文化修养,每次召见儒生和游说之士,他总是面向东坐着,呵斥他们:

“赶快给我说吧！”他的质朴少文就是这个样子。周勃平定燕国叛乱回到长安时，高祖已经驾崩，他就以列侯的身份奉侍孝惠皇帝。孝惠帝六年，设置太尉官职，任命周勃为太尉。十年后，吕太后驾崩。吕禄以赵王的身份充任汉朝上将军，吕产以吕王的身份充任汉朝相国，他们把持着汉朝权柄，想要危害刘氏江山。周勃身为太尉，却无法进入军门。陈平身为丞相，却不能处理政务。于是周勃与陈平谋议，最终诛灭了吕氏一党而拥立了孝文皇帝。此事详情记载在《吕太后本纪》和《孝文本纪》中。

文帝既立，以勃为右丞相①，赐金五千斤，食邑万户。居月余②，人或说勃曰：“君既诛诸吕，立代王，威震天下，而君受厚赏，处尊位，以宠，久之即祸及身矣。”勃惧，亦自危③，乃谢请归相印④。上许之。岁余，丞相平卒⑤，上复以勃为丞相⑥。十余月⑦，上曰：“前日吾诏列侯就国⑧，或未能行，丞相吾所重，其率先之。”乃免相就国⑨。

【注释】

①文帝既立，以勃为右丞相：文帝元年（前179）十月任周勃为右丞相。按，陈平原为右丞相，他认为周勃诛灭诸吕功大，自己请求居周勃之下，文帝答应了。详见《陈丞相世家》。

②居月余：梁玉绳曰：“按《文纪》《百官表》，勃为右丞相在孝文元年十月，其免相在八月，则首尾凡十一月，安得言‘月余’哉？《汉传》作‘居十一月’，是。”

③勃惧，亦自危：孝文帝问周勃决狱、钱谷出入等政务，周勃都答不上来。方孝孺曰：“周勃挟诛诸吕之权，常有德色，帝待之益庄。……不责其德色之不恭，而引职事以问之。……文帝岂不知其不能对哉？出其不意问其所当知，使其不对而自惭，惭而不敢

怨，怨而不敢怒，其骄慢之虚气至是索然销铄而无余，天下之大权不待发于声色而尽归于己……此其得御权臣之道者也。”

④请归相印：据《汉书·百官公卿表》，应在文帝元年八月。许应元曰：“周勃诛诸吕立文帝，与霍光废昌邑王立宣帝功等，而勃有或人教以远权位，勃亦自危亟归相印；霍光不肯归印，卒蒙灭族之祸。二人皆不学，而勃之贤于光远矣。”

⑤岁余，丞相平卒：梁玉绳曰：“勃以元年八月免相，平以二年十月薨，中间只隔一月，安得言‘岁余’哉？当是‘月余’之误。”

⑥上复以勃为丞相：据《将相名臣年表》，应在文帝二年（前178）十一月。

⑦十余月：即在文帝三年（前177）十一月。据《汉书·百官公卿表》，则在十二月。

⑧前日吾诏列侯就国：杨树达曰：“文帝二年十月事也。”当时娶了公主的列侯大多留在京城。文帝即位后，令他们都回到自己的封地去。

⑨乃免相就国：吴见思曰：“倏起倏废，写功名之际，难处如此。”

【译文】

孝文帝即位后，任命周勃为右丞相，赏赐黄金五千斤，食邑一万户。过了一个多月，有人劝周勃说：“您诛灭了诸吕，拥立了代王，已经威震天下，现在您受到了丰厚的赏赐，居于尊贵的职位，荣宠已极，长久下去则会大祸临头。”周勃心中忧惧，感到处境危险，于是就向孝文帝谢罪辞职，请求归还相印。孝文帝同意了。一年后，丞相陈平去世，孝文帝又任命周勃为丞相。又过了十多个月，孝文帝说：“前日我诏令列侯，让他们回到自己的封国去，可是有的人还没有动身，丞相是我倚重的人，您就率先到封国去吧。”于是周勃被免去丞相职务，回到了封地。

岁余[①]，每河东守、尉行县至绛[②]，绛侯勃自畏恐诛，常被甲，令家人持兵以见之[③]。其后人有上书告勃欲反，下廷尉。廷尉下其事长安，逮捕勃治之。勃恐，不知置辞。吏稍侵辱之[④]。勃以千金与狱吏，狱吏乃书牍背示之[⑤]，曰“以公主为证”。公主者，孝文帝女也，勃太子胜之尚之[⑥]，故狱吏教引为证。勃之益封受赐，尽以予薄昭。及系急，薄昭为言薄太后[⑦]，太后亦以为无反事。文帝朝，太后以冒絮提文帝[⑧]，曰：“绛侯绾皇帝玺[⑨]，将兵于北军[⑩]，不以此时反，今居一小县，顾欲反邪！”文帝既见绛侯狱辞[⑪]，乃谢曰：“吏方验而出之[⑫]。”于是使使持节赦绛侯，复爵邑[⑬]。绛侯既出，曰：“吾尝将百万军，然安知狱吏之贵乎[⑭]！”

【注释】

①岁余：时在文帝四年，前176年。

②河东：即河东郡，治所在安邑（今山西夏县西北）。行县：到所属各县去巡视。周勃的封地绛县属河东郡管辖。

③勃自畏恐诛，常被甲，令家人持兵以见之：徐孚远曰：“文帝宽仁，绛侯就国，恐怖如此，盖惩高帝时事耶？”泷川曰：“以此等事推之，文帝未必宽仁之人。”茅坤曰：“史官须注记此事，方令后世悲功臣而令无轻辱。”姚苎田曰：“不学无术可悯，且使上果欲诛之，虽披甲持兵，何益？适以自招谗谤耳。”

④稍：渐，逐渐。

⑤勃以千金与狱吏，狱吏乃书牍背示之，曰“以公主为证”：姚苎田曰：“千古钱神有灵，猾吏执法，一一描画。”牍，古代写字用的木板。

⑥太子胜之：周勃的嫡长子周胜之。周时天子及诸侯之嫡长子，或称太子，或称世子。汉初因之，景帝以后只用以称皇太子。尚：专指娶公主为妻。

⑦薄昭：汉文帝之舅，薄太后之弟。吕后卒，与诸大臣共迎代王刘恒为帝。封轵侯。

⑧冒絮：覆额的头巾。颜师古曰："冒，覆也，老人所以覆其头。"提：投掷，击打。

⑨绾：控制，掌握。

⑩将兵于北军：统领守卫京城的卫兵。北军，汉代守卫京城的屯卫兵。未央宫在京城西南，其卫兵称南军；长乐宫在京城东面偏北，其卫兵称北军。北军比南军强大。

⑪狱辞：犹供词。

⑫方：就要，即将。

⑬使使持节赦绛侯，复爵邑：杨树达曰："袁盎明勃无罪，勃之得释，盎颇有力，见盎传。"

⑭安知狱吏之贵乎：杨树达曰："贾生《陈政事疏》言当待大臣有节，因勃此事发也，见谊传。"郭嵩焘曰："史公于此，盖有深痛。"吴汝纶曰："语绝沉痛，与条侯下狱事相影响，亦借以自寓感叹。"

【译文】

周勃退居封地的一年多里，每当河东郡守、郡尉巡行属县来到绛县，周勃就担惊受怕，唯恐被杀，所以常身披铠甲，令家人手持武器，这才出去接见他们。后来有人上书告发周勃要谋反，孝文帝把这事交给廷尉查处。廷尉又把此事交给长安令办理，长安令就逮捕了周勃进行审问。周勃恐惧，不知道该说什么。狱吏们越来越欺凌侮辱他。周勃拿出黄金千斤打点狱吏，于是狱吏在木简背面写字示意他说"请公主出来作证"。公主是孝文帝的女儿，周勃的太子周胜之娶以为妻，所以狱吏教他让公主出来作证。周勃把自己加封所受的赏赐，都送给了薄昭。等案子到了紧要关头，薄昭为周勃向薄太后说情，太后也认为周勃不会有谋反的事。孝文帝前来朝见太后，太后就扯下头巾向孝文帝掷去，说："当初绛侯掌管着皇帝印玺，统率着整个北军，他不在那时造反，现在身居一个小县里，反倒要谋反吗！”孝文帝已经看了绛侯的狱中辩辞，便向太后赔罪说：“主管官员刚才查清楚了，就放他出去。”于是孝文帝派使者拿着符节赦免了绛侯，恢复了他的封爵和食邑。绛侯出狱后，感慨地说：“我曾经率领过百万大军，但哪里知道狱吏的尊贵呀！”

绛侯复就国。孝文帝十一年卒[①]，谥为武侯[②]。子胜之代侯。六岁[③]，尚公主，不相中[④]，坐杀人，国除。绝一岁[⑤]，文帝乃择绛侯勃子贤者河内守亚夫[⑥]，封为条侯[⑦]，续绛侯后。

【注释】

①孝文帝十一年：前169年。

②谥为武侯：《谥法解》：“刚强直理曰武”“克定祸乱曰武”。

③六岁：指周胜之继任为侯的第六年，也即文帝后元元年（前163）。

④不相中：不和睦，不融洽。

⑤绝一岁：应该在文帝后元二年（前162）。

⑥河内：即河内郡，治所在怀县（今河南武陟西南）。

⑦条：即条县，治所在今河北景县西北。

【译文】

绛侯周勃重新回到封地。于孝文帝十一年去世，朝廷谥为武侯。其子周胜之继承爵位。过了六年，周胜之与所娶公主失和，又因犯了杀人罪，封国被废除。爵位中断一年后，孝文帝才从周勃的儿子中挑选出贤能的河内郡守周亚夫，封他为条侯，接续绛侯的统嗣。

条侯亚夫自未侯为河内守时[①]，许负相之[②]，曰：“君后三岁而侯[③]。侯八岁为将相，持国秉[④]，贵重矣，于人臣无两。其后九岁而君饿死[⑤]。”亚夫笑曰：“臣之兄已代父侯矣[⑥]，有如卒，子当代，亚夫何说侯乎？然既已贵如负言，又何说饿死？指示我。”许负指其口曰：“有从理入口，此饿死法也[⑦]。”居三岁，其兄绛侯胜之有罪，孝文帝择绛侯子贤者，皆推亚夫，乃封亚夫为条侯，续绛侯后。

【注释】

①为河内守时：周亚夫于文帝十五年（前165）任河内守。

②许负：汉初的相面者。《外戚世家》《游侠列传》都有此人。《索隐》引应劭曰：“河内温人，老妇也。”又引姚氏曰：“《楚汉春秋》高祖封负鸣雌亭侯。”

③后三岁而侯：三年后封侯。

④侯八岁为将相，持国秉：周亚夫于景帝三年（前154）任太尉，平定七国之乱；景帝七年（前150）任丞相。秉，权柄。

⑤其后九岁而君饿死：周亚夫于景帝中元三年（前147）得罪景帝被下狱，死。凌稚隆引茅坤曰：“许负数言，了当条侯一生。”

⑥臣之兄：指周胜之。

⑦有从理入口，此饿死法也：王先谦引沈钦韩曰：“《麻衣神异赋》云：‘法令入口，邓通饿死野人家；螣蛇锁唇，梁武饥亡台城上。’注：‘法令者，口边纹也。螣蛇，即法令纹也。梁武帝亦有此。’即此所谓‘从理入口’也。”从理，竖条形肌纹。

【译文】

条侯周亚夫在还没封侯担任河内郡守的时候，许负给他看相，说：“您三年之后封侯。封侯八年后出将入相，掌握国家大权，那时您位高权重，在大臣中无人能比得上您。再过九年您将被饿死。”周亚夫笑着说：“我的长兄已经接替了父亲的侯爵，他若去世了，也由他的儿子接替，亚夫我何由封侯呢？再说我日后果真如您所说的那般尊贵，又怎么说会饿死呢？请您指教指教我。”许负指着周亚夫的嘴巴说：“有一条竖纹直入口角，这是饿死的面相。”过了三年，周亚夫的哥哥周胜之犯了罪，孝文帝要在周勃的儿子中挑选贤能的，大家都推举周亚夫，孝文帝就赐封周亚夫为条侯，让他接续绛侯的统嗣。

文帝之后六年[①]，匈奴大入边。乃以宗正刘礼为将军[②]，军霸上；祝兹侯徐厉为将军[③]，军棘门[④]；以河内守亚夫为将军，军细柳[⑤]：以备胡。上自劳军。至霸上及棘门军，直驰入，将以下骑送迎[⑥]。已而之细柳军，军士吏被甲，锐兵刃，彀弓弩，持满[⑦]。天子先驱至[⑧]，不得入。先驱曰：“天子且至！”军门都尉曰[⑨]：“将军令曰‘军中闻将军令，不闻天子之诏[⑩]’。”居无何，上至，又不得入。于是上乃使使持节诏将军：“吾欲入劳军。”亚夫乃传言开壁门[⑪]。壁门士吏谓从属车骑曰：“将军约，军中不得驱驰。”于是天子乃按辔徐行[⑫]。至营，将军亚夫持兵揖曰：“介胄之士不拜[⑬]，请以军礼见。”天子为动，改容式车[⑭]，使人称谢：“皇帝敬劳将军。”成礼而去。既出军门，群臣皆惊。文帝曰：“嗟乎，此真将军矣！曩者霸上、棘门军[⑮]，若儿戏耳，其将固可袭而虏也。至于亚夫，可得而犯邪！”称善者久之[⑯]。月余，三军皆罢。乃拜亚夫为中尉[⑰]。

【注释】

①文帝之后六年：即前158年。前163年，孝文帝改年号为后元元年。

②宗正：秦始置，汉沿称。“九卿”之一，职掌皇室亲族事务。负责编序皇族外戚属籍，凡宗室有犯法当处髡刑以上，皆要先报此官，再转达皇帝，一般司法机关不能过问。刘礼：刘邦弟弟楚元王刘交

的儿子。事迹详见《楚元王世家》。

③祝兹侯徐厉:梁玉绳曰:"当作'松兹侯徐悼'。"按,据《惠景间侯者年表》徐厉为"松兹侯"。

④棘门:古地名,原为秦宫门,在今陕西咸阳东。古时宫门插棘,故名。

⑤细柳:古地名,在今陕西咸阳西南的渭河北岸。

⑥将以下骑迎送:按,将官骑马迎送皇帝于礼不合,故此处应重出"下"字,即将军及其部属迎送皇帝时,都下马拜伏。

⑦锐兵刃,彀(gòu)弓弩,持满:王先谦引刘奉世曰:"言'彀弓弩'是也;敌未至,何遽'持满'?何时已乎?此二字疑衍。"姚苎田曰:"作临阵之态,岂非着意装点,现才于人主乎?"彀,张满弓弩。持满,拉满弓弦。

⑧先驱:颜师古曰:"导驾者也,若今之'武候队'矣。"

⑨军门都尉:西汉特设的位次于将军的高级军官。职掌军营门卫。

⑩军中闻将军令,不闻天子之诏:王先谦引沈钦韩曰:"《六韬·立将》篇:'军中之事,不闻君命,皆由将出。'《白虎通》曰:'大夫将兵,但闻将军令,不闻君命也。'"按,《司马穰苴列传》也有"将在军,君令有所不受"的表达。

⑪壁门:军营之门。

⑫按辔徐行:拉着缰绳,让马慢慢走。

⑬介胄之士不拜:《集解》引应劭曰:"礼,介者不拜。"袁黄引郭大有曰:"文帝劳军细柳,而先驱至不得入,节制之兵宜若此矣;但天子既入其营,非临阵对敌可比,夫何尚以介胄自居,长揖不拜?使所遇而非帝,欲不及祸难哉!"介胄,披甲戴盔。

⑭式车:俯身以手抚车前横木,以示敬礼。式,通"轼",车前扶手横木。

⑮曩(nǎng)者:之前,刚才。

⑯称善者久之：凌稚隆引霍韬曰："后世武臣用兵，文臣制之，步趋秉命焉。少有擅专，即以矫制受戮，如絷骥足而责之驰，是故兵日弱，国日蹙，以至于亡。然后知文帝之盛德，非后世可企也。或曰：'不几于以臣抗君矣？'愚曰：'此用兵之权宜也，兵罢归朝，则固有君臣常礼矣。'然后益知汉之近古也。"张邦奇曰："文帝承秦尊君卑臣之余而能伸将士气若此，真善将将哉！"茅坤曰："千年以来，军容如画，太史公得意之文。"按，史公此处极意渲染，文章绝妙，但夸张过分，似不足深信。郭嵩焘曰："此当为文帝微行至军，军吏得遏止之。……史公但自奇其文，故于此等细微不及详耳。"

⑰中尉：秦汉时武职，掌管京师治安。汉武帝时改称"执金吾"。

【译文】

孝文帝后元六年，匈奴大举入侵边境。孝文帝任命宗正刘礼为将军，驻军霸上；祝兹侯徐厉为将军，驻军棘门；河内郡守周亚夫为将军，驻军细柳：以防备匈奴袭扰。孝文帝亲自前去慰劳军队。到了霸上和棘门的军营，孝文帝的车驾侍从长驱而入，将军为首的骑兵都下马迎送。随后孝文帝来到了细柳军营，只见官兵们都身披铠甲，手持锋利兵刃，弓弩张开，弓弦拉满。皇帝的先行卫队到达营门时，被门前的卫兵拦住，不得进入。先行卫队说："皇帝马上就要驾到！"把守营门的都尉说："将军有令说'军中只听将军的命令，不听皇帝的诏命'。"不久，孝文帝驾到，也不让进入军营。于是孝文帝就派使者手执符节去诏知周亚夫说："我要入营慰劳官兵。"周亚夫这才传令打开营门。营门的守卫对皇帝的侍从人员说："将军规定，军营中不允许驱车奔驰。"于是孝文帝的车队也只好勒住缰绳，缓步前进。到了大营，将军周亚夫手持兵器，抱拳揖拜说："我甲胄在身，不便跪拜，请允许我按照军礼参见皇上。"孝文帝深受感动，容色为之一变，俯身扶着车轼，派人致谢道："皇帝敬劳将军。"劳军仪式完毕，孝文帝才起驾离去。出了细柳军营，随从的群臣都深感震惊。

孝文帝说："唉，这才是真正的将军！先前的霸上和棘门二军，简直就是儿戏，那里的主将完全可以被偷袭俘获呀。至于周亚夫，谁能侵犯得了呢！"孝文帝赞叹了许久。一个月以后，三支驻军全部撤去。于是改拜周亚夫为中尉。

孝文且崩时，诫太子曰①："即有缓急②，周亚夫真可任将兵。"文帝崩③，拜亚夫为车骑将军④。孝景三年⑤，吴、楚反⑥。亚夫以中尉为太尉，东击吴、楚。因自请上曰："楚兵剽轻，难与争锋⑦。愿以梁委之⑧，绝其粮道，乃可制。"上许之⑨。

【注释】

①太子：即刘启，窦皇后所生。

②即：如果。缓急：指急难时。

③文帝崩：崩于文帝后元七年（前157）六月。

④车骑将军：西汉时地位仅次于大将军、骠骑将军的高级武官。位比三公，金印紫绶。职掌宫卫，领禁兵。

⑤孝景三年：前154年。

⑥吴、楚反：吴、楚等七国发动叛乱。汉初诸侯王国割据势力日趋强大，威胁西汉王朝。景帝即位后，采纳晁错建议，削减封国土地。景帝三年（前154）一月，吴王刘濞联合楚、赵、胶东、胶西、济南、淄川等六国，借口"请诛晁错，以清君侧"，发动叛乱。景帝派周亚夫平叛，于三月后平定，历史上称"七国之乱"。详见《袁盎晁错列传》《吴王濞列传》。

⑦楚兵剽（piào）轻，难与争锋：按，《留侯世家》亦有此说法："上自将兵而东……留侯病……见上曰：'……楚人剽疾，愿上无与楚人争锋。'"王先谦曰："楚兵，总谓吴、楚之兵。"剽轻，强悍敏捷。

⑧以梁委之:《索隐》:“谓以梁委之于吴,使吴兵不得过也。”梁是景帝同母弟刘武的封国,都睢阳(在今河南商丘)。吴、楚叛军西进长安,首先面对的就是梁国的阻截。按,刘武生平及在此次平乱中所起的作用,详见《梁孝王世家》。

⑨上许之:据《吴王濞列传》,亚夫受命后,来到淮阳,向其父以前的宾客邓都尉问计。邓曰:“吴兵锐甚,难与争锋。楚兵轻,不能久。方今为将军计,莫若引兵东北壁昌邑,以梁委吴,吴必尽锐攻之。将军深沟高垒,使轻兵绝淮、泗口,塞吴饷道。彼吴、梁相敝而粮食竭,乃以全强制其罢极,破吴必矣。”梁玉绳曰:“《吴王传》‘剽轻’数语出邓都尉,此云亚夫自请于上。《汉书》两传亦仍《史》异,师古以为未知孰是。”按,乘破吴、楚之机以削弱梁国,周亚夫与汉景帝可谓是不谋而合。

【译文】

孝文帝临死前,告诫太子说:“假如出现危急事故,周亚夫才是真正能率领军队平定乱事的人选。”孝文帝驾崩后,拜周亚夫为车骑将军。孝景帝三年,吴、楚等诸侯王举兵造反。周亚夫从中尉升任太尉,率兵东进,迎击吴、楚叛军。他于是亲自向景帝请求说:“楚军剽悍迅猛,难以与他们正面争锋。希望能放弃梁国,让叛军攻击,我们则抄后路断了他们的粮道,这样才能打败他们。”孝景帝答应了周亚夫的请求。

太尉既会兵荥阳①,吴方攻梁,梁急,请救。太尉引兵东北走昌邑②,深壁而守。梁日使使请太尉,太尉守便宜③,不肯往④。梁上书言景帝,景帝使使诏救梁。太尉不奉诏,坚壁不出⑤,而使轻骑兵弓高侯等绝吴、楚兵后食道⑥。吴兵乏粮,饥,数欲挑战,终不出。夜,军中惊,内相攻击扰乱,至于太尉帐下。太尉终卧不起⑦。顷之,复定。后吴奔壁东南陬[8]，太尉使备西北。已而其精兵果奔西北，不得入。吴兵既饿，乃引而去。太尉出精兵追击，大破之[9]。吴王濞弃其军，而与壮士数千人亡走，保于江南丹徒[10]。汉兵因乘胜，遂尽虏之，降其兵[11]，购吴王千金。月余，越人斩吴王头以告[12]。凡相攻守三月，而吴、楚破平[13]。于是诸将乃以太尉计谋为是。由此梁孝王与太尉有郤[14]。

【注释】

①会兵荥阳：据《吴王濞列传》，周亚夫经过洛阳时，见"剧孟今无动，吾据荥阳，以东无足忧者"。

②昌邑：古县名，治所在今山东金乡西北。是当时山阳郡的郡治所在地，位于睢阳东北方，相距二百多里。

③便宜：这里指有利的地形。

④不肯往：按，这是在坐等梁国消耗吴、楚之兵，并以吴、楚削弱梁国。

⑤太尉不奉诏，坚壁不出：凌稚隆曰："亚夫守便宜不往，则以委梁之说，先自请上也，不然人臣而不奉诏耶？"王夫之曰："周亚夫请以梁委吴，绝其粮道，景帝许之。梁求救而亚夫不听，上诏亚夫救梁，而亚夫不奉诏。于是亚夫之情可见，景帝之情亦可见矣。委梁于吴以敝吴，而即亦敝梁。……而今日之梁即他日之吴、楚……亚夫以是获景帝之心，不奉诏而不疑。景帝之使救也，亦聊以谢梁而缓太后之责也。"

⑥弓高侯：即韩穨当，韩王信的儿子。韩王信死于匈奴后，韩穨当于文帝十四年（前166）率众归降于汉，被封为弓高侯。详见《韩信卢绾列传》。绝吴、楚兵后食道：茅坤曰："专以绝粮道困吴、楚，此一着亚夫大略处。"

⑦太尉终卧不起：凌稚隆引何孟春曰："亚夫军中夜惊，其与吴汉平

原夜惊何异哉?二子坚卧不起,以安众心,即秦兵压境而谢安围棋,虏临澶渊而寇准歌谑同一谋也。”

⑧奔:突袭。壁:军营。东南陬(zōu):东南角。

⑨出精兵追击,大破之:发生在景帝三年二月。按,此文与《吴王濞列传》所记细节不符。据此文,吴兵初攻东南,周亚夫使备西北,都发生在驻扎昌邑时。《吴王濞列传》先写“遂坚壁昌邑南”,后又写“会下邑”,则吴军先攻东南,周亚夫乃备西北,发生在下邑。

⑩保于江南丹徒:据《东越列传》,七国之乱起时,东瓯亦起兵反叛,驻兵于丹徒。此时刘濞兵败,逃到丹徒依附东瓯人了。保,守,保卫。丹徒,古县名,治所在今江苏镇江东南。东瓯是越族的一支。相传为越王勾践的后裔。分布在今浙江南部瓯江、灵江流域。其首领助汉灭项羽,受封为东海王,因都东瓯(今浙江温州),俗称东瓯王。

⑪遂尽虏之,降其兵:谓尽降刘濞“弃”于江北之兵。

⑫越人斩吴王头以告:据《东越列传》:“及吴破,东瓯受汉购,杀吴王丹徒,以故皆得不诛,归国。”越,这里指东瓯人。

⑬凡相攻守三月,而吴、楚破平:吴、楚七国于景帝三年一月起兵,三月即被讨平。

⑭郤:通“隙”,嫌隙。梁王恨周亚夫“抗命”不救。

【译文】

周亚夫把军队集结在荥阳,这时吴国叛军正在攻打梁国,梁国危急,请求援救。周亚夫却领兵向东北方向行进,到达昌邑,深沟高垒,坚守不出。梁王天天派人向太尉求救,太尉坚守有利地形,不肯前去救援。梁王上书景帝,景帝派使者诏令太尉出兵救援梁国。周亚夫拒不遵从诏令,坚守营垒不予出兵,而是派弓高侯等率领轻骑兵切断了吴、楚叛军后方的粮道。吴国叛军缺乏粮草,士兵挨饿,屡屡挑战,但周亚夫始终不肯出战。夜里,汉军营中受惊,士兵相互攻击骚乱,一直闹到太尉的帐幕之下。但周亚夫始终静卧不起。时间不久，便恢复了安定。后来吴国叛军攻击汉军营寨的东南角，周亚夫却派人防备西北角。不一会儿，吴国的精锐部队果然猛攻西北角，未能攻入。吴国叛军已经绝粮，于是引兵撤退。周亚夫派精兵追击，大败吴军。吴王刘濞丢弃他的部队，与几千名精壮士卒逃跑，退到江南丹徒自保。汉兵于是乘胜追击，俘虏了全部吴国叛军，迫使他们投降，同时悬赏千金购买吴王刘濞的人头。一个多月后，就有越人斩了吴王的人头，前来报告。双方攻守只用了三个月，吴、楚等国就被打败平定了。于是将领们才认识到太尉的计谋是正确的。但也由于这次平叛，梁孝王和周亚夫结下了仇怨。

归，复置太尉官①。五岁②，迁为丞相，景帝甚重之。景帝废栗太子③，丞相固争之④，不得。景帝由此疏之。而梁孝王每朝，常与太后言条侯之短⑤。

【注释】

①复置太尉官：按，汉初的太尉官并非常置。据《汉兴以来将相名臣年表》：高祖二年（前205），卢绾首任太尉，高祖十二年卢绾反，太尉官亦废；高后四年重置，以周勃为太尉，孝文帝三年罢；景帝三年，吴、楚反，临时授以周亚夫此职，叛乱平定后，正式设置此官。

②五岁：周亚夫任太尉的第五年，即景帝七年（前150）。

③栗太子：即刘荣，其生母姓栗，故称。孝景帝七年（前150）被废太子位。栗姬与景帝姐长公主刘嫖不和，刘嫖常常在景帝面前谮毁她，又遭到王夫人倾陷，遂失宠，其子太子之位也被废。

④固争：执意谏诤。

⑤太后：即窦太后，孝景帝与梁孝王的生母。事迹详见《外戚世家》。

【译文】

周亚夫回朝后，朝廷重新设置了太尉官。五年后，周亚夫升任丞相，景帝很器重他。景帝废除栗太子时，周亚夫坚决拦阻，未能成功。景帝从此疏远周亚夫。梁孝王每次前来朝觐，常跟太后说条侯周亚夫的坏话。

窦太后曰："皇后兄王信可侯也。"景帝让曰[①]："始南皮、章武侯先帝不侯[②]，及臣即位乃侯之。信未得封也。"窦太后曰："人主各以时行耳[③]。自窦长君在时，竟不得侯，死后乃其子彭祖顾得侯。吾甚恨之。帝趣侯信也！"景帝曰："请得与丞相议之。"丞相议之[④]，亚夫曰："高皇帝约'非刘氏不得王，非有功不得侯[⑤]。不如约，天下共击之'。今信虽皇后兄，无功，侯之，非约也。"景帝默然而止。

【注释】

①让：谦让，推辞。

②南皮：南皮侯，即窦彭祖，窦太后兄窦长君之子。章武侯：即窦广国，窦太后的弟弟。事迹详见《外戚世家》。

③各以时行：《索隐》曰："谓人主各当其时而行事，不必一一相法也。"

④丞相议之：李笠曰："四字误复，《汉》传不复。"

⑤非刘氏不得王，非有功不得侯：郭嵩焘曰："是时薄氏、窦氏皆已前侯，亚夫犹以高帝之约为词，亦稍犯当时之忌讳矣。"

【译文】

窦太后向景帝说："皇后的哥哥王信应该封侯了。"景帝推辞说："起初，先帝都没有分封南皮侯、章武侯，到我即位后才封他们为侯。王信现在还不能封。"窦太后说："君主理应按照不同时代的情况行事。我哥哥窦长君在世的时候，一直没有封侯，死后他的儿子彭祖反倒封了侯。这件事我感到非常遗憾。皇上赶快封王信为侯吧！"景帝说："请让我和丞相商量一下。”景帝就与丞相商议，周亚夫说：“高皇帝约定‘不是刘家的子弟不能封王，不是有功的人不能封侯。谁不遵守规定，天下人共同讨伐他’。如今王信虽然是皇后的兄长，但他没有立过功，封他为侯，是违背规约的。”景帝听了默默无言，只好作罢。

其后匈奴王唯徐卢等五人降①，景帝欲侯之以劝后②。丞相亚夫曰：“彼背其主降陛下，陛下侯之，则何以责人臣不守节者乎③？”景帝曰：“丞相议不可用。”乃悉封唯徐卢等为列侯。亚夫因谢病。景帝中三年④，以病免相⑤。

【注释】

①唯徐卢：原为匈奴王，于景帝中元三年（前147）冬率众降汉。事见《孝景本纪》。五人降：梁玉绳曰：“‘五人’乃‘七人’之误。”

②劝后：鼓激其余的人、后来者。

③责：要求。

④景帝中三年：即景帝中元三年，前147年。

⑤以病免相：周亚夫实际是因为屡屡与景帝意见不合而遭免职，事在景帝中元三年九月。凌稚隆引董份曰：“细柳营，亚夫为真将军；不侯外戚，亚夫为真宰相。”王维桢曰：“不封王信，不封降奴，见条侯伉直不回，而景帝发怒所自。”姚苎田曰：“在亚夫固为守正，然不得谓非文帝时一番刚倨之用有以驯致之。故吾谓细柳一节，亚夫以此见长，亦以此胎祸。”

【译文】

此后匈奴王唯徐卢等五人归降汉朝，景帝想要封他们为侯，借此鼓励后来者。丞相周亚夫劝说道：“他们背叛自己的君主来投降陛下，陛下如果封他们为侯，那么还怎么去责备不守节操的臣子呢！”景帝说：“丞相的建议不可采用。”于是把唯徐卢等五人全都封为列侯。周亚夫因此称病不朝。孝景帝中元三年，周亚夫因病被罢免了丞相。

顷之，景帝居禁中①，召条侯，赐食。独置大胾②，无切肉，又不置櫡③。条侯心不平，顾谓尚席取櫡④。景帝视而笑曰：“此不足君所乎⑤？”条侯免冠谢⑥。上起⑦，条侯因趋出⑧。景帝以目送之，曰：“此怏怏者非少主臣也⑨！”

【注释】

①禁中：皇宫的别称。因门户有禁，非侍卫和通籍之臣不得入内，故云。

②大胾（zì）：大块的肉。

③櫡（zhù）：同“箸”，筷子。

④顾谓尚席取櫡：杨树达曰：“据《郅都传》，条侯素以‘贵倨’名，故不能忍此也。”尚席，掌席官，即主管安排酒席的人。

⑤此不足君所乎：杨树达曰：“‘所’犹‘意’也。”凌稚隆引余有丁曰：“置胾而不置箸，是景帝作意如此以觇亚夫；乃亚夫怒形于色，故曰‘怏怏非少主臣’，此亚夫不善处危机也。”又引李廷机曰：“曹操以空器馈荀彧，即从景帝饭亚夫不置箸也，皆二桃杀三士意。谚云‘杀人不用刀’，此耳。”

⑥免冠谢：摘下帽子谢罪。

⑦上起：按，此写景帝发怒站起。

⑧趋出：小步疾行退出。

⑨怏怏：不服气，闷闷不乐的样子。

【译文】

过后不久，景帝在皇宫中召见条侯，赏赐酒食。席上只放了一大块肉，既没有切碎，又没有放筷子。条侯心里不满，就转过头叫主管筵席的官员去取筷子。景帝看着条侯笑道:“这还不能满足你的要求吗?”条侯脱帽请罪。景帝起身,条侯趁机快步走出宫去。景帝目送他走后,说:“这个心怀不满的家伙,可不能任少主的大臣啊!”

居无何,条侯子为父买工官尚方甲楯五百被可以葬者①。取庸苦之②,不予钱。庸知其盗买县官器③,怒而上变告子④,事连污条侯⑤。书既闻上,上下吏。吏簿责条侯⑥,条侯不对。景帝骂之曰:“吾不用也⑦。”召诣廷尉。廷尉责曰:“君侯欲反邪?”亚夫曰:“臣所买器,乃葬器也,何谓反邪?”吏曰:“君侯纵不反地上,即欲反地下耳⑧。”吏侵之益急⑨。初,吏捕条侯,条侯欲自杀,夫人止之,以故不得死,遂入廷尉。因不食五日,呕血而死⑩。国除。

【注释】

①工官尚方:《索隐》:“工官即尚方之工,所作物属尚方,故云工官尚方。”被(pī):《集解》引张晏曰:“被,具也。五百具甲楯。”可以葬:可用以殉葬。

②庸:后多作“佣”,雇工。

③盗买:非法购买。县官:指天子,也指朝廷。

④上变告子:上书告发周亚夫的儿子有谋反的迹象。

⑤连污:连累。

⑥簿责:按照簿册记载的罪过一一责问。

⑦吾不用也:郭嵩焘曰:“不更责其对簿也。”茅坤曰:“言不须用对簿,自可令廷尉治耳。”中井积德曰:“下吏簿责,不直付廷尉,是帝犹有优意,而欲有所宥赦也。然而亚夫恚不对,帝乃怒其不承当优意也。”

⑧君侯纵不反地上，即欲反地下耳：李贽《藏书》曰："甚矣，居功之难也。使时无条侯，七国之兵岂易当哉？不三月而吴、楚破灭，虽十世宥之可也。景帝非人主矣。"

⑨侵：欺凌，逼迫。

⑩呕血而死：据下文"绝一岁，景帝乃更封绛侯勃他子坚为平曲侯"，及《高祖功臣侯者年表》周勃的儿子周坚于景帝后元元年续封平曲侯，则周亚夫可能死于景帝中元六年（前144）。

【译文】

没过多久，条侯的儿子从专为宫廷服务的工官那里，为父亲买了五百套殉葬用的铠甲和盾牌。搬运的雇工既受了累，又没有领到工钱。雇工们知道他是偷着买了皇家使用的器物，一怒之下，上书告发周亚夫的儿子谋反，事情牵连到了条侯周亚夫。雇工的上书呈报给景帝，景帝交给有关法吏查办。法吏拿着簿书责问条侯，条侯拒不回答。景帝责骂他说："我不用你对簿了。"于是下令把周亚夫交到廷尉那里去受审。廷尉责问说："君侯您想造反吗？"周亚夫说："我买的那些器物都是殉葬品，怎么能说是造反呢？"狱吏说："您纵使不在地上造反，也是想到地下去造反。"他们越来越厉害地折辱条侯。起初，狱吏逮捕条侯的时候，条侯就想自杀，他的夫人制止了他，所以才没有死掉，于是进了廷尉的监狱。周亚夫绝食五日，吐血而死。封国也被撤除。

绝一岁[①]，景帝乃更封绛侯勃他子坚为平曲侯[②]，续绛侯后。十九年卒[③]，谥为共侯。子建德代侯，十三年[④]，为太子太傅[⑤]。坐酎金不善，元鼎五年，有罪，国除[⑥]。条侯果饿死。死后，景帝乃封王信为盖侯[⑦]。

【注释】

①绝一岁：即景帝后元元年，前143年。

②平曲:其地说法不一,有说在今江苏东海东南,有说在今河北霸州。

③十九年卒:据《高祖功臣侯者年表》,周坚卒于武帝元朔四年(前125)。

④十三年:继侯位第十三年,即汉武帝元鼎五年(前112)。

⑤太子太傅:职掌辅导太子。

⑥“坐酎(zhòu)金不善”几句:梁玉绳以为应作“为太子太傅,有罪免,十三年元鼎五年,坐酎金不善国除”。酎金,汉代诸侯献给朝廷供祭祀之用的贡金。《汉仪注》:“王子为侯。侯、王岁以户口酎黄金,献于汉庙,皇帝临受献金以助祭。”据《平准书》:“至酎,少府省金,而列侯坐酎金失侯者百余人。”元鼎,汉武帝的第五个年号(前116—前111年)。

⑦死后,景帝乃封王信为盖侯:徐孚远曰:“《条侯传》后著侯王信一语,所以明其得罪之由也。”按,此处与《惠景间侯者年表》记载不同。据《惠景间侯者年表》,王信于景帝中五年甲戌封盖侯,当时周亚夫还没死。泷川引洪颐煊曰:“《汉书·恩泽侯表》,盖侯王信,景帝中五年五月甲戌封,在亚夫未死前二年。”

【译文】

周亚夫的封爵中断一年后,景帝又改封绛侯周勃的另一个儿子周坚为平曲侯,接续绛侯周勃的统嗣。周坚封侯十九年后去世,谥号为共侯。他的儿子周建德继承爵位,十三年后,周建德任太子太傅。元鼎五年,因为所献的助祭黄金成色不佳,被判有罪,封国被废除。条侯周亚夫果然是饿死的。周亚夫死后,景帝就封王信为盖侯了。

太史公曰:绛侯周勃始为布衣时,鄙朴人也[①],才能不过凡庸。及从高祖定天下,在将相位[②]。诸吕欲作乱,勃匡国家难[③],复之乎正。虽伊尹、周公[④],何以加哉!亚夫之用兵,持威重,执坚刃[⑤],穰苴曷有加焉[⑥]!足己而不学[⑦],守节不逊[8]，终以穷困[9]。悲夫！

【注释】

①鄙朴：粗俗质朴。

②从高祖定天下，在将相位：周勃分别在高祖、孝惠时任太尉。文帝即位后升任丞相。

③匡：挽救，纠正。

④伊尹：商汤大臣，辅佐商汤灭夏建国，被尊为阿衡。事迹详见《殷本纪》。周公：姓姬名旦，文王子，武王弟，辅佐武王灭商建国，后又辅佐成王治理天下。事迹详见《周本纪》。

⑤执坚刃：泷川曰："'刃'读为'忍'。"忍，严厉，忍心。

⑥穰苴（jū）：春秋时期齐国将领，姓田。齐景公时得晏婴荐，任为将军。曾被拜为大司马，故称"司马穰苴"。事迹详见《司马穰苴列传》。有加：超过。

⑦足己而不学：《索隐》曰："亚夫自以己之智谋足，而不虚己学古人，所以不体权变，而动有违忤。"足己，自满自足，自以为是。

⑧守节不逊：《索隐》："守节谓争栗太子，不封王信、〔唯〕徐卢等；不逊谓顾尚席取箸，不对制狱是也。"

⑨终以穷困：凌稚隆引余有丁曰："亚夫不得其死，此景帝之失，太史公以'守节不逊'责之，过矣。观细柳营及争太子、争侯王信事，尽有学术，不比乃父之椎鲁也。"王鏊曰："千古见之，犹为气塞，其父子两朝遭遇如此，不可咎其不逊也。"沈家本曰："逊，顺也，言不能逊顺以自全也。故继之曰'终以穷困，悲夫'，伤之至，非责之也。"

【译文】

太史公说：绛侯周勃还是平民百姓的时候，为人粗陋质朴，才能也很平庸。跟着高祖平定天下后，身居将相之位。诸吕想谋反作乱，周勃挽救了国家危难,使朝廷恢复了正统。这样的功勋恐怕连伊尹、周公,也难以超过了!周亚夫在用兵的时候,能够保持威严庄重,执守严厉,即使司马穰苴也难以超过他!可惜他自满自足而不虚心学习,能够谨守节操而不能恭顺谦让,以穷途困窘而告终。真令人悲伤啊!

【集评】

查慎行曰:"太史公叙周勃,与曹参、樊哙同例,功虽多,不过一战将耳;至其子亚夫用兵处,极力摹写,节制之师,历历有如目击。亚夫之坐'谋反',因子买葬器,狱吏执'欲反地下'四字,游戏定爰书,此何异岳武穆'莫须有'三字耶?景帝之刻薄寡恩,隐然言外。史笔至此,出神入化矣。"(《史记评林》引)

方孝孺曰:"文景四世间,如王陵、周亚夫辈无数人,而亚夫尤得大臣体。在景帝时以争皇后兄信及匈奴降王之封忤旨,遂用他事下狱以死。夫封无功者以乱先帝之法,纳夷狄之叛臣以启为臣不忠之心,此诚宰相之所宜争也。亚夫争之,岂为过哉?彼景帝者私刻忍人也,欲封其后之兄,而亚夫不从,其心固有杀亚夫之端矣,特未得其名耳;及降王而不封,其怒宜愈甚,特无以屈其说,故忍而未发;官甲盾之告,景帝方幸其有名以诛之,遂卒置之于死。求其所为事,确乎有大臣之风;景帝罪之者,私恨也,为史者宜有以明之。而司马迁反诋之为"守节不逊,以取穷困"。呜呼,人臣如亚夫,乃可谓之不逊乎!……迁不能称其守官,而诋其'不逊';不闵其死不以罪,而悲其'困穷'。史氏之论若此,何以信于后世!此吾尝论迁善纪事而不知统,善陈辞而不能断,有良史之才而不达君子之道,《亚夫传》之类也。"(《逊志斋集》卷五)

姚苎田曰:"高祖功臣中,推勃最朴至,故帝亦以'厚重少文'称之。然智短术浅,诛诸吕、立代王之后,位极人臣而无所建白,既不能为留侯赤松之高,又不能效曲逆弥缝之密,而徒娓娓畏惧,衷甲防诛,向非文帝之宽仁,椒房之戚谊,俎醢之灾行将及矣。急流勇退,君子所以贵知几也。史公画勃之拙厚处，栩栩欲活，可谓写生。”又曰：“细柳劳军，千古美谈。余谓亚夫之巧于自著其能，以邀主眷耳。行军之要固不在此也，何者？当时遣三将军出屯备胡，既非临阵之时，则执兵、介胄、传呼、辟门，一何过倨！况军屯首重侦探，岂有天子劳军已历两营，而亚夫尚未知之理？乃至，先驱既至，犹闭壁门；都尉申辞令，天子亦遵军令，不亦甚乎？然其持重之体迥异他军，则锥处囊中脱颖而出，亚夫之谋亦工矣。顾非文帝之贤，安能相赏于形迹之外哉？”（《史记菁华录》）

李景星曰：“绛侯两世有大功于汉，而两世亦俱以下吏收场，此太史公最伤心处，故用全力写之。前半写绛侯处，略用《曹相国世家》文法，以琐碎胜，而遒古过之；后半写绛侯之子条侯处，却又以整齐胜。……赞语抑扬尽致，含蓄无穷。”（《四史评议》）

吴汝纶曰：“此篇以功臣遭祸为主，‘吾尝将百万军，然安知狱吏之贵乎？’语绝沉痛，与条侯下狱事相影响，亦借以自寓感叹。”（《桐城先生点勘史记》）

【评论】

有关周勃在吕后死后诛灭诸吕的惊心动魄的故事，详见《吕太后本纪》。在这个过程中周勃、陈平虽然也有他们的政治投机，以及事后倚势专权的企图，但都未能得逞，而且文帝的严辞厉色以及对他们的安排任用，也使他们感到了心寒。这不奇怪，历代凡行废立之大臣，虽于新主有大恩，然而也最被新主所畏忌，春秋时晋国的里克、南朝时刘宋的徐羡之、傅亮之所以有大功而被杀，就是因为这个。陈平早死，免却了许多麻烦；周勃活得时间较长，结果就被下了狱。后来能被放出，已经算是大幸啦。作品写周勃在文帝时期的这段戚戚惶惶的生活是很令人感慨的。在刘邦开国功臣中，司马迁对周勃贬词最少，同情最多。他写周勃的“木强敦厚”“椎少文”，是似贬而实褒。这与萧、曹、陈诸人的望风观色、阿意取容恰成对照。

周亚夫是《史记》中最使人同情的悲剧英雄人物之一,而司马迁的描写也意到笔到。司马迁对周氏父子两代的惨痛遭遇,尤其是对周亚夫的惨痛结局,表现了无限的同情与不平。吴、楚七国作乱,周亚夫与景帝共谋,先让梁国拼死抵抗,使这两股割据势力在决战中互相削弱,而后周亚夫再全力出击,一举灭掉了吴、楚联军。周亚夫为宰相后,先是反对汉景帝废太子刘荣,又反对窦太后的想封外戚王信为侯,又反对对降汉的匈奴王加封。这些都表明周亚夫确实是宰相的材料,也的确在发挥着宰相的作用。周亚夫平吴、楚有大功,做宰相又守正不移,但竟遭到了汉景帝、王皇后、窦太后等的忌恨。周亚夫被强加罪名投入廷狱,终至气愤地绝食而死。宋代赵恒认为周亚夫"卒穷困饿死,则景帝忌刻少恩可知"(《史记评林》引)。汉景帝是司马迁笔下最阴暗、最残酷、最反复无常的统治者之一,汉景帝与王皇后无疑是《史记》中最令人憎恶的人物形象。明代李贽为此说:"甚矣,居功之难也。使时无条侯,七国之兵岂易当哉?不三月而吴、楚破灭,虽十世宥之可也。景帝非人主矣。"(《藏书》)何孟春说:"吏之谓'反地下'之言,是以人命悦上意,而置无罪有功之臣于死地。廷尉不足道矣,景帝之朝岂无人能为解之者?亦由帝之不复可与言故也。"(《史记评林》引)

"周亚夫军细柳"这段故事堪称千古佳话。司马迁通过这段故事展示了周亚夫的治军严明,有严格的规章制度,任何人不能违犯,甚至连皇帝也不能有任何通融。司马迁的用意是好的,但其文字有张扬过头之嫌。比如写"天子先驱至,不得入",可以;又说"军中闻将军令,不闻天子之诏",也可以;至于说"士吏被甲,锐兵刃,彀弓弩",还要"持满",这就太过了,用得着吗?明明知道这是皇帝前来劳军,而对汉文帝的车驾,还要左一个禁令,右一个禁令,以显示自己兵营的纪律森严与自己在军中的无上权威,用现在的一个新词,就是过分地"作秀"。清代郭嵩焘曾对这段故事的本来面貌推断说:"此当为文帝微行至军,军吏得遏止之。……史公但自奇其文,故于此等细微不及详耳。"他猜想大概是有一回汉文帝微服私访，信步来到周亚夫的兵营，守门的卫士不认识皇帝，把皇帝挡在了营门外。司马迁所描述的这段故事大概就是由此发展而来。司马迁通过这段故事还歌颂了汉文帝的宽仁大度，与臣下常有一种“家人父子”的亲密关系，有容人之量。这点在《张释之冯唐列传》里面有充分表现，可以与本文相互参照。另外，这段故事中有“军中闻将军令，不闻天子诏”之说，这固然是古代军事家们的一种处事原则，《孙子兵法》与《史记》的《司马穰苴列传》《魏公子列传》都有“将在外，君命有所不受”这种话，但这种话都是让帝王们听了害怕的，将军如若真的实行风险极大。

史记卷五十八

梁孝王世家第二十八

【释名】

梁孝王刘武是汉景帝的同母弟，为母亲窦太后所宠爱。本篇叙述了梁孝王及其后代的变化兴衰，全文可分为四个部分。第一部分叙述了梁孝王的生平事迹，展示了他与其兄汉景帝的尖锐矛盾。第二部分描述梁孝王诸子孙的结局，他们大多数都在武帝实行"推恩法"的过程中被取消封国，改其地为郡县。第三部分是"太史公曰"，司马迁谴责了梁孝王的僭越名号、骄奢淫逸。第四部分是"褚先生曰"，褚少孙补叙了有关梁孝王的事迹。

梁孝王武者，孝文皇帝子也，而与孝景帝同母。母，窦太后也[①]。孝文帝凡四男：长子曰太子，是为孝景帝；次子武；次子参；次子胜[②]。孝文帝即位二年[③]，以武为代王[④]，以参为太原王[⑤]，以胜为梁王[⑥]。二岁[⑦]，徙代王为淮阳王[⑧]。以代尽与太原王，号曰代王。参立十七年，孝文后二年卒[⑨]，谥为孝王。子登嗣立，是为代共王[⑩]。立二十九年，元光二年卒[⑪]。子义立，是为代王。十九年[⑫]，汉广关[⑬]，以常山为限[⑭]，而徙代王王清河[⑮]。清河王徙以元鼎三年也。

【注释】

①窦太后：孝文帝刘恒的皇后，原为吕后宫女，被赐与当时还是代王的刘恒。刘恒入朝为帝，窦氏被立为皇后。事迹详见《外戚世家》。

②次子参；次子胜：按，据《汉书》，刘参、刘胜是其他姬妾所生。刘胜《汉书》作刘揖。《汉书·文三王传》："诸姬生代孝王参、梁怀王揖。"

③孝文帝即位二年：时在前178年。

④以武为代王：代国的国都为中都（在今山西平遥西南），辖境约当今山西北部与河北西北部一带。

⑤以参为太原王：太原国的国都是晋阳（在今山西太原）。

⑥以胜为梁王：梁国的国都是睢阳（在今河南商丘）。

⑦二岁：时在文帝四年，前176年。

⑧徙代王为淮阳王：淮阳国的国都是陈县（今河南淮阳）。

⑨孝文后二年：即孝文帝后元二年，前162年。

⑩代共王："共"为谥号。

⑪元光二年：前133年。

⑫十九年：即武帝元鼎三年，前114年。

⑬广关：扩大关隘，指将函谷关由弘农（今河南灵宝）迁至新安（今河南渑池）。这样做的原因，《汉书·武帝纪》注引应劭曰："时楼船将军杨仆数有大功，耻为关外民，上书乞徙东关，以家财给其用度。武帝意亦好广阔，于是徙关于新安，去弘农三百里。"

⑭以常山为限：新的函谷关依当地山势而建。常山，指新安城东旧有的矮山。《汉书·文三王传》颜师古注有所谓"依山以为关"，即此意。

⑮清河：清河国的国都是清阳（在今河北清河东南）。

【译文】

梁孝王刘武，是孝文帝的儿子，而且与孝景帝是同母所生。他们的母亲是窦太后。孝文帝共有四个儿子：长子是太子，就是孝景帝；次子是刘武；三子是刘参；四子是刘胜。孝文帝即位后的第二年，封刘武为代王，封刘参为太原王，封刘胜为梁王。过了两年，迁代王刘武为淮阳王。把代国的封地全部并给太原王刘参，号称代王。刘参在位十七年，于孝文帝后元二年去世，谥为孝王。他的儿子刘登继承王位，这就是代共王。刘登在位二十九年，于孝武帝元光二年去世。他的儿子刘义继位。过了十九年，朝廷扩大关塞，新的函谷关依当地山势而建，因而把代王刘义改封为清河王。清河王是在汉武帝元鼎三年改封的。

初，武为淮阳王十年[①]，而梁王胜卒[②]，谥为梁怀王。怀王最少子，爱幸异于他子。其明年，徙淮阳王武为梁王。梁王之初王梁，孝文帝之十二年也[③]。梁王自初王通历已十一年矣[④]。

【注释】

①武为淮阳王十年：即文帝十一年，前169年。

②而梁王胜卒：刘胜骑马摔死，当时贾谊是梁怀王的太傅，“自伤为傅无状，哭泣岁余亦死”。事见《屈原贾生列传》。

③孝文帝之十二年：前168年。

④通历：总共经历。

【译文】

起初，刘武受封为淮阳王，过了十年，梁王刘胜去世，被谥为梁怀王。梁怀王是孝文帝最小的儿子，比其他儿子更受孝文帝的宠爱。梁怀王去世的第二年，改封淮阳王刘武为梁王。刘武始封梁王是在孝文帝的前元十二年。梁王刘武从开始受封为代王，到改封梁王，统共经历了十一年。

梁王十四年[①]，入朝。十七年，十八年，比年入朝[②]，留，其明年,乃之国[3]。二十一年[4],入朝。二十二年,孝文帝崩[5]。二十四年[6],入朝。二十五年[7],复入朝。是时上未置太子也。上与梁王燕饮[8],尝从容言曰[9]:“千秋万岁后传于王[10]。”王辞谢。虽知非至言,然心内喜[11]。太后亦然。其春,吴、楚、齐、赵七国反[12]。吴、楚先击梁棘壁[13],杀数万人。梁孝王城守睢阳,而使韩安国、张羽等为大将军[14],以距吴、楚。吴、楚以梁为限[15],不敢过而西,与太尉亚夫等相距三月[16]。吴、楚破,而梁所破杀虏略与汉中分[17]。明年[18],汉立太子[19]。其后梁最亲,有功,又为大国,居天下膏腴地。地北界泰山[20],西至高阳[21],四十余城,皆多大县。

【注释】

①梁王十四年:即文帝十五年,前165年。应在此年的十月,当时以“十月”为岁首。

②比年:每年,连年。

③其明年,乃之国:按,诸侯王连年入朝,以及滞留京师不返,在当时是违规的。

④二十一年:即文帝后元六年,前158年。

⑤二十二年,孝文帝崩:孝文帝卒于后元七年(前157)六月。

⑥二十四年:即景帝二年,前155年。

⑦二十五年:即景帝三年,前154年。

⑧燕饮:设宴聚饮。

⑨从容:不慌不忙,不经意。

⑩千秋万岁后:婉言死后。

⑪虽知非至言,然心内喜:按,《魏其武安侯列传》中亦有相关情节,窦婴告诫景帝:“天下者,高祖天下,父子相传,此汉之约也,上何

以得擅传梁王?”至言,真实的话。

⑫其春,吴、楚、齐、赵七国反:按,七国之乱齐国并未参与。

⑬棘壁:又称大棘。在今河南柘城西北。

⑭韩安国:字长孺,梁国成安(今河南临汝东南)人。事迹详见《韩长孺列传》。张羽:其人不详。《韩长孺列传》略有提及。

⑮以梁为限:由于梁国的阻击。限,阻击,拦截。

⑯与太尉亚夫等相距三月:按,周亚夫率大军屯驻于睢阳东北之昌邑,坐观梁国承受七国之乱的冲击,不肯出兵相救,从而坐收渔人之利的战略详见《绛侯世家》。太尉亚夫,即周亚夫,朝廷派出讨平七国之乱的最高统帅。

⑰而梁所破杀虏略与汉中分:按,梁王是景帝的同母弟,同时为了保住自己的封地,坚决抵抗了七国乱军的攻击。与汉中分,和朝廷军队的战果相等。

⑱明年:即景帝四年,前153年。

⑲汉立太子:此次所立太子是刘荣,即“栗太子”。

⑳北界泰山:北边与泰山郡相邻。泰山,即泰山郡,治奉高(在今山东泰安东南)。

㉑高阳:乡亭名,在今河南杞县东南。属陈留郡圉(yǔ)县管辖。

【译文】

梁王于在位十四年,入朝朝见孝文帝。十七年和十八两年,连着入朝,留住在京都,到第二年才回封国。二十一年又进京朝见。二十二年,孝文帝驾崩。二十四年入朝。二十五年又入朝。这时孝景帝还没有立太子。有一天,孝景帝同梁王宴饮,顺口说道:“等我死后,就把皇位传给你。”梁王推辞不要,他虽知皇上说的不是真心话,但心里很高兴。窦太后也一样高兴。那年春天,吴、楚、齐、赵等七国造反。吴、楚叛军首先进攻梁国的棘壁,杀了数万人。梁孝王据城固守国都睢阳,同时派韩安国、张羽等为大将军,率兵抵抗吴、楚叛军。吴、楚叛军因为梁国的阻击,不敢越过梁国向西进军，同太尉周亚夫等人的军队相持了三个月。吴、楚叛乱被破灭后，计算功劳，梁国所斩杀俘获的叛军大略和朝廷军队的战绩相等。第二年，汉景帝立了太子。此后梁王与朝廷的关系最亲近，在平叛中有大功，又是诸侯中的大国，据有天下肥沃的土地。其封地北以泰山为界，西达高阳，共有四十余城，多数是大县。

孝王，窦太后少子也，爱之，赏赐不可胜道。于是孝王筑东苑，方三百余里①。广睢阳城七十里。大治宫室，为复道，自宫连属于平台三十余里②。得赐天子旌旗，出从千乘万骑③。东西驰猎，拟于天子。出言趩，入言警④。招延四方豪桀，自山以东游说之士莫不毕至，齐人羊胜、公孙诡、邹阳之属⑤。公孙诡多奇邪计⑥，初见王，赐千金，官至中尉⑦，梁号之曰公孙将军。梁多作兵器弩弓矛数十万，而府库金钱且百巨万，珠玉宝器多于京师。

【注释】

①于是孝王筑东苑，方三百余里：《西京杂记》云："梁孝王苑中有落猿岩、栖龙岫、雁池、鹤洲、凫岛。诸宫观相连，奇果佳树，瑰禽异兽，靡不毕备。"到唐朝时则"梁园日暮乱飞鸦，极目萧条三两家。庭树不知人去尽，春来还发旧时花"（岑参《山房春事》）。东苑，也称"兔园"，故址在今河南商丘东南。以"东方生物"，故曰东苑。"兔"在十二生肖中也是代表东方。方三百余里，《索隐》曰："盖言其奢，非实词。"

②为复道，自宫连属于平台三十余里：《索隐》引如淳曰："今城东二十里临新河，有故台址，不甚高，俗云'平台'，又一名'修竹苑'。"王先谦引任昉《述异记》云："梁孝王平台，至今存有蒹葭

洲、凫藻洲、梳洗潭。”复道，楼与楼之间的空中通道。

③得赐天子旌旗，出从千乘（shèng）万骑：《索隐》引《汉官仪》曰：“天子法驾三十六乘，大驾八十一乘，皆备千乘万骑而出也。”

④出言趩（bì），入言警：古代帝王出入时，于所经路途侍卫警戒，清道止行。按，据《韩长孺列传》，景帝最初对梁王的这些僭越行为也很不高兴，韩长孺入朝通过长公主百般斡旋，才使景帝释怀。趩，也作“跸”，帝王出行时清道，禁止行人通行。

⑤自山以东游说之士莫不毕至，齐人羊胜、公孙诡、邹阳之属：意思是，崤山以东的游说之士，如齐人羊胜、公孙诡、邹阳等，全都来归附他。山以东，即指崤山以东。

⑥奇邪：谲怪非常。

⑦中尉：战国时赵置，负责选任官吏。秦汉时为武职，掌管京师治安。汉武帝时更名执金吾，汉诸王国皆置中尉。

【译文】

梁孝王是窦太后的少子，窦太后特别宠爱，赏赐的东西不可胜数。于是修建东苑猎场，方圆三百余里。扩展国都睢阳，周围长达七十里。他大肆建造宫殿，架设复道，连接城外平台，长达三十余里。梁王的仪仗中，有天子赏赐的旌旗，出行时有千车万马跟随。他到处驰骋射猎，规格类似天子。他出入都有侍卫警戒，清道止行。他招揽延纳四方豪杰，自崤山以东的游说之士，像齐国的羊胜、公孙诡、邹阳等人，莫不尽归梁国。公孙诡满肚子奇谲邪伪的算计，初次拜见梁王，梁王就赐予黄金千斤，后来他官至中尉，梁人称他为公孙将军。梁国制造了很多兵器，弩弓、矛等有数十万件，而府库里的金钱有上百亿，珠玉宝器比朝廷还多。

二十九年十月①，梁孝王入朝。景帝使使持节乘舆驷马②，迎梁王于关下。既朝，上疏，因留。以太后亲故，王入则侍景帝同辇③，出则同车游猎，射禽兽上林中④。梁之侍中、郎、谒者著籍引出入天子殿门[⑤]，与汉宦官无异。十一月，上废栗太子[⑥]，窦太后心欲以孝王为后嗣。大臣及袁盎等有所关说于景帝[⑦]，窦太后义格[⑧]，亦遂不复言以梁王为嗣事由此[⑨]。以事秘，世莫知。乃辞归国。

【注释】

①二十九年：即景帝七年，前150年。

②乘舆驷马：《集解》曰："天子副车驾驷马。"沈钦韩引《续舆服志》曰："乘舆所御驾六，余皆四。故石庆为上御，举策言六马。"乘舆，帝王车驾。

③辇：秦汉后专指帝王后妃乘坐的车。

④上林：即上林苑，秦都咸阳后置，汉初荒废，旧址在今陕西西安西南。司马相如《上林赋》对此苑囿有夸张描绘。

⑤侍中、郎、谒者：都属侍从官员。郎的职责主要是护卫陪从，随时建议、备顾问和差遣；谒者掌管收发、传达以及赞礼等事。籍引：即指门籍。犹如今天的通行证。

⑥废栗太子：栗太子被废事，详见《外戚世家》《五宗世家》。

⑦大臣袁盎等有所关说：按，袁盎劝谏景帝的话，见《袁盎晁错列传》。关说，《索隐》："袁盎云'汉家法周道立子'，是有所关涉之说于帝也。"

⑧义格：制止。格，止。

⑨由此：泷川曰："《汉书》无'由此'二字。"

【译文】

二十九年十月，梁孝王进京朝见。景帝派使者拿着符节，驾着皇帝的驷马车，到函谷关下去迎候梁王。梁王朝见景帝后，上疏请求，因而留在了京师。因为太后很宠爱的缘故，孝王入宫则陪侍景帝同乘步辇，出宫则同车出游打猎，到上林苑中射杀鸟兽。梁国的侍中、郎官、谒者都在名簿上登记姓名，可以出入天子殿门，和朝廷的宦官没有区别。十一月，皇上废黜栗太子，窦太后想要让梁王做继承人。大臣和袁盎等人劝阻景帝，窦太后的动议受阻，也就不再提让梁王做继承人的事了。由于这件事很秘密，世间没有谁知道。梁王于是辞别朝廷回归封国。

其夏四月①，上立胶东王为太子②。梁王怨袁盎及议臣，乃与羊胜、公孙诡之属③，阴使人刺杀袁盎及他议臣十余人④。逐其贼，未得也。于是天子意梁王，逐贼，果梁使之⑤。乃遣使冠盖相望于道，覆按梁⑥，捕公孙诡、羊胜。公孙诡、羊胜匿王后宫。使者责二千石急，梁相轩丘豹及内史韩安国进谏王⑦，王乃令胜、诡皆自杀，出之⑧。上由此怨望于梁王⑨。梁王恐，乃使韩安国因长公主谢罪太后⑩，然后得释⑪。上怒稍解，因上书请朝⑫。既至关，茅兰说王⑬，使乘布车⑭，从两骑入，匿于长公主园。汉使使迎王，王已入关，车骑尽居外，不知王处。太后泣曰："帝杀吾子！"景帝忧恐。于是梁王伏斧质于阙下⑮，谢罪，然后太后、景帝大喜，相泣，复如故⑯。悉召王从官入关。然景帝益疏王，不同车辇矣。

【注释】

①其夏四月：即景帝七年的四月。当时以十月为岁首。

②胶东王：即刘彻，王夫人所生，景帝四年（前153）被立为胶东王。栗太子被废及刘彻上位事，详见《外戚世家》。

③乃与羊胜、公孙诡之属：梁玉绳曰："《文三王传》'属'下有'谋'

字，是。”

④刺杀袁盎及他议臣十余人：可参看《袁盎晁错列传》。

⑤“逐其贼”几句：李笠《史记订补》以为应作：“其贼未得也，于是天子意梁王，逐贼，果梁使之。”《汉书·文三王传》上句无“逐”字。意，怀疑。逐，追捕。

⑥覆按：审查追究。

⑦轩丘豹：姓轩丘，名豹。按，当时诸侯国的国相是由朝廷委任的。内史：诸侯国内史执掌封国民政。

⑧出之：交出去。

⑨怨望：怨恨，心怀不满。

⑩因：通过，借助。长公主：即刘嫖，景帝与梁孝王的大姐。

⑪然后得释：归有光曰：“按《安国传》，因长公主谢太后事在前，非为胜、诡事，疑《世家》误也。”王先谦曰：“此与《邹阳传》合，互证。《安国传》，梁事，两次皆安国因长公主入言得释，或疑此文为误，非也。”

⑫因上书请朝：王先谦曰：“史表，三十一年来朝。”梁孝王三十一年即为景帝中元二年，前148年。

⑬茅兰：其人不详。

⑭布车：以布为帷幔的车。《集解》引张晏曰：“布车，降服，自比丧人。”顾炎武曰：“谓微服而行，使人不知耳。”

⑮伏斧质：以示请罪。质，杀人下垫的砧板。阙下：宫阙之下。

⑯相泣，复如故：凌稚隆引邓以瓒曰：“为计良工，叙得情态亦尽。”吴见思曰：“欲写其强合，正写其中离也。”

【译文】

这年的夏四月，景帝立胶东王刘彻为太子。梁王怨恨袁盎及其他议嗣之臣，就和羊胜、公孙诡之流暗中派人刺杀了袁盎和其他参与议嗣的十多位大臣。朝廷缉捕凶手，没能抓获。于是景帝怀疑梁王，捕获到凶手后，发现果然是梁王所主使。于是朝廷就接连不断地派遣使者，到梁国去查办刺杀案，并搜捕公孙诡、羊胜。公孙诡、羊胜被梁王藏匿在后宫里。使者责问二千石官员很急迫，梁相轩丘豹和内史韩安国进谏梁王，梁王才令羊胜、公孙诡自杀，而后交出了他们的尸体。景帝由此怨恨梁王。梁王心里害怕，就派内史韩安国通过长公主向窦太后认罪，然后才得到了宽恕。皇上的怒气逐渐消退，于是梁王上书请求朝见。到达函谷关后，茅兰劝说梁王乘坐布车，只带两个骑兵入京，躲藏到长公主的园囿之中。朝廷派使者迎接梁王，而梁王已经入关，随从车马都在关外，不知梁王去向。太后哭泣道："皇上杀了我的儿子！"景帝为此忧恐。这时梁王背着刑具俯伏在宫廷门下，请求皇上治罪，太后、景帝非常高兴，相对哭泣，母子兄弟之情回到了从前。景帝把梁王的随从官员全都召入关来。然而景帝渐渐疏远梁王，不再和他同乘车辇了。

三十五年冬①，复朝。上疏欲留，上弗许。归国，意忽忽不乐。北猎良山②，有献牛，足出背上，孝王恶之③。六月中病热，六日卒④，谥曰孝王⑤。孝王慈孝，每闻太后病，口不能食，居不安寝，常欲留长安侍太后。太后亦爱之。及闻梁王薨，窦太后哭极哀，不食，曰："帝果杀吾子！"景帝哀惧，不知所为。与长公主计之，乃分梁为五国，尽立孝王男五人为王⑥，女五人皆食汤沐邑⑦。于是奏之太后，太后乃说，为帝加壹餐。

【注释】

①三十五年：即景帝中元六年，前144年。

②良山：又作"梁山"，在今山东梁山县东南。

③足出背上，孝王恶（wù）之：《索隐》引张晏云："足当处下，所以辅

身也；今出背上，象孝王背朝以干上也。北者，阴也。又在梁山，明为梁也。牛者，丑之畜，冲在六月。北方数六，故六月六日薨也。”

④六月中病热，六日卒：王叔岷曰：“当从《史》、《汉》《景纪》作‘四月’。《通鉴》亦作‘四月’。盖孝王四月薨，故支子四王以五月立也。”

⑤谥曰孝王：《谥法解》：“五宗安之曰孝”“慈惠爱亲曰孝”“秉德不回曰孝”“协时肇享曰孝”。

⑥乃分梁为五国，尽立孝王男五人为王：陈子龙曰：“既以悦太后，又以分梁国也。”按，这也是贾谊提出的“众建诸侯而少其力”的策略。

⑦汤沐邑：周代供诸侯朝见天子时住宿并沐浴斋戒的封地。后也指国君、皇后、公主等收取赋税的私邑。

【译文】

梁王三十五年冬天，又进京朝见。上疏请求留住京师，景帝没答应。梁王回国后，心神恍惚，闷闷不乐。有一天，梁王到北面的良山打猎，有人献上一头牛，牛足长在背上，梁王看了很厌恶。六月间，梁王患了热病，六天后去世，谥为孝王。梁孝王非常孝顺母亲，每当他听说太后有病，就吃不下饭，睡不好觉，常想留在长安侍奉太后。太后也很疼爱他。等到太后听说梁孝王病死，哭得极度哀痛，不吃饭，说：“皇帝果然杀了我的儿子！”景帝既哀痛又害怕，不知该怎么办。景帝去和长公主商量，于是决定将梁国分为五国，把梁孝王的五个儿子全封立为王，五个女儿也都赐予汤沐邑。景帝把这个决定奏明太后后，太后才高兴起来，特地因景帝的这种处置加了一次餐。

梁孝王长子买为梁王①，是为共王；子明为济川王②；子彭离为济东王③；子定为山阳王④；子不识为济阴王⑤。孝王未死时，财以巨万计，不可胜数。及死，藏府余黄金尚四十余万斤[⑥],他财物称是。梁共王三年[⑦],景帝崩。共王立七年卒[⑧],子襄立,是为平王。

【注释】

①长子买为梁王:长子刘买继承王位,为梁国之正统。

②济川王:济川国都济阳(在今河南兰考东北)。

③济东王:济东国都无盐(在今山东东平东)。

④山阳王:山阳国都昌邑(在今山东金乡西北)。

⑤济阴王:济阴国都定陶(在今山东定陶西北)。

⑥藏(zàng)府:府库。

⑦梁共王三年:即景帝后元三年,前141年。

⑧共王立七年:即武帝建元四年,前137年。

【译文】

梁孝王的长子刘买继立为梁王,即梁共王;次子刘明为济川王;三子刘彭离为济东王;四子刘定为山阳王;五子刘不识为济阴王。梁孝王未死时,财产多得以亿万计算,无法计数。死后,他府库所余的黄金尚有四十多万斤,其他财物也相当于此。梁共王三年,景帝驾崩。梁共王在位七年去世,他的儿子刘襄继承王位,这就是梁平王。

梁平王襄十四年[①]。母曰陈太后。共王母曰李太后。李太后,亲平王之大母也[②]。而平王之后姓任,曰任王后。任王后甚有宠于平王襄。初,孝王在时,有罍樽,直千金[③]。孝王诫后世,善保罍樽,无得以与人。任王后闻而欲得罍樽。平王大母李太后曰:"先王有命,无得以罍樽与人。他物虽百巨万,犹自恣也。"任王后绝欲得之[④]。平王襄直使人开府取罍樽,赐任王后。李太后大怒,汉使者来,欲自言,平王襄及任王后遮止[⑤]，闭门，李太后与争门，措指[⑥]，遂不得见汉使者。李太后亦私与食官长及郎中尹霸等士通乱[⑦]，而王与任王后以此使人风止李太后[⑧]，李太后内有淫行，亦已。后病薨。病时，任后未尝请病[⑨]；薨，又不持丧[⑩]。

【注释】

①梁平王襄十四年：即武帝元朔六年，前123年。

②大母：祖母。

③有罍樽（léi zūn），直千金：《集解》曰："上盖刻为云雷象。"王先谦曰："《礼·明堂位》：'山罍，夏后氏之尊也。'"罍樽，刻有云雷纹的盛酒器。

④绝：王先谦曰："'绝'犹'极'也。"

⑤遮止：拦阻，拦住。

⑥措指：挤轧手指。措，通"笮（zé）"，挤，轧。吴见思曰："一段写闺房琐事如画。"

⑦与食官长及郎中尹霸等士通乱：《正义》曰："食官长及郎中尹霸等是士人，太后与通乱。"梁玉绳曰："此句传写有误，当云'与食官长及郎中尹霸、士通等乱'。"泷川引沈家本曰："'士'字衍。《正义》曲为之说，非也，《汉书》无。"

⑧风止：讽劝阻止。

⑨请病：看望问候病人。

⑩不持丧：不服丧。

【译文】

梁平王刘襄十四年。梁平王的母亲是陈太后。梁共王的母亲是李太后。李太后是梁平王的亲祖母。平王的王后姓任，称任王后。任王后很受平王刘襄的宠爱。当初梁孝王在世时，得到一个罍樽，价值千金。

梁孝王告诫后代，要好好保管罍樽，不得送给别人。任王后听说后，就想得到罍樽。平王祖母李太后说：“先王有遗命，不得把罍樽送给别人。其他的东西即使价值亿万，也任你自取。”任王后执意要得到这个罍樽。平王刘襄径直使人开启府库取来罍樽，赐给任王后。李太后大怒，朝廷的使者来梁国，李太后要亲自向使者诉说此事，平王刘襄和任王后阻止，关上了门。李太后和他们争门夺路，结果被挤伤了手指，终于未能见到朝廷的使者。李太后私下曾和食官长以及郎中尹霸等人通奸，于是平王和任王后派人以此暗示劝阻李太后，李太后因为内有淫乱的行为，也就作罢了。后来李太后病故。李太后病时，任王后未曾请安探视；死后，又不居丧守孝。

元朔中[①]，睢阳人类犴反者[②]，人有辱其父。而与淮阳太守客出同车[③]，太守客出下车，类犴反杀其仇于车上而去。淮阳太守怒，以让梁二千石。二千石以下求反甚急，执反亲戚[④]。反知国阴事[⑤]，乃上变事[⑥]，具告知王与大母争樽状[⑦]。时丞相以下见知之[⑧]，欲以伤梁长吏，其书闻天子。天子下吏验问，有之。公卿请废襄为庶人。天子曰：“李太后有淫行，而梁王襄无良师傅，故陷不义。”乃削梁八城，枭任王后首于市[⑨]。梁余尚有十城。襄立三十九年卒[⑩]，谥为平王。子无伤立为梁王也[⑪]。

【注释】

①元朔：汉武帝刘彻的年号，前128—前123年。

②类犴（àn）反：姓类，名犴反。《索隐》曰：“‘反’字或作‘友’。”

③淮阳：汉郡名，治陈县（今河南淮阳）。淮阳郡东北与梁国接壤。

④执：拘押。亲戚：这里指父母。

⑤阴事:隐秘的事,不可告人的事。

⑥上变事:向朝廷举报谋反之事。

⑦具告知王与大母争樽状:泷川曰:"'告'下'知'字《汉书》无,此衍。"

⑧时丞相以下见知之:泷川曰:"'时'上添'且曰'二字看。"意即类犴反不仅举报了梁王的"阴事",还告发梁国诸大臣知情不举。见知,指众大臣明知梁王犯罪而不举。张文虎曰:"中统、游、凌本,'见'作'具'。"

⑨枭:斩首悬以示众。

⑩襄立三十九年卒:按,《汉书·诸侯王表》作"建元五年平王襄嗣,四十年薨"。梁平王四十年即武帝天汉四年(前97)。

⑪子无伤立为梁王:《汉书·诸侯王表》作"太始元年,贞王毋伤嗣,十一年薨"。太始元年为前96年。刘无伤卒于昭帝始元元年(前86),时司马迁已去世,故只记其即位而止。

【译文】

武帝元朔年间,睢阳有个名叫类犴反的人,他的父亲被人侮辱。这个人跟淮阳太守的门客同车出游,当太守的门客下车后,类犴反就把他的仇人杀死在车上,而后逃走。淮阳太守很生气,以此责备梁国二千石官员。梁国二千石以下的官吏捉拿类犴反非常紧急,逮捕了类犴反的亲属。类犴反知道梁国的隐秘事,就向朝廷上书,详细告发梁平王和祖母争夺罍樽的前后情况,并说当时梁国丞相以下官员都知道这件事,想借此打击梁国的官吏,告变之书为武帝闻知。武帝派官员下来查问,果有此事。公卿奏请废黜平王刘襄为平民。武帝说:"李太后有淫乱的行为,梁王刘襄没有良好的太师太傅教导,所以陷于不义。"于是削减梁国八城封地,任王后则被枭首于市。梁国还剩下十城。刘襄在位三十九年去世,谥为平王。他的儿子刘无伤继立为梁王。

济川王明者，梁孝王子，以桓邑侯孝景中六年为济川王[①]。七岁[②]，坐射杀其中尉[③]，汉有司请诛，天子弗忍诛[④]，废明为庶人，迁房陵[⑤]，地入于汉为郡[⑥]。

【注释】

①桓邑侯：封地桓邑县，具体方位不详。据《汉书·王子侯表》，刘明被封为桓邑侯在景帝中元五年五月，与其兄刘买同时被封为侯。孝景中六年为济川王：梁孝王死去那个月，他的封国被分割赐给五个儿子，同时封王。

②七岁：刘明为济川王的第七年，即武帝建元三年，前138年。

③坐射杀其中尉：《汉兴以来诸侯王年表》作"杀中傅"。王先谦曰："'中傅'是，此'中尉'，盖因后人少见'中傅'而妄改。"中傅，官名，犹"少傅"。由朝廷委任，负责辅佐教导诸侯王。

④天子弗忍诛：王叔岷曰："《汉书》'忍'下无'诛'字，疑涉上'诛'字而衍。"

⑤迁：流放，放逐。房陵：汉县名，治所在今湖北房县。

⑥地入于汉为郡：济川国撤除后，其地收归朝廷，置陈留郡，治陈留（今河南开封东南）。

【译文】

济川王刘明是梁孝王的二儿子，于孝景帝中元六年，由桓邑侯晋封为济川王。七年后，因为射杀他的中尉，朝廷中的有关主事官员奏请将他处死，武帝不忍杀他，只是废黜为平民，流放到房陵，封地收归朝廷，设置为郡。

济东王彭离者，梁孝王子，以孝景中六年为济东王。二十九年，彭离骄悍，无人君礼，昏暮私与其奴、亡命少年数十人行剽杀人[①]，取财物以为好。所杀发觉者百余人，国皆知之，莫敢夜行。所杀者子上书言。汉有司请诛，上不忍，废以为庶人，迁上庸[②]，地入于汉，为大河郡。

【注释】

①剽（piào）：抢劫，掠夺。

②上庸：汉县名，治所在今湖北竹山县西南。

【译文】

济东王刘彭离，是梁孝王的三儿子，在孝景帝中元六年受封为济东王。刘彭离在位二十九年，骄纵凶悍，没有人君的风范，常在晚上私自和他的奴仆、亡命少年几十人去打劫杀人，掠取财物，以为乐事。他所杀的人，光是被发觉的就有一百多，整个济东国的人都知道，没有谁敢在夜间行走。后来有被杀人家的儿子上书告发。朝廷主事官员奏请处死刘彭离，武帝于心不忍，只是把他削爵为民，流放到上庸，封地收归朝廷，设为大河郡。

山阳哀王定者[①]，梁孝王子，以孝景中六年为山阳王。九年卒[②]，无子，国除，地入于汉，为山阳郡。

济阴哀王不识者[③]，梁孝王子，以孝景中六年为济阴王。一岁卒，无子，国除，地入于汉，为济阴郡。

【注释】

①山阳哀王定：哀为谥号。《谥法解》："蚤孤短折曰哀""恭仁短折曰哀"。

②九年卒：刘定卒于任山阳王的第九年，即武帝建元五年，前136年。

③济阴哀王不识：哀为谥号。

【译文】

山阳哀王刘定，是梁孝王的四儿子，在孝景帝中元六年受封为山阳王。在位九年去世，因为没有儿子，封国被废除，封地收归朝廷，设为山阳郡。

济阴哀王刘不识，是梁孝王的五儿子，在孝景帝中元六年受封为济阴王。在位一年就去世了，因为没有儿子，封国被废除，封地收归朝廷，设为济阴郡。

太史公曰：梁孝王虽以亲爱之故，王膏腴之地，然会汉家隆盛，百姓殷富，故能植其财货[①]，广宫室，车服拟于天子[②]。然亦僭矣[③]。

【注释】

①植：《汉书》作“殖”，积聚，集聚。

②车服：车舆礼服。

③然亦僭（jiàn）矣：吴汝纶云：“《汉书》此下有‘怙亲无厌，生祸告罚，卒以忧死，悲夫’十四字，疑亦《史》文，今脱。”僭，超越本分。

【译文】

太史公说：梁孝王虽然因为是天子亲弟、太后爱子的缘故，封王于肥沃之地，但也是正赶上国运隆盛，百姓富足，所以能够积累财富，扩建他的宫室，车马服饰比拟于天子。然而，这样做也属于僭越行为了。

褚先生曰：臣为郎时，闻之于宫殿中老郎吏好事者称道之也。窃以为令梁孝王怨望，欲为不善者，事从中生[①]。今太后[②]，女主也，以爱少子故，欲令梁王为太子。大臣不时正言其不可状，阿意治小[③]，私说意以受赏赐[4]，非忠臣也。齐如魏其侯窦婴之正言也[5]，何以有后祸？景帝与王燕见[6]，侍太后饮，景帝曰："千秋万岁之后传王。"太后喜说。窦婴在前，据地言曰[7]："汉法之约，传子適孙[8]，今帝何以得传弟，擅乱高帝约乎！"于是景帝默然无声。太后意不说。

【注释】

①事从中生：指祸事的根由在太后和皇帝身上。

②今太后：指窦太后。

③阿意治小：曲意讨好太后，不顾大局。治小，不顾大局。

④私说意：私下讨好。说，后作"悦"。

⑤齐如：都像。窦婴：窦太后的侄子，封魏其侯。

⑥燕见：古代帝王退朝闲居时召见或接见臣子。

⑦据地：以手按着地。

⑧適：同"嫡"。

【译文】

褚先生说：我在做郎官的时候，从宫殿中喜好说长道短的老郎官那里听说过梁孝王的事。我私下认为，使梁孝王怨恨不满，要图谋不轨，想做皇帝，是由宫中惹出来的。当时的太后是国家的女主，因为疼爱小儿子的缘故，所以想让梁王做太子。朝中大臣不及时正言不可以这样做的情由，只是一味阿谀奉承，不顾大局，私下讨好太后以求得到赏赐，这不是忠臣啊。假如大臣们都能像魏其侯窦婴那样正言相告，怎么会有后来的灾祸呢？景帝与梁孝王家宴，侍候太后饮酒，景帝说："我千秋万岁之后，就把帝位传给梁王。"太后为此很高兴。窦婴在宴席前，伏地直谏道："汉家的制度规定，帝位传给嫡子嫡孙，现在皇上怎么可传给弟弟，擅自搞乱高皇帝的规定呢！"

于是景帝沉默不语。太后心里也不愉快。

故成王与小弱弟立树下①，取一桐叶以与之，曰："吾用封汝②。"周公闻之，进见曰："天王封弟③，甚善。"成王曰："吾直与戏耳。"周公曰："人主无过举，不当有戏言，言之必行之。"于是乃封小弟以应县④。是后成王没齿不敢有戏言，言必行之。《孝经》曰⑤："非法不言，非道不行⑥。"此圣人之法言也⑦。今主上不宜出好言于梁王。梁王上有太后之重⑧，骄蹇日久⑨，数闻景帝好言，千秋万世之后传王，而实不行⑩。

【注释】

①故：以前，从前。成王：即周成王，武王之子。小弱弟：指叔虞。

②用：以，以此。

③天王：天子。春秋时特指周天子。

④乃封小弟以应县：《索隐》："此说与《晋系家》不同，事与封叔虞同，彼云封唐，此云封应，应亦成王之弟，或别有所见，故不同。"《正义》引《括地志》云："故应城，故应乡也，在汝州鲁山县东四十里。"引《吕氏春秋》云："成王戏削桐叶为圭，以封叔虞。"引《汲冢古文》云："殷时已有应国，非成王所造也。"

⑤《孝经》：儒家"十三经"之一。

⑥非法不言，非道不行：《孝经·卿大夫章》云："非先王之法言不敢道，非先王之德行不敢行。是故非法不言，非道不行。"

⑦法言：唐玄宗《孝经注》："谓礼法之言。"《庄子·人间世》成玄英疏以为"法言"者即"格言"。

⑧重：宠爱，溺爱。

⑨骄蹇（jiǎn）：骄纵不驯。

⑩实不行：实际上不予以兑现。

【译文】

从前周成王和年幼的弟弟站在树下，他拿起一片桐叶递给弟弟，说："我用这个封赏你。"周公听到后，进前对成王说："天王封赏弟弟，很好。"成王说："我只不过和他开玩笑罢了。"周公说："君主不能有过失的举动，不应当有开玩笑的话，说过的话就必须履行。"于是成王就把应县封给了小弟。从此以后，成王终生不敢有戏言，说过的话一定兑现。《孝经》上说："不合法度的话不说，不合正道的事不做。"这是圣人的明训啊。如今皇上不应该对梁王说那些好听话。梁王上有太后可以倚重，骄纵傲慢已经很久，多次听到景帝的好听话，说千秋万岁后把帝位传给梁王，可实际上景帝并不会践行。

又诸侯王朝见天子，汉法凡当四见耳。始到，入小见①；到正月朔旦，奉皮荐璧玉贺正月，法见②；后三日，为王置酒，赐金钱财物；后二日，复入小见，辞去。凡留长安不过二十日。小见者，燕见于禁门内，饮于省中③，非士人所得入也。今梁王西朝④，因留，且半岁。入与人主同辇，出与同车。示风以大言而实不与，令出怨言，谋畔逆，乃随而忧之，不亦远乎！非大贤人，不知退让。今汉之仪法，朝见贺正月者，常一王与四侯俱朝见，十余岁一至。今梁王常比年入朝见，久留。鄙语曰"骄子不孝"⑤，非恶言也。故诸侯王当为置良师傅相忠言之士⑥，如汲黯、韩长孺等⑦，敢直言极谏，安得有患害！

【注释】

①小见:汉代诸侯王朝见天子的仪制之一。即于禁门内宴见,为非正式的朝见。

②到正月朔旦,奉皮荐璧玉贺正月,法见:按,褚少孙生活的时代,使用的是太初历,“贺正月”就是贺岁始;而在文帝、景帝时,沿用的是秦历,以“十月”为岁首,诸侯都是于九月末进京,在十月初一“奉皮荐璧玉”以贺。朔旦,正月初一。奉皮荐璧玉,送上用皮垫着的美玉。荐,垫。法见,依据礼法,正式朝见天子。

③省中:宫禁之中。

④西朝:西行进京朝见。

⑤鄙语:即俗语。

⑥当为置良师傅相忠言之士:意思是朝廷应该委派“忠言之士”去诸侯国任“师傅相”。按,汉初朝廷会为诸侯国委派“傅”“相”,很少有“师”。

⑦汲黯:字长孺,濮阳(今河南濮阳西南)人。好黄老之术,常直言切谏。事迹详见《汲郑列传》。韩长孺:即韩安国。

【译文】

再者,诸侯王朝见天子,汉朝制度有规定,一共能朝见四次。开始到京,入宫“小见”;到了正月初一清晨,献上皮子垫着的璧玉,恭贺正月,按照礼仪进见;三天之后,皇帝为诸侯王设酒宴,赏赐钱财;再过两天,诸侯王们再进宫“小见”,而后辞别离京。在长安停留统共不超过二十天。“小见”是燕见于禁门之内,饮宴于宫禁之中,这不是外廷人士所能进来的。如今梁王西来长安朝见皇上,趁此留居宫中,将近半年。他进宫与皇上共坐一辇,出行与皇上同乘一车。皇上用传位的大话暗示梁王,而实际上却又不兑现,致使梁王口出怨言,图谋叛逆,又随而担忧他,这不是背离事理太远了吗!不是大贤大德之人是不懂得谦恭退让的。按汉朝的礼仪制度,朝见皇上庆贺新春,通常是一王和四侯一起朝见,十多年才轮到一次。而今梁王常常连年入京朝见,并久留于京。俗话说“骄子不孝”,这真不是假话呀。所以对诸侯王,应该为他们安排一些好的太师太傅,让忠正敢言之士为相辅佐他,就如汲黯、韩长孺等人那样,敢于直言极谏,又怎么会有祸患发生呢!

盖闻梁王西入朝,谒窦太后,燕见,与景帝俱侍坐于太后前,语言私说[①]。太后谓帝曰:“吾闻殷道亲亲,周道尊尊[②],其义一也[③]。安车大驾[④],用梁孝王为寄[⑤]。”景帝跪席举身曰[⑥]:“诺。”罢酒出,帝召袁盎诸大臣通经术者曰:“太后言如是,何谓也?”皆对曰:“太后意欲立梁王为帝太子。”帝问其状,袁盎等曰:“殷道亲亲者,立弟。周道尊尊者,立子。殷道质[⑦],质者法天[⑧],亲其所亲,故立弟。周道文,文者法地,尊者敬也,敬其本始[⑨],故立长子。周道,太子死,立適孙。殷道,太子死,立其弟。”帝曰:“于公何如?”皆对曰:“方今汉家法周,周道不得立弟,当立子。故《春秋》所以非宋宣公[⑩]。宋宣公死,不立子而与弟[⑪]。弟受国死,复反之与兄之子[⑫]。弟之子争之[⑬],以为我当代父后,即刺杀兄子。以故国乱,祸不绝。故《春秋》曰‘君子大居正,宋之祸宣公为之[⑭]’。臣请见太后白之。”

【注释】

①语言私说:意思是在一起聊家常,很开心。私说,说,同“悦”,词语生涩,但又显然与前面“私说意以受赏赐”中的“私说”用法相

同，是褚少孙的惯用语。

②殷道亲亲，周道尊尊：《索隐》曰："殷人尚质，亲亲，谓亲其弟而授之；周人尚文，尊尊，谓尊祖之正体。故立其子，尊其祖也。"亲亲，亲爱应当亲爱的。尊尊，尊敬应当尊敬的。

③其义一也：基本精神是一样的。《宋微子世家》宋宣公有所谓"父死子继，兄死弟及，天下通义也"，与此意思相同。

④安车大驾：死的讳称。中井曰："'安车大驾'，疑当作'大车晏驾'。"泷川曰："安车，太后自言；大驾，犹言'大行'。"

⑤用：以。寄：托付。

⑥举身：挺直上身。

⑦质：质朴。

⑧法天：效法天道。

⑨本始：本初。

⑩《春秋》：儒家的"五经"之一，我国最早的编年体断代史。相传为孔子删改鲁国史书而成。文字简短，多寓褒贬。非：批评。宋宣公：春秋初期宋国国君，前747—前729年在位。

⑪弟：宣公的弟弟即为宋穆公，名和，前728—前720年在位。

⑫复反之与兄之子：穆公临死时，没有传位给儿子，而立宣公的儿子与夷为嗣。与夷即为宋殇公。

⑬弟之子争之：穆公的儿子于殇公十年，被太宰华督迎立为君，史称庄公，前710—前691年在位。

⑭君子大居正，宋之祸宣公为之：语出《春秋公羊传·隐公三年》。大居正，以恪守正道为贵。

【译文】

听说梁王西入长安朝拜，谒见窦太后时，遇见了景帝，梁王与景帝一起在太后面前侍坐，说些家常，心中都很高兴。太后对景帝说："我听说殷商的制度亲其所亲，周朝的制度尊其所尊，其道理是一样的。我百年之后，就把梁孝王托付给你了。”景帝跪在座席上抬起身子说：“是。”宴罢出宫，景帝召集袁盎等精通经术的大臣说：“太后说了这样的话，是什么意思？”袁盎等人一齐回答说：“太后的意思是想立梁王为皇帝的太子。”景帝问其中的道理，袁盎等人说：“殷商的制度亲其所亲，所以传位于其弟。周朝的制度尊其所尊，所以传位于其子。殷商的传统崇尚质朴，质朴就效法上天，亲其亲人，所以传位于弟。周朝的传统崇尚文饰，文饰就效法大地，尊是敬的意思，敬其本源，所以传位于长子。周朝的制度，太子死了，立嫡孙。殷朝的制度，太子死了，立其弟。”景帝说：“依照你们的看法，该怎么办呢？”大家一齐回答说：“现在汉朝的制度是效法周朝的，周朝的制度不能立弟，应当立子。故而《春秋》以此来批评宋宣公。宋宣公死后，不立儿子而把君位传给弟弟。这位弟弟继位为国君，死后又把君位归还给哥哥宣公的儿子。他自己的儿子却起来争夺君位，认为自己应当接替父亲身后之位，于是杀了宣公的儿子。因此国家大乱，祸患不断。所以《春秋》说‘君子以恪守正道为贵。宋国的灾祸，是宣公造成的’。臣等请求谒见太后说明这个道理。”

袁盎等入见太后①：“太后言欲立梁王，梁王即终，欲谁立？”太后曰：“吾复立帝子。”袁盎等以宋宣公不立正，生祸，祸乱后五世不绝②，小不忍害大义状报太后。太后乃解说③，即使梁王归就国。

【注释】

①入见太后：李笠曰：“‘见太后’下脱‘曰’字。”

②祸乱后五世不绝：据《宋微子世家》，宣公在位十九年去世，传位给他的弟弟穆公。穆公在位九年去世，传位给宣公之子殇公。殇

公在位十年，被太宰华督弑杀。太宰迎立穆公之子庄公。庄公在位十九年去世，传位给其子湣公。湣公即位十一年遭遇政变，被权臣弑杀，权臣改立湣公之弟公子游。不久又有人将公子游杀死，改立了湣公的另一个弟弟御说，是为桓公。此后宋国的政局才开始稳定。

③解说：舒解欢悦。

【译文】

袁盎等人入宫谒见太后说："太后想要立梁王为太子，那么梁王死后您想立谁呢？"太后说："我再立皇帝的儿子。"袁盎等就把宋宣公不立嫡子而立弟致生祸乱，祸乱延续了五代而不断绝，以及不克制小的私心便会遗害大义的情状告诉太后。太后听了，这才消除怒意，露出笑容，随即让梁王返回封国。

而梁王闻其义出于袁盎诸大臣所[①]，怨望，使人来杀袁盎。袁盎顾之曰："我所谓袁将军者也[②]，公得毋误乎？"刺者曰："是矣！"刺之，置其剑，剑着身。视其剑，新治。问长安中削厉工[③]，工曰："梁郎某子来治此剑。"以此知而发觉之，发使者捕逐之。独梁王所欲杀大臣十余人，文吏穷本之[④]，谋反端颇见。太后不食，日夜泣不止。

【注释】

①义：通"议"。所：处。

②袁将军：袁盎在文帝朝曾任中郎将。见《袁盎晁错列传》。

③削厉工：作鞘和磨刀剑者。《货殖列传》云："洒削，薄技也，而郅氏鼎食。"洒削、削厉，指同一种手艺。

④穷本之:追查根源。

【译文】

而梁王听说这种意见出自袁盎等大臣,就非常怨恨他们,于是派人来刺杀袁盎。袁盎回头看到刺客,说:“我就是所说的袁将军,你不会弄错吧?”刺客说:“要杀的正是你。”一剑刺过去,丢下剑就跑了,那剑插在袁盎的身上。主事官吏查看那把剑,是刚刚磨砺的。追查长安城中打磨刀剑的工匠,工匠说:“梁国郎官某人曾来磨过这把剑。”朝廷由此得知线索,察觉了刺客身份,便派遣使者前去追捕。又从刺客口中得知,光是梁王想要刺杀的大臣就有十多个,执法的官吏穷究根源,梁王谋反的端倪已经明显暴露。太后为之食不下咽,日夜哭泣不止。

景帝甚忧之,问公卿大臣,大臣以为遣经术吏往治之,乃可解。于是遣田叔、吕季主往治之[①]。此二人皆通经术,知大礼[②]。来还,至霸昌厩[③],取火悉烧梁之反辞,但空手来对景帝。景帝曰:“何如?”对曰:“言梁王不知也。造为之者,独其幸臣羊胜、公孙诡之属为之耳[④]。谨以伏诛死[⑤],梁王无恙也。”景帝喜说,曰:“急趋谒太后[⑥]。”太后闻之,立起坐餐,气平复。故曰,不通经术知古今之大礼,不可以为三公及左右近臣[⑦]。少见之人,如从管中窥天也[⑧]。

【注释】

①田叔:汉初名臣,先在赵王张敖处任郎中,后被高祖任为汉中守。处理梁王事颇合景帝心意,被任为鲁相。事见《田叔列传》。吕

季主:事迹不详。

②大礼:犹言“大体”,办事情顾全大局。

③霸昌厩:马房名,在今陕西西安东北。

④造为之者,独其幸臣羊胜、公孙诡之属为之耳:“造为之者”与“为之”,语意重复,两项应削其一。

⑤伏诛:被处死。

⑥趋谒:进见。趋,小步快走。谒,拜见,禀告。

⑦三公:西汉以丞相、太尉、御史大夫为三公。

⑧管中窥天:从竹管中看天,仅见天之极小处。言所见片面。

【译文】

景帝很是忧愁,询问公卿大臣,大臣们认为应该派遣精通经术的官员前去办理此案,才可以化解。于是景帝派遣田叔、吕季主前去处理此案。这两个人都精通经术,懂得大礼。他们从梁国结案归来,走到霸昌厩,取火全部烧掉了梁王谋反的供辞,只是空手回来向景帝报告。景帝问:“情况怎么样?”二人回答道:“口供都说梁王不知情。做这事的人,只有他的宠臣羊胜、公孙诡之流罢了。臣等谨按律令诛杀了他们,梁王平安无恙。”景帝高兴地说:“赶快去谒见太后。”太后听说后,立刻坐起来吃饭,心气恢复了平静。所以说,不精通经术、不懂古今大礼的人,不可以委任为三公及左右近臣。见识浅薄之人,如同从管中窥天一样。

【集评】

黄震曰:“孝王既僭侈矣,景帝复失言,‘千秋万岁后传于王’,入则同辇,出则同车,卒之梁王贼杀袁盎等大臣,几至变逆者,景帝失之也。”(《黄氏日钞》)

邓以瓒曰:“宠生骄,骄生邪,邪生祸,《梁孝王世家》首尾只此一事。”(《史记评林》引)

吴见思曰："盛衰固有倚伏，嫌怨必有所从来，故至亲骨肉之间，有不期然而然者。史公先写梁之极盛时，极亲密时，正为后文伏案也。后逐节即就事实写，不多一语，而读之伤心，思之刻骨。"（《史记论文》）

曾国藩曰："自'梁最亲，有功，又为大国'以下，气喷薄而出，见梁王所以怨望欲为不善者，皆太后、景帝有以启之。"（《批注史记》引）

李景星曰："《梁孝王世家》以'僭'字作骨，通篇节节摹写，至赞末一句点明，如画龙点睛，破壁飞去矣。篇内叙梁王，先叙代、梁二王，以清头绪；后叙济川四王，以为收束。章法严密之至。其中又有极恢雅处，如叙梁王苑囿、宫室、旌旗、府库之盛，及朝觐宠遇之隆是也。有极曲折处，如'王辞谢，虽知非至言，然心内喜。太后亦然'；'太后泣，景帝忧恐'；'然后太后、景帝大喜，相泣，复如故'；'窦太后哭极哀，不食'；'景帝哀惧'；'太后乃悦，为帝加壹餐'等语是也。赞语以短胜，凡三转，笔峭而调古。"（《史记评议》）

【评论】

汉景帝与窦太后、梁孝王母子兄弟之间为争夺帝位而展开的激烈斗争，是本篇的中心内容。景帝尚未立太子时，梁孝王频年入朝。景帝曾对梁孝王说："千秋万岁后传于王。"梁孝王"心内喜，太后亦然"。但在平息七国之乱的次年，"汉立太子"。这使窦太后和梁孝王大失所望。于是，一方面太后赐给梁王"拟于天子"的各种特权；另一方面，梁孝王自己则"招延四方豪桀"，并"多作兵器弩弓矛数十万"，准备叛乱。当景帝废栗太子时，窦太后和梁孝王再次抓紧机会争取立为后嗣，但因大臣袁盎等的反对而作罢。其后，"立胶东王为太子"，梁孝王怨恨，派人刺杀了袁盎。至此，景帝抓住这一叛逆的信号立即严厉追查，梁孝王的僭位活动才被迫停止。凌稚隆指出："此篇关键，在未置太子、立太子、废太子、又立太子四句上，皆为梁王觊觎怨望张本。"（《史记评林》）本篇所表现的这场母子兄弟之间的争夺权位的斗争，其兴起、激化、结局与《左传》

第一次所披露的由争夺国家继承权而使整个家庭伦理完全扭曲的“郑伯克段于鄢”的故事十分相似,其历史意义是极其典型而又极其深刻的。司马迁之所以在《伯夷列传》歌颂“让”,很大程度上就是针对汉代这种令人深恶痛绝的现实问题。

在这场争夺帝位继承权的矛盾斗争中,窦太后和汉景帝都有不可推卸的责任。首先,窦太后对梁孝王的溺爱偏心是导致这场兄弟之间帝位之争的重要原因。她曾将反对立梁孝王为帝嗣的窦婴排挤出朝廷,至于梁孝王的僭制和企图僭位的活动也都出于她的赏赐和支持。本篇对此有清晰的揭示,比如写窦太后对梁孝王“爱之,赏赐不可胜道。于是孝王筑东苑,方三百余里。广睢阳城七十里。大治宫室,为复道,自宫连属于平台三十余里。得赐天子旌旗,出从千乘万骑。东西驰猎,拟于天子。出言趩,入言警”。其次,汉景帝在这场矛盾冲突中也负有助长梁孝王野心的责任。例如,是他说死后将传帝位给梁孝王,从而引发了梁孝王的贪念。梁孝王入朝,“景帝使使持节乘舆驷马,迎梁王于关下”。而且还让他“入则侍景帝同辇,出则同车游猎”。梁孝王在朝觐礼仪上享有的这些特权也都是景帝赐与的。因此,黄震指出:“孝王既僭侈矣,景帝复失言,‘千秋万岁后传于王’,入则同辇,出则同车,卒之梁王贼杀袁盎等大臣,几至变逆者,景帝之失也。”(《黄氏日钞》)

司马迁对梁孝王在平定吴、楚七国之乱中的功绩给予了肯定,但同时也批评了的矜功僭制。在平乱战争中,梁国成为京师的屏障,叛军遭到了梁军的顽强抵抗。本篇说:“吴、楚破,而梁所破杀虏略与汉中分。”可见梁孝王对于平定吴、楚七国之乱做出了重要贡献,其拼死护佑汉廷的功劳是非常大的。但他却将此当成日后僭制和觊觎帝位的资本。司马迁在本篇的“太史公曰”中指出:“梁孝王虽以亲爱之故,王膏腴之地,然会汉家隆盛,百姓殷富,故能植其财货,广宫室,车服拟于天子。然亦僭矣。”他还在《太史公自序》中说:“七国叛逆,蕃屏京师,唯梁为扞,偩爱矜功,几获于祸。嘉其能距吴楚,作《梁孝王世家》。”对梁孝王的功过评价是既全面又公允的。

本篇还写了梁孝王之孙梁平王刘襄因宠爱纵容其王后任氏而与祖母李太后之间的一场纠纷，事情正好撞在汉武帝借机打击诸侯王的枪口上，结果闹得任王后被朝廷所诛，刘襄被朝廷所谴责，梁国被削去八城。司马迁生动细致地描述了当时梁国宫廷的矛盾斗争，内容看似极琐碎细小，但读起来耐人寻味。

在褚少孙对梁孝王事迹的补叙中，交代了一些汉代诸侯王进京朝见皇帝的礼节、规矩。他说："诸侯王朝见天子，汉法凡当四见耳。始到，入小见；到正月朔旦，奉皮荐璧玉贺正月，法见；后三日，为王置酒，赐金钱财物；后二日，复入小见，辞去。凡留长安不过二十日。小见者，燕见于禁门内，饮于省中，非士人所得入也。"介绍了汉代朝廷对各地诸侯王到宫廷朝觐皇帝与太后的规定，由此可以更加清楚地了解梁孝王的不守规矩已经到了何等程度。这段文字与《叔孙通列传》所描述的皇帝在元日接受群臣朝拜的仪式，都应该收入《礼书》之正文，以补汉代礼制、礼容之缺失。

史记卷五十九

五宗世家第二十九

【释名】

本篇记述汉景帝十三个皇子所封王国的情况，这十三个皇子分别由景帝的五个妃子所生，故称“五宗”。全文可分为六个部分。第一部分叙述了栗姬所生刘德、刘阏于、刘荣三王的始末；第二部分叙述了程姬所生刘馀、刘非、刘端三王的始末；第三部分叙述了贾夫人所生刘彭祖、刘胜二王与其子孙的始末；第四部分叙述了唐姬所生刘发与其子孙的始末；第五部分叙述了王皇后之妹王兒姁所生刘越、刘寄、刘乘、刘舜四王与其子孙的始末；在最后的“太史公曰”中，司马迁感慨了汉代诸侯权势日小、日益衰微的情形。

孝景皇帝子凡十三人为王①，而母五人，同母者为宗亲②。栗姬子曰荣、德、阏于③。程姬子曰馀、非、端④。贾夫人子曰彭祖、胜⑤。唐姬子曰发⑥。王夫人兒姁子曰越、寄、乘、舜⑦。

【注释】

①凡十三人为王：景帝共有十四个儿子，除刘彻为帝外，其余十三人

都封王。

②宗亲：同宗的亲属。

③栗姬：初甚得景帝宠幸，其子刘荣一度被立为太子。后被长公主与王夫人倾倒，太子刘荣也连带被废。事迹详见《外戚世家》。阏于：梁玉绳曰："《史》《汉》纪、表、传俱云'临江哀王阏'，无'于'字；乃此两书临江之名皆作'阏于'，盖误也。"王叔岷曰："《汉纪》九、《通鉴·汉纪》七亦并无'于'字。"

④程姬：具体不详。

⑤贾夫人：即贾姬。按，汉初妃嫔的位号没有细分，嫡妻称皇后，其他妃妾都称"夫人"。

⑥唐姬：具体不详。

⑦王夫人兒姁（ní xǔ）：汉武帝生母王皇后的妹妹。

【译文】

孝景帝的儿子共有十三人被封为王，分别由五个母亲所生，同母所生的为宗亲。栗姬生的儿子有刘荣、刘德、刘阏于。程姬生的儿子有刘馀、刘非、刘端。贾夫人生的儿子有刘彭祖、刘胜。唐姬生的儿子有刘发。王夫人兒姁生的儿子有刘越、刘寄、刘乘、刘舜。

河间献王德[①]，以孝景帝前二年用皇子为河间王[②]。好儒学，被服造次必于儒者[③]。山东诸儒多从之游。二十六年卒[④]，子共王不害立[⑤]。四年卒[⑥]，子刚王基代立[⑦]。十二年卒[⑧]，子顷王授代立[⑨]。

临江哀王阏于[⑩]，以孝景帝前二年用皇子为临江王。三年卒[⑪]，无后，国除为郡。

临江闵王荣[⑫]，以孝景前四年为皇太子[⑬]，四岁废，用故太子为临江王。四年[⑭]，坐侵庙壖垣为宫[⑮]，上征荣。荣行，祖于江陵北门[16]。既已上车，轴折车废[17]。江陵父老流涕窃言曰："吾王不反矣！"荣至，诣中尉府簿[18]。中尉郅都责讯王[19]，王恐，自杀。葬蓝田[20]。燕数万衔土置冢上[21]，百姓怜之。荣最长，死无后，国除，地入于汉，为南郡。

右三国本王皆栗姬之子也[22]。

【注释】

①河间献王德：刘德，谥献。《谥法解》曰："聪明睿智曰献。"《金楼子·说蕃》篇云："昔蕃屏之盛者，则刘德字君道，造次儒服，卓尔不群。"

②孝景帝前二年：即孝景帝前元二年，前155年。用皇子为河间王：以皇子的身份被封为河间王。河间国都乐成（在今河北献县东南）。

③被服造次：王先谦曰："造当训行，次当训止。造次必于儒者，言其行止皆有矩度。《史记》作被服造次必于儒者，则谓不服奇邪，不苟行止也。"又，王叔岷曰："被服者，言以儒术衣被其身也。"被服，指穿戴。造次，指行止。

④二十六年卒：在位二十六年去世，事在武帝元光五年，前130年。关于河间献王刘德，《汉书·景十三王传》记载："修学好古，实事求是。从民得善书，必为好写与之，留其真，加金帛赐以招之。由是四方道术之人不远千里，或有先祖旧书，多奉以奏献王者。故得书多，与汉朝等。是时淮南王安亦好书，所招致率多浮辩；献王所得书，皆古文先秦旧书，《周官》《尚书》《礼》《礼记》《孟子》《老子》之属，皆经传说记，七十子之徒所论。其学举'六艺'，立《毛氏诗》《左氏春秋》博士。修礼乐，被服儒术，造次必于儒者。山东诸儒多从而游。"茅坤曰："汉焚经后，而河间献王颇好'六艺'，太史公不能传其遗事，可惜。"梁玉绳引陈大令曰："汉代贤

王，河间称首。修学好古，表章‘六经’。且毛公治《诗》，贯公传《左氏》，献王皆以为博士，并当时不立于学官者。其后《毛诗》独存，《左氏》盛行，实自献王发之。《史》俱不言，何疏略也。古称宗藩之贤曰间、平，谓河间王及后汉东平宪王苍。”

⑤子共王不害：王先谦曰：“‘不害’，表作‘不周’。”共，通“恭”。《谥法解》：“尊贤贵义曰恭”“敬事供上曰恭”“尊贤敬让曰恭”“既过能改曰恭”“执事坚固曰恭”“爱民长弟曰恭”“执礼御宾曰恭”“蔽亲之阙曰恭”“尊贤让善曰恭”。

⑥四年卒：河间共王在位四年去世，事在武帝元朔三年，前126年。

⑦刚王基：《汉兴以来诸侯王年表》作“刚王堪”。《谥法解》：“追补前过曰刚。”

⑧十二年卒：河间刚王在位十二年去世，事在武帝元鼎三年，前114年。

⑨顷王授代立：泷川曰：“顷王授薨于天汉三年（前98），‘顷王’二字，后人所加。”按，顷王授卒于天汉三年，司马迁遵照“止于太初”的写作原则，所以没有记载。顷为谥号，《谥法解》：“甄心动惧曰顷”“敏以敬慎曰顷”。

⑩临江哀王阏于：按，阏于所封的临江国都江陵（今湖北荆州）。

⑪三年卒：在位三年去世，时在景帝五年，前152年。

⑫临江闵王荣：刘荣，谥闵。闵又作“湣”，《谥法解》：“在国遭忧曰湣”“在国逢艰曰湣”“祸乱方作曰湣”“使民悲伤曰湣”。颜师古曰：“荣实最长，而传居二王之后者，以其从太子被废，后乃立为王也。”

⑬孝景前四年：前153年。

⑭四年：王先谦曰：“按《汉书·景纪》，荣死系中二年三月，《史记·景纪》同，作三岁是也。”景帝中元二年，前148年。

⑮坐：犯罪。侵庙壖（ruán）垣为宫：王先谦曰：“《景纪》作‘侵太宗庙地’，乃临江国所立庙也。”壖垣，宫外的矮墙。按，汉朝在京城

和各郡、诸侯国的国都里，都建有开国皇帝刘邦与太宗文帝的庙。朝廷为打击诸侯王，削弱他们的势力，经常使用的两个罪名就是“侵壖垣”与“酎金”不合规。

⑯祖：远行前祭祀路神，临行饮酒。故饯行又称“祖道”。颜师古曰：“送行之祭，因享饮也。”王先谦引王文彬曰：“祖，始行也。于‘祖’时致祭，故谓之‘祖’。”

⑰轴折车废：古人以为这是一种不好的预兆。

⑱中尉：武职，掌管京师治安。簿：有关法律审讯的材料。这里指接受审问。

⑲郅都：汉官员。执法严峻，不避贵戚。事迹详见《酷吏列传》。据《酷吏列传》：“临江王欲得刀笔为书谢上，而都禁吏不予。魏其侯使人以间与临江王。临江王既为书谢上，因自杀。”凌稚隆引王维桢曰：“临江罪本宜贷，值郅都刻深，竟议死。”

⑳蓝田：汉县名，治所在今陕西蓝田西。

㉑燕数万衔土置冢上：朱翌《猗觉寮杂记》曰：“景帝杀临江闵王，燕数万衔土置冢上；王莽掘丁姬冢，燕数千衔土投穿中。史书如此，非志怪也。以言禽鸟哀怜之，人不如也。”徐克范《读汉兴以来诸侯年表补》曰：“太子荣不闻失德，徒以嗛栗姬故，听长公主之谮，轻易国本。夫堧垣，庙境外之虚边也，罪亦细矣，何遽使中尉簿责蹙令自杀耶？方太子之被征也，祖江陵北门，江陵父老俱流涕，是必有以感人者。帝奈何立之而废之、而杀之？史称帝‘苛薄’，信哉！”有井范平《史记评林补标》曰：“忽插入奇事，使人凄然欲泣，文章色泽之妙。”

㉒本王：指最初受封之王。

【译文】

河间献王刘德，是在孝景帝前元二年，以皇子的身份被封为河间王。刘德喜好儒家学说，衣着服饰、言行举止都仿效儒生。崤山以东的儒生们大都归附他。刘德在位二十六年去世，他的儿子共王刘不害继位。刘不害在位四年去世，儿子刚王刘基继位。刘基在位十二年去世，儿子顷王刘授继位。

临江哀王刘阏于，在孝景帝前元二年，以皇子身份被封为临江王。刘阏于在位三年去世，没有后代，封国被取消，改设为郡。

临江闵王刘荣，在孝景帝前元四年，被立为皇太子，四年后被废黜，以前太子的身份被封为临江王。即位第四年，因为侵占宗庙四周的空地为自己建造宫室而获罪，皇上征召他。刘荣应召出发，在江陵北门祭祀路神。上车之后，车轴折断，车子报废。江陵父老流着眼泪私下议论说："我们的王回不来了！"刘荣到京城后，前往中尉府接受讯问。中尉郅都责问临江王刘荣，临江王很害怕，就自杀而亡。死后葬在蓝田。有几万只燕子衔着泥土放在他的坟上，百姓们都很怜悯他。在孝景帝的儿子里，刘荣年龄最大，死后没有后代，封国被取消，封地收归朝廷，设为南郡。

以上三国的首任国王都是栗姬的儿子。

鲁共王馀①，以孝景前二年用皇子为淮阳王②。二年③，吴、楚反破后，以孝景前三年徙为鲁王④。好治宫室、苑囿、狗马。季年好音，不喜辞辩⑤。为人吃⑥。二十六年卒⑦，子光代为王。初好音舆马；晚节啬⑧，惟恐不足于财。

【注释】

①鲁共王馀：鲁国国都在今山东曲阜。

②淮阳王：淮阳国的国都是陈县（在今河南淮阳）。

③二年：即景帝前元三年，前154年。

④徙为鲁王：事在景帝前元三年六月。吴、楚七国之乱被平定后，朝廷分出楚国的鲁郡置为鲁国，移封刘馀为鲁王。

⑤不喜：不擅长。

⑥吃：口吃。

⑦二十六年卒：鲁共王刘馀在位二十六年去世，时当武帝元光六年，前129年。

⑧晚节：指晚年。按，刘光卒于武帝征和四年（前89），当时司马迁已去世。

【译文】

鲁恭王刘馀，在孝景帝前元二年，以皇子的身份被封为淮阳王。到了第二年，吴、楚叛乱平定后，刘馀在孝景前元三年迁封为鲁王。刘馀喜好建造宫室苑囿和畜养狗马。晚年喜欢音乐，不善言谈。说话口吃。刘馀在位二十六年去世，儿子刘光继承王位。刘光年轻时也喜好音乐与车马；晚年变得很吝啬，唯恐钱财不够用。

江都易王非[①]，以孝景前二年用皇子为汝南王[②]。吴、楚反时，非年十五，有材力[③]，上书愿击吴。景帝赐非将军印，击吴。吴已破，二岁[④]，徙为江都王，治吴故国[⑤]，以军功赐天子旌旗。元光五年，匈奴大入汉为贼[⑥]，非上书愿击匈奴，上不许。非好气力[⑦]，治宫观，招四方豪桀，骄奢甚。立二十六年卒[⑧]，子建立为王。七年自杀[⑨]。淮南、衡山谋反时[⑩]，建颇闻其谋。自以为国近淮南，恐一日发，为所并，即阴作兵器，而时佩其父所赐将军印[⑪]，载天子旗以出[⑫]。易王死未葬，建有所说易王宠美人淖姬[⑬]，夜使人迎与奸服舍中[⑭]。及淮南事发，治党与[⑮]，颇及江都王建。建恐，因使人多持金钱，事绝其狱[⑯]。而又信巫祝，使人祷祠妄言[⑰]。建又尽与其姊弟奸[⑱]。事既闻，汉公卿请捕治建。天子不忍，使大臣即讯王。王服所犯，遂自杀。国除，地入于汉，为广陵郡。

【注释】

①江都易王非：即刘非，谥易，《谥法解》："好更改旧曰易。"江都国的国都在广陵（在今江苏扬州）。

②汝南王：汝南国的国都在上蔡（在今河南上蔡西南）。

③有材力：有力气。

④二岁：即景帝三年。

⑤徙为江都王，治吴故国：七国之乱被平定后，吴国被灭，朝廷将其地置为江都国，移封刘非为王，仍都吴国旧都广陵。

⑥元光五年，匈奴大入汉为贼：王先谦曰："匈奴入边在二年、六年。"据《匈奴列传》，武帝于元光二年，想在马邑诱袭匈奴，没能成功。匈奴于元光六年"入上谷，杀略吏民"。元光，汉武帝的第二个年号（前134—前129）。

⑦好气力：好勇放纵。沈钦韩引《西京杂记》云："江都王劲捷，能超七尺屏风。"据《汉书·董仲舒传》："天子以仲舒为江都相，事易王。易王帝兄，素骄好勇，仲舒以礼谊匡正，王敬重焉。"

⑧立二十六年卒：刘非卒于武帝元朔元年，前128年。

⑨七年自杀：刘建死于武帝元狩二年，前121年。

⑩淮南、衡山谋反：淮南王刘安、衡山王刘赐都是淮南王刘长的儿子。刘长是刘邦的小儿子，骄纵跋扈，于文帝六年图谋叛乱，事泄，被发配，途中绝食而死。文帝后封刘安为淮南王、刘赐为衡山王。武帝元狩元年（前122），二人图谋叛乱，事泄自杀。详见《淮南衡山列传》。

⑪其父所赐：朝廷赐予他父亲的。

⑫天子旗：也是朝廷赐予他父亲的。

⑬淖（nào）姬：姓淖的姬妾。

⑭服舍：古代居父母丧未葬时住的简陋棚屋。颜师古曰："'倚庐''垩室'之次也。"《汉书·景十三王传》作"召易王所爱美人

淖姬等凡十人与奸”。

⑮党与：同伙。

⑯事绝其狱：使自己不被淮南事件牵连。

⑰祷祠妄言：祭祀祷祝时胡乱说话。《汉书·景十三王传》作“使越婢下神，祝诅上”；又妄言“汉廷使者即复来覆我，我决不独死”，及“壮士不坐死，欲为人所不能为耳”云云。

⑱尽与其姊弟奸：《索隐》曰：“《汉书》云建女弟征臣，为盖侯子妇，以易王丧来归，建复与奸也。”梁玉绳曰：“‘姊弟’乃‘女弟’之误。‘尽’字衍。”

【译文】

江都易王刘非，在孝景帝前元二年，以皇子的身份被封为汝南王。吴、楚叛乱时，刘非只有十五岁，很有勇力，上书景帝请求率兵攻打吴国。景帝赐给他将军印，去攻打吴国叛军。吴国被灭两年后，刘非迁封为江都王，以吴国的故都为都城，因为刘非立有军功，景帝赏赐他天子旌旗。武帝元光五年，匈奴大举入侵汉朝边境为寇，刘非又上书武帝，愿意领兵攻打匈奴，武帝不同意。刘非喜好恃强逞勇，修造宫室，招纳四方豪杰，非常骄横奢侈。刘非在位二十六年去世，儿子刘建继位。刘建在位七年自杀。淮南王刘安、衡山王刘赐谋反的时候，刘建对他们的阴谋多有耳闻。他自认为封国靠近淮南，担心淮南王一旦发难，自己的封国被并吞，于是暗中制造兵器，并且经常佩带着天子赐给他父亲的将军印，载着天子的旌旗出巡。江都易王去世还未下葬，刘建就看上了易王生前宠爱的美人淖姬，晚上就派人把淖姬带来，跟她在守丧的庐舍中通奸。等到淮南王谋反的事情败露后，朝廷惩治他们的同党，多牵连到江都王刘建。刘建恐惧，便派人带了很多金钱去打点，从而躲过了被牵连。刘建还相信巫祝，派人祭祀祷告，胡言乱语。刘建又与自己的所有姐妹通奸。这些情况被朝廷闻知后，公卿大臣请求逮捕刘建治罪。武帝于心不忍，派大臣到江都王那里就地审讯。刘建招认了所犯罪行，自杀身亡。江都国被废除，封地收归朝廷，设为广陵郡。

胶西于王端[①]，以孝景前三年吴、楚七国反破后，端用皇子为胶西王[②]。端为人贼戾[③]，又阴痿，一近妇人，病之数月。而有爱幸少年为郎。为郎者顷之与后宫乱，端禽灭之，及杀其子母。数犯上法[④]，汉公卿数请诛端，天子为兄弟之故不忍，而端所为滋甚。有司再请[⑤]，削其国[⑥]，去太半[⑦]。端心愠，遂为无訾省[⑧]。府库坏漏，尽腐财物，以巨万计，终不得收徙[⑨]。令吏毋得收租赋。端皆去卫[⑩]，封其宫门，从一门出游[⑪]。数变名姓，为布衣，之他郡国。相、二千石往者[⑫]，奉汉法以治，端辄求其罪告之，无罪者诈药杀之。所以设诈究变[⑬]，强足以距谏，智足以饰非。相、二千石从王治，则汉绳以法。故胶西小国，而所杀伤二千石甚众[⑭]。立四十七年，卒[⑮]，竟无男代后，国除，地入于汉，为胶西郡。

右三国本王皆程姬之子也。

【注释】

①胶西于王端：即刘端，谥于，《索隐》引《广周书谥法》云："能优其德曰于。"泷川引颜师古曰："'于''迂'通，远也，远乖道德，故以为谥。"胶西国的国都是高密（在今山东高密）。

②用皇子为胶西王：按，原来的胶西王是齐悼惠王的儿子刘卬。刘卬因参与吴、楚叛乱兵败被杀，于是刘端以景帝儿子的身份被封为胶西王。

③贼戾：残忍凶暴。贼，狠毒。

④数：多次，屡屡。

⑤有司：官吏。古代设官分职，各有专司，故称。

⑥削其国：削减其国的领地。

⑦去太半：颜师古引张晏曰："三分之二为太半，一为少半。"

⑧无訾省：王先谦曰："若今言'诸事不理'，言端含怒，遂一切漫无思省，故致财物腐不徙，吏不收租赋也。"訾，思。沈钦韩曰："《韩非·亡征》篇：'发心悁忿而不訾先后者，可亡也。'《礼记·少仪》：'不訾重器。'注：'訾，思也。'"

⑨终不得收徙：颜师古曰："不收，又不徙置他处。"

⑩去卫：遣散身边的警卫。

⑪从一门出游：梁玉绳曰："《汉传》'游'作'入'。"

⑫相、二千石往者：指由朝廷委任的官员。汉初，诸侯国只有"太傅""丞相"是由朝廷委任的，诸侯王可以委任其他官员。七国之乱后，朝廷收归了二千石一级的官员，如内史、中尉、御史等的委任权。

⑬究：穷尽。

⑭杀伤二千石甚众：徐孚远曰："胶西王以削地心愠，故致螫于二千石，以泄其愤也。"

⑮立四十七年，卒：刘端卒于武帝元封三年，前108年。

【译文】

胶西于王刘端，在孝景帝前元三年吴、楚七国叛乱被讨平后，以皇子的身份被封为胶西王。刘端为人凶狠暴戾，又有阳痿病，一旦接近女人，就要病上几个月。他有一个受宠的年轻郎官。这个郎官很快就与胶西王后宫的女子淫乱，刘端捕杀了他，并杀了与他私通的后宫女子及其所生的孩子。刘端屡次触犯天子法令，朝廷的公卿大臣再三请求诛杀他，天子因为他是兄弟的缘故不忍心动手，但刘端的所作所为却越来越过分。大臣们再次请求处置刘端，皇上就削减他的封国，削去了一大半。刘端心中怨怒，于是便什么事都不管，致使仓库破漏，腐坏的财物数以亿计，最终也不加以收拾搬迁。他又命令官吏不准收取租赋。刘端又撤除全部护卫，封闭宫门，只留一门，供他出宫游玩。他屡次改换姓名，扮作平民，到其他的郡国去。凡前往胶西任相国、二千石级的官员，如果奉行汉朝法令治理政事，刘端就搜集罪证告发他们，找不到罪证的官员，就设诡计用药毒死他们。他设诡计的办法穷极变化，强横足以拒绝他人的劝谏，智巧足以掩饰自己的过错。相国、二千石级的官员如果遵从刘端的旨意行事，那么朝廷就会对他们绳之以法。因此胶西虽是小国，而被杀受害的二千石级官员却很多。刘端在位四十七年去世，没有儿子继承，封国被废除，封地收归朝廷，设为胶西郡。

以上三国的开国之王都是程姬所生的儿子。

赵王彭祖，以孝景前二年用皇子为广川王①。赵王遂反破后②，彭祖王广川。四年，徙为赵王③。十五年④，孝景帝崩⑤。彭祖为人巧佞卑谄⑥，足恭而心刻深⑦。好法律，持诡辩以中人⑧。彭祖多内宠姬及子孙。相、二千石欲奉汉法以治，则害于王家⑨。是以每相、二千石至，彭祖衣皂布衣，自行迎，除二千石舍⑩，多设疑事以作动之⑪，得二千石失言，中忌讳，辄书之。二千石欲治者，则以此迫劫；不听，乃上书告，及污以奸利事⑫。彭祖立五十余年，相、二千石无能满二岁，辄以罪去，大者死，小者刑⑬，以故二千石莫敢治。而赵王擅权，使使即县为贾人榷会⑭，入多于国经租税⑮。以是赵王家多金钱，然所赐姬诸子，亦尽之矣。彭祖取故江都易王宠姬王建所盗与奸淖姬者为姬，甚爱之。彭祖不好治宫室、禨祥⑯，好为吏事⑰。上书愿督国中盗贼⑱。常夜从走卒行徼邯郸中⑲。诸使过客以彭祖险陂⑳，莫敢留邯郸。其太子丹与其女及同产姊奸[21]。与其客江充有郤[22]。充告丹，丹以故废[23]。赵更立太子[24]。

【注释】

①广川王：广川国的国都是信都（在今河北冀州）。

②赵王遂反破：刘遂是刘邦的孙子，赵幽王刘友的儿子。吕后囚禁饿死刘友，把赵国封给了侄子吕禄。文帝即位后，复封刘遂为赵王。景帝三年，刘遂因参与吴、楚叛乱被杀。事见《楚元王世家》。

③四年，徙为赵王：刘遂死后，赵国改设为郡。二年后复立赵国，移封刘彭祖。刘彭祖移封时在景帝五年（前152）。

④十五年：即景帝后元三年，前141年。

⑤孝景帝崩：时在景帝后元三年正月。崔适曰："各本于此下云'十五年，孝景帝崩'；中山王下云'十四年，孝景帝崩'。孤悬不伦，《汉书》尚无之，当由学者录此篇时偶记于旁，后人误入正文耳。"

⑥巧佞（nìng）：善于阿谀逢迎。卑谄：谓低声下气，谄媚奉承。

⑦足恭：《论语·公冶长》有所谓"巧言令色足恭，左丘明耻之，丘亦耻之"。《集解》引孔安国曰："足恭，便辟貌。"心刻深：王骏观曰："刻，薄也；深者，浅之对，不可测也。言其心刻薄深险，不可测也。"

⑧中：中伤，陷害。

⑨害：有损，不利。

⑩衣皂布衣，自行迎，除二千石舍：王念孙曰："皂布单衣，贱者之服也。"王先谦曰："皂布衣，盖隶役所服，故下云'行迎除舍'，令人不疑是王也。"自行迎，除二千石舍，王先谦曰："言自行迎之，又为扫除其舍也。"按，这是对前文"巧佞卑谄足恭"的具体描绘。

⑪作动：泷川曰："使困惑耸动也。"《汉书》作"诈动"。

⑫奸利：以非法手段谋取利益。

⑬大者死,小者刑:泷川曰:“据《酷吏传》,陷御史大夫张汤于死者,彭祖也,岂唯国中相、二千石!”杨树达曰:“彭祖告主父偃受诸侯金,告张汤与鲁谒居有奸,偃、汤皆以此被诛,其中伤人之力且及中朝矣。”

⑭即县:到赵国所辖各县。为贾人榷(què)会:解说不一。有说是去当商人的经纪人,收取佣金并加以垄断,不让别人干。《索隐》曰:“会,音‘侩’。”即经纪人。有说是去核算商家的商品价值,向其征税。王先谦曰:“会,会计也。总计贾人财物而征榷之,故曰榷会。”

⑮入多于国经租税:中井曰:“王国租税有常经,今乃‘榷会’所入之利,多于其常经租税之入也。”常经,即固定不变的。

⑯机(jī)祥:谓祈禳求福之事。

⑰好为吏事:喜好处理刑狱之事。

⑱督:纠正,查办。

⑲从:让跟着。行徼(jiào):巡查,巡逻。颜师古曰:“徼,谓巡察也。”

⑳险陂(bì):邪恶不正。颜师古曰:“陂,谓倾侧也。”

㉑同产姊:同胞姐姐。

㉒江充:武帝时期任“直指绣衣使者”,督察近臣贵戚,举劾无所避,戾太子之祸就由他所起。

㉓充告丹,丹以故废:据《汉书·景十三王传》,“江充告丹淫乱,又使椎埋攻剽,为奸甚众”,刘丹遂被武帝收捕下狱。

㉔赵更立太子:据《汉书》,赵国更立的这个太子是刘昌,后继承王位,史称顷王。按,刘彭祖卒于武帝征和元年(前91),在位六十三年。

【译文】

赵王刘彭祖,在孝景帝前元二年,以皇子的身份被封为广川王。赵王刘遂谋反失败后，刘彭祖任广川王。第四年，迁封赵王。刘彭祖封王的第十五年，孝景帝驾崩。刘彭祖为人巧诈奸佞，卑下谄媚，表面上对人恭顺，内心却很刻薄阴毒。他喜好法律，好用诡诳之辩以中伤他人。刘彭祖的后宫有许多宠姬和子孙。相国、二千石级的官员如果想奉行汉朝法律，处理赵国的政务，就会妨害赵王的利益。因此，每当朝廷派来的国相、二千石级官员到任，刘彭祖就穿上黑色布衣，扮为奴仆，亲自出迎，清扫二千石级官员下榻的住所，他故意设置许多惑乱难辨之事来引动对方，一旦二千石级官员言语失当，触犯朝廷禁忌，就把它记录下来。如果这些官员想奉法治事，他就以此相威胁；如果对方不听，他就上书告发，并以作奸犯法图谋私利之事诬陷对方。刘彭祖立为赵王的五十多年中，到赵国来就任相国、二千石级的官员没有能任满两年的，经常因罪去位，罪过大的被处死，罪过小的受刑罚，所以二千石级官员没有谁敢奉法治事。赵王刘彭祖则专擅大权，派遣使者到属县去充当市场经纪人，垄断交易，其收入多于王国正常的租税。因此赵王家多有金钱，然而为了赏赐宠姬与众子，这些金钱也都耗光了。刘彭祖又娶了已故江都易王的宠姬，即与刘建私通淫乱的那位淖姬为姬妾，非常宠爱她。刘彭祖不喜欢修建宫室，也不祈禳求福，而是喜欢处理刑狱方面的事务。他上书天子，请求负责缉捕王国内的盗贼。他经常夜间带着士卒在邯郸城中巡察。那些往来的使臣和过路旅客都因为刘彭祖的阴险邪恶，而不敢在邯郸城里过夜。赵王刘彭祖的太子刘丹，与亲生女儿及同胞姐姐通奸。又跟门客江充有嫌怨。江充告发了刘丹，刘丹因此被废黜。赵国改立太子。

中山靖王胜①，以孝景前三年用皇子为中山王②。十四年③，孝景帝崩。胜为人乐酒好内④，有子枝属百二十余人⑤。常与兄赵王相非⑥，曰：“兄为王，专代吏治事。王者当日听音乐声色⑦。”赵王亦非之，曰：“中山王徒日淫，不佐天子拊循百姓[8]，何以称为藩臣[9]！”立四十二年卒[10]，子哀王昌立。一年卒[11]，子昆侈代为中山王[12]。

右二国本王皆贾夫人之子也。

【注释】

①中山靖王胜：刘胜，谥靖。《谥法解》：“柔德安众曰靖”“恭己鲜言曰靖”“宽乐令终曰靖”。中山国的国都是卢奴（在今河北定州）。

②孝景前三年用皇子为中山王：中山王刘胜与胶西王刘端同时受封于景帝前三年六月七国之乱被讨平后。中山国为新置封国。

③十四年：即景帝后元三年，前141年。

④好内：颜师古曰：“好内，耽于妻妾也。”

⑤有子枝属百二十余人：泷川引查慎行曰：“云‘枝属’，则子孙内外，群在其中。”泷川曰：“并孙数之，故曰‘枝属’。《汉书》删‘枝属’二字。”按，《汉书·景十三王传》作“有子百二十余人”。

⑥相非：互相责备。

⑦王者当日听音乐声色：凌稚隆曰：“《汉书》‘音乐’下有‘御’字。”

⑧拊循：安抚，抚慰。

⑨藩臣：为国屏藩之臣。叶玉麟曰：“以与赵王相非作两两对勘，章法自别。”

⑩立四十二年卒：刘胜卒于武帝元鼎四年，前113年。《索隐》曰：“《汉书》，建元三年，济川、中山王等来朝，闻乐而泣。天子问其故，王对以大臣内谗，肺腑日疏，其言甚雄壮，词切而理文。天子加亲亲之好，可谓汉之英藩矣。”查慎行曰：“《中山靖王传》，《汉书》全载《闻乐对》，所以感动武帝，卒从主父偃谋，令诸侯以私恩自裂土分其子弟，与《贾生》《晁错》二传相照应。此事不行于文、景而行于武帝，是大有关系文字。通篇视《史记》独详。”梁

玉绳引汪绳祖曰："《闻乐对》词意悲壮，小司马称为'汉之英藩'，则非徒'乐酒好内'也。盖以汉法严吏深刻，托以自晦，有信陵、陈丞相之智识，《史》略之何与？"

⑪一年卒：刘昌卒于武帝元鼎五年，前112年。

⑫子昆侈代为中山王：按，刘昆侈在位二十一年，卒于武帝征和三年（前90）。

【译文】

中山靖王刘胜，在孝景帝前元三年，以皇子的身份被封为中山王。在位第十四年，孝景帝驾崩。刘胜为人嗜酒，喜欢女色，共有子孙一百二十多人。刘胜经常与哥哥赵王刘彭祖互相责怪，刘胜说刘彭祖："哥哥身为国王，而专门替属吏们效力。为王的人就应该天天听听音乐，欣赏女色。"赵王刘彭祖也指责他说："中山王只顾每天淫乐，不帮着天子抚慰百姓，如何可以称为藩臣！"刘胜在位四十二年去世，儿子哀王刘昌继位。刘昌在位一年去世，儿子刘昆侈代立为王。

以上两国的首任国王都是贾夫人的儿子。

长沙定王发①，发之母唐姬，故程姬侍者。景帝召程姬，程姬有所辟②，不愿进，而饰侍者唐儿使夜进。上醉不知，以为程姬而幸之，遂有身。已乃觉非程姬也③。及生子，因命曰发。以孝景前二年用皇子为长沙王④。以其母微，无宠，故王卑湿贫国。立二十七年卒⑤，子康王庸立⑥。二十八年卒⑦，子鲋鮈立为长沙王⑧。

右一国本王唐姬之子也。

【注释】

①长沙定王发：刘发，谥定。《谥法解》："大虑静民曰定""纯行不爽

曰定”“安民大虑曰定”“安民法古曰定”。长沙国的国都是临湘（在今湖南长沙）。

②有所辟：《索隐》引《释名》曰：“天子诸侯群妾，以次进御，有月事者止不御，更不口说，故以丹注面目为识，令女史见之。”中井曰：“汉时不循古礼，故以诈避之耳。”

③觉：发觉。

④以孝景前二年用皇子为长沙王：按，长沙原是汉初功臣吴芮的封国，吴芮玄孙吴产死后没有继承人，封国废除。景帝二年，封刘发为长沙王。

⑤立二十七年卒：刘发卒于武帝元光六年，前129年。

⑥康王：泷川曰：“康王，《汉书》作‘戴王’。”

⑦二十八年卒：刘庸卒于武帝太初四年，前101年。

⑧子鲋鮈（fù jū）立为长沙王：鲋鮈元年为武帝天汉元年，前100年。据《汉书》，鲋鮈在位十七年，卒于昭帝始元四年（前83）。

【译文】

长沙定王刘发，他的母亲唐姬，原是程姬的侍女。景帝召幸程姬，适逢程姬有月事，不愿进侍，就把侍女唐儿加以装扮，让她夜晚进侍景帝。景帝醉酒不知内情，以为是程姬，就和她同床，于是有了身孕。事后景帝才发觉并不是程姬。等生下儿子，于是就起名为刘发。刘发在孝景帝前元二年，以皇子的身份被封为长沙王。因为他母亲身份微贱，不受宠爱，所以被封在低湿贫困之国为王。刘发在位二十七年去世，儿子康王刘庸继位。刘庸在位二十八年去世，儿子刘鲋鮈继位。

以上一国的首任国王是唐姬的儿子。

广川惠王越[①]，以孝景中二年用皇子为广川王[②]。十二年卒[③]，子齐立为王[④]。齐有幸臣桑距。已而有罪，欲诛距，距亡，王因禽其宗族[⑤]。距怨王，乃上书告王齐与同产奸[⑥]。

自是之后，王齐数上书告言汉公卿及幸臣所忠等⑦。

【注释】

①广川惠王越：刘越，谥惠。《谥法解》："柔质慈民曰惠""爱民好与曰惠"。

②孝景中二年：前148年。用皇子为广川王：按，前广川王是刘彭祖，孝景五年刘彭祖移封为赵王后，广川国改置为信都郡。至景帝中二年，又封给刘越为广川王，仍都冀州。

③十二年卒：刘越卒于武帝建元四年，前137年。

④子齐立为王：据《汉兴以来诸侯王年表》，史称刘齐为"缪王"。《索隐》引《谥法》曰："伤人蔽贤曰缪。"《谥法解》："名与实爽曰缪。"刘齐元年即为武帝建元五年，前136年。

⑤禽："擒"的古字。

⑥同产：指一母所生。

⑦上书告言汉公卿及幸臣所忠等：凌稚隆引查慎行曰："截然而止，辞气未足，当合《汉书》后段看。"据《汉书·景十三王传》，"数告言汉公卿及幸臣所忠等"下有"又告中尉蔡彭祖捕子明，骂曰：'吾尽汝种矣！'有司按验，不如王言，劾齐诬罔，大不敬，请系治。齐恐，上书愿与广川勇士奋击匈奴。上许之。未发病薨"等语。告言，告发，揭露。所忠，武帝时曾任掌故、谏大夫，深得武帝亲信。

【译文】

广川惠王刘越，在孝景帝中元二年，以皇子的身份被封为广川王。刘越在位十二年去世，儿子刘齐继立为王。刘齐有个受宠幸的臣子叫桑距。后来桑距犯了罪，刘齐想诛杀他，桑距逃跑了，刘齐便逮捕了桑距的宗族。桑距怨恨刘齐，于是上书朝廷，告发刘齐与他的同胞姐妹私通。从此之后，广川王刘齐便多次上书告发朝廷公卿及皇帝宠幸的侍臣所忠等人的罪行。

胶东康王寄[①]，以孝景中二年用皇子为胶东王[②]。二十八年卒[③]。淮南王谋反时[④]，寄微闻其事，私作楼车镞矢战守备[⑤]，候淮南之起。及吏治淮南之事，辞出之[⑥]。寄于上最亲[⑦]，意伤之，发病而死[⑧]，不敢置后[⑨]。于是上闻寄有长子者名贤，母无宠；少子名庆，母爱幸，寄常欲立之，为不次，因有过，遂无言。上怜之，乃以贤为胶东王奉康王嗣[⑩]，而封庆于故衡山地，为六安王[⑪]。胶东王贤立十四年卒[⑫]，谥为哀王。子庆为王[⑬]。六安王庆，以元狩二年用胶东康王子为六安王[⑭]。

【注释】

①胶东康王寄：刘寄，谥康。《谥法解》："渊源流通曰康""温柔好乐曰康""安乐抚民曰康""合民安乐曰康"。胶东国的国都是即墨（在今山东平度东南）。

②以孝景中二年用皇子为胶东王：胶东最初是齐悼惠王刘肥之子刘雄渠的封国，刘雄渠参与吴、楚等国造反，失败被杀。其后刘彻被封为胶东王。刘彻被立为皇太子后，又封刘寄为胶东王。

③二十八年卒：刘寄卒于武帝元狩二年，前121年。

④淮南王谋反：淮南王刘安于武帝元狩元年（前122）谋反。

⑤楼车：古代战车。上设望楼，用以瞭望敌人。《集解》引应劭曰："所以窥看敌国营垒之虚实也。"镞矢：箭。镞，箭头。

⑥辞出：谓口供中检举、告发（别人）。颜师古曰："辞语所连，出其事。"王先谦引周寿昌曰："出之，出其罪也，'出'犹'脱'也。《王温舒传》：'行论无出者。''出'亦作'脱'解。观后王未被议，徒以意自伤而死可证。"

⑦寄于上最亲：刘寄的母亲与武帝的母亲是亲姊妹。

⑧发病而死：刘寄卒于武帝元狩二年，前121年。

⑨不敢置后：不敢立继承人。

⑩以贤为胶东王：武帝元狩三年（前120），刘贤被立为胶东王。奉康王嗣：使刘贤继承其父的王位，主持其父的祭祀。

⑪封庆于故衡山地，为六安王：原衡山王刘赐于武帝元狩元年谋反，事泄自杀，国除。现在武帝将其地封给了刘寄的幼子刘庆，改名为六安，国都在今安徽六安。杨树达曰："寄后为乐成侯之姊，无子，见《汉书》二十五卷《郊祀志》，则贤、庆之母皆诸姬也。"

⑫胶东王贤立十四年卒：刘贤卒于武帝元封四年，前107年。

⑬子庆：按，刘贤之弟名"庆"，则其子不会再名"庆"。《汉兴以来诸侯王年表》与《汉书·诸侯王表》皆作"通平"。梁玉绳曰："当依《年表》及《汉书》作'通平'为是。"据《汉书·诸侯王表》，刘通平之元年即为武帝元封五年（前106）。在位二十四年，卒于昭帝始元四年（前83）。译文据改。

⑭六安王庆，以元狩二年用胶东康王子为六安王：据《汉书·诸侯王表》，刘庆在位三十八年，卒于昭帝始元三年（前84）。

【译文】

胶东康王刘寄，在孝景帝中元二年，以皇子的身份被封为胶东王。刘寄在位二十八年去世。淮南王刘安图谋造反时，刘寄暗中闻知，就私下制造战车弓箭等攻守器具，等候淮南王起事。逮至后来官吏审讯淮南王谋反之事时，相关供词中带出了刘寄。刘寄与武帝最亲密，很是悲伤，发病而死，不敢立继承人。这时武帝得知刘寄有长子名贤，其母不受宠爱；少子名庆，其母备受宠幸，刘寄曾经想立刘庆为太子，因为不合传承的次序，又因自己有罪过，终于不敢上言。武帝哀怜他，就封刘贤为胶东王，作为康王的继承人，而把刘庆封在过去衡山王的领地，称为六安王。胶东王刘贤在位十四年去世，谥为哀王。其子刘通平继承王位。六安王刘庆，在武帝元狩二年，以胶东康王儿子的身份封为六安王。

清河哀王乘[1]，以孝景中三年用皇子为清河王[2]。十二年卒[3]，无后，国除，地入于汉，为清河郡。

【注释】

①清河哀王乘：刘乘，谥哀。清河国的国都是清阳（在今河北清河东南）。

②孝景中三年：前147年。杨树达曰："《儒林传》，辕固生景帝时为清河太傅，盖傅乘也。"

③十二年卒：刘乘卒于武帝建元五年，前136年。

【译文】

清河哀王刘乘，在孝景帝中元三年，以皇子的身份被封为清河王。在位十二年去世，没有后代，封国被取消，封地收归朝廷，设为清河郡。

常山宪王舜[1]，以孝景中五年用皇子为常山王[2]。舜最亲，景帝少子。骄怠多淫，数犯禁，上常宽释之。立三十二年卒[3]，太子勃代立为王。初，宪王舜有所不爱姬生长男棁。棁以母无宠故，亦不得幸于王。王后脩生太子勃[4]。王内多，所幸姬生子平、子商，王后希得幸。及宪王病甚，诸幸姬常侍病，故王后亦以妒媢不常侍病[5]，辄归舍。医进药，太子勃不自尝药，又不宿留侍病。及王薨，王后、太子乃至。宪王雅不以长子棁为人数[6]，及薨，又不分与财物。郎或说太子、王后，令诸子与长子棁共分财物，太子、王后不听。太子代立，又不收恤棁[7]，棁怨王后、太子。汉使者视宪王丧，棁自言宪王病时，王后、太子不侍，及薨，六日出舍[8]，太子勃私奸，饮酒，博戏，击筑，与女子载驰，环城过市，入牢视囚。

天子遣大行骞验王后及问王勃[9]，请逮勃所与奸诸证左[10]，王又匿之。吏求捕，勃大急，使人致击笞掠，擅出汉所疑囚者[11]。有司请诛宪王后脩及王勃。上以脩素无行，使棁陷之罪[12]，勃无良师傅，不忍诛。有司请废王后脩，徙王勃以家属处房陵[13]，上许之。

【注释】

①常山宪王舜：刘舜，谥宪。《谥法解》："博闻多能曰宪。"常山国的国都是元氏（在今河北元氏）。

②孝景中五年：前145年。用皇子为常山王：在刘乘之前，被封为常山王的依次是惠帝的儿子刘不疑、刘义、刘朝，三人先后被杀，国除置郡。此时复立为常山国，封刘乘为王。杨树达曰："《儒林传》，韩婴景帝时官常山太傅，盖傅舜也。"

③立三十二年卒：刘舜在位三十二年，卒于武帝元鼎三年，前114年。

④王后脩：王后名脩。

⑤妒媢（mào）：妒嫉。《索隐》曰："媢，丈夫妒也。"

⑥雅：平素，一向。不以长子棁为人数：王叔岷曰："此作'人数'，谓不齿于人之数也。……《庄子・达生》篇'比于人数'，即史公'人数'二字所本。"

⑦收恤：收容安置。

⑧舍：服舍。即倚庐。古代居父母丧未葬时住的简陋棚屋。既葬则居庐墓。

⑨大行骞：颜师古曰："张骞也。"张骞是武帝时的外交家，曾两次通使西域。事迹详见《大宛列传》。大行，礼官，主接待宾客。验：调查取证。

⑩证左：亦作"佐证"。证人。

⑪“吏求捕”几句：方苞曰：“吏求捕诸证佐于勃，甚急，使人击掠勃左右。勃恐语泄，遂擅出汉所疑囚，使遁匿也。‘汉所疑囚’即‘与奸诸证佐’。”泷川曰：“古抄本、枫山本‘急’下有‘勃’字，‘人’下有‘急’字，当依正。勃使人急致击笞掠汉吏，又擅出汉所疑囚也。其余方说得之。”王先谦曰：“‘疑’读曰‘拟’，汉所拟罪之囚也。”

⑫之：王叔岷曰：“‘之’犹‘以’也。”

⑬房陵：古县名，治所在今湖北房县。秦、汉时期是安置流放罪犯的地方。秦始皇曾徙嫪毐舍人四千余家及吕不韦、赵王迁于此，西汉诸侯王有罪亦多徙于此。

【译文】

常山宪王刘舜，在孝景帝中元五年，以皇子的身份被封为常山王。刘舜与武帝最亲，是景帝的小儿子。他骄纵怠惰，多有淫乱之事，屡屡触犯禁令，但武帝常常宽恕赦免他。刘舜在位三十二年去世，太子刘勃继立为王。当初，宪王刘舜有个长子叫刘棁，是他不受宠爱的姬妾生的。因母亲不受宠，刘棁也得不到父亲的宠信。刘舜的王后脩生了太子刘勃。刘舜的姬妾很多，受宠的姬妾生了儿子刘平和刘商，王后很少得到刘舜的亲近。等到刘舜病重时，那些受宠的姬妾常去身边侍候，而王后则出于妒忌不常去问病侍疾，总是回到自己的房中去。医生呈进药来，太子刘勃从不亲自尝药，也不留宿侍候。直到刘舜死了，王后与太子方才赶到。宪王刘舜素来不把刘棁当人看待，死后又不分给他财物。郎官中有人劝谏太子、王后，让诸子和长子刘棁共分财物，太子、王后不肯。太子刘勃继位后，又不收容抚恤刘棁，致使刘棁怨恨太子、王后。等到朝廷使者前来视理宪王丧事时，刘棁便向使者告发宪王病重时，王后、太子不来侍候，及至宪王去世才六天，他们就离开了守丧的庐舍，以及太子刘勃私下奸淫、饮酒取乐、赌博为戏、击筑作乐，与女子乘车奔驰、环城过市、进入监狱探看囚犯等种种事端。武帝派大行令张骞去查验王后的罪状，并讯问刘勃，张骞要求逮捕刘勃在服丧中与之通奸的女子及各种证人，刘勃又把他们藏匿起来。当官吏们要搜捕这些人时，刘勃非常着急，竟至派人鞭笞拷打吏卒，并擅自释放朝廷所怀疑的囚犯。主事官员要求处死宪王后脩和刘勃。武帝认为是王后脩素来品行不端，致使刘棁陷她入罪；而刘勃则是从小没有良师训导，因而不忍心处死他们。主事官员又请求废黜王后脩，放逐刘勃，让他的家属和他一起迁居房陵，武帝同意了。

勃王数月，迁于房陵，国绝①。月余，天子为最亲，乃诏有司曰："常山宪王蚤夭②，后妾不和，適孽诬争③，陷于不义以灭国，朕甚闵焉④。其封宪王子平三万户，为真定王⑤；封子商三万户，为泗水王⑥。"

【注释】

①勃王数月，迁于房陵，国绝：常山国于武帝元鼎三年，前114年被废。

②蚤：通"早"。

③適：同"嫡"。指刘勃。孽：庶子。指刘棁。

④闵：后多作"悯"，怜悯。

⑤真定王：真定国的国都是真定（在今河北正定）。

⑥泗水王：泗水国的国都是凌县（在今江苏泗阳）。

【译文】

刘勃为王数月，被发配于房陵，封国绝嗣。一个多月后，武帝因为与常山宪王最亲，就诏令主事官员说："常山宪王死得早，王后与姬妾不和，嫡子与庶子互相诬蔑纷争，陷于不义以致灭国，我十分同情。封宪王儿子刘平三万户，为真定王；封宪王儿子刘商三万户，为泗水王。"

真定王平，元鼎四年用常山宪王子为真定王[①]。

泗水思王商[②]，以元鼎四年用常山宪王子为泗水王。十一年卒[③]，子哀王安世立。十一年卒[④]，无子。于是上怜泗水王绝，乃立安世弟贺为泗水王[⑤]。

右四国本王皆王夫人兒姁子也。其后汉益封其支子为六安王、泗水王二国[⑥]。凡兒姁子孙，于今为六王[⑦]。

【注释】

①元鼎四年：前113年。用常山宪王子为真定王：按，据《汉书·诸侯王表》，刘平在位二十五年，卒于武帝征和三年（前90）。

②泗水思王商：刘商，谥思。《谥法解》："道德纯一曰思""大省兆民曰思""外内思索曰思""追悔前过曰思"。

③十一年卒：梁玉绳曰："十一年，衍'一'字。"按，泗水王刘商卒于武帝太初元年（前104）。

④十一年卒：梁玉绳曰："十一年，衍'十'字……安世一年卒也。"泷川曰："史表亦误。"按，泗水王刘安世卒于太初二年（前103）。

⑤安世弟贺为泗水王：刘贺于太初三年（前102）受封为王。在位二十年，卒于昭帝始元四年（前83）。

⑥支子：嫡长子之外的儿子。

⑦于今为六王：按实为五王，即广川王刘齐、胶东王刘通平、六安王刘庆、真定王刘平、泗水王刘贺。

【译文】

真定王刘平，在武帝元鼎四年，以常山宪王儿子的身份被封为真定王。

泗水思王刘商，在武帝元鼎四年，以常山宪王儿子的身份被封为泗水王。在位十一年去世，儿子哀王刘安世继位。刘安世在位十一年去世，没有儿子。武帝哀怜他绝嗣，就把刘安世的弟弟刘贺封为泗水王。

以上四国的首任国王都是王夫人兒姁的儿子。后来朝廷又增封她的旁支子孙为六安王、泗水王。总计兒姁的子孙,到现在有六王。

太史公曰:高祖时诸侯皆赋①,得自除内史以下②,汉独为置丞相③,黄金印。诸侯自除御史、廷尉正、博士④,拟于天子。自吴、楚反后,五宗王世,汉为置二千石,去"丞相"曰"相",银印。诸侯独得食租税,夺之权。其后诸侯贫者或乘牛车也。

【注释】

①诸侯皆赋:《集解》引徐广曰:"国所出有皆入于王也。"意即该国所出的赋税都归自己所有。

②自除:自行任命。

③汉独为置丞相:按,除丞相外,朝廷还为诸侯王委派太傅。

④廷尉正:主管决狱。博士:掌通古今,备顾问。

【译文】

太史公说:高祖的时候,各诸侯王享有国中的全部赋税,可以自行任命内史以下的官员,朝廷只为他们派遣丞相,授予金印。诸侯王自行任命御史、廷尉正、博士等官,跟天子相类似。自从吴、楚等国叛乱后,到五宗诸王时代,朝廷为诸侯国派遣二千石一级的官员,将"丞相"改称为"相",只能用银印。诸侯王只能享用租税,削夺了他们的政治大权。此后诸侯王中有些贫穷的就只能坐牛车了。

【集评】

司马贞曰:"景帝子十四人,一武帝,余十三人为王,《汉书》谓之'景十三王'。此名曰'五宗'者,十三人为王,其母五人,同母者为宗也。"

(《史记索隐》)

王鸣盛曰:“《五宗世家》凡十三人,皆景帝子,以其母五人所生,号为‘五宗’,殊属无理,《汉书》改为《景十三王传》,是矣。”(《十七史商榷》)

吴见思曰:“前作一总叙点出,后逐段叙完,分枝布叶,挈领张纲,楚楚有法,是《史记》中一篇谨严文字。”(《史记论文》)

李景星曰:“《五宗世家》以‘五宗’为经,以‘十三王’为纬,前总提,后分叙,章法极整。而中间记诸王处,或先提后叙,或先叙后提,或从旁面,或写余情,移步换形,一节一样,则又极变化之能事矣。赞语从今昔盛衰着想,正见汉家改制之善。末后一托,尤觉感慨无穷。”(《史记评议》)

【评论】

在《太史公自序》中,司马迁说明了写作本篇的意图是“五宗既王,亲属洽和,诸侯大小为藩,爰得其宜,僭拟之事稍衰贬矣。”本篇反映了吴、楚七国之乱后各地诸侯王国实力削弱的情况。早在刘汉建国之初,北方边地的诸侯王发生叛乱,刘邦的儿子齐王刘肥曾率兵跟从刘邦一起平定过叛乱,事后再也没有下文。文帝时,刘邦的侄子刘郢客与其弟刘礼都曾任过九卿中的宗正一职,其后刘礼又临时地与周亚夫等分别率军在京城附近驻扎,防卫过匈奴。景帝时,其十五岁的儿子江都王刘非曾参加过平定吴、楚七国之乱,后来再要求出讨匈奴,皇帝就再也不答应了。武帝晚年在巫蛊之祸中曾一度任用他的侄子刘屈氂为丞相,率兵追杀太子刘据,后来又被汉帝腰斩。这是刘氏家族中唯一被任过高职的人物了。西汉的皇帝大都宁可宠用外戚,也绝不放手让刘氏家族内的兄弟子侄出任朝廷或地方的军政长官。《五宗世家》写了汉景帝的十三个儿子,像刘非、刘彭祖,都算是有点才干,想为国家做点事的人,但由于没有出路,于是被憋得做出一些奇奇怪怪的事情,有些只是恶作剧,也有些是变着法儿地专门与朝廷派来的官员作对。至于有些吃喝玩乐，有些骄纵横行，有些在家庭内部淫乱败坏，无奇不有，真让人哭笑不得。怎么会弄成这种样子呢？一方面是政治上、事业上、生活上没有任何出路、奔头；另一方面又有各种法令管得莫名其妙，让这些诸侯王们动辄得咎。纵观十三个王国的情况，先后有六王因罪被废或自杀。中央政权无疑掌握着主动权，诸王之中那些不工于心计、不善于与朝廷周旋的人，一不小心就被朝廷治罪，其处境十分艰难。

本篇最令人触目惊心的内容是关于景帝十三子中大部分人的荒淫堕落。他们有些人好色滥饮，醉生梦死，例如江都王刘非宠爱美人淖姬，刘非死后，尸骨未寒，他儿子刘建便迫不及待地将其占为已有，"夜使人迎与奸服舍中"。刘建被治罪自杀后，淖姬又被赵王彭祖抢去，"甚爱之"。这父子、兄弟争先恐后地占有同一个女人，毫无廉耻之心。还有些人性情变态，例如胶西王刘端，滥杀无辜；鲁王刘光，"晚节啬，惟恐不足于财"。明代刘仁锡说："《史记》载景帝诸王，隐僻事纤悉毕具，盖太史公嫉世愤邪而不能已者与！可谓得删《诗》意旨。"（《史记评林》）不过，有的诸侯王被治以淫乱宫室之罪，其罪名有可能是被人捏造的。篇中记载广川王刘齐与幸臣桑距有矛盾，王"欲诛距"，桑距于是"上书告王齐与同产奸"。"乱伦事件"的背后隐藏着汉朝中央政权与诸侯王国之间的深刻矛盾斗争。

本篇对于每个诸侯王的叙述文字不长，司马迁能做到在有限篇幅中以简练的笔触突出人物个性。如其中写胶西王刘端存心与朝廷作对的桀骜情景；"笑面虎"赵王刘彭祖口蜜腹剑，且又以捕捉盗贼为其最大乐趣的情景；其他如江都王刘非的好武，河间王刘德的好文，中山王刘胜的好酒等，无不各具面目。再如常山王刘勃家庭内部相互噬啮的纷纭复杂，以及临江王刘荣无辜被废，直到被陷害至死的凄婉悲哀，都无不令读者触目惊心，为之三叹。清代方苞说："每段俱约略点染，而神貌各别，此正如写生妙手，颊上三毛。"（《批注史记》引）吴汝纶说："叙家人琐事，

此篇与《外戚世家》皆极神妙，此境后人正不易到。”（《桐城先生点勘史记》）

本篇有如下两段的文字、标点值得讨论。

其一：

“彭祖为人巧佞卑谄，足恭而心刻深。好法律，持诡辩以中人。”

由于将“卑谄足恭”四字断开了，遂使整个语气不顺。现在新校本标点作“彭祖为人巧佞，卑谄足恭，而心刻深，好法律，持诡辩以中人”，显然比以前好多了。但将“巧佞”与“卑谄足恭”隔开，依然有些欠妥。这里说刘彭祖的用语，显然是从《论语·公冶长》的所谓“巧言令色足恭”六字变化而来。《论语》的“足恭”二字，上托着“巧言令色”四字；这里的“足恭”二字，分明也是托着“巧佞卑谄”四字。因此这里的标点似乎应该作：“彭祖为人，巧佞卑谄足恭，而心刻深，好法律，持诡辩以中人。”

其二：

“赵王遂反破后，彭祖王广川。四年，徙为赵王。”

如此标点，易令读者误以刘彭祖是在赵王遂被杀后开始为广川王，再过四年，才移封为赵王。实乃大错。这里的实际意思是，赵王遂因谋反被杀后，已经当了四年广川王的刘彭祖，被移封为赵王。此数句应标点作：“赵王遂反破后，彭祖王广川四年，徙为赵王。”

史记卷六十

三王世家第三十

【释名】

“三王”是指汉武帝的三个儿子刘闳、刘旦、刘胥。《三王世家》是班固、张晏早就说过的“十篇有录无书”中的一篇，可知西汉时期有关这三个人的传记已经不存在了。关于本篇的真伪问题，自古争论不休。我们认为本篇应是司马迁的未完成稿，其中也有褚少孙的润色加工。全文可分为四个部分。第一部分叙述了群臣请立刘闳、刘旦、刘胥为王的过程。第二部分直录汉武帝封立刘闳、刘旦、刘胥的三篇策文；第三部分是司马迁的论赞，他交代了自己写作此传的原因，亦有人称此论赞为后人模仿史公口吻所伪造；第四部分是褚少孙补写的有关封立刘闳、刘旦、刘胥为王的逸事。

“大司马臣去病昧死再拜上疏皇帝陛下[①]：陛下过听[②]，使臣去病待罪行间[③]。宜专边塞之思虑，暴骸中野无以报，乃敢惟他议以干用事者[④]，诚见陛下忧劳天下，哀怜百姓以自忘，亏膳贬乐[⑤]，损郎员[⑥]。皇子赖天，能胜衣趋拜[⑦]，至今无号位师傅官[⑧]。陛下恭让不恤[⑨]，群臣私望，不敢越职而言。臣窃不胜犬马心[⑩]，昧死愿陛下诏有司，因盛夏吉时定皇子位[11]。唯陛下幸察。臣去病昧死再拜以闻皇帝陛下。”三月乙亥[12],御史臣光守尚书令奏未央宫[13]。制曰[14]:“下御史[15]。”

【注释】

①大司马臣去病:即霍去病,武帝时名将,以伐匈奴有功被封为冠军侯、骠骑将军,加号大司马。事迹详见《卫将军骠骑列传》。大司马,官名。武帝改太尉为大司马,无印绶,为大将军(或骠骑将军、车骑将军)的加官。王骏图曰:“此乃去病独抒所见,上疏请立三王耳。后文此疏下御史议,下廷臣议,其主议题覆者,乃丞相青翟等,大司马并未与议,可见去病特一原奏大臣耳。”昧死:冒着一死。古时臣下上书时多用此语,以示敬畏之意。

②过听:错误地听取。

③待罪行间:此指接受任命,出任大司马骠骑将军之职。待罪,任职的谦称。行间,行伍之间,军队中。“过听”“待罪”都是谦辞。

④惟他议:考虑自己职责范围以外的事情。惟,思,考虑。干:犯,打扰。用事者:主管官员。

⑤亏膳贬乐:减少饮食娱乐。

⑥损郎员:减少郎官的员额。郎是帝王身边的侍从、警卫人员。

⑦胜衣:谓儿童稍长,能穿起成人的衣服。趋拜:趋走拜谒。亦泛指请安、问候时所行礼节。

⑧号位:国号王位。师傅官:指太师、太傅、少师、少傅等,都是古代帝王、太子,或诸侯王、王太子身边的辅佐教导官员。

⑨恭让:谦恭逊让。不恤:不顾惜,不考虑。

⑩不胜犬马心:克制不住自己的报效之心。

⑪盛夏吉时:《索隐》曰:“按,《明堂月令》云‘季夏月,可以封诸侯,立大官’是也。”按,《左传·襄公二十六年》有所谓“赏以春夏,

刑以秋冬”。《礼记·月令》有所谓“立夏之日，天子亲帅三公、九卿、大夫以迎夏于南郊，还反，行赏，封诸侯”。

⑫三月乙亥：阴历三月二十八日。这一年为武帝元狩六年，前117年。

⑬御史臣光：名叫光的御史。守：兼任。钱大昕曰：“位卑官高曰‘守’，位高官卑曰‘行’。”御史，此处大约是指“侍御史”，皇帝身边的侍应人员。尚书令：秦为少府的属官。汉沿置。掌章奏文书。未央宫：汉代皇帝所居住的宫殿，萧何主持修建，在当时长安城的西南部。

⑭制：指帝王的命令。

⑮下御史：下交御史府讨论。汉代诏令的下达，由御史府讨论后转丞相执行。

【译文】

“大司马臣霍去病冒死再拜上疏皇帝陛下：承蒙陛下谬听，让我霍去病供职军中。本应专心思考边塞事务，即使暴尸荒野也无法报答陛下，现在竟然敢考虑分外之事劳烦主管官员，实在是看到陛下因为忧念国事，哀怜百姓，而不顾自身，减少膳食娱乐，削减郎员。皇子们仰仗上天保佑，已经能穿成人之衣，行趋拜之礼，但至今未有名号爵位，未设师傅官员。陛下恭谨谦让不加顾惜，群臣私下盼望又不敢越职奏请。臣实在按捺不住犬马报主之心，冒死进言，希望陛下诏令主管部门，趁着盛夏吉时，定下皇子们的爵位。敬请陛下垂察。臣霍去病冒死再拜启奏皇帝陛下。”三月乙亥，御史代理尚书令光，将霍去病的奏章呈交武帝。武帝批示说：“交御史府处理。”

六年三月戊申朔[①]。乙亥[②]，御史臣光守尚书令、丞非[③]，下御史书到[④]，言：“丞相臣青翟、御史大夫臣汤、太常臣充、大行令臣息、太子少傅臣安行宗正事昧死上言[⑤]：大司马去病上疏曰：‘陛下过听，使臣去病待罪行间。宜专边塞之思虑，暴骸中野无以报，乃敢惟他议以干用事者，诚见陛下忧劳天下，哀怜百姓以自忘，亏膳贬乐，损郎员。皇子赖天，能胜衣趋拜，至今无号位师傅官。陛下恭让不恤，群臣私望，不敢越职而言。臣窃不胜犬马心，昧死愿陛下诏有司，因盛夏吉时定皇子位。唯愿陛下幸察[⑥]。’制曰‘下御史’。臣谨与中二千石、二千石臣贺等议[⑦]：古者裂地立国，并建诸侯以承天子[⑧]，所以尊宗庙重社稷也。今臣去病上疏，不忘其职，因以宣恩，乃道天子卑让自贬以劳天下[⑨]，虑皇子未有号位。臣青翟、臣汤等宜奉义遵职，愚憧而不逮事[⑩]。方今盛夏吉时，臣青翟、臣汤等昧死请立皇子臣闳、臣旦、臣胥为诸侯王[⑪]。昧死请所立国名。”

【注释】

①三月戊申朔：三月初一。朔，旧历每月初一。

②乙亥：按，霍去病上书是在“乙亥”日，一天内，御史就把皇帝的批件送交丞相，丞相组织讨论后就联名上书了，足见诸臣为武帝封子办事效率之高。

③丞非：《索隐》曰：“或尚书左右丞，非，其名也。”王骏图以为此“丞”指“御史丞”，非“尚书丞”。泷川曰：“‘丞’下夺‘臣’字。‘非’，尚书丞名。”

④下御史书到：此处大概意思是，皇帝把需要办理的事情交待给御史府，御史写成书面文件后转发给丞相府，丞相召集有关官员讨论执行的具体意见后，向皇帝提交。以下所载即丞相府上报的请示执行的意见。

⑤青翟：即庄青翟，时任丞相。御史大夫臣汤：即张汤，杜陵（今陕西西安东南）人。少好学律令，后成为著名酷吏。事迹详见《酷

吏列传》。御史大夫,“三公”之一,主管监察。太常臣充:《索隐》曰:“赵充也。”梁玉绳曰:“元狩六年,俞侯栾贲为太常。而曰‘太常臣充’,《索隐》曰‘赵充’,未知所出。”太常,秦称“奉常”,汉景帝时改称太常,“九卿”之一,掌管宗庙祭祀礼仪。大行令臣息:李息,初事景帝,武帝时与大将军卫青共出代郡击匈奴。事迹见《卫将军骠骑列传》。大行令,也叫“典客”“大鸿胪”,职掌朝廷接待宾客等事之官。太子少傅臣安行宗正:其人不详。行宗正,代理“宗正”职务。

⑥唯愿陛下幸察:泷川引中井曰:“‘唯’下‘愿’字疑衍。”按,这里是转抄霍去病原文,“愿”字应削。

⑦臣谨与中二千石、二千石臣贺等议:陈仁锡曰:“古本‘议’下有‘曰’字。”王叔岷曰:“《史通》引‘议’下有‘曰’字。”中二千石,秦汉时九卿的秩俸等级。“中”是满之意,中二千石即实得二千石,月得谷一百八十斛。比之低一级的是“二千石”,月俸一百二十斛,中央列卿和地方郡守一级高级官吏属于这一级。再低一级的是“比二千石”,月俸百斛。臣贺,公孙贺,武帝为太子时,他任太子舍人。武帝即位,迁为太仆,“九卿”之一,后来官至丞相。事迹见《卫将军骠骑列传》。

⑧承:拱卫,尊奉。

⑨劳:忧心,操劳。

⑩愚憧(zhuàng):愚笨。不逮:比不上,不及。

⑪臣闳:刘闳,武帝之子,王夫人所生。臣旦:刘旦,武帝之子,李姬所生。臣胥:刘胥,武帝之子,李姬所生。

【译文】

元狩六年三月初一。乙亥日,御史代理尚书令光、尚书丞非将霍去病的奏章下交御史府,御史府提出处理意见后,送交丞相府,丞相府给皇帝上书说:“丞相臣庄青翟、御史大夫臣张汤、太常臣赵充、大行令臣李息、太子少傅代理宗正臣安冒死进言：大司马霍去病上书说：‘承蒙陛下谬听，让我霍去病供职军中。本应专心思考边塞事务，即使暴尸荒野也无法报答陛下，现在竟然敢考虑分外之事劳烦主管官员，实在是看到陛下因为忧念国事，哀怜百姓，而不顾自身，减少膳食娱乐，削减郎员。皇子们仰仗上天保佑，已经能穿成人之衣，行趋拜之礼，但至今未有名号爵位，未设师傅官员。陛下恭谨谦让不加顾惜，群臣私下盼望又不敢越职奏请。臣实在按捺不住犬马报主之心，冒死进言，希望陛下诏令主管部门，趁着盛夏吉时，定下皇子们的爵位。敬请陛下垂察。’皇帝批复‘交御史府处理’。臣谨与中二千石、二千石臣公孙贺等商议：古来分地立国，同时建立诸侯国以尊奉天子，这是出于尊崇宗庙、重视社稷的缘故。如今霍去病呈上奏章，不忘他的职责，以此来宣扬皇上的恩德，他称道皇帝谦恭礼让，只顾自我贬损而操劳天下事，他忧虑皇子们至今没有封号。这本该是臣庄青翟与臣张汤等人奉义遵职的分内事，却因为我等生性愚钝，没能办好此事。方今正是盛夏吉时，臣庄青翟、臣张汤等冒死请求封立皇子臣刘闳、臣刘旦、臣刘胥为诸侯王。冒死请求确定他们封国的国名。”

制曰：“盖闻周封八百，姬姓并列①，或子、男、附庸②。《礼》：‘支子不祭③。’云并建诸侯所以重社稷，朕无闻焉。且天非为君生民也④。朕之不德，海内未洽⑤，乃以未教成者强君连城，即股肱何劝⑥？其更议以列侯家之⑦。”

【注释】

①姬姓并列：许多姬姓子弟也同时受封，成为诸侯。《汉兴以来诸侯王年表》云：“武王、成、康所封数百，而同姓五十五。”

②或子、男、附庸：有的封为子爵、男爵，还有的是“附庸”国。

③支子不祭:《礼记·曲礼》:“支子不祭,祭必告于宗子。”支子,嫡长子以外的其他儿子,刘闳、刘旦、刘胥都属于支子。不祭,不能主持祖先的祭祀。

④天非为君生民也:《索隐》曰:“《左传》曰:‘天生蒸民,立君以司牧之。’是言生人为立君长司牧之耳,非天为君而生人也。”按,意思是上天不是为了供奉君长而生民的。《左传·文公十三年》有所谓“天生民而树之君”。

⑤洽:和谐。

⑥即:则。股肱:大腿、胳膊,用以比喻辅佐帝王的得力大臣。劝:奖勉,鼓励。

⑦以列侯家之:意即可以封他们为侯,建家。按,春秋时代诸侯的封地称国,卿大夫的采邑称家。汉代的诸侯王相当于春秋时的诸侯国,列侯相当于诸侯国的卿大夫。

【译文】

武帝批示说:“听说周朝分封八百诸侯,姬姓子弟并列其中,有子爵、男爵、附庸。《礼记》上说:‘支子不得奉祭宗庙。’你们说并建诸侯国用来尊崇社稷,我没听说过。再说上天并不是为君王而降生百姓。我德行浅薄,海内上下未能谐和,却使未习教义的皇子勉强去当连城之君,这样做对大臣们能起什么劝勉作用?应予重新商议,以列侯封赐他们。”

三月丙子[①],奏未央宫。“丞相臣青翟、御史大夫臣汤昧死言:臣谨与列侯臣婴齐、中二千石二千石臣贺、谏大夫博士臣安等议曰[②]:伏闻周封八百,姬姓并列,奉承天子[③]。康叔以祖考显[④],而伯禽以周公立[⑤],咸为建国诸侯,以相傅为辅[⑥],百官奉宪,各遵其职,而国统备矣[⑦]。窃以为并建诸侯所以重社稷者,四海诸侯各以其职奉贡祭[⑧]。支子不得奉祭宗祖，礼也。封建使守藩国[⑨]，帝王所以扶德施化[⑩]。陛下奉承天统，明开圣绪[⑪]，尊贤显功，兴灭继绝[⑫]。续萧文终之后于酂[⑬]，褒厉群臣平津侯等[⑭]。昭六亲之序，明天施之属[⑮]，使诸侯王封君得推私恩分子弟户邑，锡号尊建百有余国[⑯]。而家皇子为列侯，则尊卑相逾，列位失序，不可以垂统于万世[⑰]。臣请立臣闳、臣旦、臣胥为诸侯王。”三月丙子，奏未央宫[⑱]。

【注释】

①三月丙子：阴历三月二十九日。

②列侯臣婴齐：名叫婴齐的列侯。其他不详。谏大夫博士臣安：名叫安的谏大夫、博士。其他不详。

③奉承：侍奉。

④康叔：名封，周武王同母弟。原食采于康，故称康叔。事迹详见《卫康叔世家》。以祖考显：康叔因为是周文王的儿子，被封于卫国。祖考，祖先。

⑤伯禽以周公立：伯禽因为是周公的儿子，被封到了鲁国（都曲阜）。

⑥以相傅为辅：按，西周封建诸侯，并没有委派“傅相”之制，这可能是汉臣以今推古。

⑦国统：国家世代相继的统系。

⑧奉：进奉，进献。贡祭：进贡物品助祭。

⑨封建使守藩国：为这些支子封王建国，让他们成为中央的屏障。

⑩扶德：这里指弘扬功德。施化：实施教化。

⑪明开：说清楚，明白开列。圣绪：帝王的统绪。

⑫兴灭继绝：语出《论语·尧曰》：“兴灭国，继绝世。”

⑬续萧文终之后于酂：萧文终，即萧何，汉初开国功臣之一，西汉建

立，封酂（cuó）侯，谥“文终”。事迹详见《萧相国世家》。萧何初封之地酂，在今河南永城西之酂乡。萧何的后代屡绝屡封的情形详见《高祖功臣年表》。武帝时期武阳侯萧胜以不敬罪免侯除国，元狩三年（前120）又续封萧何的曾孙萧庆为酂（zàn）侯。封地酂（zàn）县，在今湖北老河口。

⑭平津侯：即公孙弘，年四十余才学《春秋》杂说，专攻《公羊》。武帝时封平津侯。事迹详见《平津侯主父列传》。公孙弘是汉朝白衣拜相封侯第一人。

⑮天施：凌稚隆曰：“一本作‘天地’。”泷川曰：“天施，天恩之所施。”

⑯推私恩分子弟户邑，锡号尊建百有余国：按，武帝时，为进一步削弱诸侯国势力，使诸侯国化整为零，采纳主父偃“推恩法”，使各诸侯国分割其封地分给各子嗣，封为侯。据《建元已来王子侯者年表》，从元朔二年（前127）至元狩元年（前122），已分封一百四十余王子为侯。锡号，赐予封号。锡，赐。百有余国，当时的“推恩法”主要是分封诸侯王之子为侯，也有封王的。

⑰垂统：传给子孙。

⑱三月丙子，奏未央宫：泷川曰：“疏文止于‘为诸侯王’。‘三月’以下记事之文。枫山本无此八字。”

【译文】

三月丙子，丞相等人又向武帝奏请说：“丞相臣庄青翟、御史大夫臣张汤冒死进言：臣等谨与列侯臣婴齐、中二千石二千石臣公孙贺、谏议大夫博士臣安等商议：我们听说周朝分封八百位诸侯，姬姓并列其中，共同奉侍天子。康叔是因为祖先而显贵，伯禽是靠着父亲周公而受封，他们都是建国的诸侯，朝廷派出相傅前去辅佐他们，百官奉行法令，各遵其职，封国的统系完备无缺。我们私下认为并建诸侯之所以能尊崇社稷，是因为四海诸侯都各按职守给朝廷进贡奉祭。支子不得奉祭宗祖，这是礼制所规定的。封建诸侯,使他们守住藩国,帝王就能借此播扬功德,施行教化。陛下继承帝位,明白开列圣绪,尊重贤能,褒奖功臣,使灭亡了的国家再兴起,让断绝后代的再接续。续封文终侯萧何后人于酂县,破格封公孙弘为平津侯以鼓励群臣。昭示六亲的尊卑之序,表明上天的施予之属,使诸侯王封君能够推私恩分给子弟户邑,赐号尊建一百多个诸侯国。然而陛下却想让皇子建家,封为列侯,这会使得尊卑相逾,列位失序,不能将基业传给子孙万代。臣等请求立臣刘闳、臣刘旦、臣刘胥为诸侯王。”三月丙子,进奏未央宫。

制曰:“康叔亲属有十而独尊者①,褒有德也②。周公祭天命郊③,故鲁有白牡、骍刚之牲④。群公不毛⑤,贤不肖差也。‘高山仰之,景行向之⑥’,朕甚慕焉。所以抑未成,家以列侯可。”

【注释】

①康叔亲属有十:周武王有十个同胞兄弟,康叔是他的九弟。独尊:独受尊重,独居首位。指康叔先在周王朝任司寇,后又被封在卫国。

②褒有德:《卫康叔世家》云:“成王长,用事,举康叔为司寇,赐卫宝祭器,以章有德。”

③周公祭天命郊:按,祭天命郊是只有帝王才能进行的活动,但由于周公德高勋重,故允许鲁国也能郊祀祭天。《鲁周公世家》云:“成王乃命鲁得郊祭文王。鲁有天子礼乐者,以褒周公之德也。”命郊,祭祀。

④鲁:周公受封的国家。白牡:古代王侯祭祀用的纯白毛色的公牛。骍刚:纯红毛色的公牛,也是祭祀用的。《集解》引《公羊传》曰:“鲁祭周公,牲用白牡;鲁公用骍刚。”牲:牺牲,指牛羊猪等动物

祭品。

⑤群公:周武王的其他兄弟。不毛:指毛色不纯的牲品。

⑥高山仰之,景行向之:语出《诗经·车辖》:“高山仰止,景行行止。”意为我仰望高山,向往美好的德行。

【译文】

武帝批复道:“康叔有十个兄弟而独受尊崇,原因在于天子要褒扬有德之人。周公被特许在郊外祭祀天神,所以鲁国有纯白公牛、纯红公牛的祭牲。其他公侯用毛色不纯的祭牲,这是贤者和不肖者的差别。‘高山仰之,景行向之’,我对此非常仰慕。为了裁抑尚未成德的皇子,还是封他们为列侯为好。”

四月戊寅[①],奏未央宫。“丞相臣青翟、御史大夫臣汤昧死言:臣青翟等与列侯、吏二千石、谏大夫、博士臣庆等议[②]:昧死奏请立皇子为诸侯王,制曰:‘康叔亲属有十而独尊者,褒有德也。周公祭天命郊,故鲁有白牡、骍刚之牲。群公不毛,贤不肖差也。“高山仰之,景行向之”,朕甚慕焉。所以抑未成,家以列侯可。’臣青翟、臣汤、博士臣将行等伏闻康叔亲属有十[③],武王继体,周公辅成王,其八人皆以祖考之尊建为大国[④]。康叔之年幼[⑤],周公在三公之位,而伯禽据国于鲁[⑥],盖爵命之时,未至成人[⑦]。康叔后扞禄父之难[⑧],伯禽殄淮夷之乱[⑨]。昔五帝异制[⑩],周爵五等[⑪],春秋三等[⑫],皆因时而序尊卑。高皇帝拨乱世反诸正[⑬],昭至德,定海内,封建诸侯,爵位二等[⑭]。皇子或在襁褓而立为诸侯王,奉承天子,为万世法则,不可易。陛下躬亲仁义,体行圣德,表里文武[⑮]。显慈孝之行,广贤能之路。内褒有德,外讨强暴。

极临北海[16]，西溱月氏[17]，匈奴、西域[18]，举国奉师，舆械之费，不赋于民[19]。虚御府之藏以赏元戎[20]，开禁仓以振贫穷[21]，减戍卒之半[22]。百蛮之君[23]，靡不乡风[24]，承流称意[25]。远方殊俗，重译而朝[26]，泽及方外[27]。故珍兽至，嘉谷兴，天应甚彰[28]。今诸侯支子封至诸侯王[29]，而家皇子为列侯，臣青翟、臣汤等窃伏孰计之[30]，皆以为尊卑失序，使天下失望，不可。臣请立臣闳、臣旦、臣胥为诸侯王。”四月癸未[31]，奏未央宫，留中不下[32]。

【注释】

①四月戊寅：阴历四月初一日。

②博士臣庆：名叫庆的博士，其他不详。

③博士臣将行：名叫将行的博士，其他不详。伏闻：谦词。犹言窃闻。

④其八人：武王的其他八个兄弟，即伯邑考、管叔鲜、蔡叔度、曹叔振铎、成叔武、霍叔处、康叔封、冉季载。按，武王诸弟情况，详见《管蔡世家》。

⑤康叔之年幼：据《管蔡世家》，武王分封诸侯时，诸弟中只封了周公、管叔、蔡叔、叔振铎、叔武、叔处，康叔与冉季因年幼未封。

⑥伯禽据国于鲁：由于成王年幼，周公须留在朝廷辅政，故封其子伯禽为鲁公。

⑦爵命之时，未至成人：按，此与《管蔡世家》《卫康叔世家》记载有异。又据《鲁周公世家》记载伯禽治鲁之情状，不像“未至成人”。

⑧康叔后扞（hàn）禄父之难：此处记载与《卫康叔世家》有异。据《卫康叔世家》，康叔是在周公平定管蔡之乱后，才以商故都周围地区分封给他，国号卫。禄父之难，即管叔、蔡叔与武庚禄父发动的“管蔡之乱”。扞，抵御，抵抗。

⑨伯禽殄（tiǎn）淮夷之乱：据《鲁周公世家》，伯禽即位之后，“有

管、蔡等反也，淮夷、徐戎亦并兴反，于是伯禽率师伐之于肸。”殄，消灭。淮夷，古代居住在淮河流域的部族。凌稚隆引董份曰：“言康叔、伯禽幼未成人，见三王当封；言康叔、伯禽后有勋伐，见封之得宜。”

⑩五帝：所指不一。司马迁用以指黄帝、颛顼、帝喾、尧、舜。异制：制度不同。

⑪周爵五等：指公、侯、伯、子、男。

⑫春秋三等：《集解》引郑玄曰：“春秋变周之文，从殷之质，合伯、子、男以为一，则殷爵三等者，公、侯、伯也。”泷川曰：“隐公五年《公羊传》云：‘诸侯者何？天子三公称公，王者之后称公；其余大国称侯，小国称伯、子、男。’春秋三等，盖用《公羊》说。”

⑬拨乱世反诸正：语出《公羊传·哀公十四年》。治理混乱的局面，使恢复正常。

⑭封建诸侯，爵位二等：指只有诸侯王与列侯两个等级。

⑮表里：谓呼应，补充。这里指兼有。

⑯极临北海：《正义》：“《匈奴传》云霍去病伐匈奴，北临翰海。”极，尽，尽头。北海，说法不一，有说即“瀚海”，今蒙古境内的大沙漠。《卫将军骠骑列传》：“封狼居胥山，禅于姑衍，登临翰海。”也有说指今俄罗斯境内的贝加尔湖。

⑰溱：通“臻”，至，到。月氏（ròu zhī）：古族名，曾于西域建月氏国。其族先游牧于敦煌、祁连间。汉文帝前元三至四年时，遭匈奴攻击，西迁塞种故地（今新疆西部伊犁河流域及其迤西一带）。西迁的月氏人称大月氏，少数没有西迁的人入南山（今祁连山），与羌人杂居，称小月氏。

⑱西域：自汉以后对玉门关（今甘肃敦煌西北）以西地区的总称。当时那里有龟兹、疏勒、乌孙、大宛等小国。按，十二年后，汉有派李广利伐大宛之举。

⑲舆械之费，不赋于民：按，此与事实不符，《平准书》有对武帝发动对外战争而导致国内经济危机的记载。舆械，战车与兵器。赋，征收赋税。

⑳元戎：主帅。这里泛指将士。

㉑禁仓：帝王的粮仓。

㉒减戍卒之半：据《卫将军骠骑列传》，元狩二年匈奴浑邪王率众四万降汉后，朝廷“减陇西、北地、上郡戍卒之半，以宽天下之繇”。也只是减了局部地区的。

㉓百蛮：古代南方少数民族的总称。

㉔乡风：顺着风向。

㉕承流：谓接受和继承良好的风尚传统。

㉖重译：辗转多次翻译。汉人与远道各国语言不通，中间需要经过多重翻译，才能彼此通话。

㉗方外：国境以外。

㉘故珍兽至，嘉谷兴，天应甚彰：凌稚隆引邓以瓒曰：“称帝之功，正明皇子宜封也。”珍兽、嘉谷，都被认为是祥瑞之物。天应，上天的感应、显应。

㉙诸侯支子封至诸侯王：按，淮南王刘长的“支子”刘安、刘勃、刘赐，梁孝王的“支子”刘明、刘彭离、刘定、刘不识等，都被封王。详见《淮南衡山列传》《梁孝王世家》。

㉚孰计：周密考虑、商议。

㉛四月癸未：阴历四月初六。此与前文不统一。

㉜留中不下：指将臣子上的奏章留置宫禁之中，不交办。

【译文】

四月戊寅，庄青翟等又上奏说：“丞相臣庄青翟、御史大夫臣张汤冒死进言：我们与列侯、吏二千石、谏大夫、博士臣庆等商议：我等前曾冒死奏请封皇子为诸侯王，皇上批复说：‘康叔有十个兄弟而独受尊崇，原因在于天子要褒扬有德之人。周公被特许在郊外祭天，所以鲁国有纯白公牛、纯红公牛的祭牲。其他公侯用毛色不纯的祭牲，这是贤者和不肖者的差别。“高山仰之，景行向之”，我对此非常仰慕。为了裁抑尚未成德的皇子，还是封他们为列侯为好。’臣庄青翟、臣张汤、博士臣将行等听说康叔的同胞兄弟有十人，武王继承了王位，周公辅佐成王，其他八人都依靠祖父与父亲的尊贵而被封为大国诸侯。康叔在年幼时，周公身居三公，而伯禽封于鲁国，大概康叔与伯禽在封爵受职的时候，尚未成年。后来康叔制止了禄父之难，伯禽平定了淮夷的叛乱。往昔五帝的制度各不相同，周代设有五等爵位，到春秋时改为三等，这都是根据时代变化来安排的尊卑次序。高皇帝拨乱反正，昭示至德，安定海内，分封诸侯，爵位分为二等。皇子有的尚在襁褓之中，也被立为诸侯王，以承继天子，作为万世的法则，不可改变。陛下躬行仁义，亲播圣德，文治武功互相配合。彰扬慈爱孝亲的德行，广拓进贤唯能的道路。对内褒扬有德之人，对外讨伐强暴之贼。北至瀚海，西到月氏，使匈奴、西域皆举国出其所有，供应朝廷大军。车马兵器的费用开支，都不向百姓征取赋税。拿出国库的珍藏奖赏将士，开启宫禁的仓库赈济贫民，裁减一半戍卒，以宽天下的徭役。南方百蛮的君长，无不闻风向慕，承受教化，屈首称赞。远方殊俗的国度，经多重翻译辗转来朝，沐浴圣恩。因此珍奇的禽兽降临了，吉祥的禾谷生长了，上天的瑞应甚为彰著。如今诸侯支子已封至诸侯王，而皇子反倒封为列侯，臣庄青翟、张汤等反复考虑，都认为这是尊卑失序，让天下人失望，不可取。臣等请求立臣刘闳、臣刘旦、臣刘胥为诸侯王。”四月癸未，进奏未央宫，奏章留在宫中没有批示下达。

“丞相臣青翟、太仆臣贺行御史大夫事、太常臣充、太子少傅臣安行宗正事昧死言[1]：臣青翟等前奏大司马臣去病上疏言，皇子未有号位，臣谨与御史大夫臣汤、中二千石、二千石、谏大夫、博士臣庆等昧死请立皇子臣闳等为诸侯王。陛下让文武，躬自切，及皇子未教[②]。群臣之议，儒者称其术，或悖其心[③]。陛下固辞弗许，家皇子为列侯。臣青翟等窃与列侯臣寿成等二十七人议[④]，皆曰以为尊卑失序。高皇帝建天下，为汉太祖，王子孙，广支辅。先帝法则弗改[⑤]，所以宣至尊也。臣请令史官择吉日，具礼仪上，御史奏舆地图[⑥]，他皆如前故事。”制曰：“可。”

【注释】

①太仆臣贺行御史大夫事：梁玉绳曰：“是时张汤为御史大夫，用事，无因有贺以参之。”洪亮吉曰：“此时张汤尚为御史大夫，而云贺行其事，汤岂以病在告耶？”

②陛下让文武，躬自切，及皇子未教：方苞曰：“让文武，以制词‘周封八百’及‘康叔亲属有十’诸语而言也。躬自切，以制词‘朕之不德’而言也。”让文武，推让自己不敢与文王、武王相比。躬自切，严格要求自己。皇子未教，针对前面制词之“以未教成者强君连城”而言。

③儒者称其术，或悖其心：方苞曰：“儒者称其术，即李斯所谓令下各以其学议之也。或悖其心，即李斯所谓入则心非也。盖帝恐群臣封诸子之议，儒者或称其术以议之，或口不言而心非之。必当日口语及此，而未笔于制词，故略举以覆也。”

④列侯臣寿成：《集解》引徐广曰：“萧何之玄孙酂侯寿成，后为太常也。”

⑤法则：效法，以为法则。

⑥舆地图：即地图。《索隐》曰：“谓地为舆者，天地有覆载之德，故谓天为‘盖’，谓地为‘舆’。故地图称‘舆地图’。”

【译文】

"丞相臣庄青翟、太仆代理御史大夫臣公孙贺、太常臣赵充、太子少傅代理宗正臣安冒死进言:臣庄青翟等日前曾启奏大司马霍去病的上书所讲之事,皇子没有封号爵位,臣谨与御史大夫张汤、中二千石、二千石、谏议大夫、博士臣庆等冒死请求立皇子刘闳等为诸侯王。陛下谦让说不敢与文王、武王相比,严于责己,以及皇子未习教义等等。群臣讨论的时候,有的儒生按着自己的想法发表见解,有的儒生没有清楚表达自己的意见。陛下坚持拒绝,不肯答应,坚持要封皇子为列侯。臣庄青翟等私下与列侯萧寿成等二十七人商议,都认为这样做是使尊卑失去次序。高皇帝创建天下,为汉之太祖,他分封子孙为王扩大皇族势力。以后的几位先帝都奉行而不加更改,这都是为了宣扬皇帝至高无上的权威。臣等恳请陛下让史官选择吉日,开列礼仪奉上,让御史呈上地图,其他事情都按以前旧例办理。"武帝批复说:"可以。"

四月丙申①,奏未央宫。"太仆臣贺行御史大夫事昧死言:太常臣充言卜入四月二十八日乙巳,可立诸侯王。臣昧死奏舆地图,请所立国名。礼仪别奏。臣昧死请。"制曰:"立皇子闳为齐王②,旦为燕王③,胥为广陵王④。"

【注释】

①四月丙申:阴历四月十九日。

②皇子闳为齐王:齐国都城是临淄(在今山东淄博临淄区)。

③旦为燕王:燕国都城是蓟县(在今北京西南)。

④胥为广陵王:广陵国都城是广陵(在今江苏扬州)。

【译文】

四月丙申,公孙贺等人的奏章送到未央宫。说:"太仆代理御史大夫臣公孙贺冒死进言:太常臣赵充经过占卜说,四月二十八日乙巳,可立诸侯王。臣冒死呈上地图,请给所立封国命名。至于分封典礼的具体仪式另行上奏。臣冒死请示。”武帝批复说:“立皇子刘闳为齐王,刘旦为燕王,刘胥为广陵王。”

四月丁酉①,奏未央宫。六年四月戊寅朔,癸卯②,御史大夫汤下丞相,丞相下中二千石,二千石下郡太守、诸侯相,丞书从事下当用者③。如律令。

【注释】

①四月丁酉:阴历四月二十日。

②癸卯:阴历四月二十六日。

③丞书从事下当用者:王国维《敦煌汉简跋》二引《世家》此文并云:“承书从事下当用者,乃汉时公文常用语。《三王世家》《孔庙置百石卒史碑》《无极山碑》并有此文。犹后世所谓主者施行也。”丞书从事,官员。御史府属官御史中丞、治书(或持书)侍御史及御史中丞从事的合称。

【译文】

四月丁酉,奏呈未央宫。元狩六年的四月初一日为戊寅日,至癸卯日,御史大夫张汤将皇帝的批示下达丞相,丞相下达给朝廷里的中二千石官员,二千石级官员下达给各郡郡守与各诸侯国的国相,丞书从事下达给有关的办事人员。按照命令行事。

“维六年四月乙巳①,皇帝使御史大夫汤庙立子闳为齐王②。曰:於戏,小子闳③,受兹青社④!朕承祖考,维稽古,建尔国家⑤,封于东土,世为汉藩辅。於戏念哉!恭朕之诏,惟命不于常[⑥]。人之好德，克明显光[⑦]。义之不图，俾君子怠[⑧]。悉尔心，允执其中，天禄永终[⑨]。厥有愆不臧[⑩]，乃凶于而国，害于尔躬。於戏，保国艾民[⑪]，可不敬与！王其戒之。”右齐王策[⑫]。

【注释】

①维：语首助词。乙巳：阴历四月二十八日。

②庙立：颜师古曰：“于庙授策也。”

③於戏，小子闳：泷川引王观国曰：“《诗·大雅·抑》：‘於乎小子，未知臧否’；‘於乎小子，告尔旧止’，册文乃用《诗》辞也。”於戏，同“呜呼”，感叹词。

④受兹青社：《索隐》：“蔡邕《独断》云：‘皇子封为王，受天子太社之土，若封东方诸侯，则割青土，藉以白茅，授之以立社，谓之茅土。’齐在东方，故云青社。”《书·禹贡》：“厥贡惟土五色。”孔传：“王者封五色土为社，建诸侯则各割其方色土与之。”

⑤维稽古，建尔国家：颜师古曰：“言考于古道，而立子为王。”稽，考核。

⑥惟命不于常：语出《周书·康诰》。天命并非一成不变。

⑦克：能。明：使明亮。

⑧俾：使，让。怠：松懈，懈怠。

⑨悉尔心，允执其中，天禄永终：按，此语应该是仿效《论语·尧曰》：“咨！尔舜，天之历数在尔躬，允执其中。四海困穷，天禄永终。”允执其中，谓不偏不倚，无过与不及。允，真正。天禄，天赐的福禄。永终，长久，永久。

⑩愆（qiān）：罪过，过失。不臧：不善，不良。

⑪艾（yì）民：安民。艾，通“乂”，治，安抚。

⑫右齐王策：《索隐》曰：“又按《武帝集》，此三王策皆武帝手制。”

按，据《汉书·武五子传》，齐王刘闳在位共八年，死后无子，国除。

【译文】

“六年四月乙巳，皇帝派御史大夫张汤于宗庙策封皇子刘闳为齐王。皇帝说：呜呼，小子闳，接过这份青土！我继承先人的基业，稽考古事，为你建国，封于东方，世代为汉藩属辅臣。呜呼，你要念此勿忘！要敬受我的诏令，要想到天命无常。人若爱好美德，方能昭显荣光。如果不能谋求正义，会使君子怠慢失望。你只有竭尽心力，执持中正之道，才能享尽上天赐予的禄命。倘若只做坏事，不做好事，那你的国家就有凶险，你自己也要大祸临头。呜呼，保国安民，能不敬慎吗！齐王你一定要警惕啊。”以上是齐王刘闳的策封文。

“维六年四月乙巳，皇帝使御史大夫汤庙立子旦为燕王。曰：於戏，小子旦，受兹玄社①！朕承祖考，维稽古，建尔国家，封于北土，世为汉藩辅。於戏！荤粥氏虐老兽心②，侵犯寇盗，加以奸巧边萌③。於戏！朕命将率徂征厥罪④，万夫长，千夫长⑤，三十有二君皆来⑥，降旗奔师⑦。荤粥徙域⑧，北州以绥。悉尔心，毋作怨，毋俷德⑨，毋乃废备⑩。非教士不得从征⑪。於戏，保国艾民，可不敬与！王其戒之。”右燕王策⑫。

【注释】

①玄社：黑土，用来代表北方的土地。

②荤粥（xūn yù）氏：指匈奴族。虐老兽心：据《匈奴列传》，匈奴族的习俗是“贵壮健，贱老弱”，“壮者食肥美，老者食其余”。

③奸巧：欺诈。边萌：边民。萌，通“甿”，黎民。

④徂（cú）征：出征，前去讨伐。

⑤万夫长，千夫长：指匈奴军官。

⑥三十有二君皆来：据《卫将军骠骑列传》，霍去病“获首虏八千余级，降异国之王三十二人”。

⑦降旗：底本作“降期”。黄本、《汉书》俱作“降旗”，今据改。

⑧荤粥徙域：据《匈奴列传》，在卫青、霍去病的威逼下，“匈奴远遁，而幕南无王庭”。

⑨倜（fèi）：《集解》引徐广曰：“一作‘菲’。”《索隐》引苏林曰：“菲，废也。”李笠曰：“背也。后文褚先生解释策书亦谓‘勿使王背德也’。”

⑩毋乃废备：《汉书》作“无废乃备”。乃，你，你的。《索隐》曰：“言无乏武备，常备匈奴也。”

⑪非教士不得从征：《索隐》引韦昭曰：“士非素教习，不得从军征发。故孔子曰‘不教人战，是谓弃之’是也。”后文褚少孙解释此句作“非习礼义，不得在其侧”。

⑫右燕王策：按，燕王刘旦为王三十八年，于昭帝元凤元年（前80）因谋反被诛，国除。事情详见《汉书·武五子传》。

【译文】

“六年四月乙巳，皇帝派御史大夫张汤于宗庙策封皇子刘旦为燕王。皇帝说：呜呼，小子旦，接过这份黑土！我继承先人的基业，稽考古事，为你建国，封于北方，世代为汉藩属辅臣。呜呼！匈奴人心如禽兽，虐待老人，经常侵扰劫掠我边疆，加以欺诈诱杀我边民。呜呼！我派将帅往征其罪，他们的万夫长、千夫长和三十二个王爷都来归降，他们偃旗息鼓，军队溃散。远逃漠北，从而使北部边疆得以安定。你可要竭尽心力，不要结下仇怨，不要做损德之事，不要废弃武备。没有训练过的人，不得征召从军。呜呼，保国安民，能不敬慎吗！燕王你一定要警惕啊。”以上是燕王刘旦的封策文。

"维六年四月乙巳，皇帝使御史大夫汤庙立子胥为广陵王。曰：於戏，小子胥，受兹赤社[①]！朕承祖考，维稽古，建尔国家，封于南土，世为汉藩辅。古人有言曰：'大江之南，五湖之间[②]，其人轻心[③]。杨州保疆[④]，三代要服[⑤]，不及以政[⑥]。'於戏！悉尔心，战战兢兢，乃惠乃顺，毋侗好轶[⑦]，毋迩宵人[⑧]，维法维则[⑨]。《书》云'臣不作威，不作福'[⑩]，靡有后羞[⑪]。於戏，保国艾民，可不敬与！王其戒之。"右广陵王策[⑫]。

【注释】

①赤社：红色土。代表南方的土地。

②五湖：说法不一，但基本都是指今太湖与其周边的一些小湖。

③轻心：轻率，漫不经心。

④杨州：即扬州。杨，通"扬"。保疆：中井曰："所保之封疆也。"《集解》引李奇曰："保，恃也。"王先谦曰："恃其疆域阻深也。"

⑤三代：指夏、商、周三代。要服：五服之一。据《尚书·禹贡》，自王畿外，每五百里为一服。五服指甸、侯、绥、要、荒。据史书记载，要服已是"蛮夷"之地。故下文说"不及以政"。

⑥不及以政：后文褚少孙解之曰："不大及以政教，以德御之而已。"意即不能加以管辖。

⑦侗：王念孙曰："侗，长久之长，亦长大之长。"也解作与"童"通，李慈铭曰："言毋童心好逸游也。"轶：通"逸"，安闲，安乐。

⑧迩：近。宵人：小人，坏人。

⑨维法维则：紧守法则。

⑩《书》云"臣不作威，不作福"：《尚书·洪范》云："惟辟作福，惟辟作威，惟辟玉食。臣无有作福、作威、玉食。臣之有作福、作威、玉食，其害于而家，凶于而国。"《书》，即《尚书》。作威，利用权威

滥施刑罚。作福，赐福。

⑪靡有：没有。

⑫右广陵王策：《集解》引徐广曰："立三十年，自杀，国除。"

【译文】

"六年四月乙巳，皇帝派御史大夫张汤于宗庙策封皇子刘胥为广陵王。皇帝说：呜呼，小子胥，接过这份红土！我继承先人的基业，稽考古事，为你建国，封于南方，世代为汉藩属辅臣。古人有言：'长江以南，五湖之间，民风浮躁。扬州恃其疆域广袤，虽为三代要服之地，但政教未能管到。'呜呼！你要竭尽心力，小心谨慎，对国人多施恩惠，顺应他们的愿望，不要贪图安逸，不要亲近小人，要认真遵守法纪。《尚书》上讲'做臣子的不作威、不作福'，以后不会遭受耻辱。呜呼，保国安民，能不敬慎吗！广陵王你一定要警惕啊。"以上是广陵王刘胥的封策文。

太史公曰：古人有言曰"爱之欲其富，亲之欲其贵"①，故王者壃土建国，封立子弟，所以褒亲亲②，序骨肉，尊先祖，贵支体③，广同姓于天下也。是以形势强而王室安。自古至今，所由来久矣，非有异也，故弗论箸也④。燕、齐之事⑤，无足采者。然封立三王，天子恭让，群臣守义，文辞烂然，甚可观也⑥，是以附之《世家》⑦。

【注释】

①爱之欲其富，亲之欲其贵：语出《孟子·万章》："仁人之于弟也，不藏怒焉，不宿怨焉，亲爱之而已矣。亲之，欲其贵也；爱之，欲其富也。"

②亲亲：泷川曰："亲也。重言之者，非一人也。"李笠曰："亲亲者，亲其亲也。'褒亲亲'，文不成义。'亲亲'当作'亲戚'，与下'骨

肉’‘先祖’‘支体’一例。”

③支体：这里指子孙。

④论箸：同“论著”，论议和著述。按，以上观点，李斯曾驳斥曰：“周文武所封子弟同姓甚众，然后属疏远，相攻击如仇雠，诸侯更相诛伐，周天子弗能禁止。”始皇帝曰：“天下共苦战斗不休，以有侯王。赖宗庙，天下初定，又复立国，是树兵也，而求其宁息，岂不难哉？”

⑤燕、齐之事：实指分封燕、齐、广陵三国之事。

⑥文辞烂然，甚可观也：司马迁认为策书“文辞烂然”，因而将其载入了《史记》。这同他把邹阳的《狱中上梁王书》载入列传，在《司马相如列传》中收录其文章原因相同。

⑦是以附之《世家》：归有光曰：“《三王世家》本不缺，读此赞文可见太史公亦不及见三王后事。褚先生浅陋，遂谓‘求其世家不可得’也。序亦云‘三子之王，文辞可观’，可知独载其文辞也。”也有人认为前面的资料为后人所编，“太史公曰”是后人伪造的。

【译文】

太史公说：古人有言说“爱他就希望他富有，亲他就希望他尊贵”，所以君王裂土建国，分封子弟，用来褒扬亲属，分序骨肉，尊崇祖先，显贵同族，使同姓之人广布于天下。从而使国势强大，王室安定。这是从古到今，由来已久的做法，历代没有什么不同，所以不必论述。燕王、齐王受封之事，不值得采写。然而封立三王，天子谦恭礼让，群臣恪守道义，策书文辞灿然，很值得观览，因此附于《世家》之中。

褚先生曰①：臣幸得以文学为侍郎②，好览观太史公之列传③。传中称《三王世家》文辞可观，求其《世家》终不能得。窃从长老好故事者取其封策书，编列其事而传之[4]，令后世得观贤主之指意。

【注释】

①褚先生：褚少孙，颍川（今河南禹州）人。酷好《史记》，曾增补《史记》多篇。计有《三代世表》《外戚世家》《梁孝王世家》《田叔列传》《滑稽列传》《龟策列传》等。

②文学：这里指经术。汉代“文学”，或称“贤良文学”，是选拔读书人的科目之一。

③太史公之列传：具体指《太史公自序》。

④从长老好故事者取其封策书，编列其事而传之：从这两句推断，似乎《史记》原书并没有群臣上书和天子的封策，甚至“太史公曰”都是后人辑补的。

【译文】

褚少孙先生说：我有幸以文学充任侍郎，喜欢翻阅《太史公自序》。《自序》中称道《三王世家》文辞可观，但寻找《三王世家》，却始终没有找到。我私下从喜好轶闻旧事的长老那里拿到了三王的封策书，于是想把他们的事迹编写出来，以便流传下去，使后世之人能领略到贤明君主的用心。

盖闻孝武帝之时，同日而俱拜三子为王：封一子于齐，一子于广陵，一子于燕。各因子才力智能，及土地之刚柔[1]，人民之轻重[2]，为作策以申戒之。谓王：“世为汉藩辅，保国治民，可不敬与！王其戒之。”夫贤主所作，固非浅闻者所能知，非博闻强记君子者所不能究竟其意[3]。至其次序分绝[4]，文字之上下，简之参差长短[5]，皆有意，人莫之能知。谨论次其真草诏书，编于左方[6]，令览者自通其意而解说之。

【注释】

①土地之刚柔：指地形地势，以及土地贫瘠肥沃的不同。

②人民之轻重：民风好动与好静，轻浮与质朴等的不同。

③究竟：穷尽。

④分绝：区别，分隔。

⑤简：竹简。这里指文章篇幅。

⑥论次其真草诏书，编于左方：王叔岷引余嘉锡曰："因诏书文章尔雅，人莫能知，故就其真草所载之文辞而解释之于左方。"论次，论定编次。真草，真书和草书。这里指草稿与抄正稿。

【译文】

听说武帝之时，同日策封三子为王：一子封在齐国，一子封在广陵国，一子封在燕国。武帝根据皇子各自的才智能力、封地的贫瘠与肥沃，民众的轻浮与庄重，为三王写了策书以告诫他们。封策书说："要世代做汉朝的藩属辅臣，保国安民，能不敬慎吗！某王一定要警惕啊！"贤明君主所作的封策文，本来就不是孤陋寡闻之人所能理解的，如果不是博闻强记的君子，就无法透彻理解它的深意。至于策文的段落次序，文字的上下，篇幅的参差长短，都有深意，别人是不能理解的。我只是把皇帝诏书的草稿与正稿编排在下面，让读者自己去领会和解说。

王夫人者，赵人也，与卫夫人并幸武帝[1]，而生子闳。闳且立为王时，其母病，武帝自临问之。曰："子当为王，欲安所置之？"王夫人曰："陛下在，妾又何等可言者。"帝曰："虽然，意所欲，欲于何所王之？"王夫人曰：

“愿置之雒阳。”武帝曰：“雒阳有武库敖仓[2]，天下冲厄[3]，汉国之大都也。先帝以来，无子王于雒阳者。去雒阳，余尽可。”王夫人不应。武帝曰：“关东之国无大于齐者。齐东负海而城郭大[4]，古时独临菑中十万户，天下膏腴地莫盛于齐者矣。”王夫人以手击头，谢曰：“幸甚。”[5]王夫人死而帝痛之，使使者拜之曰：“皇帝谨使使太中大夫明奉璧一[6]，赐夫人为齐王太后。”子闳王齐，年少，无有子，立，不幸早死，国绝，为郡。天下称齐不宜王云。

【注释】

①王夫人者，赵人也，与卫夫人并幸武帝：据《外戚世家》，王夫人在卫皇后之后受宠。卫夫人，即卫子夫，元朔元年（前128）被立为皇后。

②敖仓：秦代所建粮仓，在今河南荥阳东北敖山。汉朝仍在此设仓。

③冲厄：交通要道，军事重地。

④东负海：东面濒临大海。

⑤“王夫人以手击头”几句：吴见思曰：“闺房私语，已定齐王，觉以前诏奏，皆属虚文。”

⑥谨使使太中大夫明：按，“使使”二字重出。太中大夫，郎中令的属官，掌议论，顾问应对。

【译文】

王夫人是赵国人，与卫夫人一起受到武帝的宠幸，生了儿子刘闳。刘闳将要封王的时候，王夫人病了，武帝亲自去探问她。武帝说：“你的儿子应当封王，你希望我把他封到哪里？”王夫人说：“有陛下做主，我又有什么可说的呢。”武帝说：“虽说如此，就你的愿望来说，想把他封到什么地方？”王夫人说：“我希望把他封在雒阳。”武帝说：“雒阳有武库敖仓，是天下的要冲，汉朝的大都会。从先帝以来，没有一个皇子封在雒阳为王的。除了雒阳，其他地方都可以。”王夫人没有作声。武帝又说：“东方各国没有比齐国更大的了。齐国东边靠着大海，都城临淄的城郭广大，古时单单临淄城中的居民就有十万户，天下肥沃的土地没有比齐国更多的了。”王夫人以手击头，感谢说：“好极了。”王夫人死后，武帝很悲痛，派使臣前去拜祭说：“皇帝谨派使者太中大夫明捧着璧玉一块，赐封夫人为齐王太后。”王夫人的儿子刘闳被封为齐王，齐王年少，没有儿子，立王以后，不幸早死，封国被取消，改设为郡。世人说齐地不宜封王。

所谓“受此土”者，诸侯王始封者必受土于天子之社，归立之以为国社，以岁时祠之。《春秋大传》曰[①]：“天子之国有泰社[②]。东方青，南方赤，西方白，北方黑，上方黄。”故将封于东方者取青土，封于南方者取赤土，封于西方者取白土，封于北方者取黑土，封于上方者取黄土。各取其色物，裹以白茅，封以为社[③]。此始受封于天子者也。此之为主土。主土者，立社而奉之也[④]。“朕承祖考”，祖者先也，考者父也。“维稽古”，维者度也，念也，稽者当也，当顺古之道也。

【注释】

①《春秋大传》：具体不详。

②泰社：古代天子的宗社。

③裹以白茅，封以为社：用白茅包裹好，带到各自的封国去建成社稷坛。白茅，植物名。多年生草本，花穗上密生白色柔毛，故名。古

代常用以包裹祭品及分封诸侯象征土地所在方位之土。

④奉：祭祀。

【译文】

封策书的所谓“受此土”，是指诸侯王开始受封时，要从天子之社中领取一包泥土，回到封国再建立自己的国社，每年按年关、四时祭祀。《春秋大传》上说：“天子之国有泰社，泰社由五色土组成。东方为青色，南方为赤色，西方为白色，北方为黑色，中央为黄色。”所以将封在东方的人取青土，封在南方的人取赤土，封在西方的人取白土，封在北方的人取黑土，封在中央的人取黄土。受封者各取其相应颜色的土，用白茅草包裹起来，带回封国堆土来建立社坛。这就是开始受封于天子的诸侯王。从天子处领来的土叫主土。主土是要建造坛台来供奉祭祀的。所谓“朕承祖考”，祖是先祖，考是先父。“维稽古”，维是忖度，是思考，稽是应当，是说应当顺从古人之道。

齐地多变诈①，不习于礼义，故戒之曰：“恭朕之诏，唯命不可为常。人之好德，能明显光。不图于义，使君子怠慢。悉若心，信执其中②，天禄长终。有过不善，乃凶于而国，而害于若身。”齐王之国，左右维持以礼义③，不幸中年早夭。然全身无过④，如其策意。

【注释】

①变诈：狡猾奸诈。

②信：确实，真正。

③左右：指齐国的官员们。维持：维系，保持。

④全身：保全生命或名节。

【译文】

齐地之人多变伪诈，不学礼义，所以武帝告诫齐王："要敬受我的诏令，要想到天命无常。人若爱好美德，方能昭显荣光。如果不能谋求正义，会使君子怠慢失望。你只有竭尽心力，执持中正之道，才能享尽上天赐予的禄命。倘若只做坏事，不做好事，那你的国家就有凶险，你自己也要大祸临头。"齐王到达齐国后，周围的官员都以礼义相辅佐，不幸英年早逝。然而他能保全名节没有过错，就像策文上说的那样。

传曰"青采出于蓝，而质青于蓝"者[①]，教使然也[②]。远哉贤主，昭然独见：诫齐王以慎内；诫燕王以无作怨，无俷德；诫广陵王以慎外，无作威与福。

【注释】

①传：书传，著作。这里专指《荀子》。青采出于蓝，而质青于蓝：语出《荀子·劝学》："青取之于蓝而青于蓝。"

②教使然也：《荀子·劝学》云："生而同声，长而异俗，教使之然也。"教育的结果。

【译文】

古书上说"靛青从蓝草中提取，而颜色比蓝草更青"，这是比喻教化使人如此。富有远见的贤主，具有独到的见识：警诫齐王要加强个人的内在修养；警诫燕王不要与人结怨，不要做败德之事；警诫广陵王对外要慎重，不要作威作福。

夫广陵在吴越之地[①]，其民精而轻[②]，故诫之曰："江湖之间，其人轻心。杨州葆疆，三代之时，迫要使从中国俗服，不大及以政教，以德御之而已[3]。无侗好佚，无迩宵人，维法是则。无长好佚乐驰骋弋猎淫康，而近小人。常念法度，则无羞辱矣。”三江、五湖有鱼盐之利[4]，铜山之富，天下所仰[5]。故诫之曰“臣不作福”者，勿使行财币，厚赏赐，以立声誉，为四方所归也。又曰“臣不作威”者，勿使因轻以倍义也[6]。

【注释】

①吴越：春秋时吴国和越国的合称。刘胥的广陵国即在当年的吴国境内。

②精：敏锐，锐利。轻：轻率，不慎重。

③以德御之：底本作“以意御之”。泷川曰：“古抄本、枫、三本‘意’作‘德’。”王叔岷曰：“‘意’盖‘悳’之误。悳，古‘德’字。”今据改。

④三江：这里指今江苏南部浙江北部的三条河，具体所指说法不一。

⑤仰：仰赖。

⑥倍义：犹“背义”。

【译文】

广陵处于吴越之地，那里的百姓精明而轻浮，所以武帝告诫广陵王说：“长江太湖一带民风浮躁。扬州是保护中原的最要紧的边境，三代之时，只是迫使他们接受中原的风俗服饰，政教不大到达，仅从道德上来约束而已。不要贪图安逸，驰射狩猎，荒淫无度，不要亲近小人。时常想着法度，就不会给自己带来耻辱。”三江、五湖一带有鱼盐的收益、铜山的财富为天下人所羡慕。所以天子告诫说“臣不作福”者，其用意就是不让广陵王滥用财货钱币，赏赐过分，以此来树立声誉，使四方之人前来归附。又说“臣不作威”者，就是不让广陵王因为当地人轻浮而背弃礼义。

会孝武帝崩①，孝昭帝初立②，先朝广陵王胥，厚赏赐金钱财币，直三千余万③，益地百里，邑万户④。会昭帝崩⑤，宣帝初立⑥，缘恩行义，以本始元年中⑦，裂汉地⑧，尽以封广陵王胥四子：一子为朝阳侯⑨；一子为平曲侯⑩；一子为南利侯⑪；最爱少子弘，立以为高密王⑫。

【注释】

①孝武帝崩：武帝崩于前87年。

②孝昭帝：刘弗陵，武帝幼子，钩弋夫人所生。因年幼即位，由大司马大将军霍光辅政。前86—前74年在位。

③直：价值。

④益地百里，邑万户：据《汉书·武五子传》："昭帝初立，益封胥万三千户。元凤中入朝，复益万户，赐钱二千万，黄金二千斤，安车驷马宝剑。"

⑤昭帝崩：昭帝崩于前74年。

⑥宣帝：刘询，武帝的曾孙，戾太子之孙。幼时寄养于祖母家。昭帝卒后，由大将军霍光迎立为帝。前73—前49年在位。

⑦本始元年：前73年。

⑧裂汉地：从朝廷领地里割出一块。

⑨一子为朝阳侯：刘圣被封为朝阳侯。有人认为其封地朝阳县属济南郡管辖。

⑩一子为平曲侯：刘曾被封为平曲侯。封地平曲县《正义》以为属东海郡管辖。

⑪一子为南利侯：刘昌被封为南利侯。封地南利县在今河南上蔡东。

⑫少子弘，立以为高密王：刘弘被立为高密王。高密国都在今山东高密。

【译文】

等到武帝驾崩，昭帝即位，昭帝首先让广陵王刘胥入朝，厚加赏赐金钱财物，价值三千多万，增封领地百里，食邑万户。逮及昭帝驾崩，宣帝继位，宣帝因骨肉亲情，广施恩典，在本始元年中，划割朝廷管辖的郡县，分封给广陵王刘胥的四个儿子：封刘圣为朝阳侯，封刘曾为平曲侯，封刘昌为南利侯，封最受其父疼爱的小儿子刘弘为高密王。

其后胥果作威福，通楚王使者①。楚王宣言曰："我先元王，高帝少弟也，封三十二城。今地邑益少，我欲与广陵王共发兵，立广陵王为上②，我复王楚三十二城，如元王时。"事发觉，公卿有司请行罚诛。天子以骨肉之故，不忍致法于胥，下诏书无治广陵王，独诛首恶楚王。传曰"蓬生麻中，不扶自直；白沙在泥中，与之皆黑"者③，土地教化使之然也。其后胥复祝诅谋反，自杀，国除④。

【注释】

①楚王：指刘延寿。高祖弟楚元王刘交的后代，武帝天汉元年（前100）嗣父爵为楚王。宣帝即位，他以为广陵王刘胥是武帝之子，想要依附拥立为帝，被人告发，下狱死。

②我欲与广陵王共发兵，立广陵王为上：底本"发兵"下有一"云"字。泷川曰："立，各本作'云'。钱吉泰曰：'云，立字之讹。'与古钞本、枫山本合。"今据改。

③“蓬生麻中”几句：《荀子·劝学》：“蓬生麻中，不扶而直；白沙在涅，与之俱黑。”涅，黑泥。

④其后胥复祝诅谋反，自杀，国除：发生在昭帝元凤四年，前77年。

【译文】

后来刘胥果然作威作福，与楚王刘延寿通使往来，相互勾结。刘延寿扬言道：“我的祖先楚元王是高帝的少弟，封赏他三十二城。如今封地城邑越来越少，我要和广陵王一起发兵，拥立广陵王为皇帝，我也恢复楚国的三十二城，与楚元王时一样。”事情败露后，公卿及主事大臣请求予以惩罚。宣帝因为骨肉之情的缘故，不忍心以法惩治刘胥，颁发下诏书说不要处治广陵王，只诛杀了首恶楚王刘延寿。古书上说的“蓬草长在麻地里，不用扶持自然挺直；白沙落在污泥里，就会变得与泥同黑”，指的是水土教化使它如此啊。后来刘胥又诅咒宣帝，策划谋反，事情败露自杀，封国撤除。

燕土墝埆[①]，北迫匈奴，其人民勇而少虑，故诫之曰：“荤粥氏无有孝行而禽兽心，以窃盗侵犯边民。朕诏将军往征其罪，万夫长，千夫长，三十有二君皆来，降旗奔师。荤粥徙域远处，北州以安矣。”“悉若心，无作怨”者，勿使从俗以怨望也。“无俷德”者，勿使王背德也。“无废备”者，无乏武备，常备匈奴也。“非教士不得从征”者，言非习礼义不得在于侧也[②]。

【注释】

①墝埆（jiào què）：土地贫瘠。

②非习礼义不得在于侧：褚少孙将“毋废备”与“非教士不得从征”分开解释，与前文所注不同。

【译文】

燕国土地贫瘠，北边靠近匈奴，那里的百姓勇猛而少谋略，所以武帝告诫刘旦说：“匈奴人不讲孝义，心如禽兽，侵扰劫掠我边民。我曾诏令将军率兵往征其罪，他们的万夫长、千夫长和三十二个王爷都来归降，偃旗息鼓，军队败退。逃到了大漠以北，我国的北部边疆得以安定。”所谓“你要竭尽心力，不要结怨”，就是不让他顺从流俗而产生怨恨。所谓“无俷德”，就是不让燕王刘旦做出违背道德的事情。所谓“不要废弃武备”，就是不要让军备缺乏，要防备匈奴的进犯。所谓“非教士不得从征”，是说没有学习礼义的人不能召在身边重用。

会武帝年老长①，而太子不幸薨②，未有所立，而旦使来上书，请身入宿卫于长安③。孝武见其书，击地，怒曰：“生子当置之齐鲁礼义之乡④，乃置之燕赵，果有争心，不让之端见矣。”于是使使即斩其使者于阙下。

【注释】

①年老长：即年纪大了。

②太子：指戾太子刘据。刘据与武帝宠臣江充不和，被江充诬告行巫蛊事，他被迫起兵讨江充，武帝派兵镇压，刘据兵败自杀。

③请身入宿卫于长安：按，刘旦这样做，是想谋求太子之位。

④当置之齐鲁礼义之乡：按，前文言“齐地多变诈，不习于礼义”，则这里的“礼义之乡”主要指“鲁”。

【译文】

后来武帝年老，而太子又不幸去世，还没有确立继承人，这时刘旦派使者来京上书，自请回到长安来充任宿卫。武帝看了刘旦的上书，把它扔在地上，大怒说："生子应当放到齐鲁礼义之乡，如今把他放在了燕赵之地，果然有争权夺位不知谦让的端绪暴露出来了。"于是立即派人将刘旦的使者斩首于宫阙之下。

会武帝崩，昭帝初立，旦果作怨而望大臣。自以长子当立，与齐王子刘泽等谋为叛逆[①]，出言曰："我安得弟在者！今立者乃大将军子也[②]。"欲发兵，事发觉，当诛。昭帝缘恩宽忍[③]，抑案不扬。公卿大臣请[④]，遣宗正与太中大夫公户满意、御史二人[⑤]，偕往使燕，风喻之[⑥]。

【注释】

①与齐王子刘泽等谋为叛逆：发生在昭帝始元元年（前86）八月。刘泽，齐孝王刘将闾之孙。昭帝初立，他与燕王刘旦合谋叛乱，以图推翻昭帝，立刘旦为帝。始元元年（前86），他欲杀青州刺史隽不疑，起兵反叛，事泄，被诛。

②大将军：指霍光，骠骑将军霍去病之弟。受武帝亲信。武帝卒，他与桑弘羊等同受遗诏，立昭帝。昭帝年幼，他以大司马大将军辅政，封博陆侯。

③宽忍：宽大容忍。

④公卿大臣请：底本作"公卿使大臣请"。中井曰："'使'字疑衍。"泷川曰："古抄本、枫、三本无'使'字。"王叔岷曰："景祐本亦无'使'字。"今据削。

⑤宗正：秦始置，汉沿称。是从周官小宗伯发展而来。为秦汉"九卿"之一，职掌皇室亲族，负责编序皇族外戚属籍，凡宗室有犯法当处髡刑以上，皆要先报此官，再转达皇帝，一般司法机关不能过问。太中大夫：皇帝的侍从官员，掌论议，顾问应对。公户满意：

姓公户,名满意。御史:御史大夫的属官,掌纠察弹劾。
⑥风喻:用委婉的语言劝告。

【译文】

等到武帝驾崩,昭帝刚刚继位,刘旦果然心生怨恨而责怪朝廷大臣。他自认为是武帝现存儿子中年纪最大的,应当由他继位,于是便与齐王之子刘泽等策划叛乱,扬言说:"我哪里会有这么小的弟弟!现在继位的是大将军霍光的儿子。"刘旦正要起兵,事被发觉,依法当诛。昭帝缘于骨肉之情,宽大忍让,将案情压下没有声张。公卿大臣请求处理,昭帝便派宗正刘某与太中大夫公户满意、两名御史,一同前往燕国,讽劝晓谕燕王主动认罪。

到燕,各异日,更见责王①。宗正者,主宗室诸刘属籍②,先见王,为列陈道昭帝实武帝子状。侍御史乃复见王③,责之以正法,问:"王欲发兵罪名明白,当坐之④。汉家有正法,王犯纤介小罪过,即行法直断耳,安能宽王?"惊动以文法⑤。王意益下,心恐。公户满意习于经术,最后见王,称引古今通义,国家大礼⑥,文章尔雅⑦。谓王曰:"古者天子必内有异姓大夫,所以正骨肉也⑧;外有同姓大夫,所以正异族也⑨。周公辅成王,诛其两弟⑩,故治。武帝在时,尚能宽王。今昭帝始立⑪,年幼,富于春秋⑫,未临政,委任大臣⑬。古者诛罚不阿亲戚⑭,故天下治。方今大臣辅政,奉法直行,无敢所阿,恐不能宽王。王可自谨,无自令身死国灭,为天下笑。"于是燕王旦乃恐惧服罪,叩头谢过⑮。大臣欲和合骨肉⑯,难伤之以法。

【注释】

①更:轮流,轮番。

②属籍:指皇族的谱牒。

③侍御史:即上文所说的“御史二人”。

④坐:犯罪,判罪。

⑤文法:指法制,法律条文。

⑥国家大礼:中井曰:“‘礼’,当作‘体’。”

⑦文章:这里指公户满意的说辞。尔雅:中井曰:“犹言蕴藉闲正也。”

⑧内有异姓大夫,所以正骨肉也:《索隐》曰:“内云‘有异姓大夫以正骨肉’,盖错也。‘内’合言‘同姓’,宗正是也。”译文从之。正,矫正,纠察。

⑨外有同姓大夫,所以正异族也:《索隐》曰:“‘外’合言‘异姓’,太中大夫是也。”译文从之。

⑩诛其两弟:指西周成王时,周公讨平管蔡之乱,杀管叔和武庚,流放蔡叔事。详见《周本纪》《鲁周公世家》《管蔡世家》。

⑪今昭帝始立:陈仁锡曰:“‘昭帝’当作‘皇帝’。”

⑫富于春秋:未来有很长的时光。

⑬委任:托付,交托。

⑭不阿:不偏袒。

⑮于是燕王旦乃恐惧服罪,叩头谢过:吴见思曰:“最后喻之以理,一人一样,出色好。”凌稚隆引董份曰:“宗正主属籍,故辨正王以宗系之事;御史主执法,故按讯王发兵之罪;满意通儒术,故晓发以理,使王自知其罪。”《索隐》曰:“昭帝,钩弋夫人所生,武帝崩时年才七八岁耳,胥、旦早封在外,实合有疑。然武帝春秋高,惑于内宠,诛太子而立童孺,能不使胥、旦疑怨?亦由权臣辅政,贪立幼主之利,遂得钩弋之子当阳。斯实父德不弘,遂令子道不顺。

然犬各吠非其主，太中、中正，人臣之职，又亦当如此。”

⑯和合：调和，使和睦。

【译文】

宗正刘某等到了燕国后，各在不同的时间，轮番去会见并责问刘旦。宗正是执掌刘氏宗族谱籍的官员，他首先去见刘旦，向刘旦讲说了昭帝确实是武帝儿子的事实。接着，侍御史再去见刘旦，用国法责备他，问道：“燕王你欲要起兵造反，罪状明确，应当治罪。汉家有大法，诸王就算犯下纤小的罪过，也得依法处置，怎能宽恕大王你？”用法律条文对他进行震慑。燕王旦的情绪逐渐低落，心里恐惧。公户满意精通经术，最后一个去见刘旦，他引述古往今来应当遵守的道义，国家大局，他温文尔雅，说话头头是道。他对刘旦说：“古时的天子，在朝廷内一定设有同姓大夫，用来匡正王族子弟；在朝廷外一定设有异姓大夫，用来匡正异姓诸侯。周公辅佐成王，诛杀了两个弟弟，所以国家得到大治。武帝在世时，还能宽恕您。如今昭帝刚继位，他年纪幼小，富于春秋，还没有亲自执政，国事都委托给大臣。古代的诛讨惩罚都不偏袒亲戚，所以天下大治。现在大臣辅政，奉法率直行事，不敢有所偏袒，恐怕不能宽恕您燕王。大王可要自己谨慎，不要使自己身死国灭，被天下人耻笑。”这时刘旦才恐惧服罪，叩头谢过。大臣们为了使他们骨肉和好，不忍将他绳之以法。

其后旦复与左将军上官桀等谋反[①]，宣言曰“我次太子[②]，太子不在，我当立，大臣共抑我”云云。大将军光辅政，与公卿大臣议曰：“燕王旦不改过悔正，行恶不变。”于是修法直断，行罚诛。旦自杀，国除，如其策指。有司请诛旦妻子。孝昭以骨肉之亲，不忍致法，宽赦旦妻子,免为庶人。传曰“兰根与白芷,渐之滫中,君子不近,庶人不服”者[③],所以渐然也。

【注释】

①与左将军上官桀等谋反:发生在昭帝元凤元年(前80)。上官桀,武帝病,以他为左将军,与霍光共辅少主(昭帝)。始元二年(前85)以功封安阳侯,食三千户。其孙女为昭帝后。与大将军霍光争权。元凤元年(前80),以谋反罪,与其子骠骑将军上官安等伏诛。

②我次太子:论年岁,我只比戾太子小。

③兰根与白芷,渐之滫(xiǔ)中,君子不近,庶人不服:语出《荀子·劝学》。兰根、白芷,皆香草名。渐,浸泡。滫,酸臭的陈淘米水,也泛指臭水。中井曰:“以滫喻燕赵恶俗也。”不服,不佩带。

【译文】

后来燕王旦又与左将军上官桀等勾结谋反,扬言说“我仅次于太子,太子不在了,我应当继位,是大臣们共同压制我”等等。当时大将军霍光辅政,他和公卿大臣们商议道:“燕王旦不改过归正,仍旧为恶不改。”于是按照法律照直判罪,将行诛杀惩罚。刘旦自杀,封国撤销,正如他的封策书上说的那样。主事官员还请求杀掉刘旦的妻子儿女。昭帝念及骨肉之亲,不忍执法,宽恕了他的妻子儿女,把他们贬为平民。古书上说“兰根和白芷,浸泡在臭水里,君子就不再靠近,平民也不再佩带”,这是因为泡臭了的缘故。

宣帝初立,推恩宣德,以本始元年中尽复封燕王旦两子[①]:一子为安定侯[②];立燕故太子建为广阳王[③],以奉燕王祭祀。

【注释】

①本始元年：前73年。

②一子为安定侯：据《汉书·武五子传》，此子为刘贤。安定在今河北辛集东北。

③故太子建为广阳王：按，此“广阳国”是由“燕国”改名而来。

【译文】

宣帝即位之初，广推恩泽，弘扬德化，在本始元年中又把燕王刘旦的两个儿子全都赐封：一个儿子封为安定侯；燕王原来的太子刘建封为广阳王，来承奉燕王的祭祀。

【集评】

王鸣盛曰：“《三王世家》，武帝之子，所载直取请封三王之疏及三封策录之，与他王叙述迥异。则迁特漫尔抄录，犹待润色，未成之笔也。据《汉书·武五子传》，武帝六男：卫皇后生戾太子，赵婕妤生昭帝，王夫人生齐怀王闳，李姬生燕刺王旦、广陵王胥，李夫人生昌邑哀王髆。迁但取闳、胥、旦，不及戾太子及髆者，闳、旦、胥之封在元狩六年，迁书迄太初，则三王自应入‘世家’。髆封于天汉四年，既有所不及书；而戾太子之败在征和二年，迁固目击其事，前则因其为太子，不当入‘世家’，后则既败，不复补书，且有所讳也。”（《十七史商榷》）

柯维骐曰：“太史公书原缺《三王世家》，独其赞语尚存，故褚先生取廷臣之议及封策书补之。其书谆谆以‘保国艾民’为戒，庶几古人命戒之词，故亦称‘世家’。厥后燕王旦、广陵王胥怨望不立，一谋逆，一祝诅，身死国除，有负训词，太史公若在，则当降而为‘传’，不得与诸王并也。”（《史记评林》引）

郭嵩焘曰：“史公赞言‘燕、齐之事，无足采者’，故特录其疏议制诏之文，以著其封国之原始。以三王立未久，其事迹本无可采也。……武帝三王以元狩六年封，时武帝即位已十四年矣。君臣相与逊让，以文辞争胜，史公录之，亦见汉世典章。凡诏令之行，由尚书令下之御史，由御史下之丞相，与其一时议事之制，备具于篇，实一朝之故实也。褚少孙谓‘求其《世家》不可得’，传《史记》者遂以阙文言之，岂非孟浪！”（《史记札记》）

茅坤曰：“读此篇，汉之君臣建大议，与诸臣所为疏请，式例如画。”（《史记评林》引）

邓以瓒曰：“三策俱规模《尚书》，策文未必上手制，盖相如等视草者。”（《史记评林》引）

【评论】

《三王世家》保存了汉武帝时期朝臣的奏章和天子的封策书，可以帮助我们了解汉代奏议的程式和诏书的格式，而这一套是其他任何作品所没有记载过的，正如清代郭嵩焘所说：“武帝三王以元狩六年封，时武帝即位已十四年矣。君臣相与逊让，以文辞争胜，史公录之，亦见汉世典章。凡诏令之行，由尚书令下之御史，由御史下之丞相，与其一时议事之制，备具于篇，实一朝之故实也。”（《史记札记》）本篇也可以帮助我们看到帝王与群臣之间的那种虚应故事，纯粹是在演戏。封刘闳为齐王，是武帝与王夫人在卧室中早已定下来的；而运作起来，则首先由霍去病很像是出以“忠”心恳切地提出；而后交由御史大夫拟议，再转发给丞相讨论；接着是丞相毫不迟缓地提出请求，请皇帝批准；而皇帝则又很像是“大公无私”，谦虚谨慎，一连几次地驳回大臣们的建议。本篇的“太史公曰”称这些是“天子恭让，群臣守义”，其实正如吴见思所说：“闺房私语，已定王齐，觉以前诏奏，皆属虚文。”（《史记论文》）妙哉斯言！自古以来，最高统治者间的这种“虚文”不知有多少，即如王莽、曹丕、司马炎、刘裕等的篡位，不也是一定要“禅让”多少次，“辞让”多少次，最后才“接受”下来么？

关于篇中所收录的大臣奏章与汉武帝的封策书，前者应该基本上是司马迁收录的，而后者则有可能经过褚少孙的“论次”，因为褚少孙的补录部分主要涉及封策书。汉武帝的三篇策书，完全是规模《尚书》，词语古奥，使人读起来有一种庄严肃穆之感。明代邓以瓒说：“三策俱规模《尚书》，策文未必上手制，盖相如等视草者。”（《史记评林》引）陈仁子说：“《书》称诰、命，所以可传万世者，虽以其词，亦以其人。武帝子凡五，齐王、燕王、广陵王三子同日受封，今读其策命词语，申以风土之宜，教以辅佐之义，语言温厚，直有成周训诰风度。班史谓‘号令文章灿然可观’者，此其尤也。惜三子或夭或自杀，竟无伯禽、康叔之业。三复策书，吾重为三子愧。”（《史记评林》引）

汉武帝共有六个儿子，昭帝刘弗陵要列于“本纪”之中，自然不能再与其他弟兄相提并论。其他儿子为刘据、刘髆、刘闳、刘旦、刘胥，作为后来人的班固，他自然是可以用一篇《武五子传》，来将他们一起收揽其中。作为生活在汉武帝时代的司马迁，他却没有这样的方便。在司马迁的晚年，正赶上巫蛊之祸，太子刘据与其母卫皇后被诬陷、被逼自杀，在这天下大势极度混乱，方向极其不明的情况下，司马迁对此还能说什么呢？他能勉强做的也就是将元狩六年汉武帝策封他儿子刘闳、刘旦、刘胥为王的有关资料进行一些收集整理罢了。

列　传

《史记》中共有“列传”七十篇，分为个人的“单传”，两个及两个以上人物的“合传”，以及按行业、品行等以类相从的“类传”。

《太史公自序》说：“扶义俶傥，不令己失时，立功名于天下，作七十列传。”在这里司马迁表明了他选择什么样的人为之立传的标准：他要为那种有气节、有魄力、气度恢宏、豪迈不羁的人立传；为不失时机地建功立业，不惧困难、百折不挠、忍辱奋斗的人立传。司马迁要通过这些传记赞美英雄，赞美为了理想而一往无前的人；也要批判那些心术不正，为了保官保命而不顾廉耻的人。在这种标准之下，很多名列“功臣表”“名臣表”的丞相、太尉、御史大夫，很多军功排名很靠前而裂土分茅的将军，司马迁都没有为他们立传，反而为一些游侠、刺客、商人、医生、赘婿等下层人立了传。不仅如此，《史记》中还有相当一批传记标名的传主是显贵，而里面主要描写的却是下层人，如《魏公子列传》中的侯嬴，《平原君列传》里的毛遂等。由此可见，司马迁选择传主并不论身份高低，而更看重其历史贡献与个人风采。

《史记》中还有记述当时汉王朝周边民族历史的民族传记，如《匈奴列传》《西南夷列传》等。司马迁把民族列传与其他列传交错布置，而不是像班固《汉书》宣称“西南外夷，种别域殊”（《汉书·叙传》），将之放在列传之末，反映了司马迁视各民族同为天子臣民，不加以区别对待，这种思想具有超越时代的进步性。

史记卷六十一

伯夷列传第一

【释名】

《伯夷列传》是“列传”的第一篇。起首第一句“夫学者载籍极博，犹考信于‘六艺’”，具有为“列传”发凡起例、标举取舍评判原则的作用。文章大致可分为三部分。第一部分提出了一系列以让国著称的人，其中有的见儒家经典，被孔子所称道；有的则否，史公对此提出疑问。第二部分叙述伯夷、叔齐的简短事迹。两人皆避让不肯继位，让国出走；又叩马而谏，阻止武王伐纣；待天下宗周之后，他们又耻食周粟，采薇而食，作歌明志，饿死在首阳山上。第三部分，由伯夷的惨痛遭遇联想到当前社会，对“天道无亲，常与善人”的传统敬天观念提出怀疑。

夫学者载籍极博[①]，犹考信于“六艺”[②]。《诗》《书》虽缺[③]，然虞、夏之文可知也[④]。尧将逊位[⑤]，让于虞舜，舜、禹之间，岳牧咸荐[⑥]，乃试之于位，典职数十年[⑦]，功用既兴，然后授政。示天下重器[⑧]，王者大统[⑨]，传天下若斯之难也。而说者曰尧让天下于许由[⑩]，许由不受，耻之逃隐[⑪]；及夏之时，有卞随、务光者[⑫]。此何以称焉[⑬]？

太史公曰[⑭]：余登箕山[⑮]，其上盖有许由冢云[⑯]。孔子序列古之仁圣贤人，如吴太伯、伯夷之伦详矣[17]。余以所闻由、光义至高，其文辞不少概见，何哉？

【注释】

①载籍：犹典籍。

②考信：考察其真实。“六艺”：指《诗》《书》《礼》《乐》《易》《春秋》六部儒家经典。

③《诗》《书》虽缺：《索隐》：“《孔子系家》称古诗三千余篇，孔子删三百五篇为《诗》，今亡五篇。又《书纬》称孔子求得黄帝玄孙帝魁之书，迄秦穆公，凡三千三百三十篇，乃删以一百篇为《尚书》，十八篇为《中候》。今百篇之内见亡四十二篇，是《诗》《书》又有缺亡者也。”泷川认为主要指《书》，《诗》是连类而及。

④虞、夏之文可知：《索隐》：“《尚书》有《尧典》《舜典》《大禹谟》，备言虞、夏禅让之事，故云‘虞、夏之文可知也’。”

⑤逊位：让位，退位。

⑥舜、禹之间，岳牧咸荐：大意是尧让位于舜，舜让位于禹的时候，全体诸侯大臣也都推荐这两人。岳牧，传说为尧舜时四岳十二牧的省称。岳，指四岳，当时的诸侯之长。牧，即州牧，古代的一州之长。

⑦典职数十年：《正义》：“舜、禹皆典职事二十余年，然后践帝位。”详情见《五帝本纪》《夏本纪》。典职，任职管事。

⑧重器：《索隐》：“言天下者是王者之重器，故《庄子》云‘天下大器’是也。”

⑨大统：主宰。

⑩说者：指庄子。《索隐》：“‘说者’谓诸子杂记也。然尧让于许由，及夏时有卞随、务光等，殷汤让之天下，并不受而逃，事具庄周《让王》篇。”

⑪许由不受，耻之逃隐：《庄子·让王》记载为：“尧以天下让许由，

许由不受。”

⑫卞随、务光:《庄子·让王》中虚构的人物。据说商汤曾向他们请教有关征伐夏桀之事,他们不回答。汤灭桀后,想把天下让给他们,卞随自投于桐水;务光负石自沉于卢水。

⑬称:称赞,称许。

⑭太史公曰:王叔岷曰:“《史记》称‘太史公曰’,大都在篇末;列传中在篇首者,如《孟子荀卿列传》是也;在篇中者,如本传是也。”

⑮箕山:在今河南登封东南。

⑯其上盖有许由冢云:泷川曰:“曰‘盖’曰‘云’,疑之也。”

⑰孔子序列古之仁圣贤人,如吴太伯、伯夷之伦详矣:按,孔子依次论述吴太伯、伯夷事,详见《论语》。序列,依次论述。吴太伯,周太王古公亶父之子。太王欲传位季历及其子昌(即周文王),太伯于是和仲雍出逃至荆蛮。事见《吴太伯世家》。伦,辈,类。

【译文】

学者们可以看到的书籍很多,但仍然要以“六经”为标准来确定真伪正误。《诗经》《尚书》虽然残缺了,但是记载虞、夏两代的文献还能见到。尧准备让位给虞舜,舜准备让位给禹时,四方的诸侯盟主和各州长官也都一齐推荐,又在帝王的职位上让他们试着做事,主持政事几十年,治理天下的功绩已经很明显了,才把帝位正式传给他们。由此可见天下的政权是极其重要的,帝王是天下的主宰,而传授帝业是这样的艰难。可是有的传说中讲尧要把帝位让给许由,许由不接受,认为是耻辱而逃走隐居起来;到了夏朝,又有卞随、务光这两个人也不肯接受帝位。这又为什么会受到称赞呢?

太史公说:我登上过箕山,山上据说有许由的坟墓。孔子列举过许多古代的仁圣贤人,如吴太伯、伯夷等,说得都很详细。我所听到的许由、务光的节义也很高尚,但儒家经典和圣人的言辞里却见不到,这是为什么呢?

孔子曰："伯夷、叔齐，不念旧恶，怨是用希[①]。""求仁得仁，又何怨乎[②]？"余悲伯夷之意[③]，睹轶诗可异焉[④]。其传曰[⑤]："伯夷、叔齐，孤竹君之二子也[⑥]。父欲立叔齐，及父卒，叔齐让伯夷。伯夷曰：'父命也。'遂逃去。叔齐亦不肯立而逃之。国人立其中子[⑦]。于是伯夷、叔齐闻西伯昌善养老[⑧]，盍往归焉[⑨]。及至[⑩]，西伯卒，武王载木主[⑪]，号为文王，东伐纣。伯夷、叔齐叩马而谏曰[⑫]：'父死不葬，爰及干戈[⑬]，可谓孝乎？以臣弑君，可谓仁乎？'左右欲兵之。太公曰[⑭]：'此义人也。'扶而去之。武王已平殷乱，天下宗周[⑮]，而伯夷、叔齐耻之，义不食周粟[⑯]，隐于首阳山[⑰]，采薇而食之[⑱]。及饿且死，作歌。其辞曰：'登彼西山兮[⑲]，采其薇矣。以暴易暴兮，不知其非矣。神农、虞、夏忽焉没兮[⑳]，我安适归矣[㉑]？于嗟徂兮[㉒]，命之衰矣！'遂饿死于首阳山[㉓]。"

由此观之，怨邪非邪[㉔]？

【注释】

①伯夷、叔齐，不念旧恶（è），怨是用希：语见《论语·公冶长》。《大戴礼·卫将军文子》篇又有："孔子曰：'不克不忌，不念旧恶，盖伯夷、叔齐之行也。'"用，因。希，稀少，稀疏。

②求仁得仁，又何怨乎：语见《论语·述而》。孔安国注曰："以让为仁，岂有怨乎？"

③悲伯夷之意：《索隐》曰："谓悲其兄弟相让，又义不食周粟而饿死。"

④睹轶（yì）诗可异焉：轶诗指未编入《诗经》的古诗。《索隐》："轶音逸。谓见逸诗之文，即下《采薇》之诗是也。不编入三百篇，故

云逸诗也。可异焉者,按《论语》云:'求仁得仁,又何怨乎?'今其诗云'我安适归乎?于嗟徂兮,命之衰矣'。是怨词也,故云'可异焉'。"

⑤其传曰:王若虚《史记辨惑》曰:"'传曰'二字,吾所不晓。《索隐》云:'谓《吕氏春秋》《韩诗外传》也。'信如是说,则迁所记古人事,孰非摭诸前书者?而此独称'传'乎?"按,伯夷的"事迹",最早见于《庄子》,《韩诗外传》与《吕氏春秋》成书较晚。

⑥孤竹君之二子:《庄子·盗跖》记载为:"伯夷、叔齐辞孤竹之君,而饿死于首阳之山。"这段文字是最早说伯夷、叔齐为孤竹君之子的。孤竹,古国名,在今河北卢龙。

⑦中子:排行居中的儿子。

⑧西伯昌:即姬昌,受商封为西伯。养老:此处应为招贤纳士之意。

⑨盍:泷川曰:"枫山本、三条本、敦煌本皆作'盖'。"

⑩及至:据下文文意,应该是在武王出师的路上,遇见了。

⑪木主:也叫神主,为死者立的木制牌位。

⑫叩马:拉住马不让行进。

⑬爰(yuán):于是,就。

⑭太公:即姜尚,字子牙,又称"吕尚"。助武王灭纣,建立周朝。以功封齐,是齐国始祖。事迹详见《齐太公世家》。

⑮宗周:周朝为各诸侯国所宗仰。

⑯义不食周粟:梁玉绳曰:"耻食周粟,亦止于不食糈禄,非绝粒也。《战国策·燕策》苏秦曰:'伯夷不肯为武王之臣,不受封侯。'《汉书·王贡两龚鲍传》序曰:'武王迁九鼎于洛邑,伯夷、叔齐薄之,不食其禄。'"

⑰首阳山:其地具体所在说法不一。

⑱采薇而食之:方孝孺曰:"耻食其粟,独食其薇。庸非周土之毛乎?"薇,野菜名。

⑲西山:《索隐》曰:“即首阳山也。”

⑳神农:传说中的太古帝王名。始教民为耒耜,务农业,故称神农氏。虞、夏:即虞舜、夏禹。忽焉:快速貌。

㉑适归:归往,归向。

㉒于嗟:叹词。徂(cú):死亡。

㉓遂饿死于首阳山:庄周是最早说伯夷饿死在首阳山的,《盗跖》云:“伯夷、叔齐辞孤竹之君,而饿死于首阳之山。”其《让王》云:“二子北至于首阳之山,遂饿而死焉。”《论语》《吕氏春秋·诚廉》都没有明确说饿死。

㉔怨邪非邪:梁玉绳曰:“《史》所载俱非也。《孟子》谓夷、齐至周在文王为西伯之年,安得言归于文王卒后?其不可信一已;《书序》谓武王伐纣嗣位已十一年,即《周纪》亦有‘九年祭毕’之语,毕乃文王墓地,安得言‘父死不葬’?其不可信二已;《礼·大传》谓武王克商,然后追王三世,安得言徂征之始便号‘文王’?其不可信三已;东伐之时,伯夷归周已久,且与太公同处岐、丰,未有不知其事者,何以不沮于帷帐定计之初,而徒谏于干戈既出之日?其不可信四已;曰‘左右欲兵之’,曰‘太公扶去之’,武王之师不应无纪律若是……其不可信五已;《正义》数首阳有五,前贤定夷、齐所隐为蒲坂之首阳,空山无食,采薇其常尔,独不思山亦周之山,薇亦周之薇,而但耻食周之粟,于义为不全,其不可信六已;《论语》称‘饿于首阳之下’,未尝称饿死……且安知不于逃国之时饿首阳耶?其不可信七已;即云耻食周粟,亦止于不食稍禄,非绝粒也。《战国策·燕策》苏秦曰:‘伯夷不肯为武王之臣,不受封侯。’《汉书·王贡两龚鲍传序》曰:“武王迁九鼎于洛邑,伯夷、叔齐薄之,不食其禄。’岂果不食而死欤?其不可信八已;即云不食饿死,而歌非二子作也。诗遭秦火,轶诗甚多,乌识《采薇》为二子绝命之辞?况歌言‘西山’,奈何以‘首阳’当之?……其不可

信九已;孔子称夷、齐‘无怨’,而诗叹‘命衰’,怨似不免;且其意虽不满于殪殷,而‘易暴’之言甚戆,必不以加武王,其不可信十已。先儒多有议及者,词义繁芜,不能尽录,余故总揽而为此辨。”

【译文】

孔子说:“伯夷、叔齐,他们不记旧的仇恨,因此怨气也少。”又说:“他们求仁得仁,还有什么可怨愤的呢?”我为伯夷、叔齐的意愿感到悲哀,看到他们的《采薇歌》时又觉得很奇怪。他们的传记上说:“伯夷、叔齐是孤竹国君的两个儿子。孤竹君想让小儿子叔齐继位,等到孤竹君去世,叔齐让位给大哥伯夷。伯夷说:‘父亲已有遗命。’于是逃走了。叔齐也不肯即位而逃走了。国人只得立二儿子为君。当时伯夷、叔齐听说西伯姬昌善于收养贤士,于是就去投奔他。等他们在路上遇见武王姬发时,西伯姬昌已经去世,武王姬发载着姬昌的灵牌,号称是遵循父亲文王的遗命,向东讨伐殷纣。伯夷、叔齐拦住武王的马劝阻说:‘你父亲刚死还没有安葬,就发动战争,这能叫孝吗?做臣子的讨伐自己的君主,这能叫仁吗?’武王的侍从想要把他们杀了。太公姜尚说:‘这是两位义士。’于是把他们搀扶到一边让他们离开了。武王灭商后,天下都尊奉周的统治,而伯夷、叔齐却感到耻辱,坚守道义,决心不吃周朝的粮食,隐居在首阳山,采摘薇菜充饥。到他们快要饿死时,作了一首歌。歌辞说:‘登上那西山啊,采摘那薇菜啊。用暴力取代暴力啊,却不知道这是违背道义啊。神农、舜、禹之世转眼就消失了啊,我又能到哪里去?啊,算了吧,我的生命就要结束了!’于是双双饿死在首阳山上。”

从他们留下的歌辞看,伯夷、叔齐是有怨愤呢还是没有怨愤呢?

或曰:“天道无亲,常与善人①。”若伯夷、叔齐,可谓善人者非邪?积仁絜行如此而饿死!且七十子之徒②,仲尼独荐颜渊为好学③。然回也屡空④,糟糠不厌⑤,而卒蚤夭⑥。

天之报施善人[7]，其何如哉？盗跖日杀不辜[8]，肝人之肉[9]，暴戾恣睢[10]，聚党数千人，横行天下[11]，竟以寿终。是遵何德哉[12]？此其尤大彰明较著者也[13]。若至近世，操行不轨[14]，专犯忌讳，而终身逸乐，富厚累世不绝；或择地而蹈之[15]，时然后出言[16]，行不由径[17]，非公正不发愤[18]，而遇祸灾者，不可胜数也。余甚惑焉，傥所谓天道，是邪非邪？

【注释】

①天道无亲，常与善人：语见《老子》第七十九章。无亲，不偏爱。

②七十子：指孔门弟子。《仲尼弟子列传》云："孔子曰'受业身通者七十有七人'，皆异能之士也。""七十"是举成数。

③独荐颜渊为好学：《论语·雍也》："哀公问：'弟子孰为好学？'孔子对曰：'有颜回者好学，不迁怒，不贰过。不幸短命死矣，今也则亡，未闻好学者也。"荐，陈说，称赞。

④屡空：经常贫困。

⑤糟糠不厌：《论语·雍也》："贤哉回也！一箪食，一瓢饮，在陋巷，人不堪其忧，回也不改其乐。"《索隐》曰："颜生'箪食瓢饮'，亦未见'糟糠'之文也。"不厌，不足。

⑥蚤夭：早死。《仲尼弟子列传》云："回年二十九，发尽白，蚤死。"《孔子家语》云："年二十九而发白，三十二而死。"

⑦报施：犹报应。

⑧盗跖（zhí）：传说中的古代大"盗"，名跖。不辜（gū）：无罪之人。

⑨肝人之肉：中井曰："不可晓，盖字讹也。"泷川曰："肝，疑当作脍。"《庄子·盗跖》篇记载为："盗跖乃方休卒徒太山之阳，脍人肝而铺之。"脍（kuài），把鱼或肉细切。

⑩暴戾（lì）：残酷暴虐。恣睢（suī）：恣意放纵。

⑪聚党数千人，横行天下：《庄子·盗跖》篇云："盗跖从卒九千人，横行天下。"

⑫是遵何德哉：《索隐》曰："言盗跖无道，横行天下，竟以寿终，是其人遵行何德而致此哉？"

⑬彰明较著：非常明显。

⑭不轨：不遵法纪，不走正道。

⑮择地而蹈之：《索隐》："谓不仕暗君，不饮盗泉，褰足高山之顶，窜迹沧海之滨是也。"

⑯时然后出言：该说话的时候才说。《论语·宪问》："夫子时然后言，人不厌其言。"

⑰行不由径：《论语·雍也》："行不由径，非公事，未尝至于偃之室。"径，小路。

⑱非公正不发愤：泷川曰："数句，史公暗自道也。'非公正不发愤'六字，尤见精神。"凌稚隆引董份曰："太史公寓言为李陵遭刑之意。"

【译文】

有人说："上天没有偏心，总是帮助好人。"那么像伯夷、叔齐，可不可以说是好人呢？他们这样努力修仁德保持廉洁操守却最后饿死了！况且在孔子的七十多位高徒中，孔子独赞美颜渊好学。但颜渊却常常穷得一无所有，甚至连糟糠也吃不饱，最后短命而死。上天赐予好人福报，究竟是怎样做的呢？盗跖每天杀害无辜之人，把人肉切成丝吃，他凶狠残暴为所欲为，率领着几千人横行天下，结果却寿终正寝。这遵循的又是什么道德标准呢？这些都是非常明显的例子啊。至于近代，那些品行不端、专门违法犯纪的坏蛋，却终身享乐，几代人高官厚禄连续不断；而谨慎小心地看好了地方才走一步，到了合适时机才说话，走路从来不抄小道，不遇到该主持正义的时候不挺身而出，却遭遇灾祸的人，简直数不清啊。我非常疑惑，那所谓的天道，究竟存在不存在？

子曰："道不同不相为谋[①]。"亦各从其志也。故曰："富贵如可求，虽执鞭之士，吾亦为之；如不可求，从吾所好[②]。""岁寒，然后知松柏之后凋[③]。"举世混浊，清士乃见[④]。岂以其重若彼，其轻若此哉[⑤]？

【注释】

①道不同不相为谋：语出《论语·卫灵公》。

②"富贵如可求"几句：语出《论语·述而》。执鞭之士，指马夫。

③岁寒，然后知松柏之后凋：语出《论语·子罕》。何晏注："喻凡人处治世，亦能自修整，与君子同；在浊世，然后知君子之正不苟容。"

④举世混浊，清士乃见：此二句是改用屈原《渔父》："举世皆浊我独清，众人皆醉我独醒。"

⑤岂以其重若彼，其轻若此哉：按，对此句的解读，说法不一。顾炎武《日知录》曰："其重若彼，谓俗人之重富贵也；其轻若此，谓清士之轻富贵也。"

【译文】

孔子说："志向不同的人不能互相出主意。"也只能各自按着自己的意志去办。所以孔子又说："富贵如果可以不择手段地去追求，那么即使让我做个拿着鞭子赶车的，我也可以做；如果说不可以不择手段地求取，我就要遵从我的志趣行事。"孔子又说："只有到了寒冷的冬天，才能看出松柏是最后凋零的。"整个社会都混浊不清，高洁的人这时才会显现出来。难道不是因为他们把道德操行看得那样重，所以才把贫穷以至于生命看得这么轻吗？

"君子疾没世而名不称焉[①]。"贾子曰[②]："贪夫徇财，烈士徇名，夸者死权，众庶冯生[3]。”“同明相照，同类相求。”“云从龙，风从虎，圣人作而万物睹。”[4]伯夷、叔齐虽贤，得夫子而名益彰[5]；颜渊虽笃学[6]，附骥尾而行益显[7]。岩穴之士[8]，趣舍有时若此[9]，类名堙灭而不称[10]，悲夫！闾巷之人[11]，欲砥行立名者[12]，非附青云之士[13]，恶能施于后世哉[14]？

【注释】

①君子疾没世而名不称焉：语出《论语·卫灵公》。疾，忧虑，担心。

②贾子：即贾谊，西汉文帝时的政论家。曾多次上书，建议削弱诸侯王势力，加强中央集权及劝农立本等。议论深刻，文笔优美，为后人称颂。著有《过秦论》《治安策》等。事迹见《屈原贾生列传》。

③“贪夫徇财”几句：语出贾谊《鹏鸟赋》。泷川引村尾元融曰：“四句内主意在‘烈士’一句，‘名’字与‘名不称’之‘名’前后呼应。”徇，通“殉”，为追求某种东西而不惜死。烈士，有节气壮志的人。夸者，自高自大的人。冯生，贪生，念生。

④“同明相照”几句：语出《周易·乾卦》：“同声相应，同气相求。水流湿，火就燥，云从龙，风从虎。圣人作而万物睹。”圣人作而万物睹，《索引》：“述作而万物睹见。”意为万事万物经圣人著述，其义才彰显于天下。

⑤夫子：对孔子的敬称。

⑥笃（dǔ）学：专心好学。

⑦附骥尾而行益显：《索隐》：“苍蝇附骥尾而致千里，以譬颜回因孔子而名彰也。”

⑧岩穴之士：指隐士。

⑨趣舍：进仕或隐退。

⑩类名：善名，美名。类，善，美。

⑪闾巷之人：指平民，百姓。

⑫砥行：砥砺品行。立名：树立名声。

⑬青云之士：杨慎《丹铅总录》曰："谓圣贤立言传世者，孔子是也。"中井引村尾元融曰："青云有三义，此云'青云之士'，以德言；《范雎传》'致于青云之上者'，以位言；《晋书·阮咸传》'仲容青云器'，以志言。皆取义高超绝远耳。"

⑭恶（wū）能施（yì）于后世哉：凌稚隆引董份曰："太史公言伯夷、叔齐不能无怨，惟得孔子言之，故益显；若由、光义至高，而不少概见，故后世无闻焉，是以砥行立名者必附青云之士也。此一篇大意。"施，延续，流传。

【译文】

孔子说："君子最痛苦的是死后名声不能被后人称颂。"贾谊说："贪得无厌的人为追求财利而死，有气节的人为扬名天下而死，自高自大的人为追求权势而死，一般的人只求平平安安地度过一生。"《周易》里说："发光的物体互相映照，同类的东西互相吸引。""云跟着龙，风跟着虎，有圣人出现万事万物的道理才能给人解释清楚。"伯夷、叔齐虽有贤德，也要得到孔子的赞誉他们的名声才得以显扬；颜渊即使好学，还是因为他是孔子的学生所以品行才日益显著。而那些隐居在山林岩穴的人，他们出仕隐退看准时机像颜渊他们一样，但他们的美名却湮灭无闻，真让人悲哀啊！一个普通人，要想通过磨炼个人操守来确立自己的名声，如果不依附德高望重的人，又怎么能让自己扬名后世呢？

【集评】

村尾元融曰："太史公欲求节义最高者为列传首，以激叔世浇漓之风，并明已述作之旨。而由、光之伦已非经义所说，则疑无其人，未如伯夷经圣人表彰，事实确然，此传之所以作也。《自序》云：'末世争利，维彼奔义，让国饿死，天下称之，作《伯夷列传》第一。'即其义也。"（《史记会

注考证》引）

何焯曰："《伯夷列传》，此七十列传之凡例也。本纪、世家，事迹显著，若列传则无所不录。然大旨有二：一曰征信，不经圣人表彰，虽遗冢可疑，而无征不信，如由、光是已；一曰阐幽，积仁洁行，虽穷饿岩穴，困顿生前，而名施后世者，如伯夷、颜渊是已。"（《义门读书记》）

韩愈曰："当殷之亡，周之兴，微子贤也，抱祭器而去之；武王、周公圣也，率天下之贤士与天下之诸侯而往攻之，未尝闻有非之者也。彼伯夷、叔齐者乃独以为不可；殷既灭矣，天下宗周，彼二子乃独耻食其粟，饿死而不顾。由是而言，夫岂有求而为哉？信道笃而自知明也。……若伯夷者，特立独行，穷天地、亘万世而不顾者也。"（《伯夷颂》）

李景星曰："世家首太伯，列传首伯夷，美让国高节以风世也。而此篇格局、笔意尤为奇创，后人不能读，故妄生议论，任意批评，以为文义错乱，不可为法。其实篇中脉络分明，节节可寻。前路从舜、禹引出许由、随光，借许由、随光陪出太伯、伯夷，然后单落到伯夷。纡徐委蛇，闪侧脱卸，中间有许多曲折层次。自'其传曰'至'怨邪非邪'，凡二百二十七字，是本传正文。简古质直，异常洁净。证之堪舆家言，此为明堂正位。'或曰'以下，另起议论，波澜无际，随时起伏，总是为伯夷反正作衬，无有一语泛设。'子曰道不同'以下，言天道虽曰无凭，而人事必须自尽，教人以伯夷为法，而又深叹能识伯夷者之少也。合前后观之，杂引经传，往复咏叹，似断似续，如赞如论，而总以表彰伯夷为主，以孔子之论伯夷为定评。虽用笔千变万化，适成其为一篇《伯夷列传》而已。似此奇文，那能不推为千古绝调！"（《史记评议》）

【评论】

伯夷、叔齐是两个古代传说中的人物，身份与生平始末不详。《论语》中有一处称之为"逸民"，另一处称之为"古之贤人"；《孟子》只是提到其人，未言其为何如人也；《吕氏春秋·诚廉》称之为"二士"；《庄子·让王》中亦称伯夷、叔齐为“有士二人”，只有在《庄子·盗跖》中出现了所谓：“伯夷、叔齐辞孤竹之君，而饿死于首阳之山。”综古代最早的载籍所述，说伯夷、叔齐为孤竹君之子者，始于庄周，成于司马迁，是他在先秦诸子书不同说法的基础上，集中概括、加工而成的艺术形象，所以说，伯夷、叔齐的事迹并不足信。那么“列传”开篇就写这样基本算是虚构的人物，与“考信于‘六艺’”的取舍标准是不是矛盾呢？应该说这是司马迁特意的安排。

“禅让”是司马迁心目中最高的道德理想境界，《史记》“本纪”第一篇写尧舜的禅让，“世家”的第一篇是吴太伯“让国”，“列传”的第一篇是伯夷、叔齐的“让国”，这是一种具有标志性意义的安排。“奔义”“让国”是司马迁向往的政治局面，比“吊民伐罪”更令他神往，但这只能是一种理想，司马迁也是很明白的，也只有借这种安排表明自己的立场而已。重要的是，他要借理想的“让”来批判现实中的“争”。司马迁看到史料中各种各样的因为争权夺利而国亡家破身死，更见到汉代现实宫廷、政坛中搞政变、搞阴谋，争得你死我活，他对此极其厌恶。所以他在《太史公自序》中说：“末世争利，维彼奔义；让国饿死，天下称之。作《伯夷列传》第一。”歌颂“奔义”“让国”，则谴责争权夺利的意义是相当明显的。

《伯夷列传》中“传”的部分少，前后都是大段的“论”，这在《史记》各篇中也是绝无仅有，所以有学者说它更像一篇“传论”。所论问题主要是伯夷是“有怨”还是“无怨”，以及“天道”的有无。陈柱说：“此篇中段，即力阐伯夷之怨，末段复力言伯夷之不怨。怨与不怨，两种矛盾情绪盘郁于胸中，所以能有如此文章。既写伯夷，亦写自照……情所吐露，不得不然尔。”（《史记伯夷列传讲话》，见《学术世界》1936年）这就说得很清楚了，司马迁是借写伯夷的“怨”来抒发自己的“怨”。对于“天道”的有无，司马迁说：“余甚惑焉，傥所谓天道，是耶非耶？”又说：“‘天道无亲，常与善人。’若伯夷、叔齐，可谓善人者非邪？积仁絜行如此而饿死!”对传统的天道观提出了怀疑,否定“天道”的欺人之说,这在当时是富有批判性和战斗性的。司马迁的怀疑天道,实际是对于现实世道不公的抗议。司马迁亲眼看到善人不得善报,恶人却能安享富贵荣华的现实,他自己的遭遇更是“择地而蹈之,时然后出言,行不由径,非公正不发愤,而遇祸灾”的写照。所以说,他是借写伯夷以浇胸中块垒。就如钱锺书所说:“马迁牢骚孤愤,如喉鲠之快于一吐,有欲罢而不能者。陶潜《饮酒》诗之二:‘积善云有报,夷叔在西山。善恶苟不应,何事立空言!’正此传命意。”(《管锥编》)。

正是由于这种激愤,使得这篇文章成为《史记》中抒情性最强的篇章之一。李景星说:“往复咏叹,似断似续,如赞如论……似此奇文,那能不推为千古绝调!”(《史记评议》)司马迁在文中使用了大量的疑问句、反问句,就像一首太史公的《天问》,宣泄着胸中的愤慨、纠结、怀疑、批判等种种激烈涌动着的情绪。鲁迅先生说《史记》是“史家之绝唱,无韵之《离骚》”,《伯夷列传》正是其中的代表。

史记卷六十二

管晏列传第二

【释名】

管仲和晏子都是春秋时期的齐国贤相，管仲辅佐齐桓公成为春秋第一位霸主，晏子辅佐了齐灵公、庄公、景公三代国君，协助齐景公这样一位平庸的国君维持了齐国的相对稳定。而《管晏列传》却是从“知己”“推贤”角度出发为两人立的合传。全篇可分为三部分。第一部分是管仲的传记，突出了管仲与鲍叔牙之间的知己之情与管仲的治国策略与政绩。第二部分是晏子的传记，主要写他的为人行事与不拘一格赏拔贤才。第三部分是作者的论赞，交代作传本意，赞扬管仲因势利导的治国本领和晏婴见义勇为与犯颜直谏的美德。

本篇没有全面记述管、晏二人的生平事迹，而是以记轶事为主，附带述及他们的主要功业，属于“列传”中的变体。

管仲夷吾者[①]，颍上人也[②]。少时常与鲍叔牙游[③]，鲍叔知其贤。管仲贫困，常欺鲍叔[④]，鲍叔终善遇之，不以为言[⑤]。已而鲍叔事齐公子小白[⑥]，管仲事公子纠[⑦]。及小白立，为桓公[⑧]，公子纠死，管仲囚焉[⑨]。鲍叔遂进管仲[⑩]。管仲既用，任政于齐[⑪]，齐桓公以霸[⑫]。九合诸侯[⑬]，一匡天下[14],管仲之谋也。

【注释】

①管仲夷吾:管仲名夷吾,字仲。

②颍上:颍水边上。《索隐》曰:“汉有颍阳、临颍二县,今亦有颍上县。”颍水是淮河最大支流。跨河南、安徽两省。上源支流众多,源出河南登封嵩山南麓,东南流到周口,纳沙河、贾鲁河,至安徽颍上沫河口注入淮河。汉代的“颍阳”在今河南许昌西南,颍水之北;“临颍”在今河南临颍西北,城临颍水。

③游:交游。这里指合伙经商。

④欺:欺骗。这里指占便宜。

⑤鲍叔终善遇之,不以为言:黄震曰:“今世之人见贤而称其贤、见智而称其智,未足言知人。惟其方困穷时,其迹有甚于不贤不智者,而己独以察其心,若鲍叔之与管仲,千古一人耳。”

⑥公子小白:即齐桓公,姜姓,名小白。僖公之子,襄公之弟,前685—前643年在位。在位期间,“九合诸侯,一匡天下”,首开春秋时期大国称霸之局面。

⑦公子纠:公子小白的同父异母兄弟。襄公死后,他与小白争位,败死。

⑧及小白立,为桓公:小白在鲁庄公九年(前685)即位。

⑨公子纠死,管仲囚焉:襄公乱政,公子纠与师傅管仲避乱奔鲁。襄公死,他在鲁军护送下返国争位,并使管仲狙击小白,未果。桓公即位,发兵击败鲁军,迫鲁将他杀死。管仲也被囚送回齐。事见《左传》庄公八年、九年及《齐太公世家》。

⑩鲍叔遂进管仲:《齐太公世家》记载为:“桓公之立,发兵攻鲁,心欲杀管仲。鲍叔牙曰:‘君将治齐,即高溪与叔牙足也。君且欲霸王,非管夷吾不可。夷吾所居国国重,不可失也。’于是桓公从之。”《国语·齐语》记载为:“使鲍叔为宰,辞曰:‘……臣之不若

夷吾者五：宽惠柔民，弗若也；治国家不失其柄，弗若也；忠信可结于百姓，弗若也；制礼义可法于四方，弗若也；执枹鼓立于军门，使百姓皆加勇焉，弗若也。'”进，引荐。

⑪任政：执政。《正义》曰：“《管子》云：‘相齐以九惠之教，一曰老，二曰慈，三曰孤，四曰疾，五曰独，六曰病，七曰通，八曰赈，九曰绝也。'”按，管仲在齐国主持政务，但未必是“相齐”。

⑫齐桓公以霸：据《齐太公世家》，前679年，“诸侯会桓公于甄，而桓公于是始霸焉”。从此成了诸侯联盟的首领。

⑬九：泛指多数。

⑭一匡天下：《论语·宪问》云：“桓公九合诸侯，不以兵车，管仲之力也。”又云：“管仲相桓公，霸诸侯，一匡天下。”司马迁这里是引用了孔子的话。

【译文】

管仲名夷吾，是颍上人。他年轻时，曾与鲍叔牙一起做生意，鲍叔牙深知他的贤能。管仲家里贫苦穷困，常常占鲍叔牙的便宜，但鲍叔牙对他始终礼遇有加，从不提起这些事。后来，鲍叔牙侍奉齐公子小白，管仲侍奉齐公子纠。等到小白即位为桓公，公子纠被杀，管仲也被囚禁了。鲍叔牙于是向齐桓公推荐了管仲。管仲被任用后，执掌齐国的政事，齐桓公因而称霸。齐桓公多次召集诸侯会盟，拥护周室，匡正天下，这都是靠着管仲的智谋。

管仲曰：“吾始困时，尝与鲍叔贾①，分财利多自与，鲍叔不以我为贪，知我贫也。吾尝为鲍叔谋事而更穷困，鲍叔不以我为愚，知时有利不利也。吾尝三仕三见逐于君②，鲍叔不以我为不肖③，知我不遭时也。吾尝三战三走④，鲍叔不以我为怯，知我有老母也。公子纠败，召忽死之⑤，吾幽囚受辱，鲍叔不以我为无耻，知我不羞小节而耻功名不显于天下也[⑥]。生我者父母，知我者鲍子也。”鲍叔既进管仲，以身下之[⑦]。子孙世禄于齐[⑧]，有封邑者十余世[⑨]，常为名大夫。天下不多管仲之贤而多鲍叔能知人也[⑩]。

【注释】

①贾（gǔ）：做生意。古代行商叫“商”，坐商叫“贾”。

②三仕三见逐于君：具体不详。仕，为官，任职。

③不肖：没有才能。

④三战三走：具体不详。走，逃走，败逃。

⑤公子纠败，召（shào）忽死之：公子纠争位失败，小白逼鲁杀死了他，而让把辅佐他的召忽和管仲送回齐国，想加以任用。召忽自杀。详见《齐太公世家》。

⑥不羞小节而耻功名不显于天下也：类似的人生观表达亦见于《伍子胥列传》：“弃小义，雪大耻，名垂于后世，悲夫！方子胥窘于江上，道乞食，志岂尝须臾忘郢耶？故隐忍就功名，非烈丈夫孰能致此哉”；《季布栾布列传》：“以项羽之气，而季布以勇显于楚，身屡军搴旗者数矣，可谓壮士。然至被刑戮，为人奴而不死，何其下也？彼必自负其材，故受辱而不羞，欲有所用其未足也，故终为汉名将。贤者诚重其死。夫婢妾贱人感慨而自杀者，非能勇也，其计画无复之耳”；《报任安书》：“勇者不必死节，怯夫慕义，何处不勉焉。所以隐忍苟活，幽于粪土之中而不辞者，恨私心有所不尽，鄙陋没世而文采不表于后也。”

⑦以身下之：处于管仲之下。

⑧世禄：世代享受俸禄。

⑨有封邑者十余世：洪亮吉曰：“叔牙曾孙牵国，牵国之孙牧，皆见

《左传》。叔牙之后，盖不绝于牧，故曰‘十余世’也。”又曰：“《仲尼弟子列传》云‘田常作乱于齐，惮高、国、鲍、晏’，则鲍牧后尚有人也。”

⑩天下不多管仲之贤而多鲍叔能知人也：《吕氏春秋·赞能》：“管子治齐国，举事有功，桓公必先赏鲍叔，曰：‘使齐国得管子者，鲍叔也。’”《韩诗外传》七：“子贡问大臣，子曰：‘齐有鲍叔，郑有子皮。’子贡曰：‘否。齐有管仲，郑有东里子产。’孔子曰：‘然。吾闻鲍叔之荐管仲也，子皮之荐子产也，未闻管仲、子产有所荐也。’子贡曰：‘然则荐贤贤于贤？’曰：‘知贤，智也；推贤，仁也；引贤，义也。有此三者，又何以加焉。’”多，称赞，赞美。

【译文】

管仲说：“我从前贫困时，曾经和鲍叔牙一起做生意，分钱的时候总是多分给自己，鲍叔牙并不认为我贪心，他知道我是因为贫穷。我曾为鲍叔牙出谋划策，结果却使他陷入困窘之中，鲍叔牙并不认为我愚蠢，他知道这是因为时机有利有不利。我曾经多次出去做官，却多次都被国君罢免，鲍叔牙并不因此认为我无能，他知道这是因为我没有遇上好时机。我曾几次随军参战，几次都中途逃回，鲍叔牙并不认为我胆怯，他知道这是因为我家里有老母。公子纠失败后，召忽死了，我被囚禁受辱，鲍叔牙不认为我没有廉耻，他知道我不会为小节而羞，却会为功名不显耀于天下而耻。生养我的是父母，了解我的是鲍叔牙啊！”鲍叔牙向桓公推荐了管仲，自己甘愿官居管仲之下。他的子孙在齐国世代享有俸禄，拥有封地的就有十几代，大多是齐国有名的大夫。天下人不是称道管仲的贤能，而是称赞鲍叔牙知人善荐。

管仲既任政相齐，以区区之齐在海滨①，通货积财②，富国强兵，与俗同好恶③。故其称曰：“仓廪实而知礼节④，衣食足而知荣辱，上服度则六亲固⑤。四维不张⑥，国乃灭亡。

下令如流水之原[7]，令顺民心。”故论卑而易行。俗之所欲，因而予之；俗之所否，因而去之。

【注释】

①区区：微小，狭小。

②通货：指流通货物。

③与俗同好恶：《齐太公世家》云：“太公至国，修政，因其俗，简其礼，通商工之业，便鱼盐之利。”齐国历来有这样的传统。

④仓廪（lǐn）：储藏米谷的仓库。

⑤服度：遵守礼法。六亲：指父、母、兄、弟、妻、子。

⑥四维：《集解》引《管子》曰：“一曰礼，二曰义，三曰廉，四曰耻。”刘绩《管子注》曰：“维，网罟之纲。此四者张之，所以立国，故曰四维。”

⑦如流水之原：就像流水之源出高山流入平原。

【译文】

管仲做了齐相执政后，因为小小的齐国地处海滨，就流通货物，积聚财富，使得国家富足，兵力强大，并与百姓好恶相一致。所以他在《管子》中说：“粮仓充实了，百姓才能顾虑到礼节；吃饱穿暖了，百姓自会去分辨荣辱。在上位的人遵行礼度，六亲就紧紧依附。礼义廉耻若不大加提倡，国家就会灭亡。颁布的政令如同流水源出高山流入平原，要能顺从民众的心愿。”因此管仲的政令简单易于施行。百姓所想要的，就给他们兴办；百姓所反对的，就替他们废除。

其为政也，善因祸而为福，转败而为功。贵轻重[1]，慎权衡[2]。桓公实怒少姬，南袭蔡[3]，管仲因而伐楚，责包茅不入贡于周室[4]。桓公实北征山戎[5]，而管仲因而令燕修召公之政[⑥]。于柯之会，桓公欲背曹沫之约[⑦]，管仲因而信之[⑧]，诸侯由是归齐[⑨]。故曰："知与之为取，政之宝也[⑩]。"

【注释】

①轻重：我国历史上关于调节商品、货币流通和控制物价的理论。《管子》有《轻重》篇，论述最详。

②权衡：称量物体轻重的器具。

③桓公实怒少姬，南袭蔡：桓公有宠姬，是蔡哀侯的女儿，缪侯的妹妹。一次与齐桓公乘舟游乐，荡舟戏桓公。桓公生气了，把她送回了蔡国。蔡缪侯也生气了，将她改嫁他人。桓公以此为借口，兴兵伐蔡，两国遂结仇。详见《左传·僖公三年》《齐太公世家》。蔡，周时诸侯国名。周武王的弟弟叔度始封于蔡，都上蔡（今河南上蔡）。

④管仲因而伐楚，责包茅不入贡于周室：齐桓公打败蔡国后，又挥师南下伐楚。楚成王质问："何故涉吾地？"管仲回答："楚贡包茅不入，王祭不共，是以来责。"事见《左传·僖公四年》《齐太公世家》。楚，古国名，西周时立国于荆山一带，后建都于郢（在今湖北荆州）。包茅，古代祭祀时用以滤酒的菁茅。产于楚国。按，这是管仲强词夺理。

⑤北征山戎：《齐太公世家》记载为："二十三年，山戎伐燕，燕告急于齐。齐桓公救燕，遂伐山戎，至于孤竹而还。"山戎，古民族名。春秋时分布在今河北北部。

⑥令燕修召公之政：《齐太公世家》记载为：齐国救燕后，"命燕君复修召公之政，纳贡于周，如成、康之时"。燕，周朝诸侯国名。周武王最初封给召公姬奭，都蓟（在今北京西南）。

⑦于柯之会，桓公欲背曹沫之约：齐桓公侵鲁，鲁军战败，鲁庄公害怕，献地求和。鲁庄公十三年（前681），齐、鲁会盟于柯。鲁将

曹沫手执匕首劫持齐桓公，逼迫齐桓公答应退还鲁地。柯，在今山东东阿西南。按，曹沫劫持齐桓公及管仲劝桓公履约事，详见《齐太公世家》《刺客列传》。

⑧管仲因而信之：《刺客列传》记载管仲劝桓公曰："贪小利以自快，弃信于诸侯，失天下之援，不如与之。"信，通"伸"，伸张。这里指实践盟约。

⑨诸侯由是归齐：《齐太公世家》记载为："诸侯闻之，皆信齐而欲附焉。"凌稚隆曰："下三事即因祸为福，转败为功，所谓轻重权衡也。太史公连下'实'字、'因'字、'而'字，而管仲相桓之霸业俱见矣。"梁玉绳引苏辙《古史》曰："此三说皆非也。桓公二十九年，会诸侯于阳谷，为郑谋楚，是岁有荡舟之事。故明年伐楚，因侵蔡。蔡在楚北，故《春秋》先书侵蔡，其实本为伐楚动也。山戎病燕，故桓公为燕伐之，非不义也，亦何待令燕修召公之政而后可哉？曹沫事出战国杂说，《公羊》不推本末而信之，太史公又以为然，皆不可信。"

⑩知与之为取，政之宝也：语出《管子·牧民》。《老子》曰："将欲夺之，必固与之；将欲歙之，必固张之；将欲弱之，必固强之。"

【译文】

管仲处理政务，善于把祸事变为好事，把失败转为成功。重视经济手段，重视对度量衡的监管。桓公本来是怨愤少姬改嫁，南袭蔡国，管仲却因势利导让他去讨伐楚国，责备楚国不向周天子进贡祭祀用的包茅。桓公实际是北伐山戎，管仲却趁机引导他督促燕国修明召公的政教。柯地会盟后，桓公本想背弃受曹沫胁迫所定的盟约，管仲因势利导让桓公守约，各国因此归顺了齐国。所以说："懂得给予即是索取之道，这是为政的法宝。"

管仲富拟于公室[①]，有三归、反坫[②]，齐人不以为侈。管仲卒③,齐国遵其政,常强于诸侯。后百余年而有晏子焉④。

【注释】

①拟:比拟,相等。公室:春秋战国时期诸侯及其家族。

②三归:诸家解说不一。《正义》曰:“三归,三姓女也,妇人谓嫁曰归。”朱熹《论语集注》:“三归,台名。”郭嵩焘《史记札记》曰:“《管子·轻重乙》篇云:‘与民量其重,计其赢,民得其十,君得其三。’……是所谓‘三归’者,市租之常例之归于公者也。桓公既霸,遂以赏管仲。《汉书·地理志》《食货志》并云‘桓公用管仲,设轻重以富民,在陪臣而取三归’,其言较然明确。《韩非子》云‘使子有三归之家’,《说苑》作‘赏以市租’。‘三归’之为市租,汉世儒者犹能明之,此一证也;《晏子春秋》‘辞三归之赏’,而云‘厚受赏以伤国民之义’,其取之民无疑也,此又一证也。”反坫(diàn):“坫”是土筑的平台。周代两国诸侯宴会时,互相敬酒后,把空酒杯放在坫上,叫“反坫”。

③管仲卒:《正义》引《括地志》曰:“管仲冢在青州临淄县南二十一里牛山之阿。”

④后百余年而有晏子焉:梁玉绳引孙效曾曰:“《齐世家》管仲卒于齐桓公四十一年,为鲁僖十五年,而晏子于鲁襄十七年始嗣其父桓子为大夫,见《左传》,乃齐灵公二十六年也。则管、晏相去九十年。史公谓‘后百余年’者,误矣。”吴汝纶《批注史记》曰:“‘后百余年’句,此合传联缀法,史公屡用。”按,合传联缀法又见于《孙子吴起列传》《屈原贾生列传》《刺客列传》《滑稽列传》等。

【译文】

管仲的财富可以和齐国的公室相比,拥有三房家室,享用诸侯宴会用的反坫之礼,但齐国人并不觉得他奢侈僭越。管仲去世后,齐国遵循他的政治法度,总是比其他诸侯更强盛。百余年后,齐国又出了个晏婴。

晏平仲婴者①,莱之夷维人也②。事齐灵公、庄公、景公③,以节俭力行重于齐。既相齐,食不重肉④,妾不衣帛。其在朝,君语及之,即危言⑤;语不及之,即危行⑥。国有道,即顺命⑦;无道,即衡命⑧。以此三世显名于诸侯。

【注释】

①晏平仲婴:《索隐》曰:"名婴,平谥,仲字。父桓子名弱也。"

②莱:在今山东东北部。汉代设东莱郡,治掖县(在今山东莱州)。夷维:古邑名,在今山东高密。

③齐灵公:姜姓,名环,顷公之子,前581—前554年在位。庄公:名光,灵公之子。由崔杼迎立。前553—前548年在位。景公:名杵臼,庄公异母弟。厚敛重刑,奢侈无度。前547—前490年在位。

④食不重肉:吃饭不用两道肉食。

⑤危言:直言。

⑥危行:正直地行动。中井曰:"'曰危言',则危行在其中;曰'危行',则言之不危可知,是自文法。"

⑦顺命:服从命令。

⑧衡命:《正义》曰:"衡,秤也。谓国无道,则制秤量之,可行即行。"泷川引冈白驹曰:"权而不失其正,如不死庄公之难,亦不附崔庆是也。"郭嵩焘曰:"'顺命''衡命',即所谓'将顺其美,匡救其恶'也。'衡''横'字通,横逆君命,使其无道不足以逞也。"按,结合赞语"犯君之颜"看,似乎应解为"逆命"。

【译文】

晏平仲,名婴,东莱夷维人。他先后侍奉齐灵公、齐庄公、齐景公,因为提倡节俭,身体力行,深受齐人的敬重。做了齐相后,他吃饭不上两道肉菜,姬妾不穿丝绸衣服。他在朝廷之上,国君说话涉及他,他就正直地陈述自己的意见；国君说话不涉及他，他就秉公而行。国君能行正道的时候，他就顺从命令做事；不能行正道时，他就逆命办事。因此，他在齐灵公、庄公、景公三代，名声显扬于各国诸侯。

越石父贤，在缧绁中①。晏子出，遭之涂②，解左骖赎之③，载归。弗谢④，入闺⑤，久之。越石父请绝。晏子戄然⑥，摄衣冠谢曰⑦："婴虽不仁，免子于厄⑧，何子求绝之速也?"石父曰："不然。吾闻君子诎于不知己而信于知己者⑨。方吾在缧绁中，彼不知我也。夫子既已感寤而赎我⑩，是知己；知己而无礼，固不如在缧绁之中。"晏子于是延入为上客。

【注释】

①缧绁（léi xiè）：捆绑犯人的绳索。引申为牢狱。

②涂：道路。

③左骖：古代驾车三马中左边的马。后用四马，亦指最左边的马。中间夹辕的两匹叫服马，两边的两匹叫骖马。

④谢：告知。

⑤入闺：进入内室。闺，内室。

⑥戄（jué）然：震惊貌，吃惊的样子。

⑦摄（shè）：整理。

⑧厄（è）：困窘，灾难。

⑨诎（qū）：委屈。信：通"伸"。

⑩夫子：敬称。感寤：因受感触而醒悟。

【译文】

越石父贤明有才干，因为犯罪被拘禁服刑。晏子外出，路上遇到了他，于是便解下左骖，把他赎了出来，并载他回到相府。晏子没打招呼，就进了内室，许久也没出来。越石父请求绝交。晏子大吃一惊，急忙穿戴好衣冠谢罪说："我虽无仁厚之德，但也算帮您摆脱困厄，您为什么这么快就和我绝交呢？"越石父说："不能这样说。我听闻君子在不了解自己的人面前可以受尽委屈，而在了解自己的人面前能受到尊重。我被人拘禁奴役，那是因为他们不了解我。您既然能够觉察到我的才识，把我赎救出来，说明您是了解我的。了解我却不能以礼相待，那还不如让我在囚禁之中呢。"晏子听后，便请他进屋，尊为上宾。

晏子为齐相，出，其御之妻从门间而窥其夫①。其夫为相御，拥大盖②，策驷马③，意气扬扬，甚自得也④。既而归，其妻请去。夫问其故。妻曰："晏子长不满六尺⑤，身相齐国，名显诸侯。今者妾观其出，志念深矣，常有以自下者⑥。今子长八尺，乃为人仆御，然子之意自以为足，妾是以求去也。"其后夫自抑损⑦。晏子怪而问之，御以实对。晏子荐以为大夫⑧。

【注释】

①御：车夫。

②大盖：指车上的篷伞。

③策：驱赶，驾驭。驷马：驾一车之四马。

④自得：自己感到得意。

⑤六尺：成年男子一般身高六尺。周时一尺为八寸。

⑥志念深矣，常有以自下者：郭嵩焘曰："晏子立身事君大节，尽于此'志念深矣'四字中。而所叙仅两轶事，其得晏子深处，又出自御妻口中，此史公文法诡变处也。"自下，谦逊退让，敬重他人。

⑦抑损：谦逊，谦让。

⑧大夫：夏、商、周时卿之下、士之上的官，有上大夫、中大夫及下大夫之分。

【译文】

晏子做国相的时候，有一次外出，车夫的妻子从门缝里窥看丈夫。车夫自以为给国相赶车，背后立着大伞，驾着四马飞奔，意气扬扬，非常得意。车夫回家后，妻子请求离去。他问原因，妻子说："晏子身高不足六尺，却做了齐国国相，名声在诸侯间传扬。今天我看他外出的样子，思虑重重，常有自以为不如人的谦虚卑逊的神色。你身高八尺，才不过是人家的车夫，但你的神态却显得格外满足，因此我想离开你了。"从此以后，车夫变得谦虚恭谨了。晏子觉得奇怪，就问他，车夫把实情告诉了晏子。晏子推荐他当了大夫。

太史公曰：吾读管氏《牧民》《山高》《乘马》《轻重》《九府》及《晏子春秋》①，详哉其言之也。既见其著书，欲观其行事，故次其传②。至其书，世多有之，是以不论③，论其轶事④。

【注释】

①《牧民》《山高》《乘马》《轻重》《九府》：都是《管子》中的篇名。《集解》引刘向《别录》曰："《九府》书，民间无有；《山高》，一名《形势》。"按，今本《管子》无《山高》《九府》。《管子》相传为管仲撰，实为后人采拾管仲言行，附以他书汇集而成。全书共八十六篇，十篇有目无文。内容庞杂，包含有道、名、法各家的思想，涉及天文、舆地、经济、农业等。《汉书·艺文志》列入道家类。《晏子春秋》：这是后人编撰的一部记述晏婴生平言论的书，大约成书

于战国中期，后人又有所增补。今本共分八卷。《汉书·艺文志》列入儒家类。

②次：编次，编写。

③至其书，世多有之，是以不论：刘知幾曰："太史公撰《孔子世家》多采《论语》旧说，至《管晏列传》，则不取其本书，以为时俗所有，故不复更载也。按《论语》行于讲肆，列于学官，重加编列，只觉烦废。如《管》《晏》者，诸子杂家，经史外事，弃而不录，实杜异闻。夫以可除而不除，宜取而不取，以斯著述，未睹厥义。"

④轶事：不见于正式记载的事迹。

【译文】

太史公说：我读管仲的《牧民》《山高》《乘马》《轻重》《九府》以及《晏子春秋》，书中所言已经很详细了。读了他们的书后，就想进一步了解他们的事迹，所以我写了这篇传记。至于他们的书，世上多有流传，因此不予论述，这里论述他们的轶事。

管仲，世所谓贤臣，然孔子小之①。岂以为周道衰微②，桓公既贤，而不勉之至王，乃称霸哉③？语曰："将顺其美，匡救其恶，故上下能相亲也④。"岂管仲之谓乎？

【注释】

①孔子小之：《论语·八佾》："子曰：'管仲之器小哉！'"小，以之为小，轻视。

②周道：周代治国之道。

③不勉之至王，乃称霸哉：泷川引中井曰："是论未得孔子之旨，孔子只以其易盈为小器也。"又引俞正燮《癸巳类稿》曰："太史公谓管仲不能勉齐致王，盖本《孟子》。按，周之僖、惠，未比殷纣；齐桓之德，不及文王。文王久始得之，奈何欲以齐桓夺周祚？管仲

反坫、塞门、三归，官事不摄，自谓功成，身泰意侈，即是器小。自古未闻以不能谋反叛逆訾诋人者。”

④“将顺其美”几句：语出《孝经·事君》。将，泷川曰：“将，读为‘奖’。”

【译文】

管仲是世人所说的贤臣，但孔子却看不起他。难道是因为周道已经衰败，齐桓公既然贤明，而管仲却不勉励他推行王道，而只称霸诸侯吗？古语说：“要顺势成就君上的美德，匡正补救君上的过失，所以君臣上下能亲密相处。”这话大概符合管仲的情况吧？

方晏子伏庄公尸哭之，成礼然后去[①]，岂所谓“见义不为无勇”者邪[②]？至其谏说，犯君之颜[③]，此所谓“进思尽忠，退思补过”者哉[④]！假令晏子而在，余虽为之执鞭，所忻慕焉[⑤]。

【注释】

①晏子伏庄公尸哭之，成礼然后去：齐庄公由崔杼迎立，后与崔杼之妻通奸，被崔杼杀死。晏婴闯入崔家扑在齐庄公的尸体上号哭，然后起身离去。事见《左传·襄公二十五年》与《齐太公世家》。

②见义不为无勇：《论语·为政》：“见义不为，无勇也。”司马迁此处认为晏婴的行为是“见义勇为”。

③至其谏说，犯君之颜：《晏子春秋》记载了很多这类事。《齐太公世家》记载：“彗星见。……景公曰：‘彗星出东北，当齐分野，寡人以为忧。’晏子曰：‘君高台深池，赋敛如弗得，刑罚恐弗胜，茀星将出，彗星何惧乎？’公曰：‘可禳否？’晏子曰：‘使神可祝而来，亦可禳而去也。百姓苦怨以万数，而君令一人禳之，安能胜众口乎？’是时景公好治宫室，聚狗马，奢侈，厚赋重刑，故晏子以此谏之。”

④进思尽忠，退思补过：语出《孝经·事君》。泷川曰："'岂所谓见义不为无勇者''此所谓进思尽忠，退思补过'者，盖史公自道也，参诸其《报任安书》可以见焉。"

⑤虽为之执鞭，所忻慕焉：舒雅曰："太史以李陵故被刑，汉法腐刑许赎，而生平交游故旧无能如晏子解左骖赎石父者。自伤不遇斯人，而过激仰羡之词耳。"忻慕，高兴而仰慕。忻，心喜。

【译文】

当晏子伏在齐庄公的尸体上痛哭，尽到礼节后离去，难道他是所谓"见义不为即为无勇"吗？至于他劝谏国君，冒犯国君颜面，这不就是人们所说的"上朝见君，就要想着竭尽忠心；退朝回家，就要想着弥补过失"吗？假令晏子现在还活着，我即使给他挥鞭赶车，也欣然乐意啊。

【集评】

郭嵩焘曰："史公十六国世家，多袭《左传》《国语》《国策》之文，《管晏列传》竟无一字蹈袭，惟举其轶事一二端，而稍叙其大概，一以议论经纬之。"（《史记札记》）

李晚芳曰："传者，详其平生言行而著之，以传其人之谓。《管晏传》不然，亦史公变体也，赞中所谓论其轶事，是也。两传皆以志友道交情，曰'知我'，曰'知己'，两篇合叙联结之真谛也。太史遭刑，不能自赎，交游莫救，故作此二传，寄意独深。使当时有知管仲之鲍子知之，或可劝君解免；有知越石父之晏子知之，亦可援法代赎。多鲍叔之知人，与执鞭所欣慕，皆情见乎辞矣。故落笔时，有不胜望古遥集之悲；反复抑扬，又有笔欲住而意不住之妙。盖人之相知，贵相知心，不以贵贱患难而有间，斯足千古。故于管传，即在仲口中备言鲍子知我之感，慷慨淋漓，可歌可泣，知之者贤，则受知者之贤自见；晏传亦于越石父口中，反言知己无礼之当绝，亦深知晏子必悔而优待之，以成一段患难相知之谊。使人至今重晏子者，越石父也。皆借宾形主之法。传首于管仲，则轻轻叙其出处大意，后又概写其为相才略，疏疏落落，不脱不粘；于晏子，亦虚虚首括其立身行事之概，末则记荐御一事，见其不遗片长。于其所著霸君显君之书，在赞中开手即一笔提全，点滴不漏。寥寥轶事，遂令两人全身活见于尺幅间，虽不详其平生言行，而平生言行无不毕见，是变仍不失其正者也。唐荆川所谓‘神化’者欤！”(《读史管见》)

李景星曰：“《伯夷列传》以诞胜，《管晏列传》以逸胜。惊天事业，只以轻描淡写之笔出之，如神龙然，露一鳞一爪，而全神皆见，岂非绝大本领！传赞‘是以不论，论其轶事’二句，是全篇用意。传中‘后百余年而有晏子焉’一句，是合传章法。此外，叙管仲则曰‘富拟于公室’；叙晏子则曰‘以节俭力行重于齐’，乃反正相形法。叙管仲，于‘任政相齐’后连写数行；叙晏子于‘既相齐’后只用数语，乃详略互见法。管仲传内，附传鲍叔；晏子传内附传越石父，乃奇正相生法。”(《史记评议》)

吴见思曰：“管仲、晏子是春秋时第一流人物，功业炫煌一时，操觚之家，不知当如何铺序。史公偏只用轻清淡宕之笔，而以秀折出之，月影花香，另是一种境界。……管子一传，前边点过，中嵌鲍叔一段闲文……晏子一传……后带越石、御妻两段闲文……各出一奇妙。”又曰：“此篇以风致胜，无以实笔，无以呆笔，纯以清空一气运转。觉《伯夷传》犹有意为文，不若此篇水到渠成，无意于文，而天然成妙。”(《史记论文》)

梁启超曰：“《管晏列传》叙个人阅涉琐事居太半。太史公自己声明所侧重的观察点，说道：‘至其书世多有之，是以不论，论其轶事。’他既有了这几句话，我们不能责备他不合章法，但替两位大政治家作传，用这种走偏锋的观察法，无论如何，我总说是不应该。所选之点太不关痛痒，总不成为正当的好文章。”(《饮冰室专集》第十五册)

【评论】

管仲与晏婴都是齐国历史上的贤相，管仲更突出的是功业，晏婴更突出的是德行。《管晏列传》以称颂管仲、晏婴为线索，特别地歌颂了鲍、管之间的感人友谊，和晏婴不拘一格地赏拔人才，有意识地突显朋友之间、君臣之间、上下级之间的一些关系准则，这是作者正面表达其政治思想、道德理想的一篇颂歌式的文字。

“列传”首篇《伯夷列传》抒情性极强，蕴含着司马迁对于善人不得善报的不公平世道的控诉，其中就暗含为自己“行不由径，非公正不发愤，而遇祸灾”的遭遇的抗议，而这篇《管晏列传》则暗含着对自己蒙冤入狱时“交游莫救，左右亲近不为一言”的愤慨，所以古今很多学者都认为此篇是司马迁的“寓言”——借题发挥，以“成一家之言”。

篇中最为感人的当属对“管鲍之交”的叙写。“管鲍之交”的主角应该是鲍叔牙，是他的大公无私、为国让贤成就了管仲，应该说他的这种品质比管仲的才干更可贵。司马迁首先总述了管仲本与齐桓公为敌，失败之后，鲍叔牙向齐桓公力荐管仲，管仲遂辅佐桓公成就霸业；接着司马迁将管仲的几段经历融铸成管仲的一段独白，叙述鲍叔牙对他的知遇，结以“生我者父母，知我者鲍子也”，对理解朋友、信任朋友，为朋友不惜贡献一切的真挚情谊进行了高度礼赞。这和司马迁在《孟尝君列传》《廉颇蔺相如列传》《汲黯郑当时列传》等篇章中所鞭挞的那种“以市道交”、背信弃义、出卖朋友等，形成鲜明对照。司马迁由于自身经历，于朋友之际感慨良多，而本篇是最为集中的表现。

对于管仲和晏婴的事迹，司马迁另一个关注点是他们在生死关头的抉择。管仲原来追随公子纠，在公子纠与桓公争位失败被杀后，他并没有选择为之而死，而是甘愿“幽囚受辱”，最终辅佐桓公成就一番事业。晏婴在齐庄公因淫乱被崔杼所杀后，只是“伏庄公尸哭之，成礼然后去”，因为他认为“君为社稷死则死之，为社稷亡则亡之。若为己死而为己亡，非其私昵，谁敢任之”，不值得为庄公去死。他们对待生死都是理智的，不会无谓地牺牲自己的生命。这也正是司马迁的人生观。他在《伍子胥列传》中说：“弃小义，雪大耻，名垂于后世，悲夫！方子胥窘于江上，道乞食，志岂尝须臾忘郢耶？故隐忍就功名，非烈丈夫孰能致此哉？”在《报任安书》中自述：“勇者不必死节，怯夫慕义，何处不勉焉。……所以隐忍苟活，幽于粪土之中而不辞者，恨私心有所不尽，鄙陋没世而文采不表于后也。”正因如此，司马迁钦佩管仲和晏婴，以至于说“假令晏子而在，余虽为之执鞭，所忻慕焉”。

对于管仲治理齐国的策略，司马迁总结性地拈出“通货积财，富国强兵，与俗同好恶”，“善因祸而为福，转败而为功”，“贵轻重，慎权衡”几条，也就是因时制宜、因地制宜，顺从民意，不拘泥于传统和教条，重视手工业、工商业发展。实际上齐太公姜子牙治国采取的也是这些策略。在《齐太公世家》中，司马迁就写道：“太公至国，修政，因其俗，简其礼，通商工之业，便鱼盐之利，而人民多归齐，齐为大国。”在《货殖列传》中，司马迁又一次写道：“太公望封于营丘，地舄卤，人民寡，于是太公劝其女功，极技巧，通鱼盐，则人物归之，繦至而辐凑。故齐冠带衣履天下，海岱之间敛袂而往朝焉。其后齐中衰，管子修之，设轻重九府，则桓公以霸，九合诸侯，一匡天下；而管氏亦有三归，位在陪臣，富于列国之君。是以齐富强至于威、宣也。”对比之下，那些死守教条的国家又是怎样呢？《鲁周公世家》写周公之子伯禽受封三年才回来向周公汇报治理鲁国的情况，说：“变其俗，革其礼，丧三年然后除之，故迟。”周公因此感叹说：“呜呼，鲁后世其北面事齐矣！夫政不简不易，民不有近；平易近民，民必归之。”由此可见，司马迁所表彰的管仲的治国纲领，是基于其现实可行而成效显著，相应的，也就暗含着对儒家那套礼乐教化、繁文缛节的治国高调的批评了。

篇中写晏婴的事迹集中于他的爱惜人才与荐拔人才。其中有司马迁的身世之感，更多的还是他认为晏婴的这种知人善任、敢于荐拔的胸怀，是理想的朝廷大臣的行为准则。

对于本篇这种以轶事为主的写法，评论者见仁见智。有人批评，如梁启超，认为这是“剑走偏锋”，所选之点太不关痛痒，算不得正当的好文章。而赞赏者更多，如李晚芳说：“寥寥轶事，遂令两人全身活见于尺幅间，虽不详其平生言行，而平生言行无不毕见，是变仍不失其正者也。唐荆川所谓‘神化’者欤！”（《读史管见》）李景星说：“《伯夷列传》以诞胜，《管晏列传》以逸胜。惊天事业，只以轻描淡写之笔出之，如神龙然，露一鳞一爪，而全神皆见，岂非绝大本领！”（《史记评议》）钱穆说：“马迁此一篇《管晏列传》，近似文学小品，实涵哲学大义，为中国一历史家，又岂止于记载往事而已。”（《中国学术论衡》）

史记卷六十三

老子韩非列传第三

【释名】

《老子韩非列传》是老子、庄子、申不害、韩非四位思想家的合传。泷川《史记会注考证》说:“《庄子传》云‘其要本归于老子之言’,《申子传》云‘本于黄老而主刑名’,《韩非传》云‘喜刑名法术之学,而其归本于黄老’。史公合传之意可知。”也就是说庄子、申不害、韩非三家的学说都源于老子学说,故此将四人合写。由于不能确知老子生平,篇中列了周守藏史李耳、老莱子和周太史儋三人;庄子、申不害都是简介;而对韩非子着墨最多,还引录了他的《说难》。篇末论赞,司马迁分析了道家学派与法家学派的发展、继承关系。

老子者[①],楚苦县厉乡曲仁里人也[②],姓李氏,名耳,字聃[③],周守藏室之史也[④]。孔子适周,将问礼于老子[⑤]。老子曰:“子所言者[⑥],其人与骨皆已朽矣,独其言在耳。且君子得其时则驾[⑦],不得其时则蓬累而行[⑧]。吾闻之,良贾深藏若虚[⑨],君子盛德,容貌若愚。去子之骄气与多欲,态色与淫志[⑩],是皆无益于子之身。吾所以告子,若是而已。”孔子去,谓弟子曰:“鸟,吾知其能飞;鱼,吾知其能游;兽,吾知其能走。走者可以为罔[11]，游者可以为纶[12]，飞者可以为矰[13]。至于龙吾不能知，其乘风云而上天。吾今日见老子，其犹龙邪[14]！”

【注释】

①老子：《正义》引《朱韬玉札》及《神仙传》云：“老子，楚国苦县濑乡曲仁里人。姓李，名耳，字伯阳，一名重耳，外字聃。身长八尺八寸，黄色美眉，长耳大目，广额疏齿，方口厚唇，额有三五达理，日角月悬，鼻有双柱，耳有三门，足蹈二五，手把十文。周时人，李母八十一年而生。”

②苦（hù）县：治所在今河南鹿邑。《正义》引《晋太康地记》云：“苦县城东有濑乡祠，老子所生地也。”

③姓李氏，名耳，字聃（dān）：《索隐》引葛玄曰：“李氏女所生，因母姓也。”又曰：“生而指李树，因以为姓。”姚鼐《老子章义自序》曰：“沛者宋地……然则老子其宋人子姓耶？‘子’之为‘李’，语转而然。”郭嵩焘曰：“疑‘老’为氏，‘聃’其字也。《论语》‘窃比于我老、彭’，老聃、彭铿，当为二人。”《正义》曰：“聃，耳漫无轮也。疑老子耳漫无轮，故世号曰‘聃’。”

④守藏（zàng）室之史：《索隐》曰：“藏室史，周藏书室之史也。又《张苍传》‘老子为柱下史’，盖即藏室之柱下，因以为官名。”汪中《老子考异》曰：“春秋时唯晋悼公尝仕于周，其他无闻。楚之于周，声教远隔，非晋郑之比。史为世官，岂容羁旅置身其间？本传下云：‘老子，隐君子也。’身为王官，不可谓隐。故疑为周藏室史之李耳字聃者，并非楚人。老聃为楚人，乃因‘老莱子’而误。”

⑤将问礼于老子：按，《孔子世家》谓“适周问礼，盖见老子云”，发生在孔子年轻时。《索隐》曰：“《庄子》云‘孔子年五十一，南见老子’，盖《系家》亦依此为说，而不究其旨，遂俱误也。何者？孔子

适周,岂访礼之时即在十七耶?且孔子见老聃,云'甚矣,道之难行也',此非十七之人语也,乃既仕之后言耳。"蒋建侯曰:"孔子问礼于老子,并见《孔子世家》。《礼记·曾子问》记老子之言行凡四,皆关于礼者。则孔子问礼于老子,宜若可信。"汪中曰:"孔子所问礼者,聃也,其人为周守藏室史,其言与行,则《曾子问》所载是也。"

⑥子所言者:指孔子所称说的尧、舜、禹、汤、文、武、周公等。

⑦驾:这里指为官出仕。

⑧蓬累而行:《索隐》曰:"'蓬'者盖也,'累'者随也。以言若得明君则驾车服冕;不遭时则自覆盖相携随而去耳。"《正义》曰:"蓬,沙碛上转蓬也;累,转行貌也。言君子得明主则驾车而事,不遭时则若蓬转流移而行。"洪颐煊曰:"蓬,蓬发;累,读为儽,垂貌。"

⑨深藏若虚:谓隐其货宝不令人见。

⑩态色:踌躇满志的神色。淫志:放荡的心志。

⑪罔:用网捕捉。

⑫纶(lún):粗丝线。多指钓丝。这里用作动词,钓。

⑬矰(zēng):短箭。这里用作动词,用箭射。

⑭今日见老子,其犹龙邪:《庄子·天运》篇云:"孔子见老聃归,三日不谈。弟子问曰:'夫子见老聃,亦将何规哉?'孔子曰:'吾乃今于是乎见龙,龙合而成体,散而成章,乘乎云气,而养乎阴阳,予口张而不能合,予又何规老聃哉?'"梁玉绳曰:"老子之言,非至言也,安得遽叹其犹龙哉?此本《庄子·天运》篇,然《庄子》多寓言,而据为实录,可乎?前贤辨其妄矣。"

【译文】

老子是楚国苦县厉乡曲仁里人,姓李,名耳,字聃,是周朝管理藏书室的史官。孔子到周,准备向老子学习关于礼的知识。老子说:"你所说的那些人,已死去很久了,连骨头都腐朽了,只剩下他们的言论还在。作为一个君子时机到了就出去从政，时机不到就像蓬草一样随风飘转任其自然。我听说，善于经营的商人把自己的财货深藏起来就像什么也没有一样；道德高尚的君子，他的容貌看上去反而好像很愚笨。你应该去掉你身上的骄气与众多欲望，去掉你踌躇满志的神色和放荡的心志，这些对你自身没有好处。我能够告诉你的，就是这些罢了。"孔子回去后，对他的弟子说："我知道鸟会飞，鱼会游，兽会跑。会跑的可以用网去捉，会游的可以用线去钓，会飞的可以用箭去射。至于龙我就不知道了，能够乘风云而上升到天际。我今天见到了老子，他就像龙一样啊！"

老子修道德①，其学以自隐无名为务②。居周久之，见周之衰，乃遂去。至关③，关令尹喜曰④："子将隐矣，强为我著书。"于是老子乃著书上下篇，言道德之意五千余言而去⑤，莫知其所终⑥。

【注释】

①修道德：按，《老子》又名《道德经》，分"道"与"德"两篇。

②其学以自隐无名为务：按，老子主张"道法自然"，无为而治，《老子》首章即曰"道可道，非常道；名可名，非常名"。其第七章曰："圣人后其身而身先，外其身而身存。"

③关：一说指函谷关，在今河南灵宝东北。一说指散关，在今陕西宝鸡。《正义》引《抱朴子》曰："老子西游，遇关令尹喜于散关。"

④关令尹喜：守关官员尹喜。《索隐》曰："崔浩以为尹喜又为散关令也。"

⑤乃著书上下篇，言道德之意五千余言：按，据司马迁文意，此"上下篇"即今《老子》。也有人认为《老子》是战国时人掇拾荟萃而成。

⑥莫知其所终:《集解》引《列仙传》云:"关令尹喜者,周大夫也。善内学星宿,服精华,隐德行仁,时人莫知。老子西游,喜先见其气,知真人当过,候物色而迹之,果得老子。老子亦知其奇,为著书。与老子俱之流沙之西,服巨胜实,莫知其所终。"《索隐》引《列仙传》云:"老子西游,关令尹喜望见有紫气浮关,而老子果乘青牛而过也。"梁玉绳曰:"《庄子·养生主》曰:'老聃死,秦失吊之',则老子非长生神变,'莫知其所终'者。自有此言,而道家遂有化胡成佛之说。"

【译文】

老子修行的是道和德,他的学说以韬光养晦为宗旨。他在周朝住了很久,看到周王室日渐衰落,便离开了。他西行走到函谷关,守关官员尹喜说:"您就要隐退了,请您尽力为我写一部书吧。"于是老子写了《道德经》上下篇,阐发了道与德的意义,共五千多字,之后就走了。从此再也没人知道他的下落。

或曰:老莱子亦楚人也①,著书十五篇②,言道家之用,与孔子同时云③。盖老子百有六十余岁,或言二百余岁④,以其修道而养寿也⑤。

【注释】

①老莱子:《正义》:"太史公疑老子或是老莱子,故书之。《列仙传》云:'老莱子,楚人。当时世乱,逃世耕于蒙山之阳。莞葭为墙,蓬蒿为室,杖木为床,蓍艾为席,菹芰为食,垦山播种五谷。楚王至门迎之,遂去,至江南而止。'"梁玉绳曰:"老莱子与老聃判然二人,《弟子传》序分别言之,而此忽疑为一人。《路史》因附会其词……何其诞哉!"

②著书十五篇:今《汉书·艺文志》道家类载有《老莱子》十六篇。

③与孔子同时：王骏图曰："《仲尼弟子传》云'孔子所严事，于周则老子，于楚老莱子'，是太史公未尝疑老子即是老莱子也。书此一节，盖亦传记连类叙及之意。"

④盖老子百有六十余岁，或言二百余岁：《正义》曰："盖，或，皆疑辞也。世不昀知，故言'盖'及'或'也。"《索隐》曰："此前古好事者据《外传》，以老子生年至孔子时，故百六十岁。或言二百余岁者，即以周太史儋为老子，故二百余岁也。"

⑤养寿：保养身体以延年益寿。

【译文】

有人说：老莱子也是楚国人，著书十五篇，论说道家的作用，跟孔子是同时代的人。老子大概活了一百六十多岁，也有人说活了两百多岁，因为他修炼道术所以养得高寿。

自孔子死之后百二十九年①，而史记周太史儋见秦献公曰②："始秦与周合，合五百岁而离，离七十岁而霸王者出焉③。"或曰儋即老子，或曰非也④，世莫知其然否。老子，隐君子也⑤。

【注释】

①孔子死之后百二十九年：梁玉绳曰："孔子卒于敬王四十一年，至烈王二年乃百有六年，此误。"

②史记：史书记载。周太史儋：名叫儋的周国太史官。秦献公：战国时秦国国君，名师隰，前384—前362年在位。据《秦本纪》，太史儋于秦献公十一年（前374）见献公。

③始秦与周合，合五百岁而离，离七十岁而霸王者出焉：《索隐》曰："按，《周》《秦》二本纪并云'始周与秦国合而别，别五百载又合，合七十岁而霸王者出。'然与此传离合正反。"《封禅书》的说法

与《周》《秦》二本纪同。梁玉绳引周婴《卮林》云："孟增幸于成王，造父幸于穆王，非子幸于孝王，'始与周合'也。宣王以秦仲为大夫，'与周别'也。宣王元年为秦仲十八年，自此至惠文十四年，依《年表》凡五百二年，于时秦始称王改元，是'别五百岁复合'也。自惠文王元年至始皇立之载，得七十七年，所云'合七十七年而伯王出'也。比较诸说，周氏似胜。……始皇生于周赧王五十六年，自始皇初生逆数至惠文改元之岁，为六十六年，而后四年西周亡，鼎入秦。以此准之，恰得七十年。史儋之言，庶不爽矣。"

④或曰儋即老子，或曰非也：梁玉绳曰："史公既疑老莱子即老子，又疑太史儋即老子，史以传信，奈何恍惚以惑后世哉？"

⑤老子，隐君子也：方苞曰："老莱子与老子同时、同国，而著书言道家之用；周太史儋与老子同官……故其传与老子相混。而太史公正言老子为'隐君子'，所以破众说之荒怪，且见儋与老子别为二人也。"

【译文】

在孔子死后一百二十九年，史书记载周国的太史儋会见秦献公时说："当初秦与周合在一起，合五百年后分开，分开七十年后，秦国就会出现霸主。"有人说太史儋就是老子，也有人说不是，世人不清楚哪种说法对。总之，老子是一个隐遁的君子。

老子之子名宗①，宗为魏将，封于段干②。宗子注，注子宫，宫玄孙假③，假仕于汉孝文帝。而假之子解为胶西王卬太傅④，因家于齐焉。

【注释】

①老子之子名宗：梁玉绳曰："老子卒于敬王初年，而其子仕魏，最少亦百余岁，宗复如是长老乎？《唐表》以宗为聃之后，较《史》为

实。”姚范曰：“《战国策》华下之战，魏不胜秦，‘明年将使段干崇割地而讲’，‘崇’疑即‘宗’也。计崇之年，似不为老子之子。”汪中《老子考异》认为段干崇是太史儋的儿子。

②段干：魏邑名，具体方位不详。《集解》曰：“《魏世家》有段干木、段干子；《田完世家》有段干朋，疑此三人是姓‘段干’也。本盖因邑为姓，《左传》所谓‘邑亦如之’也。”

③宗子注，注子宫，宫玄孙假：梁玉绳曰：“《神仙传》引《史》，‘宫’作‘言’；‘假’作‘瑕’。”

④胶西王卬（áng）：刘邦的孙子，封胶西王。事迹详见《齐悼惠王世家》。太傅：职主辅佐天子治理天下，汉代还为太子、诸侯王设太傅。

【译文】

老子的儿子名宗，他曾在魏国做将军，受封在段干。宗的儿子叫注，注的儿子叫宫，宫的玄孙叫假，假在孝文帝时出仕做官。假的儿子解曾做过胶西王刘卬的太傅，于是定居在齐国了。

世之学老子者则绌儒学，儒学亦绌老子[①]。“道不同不相为谋”[②]，岂谓是邪？李耳无为自化，清静自正[③]。

【注释】

①世之学老子者则绌儒学，儒学亦绌老子：王叔岷引孟真曰：“老子、儒学之争，文、景、武世最烈，辕固生几以致死；武帝初年窦婴、田蚡、王臧、赵绾皆以儒术为窦太后所罢；及武帝实秉政，用公孙弘、董仲舒言，黄老微矣。”绌，通“黜”，贬退，排斥。

②道不同不相为谋：语出《论语·卫灵公》。王叔岷引孟真曰：“谈先黄老而后‘六经’，迁则儒家，然述父学，故于老氏、儒家之上下，但以‘不同不相为谋’了之耳。”

③李耳无为自化，清静自正：《索隐》曰："《老子》曰：'我无为而民自化，我好静而民自正。'此是昔人所评老聃之德，故太史公于此引以记之。"《正义》曰："此都结老子之教也，言无所造为而自化，清静不挠而民自归正也。"梁玉绳引万承苍云："此二句是叙传中语，误入于此。"泷川曰："上文皆称'老子'，而此独言'李耳'，亦可证其为窜入。"

【译文】

世上学习老子学说的人就贬斥儒学，学习儒家学说的人也贬斥老子。所谓"道不同不相为谋"，大概就是指这种情况吧？李耳主张无为而听任自然变化，清静而自然可得正理。

庄子者，蒙人也①，名周②。周尝为蒙漆园吏③，与梁惠王、齐宣王同时④。其学无所不窥，然其要本归于老子之言⑤。故其著书十余万言⑥，大抵率寓言也⑦。作《渔父》《盗跖》《胠箧》⑧，以诋訾孔子之徒⑨，以明老子之术。畏累虚、亢桑子之属⑩，皆空语无事实⑪。然善属书离辞⑫，指事类情⑬，用剽剥儒、墨⑭，虽当世宿学不能自解免也⑮。其言洸洋自恣以适己⑯，故自王公大人不能器之⑰。

【注释】

①蒙：宋地，在今河南商丘东北。一说庄周故里在今安徽蒙城。

②名周：蒋建侯曰："庄子名周，见《庄子》《齐物论》、《外物》、《天下》诸篇，学者无异说。字则不见于先秦诸书。成玄英《庄子疏》曰'字子休'，不知何据。"王叔岷曰："庄子名周，又见《庄子·山木》篇，《越世家·索隐》称庄周为'子休'，称其字也。"

③漆园：一说是园名，中井曰："蒙有漆园，周为之吏，督漆事也。"一

说是地名，在今安徽蒙城。

④梁惠王：即魏惠王，战国魏国君主，前369—前319年在位。将国都由安邑（今山西夏县西北）迁于大梁（今河南开封），故魏国又称梁国。齐宣王：战国齐国君主，田氏，名辟彊，前319—前300年在位。

⑤要本：要旨，关键。

⑥著书十余万言：按，今本《庄子》共八万五千多字，三十三篇。一般认为“内篇”七是庄周所作；“外篇”十五、“杂篇”十一可能杂有门人右学及道家其他派别人的作品，但也反映了庄子的思想。

⑦大抵率（lǜ）：王叔岷曰：“‘大抵’与‘率’为复语，义并犹‘大略’也。”

⑧《渔父》《盗跖》《胠（qū）箧》：皆《庄子》篇名。胠，从旁撬开。

⑨诋訾孔子之徒：按，在《渔父》中，让“渔父”斥责孔子“苦心劳形，以危其真”，是“愚亦甚矣”；在《盗跖》中，让“盗跖”骂孔子为“巧伪人”“盗丘”；在《胠箧》认为“圣人生而大盗起”，“圣人不死，大盗不止”，“窃钩者诛，窃国者为诸侯，诸侯之门而仁义存焉”。诋訾，诽谤，非议。

⑩畏累虚、亢桑子：是《庄子·庚桑楚》中的地名和人名。

⑪空语无事实：其地名、人名都是虚构的。

⑫属书离辞：指写文章。属，连缀文辞。离，排比组织。

⑬指事类情：阐述事理，譬喻情状。

⑭用：用来，用以。剽剥：攻击，批驳。

⑮宿学：学识渊博、修养有素的学者。解免：逃脱，避免。

⑯洸洋：语言丰富。自恣：放纵自己，不受约束。

⑰器：使用。

【译文】

庄子是蒙地人，名周。他曾做过蒙地漆园的小吏，与梁惠王、齐宣王是同时期的人。他的学问无所不包，但其宗旨还是属于老子一派。他的著作有十多万字，大体都是寓言。他的《渔父》《盗跖》《胠箧》等文章，都是诋毁儒家，来发明老子的学说。畏累虚、亢桑子之类地名、人名，都是没有事实依据虚构的。但庄周很擅长写文章，通过比喻类比，来攻驳儒、墨两派，即使是当代学识渊博的学者也不能避免被他批评。他语言丰富，任意发挥，以适合自己的性情，连当世的王公大人也对他毫无办法。

楚威王闻庄周贤①，使使厚币迎之②，许以为相。庄周笑谓楚使者曰："千金，重利；卿相，尊位也。子独不见郊祭之牺牛乎③？养食之数岁，衣以文绣④，以入大庙⑤。当是之时，虽欲为孤豚，岂可得乎⑥？子亟去⑦，无污我⑧。我宁游戏污渎之中自快⑨，无为有国者所羁，终身不仕，以快吾志焉⑩。"

【注释】

①楚威王：战国时楚国国君，名商，前339—前329年在位。

②厚币：丰厚的礼物。

③郊祭：古代祭礼。在郊外祭天或祭地。亦泛指祭祀天地、祖宗等重大祭礼。牺牛：祭祀用的纯色牛。

④衣以文绣：披挂着各种锦绣。中井曰："是谓'养食'之时，非入庙之日也。故《庄子》云'衣以文绣，食以刍菽，及其牵入太庙'云云。"

⑤大庙：帝王的祖庙。

⑥虽欲为孤豚，岂可得乎：中井曰："肥大之躯，丰供久矣，今乃欲变为小豚以免于宰割，不可得也。以喻尊官宠禄之人，欲下为匹夫以免死，而不可得也。"孤豚，小猪。孤，《索隐》曰："小也，特也。"

⑦亟：快速，赶快。

⑧无污我：不要玷污了我。

⑨污渎：污浊的小水沟。

⑩终身不仕，以快吾志焉：按，以上故事采自《庄子·秋水》："庄子钓于濮水，楚王使大夫二人往先焉，曰：'愿以境内累矣。'庄子持竿不顾，曰：'吾闻楚有神龟，死已三千岁矣，王巾笥而藏之庙堂之上。此龟者宁其死为留骨而贵乎？宁其生而曳尾于涂中乎？'二大夫曰：'宁生而曳尾涂中。'庄子曰：'往矣！吾将曳尾于涂中。'"及《庄子·列御寇》："或聘于庄子，庄子应其使曰：'子见夫牺牛乎？衣以文绣，食以刍菽，及其牵而入于太庙，遂欲为孤犊，其可得乎？'"

【译文】

楚威王听说庄周贤能，便派人带着重礼去请他，许诺让他来楚国做国相。庄周笑着对使者说："千金，的确是一大笔钱；卿相，也确实是高官。但是你难道没有见过那些用于祭祀的牛吗？人们喂养它好几年，最后给它披上绣花锦缎，把它送进太庙杀掉做祭品。在这个时候，它想做一头小猪，能办到吗？你赶快走吧，不要玷污了我。我宁愿在小脏水沟里游来游去自得其乐，也不愿受君王的束缚；我宁愿一辈子不做官，来使自己心情愉快。"

申不害者，京人也①，故郑之贱臣②。学术以干韩昭侯③，昭侯用为相④。内修政教，外应诸侯⑤，十五年⑥。终申子之身，国治兵强，无侵韩者⑦。申子之学，本于黄老而主刑名⑧。著书二篇，号曰《申子》⑨。

【注释】

①京：古邑名，在今河南荥阳东南。

②郑：春秋郑国，姬姓。本周西都畿内地，周宣王封弟友于此。国都后迁至今河南新郑，战国初期被韩所灭。

③术：《索隐》："术即刑名之法术也。"按，《韩非子·定法》将法家的学问分作"法""术""势"三方面，治民用"法"，治吏用"术"，治国御敌用"势"。干：干谒，求见。韩昭侯：战国时韩国国君，前362—前333年在位。

④昭侯用为相：泷川曰："《战国策·韩策》云：'魏之围邯郸也，申不害始合于韩王。'依《年表》，周显王元年韩灭郑；十六年，魏围赵邯郸；十八年，申不害相韩；三十二年，申不害卒。申子出处可概见也。"

⑤应：应付，对付。

⑥十五年：据《韩世家》，申不害于韩昭侯八年（前355）相韩，二十二年（前341）卒。

⑦国治兵强，无侵韩者：《韩世家》记载为"申不害相韩，修术行道，国内以治，诸侯不来侵伐。"《索隐》引王劭曰："《纪年》云：'韩昭侯之世，兵寇屡交'，异乎此言矣。"梁玉绳曰："申子相韩，起周显王十八年，至三十二年，此十五年中，《纪年》书交兵者三：显王二十四年，魏败韩马陵；二十六年，魏败郑梁赫；三十一年，秦伐郑，败秦酸水，郑即韩也。然马陵之役当显王即位前一年，在申子为相前十八年，《纪年》误书。则安知梁赫、酸水二役其年不误？不得妄据以驳史公。"

⑧黄老：黄帝和老子的并称。后世道家奉为始祖。刑名：王鸣盛曰："'刑名'，犹言'名实'，盖循名责实之谓也。"主张循名责实，慎赏明罚。

⑨《申子》：《集解》引《新序》曰："申子之书言人主当执术无刑，因循以督责臣下，其责深刻，故号曰'术'。"《汉书·艺文志》法家类载《申子》六篇，已亡佚。

【译文】

申不害是京地人,原来是郑国地位卑下的小官。他学了刑名之术去求见韩昭侯,韩昭侯任用他做韩国的国相。申不害对内整饬政治教化,对外应付诸侯,执政共十五年。一直到他去世,韩国政治清明,兵力强盛,没有谁来侵犯它。申不害的学说,来源于黄老但中心理论却是刑名之术。著书两篇,名叫《申子》。

韩非者,韩之诸公子也①。喜刑名法术之学②,而其归本于黄老③。非为人口吃,不能道说,而善著书。与李斯俱事荀卿④,斯自以为不如非。非见韩之削弱,数以书谏韩王⑤,韩王不能用。于是韩非疾治国不务修明其法制⑥,执势以御其臣下⑦,富国强兵而以求人任贤,反举浮淫之蠹而加之于功实之上⑧。以为儒者用文乱法,而侠者以武犯禁⑨。宽则宠名誉之人⑩,急则用介胄之士⑪。今者所养非所用,所用非所养⑫。悲廉直不容于邪枉之臣。观往者得失之变,故作《孤愤》《五蠹》《内外储》《说林》《说难》十余万言⑬。然韩非知"说"之难,为《说难》书甚具⑭,终死于秦,不能自脱⑮。

《说难》曰:

【注释】

①公子:诸侯之子。

②喜刑名法术之学:《集解》引《新序》曰:"申子之书言人主当执术无刑,因循以督责臣下,其责深刻,故号曰'术'。商鞅所为书号曰'法'。皆曰'刑名',故号曰'刑名法术之书'。"《韩非子·定法》云:"申不害言术,而公孙鞅为法。术者,因任而授官,循名而责实,操杀生之柄,课群臣之能者也,此人主之所执也;法者,宪

令著于官府，刑罚必于民心，赏存乎慎法，而罚加乎奸令者也，此臣之所师也。”韩非发展了商鞅的“法”和申不害的“术”。《韩非子·主道》阐述“刑名家”主张之“循名责实”云：“群臣陈其言，君以其言授其事，事以责其功。功当其事，事当其言则赏；功不当其事，事不当其言则诛。”

③而其归本于黄老：《索隐》曰：“韩子书有《解老》《喻老》二篇，是大抵亦崇黄老之学耳。”按，道、法两家关系密切，最终目标都是达到“无为而治”，只是主张的手段和途径不同。归，本，宗旨。

④李斯：楚人，后入秦。辅佐秦王政统一六国，任丞相。事迹详见《李斯列传》。荀卿：名况，时人尊而号为卿。原赵人，任楚兰陵令。战国末期的儒学大师。事迹详见《孟子荀卿列传》。

⑤韩王：即韩王安，韩氏，名安，韩国的末代国君，前238—前230年在位。事迹详见《韩世家》。

⑥于是：就此，因而。

⑦执势：掌握权势。

⑧浮淫之蠹：与下文“功实”相对，指夸夸其谈没有实际用处的蠹虫。《韩非子·五蠹》篇把儒生、侠客、纵横家、工商业者、逃避兵役者五种人称为“蠹虫”。功实：指切实有功的人。

⑨儒者用文乱法，而侠者以武犯禁：语出《韩非子·五蠹》。用文乱法，泷川曰：“李斯所谓‘诸生不师今而学古，以非当世，惑乱黔首’者。”以武犯禁，为了行“侠”触犯法律。

⑩宽：宽松，松弛。此指太平无事时。名誉之人：徒有虚名之人。指儒、侠等。

⑪介胄：甲胄，铠甲与头盔。这里指军士、武士。

⑫所养非所用，所用非所养：《索隐》曰：“言人主今临事任用，并非常所禄养之士，故难可尽其死力也。”

⑬《孤愤》《五蠹》《内外储》《说林》《说难》：《索隐》曰：“此皆非所

著书篇名也。《孤愤》，愤孤直不容于时也。《五蠹》，蠹政之事有五也。《内外储》，按《韩子》有《内储》《外储》篇，《内储》言明君执术以制臣下，制之在己，故曰'内'也。《外储》言明君观听臣下之言行，以断其赏罚，赏罚在彼，故曰'外'也。……《说林》者，广说诸事，其多若林，故曰'说林'也。"《说难》：《索隐》曰："言游说之道为难，故曰《说难》，其书词甚高，故特载之。"岑仲勉曰："此篇先陈'说'之难，继言'说'之术，极精。"

⑭具：具体，充分。

⑮终死于秦，不能自脱：泷川曰："此史公自恨触君怒也。"

【译文】

韩非是韩国的公子。他爱好刑名法术的学问，但其根本宗旨却与黄老学说相同。韩非口吃，说话不利落，但善于写文章。他和李斯都是荀卿的学生，李斯自己觉得比不上韩非。韩非看到韩国日益衰弱，多次上书向韩王进谏，韩王不采纳他的意见。于是韩非痛恨国君治国不能力求严明法制，不能掌握强权驾驭臣下，不能富国强兵任用贤能，反而举用那些夸夸其谈的家伙，把他们抬举到有军功肯实干的人才之上。他认为儒生用自己所学非议当今的法令制度，游侠用武力违犯国家禁令。他还不满国家太平时专门宠用一些徒有虚名的人，等到国家危急的关头却又来依靠披甲戴盔的武士。现在国家供养的不是需要的人，而国家所需要的人平时又不储备。韩非还痛心廉直的忠臣不为奸臣所容而遭排挤陷害。他考察了历史上的得失演变，写了《孤愤》《五蠹》《内外储》《说林》《说难》等文章共十多万字。但是韩非知道向帝王进说辞很难，在《说难》里写得很充分，他自己最终还是死在秦国，没能逃脱。

《说难》写道：

凡说之难，非吾知之有以说之难也①；又非吾辩之难能明吾意之难也②；又非吾敢横失能尽之难也③。凡说之难，在知所说之心,可以吾说当之[④]。

【注释】

①非吾知之有以说之难也:《正义》:“凡说难识情理,不当人主之心,恐犯逆鳞。说之难知,故言非吾知之有以说之乃为难。”

②又非吾辩之难能明吾意之难也:《正义》:“能分明吾意以说之,亦又未为难也,尚非甚难。”《韩非子》作“又非吾辩之能明吾意为难也”。陈奇猷曰:“犹言‘又非吾口才辩给之难,被说者能明吾意为难也’。”

③又非吾敢横失能尽之难也:《正义》:“又非吾敢有横失,词理能尽说己之情,此虽是难,尚非极难。”陈奇猷曰:“谓说人之时非吾敢极骋智辩,既不敢极骋智辩,则尽吾意为难矣。横失,犹言辩说驰骋无所顾忌也。”失,通“逸”,奔逸。中井曰:“言吾横发纵逸其辞以自尽非不难,而犹未为难也。”

④当:陶鸿庆曰:“当,值也,言与所说之心相值也。”

【译文】

游说的艰难,不是难在以我具有的知识去说服被游说者,也不是难在我的口才难以明确表达自己的意思,也不是难在我不敢毫无顾忌地透彻地表达自己的意见。大凡游说的难处,在于了解被游说者的心思,以便使自己的游说符合他的心意。

所说出于为名高者也[①],而说之以厚利,则见下节而遇卑贱[②],必弃远矣[③]。所说出于厚利者也,而说之以名高,则见无心而远事情[④],必不收矣[⑤]。所说实为厚利而显为名高者也[⑥],而说之以名高,则阳收其身而实疏之[⑦];若说之以厚利,则阴用其言而显弃其身[⑧]。此之不可不知也。

【注释】

①为名高：指追求名望。中井曰："仁义之类。"

②见下节而遇卑贱：李笠曰："谓吾将受君操节污下之目，而以卑贱相遇。"

③弃远：抛弃疏远。

④远事情：没有实际的用处。

⑤不收：不用。《索隐》引刘氏曰："若秦孝公志于强国，而商鞅说以帝王，故怒而不用。"

⑥显为名高：装作追求名望。

⑦阳收其身：表面上采用。阳，假装。

⑧阴用其言而显弃其身：暗地里采纳你的建议，表面上不重用你。《索隐》曰："若下文云郑武公阴欲伐胡，而关其思极论深计，虽知说当，终遭显戮是也。"

【译文】

如果被游说者希望获得很高的名望，而你用优厚的利益游说他，就会被认为是格调低下而鄙视你，一定会疏远抛弃你。如果被游说者希望获得优厚的利益，而你用获得高名游说他，就会被认为是没有头脑而不务实，一定不会录用你。如果被游说者内心追求厚利而表面上却装作爱好高名，你用获得高名游说他，他就会表面任用你实际上却疏远你；你若用优厚的利益游说他，他会暗地里采纳你的主张而表面上却抛弃你。这些是游说者不能不明白的。

夫事以密成，语以泄败。未必其身泄之也[①]，而语及其所匿之事[②]，如是者身危。贵人有过端[③]，而说者明言善议以推其恶者[④]，则身危。周泽未渥也而语极知[⑤]，说行而有功则德亡[⑥]，说不行而有败则见疑[⑦]，如是者身危。夫贵人得计而欲自以为功[⑧]，说者与知焉[⑨]，则身危。彼显有所出事，乃自以为也故[10]，说者与知焉，则身危。强之以其所必不为[11]，止之以其所不能已者[12]，身危。故曰：与之论大人，则以为间己[13]；与之论细人[14]，则以为粥权[15]。论其所爱，则以为借资；论其所憎，则以为尝己。径省其辞，则不知而屈之[16]；泛滥博文，则多而久之。顺事陈意[17]，则曰怯懦而不尽；虑事广肆[18]，则曰草野而倨侮。此说之难，不可不知也。

【注释】

①其身：指进说之人。

②语及：说的话触及。其所匿之事：被游说者暗藏不想让人知道的事情。

③过端：过失。

④明言善议以推其恶：《韩非子》作“明言礼义以挑其恶”。《正义》：“引美善之议以推人主之恶。”

⑤周泽未渥：恩泽不够深厚。极知：极其智慧。

⑥说行而有功则德亡：你的言论被采纳，并且取得了成功，但被游说者不会记住你的恩德。

⑦说不行而有败则见疑：中井曰：“疑其忿说不行，而为阴坏泄漏也。”《索隐》曰：“若下文所云邻父以墙坏有盗却为见疑，即其类也。”

⑧得计：计策得当。

⑨说者与知：中井曰：“贵人得良策，欲独为己功，夸独知之明，然而说者谓己参与其策，是分其功也，故见憎。”

⑩彼显有所出事，乃自以为也故：泷川曰：“言人君阳有所托说，而阴欲为他事，恐人之知其谋，说者当若无所闻知也。”方苞曰：“如晋欲伐陆浑之戎，而假于祭洛也。”也故，《韩非子》作“他故”。

⑪强之以其所必不为：《索隐》引刘氏曰：“若项羽必欲衣锦东归，而

说者强述关中,违旨忤情,自招诛灭也。”中井曰:“若劝秦皇、汉武以节俭休息,劝唐太宗以泰伯、季札之让是也。”强,勉强。

⑫止之以其所不能已:《索隐》引刘氏曰:“若汉景帝决废栗太子,而周亚夫强欲止之,竟不从其言,后遂下狱是也。”中井曰:“若劝唐高宗勿立武后,劝玄宗勿近杨妃也。”

⑬与之论大人,则以为间己:陈奇猷曰:“己,指君。言说者对君论议大臣,则君疑为离间君臣。”

⑭细人:地位卑微之人。

⑮粥(yù)权:弄权谋利。

⑯屈:压抑,屈抑。

⑰顺事陈意:《正义》曰:“说者陈言,顺人主之意。”

⑱虑事广肆:王骏图曰:“谓说者苟遇事广为指画,肆陈己意。”

【译文】

事情,能保密才能成功,泄密就会失败。不一定是游说者泄露的,而是言语间无意触及了对方的秘密,这样游说者就会有生命危险。显贵人物犯了错,游说者明白陈述、好心好意地推究他的过失,就会有生命危险。恩宠还不深厚,而游说者对被游说者说的话极其智慧,要是被采纳并且成功了,游说者的功德很快就会被遗忘;要是没被采纳而导致失败,游说者就会被怀疑,就会有生命危险。显贵之人策划了一件事而且成功了,他想将其作为自己的功劳,而游说者曾参与并知晓内情,那他就有生命危险。那显贵之人冠冕堂皇地策划某件事,而实际却是为了达到自己的其他目的,而游说者又知道底细,那他就有生命危险。勉强对方做他不想做的事,劝止对方停下做他所不能停手的事,都会有生命危险。所以说:同君主议论他的大臣,会被认为是离间君臣关系;议论荐举地位低的人,会被怀疑是卖弄权势冒犯君主权威。议论君主喜爱的人,会被认为是想利用借助他们的权势;议论君主憎恶的人,会被认为是在试探他。你如果说话简单直接,会认为是才智不足而有屈大才;如果滔滔不绝、旁征博引，他会认为你说得太多太久。顺着君主的心意论事，会被认为是怯懦而不敢完全阐明自己的观点；考虑太多并全部说出，又被说成鲁莽而傲慢。这些游说的难处，游说者不能不知道啊。

凡说之务[①]，在知饰所说之所敬[②]，而灭其所丑[③]。彼自知其计[④]，则毋以其失穷之[⑤]；自勇其断[⑥]，则毋以其敌怒之[⑦]；自多其力[⑧]，则毋以其难概之[⑨]。规异事与同计，誉异人与同行者[⑩]，则以饰之无伤也。有与同失者，则明饰其无失也[⑪]。大忠无所拂忤[⑫]，辞言无所击排[⑬]，乃后申其辩知焉。此所以亲近不疑，知尽之难也[⑭]。得旷日弥久，而周泽既渥，深计而不疑[⑮]，交争而不罪[⑯]，乃明计利害以致其功[⑰]，直指是非以饰其身[⑱]，以此相持[⑲]，此说之成也[⑳]。

【注释】

①凡说之务：进言的重要问题。

②饰所说之所敬：《索隐》曰："说士当知人主之所敬，而时以言辞文饰之。"按，"所敬"《韩非子》作"所矜"。饰，表彰，夸赞。

③灭其所丑：《索隐》曰："人主若有所避讳而丑之，游说者当灭其事端而不言也。"

④自知其计：认为自己的计策高明。知，这里作动词用。

⑤毋以其失穷之：《韩非子》旧注云："彼或自以计谋为智，则无得以其先所因败而穷屈之。"中井曰："预推其计之有所失也。"

⑥自勇其断：认为自己的决定做得干脆。

⑦毋以其敌怒之：《索隐》曰："说士勿以己意而攻间之，是以卑下之谋自敌于上，以致谴怒也。"一说以为"敌"应作"谪"，《方言》曰："谪，过也。"

⑧多：夸赞，赞赏。

⑨毋以其难概之：《索隐》曰："概，犹'格'也。刘氏云：'秦昭王决意攻赵，白起苦说其难，遂己之心，拒格君上，故致杜邮之戮也。'"陈子龙曰："如苻坚之伐晋，谏者言晋不可破，则愈不听。"

⑩规异事与同计，誉异人与同行者：《正义》曰："贵人与甲同计，与乙同行者，说士陈言无伤甲乙也。"规，这里是赞赏的意思。同计，《韩非子》"计"下有"者"字。

⑪有与同失者，则明饰其无失也：《韩非子》旧注云："其异人之行若与彼同污，则大文饰之，言此污何所伤？其异事之计若与彼同败者，则明为文饰，言此败何所失？"

⑫大忠无所拂忤：《索隐》曰："言大忠之人志在匡君于善，君初不从，则且退止，待君之悦而又几谏，即不拂悟于君也。"拂忤，《正义》："当为'咈忤'。"违背，违逆。

⑬击排：攻击排斥。

⑭知尽之难也：《索隐》曰："《韩子》作'得尽之辞也'。"陈奇猷曰："盖谓既能极骋智辩，又得亲近不疑，则能尽其辞矣。"

⑮深计：深入周密地谋划。

⑯交争：互相争论。

⑰以致其功：辅佐帝王建立功业。

⑱以饰其身：使帝王约束自己，端正自己。饰，通"饬"。

⑲相持：相互扶持，相待。

⑳成：成功。

【译文】

游说中的重要问题，在于知道如何美化被游说者最自负的地方，而贬低他认为丑恶的东西。如果他认为自己计谋高明，就不要指出他的失败而使他受窘；如果他认为自己决断果敢，就不要用他的过错去激怒他；如果他夸耀自己的能力强，就不要用他感到困难的问题去阻止他。被游说者谋划的计策和某人相同，所做之事与另一人相似，那游说者进言时就不要伤害这两人。别人如果有与被游说者同样的过失，你要明确表示他没有过失。忠心耿耿，不拂逆君主的心意，言辞谨慎，不要攻击排斥，然后择机发挥自己的辩才和智慧。这就是游说者得到被游说者亲近而不被怀疑，能尽情施展才智的艰难。如果能与被游说者长期共事，深得恩宠，替对方深谋远虑而不被怀疑，互相争论而不被治罪，可以公开地论说利害来使对方获得成功，直接地指出对错而使对方改正进步，彼此的关系能够这样维持，游说就成功了。

伊尹为庖①，百里奚为虏②，皆所由干其上也③。故此二子者，皆圣人也，犹不能无役身而涉世如此其污也④，则非能仕之所设也⑤。

【注释】

①伊尹：商汤大臣，助商汤讨夏桀。事迹详见《殷本纪》。为庖：据《殷本纪》，伊尹"为有莘氏媵臣，负鼎俎，以滋味说汤"。庖，厨师。

②百里奚为虏：百里奚原为虞国大夫，晋献公灭虞，虏获了他，让他做秦穆公夫人的陪嫁之臣。百里奚觉得羞耻，中途逃走，又被楚人抓回。秦穆公闻其贤，以黑色牡羊皮五张赎了他。后来委以国政。事见《秦本纪》。

③皆所由干其上：都是为了求见君主才这样做的。

④役身：劳身。涉世：指入仕。

⑤非能仕之所设也：《索隐》曰："《韩子》作'非能士之所耻也'。"

【译文】

伊尹做过厨师，百里奚做过奴仆，他们都是为了求见君主才这样做的。所以说这两个人都是圣人，仍不能不做卑贱的事，处于卑贱的地位，那么有才能的人也不会以卑躬屈节为耻。

宋有富人[①]，天雨墙坏。其子曰“不筑且有盗”，其邻人之父亦云。暮而果大亡其财，其家甚知其子而疑邻人之父。昔者郑武公欲伐胡[②]，乃以其子妻之。因问群臣曰：“吾欲用兵，谁可伐者？”关其思曰[③]：“胡可伐。”乃戮关其思[④]，曰：“胡，兄弟之国也，子言伐之，何也？”胡君闻之，以郑为亲己而不备郑。郑人袭胡，取之。此二说者，其知皆当矣[⑤]，然而甚者为戮，薄者见疑。非知之难也，处知则难矣[⑥]。

【注释】

①宋有富人：泷川曰：“《孟》《韩》《庄》《列》诸书言愚妄事，多取例于宋人，宋多愚人也，阎百诗《四书释地》论之详矣。”宋，周代诸侯国名，子姓。周武王灭商后，封商纣王的儿子武庚于商旧都（在今河南商丘）。成王时，武庚叛乱被诛，又以其地封与纣的庶兄微子启，号宋公，为宋国。

②郑武公：春秋时郑国国君，姬姓，名掘突，前770—前744年在位。胡：春秋时国名，姬姓，故址在今河南漯河。

③关其思：郑国大臣。

④戮：诛杀。

⑤当：判断准确。

⑥非知之难也，处知则难：泷川曰：“《廉颇蔺相如列传》云‘知死必勇，处死者难’，盖学此句法。史公受刑之后，特有感于‘处知则难’四字。”

【译文】

宋国有个富人，天下大雨冲坏了他家的墙壁。他的儿子说“如不赶快修好就会失盗”，他邻居的父亲也这样说。当天晚上果然被偷走了许多钱财，他家的人都大大称赞自己的儿子聪明而怀疑邻居的父亲。从前郑武公想攻打胡国，便把女儿嫁给胡君为妻。然后他问群臣："我想对外用兵，可以攻打哪个国家?"关其思回答说："可以攻打胡国。"郑武公于是杀掉了关其思，说："胡国是兄弟之国，你说可以攻打，是何居心?"胡国国君听说这事，认为郑国亲近自己，不再防备郑国。郑国则乘机袭击胡国，把它吞并了。邻人之父与关其思的话都是很有见识的，但他们的遭遇却是重的被杀，轻的被怀疑。可见认知事物并不难，而如何处置运用这种认知就难了。

昔者弥子瑕见爱于卫君①。卫国之法，窃驾君车者罪至刖②。既而弥子之母病，人闻，往夜告之，弥子矫驾君车而出③。君闻之而贤之曰："孝哉，为母之故而犯刖罪!"与君游果园，弥子食桃而甘，不尽而奉君。君曰："爱我哉，忘其口而念我④!"及弥子色衰而爱弛，得罪于君。君曰："是尝矫驾吾车⑤，又尝食我以其余桃。"故弥子之行未变于初也，前见贤而后获罪者⑥，爱憎之至变也⑦。故有爱于主，则知当而加亲⑧；见憎于主，则罪当而加疏⑨。故谏说之士不可不察爱憎之主而后说之矣⑩。

【注释】

①弥子瑕：春秋时期卫灵公嬖臣。卫君：即卫灵公，春秋时期卫国国君，姬姓，名元，前533—前493年在位。

②刖（yuè）：古代酷刑之一，断掉脚或脚趾。

③矫：假托君命。

④忘其口而念我：《韩非子》作"忘其口味，以啖寡人"。

⑤是：这个人，此人。

⑥见贤：被称美。

⑦爱憎之至变也：《韩非子》作“爱憎之变也”。

⑧知当：智慧、行动符合主子心意，怎么都是好的。

⑨罪当：想法、行动被看成罪过，即怎么做都是错的。

⑩爱憎之主：似应作“主之爱憎”。

【译文】

从前弥子瑕很受卫君的宠爱。卫国的法律，私自驾用君主的车子要受断足的刑罚。有一次弥子瑕的母亲病了，有人听说了，连夜去告诉他，弥子瑕假借卫君的命令驾着卫君的车子回家了。卫君听说后认为他贤德，说：“孝顺啊，为了母亲甘愿犯断足之罪！”弥子瑕和卫君游果园，弥子瑕吃了一个桃子觉得甘甜，没吃完就献给卫君吃。卫君说：“弥子瑕真爱我啊，舍其享受美食而想着我！”等到后来弥子瑕容貌衰老，卫君对他的宠爱也衰减了，他得罪了卫君。卫君说：“他曾假借我的命令私自驾用我的车子，还曾把他吃剩的桃子给我吃。”所以说弥子瑕的行为和以前相比并无改变，从前被称美而后来被治罪，是卫君对他的爱憎发生了变化。所以当一个人被君主宠爱的时候，他的智谋合乎君主的心意，君主就会愈加亲近他；当他被君主憎恨时，就认为他有罪而更加疏远他。因此游说谏诤的人不可不认真考察君主的爱憎，然后再进行游说。

夫龙之为虫也，可扰狎而骑也①。然其喉下有逆鳞径尺，人有婴之②，则必杀人。人主亦有逆鳞，说之者能无婴人主之逆鳞，则几矣③。

【注释】

①扰狎：驯服而亲近。扰，驯养。

②婴：触犯。

③几：及，达到。

【译文】

龙作为一种虫，可以驯养亲近它甚至骑着它。但它的喉下有尺把长倒生的鳞，人一旦触犯，就必定丧命。君主也有逆鳞，游说者如能避开不加触犯，就差不多成功了。

人或传其书至秦。秦王见《孤愤》《五蠹》之书，曰："嗟乎，寡人得见此人与之游，死不恨矣[①]！"李斯曰："此韩非之所著书也。"秦因急攻韩。韩王始不用非，及急，乃遣非使秦[②]。秦王悦之，未信用。李斯、姚贾害之[③]，毁之曰[④]："韩非，韩之诸公子也。今王欲并诸侯，非终为韩不为秦[⑤]，此人之情也。今王不用，久留而归之，此自遗患也，不如以过法诛之[⑥]。"秦王以为然，下吏治非。李斯使人遗非药，使自杀。韩非欲自陈，不得见。秦王后悔之，使人赦之，非已死矣。

【注释】

①恨：遗憾。

②及急，乃遣非使秦：《韩世家》记载为："王安五年，秦攻韩，韩急，使韩非使秦。"

③姚贾：秦国上卿。害：妒忌。

④毁：毁谤，诋毁。《集解》引《战国策》曰："秦王封姚贾千户，以为上卿。韩非短之曰：'贾，梁监门子，盗于梁，臣于赵而逐。取世监门子梁大盗赵逐臣与同社稷之计，非所以励群臣也。'王召贾问之，贾答云云，乃诛韩非也。"

⑤非终为韩不为秦：今《韩非子·存韩》篇后载李斯上书，主张伐韩，并论述："非之来也，未必不以其能存韩也"；又说："臣视非之言，

文其淫说，靡辩才甚。臣恐陛下淫非之辩而听其盗心，因不详察事情。”

⑥过法：超出常规的刑法。

【译文】

后来有人把他的著作传到了秦国。秦王读了《孤愤》《五蠹》等文章，说道：“哎呀，我要是能见到这个人，跟他交往，那就死而无憾了！”李斯说：“这些是韩非的著作。”秦王为了得到韩非，加紧进攻韩国。韩王原来不任用韩非，现在事态危急，才派韩非出使秦国。秦王很喜欢韩非，但没有加以任用。李斯、姚贾嫉妒韩非的才能，污蔑韩非说：“韩非是韩国的公子。如今大王要吞并东方诸侯，韩非终究会向着韩国而不会为秦国效力，这是人之常情啊。现在大王不任用他，留他这么久再放他回去，这是给自己留下祸患，不如以过法杀掉他。”秦王认为他说得对，就把韩非交给司法官员治罪。而李斯则派人给韩非送去毒药，逼他自杀。韩非想亲自向秦王陈述，但是见不到秦王。后来，秦王悔悟，派人去赦免韩非，而韩非已经死了。

申子、韩子皆著书，传于后世，学者多有。余独悲韩子为《说难》而不能自脱耳①。

【注释】

①独悲韩子为《说难》而不能自脱耳：泷川曰：“史公重言‘不能自脱’，所以为非悲者，则所以自悲也，言外无限痛恨。”

【译文】

申不害、韩非都有著作流传于世，学者们大多有他们的书。我特别感慨韩非能写出《说难》但自己却无法逃脱游说带来的灾难。

太史公曰：老子所贵道，虚无，因应变化于无为①，故著书辞称微妙难识②。庄子散道德③，放论，要亦归之自然④。申子卑卑⑤，施之于名实⑥。韩子引绳墨⑦，切事情⑧，明是非，其极惨礉少恩⑨。皆原于道德之意⑩，而老子深远矣⑪。

【注释】

①虚无，因应变化于无为：泷川曰："《史公自序》引《六家指要》云'……其术以虚无为本，以因循为用'，与此同旨。"因应，顺应。

②微妙难识：《六家要旨》称道家云："其实易行，其辞难知。"

③散道德：方苞曰："散，推衍也，推衍老子所论道德之意而放言也。"

④要：要点，旨归。

⑤卑卑：意思说法不一。《集解》曰："自勉励之意也。"王叔岷曰："申子之学，实'非霸王之事'，正所谓卑卑小数也。"

⑥名实：即循名责实。

⑦绳墨：原指木工画直线用的工具，后引申为规矩、准则。

⑧切：靠近，贴近。

⑨惨礉（hé）：残酷峻刻。礉，峻刻，苛刻。

⑩皆原于道德之意：法家理论本于道家。泷川曰："《六家指要》又叙道家云：'虚者道之常也，因者君之纲也，群臣并至使各自明也。其实中其声者谓之端，实不中其声者谓之款。'其意全与申、韩合，亦可以观刑名之说本于道家。"

⑪老子深远：指老子学说对后世的影响深刻而长久。

【译文】

太史公说：老子尊崇道，他讲究虚无，主张以无为来对待事物之间的倚伏变化，所以他的著作语义微妙，难以读懂。庄周推演老子的道德学说，语言汪洋恣肆，但他理论的核心也是归于老子的追求自然。申不害不唱高调，主要是讲究循名责实。韩非把法律条文作为行为准绳，紧扣社会现实问题，明察是非，发展到极端就成了惨急苛酷。庄子、申不害和韩非的理论都源于老子的“道德”学说，可见老子学说的影响有多么深远。

【集评】

泷川曰：“《庄子传》云‘其要本归于老子之言’，《申子传》云‘本于黄老而主刑名’，《韩非传》云‘喜刑名法术之学，而其归本于黄老’。史公合传之意可知。”（《史记会注考证》）

梁玉绳曰：“昔人以老、韩同传为不伦，《史通·编次》篇深訾之；小司马补《史》亦云‘不宜同传，宜令韩非居《商君传》末’。然申、韩本于黄老，史公之论自不可易，并非强合。况《韩子》有《解老》《喻老》二篇，其《解老》篇创为训注体，实五千文释诂之祖，安知史公之意又不在斯乎？前贤妄规之也。”（《史记志疑》）

陈柱曰：“老、庄道家，申、韩法家，以老、庄、申、韩合传，以见法家源于道家也，此史公洞悉学术源流处。后人不解，反以老、韩同传为卑老，谬矣。”（《历代名家评〈史记〉》引）

【评论】

前辈学者多认为《老子韩非列传》是讲老子、韩非等人的学术思想，而非为其人作传，这一认识非常精辟，是我们理解本篇的切入点。老子、庄子、申不害、韩非的生平事迹资料所存甚少，如老子，甚至究竟是谁都无定论。所以本篇主旨并不是写人物事迹，而是辨析道家学派与法家学派的学术渊源与相互关系。现在人们公认道、法两家关系密切，《韩非子》的许多篇章都曾引用《老子》之语，尤其是对道家的“法”“术”之义多有继承与发挥。道、法两家的最终目标都是达到“无为而治”，但手段与途径不同。秦代推崇法家，汉初重黄老，汉武帝尊儒，而黄老与法家本有相通之处，只是表现形式不同；武帝的尊儒实际上是外儒内法，宣帝就明确说汉代制度是王霸道兼用。司马迁从学术发展渊源上讲清了道家与法家的关系，可以帮助人们认识历代统治者虽然不断变换名目，但其本质都是根据当时实际情况选用某种学术为其统治服务。

篇中所写孔子向老子问礼，老子对他加以告诫的事，其来源主要是《庄子·天运》中的一个小故事："孔子见老聃归，三日不谈。弟子问曰：'夫子见老聃，亦将何规哉？'孔子曰：'吾乃今于是乎见龙，龙合而成体，散而成章，乘乎云气，而养乎阴阳，予口张而不能合，予又何规老聃哉？'"梁玉绳说："《庄子》多寓言，而据为实录，可乎？"孔子向老子问礼，这件事在《孔子世家》中也有记载，前人多论此事或为事实，但不论是本篇所写，还是《庄子·天运》所写，都明显是用道家思想批评儒家思想来拔高自己，将其理解为寓言故事更为合适。《史记》是一部杰出的历史书，同时也是一部杰出的文学书。《史记》中的人物形象以及他们的言论文章，有相当一部分带有寓言故事的特质，从事物本质上说是真实的；但从具体的故事情景上看，又是艺术的，分明带着夸张虚构的成分。钱锺书在《管锥编》中说："人如欲活，适所以为事不悉真；作者耽佳句，读者不可参死句也。"又说："诸子书中所道每实有其人而未必实有其事，自同摩空作赋，非资凿空考史。据此以订史，是为捕风影；据史以订此，是为杀风景。"篇中写庄子拒绝楚威王聘请为相一段也当作如是观。

关于老子其人，本篇其实没有确定，只是给出了三个"候选人"。一是周守藏史李耳，也就是老聃；一是楚人老莱子，就是二十四孝中彩衣娱亲的那位；一是周太史儋。司马迁倾向于老子是李耳，将孔子问礼、著书出关等事都写在他的名下。有人对此深信不疑，如此则老子的《道德经》应该出现在《论语》之前，是先秦诸子中出现最早的。但也有人认为司马迁的记述不可信，证以先秦诸子著述，孟子在批评当时各学派时没有提到老子，说明老子学说流行在孟子后；《庄子》中出现了老子教训孔子的故事，荀子开始评论老子，韩非子作《解老》《喻老》两篇，发扬老子学说，足见老子学说的传播在战国后半期，其成书应在《论语》之后，《庄子》之前，应是春秋战国之交道家学派众人智慧之结晶。以上两说，迄今尚无定论。

本篇中着墨最多的是韩非子，还全文引用了他的《说难》一文。韩非为法家学说之集大成者殆无异议，司马迁若选其代表文章更当选《定法》，而不宜选《说难》。《说难》深入研习统治者之复杂心性，此为纵横家进说成败之关键，又是一切阴谋家之素所擅长的伎俩。其文章之透辟虽令人赞叹称绝，但终非法家言论之代表。至于司马迁对韩非的文章尤其看重《孤愤》，罗根泽说："司马迁指为韩非所作，而最言之确凿者莫如《孤愤》一篇，他说韩非所作'十余万言'而首举《孤愤》；又说人或传其书至秦，秦王见《孤愤》《五蠹》之书，曰：'嗟乎，寡人得见此人与之游，死不恨矣！'他又于《报任安书》说道：'韩非囚秦，《说难》《孤愤》。'《孤愤》究为韩非囚秦所作，抑或非未至秦而秦王见《孤愤》之篇，殊未易言。迁发愤著书，未暇详于考证，秦王见《孤愤》之说当是无稽的话，而迁借以抒发不平之气的。"（《古史辨·韩非著作考》）

对于韩非之死，司马迁说是出于李斯、姚贾的妒忌其才，向秦始皇进谗言，将其下狱毒死。但是马非百先生在《秦集史》中却认为韩非就是韩国派往秦国的"间谍"，他说："《始皇本纪》言：'秦王使李斯下韩，韩王患之，与韩非谋弱秦。今韩非书有《存韩篇》，《战国策·秦策》有非谮姚贾之文，盖即韩非弱秦之谋也。"又说："其计果行，不仅李斯、姚贾将由此获罪，即秦之统一前途亦必为之大受挫折。此斯、贾所以不得不用全力共谋去之也。司马迁作《韩非传》既不列李斯下韩，与韩非存韩弱秦之具体内容于篇，又一字不提姚贾出使四国与韩非破坏姚贾计划与对姚贾进行人身攻击之事，而忽于传中大书'李斯、姚贾害之、毁之'云云，遂使后人或则认为'韩非之死，乃李斯忌材所致'；或则认为'韩非，韩公子，以不用于韩，欲干秦王，其后使秦，为李斯所谮死'，抑何不思之甚耶？"如此，则李斯与韩非之间的斗争，乃是佐秦灭韩与佐韩反秦两种立场的政治斗争，不是简单的出于妒忌。考虑当时秦、韩两国关系，马先生之说亦不为无据。

史记卷六十四

司马穰苴列传第四

【释名】

本篇记述了齐国军事家司马穰苴的事迹。司马迁先是叙述了司马穰苴受命为将，杀庄贾立威与打退燕、晋，收复失地的情形，继而写了穰苴因谗而死、田氏篡夺齐政以及威王时编纂《司马穰苴兵法》的情形。篇末的“太史公曰”，是司马迁对《司马兵法》其书和司马穰苴其人的评价。

司马穰苴者[①]，田完之苗裔也[②]。齐景公时[③]，晋伐阿、甄[④]，而燕侵河上[⑤]，齐师败绩。景公患之。晏婴乃荐田穰苴曰[⑥]：“穰苴虽田氏庶孽[⑦]，然其人文能附众，武能威敌[⑧]，愿君试之。”景公召穰苴，与语兵事，大说之，以为将军[⑨]，将兵扞燕、晋之师[⑩]。穰苴曰：“臣素卑贱，君擢之闾伍之中[⑪]，加之大夫之上[⑫]，士卒未附，百姓不信。人微权轻，愿得君之宠臣国之所尊以监军[⑬]，乃可。”于是景公许之，使庄贾往。穰苴既辞，与庄贾约曰：“旦日日中会于军门[⑭]。”穰苴先驰至军，立表下漏待贾[⑮]。贾素骄贵，以为将已之军而已为监[⑯]，不甚急；亲戚左右送之，留饮。日中而贾不至。穰苴则仆表决漏，入，行军勒兵[⑰]，申明约束[⑱]。约束既定，夕时，庄贾乃至。穰苴曰："何后期为[19]？"贾谢曰："不佞大夫亲戚送之[20]，故留。"穰苴曰："将受命之日则忘其家[21]，临军约束则忘其亲，援枹鼓之急则忘其身[22]。今敌国深侵，邦内骚动，士卒暴露于境[23]，君寝不安席，食不甘味，百姓之命皆悬于君，何谓相送乎[24]！"召军正问曰[25]："军法期而后至者云何[26]？"对曰："当斩。"庄贾惧，使人驰报景公，请救。既往，未及反，于是遂斩庄贾以徇三军[27]。三军之士皆振慄[28]。久之，景公遣使者持节赦贾[29]，驰入军中。穰苴曰："将在军，君令有所不受。"问军正曰："驰三军法何？"正曰："当斩。"使者大惧。穰苴曰："君之使不可杀之。"乃斩其仆[30]，车之左驸[31]，马之左骖[32]，以徇三军。遣使者还报，然后行。士卒次舍井灶饮食问疾医药[33]，身自拊循之[34]。悉取将军之资粮享士卒，身与士卒平分粮食，最比其羸弱者[35]。三日而后勒兵。病者皆求行，争奋出为之赴战。晋师闻之，为罢去。燕师闻之，度水而解[36]。于是追击之，遂取所亡封内故境而引兵归[37]。未至国[38]，释兵旅[39]，解约束[40]，誓盟而后入邑[41]。景公与诸大夫郊迎，劳师成礼，然后反归寝[42]。既见穰苴，尊为大司马[43]。田氏日以益尊于齐。

【注释】

①司马穰苴（ráng jū）：《索隐》曰："穰苴，名，田氏之族。为大司马，故曰司马穰苴。"大司马主军事。

②田完：也称陈完，春秋时期陈桓公的孙子，陈厉公的儿子。桓公子陈林（即庄公）弑厉公自立，他因此没能即位，任大夫。宣公时，

他与太子御寇交善。陈宣公二十一年（前672），宣公杀御寇，田完奔齐。齐桓公任他为工正，赐邑于田，故又称田氏，是为齐田氏之祖。后来田氏势大，到战国初期篡夺了齐国姜氏的政权。事迹详见《田敬仲完世家》。苗裔：后代，后嗣。

③齐景公：名杵臼，前547—前490年在位。

④晋：春秋诸侯国名。周成王封自己的弟弟叔虞于唐，南有晋水，后改国号晋。长期为诸侯霸主，都新田（今山西侯马西南）。详见《晋世家》。阿：齐邑名，也称东阿，在今山东东阿。甄（juàn）：同"鄄"，古地名，在今山东鄄城北。

⑤燕：周代诸侯国名，召公之后，都蓟（在今北京之西南）。河上：《正义》曰："黄河南岸地，即沧、德二州北界。"

⑥晏婴：景公时期大夫。事迹见《管晏列传》《左传》《晏子春秋》。

⑦庶孽：姬妾所生之子。犹树有孽生，故称。

⑧文能附众，武能威敌：姚苎田曰："史公作文必胸有成竹，故每于叙断之语管摄全传，如'文能附众，武能威敌'八字，实穰苴一传提纲，非孟浪语。"附众，使众人归附。

⑨将军：春秋时已有将军之称。其时大国有上、中、下三军，统一军者谓之将军，往往以一国之卿为之。有时诸侯亦自以为将。战国时将军始为武职之高级官号。

⑩扞（hàn）：抵御，抵抗。

⑪闾伍：闾里。户籍以五家为伍，故称"闾伍"。居民所住的里巷。

⑫大夫：夏、商、周时卿之下、士之上的官，有上大夫、中大夫及下大夫之分。

⑬监军：姚苎田曰："'监军'之名始出于此，名为'监军'，实受将之节制，乃一时权宜之计耳。后世至以刑余统之，虽大帅元勋，无不掣肘偾事，一何其昧于建置之初心也！"

⑭旦日日中：指明日中午。军门：军营之门。

⑮立表下漏：设置日晷、漏刻以计时。《索隐》曰："谓立木为表以视日影，下漏谓下漏水以知刻数也。"姚苎田曰："顿出杀机。夫苴则何藉于庄贾之监哉？请以杀之而已，古云'愿得将军之头，可以集事'，正此类也。"又曰："孙武杀宠姬，穰苴诛庄贾，总是一副辣手，皆以羁旅疏贱之故，不得已而出此，当原其心以论之。"

⑯将已之军：当解为，将军已经去了军中。按，泷川资言的《史记会注考证》作"将已之军"，结合庄贾的身份和言行看，用"已"字更合理。

⑰勒兵：操练或指挥军队。

⑱约束：指规章制度、纪律。

⑲后期：迟误期限。

⑳不佞（nìng）：谦称自己，犹言"不才"。

㉑受命：接受任命。

㉒援枹（fú）鼓：敲响战鼓以进军。王叔岷引《尉缭子·武议》篇："将受命之日，忘其家；张军宿野，忘其亲；援枹而鼓，忘其身。"姚苎田曰："一番议论能使三军之士忠愤激发，即贾亦百喙难辞，故行法而能令人心服。若孙武与吴王二妃，徒以儿戏杀人，要不可同日语矣。"又曰："与项羽责宋义之辞相仿佛，然彼是私憾，而曲加之罪；此却说得慷慨动人。所谓'文能附众'者，良不诬矣。"枹，鼓槌。

㉓暴（pù）露：指冒着风雨寒暑。

㉔何谓：王叔岷曰："'谓'犹'为'也。"

㉕军正：军中执法官。

㉖军法期而后至者云何：姚苎田曰："写得严毅有体。凡此等处，俱不厌其详。"

㉗徇：宣示于众。三军：周制，诸侯大国三军。中军最尊，上军次之，下军又次之。后用作军队的通称。

㉘振慄：因畏惧而发抖。

㉙持节：古时使臣出使，必执持符节以为信物，故称。

㉚仆：车夫。

㉛左驸：古代车厢外左外侧的立木。

㉜左骖：古代驾车用三马，后用四马，其左边的马叫左骖。姚苎田曰："看此段，益见杀贾之志久有成心，纵不后期亦必求他过以诛之，总欲借以立威而已。"郭嵩焘曰："君之使者不可戮，戮其仆可也，且及车之左驸、马之左骖，何为哉？盖亦当时稗官小说之流传，史公取而著之也。"

㉝次舍：行军中的止息营地。郭嵩焘曰："次舍，谓所居；饮食，谓所食；医药，谓有疾者。"

㉞身自：亲自。拊循：安抚，抚慰。

㉟最比其羸弱者：李笠曰："谓己之所得，凡计与弱者比耳。"即自己的口粮标准是最低的。古代军中按士兵的体力状况定口粮标准。姚苎田曰："有前一段之威烈，不可无此一段之慈仁。"

㊱度水而解：《正义》："度黄河水北去而解。"

㊲遂取所亡封内故境：姚苎田曰："写得淋漓满志，此皆未必实然之语，而文如此始畅。"

㊳国：国都。

㊴释兵旅：收起武器。

㊵解：解除。

㊶誓盟而后入邑：今本《司马法·天子之义》"古者国容不入军，军容不入国"。

㊷反归寝：泷川引中井曰："此称'归寝'，以见先是忧于寇兵，夜不入寝也，亦所以礼于将卒暴露者。"

㊸尊为大司马：梁玉绳曰："此语不可信，齐亦恐无'大司马'之官。"

【译文】

司马穰苴是田完的后代。齐景公时，晋国攻占齐国的阿地和甄地，燕国进犯齐国的河上之地，齐军接连大败。齐景公忧心忡忡。晏婴于是举荐田穰苴说："穰苴虽然是田氏的庶出子弟，但他这个人，文韬能使大家归附，武略能使敌人畏惧，希望君王您能够任用他。"于是齐景公召见了田穰苴，与他商讨用兵之事，心里很是高兴，于是任命田穰苴为将军，让他领兵去抗击燕、晋两国的军队。田穰苴说："臣下的出身素来卑微，君上把臣下从平民百姓中提拔起来，置于大夫之上，士兵们未必会服从，百姓们也不会信任。臣下的资望轻微，权威难以树立，希望能派一个君上宠信、国家敬重的大臣，来做监军才可以。"于是齐景公答应了田穰苴的请求，派庄贾去做监军。田穰苴辞别了齐景公，跟庄贾约定说："明天正午，我们在营门会见。"第二天，田穰苴率先赶到军营，在营门立起观测日影的木表，打开标计时刻的漏壶，等候着庄贾。庄贾素来骄横傲慢，以为主将已经到了军中，自己只是监军，不用太过着急；加上亲戚僚属为他饯行，他就留下来喝酒了。到了正午，庄贾还没来到。田穰苴于是就放倒木表，倒掉漏水，进入军营，整顿军队，申明军纪。等到布置完毕，已是日暮时分，庄贾才姗姗而来。田穰苴说："为何晚于约定的时间呢？"庄贾歉然解释说："不才的僚属亲戚朋友送行，所以耽搁了。"田穰苴说："作为将军，从接受命令的那天起，就要忘掉自己的家室；面向军队宣布军纪后，就要忘掉自己的双亲；拿起鼓槌擂响战鼓的危急时刻，就要忘掉自己的安危。如今敌人已经深入国境，国内人心惶惶，骚动不安，士兵们日晒雨淋，守卫边境，国君寝不安席，食不甘味，百姓的性命都维系在你的手上，还讲究什么饯别送行呢！"于是把执法的军正叫过来问道："按照军法，约好时间而迟到的人该怎么处置？"军正回答说："应该斩首。"庄贾很害怕，派人飞马报告齐景公，请他搭救。前去报信的人还没来得及返回，田穰苴就已把庄贾斩首，并在三军面前巡行示众了。三军将士都吓得发抖。过了许久，齐景公派使者带着符节来赦免庄贾，车马飞奔直入军营。田穰苴说："将在军中，国君的命令有的可以不接受。"又问军正说："在军营中驾车奔驰，按军法该如何处置？"军正说："应该斩首。”使者异常恐惧。田穰苴说：“国君的使者不能斩杀。”于是就斩了使者的车夫，砍断车厢左侧的立木，杀掉驾车的左边马，向三军巡行示众。接着，田穰苴让使者回去向齐景公报告，自己则率兵出发了。行军途中，士兵们安营扎寨、挖井立灶、饮水吃饭、探病吃药等事，田穰苴都亲自过问关照。他把作为将军专用的食物都拿出来给士兵们享用，自己和士兵吃同样的口粮，而且是和那些吃得最少的人一样。三天之后，田穰苴整束军队，准备出战。这时，连生病的士兵都要求同行，争先奋勇地为他奔赴战场。晋军听说这种情况后，就引兵撤退了。燕军听说后，也撤过黄河北岸，解了围。于是田穰苴挥兵追击，直到收复了国境之内被侵占的全部失地，才率兵回朝。到达国都之前，田穰苴解除了部队的备战状态，取消了战时的种种军令，宣誓立盟，而后进入国都。齐景公率领着公卿大夫到城外迎接，直到慰劳三军的仪式结束，才返回寝宫休息。齐景公接见了田穰苴，尊封他为大司马。从此，田氏在齐国日益显贵起来。

已而大夫鲍氏、高、国之属害之①，谮于景公②。景公退穰苴，苴发疾而死③。田乞、田豹之徒由此怨高、国等④。其后及田常杀简公⑤，尽灭高子、国子之族⑥。至常曾孙和，因自立为齐威王⑦，用兵行威，大放穰苴之法⑧，而诸侯朝齐⑨。

【注释】

①鲍氏、高、国：都是齐国贵族，世代为齐国国相，秉持大权。当时的掌门人分别为鲍牧、高张、国夏。害：嫉恨。

②谮（zèn）：谗毁，诬陷。

③苴发疾而死：泷川曰：“‘苴’上疑脱‘穰’字。”高士奇《左传纪事本末》曰：“陈桓子无宇生僖子乞，执齐国之政，操废立之权者自僖子始。穰苴之忠，其亦田氏之独出者矣。”

④田乞：也称“田僖子”“陈僖子”，田桓子无宇之子，事齐景公，以大斗借贷、小斗收进之法笼络民心，并结交诸侯。后自为相，专齐国之政。事见《田敬仲完世家》。田豹：田乞的族人。

⑤田常杀简公：发生在鲁哀公十四年（前481）。田常，田乞之子，与监止俱为齐简公之相。兴兵杀了简公和监止后，立简公弟骜，自为相。在位期间基本控制了齐国政权。详见《左传》与《田敬仲完世家》。

⑥尽灭高子、国子之族：指田乞杀高昭子，国惠子出逃。姚苎田曰：“此何足纪？聊为穰苴吐气耳。史公往往心爱其人，则临文不无过当之处。”

⑦至常曾孙和，因自立为齐威王：《索隐》曰：“此文误也，当云‘田和自立，至其孙，因号为齐威王’。”田和，先后任齐宣公（前455—前405年在位）和齐康公（前404—前379年在位）的国相。齐康公十九年（前386），正式代康公立为诸侯。在位三年卒，号曰太公。齐威王，即田和的孙子田因齐。在位期间，重视修政整军，任用田忌为将，邹忌为相，孙膑为军师，国势大振。自称为王，号令天下。是战国时期最有作为的君主之一。

⑧放：仿效，依照。

⑨诸侯朝齐：按，战国时期最先称霸的是魏国；自齐威王即位，先后在桂陵、马陵两次打败魏军，继魏称雄于诸侯，诸侯不敢加兵于齐达二十余年。

【译文】

后来，大夫鲍氏、高氏、国氏之流忌恨他，就向齐景公进谗言。齐景公听信谗言，罢免了田穰苴，田穰苴遂发病而死。田乞、田豹之辈由此怨恨高氏、国氏等人。此后，等到田乞的儿子田常杀掉齐简公，就把高氏、国氏家族全部诛灭了。到了田常的曾孙田和，便自立为齐国的诸侯，田和的孙子，就是齐威王，他用兵打仗，行使权威，大都仿效田穰苴的做法，因而国势日强，各诸侯都来齐国朝拜。

齐威王使大夫追论古者《司马兵法》而附穰苴于其中①，因号曰《司马穰苴兵法》。

【注释】

①追论：讨论过去的事情。这里指整理编撰。

【译文】

齐威王让他的大夫们讨论整理古时的《司马兵法》，把田穰苴的治兵方法也附入其中，故而命名为《司马穰苴兵法》。

太史公曰：余读《司马兵法》，闳廓深远①，虽三代征伐②，未能竟其义③，如其文也，亦少褒矣④。若夫穰苴，区区为小国行师，何暇及《司马兵法》之揖让乎⑤？世既多《司马兵法》，以故不论，著穰苴之列传焉。

【注释】

①闳廓深远：博大精深。

②三代：指夏、商、周三代。

③竟：遍，全。这里是充分体现的意思。

④少褒：杨慎曰："言溢美也。"李光缙引赵恒曰："言过其实也。"少，略，稍微。

⑤何暇及：哪里谈得上。揖让：宾主相见之礼，拱手谦让。引申为有文化修养。这里指兵法修养。《汉书·艺文志》有《军礼司马法》，列入"礼家类"。前文"未至国，释兵旅，解约束，盟誓而后入邑"，就属于"揖让"守礼之例。至于"区区为小国行师，何暇

及《司马兵法》之揖让”，大概是正话反说。

【译文】

太史公说：我读《司马兵法》，感到博大精深，即使夏、商、周三代圣贤的用兵，也未能穷尽它的内蕴，像现在把田穰苴的用兵文字编入其中，就难免有溢美之嫌了。至于田穰苴，只不过是为小小的诸侯国统兵打仗，哪里谈得上《司马兵法》中的那种谦让有礼呢？世间《司马兵法》流传很多，因此不再论及，只写这篇《司马穰苴列传》。

【集评】

郭嵩焘曰：“春秋行师犹以古法约束；用杀以立威，战国始有此风，春秋无有也。《战国策》明言司马穰苴湣王时人，史公以属之景公；即‘将军’‘司马’之称，亦当在战国六国相王以后，恐史公误也。”（《史记札记》）

崔适曰：“《孙吴列传》云：‘魏文侯问李克曰：吴起何如人哉？李克曰：起用兵，司马穰苴不能过也。’是时姜齐未亡，田齐未立，李克已以穰苴比吴起，安得为湣王臣耶？惟燕、晋伐齐事不惟《左氏》无之，即《年表》《世家》亦无之，诚为可疑。且穰苴斩君之宠臣，与孙武杀王之爱姬，如此矫激之风，春秋时所未有。盖亦寓言，非事实也。”（《史记探源》）

姚苎田曰：“穰苴之用兵，颇有雍容之度，非专尚威武者也。但以起于庶孽，就迹戎行，倘即极意拊循，终为其下所易，故不得已借一骄贵之夫杀之，以为弹压之本。迨其后一战功成，而世家之忮害旋作，愈知其前之苦心，直与淮阴背水异用而同工者矣。”（《史记菁华录》）

吴见思曰：“穰苴之奇，奇在兵法，故运筹帷幄，折冲樽俎。斩一庄贾而二国旋师，写得揖让从容，绝无一毫卤莽气，自是儒将风流。”（《史记论文》）

李景星曰：“《司马穰苴传》只叙诛庄贾、退燕晋师一事，而规模整齐，节奏安雅，是一篇正锋文字。……‘晋师闻之为罢去，燕师闻之度水而解'，写得声势生动；'释兵旅，解约束，誓盟而后入邑'，写得礼让雍容。合前后观之，铁马金戈中显出一个儒将风流。"（《史记评议》）

【评论】

本篇描写生动传神，有声有色，是《史记》中的上乘文字。司马穰苴出身于齐国田氏宗族的支系，被著名政治家晏婴视为"文能附众、武能威敌"的栋梁之才。在齐国遭到外敌侵犯的危急形势下，晏婴将其举荐给齐景公，被任命为将军。为了整肃军纪，树立军威，司马穰苴果断斩杀失约误期的宠臣庄贾。《史记》写到大将初上任而杀人立威的事件共三起，其一为《晋世家》与《魏世家》所写到的晋臣魏绛戮晋悼公之弟杨干之仆；其二为《孙子吴起列传》所写的孙武为吴王阖庐练女兵而诛吴王之二宠妃；其三便是本篇所写的司马穰苴斩杀庄贾。《史记》所载的这一脍炙人口的故事，使司马穰苴成为历史上不畏权贵、严格执法的治军典范。司马穰苴有效地激发了齐军的战斗热情，提高了士卒的作战能力，从而一举击退入侵者，收复全部失地，解除了齐国的危难，凯旋后荣升为大司马。不久因遭到齐国大族鲍氏、高氏、国氏的诋毁、迫害，听信谗言的齐景公解除了他的职位。时当盛年的司马穰苴受此打击，精神郁闷，很快便因染上沉疴而英年早逝，悲剧结局令人感慨叹息。

司马穰苴在其短暂的军旅生涯中，建立了一套颇具个性、行之有效的治军理论，并在其后的战争实践中因被齐国将领所效法而得到流传。历史的车轮驶入战国以后，在变法图强的时代风气鼓荡下，励精图治的齐威王不但效法了司马穰苴的用兵之术，还出于对军事理论建设的高度重视，"使大夫追论古者《司马兵法》而附穰苴于其中，因号曰《司马穰苴兵法》。"

关于司马穰苴其人的生活年代，史公称其为春秋末期齐景公时人，前人赞同此说者多引《孙子吴起列传》为证，然《孙子吴起列传》亦同出于司马迁之手，不足为凭；可为旁证者为《晏子春秋》，其中载田穰苴事迹有："景公饮酒……'移于司马穰苴之家。'前驱款门曰：'君至。'穰苴介胄操戟立于门曰：'诸侯得微有兵乎？大臣得微有叛乎？君何为非时而夜辱？'公曰：'酒醴之味，金石之声，愿与将军乐之。'穰苴对曰：'夫布荐席、陈簠簋者有人，臣不敢与焉。'"表现出了司马穰苴忠厚正直、一心为国的凛凛风骨，可补此《司马穰苴列传》之不足。

史记卷六十五

孙子吴起列传第五

【释名】

本篇是孙武、孙膑、吴起三人的合传。在孙武部分,司马迁写了孙武的被任用于吴、为吴立功的情形,着重叙述了孙武“吴宫教战”的故事;在孙膑部分,司马迁写了孙膑为齐将,两次挫败魏将庞涓的史实;在吴起部分,司马迁写了吴起为鲁、魏、楚建立功勋,但处处受排挤,及被楚人所杀事。到了篇末的“太史公曰”,司马迁表达了对吴起等人的某些不满与批评。

孙子武者[①],齐人也[②]。以兵法见于吴王阖庐[③]。阖庐曰:“子之十三篇[④],吾尽观之矣。可以小试勒兵乎[⑤]?”对曰:“可。”阖庐曰:“可试以妇人乎?”曰:“可。”于是许之,出宫中美女,得百八十人。孙子分为二队,以王之宠姬二人各为队长,皆令持戟。令之曰:“汝知而心与左右手背乎[⑥]?”妇人曰:“知之。”孙子曰:“前,则视心[⑦];左,视左手;右,视右手;后,即视背[⑧]。”妇人曰:“诺。”约束既布[⑨],乃设铁钺[⑩],即三令五申之。于是鼓之右[⑪],妇人大笑。孙子曰:“约束不明,申令不熟,将之罪也。”复三令五申而鼓之左,妇人复大笑。孙子曰:“约束不明,申令不熟,将之罪也;既已明而不如法者[12],吏士之罪也[13]。”乃欲斩左右队长。吴王从台上观,见且斩爱姬,大骇。趣使使下令曰[14]:“寡人已知将军能用兵矣。寡人非此二姬,食不甘味,愿勿斩也。”孙子曰:“臣既已受命为将,将在军,君命有所不受[15]。”遂斩队长二人以徇[16]。用其次为队长,于是复鼓之。妇人左右前后跪起皆中规矩绳墨[17],无敢出声。于是孙子使使报王曰:“兵既整齐,王可试下观之,唯王所欲用之[18],虽赴水火犹可也[19]。”吴王曰:“将军罢休就舍,寡人不愿下观[20]。”孙子曰:“王徒好其言,不能用其实。”于是阖庐知孙子能用兵,卒以为将。西破强楚,入郢[21],北威齐、晋[22],显名诸侯,孙子与有力焉[23]。

【注释】

①孙子武:即孙武。子,古人对男子的尊称。

②齐人也:按《汉书》之《古今人表》与《艺文志》称孙武为“吴人”。梁玉绳曰:“考《唐表》孙氏世系,陈无宇之子书‘伐莒有功,赐姓孙。生凭,字起宗;生武,字长卿,奔吴。子明食采富春,为富春人’。‘长卿’之字惟见此。”

③阖庐:姬姓,一作“阖闾”,名光,春秋时吴国国君,前514—前496年在位。事迹详见《吴太伯世家》。

④子之十三篇:《正义》曰:“《七录》云:‘《孙子兵法》三卷。’按,十三篇为上卷,又有中、下二卷。”十三篇为《始计》《作战》《谋攻》《军形》《兵势》《虚实》《军争》《九变》《行军》《地形》《九地》《火攻》《用间》。

⑤勒兵：治军，操练部队。

⑥而：你，你们。

⑦视心：看胸口面对的方向。

⑧视背：转向后背方向。

⑨约束：纪律，规章制度。这里指上述口令。布：宣布，传达。

⑩𫓧钺（fū yuè）：两种杀人刑具。𫓧，铡刀。钺，古兵器。

⑪鼓之右：敲鼓让她们转向右。

⑫如法：遵守法令，遵守规则。如，依照，按照。

⑬吏士：犹言官兵。

⑭趣：赶快，从速。使使：派使者。

⑮将在军，君命有所不受：《孙子·九变》："将受命于君……君命有所不受。"

⑯徇：宣示于众。

⑰规矩绳墨：规、矩，校正圆形、方形的两种工具；绳墨，木匠画直线所用的工具。多比喻标准法度。

⑱唯：听凭，任随。

⑲虽：即使。

⑳寡人不欲下观：锺惺曰："写吴王一肚皮不快活，声口如见。"

㉑西破强楚，入郢：吴王阖庐九年，楚昭王十年，前506年，吴军大举伐楚，攻入楚国国都郢。详见《伍子胥列传》。郢，在今湖北荆州。

㉒北威齐、晋：据《十二诸侯年表》，吴国曾于夫差十一年（前485）、十二年（前484）两次北上伐齐；又于十四年（前482）与晋定公在黄池会盟，争霸主之位。

㉓孙子与有力焉：梁玉绳曰："《吴世家》《伍胥传》并有'将军孙武'语，然孙子之事与穰苴比美，而皆不见于《左传》，何耶？《通考》引叶氏《辨孙子》乃'春秋末处士，言得用于吴者，其徒夸大之说也'。又胡应麟《九流绪论》曰：'武灼灼吴、楚间，丘明不应尽

没其实，盖战国策士以武圣于谈兵，耻以空言令天下，为说文之耳。'" 吴见思曰："此段美人二队，宠姬队长，已极可观；又从吴王台上补写一笔，高台武幄，别增多少色泽。" 锺惺曰："写孙武只此试美人一事，是史公好奇处。" 有力，起了很大作用。

【译文】

孙武是齐国人。因为擅长兵法被吴王阖庐接见。阖庐说："你的兵法十三篇，我都看过了。你可以小规模地试着为我操演一下吗？"孙武说："可以。"阖庐说："用妇人试试可以吗？"孙武说："可以。"于是阖庐选出宫中美女一共一百八十人，供孙武调遣。孙武把她们编成两队，让吴王的两个宠姬任两队队长，叫她们都拿着戟。孙武问她们："你们都知道自己的心口、左右手、后背吗？"宫女说："知道。"孙武说："向前，就看心口所对的方向；向左，就看左手所在的方向；向右，就看右手所在的方向；向后，就看后背所对的方向。"宫女都说："是。"孙武宣布完要领军令，就摆出铁、钺等军中的刑具，又把刚才讲过的话反复讲了几遍。然后孙武击鼓让她们向右，宫女们大笑着不动。孙武说："这是我还没把动作要领讲明白，没把军令讲清楚，这是我为将者的责任。"于是，他又把刚才宣布过的要领军令讲了几遍，然后击鼓让宫女们向左，宫女们又笑了起来。孙武说："要领讲得不明白，军令讲得不清楚，这是将军的责任；如果这些都已经讲清楚了但还不按要求做，这就是军官的责任了。"于是要将两个队的队长处斩。吴王正在台上观看，看见孙武要斩他的爱姬，大惊。急忙派人对孙武说："我已经知道您善于用兵了。我没有这两个爱姬，饭都吃不下去，希望您不要斩了她们。"孙武说："我已经接受命令做了您的将军，将军在军中，可以不接受君王的命令。"说罢就斩了两个宠姬并把她们的人头展示给大家看。接着，又重新选了两个队长，继续击鼓操练。这次宫女们该前该后该左该右该跪该起，一切都谨遵规矩，没人敢出声了。于是孙武派人去报告吴王说："队伍已经整齐，大王可以试着下来看看，任凭大王使用，即使赴汤蹈火也可以做到。"吴王说："将军回去休息吧，我不想下去看了。”孙武说：“大王您只是喜好我的文章，而不能把它付之于实践啊。”通过这件事阖庐了解到孙武善于用兵，最终请孙武做了吴国的大将。吴王阖庐能够西破强楚，攻入郢都，又北上威震齐、晋，显名于诸侯，这里面有孙武的功劳。

孙武既死①，后百余岁有孙膑②。膑生阿、鄄之间③，膑亦孙武之后世子孙也④。孙膑尝与庞涓俱学兵法。庞涓既事魏，得为惠王将军⑤，而自以为能不及孙膑，乃阴使召孙膑。膑至，庞涓恐其贤于己，疾之⑥，则以法刑断其两足而黥之⑦，欲隐勿见。

【注释】

①孙武既死：《集解》引《越绝书》曰：“吴县巫门外大冢，孙武冢也，去县十里。”

②后百余岁有孙膑：梁玉绳曰：“武死不知何时，若以吴入郢至齐败魏马陵计之，则百六十年矣。萧山来氏集之《樵书》曰：‘腓刑曰膑，则是斩庞涓之孙子无名，不过指其刑黥两足而名之，传其事不传其名何哉？’”按，孙子因受过膑刑，故称。

③阿：即东阿，在今山东东阿。鄄（juàn）：即鄄城，在今山东鄄城。

④膑亦孙武之后世子孙也：梁玉绳曰：“《唐宰相表》云：‘武生明，明生膑。’盖明虽食采富春，未久仍反齐，故《史》云‘膑生阿、鄄之间’，《汉志》亦曰‘齐孙子也’。《吕览·不二》注云‘孙膑楚人’，恐非。”

⑤惠王：指魏惠王，姬姓，魏氏，名罃。因魏国当时的都城在大梁（今河南开封），故也称“梁惠王”。前369—前319年在位。

⑥疾：厌恶，憎恨。

⑦黥(qíng):指黥刑,在犯人脸上刺字。

【译文】

孙武死后一百多年,出现了孙膑。孙膑的家乡在阿地、鄄城之间,是孙武的后代。孙膑曾与庞涓一起学习兵法。庞涓在魏国做了魏惠王的将军后,自认为才能比不上孙膑,就暗中派人叫来孙膑。孙膑到后,庞涓怕他超过自己,忌恨他,于是就巧立罪名用刑砍断了孙膑的两只脚,并处以在脸上刺字的黥刑,想让他从此再无出头之日。

齐使者如梁①,孙膑以刑徒阴见②,说齐使。齐使以为奇,窃载与之齐③。齐将田忌善而客待之④。忌数与齐诸公子驰逐重射⑤。孙子见其马足不甚相远⑥,有上、中、下辈⑦。于是孙子谓田忌曰:"君弟重射⑧,臣能令君胜。"田忌信然之⑨,与王及诸公子逐射千金⑩。及临质⑪,孙子曰:"今以君之下驷与彼上驷⑫,取君上驷与彼中驷,取君中驷与彼下驷。"既驰三辈毕⑬,而田忌一不胜而再胜⑭,卒得王千金。于是忌进孙子于威王⑮。威王问兵法,遂以为师。

【注释】

①如:到达。梁:魏国的都城大梁。

②阴见:暗中会见,偷偷会面。

③之齐:来到齐国。

④田忌:又作"田期",齐国将领。事迹亦见于《孟尝君列传》。

⑤数:屡屡,多次。驰逐:竞马。重射:下大赌注。凌稚隆引董份曰:"谓以重相射,即下千金是也。"射,猜度。

⑥马足:马的足力。不甚相远:差别不大。

⑦有上、中、下辈:按,底本作"马有上、中、下辈"。泷川曰:"枫、三

本无‘马’字。”王叔岷引《文选·七发》注亦无“马”字。连上句读，“马”字应削。

⑧弟：只管，尽管。

⑨信然：相信，信任。

⑩逐射千金：李笠曰：“逐，谓竞争也。逐千金，即争射千金。”

⑪临质：临场比赛。《索隐》曰：“质，犹对也，将欲对射之时也。”

⑫下驷：下等马。与：对付，对抗。

⑬既驰三辈毕：赛过三场之后。

⑭一不胜而再胜：一败二胜。再，两次。

⑮威王：田姓，名因齐，一名因。桓公之子，前356—前320年在位。

【译文】

后来，齐国的使者来到魏国，孙膑以一个刑徒的身份悄悄求见，游说齐使。齐使觉得孙膑是位奇才，就偷偷地用马车把他带到了齐国。齐国的大将田忌欣赏孙膑，以贵客之礼对待他。田忌经常和齐国诸公子们赛马豪赌。孙膑见双方的马实力差不多，可以分为上、中、下三等。于是孙膑对田忌说：“下次赛马，您尽管下大赌注，我包您能赢。”田忌相信孙膑，于是便约齐王和各位公子赛马，下了千金赌注。等到比赛时，孙膑对田忌说：“用您的下等马与他们的上等马比，用您的上等马同他们的中等马比，用您的中等马同他们的下等马比。”于是三场比赛过后，田忌一负二胜，最终赢到了齐王的千金。于是，田忌把孙膑举荐给了齐威王。齐威王向孙膑请教兵法，随即尊他为军师。

其后魏伐赵①，赵急，请救于齐。齐威王欲将孙膑，膑辞谢曰：“刑余之人不可。”于是乃以田忌为将，而孙子为师，居辎车中②，坐为计谋③。田忌欲引兵之赵，孙子曰：“夫解杂乱纷纠者不控捲④，救斗者不搏撠⑤。批亢捣虚⑥，形格势禁[7]，则自为解耳。今梁、赵相攻，轻兵锐卒必竭于外[8]，老弱罢于内[9]。君不若引兵疾走大梁[10]，据其街路[11]，冲其方虚[12]，彼必释赵而自救。是我一举解赵之围而收弊于魏也[13]。”田忌从之，魏果去邯郸[14]，与齐战于桂陵[15]，大破梁军。

【注释】

①魏伐赵：魏惠王十六年，赵成侯二十一年，齐威王三年，前354年，赵国伐卫，魏国为了救卫，发兵伐赵，并包围了赵国都城邯郸。事见《赵世家》。

②辎车：有帷盖的车，既可载物，也可坐卧休息。《汉书·张良传》颜师古注：“辎车，衣车也。”

③坐为计谋：王念孙曰：“《文选·报任少卿书》注引此，‘坐’作‘主’。”

④解杂乱纷纠者不控捲：《索隐》曰：“谓解杂乱纠纷者当善以手解之，不可控捲以击之。捲，即拳也。”控捲，伸出拳头。捲，拳头。

⑤救斗者不搏撠：《索隐》曰：“救斗者当善扐解之，无以手助相搏撠，则其怒益炽矣。”凌稚隆引余有丁曰：“撠义当为击，非矛戟也。”救斗，劝解斗殴，制止打架。搏撠，参与搏斗。撠，抓住，握持。

⑥批亢捣虚：谓扼其要害而击其空虚。

⑦形格势禁：谓受形势的阻碍或限制。

⑧轻兵：行动迅疾的士兵。竭：衰竭，疲困。

⑨罢：疲敝，惫乏。

⑩疾走：急速奔向。

⑪街路：道路，街道。这里指交通要道。

⑫方虚：刚好空虚的地方。

⑬收弊：收拾惫乏之敌。

⑭去：离开，撤离。

⑮桂陵：古地名，故址在今河南长垣西北。一说在今山东菏泽东北。

【译文】

后来魏国攻打赵国，赵国形势危急，向齐国求救。齐威王想拜孙膑为主将，孙膑推辞说："我是受过刑的人，不适合做主将。"于是齐王就派田忌为主将，而请孙膑做军师，坐在辎车里为田忌出谋划策。田忌想率军直奔赵国，孙膑说："要解决杂乱纠纷的人不能握紧拳头用劲，想拉架不能自己掺和进去。避实就虚，那么形势就会发生变化，问题自然迎刃而解。现在魏、赵交战，他们的精兵强将一定是在外面精疲力竭，老弱病残在国内也疲惫不堪。您不如领兵迅速攻打大梁，占据其交通要冲，攻击他们空虚之处，这样魏军就必然要从赵撤兵回救。这样我们便一举两得，既解了赵国之围，又可以攻打疲于奔命的魏军。"田忌采纳了这个方案，魏军果然撤离邯郸，同齐军在桂陵交战，被齐军打得大败。

后十三岁①，魏与赵攻韩②，韩告急于齐。齐使田忌将而往③，直走大梁。魏将庞涓闻之，去韩而归，齐军既已过而西矣④。孙子谓田忌曰："彼三晋之兵素悍勇而轻齐⑤，齐号为怯，善战者因其势而利导之。兵法，百里而趣利者蹶上将⑥，五十里而趣利者军半至⑦。使齐军入魏地为十万灶，明日为五万灶，又明日为三万灶。"庞涓行三日，大喜，曰："我固知齐军怯，入吾地三日，士卒亡者过半矣⑧。"乃弃其步军，与其轻锐倍日并行逐之⑨。孙子度其行，暮当至马陵⑩。马陵道陕⑪，而旁多阻隘，可伏兵，乃斫大树白而书之曰"庞涓死于此树之下"⑫。于是令齐军善射者万弩，夹道而伏，期曰"暮见火举而俱发"⑬。庞涓果夜至斫木下，见白书，乃钻火烛之⑭。读其书未毕，齐军万弩俱发，魏军大乱相失。

庞涓自知智穷兵败，乃自刭[15]，曰："遂成竖子之名[16]！"齐因乘胜尽破其军，虏魏太子申以归[17]。孙膑以此名显天下，世传其兵法[18]。

【注释】

①后十三岁：据《六国年表》，马陵之役发生在桂陵之役后十二年，即前341年；据《竹书纪年》，发生在桂陵之役后十一年。

②魏与赵攻韩：按，据《战国策》，马陵之战实起于魏出兵攻韩，跟赵国没有关系，或许是司马迁将之与桂陵之役相混淆了。

③齐使田忌将而往：按，《六国年表》谓此役"田忌、田婴、田朌将，孙子为师"。据《孙膑兵法》，此役齐军主将是田盼，田忌并未参加。

④齐军既已过而西矣：徐孚远曰："谓庞涓归救，欲邀齐师之未至，而今已过，故涓视利疾趋也。"钱大昕《考史拾遗》曰："齐扬言走大梁，非真抵大梁，及庞涓弃韩而归，齐军始入魏地。齐在魏东，'过而西'者，过齐境而西也。齐军初至，未知虚实，故为减灶之计以误之。若已抵大梁而退，则入魏地不止三日，毋庸施此计矣。"按，钱说符合司马迁原意。郭嵩焘曰："齐之侵魏自东而西；庞涓之去韩而归，又自西而东，其势不能绕出齐军之后。此当为庞涓还救，孙膑因急退师以诱之，而庞涓悉锐追及以谋邀击也。史公于此尚少一斡旋。"

⑤三晋之兵：这里指魏军。因魏与韩、赵原为晋国大夫，战国初分晋而建国，故时人多称魏为"三晋"或"晋"。

⑥趣利：指求胜。蹶：曹操注："犹挫也。"《索隐》引刘氏曰："犹毙也。"

⑦军半至：部队减员一半。按，今本《孙子·军争》篇作："百里而争利，则擒三将军，劲者先，罢者后，其法十一而至；五十里而争利，则蹶上将军，其法半至。"

⑧亡者：逃跑的人，开小差的人。茅坤曰："孙膑减灶与韩信背水阵

同。孙膑疾走大梁,故知庞涓之轻之以齐为怯也。日为减灶则可以诱其轻我之心,而倍日并行以逐;倍日并行以逐则旁多阻隘彼且不及蒐,而吾为伏以袭之矣。"

⑨倍日:一天走两天的路程。并行:犹言"兼程"。

⑩马陵:古邑名,在今河南范县西南。

⑪陕:同"狭"。

⑫斫(zhuó):砍,削。

⑬期:约定。

⑭钻火:点火。烛:照明。

⑮乃自刭:梁玉绳曰:"《齐策》言'禽',此言'自刭',恐皆非实。《年表》《世家》俱云'杀庞涓',盖弩射杀之也。"

⑯遂成竖子之名:中井曰:"涓之语盖言:'吾今日自杀者,欲因此遂成就膑之名声耳!'是临死之夸言矣。《左传》齐侯曰:'是好勇,去之以为之名!'语意与此相肖。"邓以瓒曰:"减灶已奇,斫大树自书益奇,期举火更复奇,摹写处甚工。至'读未毕','遂成竖子之名',情境跃如,可惊可叹。"遂成,成就。竖子,犹小子,对人的蔑称。

⑰太子申:魏惠王的太子,名申,此役中为魏国上将军。

⑱世传其兵法:按,1972年山东临沂银雀山汉墓中发现了此书,证明司马迁之说无误。

【译文】

十三年以后,魏国与赵国一起攻打韩国,韩国向齐国告急。齐王让田忌带兵前往,田忌于是直扑大梁。魏将庞涓听到消息后,离开韩国回国,这时齐军已经越过边境向西进入魏国腹地了。孙膑对田忌说:"魏国军队以剽悍勇猛著称,且一向瞧不起齐军,认为齐兵怯懦,善于用兵的人就是要利用这种形势使其向有利的方向发展。兵法上说,每日行军百里赶去争利的,就要折损自己的上将;每日行军五十里赶去争利的,部队只能有一半到达。我们让我军进入魏境的第一天安排给十万人做饭的炉灶，第二天安排给五万人做饭的炉灶，第三天则只安排给三万人做饭的炉灶。用这种办法来麻痹他们。”庞涓追了三天，非常高兴地说：“我早就知道齐国人怯懦没用，进入我国境内才三天，逃亡的士兵就超过一半了。”于是，他甩掉步兵，只带着轻装精锐部队日夜兼程追赶齐军。孙膑估算魏军行程，天黑时应该会赶到马陵。马陵道路狭窄，而路旁多险阻，可以埋伏伏兵，于是孙膑叫人把一棵大树削去树皮，在露出的白木上写了“庞涓死于此树之下”几个字。于是命齐军中的神射手一万人，在山路两旁埋伏下来，约好“晚上看见火光亮起就一起放箭”。庞涓果然当天夜里带兵进入了马陵道，来到被削去树皮的大树下，看见白木上好像写着什么，就叫人点起火把来照看。还没等他看完树上的字，齐国伏兵万箭齐发，魏军大乱四下奔逃。庞涓自知再无任何办法，已经是一败涂地，只好拔剑自杀了，临死前他愤恨地说：“竟然成就了孙膑这小子的名声！”齐军乘胜追击，彻底打败魏军，俘虏了魏国太子申回国。孙膑因此名扬天下，他的兵法著作也在世上流传开来。

吴起者，卫人也①，好用兵。尝学于曾子②，事鲁君③。齐人攻鲁，鲁欲将吴起，吴起取齐女为妻，而鲁疑之。吴起于是欲就名，遂杀其妻，以明不与齐也④。鲁卒以为将。将而攻齐，大破之⑤。

【注释】

①卫：诸侯国名，周公封武王的弟弟康叔于卫，最初国都在朝歌（今河南淇县）。后先后迁到楚丘（今河南滑县）和帝丘（今河南濮阳）。

②尝学于曾子：黄式三曰：“据刘向《别录》：‘起受《春秋左传》于曾申。’《礼记·檀弓》：‘鲁穆公母卒，使人问于曾子。对曰：“申也

闻诸申之父。"'"曾申是曾参的儿子。

③鲁君：指鲁穆公，姬姓，名显，前407—前377年在位。

④遂杀其妻，以明不与齐也：按，吴起杀妻事不见于其他史料。

⑤将而攻齐，大破之：按，此时鲁国国势已衰，后人多质疑其如何能"大破"齐国。

【译文】

吴起，卫国人，喜欢兵法。曾跟随曾子学习，又事奉过鲁君。齐国攻击鲁国，鲁君想任命吴起为主将，但吴起的妻子是齐国人，所以鲁国人又怀疑他的忠诚。吴起于是为了成就功名，就把妻子杀了，以此来表明自己不会倾向齐国。鲁君终于让他做了主将。吴起率兵迎敌，大败齐军。

鲁人或恶吴起曰[①]："起之为人，猜忍人也[②]。其少时，家累千金[③]，游仕不遂[④]，遂破其家。乡党笑之[⑤]，吴起杀其谤己者三十余人，而东出卫郭门。与其母诀，啮臂而盟曰[⑥]：'起不为卿相，不复入卫。'遂事曾子。居顷之[⑦]，其母死，起终不归。曾子薄之，而与起绝。起乃之鲁，学兵法以事鲁君[⑧]。鲁君疑之，起杀妻以求将。夫鲁小国，而有战胜之名，则诸侯图鲁矣。且鲁、卫兄弟之国也[⑨]，而君用起，则是弃卫。"鲁君疑之，谢吴起[⑩]。

【注释】

①恶（wù）：诽谤，中伤。

②猜忍：猜忌残忍。

③家累千金：家资值数千金，极言其富。累，意即有多个相累积。

④游仕：游历求官做。

⑤乡党：同乡人，乡亲。

⑥啮臂:《淮南子·齐俗训》:"胡人弹骨,越人契臂,中国歃血也,所由各异,其于信一也。"啮,咬,啃。

⑦顷之:不久。

⑧学兵法以事鲁君:董份曰:"'鲁人恶之'者,必恶之于君也,不宜用'鲁君'字。"何焯曰:"二'鲁'字衍。"

⑨鲁、卫兄弟之国也:鲁国国君是周公姬旦的后代,卫国国君是康叔姬封的后代,姬旦与姬封是亲兄弟。

⑩谢:辞退。

【译文】

有些忌恨吴起的鲁国人散布吴起的坏话说:"吴起这个人,是个残忍的人。他年轻时,家里富有千金,到处奔走求官而没结果,最终把全部家产都折腾光了。乡亲们嘲笑他,他竟把嘲笑自己的人杀了三十多个,向东出了卫国城门。和他的母亲告别时,他咬破了手臂发誓说:'我吴起要是当不上卿相,就决不再进入卫国!'于是他就去追随曾子求学。不久,他母亲死了,吴起竟然真的没有回家奔丧。曾子为此看不起他,和他断绝了关系。吴起此后就到了鲁国,学了些兵法为鲁君做事。当鲁国在被齐国攻击而鲁君怀疑他心向齐国时,吴起杀了自己的妻子来换取做主将的机会。鲁国是个小国,而有了打败大国的虚名,那么其他的诸侯感到不安,就要来打鲁国的主意了。况且鲁、卫是兄弟之国,吴起在卫国犯了罪,我们鲁国国君却重用他,这样肯定会得罪卫国。"鲁君听了这些话心中起疑,不久就把吴起辞退了。

吴起于是闻魏文侯贤[①],欲事之。文侯问李克曰[②]:"吴起何如人哉?"李克曰:"起贪而好色[③],然用兵司马穰苴不能过也[④]。"于是魏文侯以为将,击秦,拔五城[⑤]。

【注释】

①魏文侯：名斯，前445—前396年在位，较有作为。

②李克：一作“李悝”，魏文侯时任相，曾协助魏文侯实行了许多新的经济政策，促进经济发展，使魏国得以富强。《平准书》云：“魏用李克，尽地力，为强君。”事迹见《魏世家》。

③贪：指贪于荣名。

④司马穰苴：齐国名将，景公时因晏婴举荐，任为将军。事迹详见《司马穰苴列传》。

⑤击秦，拔五城：即《魏世家》中记载的“伐秦，筑临晋、元里”，“西攻秦，至郑而还，筑雒阴、郃阳”事。

【译文】

吴起听说魏文侯很贤明，想要事奉他。魏文侯问李克：“吴起这人怎么样？”李克说：“吴起贪荣名、好女色，但是论用兵打仗，就是司马穰苴也比不过他。”于是魏文侯就任用吴起为将，让他带兵攻秦，一连夺了秦国五座城池。

起之为将，与士卒最下者同衣食。卧不设席①，行不骑乘②，亲裹赢粮③，与士卒分劳苦。卒有病疽者④，起为吮之。卒母闻而哭之。人曰：“子卒也，而将军自吮其疽，何哭为？”母曰：“非然也。往年吴公吮其父，其父战不旋踵⑤，遂死于敌。吴公今又吮其子，妾不知其死所矣。是以哭之。”

【注释】

①卧不设席：睡觉不铺席子。席，指茵褥之类。

②骑乘：骑马乘车。

③亲裹赢粮：亲自打包并背负粮食。赢，担负，带着。

④疽（jū）：中医指局部皮肤肿胀坚硬的毒疮。

⑤不旋踵：不转动脚跟。比喻不退却逃跑。

【译文】

吴起做将军时，和最下等的士兵吃同样的饭，穿同样的衣服。睡觉不铺褥子，行军时不骑马坐车，还亲自背着粮食，与士兵同甘共苦。有个士兵长了痈疮，吴起用嘴为他吸疮里的脓。这个士兵的母亲听说后就哭了起来。别人问她："你的儿子是个小兵，将军亲自为他吸脓，你为什么还哭呢？"这位母亲说："不是这样的。以前吴将军也这样为孩子的父亲吸过疮脓，因此孩子的父亲冲锋陷阵头也不回，于是战死沙场。如今吴将军又替这孩子吸疮脓，我不知道这孩子将来又会战死在什么地方。我是因为这个才哭啊。"

文侯以吴起善用兵，廉平，尽能得士心，乃以为西河守①，以拒秦、韩。魏文侯既卒，起事其子武侯②。武侯浮西河而下③，中流，顾而谓吴起曰："美哉乎山河之固，此魏国之宝也！"起对曰："在德不在险。昔三苗氏左洞庭④，右彭蠡⑤，德义不修，禹灭之⑥。夏桀之居⑦，左河、济⑧，右泰华⑨，伊阙在其南⑩，羊肠在其北⑪，修政不仁，汤放之⑫。殷纣之国⑬，左孟门⑭，右太行⑮，常山在其北⑯，大河经其南⑰，修政不德⑱，武王杀之。由此观之，在德不在险⑲。若君不修德，舟中之人尽为敌国也⑳。"武侯曰："善。"

【注释】

①西河守：西河郡的郡守。"西河"一作"河西"，魏置。陕西华阴以北、洛河以东、黄龙以南地区。

②武侯：名击，文侯之子，前395—前370年在位。时魏国国力较强盛。

③西河：古称黄河南北流向的部分为西河。

④三苗氏：古民族名。相传原分布在江、淮、荆州一带。

⑤彭蠡：即今江西鄱阳湖。古人一般称西边为右，东边为左，这是以人南向而言。《史记·五帝纪》："三苗在江淮、荆州数为乱。"《正义》："吴起云：'三苗之国，左洞庭而右彭蠡。'……以天子在北，故洞庭在西为左，彭蠡在东为右。"

⑥禹灭之：梁玉绳曰："禹未尝灭三苗，《尚书》及诸子皆无其说，岂误以窜迁分北遏绝之事为禹耶？"按，《五帝本纪》也无灭三苗之说。

⑦夏桀之居：夏桀时夏朝的都城是原（今河南济源西北）。

⑧河、济：黄河、济水。这里指今河南温县东，其地为黄河与济水的分流处。

⑨泰华：即华山，在今陕西华阴南。

⑩伊阙：山名，在今河南洛阳南。因两山相对如阙门，伊水流经其间，故名。

⑪羊肠：古坂道名。以其萦曲如羊肠，故名。在今山西晋城南。

⑫汤放之：汤起兵伐桀，败之于鸣条（今河南封丘东），流死于南巢（今安徽巢湖东南）。见《夏本纪》《殷本纪》。

⑬殷纣：商朝末代国君，前1075—前1046年在位，都于朝歌（今河南淇县）。荒于酒色，滥施淫威，对内重刑厚敛，对外黩武好战。后被周武王打败，自焚而死。

⑭孟门：在今河南辉县。《索隐》引刘氏曰："纣都朝歌，今孟门在其西。今言'左'，则东边别有孟门也。"

⑮太行：山名，在山西高原与河北平原之间。按，孟门、太行都位于朝歌的西（右）边，这里左右对举，跟实际方位不合。

⑯常山：即恒山，在今河北曲阳西北与山西接壤处。

⑰大河：即黄河。

⑱修政不德：王叔岷曰："《白帖》引作'不修德政'。"

⑲在德不在险：泷川曰："《左传·昭公四年》，司马侯对晋侯曰：'四岳、三涂、阳城、太室、荆山、中南，九州之险也，是不一姓；冀之北土，马之所生，无兴国焉。恃险与马，不可以为固也，自古以然。是以先王务修德音，以享神人，不闻务险与马也。'吴起之对盖本于此。"

⑳若君不修德，舟中之人尽为敌国也：扬雄《法言》曰："美哉言乎，使起之用兵每如斯，则太公何以加诸？"

【译文】

魏文侯因吴起善用兵，廉洁公平，能够得到将士们的真心拥戴，于是就任命他为西河守，来抵御秦、韩两国。魏文侯死后，吴起又事奉文侯的儿子魏武侯。武侯乘船沿黄河顺流而下，走到中途，回头对吴起说："这险要的山川形势是多么壮丽，这是我们魏国的珍宝！"吴起对武侯说："国家强盛在于实行德政，而不在于山川形势的险要。昔日的三苗氏，左有洞庭湖，右有彭蠡泽，不修德义，大禹把它消灭了。夏桀的住处，左边是黄河、济水，右边是华山，伊阙山在南，羊肠坂在北，但是他为政不仁，结果被商汤打败，自己也被流放。商纣王的国都，左有孟门山，右有太行山，恒山在北面，黄河从它南边流过，但由于他不实行德政，最后被周武王所杀。由此看来，国家的强固，是在于修德政而不在天险。如果您不修德政，船中之人都会成为敌国之人。"魏武侯听后赞同说："你说得对！"

吴起为西河守，甚有声名。魏置相，相田文[①]。吴起不悦，谓田文曰："请与子论功，可乎？"田文曰："可。"起曰："将三军，使士卒乐死，敌国不敢谋，子孰与起？"文曰："不如子。"起曰："治百官，亲万民，实府库，子孰与起？"文曰："不如子。"起曰："守西河而秦兵不敢东乡[②]，韩、赵宾从[③]，子孰与起？”文曰：“不如子。”起曰：“此三者，子皆出吾下，而位加吾上，何也？”文曰：“主少国疑[4]，大臣未附，百姓不信，方是之时，属之于子乎？属之于我乎[5]？”起默然良久，曰：“属之子矣。”文曰：“此乃吾所以居子之上也。”吴起乃自知弗如田文[6]。

【注释】

①田文：魏国贵族，《吕氏春秋》作“商文”，非后来齐国之孟尝君。

②东乡：向东方。乡，去，前往。

③宾从：服从，归顺。

④主少国疑：君主年幼初立，人心疑惧不安。

⑤属（zhǔ）：依托，寄托。郭嵩焘曰：“武侯之立，年十四耳，此言置相当在武侯初立时，故有‘主少国疑’之言。然文侯在位时久，内有魏成子、翟璜，外有西门豹、李克之属，吴起为将在文侯时，则亦老臣矣，不得复云‘大臣未附，百姓不信’也。”

⑥吴起乃自知弗如田文：梁玉绳曰：“此本《吕览·执一》篇，而言各不同，未晓所以。”

【译文】

吴起在西河守任上，声望很高。魏国设立国相，却选用了田文。吴起很不高兴，他对田文说：“请让我和您比比功劳，可以吗？”田文说：“可以。”吴起说：“统率三军，能让士兵舍生忘死，让敌人不敢图谋我国，您和我比怎么样？”田文说：“我不如您。”吴起说：“管理百官，使百姓亲附，使国库储备充实，您和我比怎么样？”田文说：“我不如您。”吴起说：“镇守西河，使秦军不敢向东进犯，韩、赵两国都宾服我国，您和我比怎么样？”田文又说：“我不如您。”吴起说：“这三方面，您都不如我，可是您的官职却在我之上，这是为什么？”田文说：“国君年轻而国内疑虑不安，大臣不顺服，百姓不信任，在这时，全国上下是指望您呢？还是指望我呢？”吴起沉默了一会儿，说：“是指望您啊。”田文说：“这就是我的官职要比您高的原因。”吴起这才明白自己不如田文。

田文既死，公叔为相[①]，尚魏公主[②]，而害吴起。公叔之仆曰：“起易去也[③]。”公叔曰：“奈何？”其仆曰：“吴起为人节廉而自喜名也[④]。君因先与武侯言曰[⑤]：‘夫吴起贤人也，而侯之国小，又与强秦壤界[⑥]，臣窃恐起之无留心也。’武侯即曰[⑦]：‘奈何[⑧]？’君因谓武侯曰：‘试延以公主[⑨]，起有留心则必受之，无留心则必辞矣。以此卜之[⑩]。’君因召吴起而与归，即令公主怒而轻君。吴起见公主之贱君也，则必辞。”于是吴起见公主之贱魏相，果辞魏武侯[⑪]。武侯疑之而弗信也。吴起惧得罪，遂去，即之楚。

【注释】

①公叔：《索隐》曰：“韩之公族。”

②尚：娶帝王之女为妻。

③易去：不难赶走。

④节廉：指严正不贪。自喜名：看重自己的名誉。

⑤先与武侯言曰：梁玉绳曰：“此及下三称‘武侯’，误，《史诠》谓俱当作‘魏侯’。”

⑥侯之国小，又与强秦壤界：按，此话与当时秦、魏两国实际情形不符。当时秦国国力尚弱，魏国在文侯、武侯时期称雄诸侯。壤界，交界。

⑦即：假如。

⑧奈何：怎么办。

⑨延：招揽。

⑩卜：推断，预料。

⑪果辞魏武侯：按，《吕氏春秋·长见》谓陷害吴起的是王错："吴起治西河之外，王错谮之于魏武侯，武侯使人召之。吴起至于岸门，止车而望西河，泣数行而下。其仆谓吴起曰：'窃观公之意，视释天下若释蹝。今去西河而泣，何也？'吴起抿泣而应之曰：'子不识。君知我而使我毕能，西河可以王；今君听谗人之议，而不知我，西河之为秦取不久矣。'"

【译文】

田文死后，公叔接任为国相，他娶了魏国的公主为妻，忌恨吴起。公叔的仆从对公叔说："吴起容易撵走。"公叔问："怎么办？"仆从说："吴起为人严正不贪重名誉。您可以先对武侯说：'吴起是能人，而您的国家比较小，又和强大的秦国接壤，我私下担心吴起没有长久留在魏国的想法。'武侯假如这时问您：'那怎么办？'您就对武侯说：'可以用把公主许配给他的办法来试探他，他要是有久留之心，就会接受这门亲事；没有久留之心就一定会推辞。这样您就可以推测他的心意了。'您这样和武侯商定后，就请吴起和您一起回家，故意让公主当着吴起的面发怒而轻视您。吴起见到公主轻贱您，必然会拒绝武侯的招亲。"吴起见公主轻贱公叔，果然委婉地谢绝了魏武侯的招亲。武侯从此怀疑吴起，不再信任他了。吴起害怕这样迟早要获罪，于是就离开魏国去了楚国。

楚悼王素闻起贤①，至则相楚②。明法审令③，捐不急之官④，废公族疏远者⑤，以抚养战斗之士。要在强兵，破驰说之言从横者⑥。于是南平百越⑦；北并陈、蔡⑧，却三晋⑨；西伐秦。诸侯患楚之强。故楚之贵戚尽害吴起⑩。及悼王死⑪，宗室大臣作乱而攻吴起，吴起走之王尸而伏之。击起之徒因射刺吴起，并中悼王[12]。悼王既葬，太子立[13]，乃使令尹尽诛射吴起而并中王尸者[14]。坐射起而夷宗死者七十余家[15]。

【注释】

①楚悼王：名疑，前401—前381年在位。在位期间改革国政，压制守旧贵族，国势大振。

②相楚：应为就任楚国的令尹。楚之令尹相当于别国的国相。

③明法审令：使法律严明，令出必行。审，确也，必也。

④捐不急之官：意即裁减冗员。捐，废除，撤除。

⑤废公族疏远者：按，《韩非子·和氏》记载吴起对楚王建言："大臣太重，封君太众，若此则上偪主而下虐民，此贫国弱兵之道也。不如使封君之子孙，三世而收爵禄，裁减百吏之禄秩，损不急之枝官，以奉选练之士。"公族，国君同姓子孙。

⑥破驰说之言从横者：泷川曰："吴起相楚，先苏秦说赵五十年，秦孝公未出，商鞅未用，何有言'从横'者？"驰说，犹游说。从横，即纵横。

⑦百越：我国古代南方越人的总称。分布在今浙、闽、粤、桂等地，因部落众多，故总称百越。亦指百越居住的地方。

⑧北并陈、蔡：梁玉绳曰："陈灭于楚惠王十一年，蔡灭于惠王四十二年，何待悼王时始并之？此与《蔡泽传》同妄，而实误仍《秦策》也。"一说认为"北并陈、蔡"指巩固陈、蔡旧地。陈，在今河南淮阳、安徽亳州一带。周武王克殷后，封舜的后代妫满于陈，是为胡公。都于宛丘（今河南淮阳）。蔡，周武王的弟弟叔度始封于蔡，后因反叛被流放而死。周成王又封其子蔡仲于此，都于上蔡（今河南上蔡）。详见《陈世家》《管蔡世家》。

⑨却：打退，打败。三晋：指韩、赵、魏三国。赵氏、韩氏、魏氏原为晋国大夫，战国初，分晋各立为国，故称。

⑩故楚之贵戚尽害吴起：按，底本“害”上有“欲”字，水泽利忠曰：“高、毛本无‘欲’字。”今据削。

⑪悼王死：悼王卒于前381年。

⑫因射刺吴起，并中悼王：梁玉绳曰：“《吕氏春秋》言‘起拔矢而走，伏尸插矢’。谓拔人所射之矢插王尸也，与此小异。”王叔岷曰：“《刘子·贵速》篇：‘昔吴起相楚，贵族攻之。起欲讨仇，而插矢王尸。’本《吕氏春秋》也。”

⑬太子：名臧，前380—前370年在位。卒后谥肃。

⑭令尹：楚官名。楚国的最高执政官，掌军政大权。

⑮坐：犯罪，判罪。夷宗：灭族。夷，诛灭，屠杀。

【译文】

楚悼王一向听说吴起很能干，所以吴起一到楚国就让他执掌国政。吴起执政后，申明法令，裁减冗员，废止了王室远支家族的权力，而把大量物资投入抚恤恩养能征善战的将士上。他的主要宗旨是使军队强盛，坚决排斥那些奔走四方、大讲合纵连横的说客。于是向南平定了百越；向北吞并了陈、蔡，击退了三晋的军队；还出兵西下伐秦。各诸侯国都对楚国的强大感到不安。但是楚国的旧贵族们都妒恨吴起。等到楚悼王一死，宗室大臣们就趁机发动叛乱追杀吴起，吴起逃到楚悼王停尸的地方，趴在楚悼王的尸体旁。追杀吴起的人刺射吴起，连带也射中了楚悼王的尸体。等到楚悼王安葬完毕，太子继位，命令令尹把射吴起时连带射中悼王尸体的人全部处死。因此被灭族的有七十多家。

太史公曰：世俗所称师旅①，皆道《孙子》十三篇、《吴起兵法》②，世多有，故弗论，论其行事所施设者③。语曰：“能行之者未必能言，能言之者未必能行。”孙子筹策庞涓明矣④，然不能蚤救患于被刑⑤。吴起说武侯以形势不如德，然行之于楚，以刻暴少恩亡其躯。悲夫！

【注释】

①师旅：都是古代军队的编制名称。后遂用以代指军队或行军打仗等军事行动和权谋。

②《吴起兵法》：《汉书·艺文志》载有“《吴起》四十八篇”，为历代兵家所重视，后世成为科举必读的“武备七书”之一。

③施设：实施，实行。

④筹策：谋算。筹、策，都是古时的计算用具。

⑤蚤：通“早”。

【译文】

太史公说：世上人们在谈到用兵打仗时，都要提到《孙子》十三篇和《吴起兵法》，这两种书在社会上多有流传，所以我就不再评论，只叙述他们平生行事的所作所为。俗话说：“能做到的人未必能说得出，能说出的人未必能做到。”孙膑在筹谋破杀庞涓时是多么精明啊，可是他却不能及早使自己免受断足之刑。吴起进言魏武侯治理国家靠天险不如靠施仁政，可是他在楚国执政时，却推行苛刻残暴的政策，结果因此丢了性命。这是多么可悲啊！

【集评】

凌稚隆曰：“吴起在卫则乡党谤之，事鲁则鲁君疑之，将魏则公叔害之，相楚则贵戚射刺之，岂其所遭然哉？观太史公首著其杀妻一节与鲁人恶起者言，则起猜忍之性，所如不合，不足怪也。”又曰：“通篇以‘兵法’二字作骨，首次武以兵法见吴王，卒斩二姬为名将；后次膑与庞涓俱学兵法，而膑以兵法为齐威王师，及死庞涓，显当时，传后世，皆兵法也；篇终结兵法二字，与首句相应。”（《史记评林》）

李贽曰：“吴起料敌制胜，号知兵矣，而卒困于公叔之仆何哉？其废

公族疏远以养战士，所以强楚者以是，所以杀身者亦以是。其晁错之徒与。任事者必任怨，虽杀身可也。”（《藏书》）

吴见思曰：“此是两扇对峙格，故不必关合，而写来恰是一样，是合传体也。……马陵一段奇事，只用短峭简净法序，虽不及火牛奇肆，而情事恰好。”（《史记论文》）

【评论】

在中国古代军事思想史上，现存最古老也最重要的兵学著作非《孙子兵法》莫属，它不仅是春秋晚期以前战争指导思想的集大成者，更以其极具价值的思想创造，为后人的兵学思考开辟了无数法门。然而关于这部书的作者孙武，却不见于先秦时期包括《左传》在内的任何一部历史文献，仅在诸子著作如《荀子》《韩非子》当中，有寥寥几笔提及，因而本篇的《孙武传》自然成为研究孙武的最重要的史料。在司马迁的笔下，孙武本是齐国人，以对兵法的精到见识，远赴吴国拜谒阖庐，期望得到重用。吴王阖庐阅读了孙武所撰兵法十三篇，了解了他的军事思想之后，又进而想通过“小试勒兵”，以了解其用兵才能，于是便有了“吴宫教战”的精彩一幕。孙武训练吴王宫女，严申军令法规，一旦违逆，即使贵为宠姬，即使吴王求情，也难逃斩杀处罚。严肃军纪才能保有部队的战斗力，孙武深谙此道，毅然实施，显示了他刚强果决的将帅素质。阖庐虽因失去两位宠姬而心有不快，但他毕竟看出了孙武兼具思想谋略与实战指挥的双重才华，是一位难得的帅才，遂任以为将。孙武没有辜负吴王的期望，在其后吴国数次对外战争中，均不遗余力地贡献了自己的才智。

孙武参与指挥的战争，有吴、楚柏举之战与吴、齐艾陵之战等，均为春秋史上的经典战例。柏举之战中的吴军，对《孙子兵法》“攻其无备，出其不意”“以迂为直”“避实击虚”等战术原则，予以切实有效的贯彻。吴军实施战略大迂回，对楚军展开远距离的战略奇袭，迫使敌人仓促迎战，节节失利，最终不得不逃离郢都。阖庐君臣的顺利入郢，标志着吴国的强力崛起，改写了春秋晚期列强争霸的基本格局。艾陵之战的获胜方也是吴国，此次大战显示了吴王夫差中原称霸意图的初步实现。司马迁在《孙子吴起列传》指出："西破强楚，入郢，北威齐、晋，显名诸侯，孙子与有力焉。"在《伍子胥列传》中，他再次强调道"当是时，吴以伍子胥、孙武之谋，西破强楚，北威齐、晋，南服越人"，均揭示了孙武为吴国霸业所做的突出贡献。

《史记》是第一个写到孙武其人的，也是第一个讲到他是吴师入郢一役的统帅之一。除本篇外，还见于《吴太伯世家》《伍子胥列传》等。只是当其面对吴国君臣的"以班处宫"，以及伍子胥对楚平王的掘墓鞭尸等恶劣行径时，并没有任何劝阻之言，与其兵法所言颇为矛盾。又，《史记》中只有《伍子胥列传》与《吴太伯世家》两处写吴王阖庐于其三年曾欲出兵伐楚时，孙武以"民劳，未可"云云劝止之，而《左传・昭公三十年》中亦写此事，而对之者非孙武，乃伍子胥。后世学者对孙武生平多有怀疑，然而1972年银雀山汉墓竹简《孙子兵法》与《孙膑兵法》的出土证实了孙武确有其人，司马迁对孙武其人其书的记载也终于得到了印证。

司马迁在写孙膑时赞颂了一种不怕挫折、忍辱奋斗的精神。庞涓因嫉恨孙膑的军事才能，"恐其贤于己，疾之，则以法刑断其两足而黥之"。孙膑没有因此停止人生奋斗的脚步，最终在马陵道之战打败庞涓，干出了一番名垂史册的业绩。司马迁在《太史公自序》《报任安书》中反复提到"孙子膑脚，兵法修列"的事。他在《太史公自序》中说："昔西伯拘羑里，演《周易》；孔子厄陈蔡，作《春秋》；屈原放逐，著《离骚》；左丘失明，厥有《国语》；孙子膑脚，而论兵法；不韦迁蜀，世传《吕览》；韩非囚秦，《说难》《孤愤》；《诗》三百篇，大抵贤圣发愤之所为作也。"在《报任安书》中又说："古者富贵而名摩灭，不可胜记，唯倜傥非常之人称焉。盖文王拘而演《周易》，仲尼厄而作《春秋》，屈原放逐，乃赋《离骚》；左丘失明，厥有《国语》；孙子膑脚，《兵法》修列；不韦迁蜀，世传《吕览》。"

还说:“乃如左丘无目,孙子断足,终不可用,退而论书策,以抒其愤思,垂空文以自见。”其倾心赞赏之情,溢于言表。从写作艺术的角度看,本篇最精彩的地方是马陵道之战。其中写孙膑的进兵减灶,写马陵道的周密设谋,写庞涓兵败自杀前还说什么“遂成竖子之名”的那种对孙膑认输而又不服气之情,都十分精彩。这是《史记》中描写情节、场面最生动的篇章之一。

如果说孙武是中国古代最伟大的一位军事理论家,那么历来唯一能够与孙武并提比肩的便是吴起。《战国策》《韩非子》《吕氏春秋》等均记有吴起轶事,而最早的吴起传记则见载于本篇,它是记述吴起生平的最重要的史料。在司马迁的笔下,吴起不仅是军事理论家,还是能打胜仗、战功显赫的军事家与锐意改革的政治家。吴起身为军事家的才能体现为“善用兵”,能“与士卒最下者同衣食。卧不设席,行不骑乘,亲裹赢粮,与士卒分劳苦”,深得士卒拥戴,官兵关系和谐。军事家吴起的神采在兵书《尉缭子·武议第八》中也有呈现。该书描述吴起在一场战争即将打响之时,“左右进剑”,吴起没有接受,因为他认为将领无需在战场上展示剑术,说:“将专主旗鼓尔,临难决疑,挥兵指刃,此将事也。一剑之任,非将事也。”一席话显示了吴起在战场上镇定冷静、深明职守的大将风度。该书还记述吴起率兵与秦人作战,两军还未正式交锋时,便有一个士卒克制不住自己的杀敌冲动,不顾战场纪律杀向敌阵,斩获两个首级后返回。吴起闻讯下令立刻斩杀这个士卒,军士劝谏道:“此材士也,不可斩。”吴起斩钉截铁地答道:“材士则是矣,非吾令也。”于是斩了他。这则轶事展示了吴起的严明军纪,治军有方。

吴起在本篇对魏文侯说“魏国之宝”不在“山河之固”,而在君主之德。从吴起所阐述的“在德不在险”的思想论述,可以看出他十分重视汲取历史经验教训,强调君主是否有德将关乎国家的兴亡,彰显了他身为一位政治家的不凡见地。到了楚国之后,他被悼王任为楚相,“明法审令,捐不急之官,废公族疏远者,以抚养战斗之士。要在强兵,破驰说之言从横者”。对于吴起辅佐楚悼王所施行的变法内容,《史记·范雎蔡泽列传》还记述道:“吴起为楚悼王立法,卑减大臣之威重,罢无能,废无用,捐不急之官,塞私门之请,一楚国之俗,禁游客之民,精耕战之士,南收杨越,北并陈、蔡,破横散从,使驰说之士无所开其口,禁朋党以励百姓,定楚国之政,兵震天下,威服诸侯。”吴起的变法成效卓著,但因损害了楚国旧贵族的利益而遭嫉恨,他们在楚悼王去世后发动政变,竟将吴起残忍射杀。

吴起还是战国时期法家人物的代表。由于不喜欢法家人物,司马迁便在写吴起事迹时写入了他“杀妻求将”,杀“谤己者三十余人”等;让一个小卒的母亲说“往年吴公吮其父,其父战不旋踵,遂死于敌。吴公今又吮其子,妾不知其死所矣”;借他人之口说吴起是“猜忍人”,又在本篇论赞中说他“以刻暴少恩亡其躯”等,其偏颇程度与在《商鞅列传》中说商鞅“天资刻薄”,在《袁盎晁错列传》中说晁错“变古乱常,不死则亡”完全相同。这是司马迁议论历史人物最不公平的事例之一。

伍子胥列传第六

【释名】

《伍子胥列传》是伍子胥的专传，记述了他悲壮激烈的人生经历。伍子胥是楚庄王时名臣伍举的后代，父亲伍奢是楚平王太子太傅。由于费无忌的谗言陷害，伍奢被楚平王逮捕，并要求他将两个儿子伍尚、伍员叫来，意欲一起杀掉。伍尚回去与父亲一同赴死，伍子胥则立志为父兄报仇，逃出楚国，辗转逃入吴国。待时机成熟后，他辅佐吴王阖庐大败楚国，攻破郢都，助阖庐称霸。吴王夫差继位后，伍子胥因反对吴王夫差忽视句践北上伐齐，屡次进谏，而夫差听信伯嚭谗言，逼伍子胥自杀。本篇还写了楚太子建之子白公胜为父报仇之事，作为伍子胥复仇之事的余波。篇末论赞盛赞了伍子胥弃小义、雪大耻，隐忍以就功名的壮烈行为，寄寓了作者个人身世的无限感慨。

伍子胥者，楚人也，名员。员父曰伍奢。员兄曰伍尚。其先曰伍举，以直谏事楚庄王①，有显②，故其后世有名于楚。

【注释】

①其先曰伍举，以直谏事楚庄王：据《左传》，伍举在康王、灵王时代，事庄王的是他的父亲伍参。梁玉绳曰："疑此处'庄'乃'灵'

之错文。"楚庄王，名侣，春秋时期楚国国君，前613—前591年在位。即位初，耽于淫乐，不理政事。后省悟，开始有所作为。后代晋成为霸主。《楚世家》云："庄王即位三年，不出号令，日夜为乐，令国中曰：'有敢谏者，死无赦！'伍举入谏。庄王左抱郑姬，右抱越女，坐钟鼓之间。伍举曰：'愿有进。'隐曰：'有鸟在于阜，三年不飞不鸣，是何也？'庄王曰：'三年不蜚，蜚将冲天；三年不鸣，鸣将惊人。举退矣，吾知之矣。'于是乃罢淫乐，听政，所诛者数百人，所进者数百人，任伍举、苏从以政，国人大悦。"

②有显：泷川曰："枫山、三条本'显'下有'名'字。"

【译文】

伍子胥是楚国人，名员。伍员的父亲叫伍奢，哥哥叫伍尚。他的祖先中有叫伍举的，因侍奉楚庄王时直言进谏而地位显贵，所以他的后代在楚国很有名望。

楚平王有太子名曰建[①]，使伍奢为太傅[②]，费无忌为少傅[③]。无忌不忠于太子建。平王使无忌为太子取妇于秦[④]，秦女好，无忌驰归报平王曰："秦女绝美，王可自取，而更为太子取妇。"平王遂自取秦女而绝爱幸之，生子轸[⑤]。更为太子取妇。

【注释】

①楚平王：原名弃疾，即位后改名居，前528—前516年在位。

②太傅：指太子太傅。执掌辅导太子。

③费无忌：《左传》作"费无极"。少傅：指太子少傅。亦掌辅导太子。

④取：后多作"娶"。

⑤轸（zhěn）：即楚昭王。

【译文】

楚平王的太子名叫建，楚平王让伍奢做太子太傅，费无忌做太子少傅。费无忌对太子建不忠。楚平王派费无忌到秦国去给太子迎亲，这位秦国女子面容姣好，费无忌就飞驰回来向楚平王报告说："秦国女子是个绝代佳人，大王可以自己娶了她，而另外给太子娶个媳妇。"楚平王就自己娶了这个秦国女子，而且对她非常宠爱，生了个儿子取名轸。楚平王另外给太子娶了一个媳妇。

无忌既以秦女自媚于平王，因去太子而事平王。恐一旦平王卒而太子立，杀己，乃因谗太子建。建母，蔡女也[1]，无宠于平王[2]。平王稍益疏建，使建守城父[3]，备边兵。

【注释】

①蔡女：蔡国国君蔡平侯之女。

②无宠于平王：此时蔡平侯已死，故建母不受宠。

③城父：古邑名，在今河南宝丰东。春秋楚邑。

【译文】

费无忌通过秦女这件事讨好了楚平王之后，就离开太子而侍奉楚平王了。费无忌担心一旦楚平王去世，太子建立为楚王，就会杀了自己，于是就诽谤太子建。太子建的母亲是蔡国女子，没有得到楚平王的宠爱。楚平王慢慢地更加疏远太子建，派太子建去镇守城父，保卫楚国的边防。

顷之，无忌又日夜言太子短于王曰："太子以秦女之故，不能无怨望[1]，愿王少自备也[2]。自太子居城父，将兵，外交诸侯，且欲入为乱矣。"平王乃召其太傅伍奢考问之。伍奢知无忌谗太子于平王，因曰："王独奈何以谗贼小臣疏骨肉之亲乎[3]?”无忌曰:“王今不制,其事成矣。王且见禽。”于是平王怒,囚伍奢,而使城父司马奋扬往杀太子[4]。行未至,奋扬使人先告太子:“太子急去,不然将诛。”太子建亡奔宋[5]。

【注释】

①怨望:怨恨,心怀不满。

②少:稍,略。

③谗贼:诽谤中伤,残害良善。

④城父司马:城父驻军的司马。司马,官名。掌军旅之事。奋扬:人名。

⑤亡:逃亡。宋:诸侯国名,国都在今河南商丘南。此时在位的国君是宋元公,前531—前516年在位。

【译文】

不久,费无忌又天天在楚平王面前说太子建的坏话,他对楚平王说:“太子建因为没有娶到秦国女子,不可能没有怨恨,希望大王您自己稍加防备。自从太子建镇守城父以来,领兵在外,结交诸侯,就要回都城作乱了。”楚平王就召来太子的太傅伍奢进行盘问。伍奢知道费无忌在楚平王面前说了太子的坏话,就说:“大王为什么单单要相信一个说坏话害人的小臣,而疏远自己的亲骨肉呢?”费无忌说:“大王您如果现在不制止,他们的阴谋就要得逞了。大王您就会被他们捉去了。”于是楚平王大怒,囚禁了伍奢,而派城父的司马奋扬去杀太子建。奋扬还未到达城父,就派人提前通报太子说:“太子赶快离开,不然就要被杀掉了。”太子建出逃到了宋国。

无忌言于平王曰:“伍奢有二子,皆贤[1],不诛,且为楚忧。可以其父质而召之[2],不然,且为楚患。”王使使谓伍奢曰:“能致汝二子则生,不能则死。”伍奢曰:“尚为人仁,呼必来。员为人刚戾忍訽[3]，能成大事，彼见来之并禽，其势必不来。”王不听，使人召二子曰：“来，吾生汝父[4]；不来，今杀奢也[5]。”伍尚欲往，员曰：“楚之召我兄弟，非欲以生我父也，恐有脱者后生患，故以父为质，诈召二子。二子到，则父子俱死。何益父之死？往而令仇不得报耳，不如奔他国，借力以雪父之耻，俱灭，无为也[6]。”伍尚曰：“我知往终不能全父命。然恨父召我以求生而不往，后不能雪耻，终为天下笑耳。”谓员：“可去矣！汝能报杀父之仇，我将归死。”尚既就执[7]，使者捕伍胥。伍胥贯弓执矢向使者[8]，使者不敢进，伍胥遂亡。闻太子建之在宋，往从之[9]。奢闻子胥之亡也，曰：“楚国君臣且苦兵矣。”伍尚至楚，楚并杀奢与尚也。

【注释】

①贤：有才能。

②质：做人质。

③刚戾忍訽(gòu)：刚强凶暴，能承受耻辱。訽，耻辱。

④生：使活命。

⑤今：即，将。

⑥无为：不要这样做。指这样做没有意义。

⑦就执：主动前往就缚。

⑧贯弓执矢：拉弓搭箭。

⑨闻太子建之在宋，往从之：按，《左传》《国语》《吕氏春秋》等没有“从太子”事。

【译文】

费无忌又对楚平王说：“伍奢有两个儿子，都很有才能，不杀掉恐怕会成为楚国的忧患。可以拿他们的父亲当人质，把他们召来，不这样的话，将会给楚国留下后患。”楚平王就派人去对伍奢说：“能把你两个儿子叫来就让你活命，叫不来就杀了你。”伍奢说：“伍尚为人秉性仁慈，我叫他，他一定来。伍员为人刚强能忍受耻辱，能办成大事，他知道来了会一起被擒，看情势他一定不会来的。”楚平王不听，就派人去召伍氏兄弟说：“你们来了，我就给你们父亲留条生路；你们不来，我就要杀掉你们的父亲。”伍尚打算去，伍员说：“楚王之所以召我们兄弟，并不是想给我们父亲留条生路，而是害怕我们逃脱了给他们留下后患，所以用父亲做人质，来骗我们二人前去。我们二人一到，那么父子三人全都会死。对于父亲的生死有什么好处呢？去了就让我们无法报仇，还不如逃奔别的国家，借助别国的力量来给父亲报仇雪耻，回去全都死了，就太没价值了。”伍尚说：“我知道去也无法保全父亲的性命。但我痛心父亲召唤我们，但我们为了求生而没有去，日后我如果不能为父亲报仇雪耻，终究会被天下人耻笑。”他对伍员说：“你快逃走吧！你能报杀父之仇，我准备去和父亲一起死。”伍尚就主动前往被捕了，使者又想抓捕伍子胥。伍子胥拉开弓箭对着使者，使者不敢靠近，伍子胥乘机逃走了。伍子胥听说太子建在宋国，就前去投奔。伍奢听到伍子胥逃跑的消息，说道：“楚国的君臣们将要吃战争之苦了。”伍尚到了楚都后，楚平王杀掉了伍奢和伍尚。

伍胥既至宋，宋有华氏之乱①，乃与太子建俱奔于郑②。郑人甚善之。太子建又适晋③，晋顷公曰④：“太子既善郑，郑信太子。太子能为我内应，而我攻其外，灭郑必矣。灭郑而封太子。”太子乃还郑。事未会⑤，会自私欲杀其从者，从者知其谋，乃告之于郑。郑定公与子产诛杀太子建⑥。建有子名胜。伍胥惧，乃与胜俱奔吴⑦。到昭关，昭关欲执之⑧。伍胥遂与胜独身步走，几不得脱。追者在后。至江，江上有一渔父乘船，知伍胥之急，乃渡伍胥。伍胥既渡，解其剑曰："此剑直百金[9]，以与父。"父曰："楚国之法，得伍胥者赐粟五万石，爵执珪[10]，岂徒百金剑邪！"不受。伍胥未至吴而疾，止中道，乞食[11]。至于吴，吴王僚方用事[12]，公子光为将[13]。伍胥乃因公子光以求见吴王。

【注释】

①华氏之乱：宋元公无信，诈杀诸公子，大夫华氏、向氏作乱。事情详见《左传·昭公二十年》。

②郑：诸侯国名。本是周西都畿内地，周宣王封弟弟友于此，都于南郑（今陕西渭南华州区）。后迁于新郑（今河南新郑）。事见《郑世家》。按，《左传》无伍子胥奔郑事。

③晋：诸侯国名。周成王封弟弟叔虞于唐，因南有晋水，后改国号为晋。都于翼（今山西翼城）。后迁于绛（今山西侯马西南）。事见《晋世家》。

④晋顷公：名弃疾，一作"去疾"。昭公之子，前525—前512年在位。

⑤未会：未成。

⑥郑定公与子产诛杀太子建：梁玉绳曰："郑杀建，不知何时，而子产卒于定之八年，即建奔郑之岁，恐未是子产诛之。"郑定公，姬姓，名宁。简公之子，前529—前514年在位。子产，即公孙侨，字子产。郑国大夫，治郑多年，有政绩。使郑在晋、楚两大国的夹缝中支撑了数十年。

⑦乃与胜俱奔吴：梁玉绳曰："子胥'亡楚至吴'而已，乃此言其历宋、郑、晋而与太子俱，不知何据。"吴，诸侯国名。始祖为周太王之子太伯，都于吴（今江苏苏州）。见《吴太伯世家》。

⑧昭关欲执之：泷川曰："'关'下疑脱'吏'字。"郭嵩焘曰："当时追者及渔父之渡之，正为楚捕之急，人皆指目之耳；若从太子建居郑

数年，又与建子胜奔吴，前事已久寝矣，追者何自来也？《十二诸侯年表》叙伍员奔吴在昭公二十年，叙郑杀太子建在昭公二十三年，亦与《伍员传》不合。”昭关，古关名，旧址在今安徽含山县北小岘山西。地处楚国东部边境，当吴、楚两国交通要冲。

⑨直：价值。

⑩执珪：楚爵名。圭以区分爵位等级，使执圭而朝，故名。

⑪止中道，乞食：按，《吴越春秋》载，伍子胥在吴国溧阳向洗衣女子乞食。

⑫吴王僚：吴王余眛之子，前526—前515年在位。曾多次伐楚。用事：执掌朝廷政事。按，此词一般用于执政大臣，故泷川曰：“犹曰‘好事’也。”即“好战”。一说应与下句连读而衍“事”字。

⑬公子光：即日后的吴王阖闾，名光，吴王僚的堂兄。弑僚自立。

【译文】

伍子胥到了宋国后，正赶上宋国华氏叛乱，就和太子建一起逃亡到郑国。郑国人对他们很友好。太子建又前往晋国，晋顷公说：“太子既然和郑国的关系友好，郑国人相信你。太子如果能为我做内应，我从外面进攻，就一定能灭掉郑国。灭掉郑国后，就把它封给太子。”太子建就返回郑国。事情还没准备好，太子正好因为私事想杀掉他的一个随从，这个随从知道太子的计划，就把这件事告诉了郑国。郑定公和子产就杀了太子建。太子建有个儿子名叫胜。伍子胥非常害怕，就和胜一起逃奔吴国。到了昭关，守卫想逮捕他们。伍子胥就和胜丢弃随从单独逃跑，差点儿无法脱身。追兵在后面紧追着。伍子胥到了江边，江上有一个渔翁摇着一条船，渔翁了解到伍子胥的困境，就把他渡过江去。伍子胥过江后，解下他的佩剑，对渔翁说：“这把宝剑价值一百金，把它送给你吧。”渔翁说：“楚国颁布的法令，抓到伍子胥的赏粮食五万石，封为执珪的官爵，百金的宝剑算什么！”就没有接受。伍子胥还没到吴国的都城就病倒了，只好中途停下来，乞讨为生。终于到达了吴国都城，吴国正值吴王僚执政，公子光为将军。伍子胥就通过公子光求见吴王。

久之，楚平王以其边邑锺离与吴边邑卑梁氏俱蚕，两女子争桑相攻[①]，乃大怒，至于两国举兵相伐。吴使公子光伐楚，拔其锺离、居巢而归[②]。伍子胥说吴王僚曰："楚可破也。愿复遣公子光。"公子光谓吴王曰："彼伍胥父兄为戮于楚，而劝王伐楚者，欲以自报其仇耳。伐楚未可破也。"伍胥知公子光有内志[③]，欲杀王而自立，未可说以外事，乃进专诸于公子光[④]，退而与太子建之子胜耕于野[⑤]。

【注释】

①楚平王以其边邑锺离与吴边邑卑梁氏俱蚕，两女子争桑相攻：按，此处与《楚世家》《十二诸侯年表》记载相同，与《吴太伯世家》记载有异。锺离，古邑名，在今安徽凤阳东北，当时属楚。卑梁，古邑名，在今安徽凤阳附近，吴的边邑，与楚边邑锺离相接。

②拔其锺离、居巢而归：战事发生在吴王僚九年，楚平王十一年，前518年。居巢，古邑名，在今安徽巢湖居巢东北。

③内志：指入主朝廷的志向。

④专诸：《左传》作"专设诸"，刺客名。

⑤退而与太子建之子胜耕于野：凌稚隆引茅坤曰："子胥入吴且久，不事吴王僚而退耕于野，以僚不足与也。然方公子光之弑吴王也，何不引身为公子光画臣而特进专诸？盖其国内方乱，事未可知也。"按，以上伍子胥遭遇家难及逃奔入吴事，亦可参看《左传》之昭公十九年、二十年相关记载和《吕氏春秋》之《慎行》与《异宝》。

【译文】

过了很久,楚国边邑钟离和吴国边邑卑梁氏都养蚕,两地妇女为争夺桑叶而发生争斗,楚平王因此大发雷霆,导致两国起兵互相攻击。吴国派公子光讨伐楚国,攻占了楚国的钟离、居巢两地得胜而归。伍子胥劝吴王僚说:“楚国是可以打败的。希望大王再次派公子光出兵。”公子光对吴王僚说:“伍子胥的父亲、哥哥被楚王杀害,因此他劝大王讨伐楚国,是想给他自己报仇罢了。楚国是不可能打败的。”伍子胥知道公子光在国内有野心,想杀掉吴王僚而自立为王,故不能用外事来游说他,就向公子光推荐了勇士专诸,而后辞去官职,与太子建的儿子胜隐居耕种于乡下。

五年而楚平王卒①。初,平王所夺太子建秦女生子轸,及平王卒,轸竟立为后,是为昭王②。吴王僚因楚丧,使二公子将兵往袭楚③。楚发兵绝吴兵之后,不得归。吴国内空,而公子光乃令专诸袭刺吴王僚而自立④,是为吴王阖庐。阖庐既立⑤,得志,乃召伍员以为行人,而与谋国事⑥。

【注释】

①五年而楚平王卒:梁玉绳曰:“‘五年’乃‘三年’之误。自吴灭巢至是时三年也;若自子胥奔吴数之,则七年矣。”按,楚平王卒于吴王僚十一年(前516)。

②是为昭王:按,楚昭王元年是前515年。

③二公子:指公子掩馀、公子烛庸。

④公子光乃令专诸袭刺吴王僚而自立:发生在吴王僚十二年,楚昭王元年,前515年。可参看《左传·昭公二十七年》与《刺客列传》。

⑤阖庐既立：阖庐元年是前514年。

⑥乃召伍员以为行人，而与谋国事：袁黄曰："光代立为王，德员，举国委之。遂伐楚入郢，鞭平王之尸。予谓员己之志则酬矣，其如吴王僚何？礼无毁人以自成也，员之毁人亦大矣。使僚有子如员，员之尸将能免乎？是寻刃之道也，恶得贤？"行人，官名。掌宾客礼仪等事。

【译文】

五年后，楚平王死了。当初楚平王所夺太子建的未婚妻秦女生了个儿子名叫轸，楚平王死后，轸即位为王，这就是楚昭王。吴王僚趁着楚国办理丧事，派了两个公子率兵去偷袭楚国。楚国派兵截断了吴军的后路，两公子无法回国。吴国内部空虚，公子光就派专诸刺杀了吴王僚，自立为王，这就是吴王阖庐。阖庐做了吴王，实现了愿望，就召来伍子胥任命为行人，并与他共同谋划国家大事。

楚诛其大臣郤宛、伯州犁[①]，伯州犁之孙伯嚭亡奔吴，吴亦以嚭为大夫。前王僚所遣二公子将兵伐楚者，道绝不得归，后闻阖庐弑王僚自立，遂以其兵降楚，楚封之于舒[②]。阖庐立三年[③]，乃兴师与伍胥、伯嚭伐楚，拔舒，遂禽故吴反二将军[④]。因欲至郢[⑤]，将军孙武曰[⑥]："民劳，未可，且待之。"乃归。

【注释】

①楚诛其大臣郤宛、伯州犁：楚灵王于鲁昭公元年杀伯州犁，平王于鲁昭公二十七年杀郤宛。

②舒：原是春秋时国家，后被楚所灭，其都在今安徽庐江西南。

③阖庐立三年：前512年。

④故吴反二将军：即掩馀、烛庸。

⑤郢：楚国都城，在今湖北荆州。

⑥孙武：事迹详见《孙子吴起列传》。

【译文】

楚国诛杀了大臣郤宛和伯州犁，伯州犁的孙子伯嚭逃到吴国，吴王阖庐任命伯嚭为大夫。先前吴王僚派去带兵伐楚的两位公子，因后路被截断无法回国，后来听说阖庐杀了吴王僚而自立，就率兵投降了楚国，楚王把他们封在了舒地。阖庐自立为王后第三年，就发兵与伍子胥、伯嚭等人一起讨伐楚国，攻克了舒地，擒获了之前投降楚国的两位公子。阖庐想乘胜进军郢都，将军孙武说："人民已经疲劳，不能再打了，暂且等一等。"于是吴军回师。

四年，吴伐楚，取六与灊[①]。五年，伐越，败之[②]。六年，楚昭王使公子囊瓦将兵伐吴[③]。吴使伍员迎击，大破楚军于豫章[④]，取楚之居巢[⑤]。

【注释】

①六：楚邑名，在今安徽六安北。灊（qián）：古县名，在今安徽霍山东北。

②伐越，败之：详见《越王句践世家》。越国都会稽（在今浙江绍兴）。当时的越王是允常，句践的父亲。

③公子囊瓦：《集解》曰："《左传》楚公子贞，字子囊；其孙名瓦，字子常。此言'公子'，又兼称'囊瓦'，误也。"凌稚隆引陈仁锡曰："'公子'当作'公孙'。子囊之孙名'瓦'，称'囊瓦'者，孙以祖父字为氏也。"中井曰："'公子'二字当削。"

④豫章：古地区名，其地望说法不一。杜预《左传》昭公十三年注以为在"江北、淮水南"，定公四年注说是"汉东江北地名"。也有

说即指今安徽合肥、寿县一带。

⑤取楚之居巢:《左传·定公二年》作:“遂围巢,克之。”巢邑在今安徽巢湖市附近,与居巢不是一个地方。

【译文】

吴王阖庐四年,吴国又兴兵伐楚,夺取了六、灊两地。五年,讨伐越国,打败了越国。六年,楚昭王派公子囊瓦率军讨伐吴国。吴王派伍子胥率军迎击,在豫章大败楚军,并占领了楚国的居巢。

九年,吴王阖庐谓子胥、孙武曰:“始子言郢未可入,今果何如?”二子对曰:“楚将囊瓦贪,而唐、蔡皆怨之[①]。王必欲大伐之,必先得唐、蔡乃可[②]。”阖庐听之,悉兴师与唐、蔡伐楚,与楚夹汉水而陈[③]。吴王之弟夫概将兵请从,王不听,遂以其属五千人击楚将子常[④]。子常败走,奔郑。于是吴乘胜而前,五战,遂至郢[⑤]。己卯[⑥],楚昭王出奔。庚辰[⑦],吴王入郢。

【注释】

①楚将囊瓦贪,而唐、蔡皆怨之:楚昭王九年(前507),蔡昭侯、唐成公都去朝拜楚王。二人一有美裘,一有好马,囊瓦想要,二人不肯给,囊瓦就向楚王进谗言,想扣留他们。后蔡昭侯献裘、唐成公献马,才被放回去。蔡昭侯、唐成公因此心恨囊瓦,后联吴伐楚。唐,周初分封的诸侯国名,姬姓,都城在今湖北随县西北。蔡,诸侯国名。周武王的弟弟叔度始封于蔡,后被流放而死。周成王复封其子蔡仲于此。都上蔡(今河南上蔡)。因受楚逼,迁到新蔡,昭侯时又迁于州来(今安徽凤台)。

②必先得唐、蔡乃可:茅坤曰:“联其仇而后攻之,则彼力分而屈。”

③夹汉水而陈:按,据《左传·定公四年》,吴、楚战于柏举(今湖北麻城东北),距离汉水五六百里。陈,同“阵”。

④子常:即囊瓦。

⑤于是吴乘胜而前,五战,遂至郢:据《左传》,夫概先在柏举大破楚军,又追击至清发,“楚人为食,吴人及之,奔。食而从之,败诸雍澨,五战,及郢”。

⑥己卯:阴历十一月二十八日。泷川曰:“‘己卯’上夺‘十一月’三字。”

⑦庚辰:十一月二十九日。

【译文】

吴王阖庐九年,吴王阖庐对伍子胥和孙武说:“当初你们说楚国的郢都不能攻入,现在究竟怎么样?”二人回答说:“楚国大将囊瓦贪婪,唐国、蔡国都怨恨他。大王决心要大举讨伐楚国的话,一定要先取得唐国和蔡国的支持。”阖庐听从了二人的计策,就出动全国的军队,和唐国、蔡国一起进攻楚国,吴军和楚军夹着汉水摆开阵势。吴王阖庐的弟弟夫概请求率领军队出击,阖庐没有答应,夫概便带领自己属下的五千人攻击楚将子常。子常大败,逃往郑国。于是吴军乘胜前进,五战连胜,终于打到了郢都。己卯那天,楚昭王离城出逃。第二天,吴王阖庐进入郢都。

昭王出亡,入云梦[①];盗击王,王走郧[②]。郧公弟怀曰[③]:“平王杀我父[④],我杀其子,不亦可乎!”郧公恐其弟杀王,与王奔随[⑤]。吴兵围随,谓随人曰:“周之子孙在汉川者,楚尽灭之[⑥]。”随人欲杀王,王子綦匿王[⑦],己自为王以当之[⑧]。随人卜与王于吴,不吉,乃谢吴不与王[⑨]。

【注释】

①云梦：古薮泽名。

②盗击王，王走郧（yún）：《左传》记载为："楚子涉雎，济江，入于云中。王寝，盗攻之，以戈击王，王孙由于以背受之，中肩。王奔郧。"郧，古国名，在今湖北安陆，一说在湖北十堰郧阳区。当时隶属楚国。

③郧公弟怀：郧国国君斗辛的弟弟斗怀。

④平王杀我父：据《左传·昭公十四年》，郧公之父蔓成然对楚平王有佐立之功，任令尹，但为人贪得无厌，被楚平王杀了。楚平王又封斗辛为郧公，以示不忘斗氏旧勋。

⑤随：诸侯国名，姬姓，故城在今湖北随县。当时是楚之附庸。

⑥周之子孙在汉川者，楚尽灭之：《左传·僖公二十八年》云："汉阳诸姬，楚实尽之。"按，吴、随皆姬姓，所以如此说。

⑦王子綦（qí）：《左传》作"子期"，杜预注："昭王兄公子结也。"

⑧己自为王以当之：自己假扮成楚王来抵挡。

⑨乃谢吴不与王：《左传·定公四年》记载为："以随之辟小，而密迩于楚，楚实存之。世有盟誓，至于今未改。若难而弃之，何以事君？执事之患，不唯一人，若鸠楚竟，敢不听命？"

【译文】

楚昭王出逃后，躲进了云梦泽；遭到强盗的袭击，楚昭王又逃到了郧地。郧公的弟弟斗怀说："平王杀了我们的父亲，我们杀他的儿子，不也是应当的吗！"郧公担心他的弟弟杀害楚昭王，就和楚昭王一起逃到了随国。吴军包围随国，对随人说："汉水流域的周王室子孙，全都被楚国灭掉了。"随人想杀死楚昭王，王子綦把楚昭王藏了起来，自己假扮成楚昭王来替楚昭王去死。随人占卜，把楚昭王交给吴国不吉利，就回绝了吴国，没交出楚昭王。

始伍员与申包胥为交，员之亡也，谓包胥曰："我必覆楚[1]。”包胥曰:“我必存之。”及吴兵入郢,伍子胥求昭王[2]。既不得,乃掘楚平王墓,出其尸,鞭之三百,然后已[3]。申包胥亡于山中,使人谓子胥曰:“子之报仇,其以甚乎!吾闻之,人众者胜天,天定亦能破人[4]。今子故平王之臣,亲北面而事之,今至于僇死人[5],此岂其无天道之极乎!”伍子胥曰:“为我谢申包胥曰,吾日莫途远,吾故倒行而逆施之[6]。”于是申包胥走秦告急[7],求救于秦。秦不许。包胥立于秦廷,昼夜哭,七日七夜不绝其声[8]。秦哀公怜之[9],曰:“楚虽无道,有臣若是,可无存乎!”乃遣车五百乘救楚击吴。六月[10],败吴兵于稷[11]。会吴王久留楚求昭王,而阖庐弟夫概乃亡归,自立为王[12]。阖庐闻之,乃释楚而归,击其弟夫概。夫概败走,遂奔楚。楚昭王见吴有内乱,乃复入郢[13]。封夫概于堂谿,为堂谿氏[14]。楚复与吴战,败吴,吴王乃归[15]。

【注释】

①覆:覆灭,灭亡。

②求:寻找,搜寻。

③掘楚平王墓,出其尸,鞭之三百,然后已:凌约言曰:“子胥所当仇者费无忌也,楚既为之杀费无忌,灭其家,昭王又使人谢先王之过而勉之归,则子胥亦可矣。而至鞭平王尸,其亦甚哉!”中井曰:“平王死经十有余年,纵令掘之,朽骨而已,非有可鞭之尸。”

④人众者胜天,天定亦能破人:《正义》曰:“申包胥言人众者虽一时凶暴胜天,及天降其凶,亦破于强暴之人。”泷川曰:“《诗·小雅·正月》:‘视天梦梦,既克有定,靡人弗胜。’包胥所本。”

⑤僇:通“戮”。

⑥吾日莫途远,吾故倒行而逆施之:《索隐》曰:“子胥言志在复仇,常恐且死,不遂本心,今幸而报,岂论理乎?譬如人行,前途尚远,而日势已暮,其在颠倒疾行,逆理施事,何得责吾顺理乎?”冈白驹曰:“伍员意谓立白公胜为楚后,而身相之,则恩怨皆可报。吾非不知出于此也;今求昭王既不得,则事之成否未可知,常恐且死不遂本志,故喻以日暮途远云尔。”泷川曰:“《汉书·主父偃传》偃曰:‘吾日暮,故倒行逆施之。’盖述子胥语。”莫,时间将尽。

⑦秦:诸侯国名,春秋时期都于雍,在今陕西凤翔东南。

⑧七日七夜不绝其声:按《左传·定公四年》记载为:“依于庭墙而哭,日夜不绝声,勺饮不入口七日。”

⑨秦哀公:景公之子,前536—前501年在位。

⑩六月:梁玉绳曰:“‘六月’上,缺书‘十年’二字。”

⑪败吴兵于稷:《左传·定公五年》记载为“使楚人先与吴人战,而自稷会之,大败夫概王于沂”。稷,杜预注:“稷丘,地名,在郊外。”有研究者认为在今河南桐柏。

⑫夫概乃亡归,自立为王:按,夫概于吴王阖庐十年九月自立。

⑬乃复入郢:楚昭王于吴王阖庐十年,楚昭王十一年十月,回到郢。

⑭为堂谿氏:以“堂谿”为姓氏。堂谿,也作“棠溪”,楚邑名,在今河南西平。

⑮楚复与吴战,败吴,吴王乃归:据《左传·定公五年》,楚将子期又在麇和公婿之溪大败吴师,吴王才回师。

【译文】

起初伍子胥和申包胥是朋友,伍子胥出逃时对申包胥说:“我一定要覆灭楚国。”申包胥说:“我一定要挽救楚国。”等吴军攻入郢都,伍子胥就到处搜寻楚昭王。但没有找到,他就挖开楚平王的墓,拉出楚平王的尸体,抽打尸体三百鞭,然后才罢手。申包胥逃到了山里,派人对伍子胥说:“你报仇雪恨,也太过分了!我听说,人多可以胜天,但天公降怒也会毁灭人。你原来也是楚平王的臣子，亲自向北侍奉过他，现在竟至于要鞭打他的尸体，这岂不是不讲天理到极点了吗？”伍子胥对来人说：“替我向申包胥致歉说，我就像是一个太阳快落山了而路途还遥远的人，所以我只能倒行逆施了。”于是申包胥就跑到秦国告急，向秦国求救。秦国不答应。申包胥就站在秦国宫殿前，日夜痛哭，七天七夜没有停止。秦哀公非常同情，就说：“楚王虽然无道，但能有这样的忠臣，国家难道不该拯救吗！”于是派出五百辆兵车救援楚国，攻打吴国。六月，秦军在稷丘打败吴军。这时正好赶上吴王阖庐长时间留在楚国搜捕楚昭王，而吴王的弟弟夫概私自回到吴国，自立为王了。阖庐听到这个消息，就抛开楚国回到吴国，攻打他的弟弟夫概。夫概被打败，逃到了楚国。楚昭王看到吴国发生内乱，就重回郢都。他把堂谿封给了夫概，称为堂谿氏。楚国又发兵与吴军交战，打败了吴军，吴王这才收兵回到吴国。

后二岁①，阖庐使太子夫差将兵伐楚，取番②。楚惧吴复大来，乃去郢，徙于鄀③。当是时，吴以伍子胥、孙武之谋，西破强楚，北威齐、晋，南服越人④。

其后四年⑤，孔子相鲁⑥。

【注释】

①后二岁：梁玉绳曰：“‘二岁’当作‘一岁’。”即阖庐十一年，前504年。

②使太子夫差将兵伐楚，取番（pó）：按，伐楚取番事发生在阖庐十一年，楚昭王十二年四月。梁玉绳曰：“‘夫差’当作‘终累’。”《左传》作“吴太子终累败楚舟师”。杜预注：“终累，阖庐子，夫差兄。”番，通“鄱”，楚邑名，故地在今江西鄱阳。

③徙于鄀（ruò）：按，昭王时又迁回郢。鄀，在今湖北宜城东南。

④西破强楚，北威齐、晋，南服越人：凌稚隆引茅坤曰：“伍子胥之入

吴也，以报父仇。一番事业已了，特著一总按。”按，《左传·昭公二十七年》《左传·昭公三十年》《左传·昭公三十一年》《左传·定公三年》《左传·定公四年》《左传·定公五年》有对伍子胥助阖庐夺位并破楚称霸事的详细记载。

⑤其后四年：即吴王阖庐十五年，鲁定公十年，前500年。

⑥孔子相鲁：赵翼《陔余丛考》曰：“列传与孔子毫无相涉者，亦书‘孔子相鲁’，以其系天下之轻重也。”

【译文】

过了两年，阖庐派太子夫差率军攻打楚国，占领了番地。楚国害怕吴军再次大举进攻，就离开郢，迁徙到鄀。在这个时候，吴国靠着伍子胥、孙武的谋划，西破强楚，北震齐、晋，向南制服了越国。

在此之后的第四年，孔子成为鲁国的国相。

后五年，伐越①。越王句践迎击，败吴于姑苏②，伤阖庐指③，军却。阖庐病创将死④，谓太子夫差曰⑤：“尔忘句践杀尔父乎？”夫差对曰：“不敢忘。”⑥是夕，阖庐死。夫差既立为王，以伯嚭为太宰⑦，习战射。二年后伐越⑧，败越于夫湫⑨。越王句践乃以余兵五千人栖于会稽之上⑩，使大夫种厚币遗吴太宰嚭以请和⑪，求委国为臣妾⑫。吴王将许之。伍子胥谏曰：“越王为人能辛苦，今王不灭，后必悔之⑬。”吴王不听，用太宰嚭计，与越平⑭。

【注释】

①后五年，伐越：按，此时越王允常刚死，句践新即位，阖庐于是趁机发动战争。“五年”当作“四年”。即吴王阖庐十九年，越王句践元年，前496年。

②败吴于姑苏:《正义》曰:“姑苏,当作‘槜李’,乃文误也。”《左传·定公十四年》与《越王句践世家》也曰“吴师败于槜李”。槜李,古邑名,在今浙江嘉兴南。

③伤阖庐指:《左传》曰:“阖庐伤将指。”杜预注:“其足大指见斩。”

④病创:受伤。

⑤太子夫差:据《左传·定公六年》,阖庐原来的太子是终累,夫差在伍子胥的帮助下成为太子。

⑥夫差对曰:“不敢忘。”:按,《左传·定公十四年》记载为:“夫差使人立于庭,苟出入,必谓己曰:‘夫差,而忘越王之杀而父乎?’则对曰:‘唯。不敢忘。’”

⑦太宰:相传殷置太宰。周称冢宰,为天官之长,掌建邦之六典,以佐王治邦国。春秋列国亦多置太宰之官,职权不尽相同。

⑧二年后伐越:战事发生在夫差二年,句践三年,前494年。

⑨败越于夫湫:梁玉绳曰:“《吴》《越》两世家作‘夫椒’,此作‘湫’,盖古通用。”夫椒,古山名,地望说法不一。一说在今江苏太湖中。

⑩会稽:山名,在今浙江境内。

⑪大夫种:即文种。与范蠡佐越王句践卧薪尝胆,发愤图强,终于灭吴。厚币:丰厚的礼物。

⑫委国为臣妾:将国家交出,并充当奴婢。按,句践求和之细节,详见《越王句践世家》。

⑬今王不灭,后必悔之:伍子胥的劝谏之言,详见《左传·哀公元年》《国语·吴语》《吴太伯世家》《越王句践世家》。

⑭用太宰嚭计,与越平:《国语·越语》《越王句践世家》对此有详细记载。平,讲和。

【译文】

五年后,吴国讨伐越国。越王句践出兵迎击,在姑苏打败吴军,击伤了阖庐的脚趾,吴军退却。阖庐的伤势严重,临死前对太子夫差说:“你会忘记句践杀了你的父亲吗?”夫差回答说:“不敢忘记。”当天晚上,阖庐就死了。夫差即位为吴王后,任用伯嚭为太宰,训练军队作战射击。两年后举兵讨伐越国,在夫湫打败越军。越王句践带着残兵五千人驻守到会稽山上,派大夫文种以重金贿赂吴国太宰伯嚭请求和解,句践愿把国家交给吴王成为吴国的附属奴仆。吴王想答应越王。伍子胥劝阻道:“越王句践为人能忍受辛苦,现在大王不消灭他,以后一定会后悔。”吴王不听,采纳了太宰伯嚭的主张与越国讲和。

其后五年①,而吴王闻齐景公死而大臣争宠②,新君弱③,乃兴师北伐齐④。伍子胥谏曰:“句践食不重味⑤,吊死问疾,且欲有所用之也。此人不死,必为吴患。今吴之有越,犹人之有腹心疾也。而王不先越而乃务齐,不亦谬乎!”吴王不听,伐齐,大败齐师于艾陵⑥,遂威邹、鲁之君以归⑦。益疏子胥之谋。

【注释】

①其后五年:即吴王夫差七年,齐晏孺子元年,前489年。

②齐景公死:齐景公卒于吴王夫差六年。齐景公,姜姓,名杵臼,前547—前490年在位。

③新君弱:按,齐景公死后,其少子晏孺子立,以国夏、高张为相。明年,大夫陈(田)乞率兵入公宫,杀逐高、国二氏,立其兄公子阳生,是为悼公。悼公把他迁于骀,不久又杀了他。事见《齐太公世家》。

④乃兴师北伐齐:按,《吴太伯世家》亦有相关记载,梁玉绳曰:“是年无伐齐事,伐齐在鲁哀十年……其事去齐景公之卒已四年矣……而即以此为艾陵之役,则更误矣。”

⑤食不重味：吃饭只有一种菜。

⑥大败齐师于艾陵：按，艾陵之役实际发生在五年后的鲁哀公十一年（前484）。艾陵，齐邑名，地望说法不一，一说在今山东莱芜东北，一说在今山东泰安东南。

⑦威邹、鲁之君以归：据《十二诸侯年表》，吴王夫差曾于其在位第八年与鲁国国君在缯会盟，向鲁征要百牢；又于第九年讨伐鲁国。邹，即春秋邾国，故地在今山东邹城一带。战国时鲁穆公改为邹。鲁，诸侯国名，国都在今山东曲阜。

【译文】

又过了五年，吴王听说齐景公死后，齐国大臣争权，新君势弱，就发兵北上伐齐。伍子胥劝阻说："越王句践吃饭不摆两个菜，哀悼死去的人、慰问得病的人，是要有所作为啊。这人不死，肯定会成为吴国的后患。现在吴国旁边有个越国，就像人有腹心疾病一样。大王不首先除掉越国而去图谋齐国，这不是很荒谬吗！"吴王不听，出兵攻打齐国，在艾陵大败齐国军队，也威慑了邹、鲁两国之君，之后回到吴国。吴王从此越来越疏远伍子胥，不听他的计谋了。

其后四年[①]，吴王将北伐齐，越王句践用子贡之谋，乃率其众以助吴[②]，而重宝以献遗太宰嚭。太宰嚭既数受越赂，其爱信越殊甚，日夜为言于吴王。吴王信用嚭之计。伍子胥谏曰："夫越，腹心之病，今信其浮辞诈伪而贪齐。破齐，譬犹石田[③]，无所用之。且《盘庚之诰》曰[④]：'有颠越不恭，劓殄灭之，俾无遗育，无使易种于兹邑[⑤]。'此商之所以兴。愿王释齐而先越；若不然，后将悔之无及[⑥]。"而吴王不听，使子胥于齐[⑦]。子胥临行，谓其子曰："吾数谏王，王不用，吾今见吴之亡矣。汝与吴俱亡，无益也。"乃属其子于齐鲍牧⑧，而还报吴。

【注释】

①其后四年：即吴王夫差十一年，齐悼公四年，前485年。

②句践用子贡之谋，乃率其众以助吴：据《左传·哀公十一年》，夫差十二年，齐简公元年，吴国联合鲁国伐齐，“越子率其众以朝焉，王及列士皆有馈赂”。句践用子贡之谋，详见《仲尼弟子列传》。

③石田：多石而不可耕之地。

④《盘庚之诰》：即指《尚书》中的《盘庚》篇。是商王盘庚对臣民的训话。盘庚迁都到殷，曾遭到世族百官以至百姓庶民一致反对，故先后发表三次讲话，说明迁都原因和经过，劝告群臣听从王命。《盘庚》篇正是这三次训话的记录。为上、中、下三篇。

⑤“有颠越不恭”几句：见《盘庚》中篇。颠越不恭，行为放纵，不守礼法，不尊奉帝王之命。劓（yì），割。殄灭，消灭，绝灭。俾，使。无使易种于兹邑，不让罪人留下后代于新迁之都。引申为对犯人后代应斩草除根。易，蔓延。

⑥后将悔之无及：凌稚隆引王维桢曰：“伍员借吴力得报父仇，故尽忠谋如此。”按，《吴越春秋》云：“子胥曰：‘臣闻狼子有野心，仇雠之人不可亲。夫虎不可馁以食，蝮蛇不恣其意。今大王捐国家之福，以饶无益之仇；弃忠臣之言，而顺敌人之欲。臣必见越之破吴，豕鹿游于姑胥之台，荆榛蔓于宫阙。’”

⑦使子胥于齐：凌稚隆引杨循吉曰：“出谋臣于外，太宰嚭以计疏远之，而阴欲以罪诛之也。”

⑧属其子于齐鲍牧：茅坤曰：“子胥处君骄臣谗之间，而属其子于他国，非明哲之道。”凌稚隆引穆文熙曰：“子胥属子，盖誓以死谏，且不欲绝先人之后也。或谓属镂之剑乃所自招，不知其心矣。”属，托付。鲍牧，齐国正卿。按，此时鲍牧已死，《左传》记为“属

其子于鲍氏”。

【译文】

又过了四年，吴王打算向北讨伐齐国，越王句践采纳了子贡的计谋，亲自率领军队帮助吴国，还用贵重的宝物献给太宰伯嚭。太宰伯嚭屡次接受越国的贿赂，对于越国更加喜欢和信任，就整天在吴王面前为越国说话。吴王也相信采纳伯嚭的计谋。伍子胥又劝谏说：“越国才是吴国的心腹之患，现在却听信他的花言巧语而去贪图齐国。即使占有了齐国，也就像得到一片石头地，没有什么用途。况且《盘庚之诰》中曾说：‘凡是叛逆横行不服管教的，就彻底消灭他，不要让他们留下后代，不要让他们在这里生长。’这就是商朝所以兴旺的原因。希望大王放过齐国，先灭掉越国；如果不这样，我们将后悔都来不及。”但是吴王不听，还派伍子胥出使齐国。伍子胥临行前对他的儿子说：“我多次劝说吴王，吴王都不听，我现在就看到吴国要灭亡了。你和吴国一起灭亡，是没有意义的。”于是伍子胥就把儿子托付给齐国的鲍牧，然后回国向吴王报告。

吴太宰嚭既与子胥有隙，因谗曰：“子胥为人刚暴，少恩，猜贼①，其怨望恐为深祸也。前日王欲伐齐，子胥以为不可，王卒伐之而有大功②。子胥耻其计谋不用，乃反怨望。而今王又复伐齐③，子胥专愎强谏④，沮毁用事⑤，徒幸吴之败以自胜其计谋耳⑥。今王自行，悉国中武力以伐齐，而子胥谏不用，因辍谢⑦，详病不行⑧。王不可不备，此起祸不难。且嚭使人微伺之⑨，其使于齐也，乃属其子于齐之鲍氏。夫为人臣，内不得意，外倚诸侯，自以为先王之谋臣，今不见用，常鞅鞅怨望⑩。愿王早图之。”吴王曰：“微子之言，吾亦疑之。”乃使使赐伍子胥属镂之剑⑪，曰：“子以此死。”伍子胥仰天叹曰：“嗟乎！谗臣嚭为乱矣，王乃反诛我。我令若父霸[12]。自若未立时，诸公子争立，我以死争之于先王，几不得立。若既得立，欲分吴国予我，我顾不敢望也。然今若听谀臣言以杀长者[13]。”乃告其舍人曰[14]：“必树吾墓上以梓[15]，令可以为器[16]；而抉吾眼县吴东门之上[17]，以观越寇之入灭吴也[18]。”乃自刭死。吴王闻之大怒，乃取子胥尸盛以鸱夷革，浮之江中[19]。吴人怜之，为立祠于江上，因命曰胥山[20]。

【注释】

①猜贼：凶狠残暴。

②王卒伐之而有大功：据《左传·哀公十一年》，此役即艾陵之战，发生在夫差十二年，齐简公元年，前484年五月。“大败齐师，获国书、公孙夏、闾丘明、陈书、东郭书，革车八百乘，甲首三千”。

③今王又复伐齐：指吴王夫差十二年之联鲁伐齐。

④专愎（bì）：专断，不肯听取意见。愎，任性，执拗。

⑤沮毁：破坏，败坏。

⑥自胜其计谋：认为他自己的计谋是正确的。

⑦辍（chuò）谢：犹辞谢。

⑧详：通“佯”，假装。

⑨微伺：暗中伺察。

⑩鞅鞅：因不平或不满而郁郁不乐的样子。

⑪属镂：杜预注：“剑名。”一说以为“属镂”即“独鹿”山，在涿郡。因其地出剑故用以为剑名。

⑫若父：你父亲。

⑬谀臣：谄谀之臣。

⑭舍人：《汉书·高帝纪》颜师古注：“亲近左右之通称也。”

⑮梓：落叶乔木。

⑯器:指棺材。《正义》曰:“器谓棺也,以吴必亡也。《左传》云:‘树吾墓槚,槚可材也,吴其亡乎?’”

⑰抉:挑开,挖开。县:挂。

⑱以观越寇之入灭吴也:柳宗元曰:“伍子胥者,非吴之昵亲也,其始交阖庐以道,故由其谋。今于嗣君已不合,言见进则谗者胜,国无可救者。于是焉,去之可也。出则以孥累于人,而又入以即死,是固非吾之所知也。然则员者果很人也与!”茅坤曰:“子胥忿恚如是,则其在当时,处君臣上下之间必多不当于道矣,此谗之所由兴也。”泷川曰:“太宰嚭之谗,子胥之叹,史公以意敷衍。”

⑲盛以鸱夷革,浮之江中:《国语·吴语》记载为:“王愠曰:‘孤不使大夫得有见也。’乃使取申胥之尸,盛以鸱夷,而投之江。”鸱夷革,盛尸的革囊。夷,陈列,指盛尸体。盛尸之革曰夷革。又陈尸之床曰夷床。革囊似鸱形,故名。泷川曰:“此‘革’字疑衍。”江,指吴淞江。

⑳胥山:其地望说法不一,《集解》引张晏曰:“胥山在太湖边,去江不远百里,故云‘江上’。”而梁玉绳以为非太湖之胥山。

【译文】

吴国太宰伯嚭已与伍子胥有了矛盾,于是就在吴王面前说伍子胥的坏话:“伍子胥为人强硬凶暴,没有情义,凶狠残暴,他怨恨大王,恐怕会酿成大祸。前次大王要讨伐齐国,伍子胥认为不行,而大王最终攻打齐国并成就了大功。伍子胥耻于他的计谋不被采用,反而心怀怨恨。如今大王又要攻打齐国,伍子胥又独断固执,强行拦阻,诋毁败坏大王的事业,只是一心希望吴国打败仗来证实他计谋的高明。现在大王亲自出征,统率全国的兵力攻打齐国,而伍子胥因他的劝阻没有被采用,就借故推辞,装病不跟随大王。大王不能不防备,这引起祸端是不难的。再说我已派人在暗中监视他,他在出使齐国时,已经把儿子托付给了齐国的鲍氏。作为臣子,在国内不得意,就去勾结国外的诸侯,自己认为是先王的谋臣，现在不被重用，就郁郁心怀不满。希望大王早作打算。”吴王夫差说：“没有你这些话，我也怀疑他了。”于是就派人送给伍子胥一把属镂宝剑，说：“你就用这把剑自杀吧。”伍子胥仰天长叹说：“唉！奸臣伯嚭要祸国作乱，大王反而要杀我。我曾经辅佐你的父亲称霸。在你还没有即位的时候，诸公子争夺太子之位，是我冒死在先王面前力争，你才得以即位。你立后，想把吴国的一部分分给我，我不敢奢望。但是今天你竟然听信一个阿谀小人的话来杀害一个长辈。”于是告诉他的舍人说：“一定要在我的坟墓上种上梓树，让它可以做棺材；再挖出我的眼睛挂在吴国都城的东门上，我要看着越国人进来灭掉吴国。”于是就自刎而死。吴王听说后非常生气，就把伍子胥的尸体装进一条皮口袋，抛进了江里。吴国人非常同情伍子胥，就在江边为他立了一座祠堂，并把立祠堂的地方取名为胥山。

吴王既诛伍子胥，遂伐齐①。齐鲍氏杀其君悼公而立阳生②。吴王欲讨其贼，不胜而去③。其后二年④，吴王召鲁、卫之君会之橐皋⑤。其明年，因北大会诸侯于黄池⑥，以令周室⑦。越王句践袭杀吴太子，破吴兵⑧。吴王闻之，乃归，使使厚币与越平。后九年⑨，越王句践遂灭吴，杀王夫差，而诛太宰嚭⑩，以不忠于其君，而外受重赂，与己比周也⑪。

【注释】

①吴王既诛伍子胥，遂伐齐：据《左传》，伍子胥死于夫差十二年吴、鲁破齐于艾陵后，而不是司马迁所记的夫差十一年吴、鲁伐齐前。

②齐鲍氏杀其君悼公而立阳生：梁玉绳曰：“疑当在前‘益疏子胥之谋’句上……庶与《左传》情事相协。此及《吴世家》叙伐齐事多倒乱失实。而‘悼公’即‘阳生’，此又误说，当是杀其君悼公

而立‘壬’也。”按，壬即齐简公。

③吴王欲讨其贼，不胜而去：《吴太伯世家》记载为：“齐鲍氏弑齐悼公，吴王闻之，哭于军门外三日，乃从海上攻齐。齐人败吴，吴王乃引兵归。”贼，此指弑君之贼。

④其后二年：即吴王夫差十三年，前483年。

⑤召鲁、卫之君会之橐皋（zhè gāo）：按，据《左传》，此次相会只有吴、鲁两国。鲁君指鲁哀公。橐皋，古邑名，在今安徽巢湖西北柘皋镇。

⑥大会诸侯于黄池：按，参加此次会盟的是吴王夫差、鲁哀公与晋定公。会盟的目的是吴王夫差想与晋国争夺霸主地位。黄池，古邑名，在今河南封丘西南。

⑦以令周室：意思应该是号令诸侯以尊周室。

⑧越王句践袭杀吴太子，破吴兵：《越王句践世家》记载为：“吴王北会诸侯于黄池，吴国精兵从王，惟独老弱与太子留守。……乃发习流二千人，教士四万人，君子六千人，诸御千人，伐吴。吴师败，遂杀吴太子。”

⑨后九年：即吴王夫差二十三年，越王句践二十四年，前473年。

⑩诛太宰嚭：《吴太伯世家》记载为：“越王灭吴，诛太宰嚭，以为不忠，而归。”刘恕曰：“《左传》哀二十四年闰月，‘哀公如越，使因太宰嚭而纳贿焉’，在吴亡后二年也。如左氏之说，则嚭入越亦用事，安得吴亡即诛哉？”竹添光鸿曰：“越之诛嚭，当在季孙纳贿之后，史公特因灭吴而牵连书之耳。”

⑪比周：勾结，结党营私。

【译文】

吴王杀了伍子胥后，就攻打齐国。齐国的鲍氏杀了齐国国君悼公，另立阳生为国君。吴王想要讨伐鲍氏，但未能取胜就撤退了。又过了两年，吴王召集鲁国、卫国的国君在橐皋会盟。第二年，又趁势北上在黄池大会诸侯，并号令诸侯以尊周王室。越王句践乘虚带兵袭击吴国，杀了吴国太子，打败了吴国军队。吴王夫差听说后，只好回国，派人用重金向越国求和。又过了九年，越王句践灭吴，杀了吴王夫差，同时杀了太宰伯嚭，因为他对自己的国君不忠，还对外接受巨额贿赂，私下勾结敌国。

伍子胥初所与俱亡故楚太子建之子胜者，在于吴。吴王夫差之时，楚惠王欲召胜归楚①。叶公谏曰②："胜好勇而阴求死士③，殆有私乎④！"惠王不听。遂召胜，使居楚之边邑鄢⑤，号为白公⑥。白公归楚三年而吴诛子胥。

【注释】

①楚惠王：名章，谥惠。昭王之子，前488—前432年在位。欲召胜归楚：按，楚昭王即位后，执政子西即顺应民意杀掉了费无忌。到惠王二年（前487），子西召前太子建之子胜回国。郭嵩焘曰："伍员之奔吴，志在复仇耳，太子建非可恃以成事者。若从太子建奔宋、奔郑，又从建子胜奔吴，则是伍员始终系心楚国，不应与白公胜同在吴而无一语及之。疑白公胜奔吴未久，子西亦闻其勇而忧其为楚患也，故召之，与伍员奔吴两不相涉。"

②叶公：楚国大夫沈诸梁，字子高，封在叶（在今河南叶县南），故称"叶公"。

③死士：敢死之士。

④殆：恐怕，大概。私：秘密，阴谋。

⑤鄢（yān）：楚邑名，《集解》引徐广曰："颍川鄢陵是。"即今河南鄢陵。《正义》以为"鄢"同"郾"，在今河南郾城南。其地有"白亭"，又有"白公故城"。

⑥号为白公：《楚世家》记载为"子西召平王故太子建之子胜于吴，以为巢大夫，号曰'白公'"。

【译文】

当初与伍子胥一起逃亡的原楚国太子建的儿子胜,也在吴国。吴王夫差在位时,楚惠王曾想召他回到楚国。叶公劝谏说:“胜爱好武勇,还在暗中求访敢死的勇士,恐怕是有阴谋吧!”楚惠王不听。最终还是召回了胜,把他安置在楚国的边城鄢邑,称为白公。白公胜回到楚国的第三年,吴王杀了伍子胥。

白公胜既归楚,怨郑之杀其父,乃阴养死士求报郑。归楚五年①,请伐郑,楚令尹子西许之②。兵未发而晋伐郑,郑请救于楚。楚使子西往救,与盟而还③。白公胜怒曰:“非郑之仇,乃子西也④。”胜自砺剑⑤,人问曰:“何以为?”胜曰:“欲以杀子西。”子西闻之,笑曰:“胜如卵耳,何能为也⑥。”

【注释】

①归楚五年:即惠王七年(前482)。梁玉绳曰:“晋伐郑在鲁哀公十五年……乃白公归楚八年,非五年也。”

②子西:楚国令尹,楚平王之弟。

③楚使子西往救,与盟而还:《楚世家》记载为:“楚使子西救郑,受赂而去。”子西接受郑国的贿赂没有履行与白公之约。

④非郑之仇,乃子西也:《左传·哀公十六年》记载为:“胜怒曰:‘郑人在此,仇不远矣。’”

⑤砺:磨,磨治。

⑥胜如卵耳,何能为也:《左传·哀公十六年》记载为:“胜如卵,余翼而长之。楚国第,我死,令尹、司马,非胜而谁?”

【译文】

白公胜回到楚国后,怨恨郑国杀了他的父亲,就暗中收养敢死的勇士找机会向郑国报仇。回到楚国后第五年，他请求楚国讨伐郑国，楚国的令尹子西答应了他。楚军还没发出而晋国已经攻打郑国了，郑国向楚国求救。楚王派子西前去救援郑国，子西与郑国结盟后就返回了。白公胜很气愤，说："我的仇人已经不是郑国，而是子西了。"白公胜就亲自磨剑，有人问他："你磨剑干什么用？"白公胜说："用来杀子西。"子西听说后，笑着说："白公胜就像个鸡蛋罢了，能有什么作为。"

其后四岁①，白公胜与石乞袭杀楚令尹子西、司马子綦于朝②。石乞曰："不杀王，不可③。"乃劫王如高府④。石乞从者屈固负楚惠王亡走昭夫人之宫⑤。叶公闻白公为乱，率其国人攻白公⑥。白公之徒败，亡走山中，自杀。而虏石乞，而问白公尸处，不言将亨⑦。石乞曰："事成为卿，不成而亨，固其职也⑧。"终不肯告其尸处。遂亨石乞，而求惠王复立之。

【注释】

①其后四岁：梁玉绳曰："'四'当作'一'，晋伐郑之明年，白公作乱也。"即楚惠王十年，吴王夫差十七年，前479年。

②石乞：白胜招募的"死士"之一。袭杀楚令尹子西、司马子綦于朝：袭杀事件发生在惠王十年七月。

③不杀王，不可：《左传·哀公十六年》记载为："石乞曰：'焚库，弑王，不然不济。'白公曰：'不可。弑王不祥，焚库无聚，将何以守矣？'乞曰：'有楚国而治其民，以敬事神，可以得祥，且有聚矣，何患？'弗从。"

④高府：杜预注："楚之别府也。"

⑤石乞从者屈固负楚惠王亡走昭夫人之宫：按，《集解》引徐广曰：

“一作‘惠王从者屈固’。”《楚世家》也作“惠王从者屈固”。《左传》则作“石乞尹门，圉公阳穴宫，负王以如昭夫人之宫”。昭夫人，昭王的夫人，惠王的母亲。

⑥国人：指其封地之人。

⑦亨：“烹”的古字。

⑧固其职也：凌稚隆引凌约言曰：“白公为父报仇，石乞为主尽忠，其于子胥，皆类例也。太史公附此一段，正以例见子胥之长耳。”职，职责，义务。也解作：常，理所当然。

【译文】

又过了四年，白公胜和石乞在朝堂上突然袭击杀死了楚国的令尹子西和司马子綦。石乞说：“不杀掉楚王，恐怕不行。”于是就把楚惠王劫持到高府。石乞的随从屈固背着楚惠王逃到了昭夫人的宫里。叶公听说白公胜发动叛乱，就带领他封地的人攻打白公胜。白公胜的人被打败，白公胜逃到山里，自杀了。叶公俘获石乞后，问他白公尸体在什么地方，如果不说就把他活活煮死。石乞说：“事情成功了就成为卿相，没有成功就被煮掉，本也是常情。”始终不肯说出白公胜的尸体在什么地方。于是就煮死了石乞，找到惠王后又立他为王。

太史公曰：怨毒之于人甚矣哉①！王者尚不能行之于臣下，况同列乎②！向令伍子胥从奢俱死，何异蝼蚁。弃小义，雪大耻，名垂于后世③。悲夫！方子胥窘于江上，道乞食，志岂尝须臾忘郢邪④？故隐忍就功名，非烈丈夫孰能致此哉？白公如不自立为君者⑤，其功谋亦不可胜道者哉⑥！

【注释】

①怨毒：怨恨，仇恨。

②同列：同一班列，同等地位。亦指地位相同者。

③弃小义，雪大耻，名垂于后世：凌稚隆引王维桢曰："太史公盖以自见也。"

④须臾：片刻，一会儿。

⑤如不自立为君：据《左传·哀公十六年》，白公未有自立为王之意。而《楚世家》记载为："白公胜怒，乃遂与勇力死士石乞等袭杀令尹子西、子綦于朝，因劫惠王置之高府，欲弑之。惠王从者屈固负王亡走昭王夫人之宫，白公自立为王。"

⑥功谋：功绩与谋略。曾国藩曰："子胥以报怨而成为'烈丈夫'，渔父之义，专诸之侠，申包胥之乞师，白公之报仇，石乞之甘烹，皆为'烈'字衬托出光芒。"锺惺曰："以伍子胥报父仇为主，而郧公于平王，一父仇也；夫差于越王句践，一父仇也；白公于郑、于子西，一父仇也。不期而会，不谋而合，穿插凑泊，若相应，若不相应，觉一篇中冤对债主，杀机鬼气，头头相值，读之毛竖，人生真不愿见此境也。"梁启超曰："伍子胥引外族以自覆其祖国，律以爱国之义，盖有罪焉。虽然，复仇亦天下之大义也。……其智深勇沉，则真一世之雄也。"又曰："以爱国之义，则包胥又贤于子胥远矣。七日七夜，不饮食，不绝哭，以拯国难，自古及今，天下万国未尝有也，得一人可以光国史矣。"

【译文】

太史公说：怨毒对于人太可怕了！为王的尚且不能这样对待臣下，何况同等的人呢？如果伍子胥跟着他的父亲一起死了，那与蝼蚁没有什么差别。他抛弃小义，雪了大耻，扬名于后世。多么悲壮啊！当伍子胥困于江边，在路边乞食时，他何尝有片刻时间忘掉报仇呢？所以隐忍以成功名，如果不是一个刚烈的大丈夫，谁又能做到这一步呢？白公胜如果不图谋自立，他的功名和谋略也是称道不完的啊！

【集评】

王安石曰:“子胥出死亡逋窜之中,以客寄之一身,卒以说吴折不测之楚,仇报耻雪,名振天下,岂不壮哉!及其危疑之际,能自慷慨不顾万死,毕谏于所事,此其志与夫自恕以偷一时之利者异也。孔子论古之士大夫若管夷吾、臧武仲之属,苟志于善而有补于当世者,咸不废也。然则子胥之义,又曷可少哉?”(《史记评林》引)

李贽曰:“伍员既没,而后楚有屈原,虽生不并世,要皆楚之烈也。第原自欲死,而员乃为人所死。屈原抉择于死生之际,唯死为可,故卒就死,以明己之生真不如死也。伍员知吴之必亡,而不知己之先亡;吴犹未亡,而身先亡于太宰嚭之手矣。其视屈大夫实大迳庭,吾是以后之。虽然,伍子胥之必覆楚也,申包胥之必复楚也,纯孝纯忠,惊天震地,此中若妄有褒弹,是诚灭却一只眼矣。岂可!岂可!”(《藏书》)

李景星曰:“《伍子胥传》以赞中‘怨毒’二字为主,是一篇极深刻、极阴惨文字。子胥之所以能报怨者,只在‘刚戾忍询,能成大事’。偏于其父口中带出,正见知子莫若父也。而又述费无忌之言曰‘伍奢二子皆贤,不诛,且为楚忧’;述其兄尚之言曰‘汝能报杀父之仇’;述吴公子光之言曰‘彼欲自报其仇耳’;述楚申包胥之言曰‘子之报仇,其以甚乎’,一路写来,都是形容其‘怨毒’之深。又因子胥之报怨,带出郧公弟之怨、吴阖庐之怨、白公胜之怨以作点缀。而太史公满腹怨意亦借题发挥,洋溢于纸上,不可磨灭矣。以伤心人写伤心事,那能不十分出色!”(《史记评议》)

吴见思曰:“子胥事于《左传》《国策》《国语》及《越绝书》《吴越春秋》中看熟,觉姿致少减。然一篇大传兼总条贯,不得不删繁就雅。故以体裁胜,不以韵致胜。读过此传再看‘吹箫吴市’‘投金濑女’诸事,便近小说矣,不可不知也。”(《史记论文》)

【评论】

《伍子胥列传》的主旨是赞颂伍子胥弃小义、雪大耻,隐忍以就功名的人生观、生死观。司马迁在人生观、生死观方面的名言是:“人固有一死,或重于泰山,或轻于鸿毛,用之所趋异也。”生命对于人只有一次,因此在生死关头必须慎于抉择,既不能无原则地苟且求生,也不能糊涂一时地随便轻生,那么取舍的标准又是什么呢?司马迁在《伍子胥列传》中通过伍子胥与其兄伍尚的一段对话给出了他的答案。当伍子胥的父亲伍奢被楚平王所囚,楚平王召伍氏兄弟回去,兄弟二人所面临的情势是一样的。伍子胥说:“楚之召我兄弟,非欲以生我父也,恐有脱者后生患,故以父为质,诈召二子。二子到,则父子俱死。何益父之死? 往而令仇不得报耳,不如奔他国,借力以雪父之耻,俱灭,无为也。”伍尚说:“我知往终不能全父命。然恨父召我以求生而不往,后不能雪耻,终为天下笑耳。”他对其弟说:“可去矣! 汝能报杀父之仇,我将归死。”在这里他们所考虑的就是怎样做才能使生命呈现出更大的价值。日后能报大仇的,那就“活”下去,不必顾忌眼下被人视为如何的大逆不道;日后不能有所作为的,那就不如现在“死”,以成就忠义孝顺之名。可见问题的是非界线并不是很确定,所以这就要求当事人审时度势,衡量彼己,尽管当时的紧急可能间不容发,却要正确地做出有关生死的大抉择。大概“英雄”与非“英雄”的区别,也就表现在这里了吧!

司马迁赞赏这种人,自己也是这种人。当他触怒汉武帝,被以“沮贰师”与“诬上”的罪名判处死刑时,他宁可被普天下的人所误解、所鄙视,而义无反顾、忍辱含愤地自请改判了辱没家族的宫刑,目的就是为了保存生命以完成他那部正在写作中的《史记》。他在《报任安书》中说:“勇者不必死节,怯夫慕义,何处不勉焉? ……所以隐忍苟活,幽于粪土之中而不辞者,恨私心有所不尽,鄙陋没世而文采不表于后也。”司马迁在当时所承受的压力是可以想象的,他“肠一日而九回”,他“居则忽忽若有所亡,出则不知所如往。每念斯耻,汗未尝不发背沾衣也”。但司马迁最终还是挺着活了下来，完成了他的历史名著，博得了古今中外世人的敬仰。如果司马迁当时就那么糊里糊涂地死了，历史在当时就已经给他画上了句号，那今天谁还会议论他与汉武帝谁是谁非的这桩历史公案呢？

对于伍子胥的报仇，有人认为他只向费无忌复仇就行了，不应该向楚平王复仇。如《史记评林》引邵宝曰："世称子胥有忠孝大节。忠能忘身而不能忘家，虽起谗以死，未足深累。孝知有亲而不知有国，卒之毒流宗社，不亦甚哉！然则仇不必复乎？杀无忌足矣。"又引凌约言曰："子胥之所当仇者，费无忌也。楚既为之杀无忌，灭其家，昭王又使人谢先王之过而勉之归，则子胥亦可以已矣；而至鞭平王尸，其已甚矣。"这种说法实出于臣不可向君复仇的迂腐观点，试问如果不是楚平王昏聩信谗，费无忌又如何能成其奸？黄省曾说："《书》云：'抚我则后，虐我则仇。'抚者，君之道也。子胥之父兄无罪而平王杀之，则平王乃胥之仇也，非君也；鞭之者鞭其仇，非鞭其君也。"（《史记评林》引）这一观点更为可取。《孟子》中说："君之视臣如手足，则臣视君如腹心；君之视臣如犬马，则臣视君如国人；君之视臣如土芥，则臣视君如寇仇。"又说："闻诛一夫纣也，不闻弑君也。"《伍子胥列传》继承的正是这种进步的君臣观，具有鲜明的反奴性精神，也正是这种精神让后人敬佩，激励着人们向各种不公正进行抗争。

但是，我们也不能因此就无视伍子胥为了为父兄复仇而引兵灭楚，以及破郢以后的种种倒行逆施。《左传》《公羊传》《穀梁传》都记载了吴王君臣入郢后的"以班处宫"，即《吴越春秋》之所谓"令阖闾妻昭王夫人，伍胥、孙武、白喜（按，即伯嚭）亦妻子常、司马成之妻，以辱楚之君臣也"。吴之君臣如此，部下将士之活动可知。本篇未记此事，而写成了掘墓鞭尸，向楚王一人复仇，明显是回护伍子胥了。至于掘墓鞭尸之事，《左传》《国语》皆未见，《穀梁传》与《吕氏春秋·首时》《淮南子·泰族训》皆谓"挞平王之墓"；《楚世家》与《十二诸侯年表》《季布栾布列传》

亦但曰“鞭平王之墓”；都没有本篇这样夸张极端。

伍子胥在夫差时期因尽忠极谏而遭谗毁终被逼自杀，这也是《史记》中屡次出现的悲剧情节。有人说伍子胥在复仇之后就应该归隐山林，这样就不会再遭毒手；伍子胥仍事奉夫差，为吴效命，是贪恋富贵。伍子胥果真如此行事，那就不是伍子胥而是范蠡了。伍子胥的继续为吴效力，是出于“士为知己者死”的精神。他力劝夫差不要轻视越国而一力与齐、晋等国争霸，是出于对吴国利益的考虑，何尝是为了自己。他在临死前说：“必树吾墓上以梓，令可以为器；而抉吾眼县吴东门之上，以观越寇之入灭吴也。”这是多么悲愤。他痛心于夫差的鬼迷心窍，自己的忠心与卓见却不被理解。司马迁在写到这里时对他寄予了无限的同情。相对应的，也就无比憎恨陷害忠良的伯嚭，写道：“后九年，越王句践遂灭吴，杀吴王夫差，而诛太宰嚭。”这在《吴太伯世家》《越王句践世家》也有同样记载。而事实是《左传·哀公二十四年》有“哀公如越，使因太宰嚭而纳贿焉”的记载，此时吴亡已经两年，且伯嚭似乎又在越国官居显位。司马迁一定要把伯嚭写成死于越王之手，就是要表达他对奸臣的痛恨，他们必须得到最严厉的惩罚。

篇中对于吴军入郢一系列战斗的叙述与《左传》有出入。据《左传》定公四年写此次吴、楚之役，先后有两场战斗。其一是夹汉之战，其二是柏举之战。《左传》先写的是“夹汉之战”，汉水与楚国郢都的直线距离最近处不足一百千米，即使战场偏北也不会远于二百千米；而第二场战斗的所在地“柏举”，则在今湖北麻城的东北方，西距郢都的直线距离在三百千米之外，与郢都东侧汉水的距离也有二百千米。《左传》先写“夹汉之战”，后写“柏举之战”显然不合情理。司马迁看到了这种毛病，因而将二战合而为一，将“柏举之战”中夫概有勇有谋地断然对楚兵发起攻击，移到了“夹汉之战”中；但这样一来，吴兵追击楚兵的所谓“及清发”就更加没有道理了。清发水流经今湖北安陆，乃在汉水以东的七八十千米。就情理而言，应该是先有“柏举之战”，夫概王的大败楚军是在柏举。而后势如破竹地追击楚军，其所谓“楚人为食，吴人及之，奔。食而从之，败诸雍澨。五战，及郢”云云，就是发生在由柏举到清发，再渡汉水到郢都的一路之上。《左传》这段文字描写吴军的锐不可当，尤其是描写夫概其人的英姿勃勃，都异常精彩。而《史记》于《吴太伯世家》《楚世家》《伍子胥列传》皆未提“柏举之战”，亦可怪也。

又，《史记》中，司马迁在《吴太伯世家》《孙子吴起列传》《伍子胥列传》中写到吴师入郢一役时，都将孙武与伍子胥的名字并列提出，但没有写孙武究竟有何贡献。只在本文与《吴太伯世家》两处写吴王阖庐于其三年曾欲出兵代楚时，孙武以“民劳，未可”云云劝止之。而《左传·昭公三十年》中亦写此事，而对之者非孙武，乃伍子胥。伍子胥曰：“楚执政众而乖，莫適任患。若为三师以肄焉，一师至，彼必皆出；彼出则归，彼归则出，楚必道敝。亟肄以罢之，多方以误之。既罢而后以三军继之，必大克之。”这“三师以肄之”，实在太经典、太重要了，是吴军消耗楚国、最终打败楚国的决定性战略，表现了伍子胥卓越的军事才能。

仲尼弟子列传第七

【释名】

本篇记载了孔子的授业弟子七十七人，其中三十五人有事迹记述，四十二人只留有姓名，同时还附见孔子的师友与称道的古贤人如老子、蘧伯玉、子产、晏婴、柳下惠等人。全文可分为八个部分。第一部分是篇前的小序，概述了孔子弟子的总体情况，孔子的大致交游及其所称道之人；第二部分记述了以“德行”著称的孔子弟子颜回、闵损、冉耕、冉雍的事迹；第三部分记述了以“政事”著称的孔子弟子冉有、子路的事迹；第四部分记述了以“言语”著称的孔子弟子宰我、子贡的事迹；第五部分记述了以“文学”著称的孔子弟子子游、子夏的事迹。第六部分记述了“四科”以外见于书传的孔子其他弟子的事迹。第七部分登录了无事迹流传的孔子弟子四十二人；在最后篇末的“太史公曰”中，司马迁说明了此传的写作目的与编写原则。

孔子曰“受业身通者七十有七人”[①]，皆异能之士也。德行：颜渊、闵子骞、冉伯牛、仲弓。政事：冉有、季路。言语：宰我、子贡。文学：子游、子夏[②]。师也辟，参也鲁，柴也愚，由也喭，回也屡空[③]。赐不受命而货殖焉，亿则屡中[④]。

【注释】

①孔子曰“受业身通者七十有七人”：泷川曰：“孔子盖无此语，‘曰’字宜改为‘弟子’。郑环曰：‘宋大观四年议礼局言《史记·弟子传》曰“受业身通六艺者七十有七人”。’据此，今本脱‘六艺’二字。”译文从之。七十有七人，梁玉绳曰：“弟子之数，有作‘七十人’者：《孟子》云‘七十子’；《吕氏春秋·遇合》篇‘达徒七十人’；《淮南子·泰族》及《要略训》俱言‘七十’；《汉书·艺文志序》《序楚元王传》所称‘七十子丧而大义乖’是已。有作‘七十二人’者：《孔子世家》、文翁《礼殿图》、《后汉书·蔡邕传》、鸿都画像、《水经注》八、汉鲁峻冢壁像、《魏书·李平传》学堂图皆‘七十二人’，《颜氏家训·诫兵》篇所称‘仲尼门徒升堂者七十二’是已。有作‘七十七人’者：此《传》及《汉·地理志》是已。《孔子家语·七十二弟子解》实七十七人，今本脱颜何，止七十六。其数无定，难以臆断。”崔适曰：“此传不载而见于《论语》者一人，牢也；见于《世家》者二人，孟懿子、颜浊邹也。孟懿子似非弟子……惟牢亦云琴张，与颜浊邹究为此《传》所遗，合之为七十九人。”

②文学：子游、子夏：孔门弟子根据其学业特长分为“德行”“政事”“言语”“文学”四科。朱熹曰：“弟子因孔子之言记此十人，而并目其所长。孔子教人各因其材，于此可见。”《论语·先进》的排序与此不同：一“德行”，二“言语”，三“政事”，四“文学”。

③师也辟，参也鲁，柴也愚，由也喭（yàn），回也屡空：按，见于《论语·先进》，语序与此有异。师，姓颛孙，字子张，名师。《集解》引马融曰：“子张才过人，失于邪辟文过。”辟，王观国曰：“偏也，言才高而失于偏辟也，非邪辟义。盖偏则仅于失中，邪则涉于奸枉矣。”参，即曾子，名参，字子舆。《集解》引孔安国曰：“鲁，钝也，曾子迟钝。”柴，即高柴，字子羔。愚，笨拙。由，即子路，名由。

喭,王弼曰:“刚猛也。”也解作鲁莽。回,即颜渊,名回,字子渊。屡空,经常贫困。

④赐不受命而货殖焉,亿则屡中:按,见于《论语·先进》。赐不受命,赐,即端木赐,字子贡,名赐。不受命,不受命运摆布。货殖,经商盈利。亿,预料,预测。

【译文】

孔子的学生中通晓“六艺”的有七十七人,都是奇才异能之士。其中德行好的有:颜渊、闵子骞、冉伯牛、仲弓。擅长处理政事的有:冉有,季路。口才好的有:宰我、子贡。擅文博学的有:子游、子夏。颛孙师偏激,曾参迟钝,高柴愚笨,仲由鲁莽,颜回时常陷于穷困。端木赐则不受命运摆布,而经营商业,预测商业行情,往往是准确的。

孔子之所严事①:于周则老子②;于卫,蘧伯玉③;于齐,晏平仲④;于楚,老莱子⑤;于郑,子产⑥;于鲁,孟公绰⑦。数称臧文仲、柳下惠、铜鞮伯华、介山子然⑧,孔子皆后之,不并世。

【注释】

①严事:师事。

②于周则老子:详见《老子韩非列传》。

③于卫,蘧伯玉:《孔子世家》记载孔子适卫,“入主蘧伯玉家”。《论语·卫灵公》载孔子称赞蘧伯玉:“君子哉蘧伯玉,邦有道则仕,邦无道则卷而怀之。”蘧伯玉,春秋后期卫国大夫。姬姓,蘧氏,名瑗,字伯玉。《集解》云:“外宽而内直,自设于隐括之中,直己而不直人,汲汲于仁,以善自终,盖蘧伯玉之行。”按,有研究者认为,以年龄推断,蘧伯玉与孔子不相及,孔子去卫国时住在蘧伯玉

家不可信。

④晏平仲：即晏婴，春秋后期齐国大夫。事迹详见《齐太公世家》《管晏列传》。《论语·公冶长》载孔子称赞晏婴说："晏平仲善与人交，久而敬之。"《集解》曰："君择臣而使之，臣择君而事之，有道顺命，无道衡命，盖晏平仲之行也。"

⑤老莱子：春秋末期楚人，因避乱世，耕于蒙山。楚王曾登门相邀，又避至江南。《索隐》引《大戴礼记·卫将军文子》曰："德恭而行信，终日言不在悔尤之内，贫而乐也，盖老莱子之行也。"

⑥子产：姬姓，名侨，字子产，春秋时郑国国相。事迹详见《郑世家》。泷川曰："昭二十年《左传》，子产卒，仲尼闻之出涕曰：'古之遗爱也。'《论语》亦屡言子产，而未闻其'严事'之。"

⑦孟公绰：姬姓，孟孙氏，春秋后期鲁国大夫。梁玉绳引张孝廉曰："以公绰为孔子所'严事'，恐未然。"按，《论语·宪问》中也不见孔子对其"严事"的记载。

⑧臧文仲：姓臧孙，名辰，春秋前期鲁国正卿。梁玉绳曰："孔子屡贬文仲，何尝称之？不当与柳下惠并举。"按，《论语·公冶长》记载为："臧文仲居蔡，山节藻棁，何如其智也？"《卫灵公》记载为："臧文仲其窃位者与！知柳下惠之贤而不与立也。"柳下惠：即展禽，名获，字禽。食邑在柳下，谥惠，故称"柳下惠"。鲁国大夫。《索隐》引《大戴礼记·卫将军文子》曰："孝恭慈仁，允德图义，约货去怨，盖柳下惠之行。"铜鞮伯华：即羊舌赤，铜鞮是其食邑（今山西沁县南）。《集解》引《大戴礼记·卫将军文子》曰："孔子云'国家有道，其言足以兴；国家无道，其默足以容，盖铜鞮伯华之所行'。"介山子然：即介子推。《大戴礼记》作"介山子推"。从晋文公重耳出亡十九年，后隐入介山，事迹详见《晋世家》。《集解》引《大戴礼记·卫将军文子》曰："孔子云'……观于四方，不忘其亲；苟思其亲，不尽其乐，盖介山子然之行也'。"

【译文】

孔子当作老师对待的：在周朝是老子；在卫国是蘧伯玉；在齐国是晏子；在楚国是老莱子；在郑国是子产；在鲁国是孟公绰。他也经常称颂臧文仲、柳下惠、铜鞮伯华、介山子然，孔子出生的时间比他们都晚，不是同一时代的人。

颜回者①，鲁人也，字子渊②。少孔子三十岁③。颜渊问仁，孔子曰："克己复礼，天下归仁焉④。"孔子曰："贤哉回也！一箪食，一瓢饮，在陋巷，人不堪其忧，回也不改其乐⑤。""回也如愚；退而省其私，亦足以发，回也不愚⑥。""用之则行，舍之则藏，唯我与尔有是夫⑦！"

【注释】

①颜回：崔述曰："颜氏之著名于鲁者多矣，《春秋传》有颜高、颜羽、颜息，《吕览》亦有颜阖，则颜子为鲁人可信也。"颜之推曰："仲尼母族。"

②字子渊：泷川曰："古人'名''字'相因，'渊'，'回水'也，故颜回字子渊。"

③少孔子三十岁：按，颜回生年众说纷纭，梁玉绳曰："弟子先后之次，当依《论语》，或以齿序，如'子路、曾晳、冉有、公西华侍坐'是也；或以德序，如'颜渊、季路侍'是也。《史》殊错杂，与《家语》又不同，唯'德行'四贤无改耳。"按此篇，颜回生于鲁昭公二十一年（前521）。

④克己复礼，天下归仁焉：语出《论语·颜渊》。归，称许。

⑤"贤哉回也"几句：语出《论语·雍也》。苏轼曰："古之观人也，必于小者观之，其大者容有伪焉。……孰知箪食瓢饮之为哲人之

大事乎?”一箪(dān)食,一筐饭。极言其生活清苦。箪,古代用来盛饭的圆形竹器。

⑥“回也如愚”几句:语出《论语·为政》。退而省其私,亦足以发,《集解》引孔安国曰:“察其退还与二三子说释道义,发明大体,知其不愚。”

⑦“用之则行”几句:语出《论语·述而》。用之则行,舍之则藏,《集解》引栾肇曰:“不假隐以自高,不屈道以要名。”

【译文】

颜回,是鲁国人,字子渊。比孔子小三十岁。颜渊问什么是“仁”,孔子说:“约束自己,使言行符合于礼,天下人就会称赞你是个仁德人了。”孔子说:“颜回是个贤德的人啊!一小筐饭,一瓢水,住在简陋的巷子里,一般人忍受不了这种苦,颜回却不改变自己的乐趣。”“颜回上课时貌似愚笨,但课后回去自己思考,却颇能发挥,颜回一点都不愚笨。”“为世所用就去做,不为所用就藏起来,只有我和你才能做到吧!”

回年二十九,发尽白,蚤死①。孔子哭之恸②,曰:“自吾有回,门人益亲③。”鲁哀公问④:“弟子孰为好学?”孔子对曰:“有颜回者好学,不迁怒,不贰过⑤。不幸短命死矣,今也则亡。”

【注释】

①回年二十九,发尽白,蚤死:梁玉绳曰:“《史》不书回死之年,《索隐》及《文选·辨命论》注引《家语》并作‘三十二’。”郭嵩焘曰:“孔子十九生伯鱼,伯鱼年五十卒,则孔子当六十九。据《论语》,颜渊之卒尚在伯鱼后……其年当及四十。”

②恸(tòng):极其悲痛。

③自吾有回，门人益亲：泷川："《尚书大传》云：'文王胥附、奔凑、先后、御侮，谓之"四邻"，以免牖里之害。'懿子曰：'夫子亦有四邻乎？'孔子曰：'文王得四臣，丘亦得四友焉。自吾得回也，门人加亲，是非胥附邪？自吾得赐也，远方之士日至，是非奔凑邪？自吾得师也，前有光，后有辉，是非先后邪？自吾得由也，恶言不至于耳，是非御侮邪？'"

④鲁哀公：春秋末鲁国国君，名将。定公之子，前494—前466年在位。

⑤不贰过：不重犯同样的错误。

【译文】

颜回二十九岁时，头发就全白了，很早就去世了。孔子哭得很伤心，说："自从我有了颜回，弟子们越发亲近我。"鲁哀公问："学生中谁最好学？"孔子说："有个叫颜回的人最好学习，他从不把怒火发到别人身上，也不会犯同样的错误。可惜短命死去了，现在就再也没有这样的学生了。"

闵损字子骞[①]，少孔子十五岁。孔子曰："孝哉闵子骞！人不间于其父母昆弟之言[②]。"不仕大夫，不食污君之禄[③]。"如有复我者，必在汶上矣[④]。"

【注释】

①闵损字子骞：《集解》引郑玄曰："鲁人。"

②人不间于其父母昆弟之言：《集解》引陈群曰："言子骞上事父母，下顺兄弟，动静尽善，故人不得有非间之言。"胡安国曰："父母兄弟称其孝友，人皆信之无异词者。"按，《论语·先进》中记载了孔子称赞闵子骞的话。

③污君：无道之君。这里指季氏。

④如有复我者，必在汶上矣：语出《论语·雍也》："季氏使闵子骞

为费宰，闵子骞曰：'善为我辞焉！如有复我者，则吾必在汶上矣。'"复我，重来召我。必在汶上矣，《集解》引孔安国曰："去之汶水上，欲北如齐。"梁玉绳曰："此闵子辞费宰，一时拒使者之言，非事实也。疑此句上脱'故曰'二字。"洪迈曰："《论语》所记孔子与人语及门弟子并对其人问答，皆斥其名，未有称字者……唯至闵子独云'子骞'，终此书无指名。"崔述曰："孔子之称闵子不一而足，而出处之节尤人所难能。"

【译文】

闵损，字子骞，比孔子小十五岁。孔子说："闵子骞太孝顺啦！难怪人们都相信闵子骞的父母兄弟给予闵子骞的赞扬。"他不做大夫的家臣，不要昏君的俸禄。他曾说过："如果有人再来召我，我一定逃到汶水边上了。"

冉耕字伯牛①，孔子以为有德行。伯牛有恶疾②，孔子往问之，自牖执其手③，曰："命也夫！斯人也而有斯疾，命也夫④！"

【注释】

①冉耕字伯牛：《集解》引郑玄曰："鲁人。"

②恶疾：难以医治的病。

③自牖（yǒu）执其手：《集解》引包氏曰："牛有恶疾，不欲见人，孔子从牖执其手。"牖，窗户。

④"命也夫"几句：《集解》引包氏曰："再言之者，痛之甚也。"按，《论语·雍也》记载了孔子慨叹冉耕的事。

【译文】

冉耕，字伯牛，孔子认为他很有德行。伯牛患了难治之症，孔子前去探望他，从窗口握着他的手，说："这是命啊！这样好的人却得了这样的病，这是命啊！"

冉雍字仲弓[①]。仲弓问政，孔子曰："出门如见大宾，使民如承大祭。在邦无怨，在家无怨[②]。"孔子以仲弓为有德行，曰："雍也可使南面[③]。"仲弓父，贱人。孔子曰："犁牛之子骍且角[④]，虽欲勿用，山川其舍诸[⑤]？"

【注释】

①冉雍字仲弓：《集解》引郑玄曰："鲁人。"《索隐》引《家语》曰："伯牛之宗族，少孔子二十九岁。"据此推算冉雍生于鲁昭公二十年（前522）。

②在邦无怨，在家无怨：皇侃曰："在邦，谓仕诸侯；在家，谓仕卿大夫。"按，《论语·颜渊》记载有孔子答仲弓问政事。

③可使南面：《集解》引包氏曰："言任诸侯之治。"朱熹曰："言仲弓宽洪简重，有人君之度也。"按，《论语·雍也》记载有孔子称赞仲弓语。

④犁牛：杂色牛。骍（xīng）且角：《集解》引何晏曰："骍，赤色也。角者，角周正。"

⑤虽欲勿用，山川其舍诸：意即受祭祀的神灵喜欢它。《集解》引何晏曰："言父虽不善，不害于子之美。"

【译文】

冉雍，字仲弓。仲弓问如何处理政事，孔子说："出门做事如同接待贵宾一样谦恭有礼，役使百姓好像要举办隆重祭祀一样谨慎虔诚。无论是在邦国里做事，还是在大夫封地做事，都不要与人结怨。"孔子认为仲弓品德很好，他说："冉雍可以让他担起诸侯之任。"仲弓的父亲，是个地位卑微的人。孔子打比方说："杂色牛生出红色的小牛，两角长得周正，即便你不想用它做祭品，山川的神灵难道会舍弃它吗？”

冉求字子有[1]，少孔子二十九岁[2]，为季氏宰[3]。季康子问孔子曰[4]：“冉求仁乎？”曰：“千室之邑，百乘之家[5]，求也可使治其赋[6]，仁则吾不知也。”复问：“子路仁乎？”孔子对曰：“如求[7]。”

【注释】

①冉求字子有：《集解》引郑玄曰：“鲁人。”

②少孔子二十九岁：据此推算，冉有生于鲁昭公二十年，前522年。

③宰：总管，主管。

④季康子：春秋时鲁国正卿，姬姓，季孙氏，名肥，谥康。

⑤百乘之家：拥有百辆兵车的家族，指大夫。

⑥赋：兵，军队。

⑦如求：跟冉求一样，即“仁则吾不知也”。按，以上事见《论语·公冶长》，只是询问者是孟武伯。

【译文】

冉求，字子有，比孔子小二十九岁，做季孙氏的总管。季康子问孔子：“冉求有仁德吗？”孔子回答说：“有千户人家的城邑，有百辆兵车的采邑，冉求能够把那里的军政事务管理好，至于他仁德不仁德，我就不知道了。”季康子又问：“子路有仁德吗？”孔子回答说：“像冉求一样。”

求问曰：“闻斯行诸[1]？”子曰：“行之。”子路问：“闻斯行诸？”子曰：“有父兄在，如之何其闻斯行之[2]！”子华怪之[3]：“敢问问同而答异？”孔子曰：“求也退[4]，故进之[5]；由也兼人[6]，故退之[7]。”

【注释】

①闻斯行诸：听到了就该立刻行动吗？

②有父兄在，如之何其闻斯行之：《集解》引孔安国曰："当白父兄，不可自专。"

③子华：即公西赤，姬姓，公西氏，字子华。

④退：谦退。

⑤进：这里指鼓励。

⑥兼人：胜过他人。《集解》引郑玄解之为"务在胜尚人"。

⑦退：使后退，抑制。按，以上事见于《论语·先进》。崔述曰："冉有政事之略亦圣门卓卓者，然昼退屡见责于师，'鸣鼓之攻'尤非寻常小过可比。"

【译文】

冉求问孔子说："听到应做的事情就立刻行动吗？"孔子回答说："立刻行动。"子路问孔子说："听到应做的事情就立刻行动吗？"孔子回答说："有父亲兄长在，怎么能听到就立刻行动呢！"子华觉得奇怪，说："敢问，为什么问题相同而回答却不一样呢？"孔子说："冉求谦退，所以我要鼓励他；仲由胆大好胜，所以我要贬退他。"

仲由字子路，卞人也[①]，少孔子九岁[②]。子路性鄙[③]，好勇力，志伉直，冠雄鸡[④]，佩豭豚[⑤]，陵暴孔子。孔子设礼稍诱子路[⑥]，子路后儒服委质，因门人请为弟子[⑦]。

【注释】

①卞：古邑名，在今山东泗水东。当时属鲁。

②少孔子九岁：据此推算，子路生于鲁襄公三十一年，前542年。

③鄙：粗俗，浅陋。

④冠雄鸡：戴着模样像雄鸡的帽子。

⑤佩豭（jiā）豚：泷川引洪颐煊曰："取豭豚之皮以为剑饰。"《集解》曰："二物皆勇，子路好勇，故冠带之。"豭豚，公猪。

⑥稍：逐渐，渐渐。

⑦子路后儒服委质，因门人请为弟子：王充曰："斯盖变性使恶为善之明效矣。"锺惺曰："圣门无子路，不见孔子手段。'孔子稍设礼诱之，子路儒服委质，因门人请为弟子'，是何等悟性！真大勇人也。圣人不得中行，最喜此一种人。佛家所谓'广额屠儿放下屠刀立地成佛'，正取其刚耳。"委质，《索隐》引服虔曰："古者始仕，必先书其名于策，委死之质于君。"一说认为质同"贽"，初次拜见人带的礼物。一说认为"委质"犹"委身"，即献身。

【译文】

仲由，字子路，卞邑人，比孔子小九岁。子路性情粗朴，喜欢逞勇斗力，志气刚强，性格直爽，头戴雄鸡式的帽子，佩戴着公猪皮装饰的宝剑，曾经欺凌过孔子。孔子用礼乐渐渐地引导他，后来，子路穿着儒服，带着礼物，通过孔子学生的引荐，请求做孔子的学生。

子路问政，孔子曰："先之，劳之[①]。"请益，曰："无倦。"子路问："君子尚勇乎？"孔子曰："义之为上。君子好勇而无义则乱[②]，小人好勇而无义则盗。"子路有闻，未之能行，唯恐有闻[③]。孔子曰："片言可以折狱者，其由也与[④]！""由也好勇过我，无所取材[⑤]。""若由也，不得其死然[⑥]。""衣敝缊袍与衣狐貉者立而不耻者，其由也与[⑦]！""由也升堂矣，未入于室也[⑧]。"季康子问："仲由仁乎？"孔子曰："千乘之国可使治其赋，不知其仁[⑨]。"

子路喜从游，遇长沮、桀溺、荷蓧丈人[⑩]。

【注释】

①先之,劳(lào)之:朱熹引苏氏曰:“凡民之行,以身先之,则不令而行;凡民之事,以身劳之,则虽勤不怨。”一说认为劳解作慰问。《集解》引孔安国曰:“《易》曰:‘悦以使民,民忘其劳。’”按,《论语·子路》记载有孔子答子路问政事。

②君子好勇而无义则乱:《集解》引李充曰:“既称君子,不职为乱阶也。若君亲失道,国家昏乱,其于赴患致命而不知正顾义者,则亦陷乎为乱而受不义之责也。”按,《论语·阳货》记载有孔子回答子路问勇事。

③子路有闻,未之能行,唯恐有闻:语出《论语·公冶长》。《集解》引孔安国曰:“前所闻未及行,故恐复有闻不得并行。”有,通“又”。

④片言可以折狱者,其由也与:语出《论语·颜渊》。朱熹引程子曰:“片言,半言。折,断也。子路忠信明决,故言出而人信服之,不待其辞之毕也。”《集解》引孔安国曰:“片犹偏也。听讼必须两辞以定是非,偏信一言折狱者,唯子路可也。”

⑤由也好勇过我,无所取材:语出《论语·公冶长》。关于“无所取材”的主语,有人认为是子路,有人认为是孔子。朱熹引程子曰:“夫子美其勇,而讥其不能裁度事理以适于义也。”则“材”通“裁”。也有人认为“材”通“哉”,语气词。

⑥若由也,不得其死然:语出《论语·先进》。《集解》引孔安国曰:“不得以寿终也。”

⑦衣敝缊(yùn)袍与衣狐貉(hé)者立而不耻者,其由也与:语出《论语·子罕》。崔述曰:“世传子路事亲尝食藜藿,负米百里之外……则子路少年之贫固当有之。”敝缊袍,用乱麻为絮做的破袍子。狐貉,指用狐貉皮毛制作的皮裘。狐,狐狸。貉,似狸。皮毛皆珍贵。

⑧由也升堂矣,未入于室也:语出《论语·先进》。仲由的学问已经

登入堂中，只是还没有入室罢了。

⑨不知其仁：按，《论语·公冶长》记载有孔子对子路的评价，只是发问的是孟武伯。

⑩长沮、桀溺、荷蓧（diào）丈人：当时居于蔡国（在今河南新蔡）的三个隐士。蓧，古代除田中草用的工具。详见《论语·微子》与《孔子世家》。

【译文】

子路向孔子请教怎样处理政事，孔子说："自己要先给百姓做出表率，使百姓辛勤地劳作。"子路请求进一步讲讲，孔子说："要不知疲倦，持之以恒。"子路问道："君子崇尚勇武吗？"孔子说："义最为可贵。君子有勇无义就会叛逆作乱；小人好勇而不尚义，就会成为强盗。"子路听到了教诲，没有马上行动，只怕又听到新的。孔子说："根据片段的供词就可以判案的，大概只有仲由吧！""仲由崇尚勇敢超过我，别的不可取。""像仲由这种性情，不会得到善终。""穿着用乱麻絮做的破旧袍子和穿着狐貉皮衣的人站在一起而不认为羞愧的，恐怕只有仲由吧！""仲由的学问已经'登堂'，还没有'入室'。"季康子问道："仲由称得上有仁德吗？"孔子答说："拥有一千辆兵车的国家，可以让他管理军政事务，至于他有没有仁德，我就不知道了。"

子路喜欢跟随孔子出游，曾遇到过长沮、桀溺、荷蓧丈人等隐士。

子路为季氏宰①，季孙问曰②："子路可谓大臣与？"孔子曰："可谓具臣矣③。"子路为蒲大夫④，辞孔子。孔子曰："蒲多壮士，又难治。然吾语汝：恭以敬，可以执勇⑤；宽以正，可以比众⑥；恭正以静，可以报上⑦。"

【注释】

①子路为季氏宰：子路为季孙氏做管家。按，此职在当时的鲁国地

位甚高，权力甚大。蒋建侯曰："子路为季氏宰在季桓子时，孔子方仕鲁。"

②季孙：据《论语》，此季孙是季氏家族的"季子然"。

③具臣：备位充数之臣。孔子认为出仕应该"以道事君，不可则止"，而子路还达不到这个标准。《论语·先进》记载了孔子对子路的评价。

④蒲大夫：卫国蒲邑的地方官。蒲，古邑名，春秋卫地，在今河南长垣。

⑤恭以敬，可以执勇：《集解》曰："言恭谨谦敬，勇猛不能害。"执，泷川引《释名·释姿容》曰："执，摄也，使畏摄己也。"

⑥比众：使众人亲附。比，亲附，贴近。

⑦恭正以静，可以报上：泷川曰："恭正行政，士民安静，此邑宰所以报上也。"按，对照上文"恭以敬""宽以正"，则"恭正以静"的"静"字应该解作不折腾，不扰民。《论语》《左传》没有记载孔子教导子路治蒲事。

【译文】

子路任季孙氏的总管，季孙氏问孔子："子路可以说是大臣吗？"孔子回答说："可以说是备位充数的臣子了。"子路去做蒲邑大夫，向孔子告别。孔子说："蒲邑勇武之士很多，又难治理。可是我告诉你：恭敬谦谨，可以制服勇猛；宽大公正，可以团结民众；为官恭正不扰民，你也就可以报答国君了。"

初，卫灵公有宠姬曰南子①。灵公太子蒉聩得过南子②，惧诛出奔③。及灵公卒④，而夫人欲立公子郢⑤。郢不肯，曰："亡人太子之子辄在。"于是卫立辄为君，是为出公⑥。出公立十二年⑦，其父蒉聩居外，不得入。子路为卫大夫孔悝之邑宰⑧。蒉聩乃与孔悝作乱⑨，谋入孔悝家，遂与其徒袭攻出公。出公奔鲁，而蒉聩入立，是为庄公[10]。方孔悝作乱，子路在外，闻之而驰往。遇子羔出卫城门[11]，谓子路曰："出公去矣，而门已闭，子可还矣，毋空受其祸。"子路曰："食其食者，不避其难。"子羔卒去。有使者入城，城门开，子路随而入。造蒉聩，蒉聩与孔悝登台[12]。子路曰："君焉用孔悝？请得而杀之[13]。"蒉聩弗听。于是子路欲燔台，蒉聩惧，乃下石乞、壶黡攻子路[14]，击断子路之缨[15]。子路曰："君子死而冠不免。"遂结缨而死。

【注释】

①卫灵公：春秋时卫国国君。姬姓，名元，前534—前493年在位。宠姬：梁玉绳曰："南子是'夫人'，非'宠姬'也。"

②蒉聩：姬姓，名蒉聩，一作"蒯聩"，灵公之子。得过：得罪。

③惧诛出奔：蒯聩结怨南子，及惧诛出逃事，详见《左传·定公十四年》及《卫康叔世家》。

④灵公卒：灵公卒于其在位四十二年，前493年。

⑤公子郢：卫灵公的庶子。

⑥出公：名辄，前492—前481年在位。因公室内乱而流亡，故称"出公"。

⑦出公立十二年：据《左传》，变乱发生在出公十三年，前480年。

⑧孔悝（kuī）：春秋末卫国大夫。姬姓，孔氏。其母是蒯聩的姐姐。

⑨蒉聩乃与孔悝作乱：孔悝被其母和舅舅胁迫参与作乱事，详见《卫康叔世家》。

⑩蒉聩入立，是为庄公：前480年，蒯聩即位为国君。

⑪子羔：即高柴，当时是卫国大夫。

⑫蒉聩与孔悝登台：泷川曰："劫孔悝登台也。"

⑬君焉用孔悝？请得而杀之：陈子龙曰："季子救悝而来，岂应出此语？因知《左氏》为当矣。"《左传·哀公十五年》记载为："太子焉用孔悝，虽杀之，必或继之。"泷川曰："言'杀之'者，权辞……阴救之也。"

⑭壶黡：《左传》与《卫康叔世家》作"盂黡"。

⑮缨：系冠的带子。以二组系于冠，结在颔下。

【译文】

当初，卫灵公有位宠姬叫南子。卫灵公的太子蒉聩得罪了南子，害怕被谋杀就逃亡到了国外。卫灵公死后，夫人要立公子郢。公子郢不肯，说："逃亡太子的儿子辄还在国内。"于是立辄为君，这就是卫出公。卫出公在位十二年，他的父亲蒉聩一直在国外回不来。这时子路担任卫国大夫孔悝采邑的长官。蒉聩就和孔悝一同作乱，想办法带人潜入孔悝家，然后和他们的党徒一起袭击卫出公。卫出公逃奔鲁国，蒉聩入国继位，这就是卫庄公。正当孔悝作乱之时，子路在外，听说了马上赶回去。碰上了刚从城门出来的子羔，子羔对子路说："卫君已经逃走了，城门也关闭了，你回去吧，不要枉受其祸。"子路说："我领着人家的俸禄，有难不能避开。"子羔最后走了。正好有使者入城，城门打开，子路跟了进去。他来到蒉聩处，蒉聩与孔悝都在楼台之上。子路说："怎么能任用孔悝呢？让我把他杀了吧。"蒉聩不听。子路便要去放火烧台，蒉聩害怕了，就让石乞、壶黡到台下去攻打子路，斩断了子路的帽带。子路说："君子即便死了，帽子也不能掉落。"子路系冠带的时候被杀死了。

孔子闻卫乱，曰："嗟乎，由死矣！"已而果死[①]。故孔子曰："自吾得由，恶言不闻于耳[②]。"是时子贡为鲁使于齐[③]。

【注释】

①已而果死：子路之死，见于《左传·哀公十五年》与《卫康叔世

家》。

②自吾得由，恶言不闻于耳：《集解》引王肃曰："子路为孔子侍卫，故侮慢之人不敢有所言。"崔述曰："子路于及门中年最长，而孔子亦屡称之，虽时有所督责而贬之，固不如褒之者之多也。'升堂入室'，孔子有定论矣。"

③是时子贡为鲁使于齐：陈仁锡曰："九字当删。"张文虎曰："此与上下文皆不相涉……疑今本错简。"译文从之。

【译文】

孔子听说了卫国之乱，说："唉，仲由死了！"不久，果真传来了他的死讯。所以孔子说："自从我有了仲由，没有听到过侮辱的话。"

宰予字子我[①]，利口辩辞[②]。既受业，问："三年之丧不已久乎？君子三年不为礼，礼必坏；三年不为乐，乐必崩。旧谷既没，新谷既升[③]，钻燧改火[④]，期可已矣。"子曰："于汝安乎？"曰："安。""汝安则为之。君子居丧，食旨不甘[⑤]，闻乐不乐，故弗为也。"宰我出，子曰："予之不仁也！子生三年然后免于父母之怀。夫三年之丧，天下之通义也[⑥]。"

【注释】

①宰予字子我：《集解》引郑玄曰："鲁人。"

②利口辩辞：能言善辩，伶牙俐齿。

③旧谷既没，新谷既升：指刚好一年。

④钻燧改火：钻木取火的木头已经更换了一遍，也指过了一年。《集解》引马融曰："《周书·月令》有'更火'之文。春取榆柳之火，夏取枣杏之火，季夏取桑柘之火，秋取柞楢之火，冬取槐檀之火。一年之中钻火各异木，故曰'改火'。"

⑤旨：美味。

⑥天下之通义也：《集解》引孔安国曰："自天子达于庶人。"《论语·阳货》记载有关于丧期的讨论。

【译文】

宰予，字子我，他口齿伶俐，擅长辞辩。拜在孔子门下以后，问道："父母死后守丧三年，不是太长了吗？君子三年不习礼，礼仪必定会败坏；三年不奏音乐，音乐一定荒疏。陈谷吃完，新谷上来，取火之木也换了一遍，服丧一年也就够了。"孔子说："你这样安心吗？"宰予说："安心。"孔子说："你既然感到心安理得，你就这样做吧。君子守孝期间，即使吃美味的食品也感觉不到甜美，听动听的音乐也感觉不到高兴，所以君子才不这样做呀。"宰我退了出去，孔子说："宰予不仁啊！孩子生下三年才能离开父母的怀抱。守丧三年是天下的通义啊！"

宰予昼寝①。子曰："朽木不可雕也，粪土之墙不可圬也②。"宰我问五帝之德，子曰："予非其人也③。"宰我为临菑大夫④，与田常作乱，以夷其族⑤，孔子耻之。

【注释】

①昼寝：泷川曰："'昼寝'有四义。皇侃云：'寝，眠也。宰予惰学而昼眠也。'朱子从之，是一义；梁武帝改'昼'为'画'，以为绘画寝室，韩昌黎《笔解》从之，是又一义；刘原父以'寝'为内寝，即《曲礼》所谓'昼居于内'，是一义；翟晴江《论语考异》读'画'若今'女画'之'画'，读'寝'若'兵寝刑措'之'寝'，以为休息，是又一义。皇说最稳。"

②粪土之墙不可圬（wū）：《论语·公冶长》记载有孔子责备宰予昼寝事。王充《论衡·问孔》曰："'昼寝'之恶，小恶也；'朽木''粪土'，败毁不可复成之物，大恶也。责小过以大恶，安能服人？"

圬，涂饰墙壁，粉刷。

③予非其人：宰予没有资格提这种问题。

④临菑：当时是齐国的都城，在今山东淄博临淄区。

⑤与田常作乱，以夷其族：《索隐》曰："按《左氏传》，无宰我与田常作乱之文，然有阚止，字子我，而因争宠遂为陈恒所杀。恐字与宰我相涉，因误云然。"崔述曰："宰予为圣门高弟，人莫不知有'子我'者，陈恒所杀者'子我'，则遂以为'宰予'耳。犹之乎白居易诗云'退之服硫黄，一病讫不痊'，而宋人杂说遂以卫退之事而讥韩昌黎矣。"又曰："宰我言语之才不亚子贡，而朽木之喻、从井之问、战栗之对、短丧之请，愆尤未免太多。"苏辙《古史》曰："宰我之贤列于四科，其师友渊源所从来远矣。虽为不善，不至于从叛逆弑君父也。宰我不幸，平居有昼寝、短丧之过，儒者因遂信之。盖田恒之乱本与阚止争政，阚止，字子我也。田恒既杀阚止，而宰我蒙其恶名，岂不哀哉！"田常，原名田恒，避汉文帝讳作"田常"，春秋时齐国大夫，于前481年弑齐简公，另立简公弟骜，自为相。基本控制了齐国政权。事见《左传》与《田敬仲完世家》。夷，铲平，灭绝。

【译文】

宰予白天睡觉。孔子说："腐朽了的木头是不能雕刻器物的，腐秽的墙壁是不能够粉刷的。"宰我询问五帝的德行，孔子回答说："你是不配问这个问题的人。"宰予做临淄大夫，和田常一起叛乱，因而被灭族，孔子以此为耻。

端沐赐[①]，卫人[②]，字子贡[③]，少孔子三十一岁[④]。子贡利口巧辞，孔子常黜其辩。问曰："汝与回也孰愈？"对曰："赐也何敢望回！回也闻一以知十，赐也闻一以知二[⑤]。"子贡既已受业，问曰："赐何人也[⑥]？"孔子曰："汝器也[⑦]。"曰：

"何器也?"曰:"瑚琏也[8]。"

【注释】

①端沐赐:亦作"端木赐"。

②卫人:崔述曰:"艾陵之役,吴子赐叔孙甲,'卫赐进曰'……则子贡为卫人无疑。"

③字子贡:梁玉绳曰:"《经》《史》及诸子中多作'子赣'。"钱大昕曰:"古人'名''字'必相应。《说文》:'赣,赐也。'……则端木之字当为'子赣'。"

④少孔子三十一岁:据此推算,子贡生于鲁昭公二十二年,前520年。

⑤闻一以知二:泷川曰:"此未必受业以前之语。"

⑥何人:什么样的人。

⑦器:器物。王骏图曰:"言汝之品学,皆成器矣。"

⑧瑚琏:宗庙里盛祭品的玉饰珍贵器皿。《集解》引包氏曰:"瑚琏,黍稷器。夏曰瑚,殷曰琏,周曰簠簋,宗庙之贵器。"按,孔子与子贡的对话见于《论语·公冶长》。

【译文】

端沐赐,卫国人,字子贡,比孔子小三十一岁。子贡口齿伶俐,巧于辞令,孔子常常驳斥他的言辞。孔子问子贡说:"你和颜回比,谁更加出色?"子贡回答说:"我怎么敢指望跟颜回相比呢!颜回闻一可以知十,我只能闻一而知其二。"子贡完成了学业,问道:"我是怎样的人?"孔子说:"你好比一种器皿。"子贡又问:"什么器皿?"孔子说:"祭祀时盛放谷物的瑚琏。"

陈子禽问子贡曰[1]:"仲尼焉学?"子贡曰:"文武之道未坠于地[2],在人,贤者识其大者,不贤者识其小者,莫不有文武之道。夫子焉不学[3],而亦何常师之有[4]!"又问曰:"孔子适是国必闻其政⑤。求之与？抑与之与？”子贡曰：“夫子温良恭俭让以得之⑥。夫子之求之也，其诸异乎人之求之也⑦。”

【注释】

①陈子禽：名亢。按，据《论语·子张》，问“仲尼焉学”的是“卫公孙朝”。有研究者认为陈子禽不是孔子的学生。

②文武之道：指周文王、周武王治国修身之道和西周的礼乐文章。

③夫子焉不学：《集解》引孔安国曰：“文武之道未坠落于地，贤与不贤各有所识，夫子无所不从学。”

④亦何常师之有：孔安国曰：“无所不从学，故无常师。”

⑤闻其政：了解该国的政治状况。闻，了解，过问。

⑥夫子温良恭俭让以得之：《集解》引郑玄曰：“言夫子行此五德而得之，与人求之异，明人君自与之。”

⑦其诸异乎人之求之也：按，以上“又问曰”及子贡所答见于《论语·学而》，这回的询问者是陈子禽。其诸，犹或者，表示猜度的语气。

【译文】

陈子禽问子贡：“仲尼的学问是从哪学的？”子贡说：“文武之道没有流失，就存在人间，贤者记住了它重要的部分，不贤者只记住了它的细枝末节，无处不有文王、武王的思想存在着。先生在哪里不能学习，又何必要有固定的老师！”陈子禽又问：“孔子每到一个国家都能知道那里的政治情况。这是寻求得到的，还是别人主动告诉他的？”子贡说：“先生凭着温和、善良、恭谨、俭朴、谦让的美德得来的。他的求取方式，或许和别人不一样。”

子贡问曰：“富而无骄，贫而无谄，何如？”孔子曰：“可也；不如贫而乐道，富而好礼①。”

【注释】

①不如贫而乐道，富而好礼：按，以上子贡与孔子的对话见于《论语·学而》。贫而乐道，《集解》引郑玄曰："乐谓志于道，不以贫为忧苦也。"

【译文】

子贡问："富有而不骄纵，贫穷而不谄媚，这样的人怎么样？"孔子说："可以了；不过，不如即使贫穷也乐于恪守圣贤之道，虽然富有却能处事谦恭守礼。"

田常欲作乱于齐，惮高、国、鲍、晏[①]，故移其兵欲以伐鲁[②]。孔子闻之，谓门弟子曰："夫鲁，坟墓所处，父母之国，国危如此，二三子何为莫出？"子路请出，孔子止之。子张、子石请行[③]，孔子弗许。子贡请行，孔子许之。

【注释】

①高、国、鲍、晏：齐国的四大贵族。此时四家的领军人物是高昭子、国惠子、鲍牧、晏圉。

②移其兵欲以伐鲁：应该指哀公八年（前487）之齐伐鲁事。具体原因司马迁所说与《左传》记载有异。《左传·哀公八年》记载为："齐悼公之来也，季康子以其妹妻之，即位而逆之。季鲂侯通焉，女言其情，弗敢与也。齐侯怒，夏五月，齐鲍牧帅师伐我。"

③子张、子石请行：梁玉绳引《日知录》曰："子石少孔子五十三岁，当伐鲁之年仅十三四岁耳，而曰'请行'，岂甘罗、外黄舍人儿之比乎？"子张，即颛孙师。子石，即公孙龙。两人都是孔子学生。请行，请求前往作战。

【译文】

田常想要在齐国作乱，却害怕高昭子、国惠子、鲍牧、晏圉的势力，便想调他们的兵去攻打鲁国。孔子听说了，对弟子们说："鲁国，是祖宗坟墓所在的地方，是父母之邦，国家如此危险，你们为什么不挺身而出？"子路请求出行，孔子不许。子张、子石请求前去救鲁，孔子也不答应。子贡请求前去救鲁，孔子同意他去。

遂行，至齐，说田常曰："君之伐鲁过矣。夫鲁，难伐之国，其城薄以卑，其地狭以泄[①]，其君愚而不仁，大臣伪而无用，其士民又恶甲兵之事，此不可与战。君不如伐吴。夫吴，城高以厚，地广以深[②]，甲坚以新，士选以饱[③]，重器精兵尽在其中[④]，又使明大夫守之，此易伐也。"田常忿然作色曰："子之所难，人之所易；子之所易，人之所难：而以教常，何也？"子贡曰："臣闻之，忧在内者攻强，忧在外者攻弱。今君忧在内。吾闻君三封而三不成者，大臣有不听者也。今君破鲁以广齐，战胜以骄主，破国以尊臣[⑤]，而君之功不与焉[⑥]，则交日疏于主。是君上骄主心，下恣群臣，求以成大事，难矣。夫上骄则恣[⑦]，臣骄则争，是君上与主有郤，下与大臣交争也。如此，则君之立于齐危矣。故曰不如伐吴。伐吴不胜，民人外死，大臣内空，是君上无强臣之敌，下无民人之过[⑧]，孤主制齐者唯君也。"田常曰："善。虽然，吾兵业已加鲁矣，去而之吴[⑨]，大臣疑我，奈何？"子贡曰："君按兵无伐，臣请往使吴王[⑩]，令之救鲁而伐齐，君因以兵迎之。"田常许之[⑪]，使子贡南见吴王。

【注释】

①其地狭以泄：王念孙曰："《越绝书》与《吴越春秋》并'地'作

‘池’;‘泄’作‘浅’。”译文从之。池,这里指护城河。

②地广以深:译文从王念孙说,与上文对应。

③选:挑选出来的精兵。

④重器:指国家的宝器。

⑤破国以尊臣:《集解》引王肃曰:“鲍、晏等帅师,若破国则臣尊矣。”

⑥与:称赞,肯定。

⑦上骄则恣:张文虎曰:“‘上’疑当作‘主’,涉上文而讹。”译文从之。

⑧过:指责,批评。

⑨去:离开。之:去往。

⑩吴王:指吴王夫差。

⑪田常许之:史珥曰:“子贡存鲁乱齐,观其说田常开口着一‘君’字,已不是当时口吻,无论立言非圣贤意理也。然文之起灭变幻,盖《国策》之高者。”泷川曰:“《韩非子·五蠹》云:‘齐将攻鲁,鲁使子贡说之。齐人曰:“子言非不辩也,吾所欲者土地也,非斯言所谓也。”遂举兵伐鲁,去门十里以为界。’其言与此《传》相反,而亦未必实事。”

【译文】

子贡于是出发,到了齐国,劝田常道:“您攻打鲁国是不对的。鲁国,是难攻打的国家,它的城墙单薄而矮小,它的护城河狭窄而水浅,它的国君愚昧而不仁慈,大臣们虚伪而不中用,它的士兵百姓又厌恶打仗的事,这样的国家不可以和它交战。您不如去攻打吴国。吴国,城墙又高又厚,护城河又阔又深,铠甲坚固而且新,士兵精悍数量也多,重器精兵都在吴国,又用贤明大夫守卫,很容易攻打。”田常顿时愤怒,脸色一变说:“你认为难,人家认为容易;你认为容易,人家认为是难:用这些话来指教我,是什么用心?”子贡说:“我听说,有内忧的要攻打强大的国家;有外忧的要攻打弱小的国家。如今您有内忧。我听说您三次封爵三次失败，是因为大臣之中有反对的。如今您想打败鲁国来扩张齐国的国土，战胜了会使齐君骄傲，破国而使大臣受到尊宠，而您的功劳却不在其中，那样，您与齐君的关系会一天天疏远。这是您对上使国君产生骄纵的心理，对下使大臣们放纵无羁，想要因此成就大业，太困难啦。国君骄纵就会无所顾忌，大臣骄纵就会争权夺利，这样，对上您与国君感情上产生裂痕，对下您和大臣们相互争权。这样一来，您在齐国就有危险。所以不如攻打吴国。攻打吴国不能取胜，百姓死于国外，大臣在国内势力减弱，这样，您上无强大的群臣反对，下无百姓非难，能孤立君主而控制齐国的，就只有您了。”田常说：“好。即便如此，但我的军队已经前去攻鲁了，如果转而攻吴，大臣们怀疑我，怎么办？”子贡说：“您按兵不动，不要进攻，请让我为您出使去见吴王，让他出兵援助鲁国而攻打齐国，您就趁机出兵迎击吴军。”田常采纳了子贡的意见，就派他南下去见吴王。

说曰：“臣闻之，王者不绝世[①]，霸者无强敌，千钧之重加铢两而移[②]。今以万乘之齐而私千乘之鲁[③]，与吴争强[④]，窃为王危之。且夫救鲁，显名也；伐齐，大利也。以抚泗上诸侯[⑤]，诛暴齐以服强晋，利莫大焉。名存亡鲁，实困强齐。智者不疑也。”吴王曰：“善。虽然，吾尝与越战，栖之会稽[⑥]。越王苦身养士，有报我心[⑦]。子待我伐越而听子。”子贡曰：“越之劲不过鲁，吴之强不过齐，王置齐而伐越，则齐已平鲁矣。且王方以存亡继绝为名，夫伐小越而畏强齐，非勇也。夫勇者不避难，仁者不穷约[⑧]，智者不失时，王者不绝世，以立其义。今存越示诸侯以仁，救鲁伐齐，威加晋国，诸侯必相率而朝吴，霸业成矣。且王必恶越[⑨]，臣请东见越王，令出兵以从，此实空越，名从诸侯以伐也。”吴王大说，乃使子贡之越。

【注释】

①王者不绝世：行“王道”的人，不会看着某一个诸侯国灭亡而不管。

②千钧之重加铢两而移：意思是，天平两侧都是同等的千钧重物，不管在哪一边再加上哪怕一铢重量，平衡立刻被打破。铢，一两的二十四分之一。

③万乘之齐：泷川曰：“万乘，古天子之称。及战国之世，诸侯强大，有千里拥万乘者亦有之，故《孟子》‘万乘之国行仁政’，指齐；‘以万乘之国伐万乘之国’，指齐、燕；但春秋之时诸侯称‘千乘’，《论语》‘齐景公有马千驷’，亦‘千乘’之义。子贡不宜有是称。”私：占为己有。

④与吴争强：按，在吴国强大起来之前，齐、晋两国先后称霸，目前齐、晋依然是吴国的主要竞争对手。

⑤抚：安抚，亦指使其归附、臣服。泗上诸侯：泗水沿途的各诸侯国。泗水，古水名。源出今山东蒙山南麓，西南流，在山东鱼台东转东南，经徐州东南流，于淮安淮阴入淮河。

⑥尝与越战，栖之会稽：吴王夫差于其在位二年（鲁哀公元年，前494）打败越王句践。详见《吴太伯世家》《越王句践世家》。

⑦越王苦身养士，有报我心：泷川曰：“吴王骄傲，不宜有此言。”

⑧穷约：这里指毁弃，即眼看鲁亡而不救。

⑨恶（wù）：畏惧。此指有顾虑。

【译文】

子贡游说吴王说：“我听说，施行王道的不能让诸侯国灭绝，施行霸道的不能让另外的强敌出现，天平两侧都是同等的千钧重物，不管在哪一边再加上哪怕一铢重量，平衡立刻被打破。如今拥有万辆战车的齐国再独自占有千辆战车的鲁国，和吴国来争高低，我私下里替大王感到危险。况且援助鲁国可以扬名，攻打齐国可以获得大利。安抚泗水边上的各国诸侯，讨伐强暴的齐国，用来镇服强大的晋国，没有比这样做获利更大的了。名义上去救鲁国,实际上则削弱了强大的齐国。聪明人不会迟疑。”吴王说:“好。即便这样,可是我曾经与越国作战,把越王困在会稽山上。越王苦身养士,对我常存报复之心。等我攻打越国后再按您的话做吧。”子贡说:“越国的力量超不过鲁国,吴国的强大超不过齐国,大王把齐国搁置在一边,去攻打越国,那么齐国早已平定鲁国了。况且大王正借着‘使灭亡之国复存,使断绝之嗣得续’的名义,攻打弱小的越国而害怕强大的齐国,这不是勇敢。勇敢的人不回避艰难,仁慈的人不让别人陷入困境,聪明的人不会错过时机,行王道的人不能看着某个国家绝世灭亡,以此来显示自己的仁义。如今您保存越国以向诸侯显示您的仁德,援救鲁国而讨伐齐国,威慑晋国,各国诸侯一定会来朝贺,您的称霸大业便成功了。大王如果真的对越国有所顾虑,我请求东去会见越王,让他出兵相随,这实际上是使越国国内空虚,又有让诸侯跟随出征的名声。”吴王非常高兴,遂派子贡前往越国。

越王除道郊迎,身御至舍而问曰[①]:“此蛮夷之国,大夫何以俨然辱而临之[②]?”子贡曰:“今者吾说吴王以救鲁伐齐,其志欲之而畏越,曰:‘待我伐越乃可。’如此,破越必矣。且夫无报人之志而令人疑之,拙也;有报人之志,使人知之,殆也;事未发而先闻,危也。三者举事之大患。”句践顿首再拜曰:“孤尝不料力,乃与吴战,困于会稽,痛入于骨髓,日夜焦唇干舌,徒欲与吴王接踵而死[③],孤之愿也。”遂问子贡。子贡曰:“吴王为人猛暴,群臣不堪;国家敝于数战[④],士卒弗忍;百姓怨上,大臣内变;子胥以谏死[⑤],太宰嚭用事[⑥],顺君之过以安其私:是残国之治也。今王诚发士卒佐之以徼其志[⑦],重宝以说其心,卑辞以尊其礼,其伐齐必也。彼战不胜,王之福矣。战胜,必以兵临晋。臣请北见晋君，令共攻之，弱吴必矣。其锐兵尽于齐，重甲困于晋，而王制其敝，此灭吴必矣。”越王大说，许诺。送子贡金百镒，剑一，良矛二。子贡不受，遂行。

【注释】

①身：亲自。御：赶车。

②俨然：严肃庄重的样子。辱：谦词。

③接踵：一个跟着一个。

④敝：疲敝，疲惫。数战：多次战争。

⑤子胥以谏死：梁玉绳曰：“伍子胥死于战艾陵后，是时尚未赐属镂，何云‘子胥以谏死’？”

⑥太宰嚭：即伯嚭，原楚人，后逃亡到吴国为大臣。深受夫差信任。

⑦徼（yāo）：求取，招致。

【译文】

越王清扫道路，到郊外迎接子贡，亲自驾着车子到子贡下榻的馆舍请教说：“这是个偏远落后的国家，大夫怎么屈辱到这里来了？”子贡回答说：“近来我劝说吴王援救鲁国攻打齐国，他内心想做，只是怕越国乘机报仇，因而说：‘等我攻下越国才行。’这样看来，越国就一定会被攻破了。况且没有报复之心却被别人怀疑，这是最拙劣不过的事；有报复之心而被人知道，很危险；事情还没做就先传开了，很不安全。三种情况都是办事的大忌。”越王句践伏地叩头再拜说：“我曾经不自量力与吴国作战，被困在会稽山上，痛入骨髓，日夜思虑，只想与吴王相继而死，这是我的心愿。”于是向子贡请教。子贡说：“吴王为人凶猛残暴，群臣不堪忍受；国家由于多次发动战争而疲弊，士兵不能忍受；百姓怨恨国君，群臣内讧；伍子胥因进谏而被处死，太宰伯嚭专权，以顺迎吴王之过来巩固私利：这是行将灭亡的国家的政治表现啊。现在大王果真能出兵相助，以投合他的心志，用重金宝物来获取他的欢心，用谦卑的言辞尊他来表示对他的礼敬,他一定会攻打齐国。如果那场战争不能取胜,就是大王您的福气了。如果打胜了,他一定会带兵逼近晋国。到那时我请求北上会见晋君,让晋国一起攻打吴国,那时,吴国的势力就一定被削弱了。吴国的精锐部队在齐地被消耗尽,大部分兵力又为晋国所牵制,而大王您则趁他疲弊之时去攻打他,那么吴国的灭亡就是一定的了。"越王十分高兴,答应了子贡,并送给子贡黄金百镒、宝剑一把、好矛两支。子贡没有接受就走了。

报吴王曰:"臣敬以大王之言告越王,越王大恐,曰:'孤不幸,少失先人,内不自量,抵罪于吴①,军败身辱,栖于会稽,国为虚莽,赖大王之赐,使得奉俎豆而修祭祀,死不敢忘,何谋之敢虑!'"后五日,越使大夫种顿首言于吴王曰:"东海役臣孤句践使者臣种②,敢修下吏问于左右。今窃闻大王将兴大义,诛强救弱,困暴齐而抚周室③,请悉起境内士卒三千人,孤请自被坚执锐,以先受矢石。因越贱臣种奉先人藏器,甲二十领,铁屈卢之矛④,步光之剑,以贺军吏。"吴王大说,以告子贡曰:"越王欲身从寡人伐齐,可乎?"子贡曰:"不可。夫空人之国,悉人之众,又从其君,不义。君受其币,许其师,而辞其君。"吴王许诺,乃谢越王。于是吴王乃遂发九郡兵伐齐⑤。

【注释】

①抵罪:得罪。

②东海役臣:句践对自己的谦称。

③周室:这里指鲁国。

④铁屈卢之矛:《索隐》曰:"铁,斧也。刘氏云一本无此字。屈卢,

矛名。”按,《商君列传》之《集解》引徐广曰“屈卢之劲矛,干将之雄剑”。泷川曰:“‘铁’字上当有铁名,以与‘屈卢’‘步光’相对,不则‘铁’字衍文。”

⑤发九郡兵伐齐:方苞曰:“春秋时郡小于县,定二年《传》‘上大夫受县,下大夫受郡’是也。此曰‘发九郡兵’,则为后人所设之词明矣。”泷川曰:“《家语》编者知其不可通,改作‘国内之兵’。”

【译文】

子贡回报吴王说:“我郑重地把大王的话告诉了越王,越王非常惶恐,说:‘我很不走运,从小就失去了父亲,又不自量力,触犯吴国而获罪,军队被打败,自身受屈辱,栖居在会稽山上,国家成了废墟,仰赖大王的恩赐,使我能够捧着祭品而祭祀祖宗,我至死也不敢忘怀,哪还敢有别的打算呢!’”过了五天,越王派大夫文种向吴王叩头上言道:“在东海之滨为您服役的臣子孤家句践派遣使臣文种,冒昧前来,向大王致以问候。近来听说大王将兴仁义之师,诛伐强暴,援救弱小,围困残暴的齐国,安定周朝王室,我们请求出动全境三千士兵,越王亲自披坚执锐,冲锋陷阵。由小臣文种进献祖先珍藏的宝器,铠甲二十件,还有铁、屈卢矛、步光剑,用来做贵军吏的贺礼。”吴王听了非常高兴,把文种的话告诉子贡说:“越王想亲自跟随我攻打齐国,可以吗?”子贡回答说:“不可以。使人家国内空虚,调动人家所有的人马,又让人家的国君相随,这样做是不道义的。大王您应该接受礼物,允许它的军队来而辞谢它的国君。”吴王答应了,辞谢了越王。遂征发吴国九郡之兵前往攻齐。

子贡因去之晋,谓晋君曰:“臣闻之,虑不先定不可以应卒①,兵不先辨不可以胜敌②。今夫齐与吴将战,彼战而不胜,越乱之必矣;与齐战而胜,必以其兵临晋。”晋君大恐,曰:“为之奈何?”子贡曰:“修兵休卒以待之③。”晋君许诺。

【注释】

①应卒：应付仓猝发生的事变。卒，后多作“猝”。

②辨（bàn）：“办”的古字，备办，治理。

③休卒：休整士卒。

【译文】

子贡因而离开吴国前往晋国，对晋国国君说：“我听说，不事先谋划好计策，就不能应付突然来的变化，不事先治理好军队，就不能战胜敌人。现在齐国和吴国即将开战，吴国要是不能取胜，越国肯定会作乱；要是胜了，吴国就会兵临晋国。”晋君大为恐慌，说：“怎么办？”子贡说：“修造武器，休养士卒，等吴军来。”晋君答应了。

子贡去而之鲁。吴王果与齐人战于艾陵①，大破齐师，获七将军之兵而不归②，果以兵临晋，与晋人相遇黄池之上③。吴、晋争强④，晋人击之，大败吴师⑤。越王闻之，涉江袭吴⑥，去城七里而军。吴王闻之，去晋而归，与越战于五湖⑦。三战不胜，城门不守，越遂围王宫，杀夫差而戮其相⑧。破吴三年，东向而霸⑨。

【注释】

①吴王果与齐人战于艾陵：战事发生在吴王夫差十二年，齐简公元年，鲁哀公十一年，前484年。艾陵，古邑名，属齐，在今山东莱芜东北。

②获七将军之兵而不归：梁玉绳曰：“《左传》吴获国书等五人，何云‘获七将军’？黄池之会距战艾陵二年，何言‘吴王不归，以兵临晋’？”

③与晋人相遇黄池之上：黄池会盟发生在吴王夫差十四年，晋定公

三十年,鲁哀公十三年,前482年之七月。

④吴、晋争强:吴、晋两国为争霸而会盟于黄池,详见《左传·哀公十三年》《国语·吴语》与《吴太伯世家》。

⑤晋人击之,大败吴师:按,黄池之会晋、吴两国并没有开战。至于争霸的结果则众说纷纭。

⑥涉江袭吴:吴王夫差十四年,越王句践十五年,六月,越王渡过钱塘江北上袭击吴都(今江苏苏州)。过程详见《左传》《国语》《吴太伯世家》《越王句践世家》。

⑦与越战于五湖:按,《左传》《吴太伯世家》《越王句践世家》记载与此有异。这几种都记载为吴王自黄池回国后,送重礼与越人讲和,没有"战于五湖"。五湖,这里指太湖。

⑧越遂围王宫,杀夫差而戮其相:《索隐》曰:"按《左传》,越灭吴在哀二十二年,则事并悬隔数年,盖此文欲终说其事,故其辞相连。"梁玉绳曰:"会黄池归与越平,在哀十三年;越灭吴在哀二十二年,何云会黄池归与越战,不胜见杀?"按,越国在夫差二十三年,句践二十四年,前473年,灭掉吴国。详见《左传》《国语》《吴太伯世家》《越王句践世家》。

⑨破吴三年,东向而霸:《越王句践世家》记载为:"句践已平吴,乃以兵北渡淮,与齐、晋诸侯会于徐州,致贡于周。周元王使人赐句践胙,命为伯。"并谓:"当是时,越兵横行于江淮东,诸侯毕贺,号称霸王。"

【译文】

子贡离开晋国去了鲁国。吴王果然在艾陵与齐军开战,把齐军打得大败,俘虏了七个将军的人马而没有班师,果然带兵逼近晋国,与晋人在黄池相遇。吴、晋争强,晋人大败吴军。越王听说了,便渡江攻吴,在距离吴国都城七里处驻军。吴王听到这个消息,离开晋国返回吴国,和越国军队在五湖一带交战。多次战斗都失败了,连城门都守不住了,于是越军包围了王宫，杀死了吴王夫差和他的国相。灭掉吴国三年后，越国称霸东方。

故子贡一出，存鲁，乱齐，破吴，强晋而霸越。子贡一使，使势相破，十年之中，五国各有变[①]。

【注释】

①十年之中，五国各有变：苏辙《古史》曰："齐之伐鲁，本于悼公之怒季姬，而非陈恒；吴之伐齐，本怒悼公之反复，而非子贡；吴、齐之战，陈乞犹在，而恒未任事，凡太史公之所记，皆非也。盖战国说客设为子贡之辞，以自托于孔氏，而太史公信之耳。"郭嵩焘《史记札记》曰："子贡定、哀之世亦常仕于季氏，《左氏传》载子贡拒吴之辞甚备：哀公七年与吴会缯，吴召季康子，子贡拒之；十二年，会吴橐皋，吴请盟，子贡拒之；其秋，卫会吴于郧，吴将执卫侯，子贡又拒之；是时吴方凭陵鲁、卫，子贡据理求胜，《左氏》载其文可云美善矣。史公乃取游说之辞附之子贡，与《左传》抵牾，此皆好奇之过也。"梁玉绳《史记志疑》曰："子贡说齐、晋、吴、越一节，《家语·屈节》《越绝·陈恒传》《吴越春秋·夫差内传》并载之，昔贤历辨其谬。……倾人之邦以存宗国，何以为孔子？纵横捭阖不顾义理，何以为子贡？即其所言了无一实，而津津道之。《子胥传》亦有'句践用子贡之谋率众助吴'等语，岂不诞哉？《墨子·非儒下》篇谓'孔子怒晏子沮尼溪之封于景公，适齐欲伐鲁，乃遣子贡之齐劝田常伐吴，教高、鲍无得害田常之乱，遂劝越伐吴，三年之内齐、吴破国'。其为六国时之妄谈可见，孔鲋《诘墨》辨之矣。或曰：《弟子传》皆短简不繁，独子贡传榛芜不休，疑是后人阑入，非《史》本文也。"茅坤《史记钞》曰："予览太史公次子贡说吴伐齐救鲁止越之言，滚滚如万丈洪涛，不啻傀儡之掌中矣。"

【译文】

所以说，子贡这次出马，保全了鲁国，扰乱了齐国，灭掉了吴国，使晋国强大而使越国称霸。子贡一次出使，使各国形势发生了相应变化，十年当中，齐、鲁、吴、晋、越五国的形势各自有了变化。

子贡好废举①，与时转货赀②。喜扬人之美，不能匿人之过。常相鲁、卫③，家累千金④，卒终于齐。

【注释】

①废举：囤积居奇，买贱卖贵。中井曰："废，居也；举，发也。"

②与时转货赀：《集解》曰："与时，谓逐时也。夫物贱则买而停贮，值贵即逐时转易，货卖取资利也。"

③常相鲁、卫：梁玉绳曰："此事无考，与称'孔子相鲁'同，盖子贡仕于鲁、卫也。"常，通"尝"。

④家累千金：《货殖列传》评价为："使孔子名布扬于天下者，子贡先后之也，此所谓'得势而益彰者乎'！"

【译文】

子贡擅长囤积居奇，看准时机转手货物。他喜欢称扬他人的美德，但不能隐藏他人的错误。他曾经做过鲁国、卫国的国相，家产积累千金，最终死在齐国。

言偃，吴人①，字子游②，少孔子四十五岁③。子游既已受业，为武城宰④。孔子过，闻弦歌之声。孔子莞尔而笑曰："割鸡焉用牛刀⑤？"子游曰："昔者偃闻诸夫子曰，君子学道则爱人⑥，小人学道则易使。"孔子曰："二三子⑦，偃之言是也，前言戏之耳。"孔子以为子游习于文学⑧。

【注释】

①言偃，吴人：《家语》曰："鲁人。"《索隐》曰："偃仕鲁为武城宰耳。今吴郡有言偃冢，盖吴郡人为是也。"

②字子游：梁玉绳曰："'偃'，《说文》作'㫃'，旌旗之游也。观其字'子游'，则名当为'㫃'。今作'偃'者，岂改篆为隶时始因声借用欤？"

③少孔子四十五岁：据此推算，子游生于鲁定公四年，前506年。《家语》记载子游少孔子"三十五岁"。

④武城：古邑名，属鲁，在今山东费县西南。

⑤割鸡焉用牛刀：《集解》引孔安国曰："言治小何须用大道。"泷川曰："当时盖有此俚言。苏秦云'宁为鸡口，无为牛后'，亦'鸡''牛'对言，皆取譬家畜。"

⑥学道：《集解》引孔安国曰："道谓礼乐也。"

⑦二三子：《集解》引孔安国曰："从行者。"按，《论语·阳货》记载了孔子赞美子游之事。

⑧文学：文章博学，孔门四科之一。

【译文】

言偃，吴国人，字子游，比孔子小四十五岁。子游学成之后，出任武城的长官。孔子路过武城，听到弹琴唱歌的声音。孔子微笑道："杀鸡何必用宰牛刀？"子游说："从前我听先生说过，君子懂礼乐，就会涵养仁心，爱护人民；百姓懂礼乐，就容易被驱使。"孔子说："弟子们，言偃的话对啊，我刚才只是开个玩笑罢了。"孔子认为子游熟悉文章博学。

卜商字子夏①，少孔子四十四岁②。子夏问："'巧笑倩兮，美目盼兮，素以为绚兮③'，何谓也？"子曰："绘事后素④。"曰："礼后乎⑤？"孔子曰："商始可与言《诗》已矣⑥。"

子贡问："师与商孰贤⑦？"子曰："师也过，商也不及。""然则师愈与？"曰："过犹不及⑧。"子谓子夏曰："汝为君子儒⑨，无为小人儒⑩。"

【注释】

①卜商字子夏：关于卜商籍贯，众说纷纭。《集解》引《家语》曰"卫人"，郑玄曰"温人"，孔颖达《礼记·檀弓》疏以为"魏人"。

②少孔子四十四岁：据此推算，子夏生于鲁定公三年，前507年。

③巧笑倩兮，美目盼兮，素以为绚兮：《集解》引马融曰："倩，笑貌。盼，动目貌。绚，文貌。此上二句在《卫风·硕人》之二章，其下一句逸诗。"泷川曰："盼，目黑白分也。"

④绘事后素：《集解》引郑玄曰："绘，画文也。凡绘画，先布众色，然后以素分布其间，以成其文。喻美女虽有倩盼美质，亦须礼以成也。"

⑤礼后乎：《集解》引何晏曰："子夏闻而解，知以'素'喻'礼'，故曰'礼后乎'。"

⑥商始可与言《诗》已矣：《集解》引包氏曰："能发明我意。"指悟性好，一点就透。按，《论语·八佾》记载有孔子赞美子夏的话。

⑦师：即颛孙师，字子张。

⑧过犹不及：《集解》引孔安国曰："言俱不得中。"按，《论语·先进》记载有子夏和孔子的对答。

⑨君子儒：《集解》引何晏曰："君子之儒将以明道。"

⑩小人儒：《集解》引何晏曰："小人为儒则矜其名。"按，《论语·雍也》记载有以上对话。

【译文】

卜商，字子夏，比孔子小四十四岁。子夏问孔子道："'巧笑倩兮，美目盼兮，素以为绚兮'，说的是什么意思？"孔子说："画成之后，再用白色勾勒。”子夏又问道:“礼在仁义之后吗?”孔子说:“卜商,现在可以和你讨论《诗》了。”子贡又问道:“颛孙师和卜商谁更贤能?”孔子说:“颛孙师做事有些过了,卜商有些不够。”子贡说:“那还是颛孙师比卜商强啰!”孔子说:“过和不及没什么两样。”孔子对子夏说:“你要立志做个有才德的读书人,不要做求取虚名的读书人。”

孔子既没,子夏居西河教授①,为魏文侯师②。其子死,哭之失明。

【注释】

①西河:战国魏地。地望说法不一。一说在今河南之安阳一带,当时黄河流经安阳东。《索隐》认为“在河东郡之西界,盖近龙门”。

②为魏文侯师:《正义》曰:“子夏教于西河之上,文侯师事之,咨问国政焉。”按,《魏世家》记载有文侯“师子夏”。洪迈认为不可信,因为文侯执政时子夏已有百岁高龄了。王骏观曰:“此特史家由后追称为‘文侯’耳,非必为侯始师之也。且三晋之强已历数世,魏之政令早由己出,不必称侯始有‘国政’可咨询也。”关于子夏的著述,洪迈曰:“于《易》则有‘传’,于《诗》则有‘序’……于《礼》则有《仪礼·丧服》一篇……于《春秋》所云‘不能赞一词’,盖亦尝从事于斯矣。公羊高实受之于子夏;穀梁赤者,《风俗通》亦云‘子夏门人’;于《论语》,则郑康成以为仲弓、子夏等所撰定也。”魏文侯,姬姓,名斯,魏国国君,前445—前396年在位。

【译文】

孔子逝世后,子夏定居西河教授学生,做过魏文侯的老师。儿子死了,他哭得双目失明。

颛孙师,陈人①,字子张,少孔子四十八岁②。子张问干禄[3],孔子曰:“多闻阙疑,慎言其余,则寡尤;多见阙殆[4],慎行其余,则寡悔。言寡尤,行寡悔,禄在其中矣[5]。”

【注释】

①颛孙师,陈人:按,子张的先人自陈迁鲁,到子张时已可视为鲁人。

②少孔子四十八岁:依此推算,子张生于前503年。

③干禄:《集解》引郑玄曰:“干,求也;禄,禄位也。”

④多见阙殆:多看别人行事,不做有疑惑的事情。

⑤禄在其中矣:按,《论语·为政》记载了子张问干禄事。

【译文】

颛孙师,陈国人,字子张,比孔子小四十八岁。子张问怎样求取俸禄,孔子说:“多听人家说,对疑难未解的,不要妄加评论,其余有把握的要谨慎地说出,就能少犯错误;多看人家行事,对疑难未解的,不要妄加行动,其余有把握的要谨慎地行动,就能减少懊悔。说话的错误少、行动的懊悔少,你要求取的官位也就在其中了。”

他日从在陈、蔡间,困[1],问行[2]。孔子曰:“言忠信,行笃敬,虽蛮貊之国行也[3];言不忠信,行不笃敬,虽州里行乎哉!立则见其参于前也[4],在舆则见其倚于衡[5],夫然后行。”子张书诸绅[6]。

【注释】

①从在陈、蔡间,困:跟着孔子游历时,一同被陈、蔡人围困。按,据崔述等考证,此事不大可能发生。

②行:顺遂通达,行得通。

③蛮貊(mò):古代称南方和北方落后部族。亦泛指四方落后部族。

④参:直耸,直立。

⑤舆:车厢。衡:车辕前的横木。

⑥绅:古代士大夫束于腰间,一头下垂的大带。按,《论语·卫灵公》记载有孔子回答子张“问行”事,没有“困陈蔡”的信息。

【译文】

有一天,子张跟随孔子出行,被围困在陈国和蔡国之间,子张问孔子,怎样才能使自己处处行得通。孔子说:“言语诚信,行为要笃厚恭敬,即使身处异族他邦也能行得通;言语不诚信,行为不笃厚恭敬,即使是在本乡本土,能行得通吗?站着的时候,就像‘忠信笃敬’几个字呈现在眼前;坐在车上,就像‘忠信笃敬’几个字挂在车前的横木上,做到这种地步之后,就到处行得通了。”子张把“忠信笃敬”这几个字写在束于腰间的大带子上。

子张问:“士何如斯可谓之达矣①?”孔子曰:“何哉,尔所谓达者?”子张对曰:“在国必闻,在家必闻②。”孔子曰:“是闻也,非达也。夫达者,质直而好义,察言而观色,虑以下人③,在国及家必达④。夫闻也者,色取仁而行违,居之不疑⑤,在国及家必闻⑥。”

【注释】

①达:通达。

②在国必闻,在家必闻:《集解》引郑玄曰:“士之所在,皆能有名誉。”在国,指在诸侯国任职。闻,有名声,被人知晓。在家,指做大夫的家臣。

③下人:处于别人之下。

④在国及家必达:《集解》引马融曰:“谦尊而光,卑而不可逾。”

⑤居之不疑：马融曰："安居其伪而自不疑。"

⑥在国及家必闻：马融曰："佞人党多。"按，《论语·颜渊》记载有孔子关于"闻""达"的论述。泷川引伊滕维桢曰："达者，内有其实，名誉自达也；闻者，务饰乎外，以致名闻也。"

【译文】

子张问："士人怎样才算通达？"孔子说："你所说的通达是什么意思？"子张答道："在诸侯国任职有声望，在大夫家中任职也有声望。"孔子说："这是有声望，不是通达。通达应该是品质正直，爱好礼仪，善于辨别别人的言语，观察别人的容色，时常想到对人谦让，在国在家都能通达。所谓声望，是表面追求仁义，行动相反，以仁义自居而毫不疑惑，在国在家都有声望。"

曾参，南武城人，字子舆，少孔子四十六岁①。孔子以为能通孝道②，故授之业。作《孝经》③，死于鲁④。

【注释】

①少孔子四十六岁：据此推算，曾子生于鲁定公五年，前505年。

②能通孝道：《正义》引《韩诗外传》云："曾子曰：'吾尝仕为吏，禄不过钟釜，尚犹欣欣而喜者，非以为多也，乐道养亲也。亲殁之后，吾尝南游于越，得尊官，堂高九仞，榱提三尺，躯毂百乘，然犹北向而泣者，非为贱也，悲不见吾亲也。"

③作《孝经》：梁玉绳曰："史公盖以《孝经》为孔子作，故《汉·艺文志》云：'《孝经》者，孔子为曾子陈孝道也。'……《困学纪闻》……'则非孔子所著矣，当是曾子门弟子类而成书，疑成于子思之手'。"

④死于鲁：崔述曰："曾子于孔门年最少而学最纯，故孔子既没后学多宗曾子者。圣道之显多由子贡，圣道之传多由曾子。子贡之功

在当时，曾子之功在后世。”

【译文】

曾参是南武城人，字子舆，比孔子小四十六岁。孔子认为曾子能守孝道，所以传授他学业。孔子为曾参著了《孝经》。曾参死在鲁国。

澹台灭明，武城人，字子羽，少孔子三十九岁①。状貌甚恶。欲事孔子，孔子以为材薄。既已受业，退而修行，行不由径，非公事不见卿大夫②。南游至江③，从弟子三百人，设取予去就④，名施乎诸侯⑤。孔子闻之，曰："吾以言取人，失之宰予⑥；以貌取人，失之子羽⑦。"

【注释】

①少孔子三十九岁：据此推算，澹台灭明生于鲁昭公三十年，前512年。

②非公事不见卿大夫：《论语·雍也》记载为："子游为武城宰，子曰：'女得人焉耳乎？'曰：'有澹台灭明者，行不由径，非公事未尝至于偃之室也。'"

③南游至江：《索隐》曰："今吴国东南有澹台湖，即其遗迹所在。"

④设取予去就：特别在意"取予""去就"。

⑤施：显扬，传播。

⑥以言取人，失之宰予：被宰予的伶牙俐齿打动，对他的评估不准确。

⑦以貌取人，失之子羽：梁玉绳曰："孔子斯言，《大戴礼·五帝德》《韩子·显学》《论衡·骨相》皆有之，史公取入《留侯世家》论及此传。"

【译文】

澹台灭明是武城人，字子羽，比孔子小三十九岁。他的体态相貌很丑陋。想要事奉孔子，孔子认为他资质低下。从师学习以后，回去就致力于修身实践，处事光明正大，不走邪路，不是为了公事，从来不去会见公卿大夫。他往南游历到长江，追随他的学生有三百人，澹台灭明对于人事取舍、行为进退都很有原则，名闻诸侯各国。孔子听到这些事，说：“我只凭言辞判断人，对宰予的判断就错了；单从相貌上判断人，对子羽的判断就错了。”

宓不齐字子贱[①]，少孔子三十岁[②]。孔子谓：“子贱君子哉！鲁无君子，斯焉取斯[③]？”子贱为单父宰[④]，反命于孔子，曰：“此国有贤不齐者五人[⑤]，教不齐所以治者。”孔子曰：“惜哉不齐所治者小，所治者大则庶几矣。”

【注释】

①宓（fú）不齐字子贱：《集解》引孔安国曰：“鲁人。”

②少孔子三十岁：据此推算，宓子贱生于鲁昭公二十一年，前521年。

③鲁无君子，斯焉取斯：《集解》引包氏曰：“如鲁无君子，子贱安得此行而学？”按，《论语·公冶长》记载有孔子赞美子贱的话。

④单（shàn）父：古邑名，在今山东单县。春秋时属鲁。

⑤贤不齐者五人：《索隐》引《家语·辨政》曰：“不齐所父事者三人，所兄事者五人，所友者十一人。”

【译文】

宓不齐，字子贱，比孔子小三十岁。孔子评论子贱道：“子贱是个君子啊！要说鲁国没君子，那他的德行是从哪里学来的呢？”子贱出任单父地方长官，回来向孔子报告说：“这个地方有五个人比我贤能，他们教给我施政治民的方法。”孔子说：“可惜啊，不齐治理的地方太小了，要是能治理大一些的地方就好了。”

原宪字子思[①]。子思问耻。孔子曰:"国有道,谷[②];国无道,谷,耻也。"子思曰:"克、伐、怨、欲不行焉[③],可以为仁乎?"孔子曰:"可以为难矣,仁则吾弗知也[④]。"

【注释】

①原宪字子思:《集解》引郑玄曰:"鲁人。"《家语》称其为"宋人"。

②谷:指拿俸禄。

③克、伐、怨、欲不行:没有"克、伐、怨、欲"这四种毛病。《集解》引马融曰:"克,好胜人也。伐,自伐其功。怨,忌也。欲,贪也。"

④仁则吾弗知也:按,《论语·宪问》记载有原宪和孔子的问答。

【译文】

原宪,字子思。子思问什么叫耻辱。孔子说:"国家有道,做官;国家无道,也做官,这就是耻辱。"子思说:"不好胜、不自夸、不怨恨、不贪心,算得上是'仁'了吗?"孔子说:"可以说是难能可贵了,是否算是做到仁,那我就不知道了。"

孔子卒,原宪遂亡在草泽中[①]。子贡相卫[②],而结驷连骑,排藜藿入穷阎[③],过谢原宪。宪摄敝衣冠见子贡。子贡耻之,曰:"夫子岂病乎[④]?"原宪曰:"吾闻之,无财者谓之贫,学道而不能行者谓之病。若宪,贫也,非病也。"子贡惭,不怿而去,终身耻其言之过也[⑤]。

【注释】

①亡在草泽中:《孔子家语》称其"隐居卫"。

②子贡相卫:郭嵩焘曰:"子贡哀公十一年为鲁使以释卫侯,并不闻有'相卫'事。"

③藜藿：指野草。穷阎：陋巷，穷巷。

④病：处境艰难，穷困潦倒。

⑤终身耻其言之过：为自己说错话而羞愧了一辈子。按，《庄子·让王》记载有子贡见原宪之事。崔述曰："孔子为司寇，以原思为宰，必有可取者在；而狷介之操亦人所难能。"又曰："子贡曰：'贫而毋谄，富而毋骄何如？'子曰：'可也。未若贫而乐，富而好礼者也。'子贡长于理财，先贫后富则有之；若以贫为耻，以富为荣，则子贡断不至是。此乃战国贫贱骄人之士设为此说以自高者，以原思之贫、子贡之富也，故托之耳。《新序》亦载此事而文更繁，盖后人所衍，皆非事实。"

【译文】

孔子逝世后，原宪隐居荒野。子贡做了卫相，车马成群，随从众多，推开草门进入穷巷去探望原宪。原宪整理好破旧的衣帽会见子贡。子贡为此感到羞耻，说："您怎么落魄受窘到这个样子？"原宪说："我听说，没有钱财叫作穷，学了道理而不能去实践叫作窘。像我这样，是穷，不是窘。"子贡很惭愧，不高兴地离开了，一生都为自己说错了话而感到羞愧。

公冶长，齐人①，字子长②。孔子曰："长可妻也，虽在累绁之中③，非其罪也。"以其子妻之④。

【注释】

①公冶长，齐人：按，《家语》称其为鲁人。

②字子长：《索隐》引范宁语以为"字子芝"，还有说为"子张""子苌"。崔述曰："《史记》虽载之于《弟子传》中，而以《论语》之文考之，长绝无问答之语……未见其必为弟子也者。"

③累绁（xiè）：指监狱。

④以其子妻之：按，《论语·公冶长》记载有孔子把女儿嫁给公冶长

事。《论衡·问孔》曰:"世间强受'非辜'者多,未必尽贤人也。恒人见枉,众多非一。必以'非辜'为孔子所妻,则是孔子不妻贤,妻冤也。孔子之称公冶长,有'非辜'之言,无'行能'之文。"

【译文】

公冶长是齐国人,字子长。孔子说:"公冶长,可以把女儿嫁给他,虽然他曾被囚禁过,但那不是他的错。"于是把女儿嫁给了他。

南宫括字子容①。问孔子曰:"羿善射,奡荡舟②,俱不得其死然;禹、稷躬稼而有天下。"孔子弗答③。容出,孔子曰:"君子哉若人!上德哉若人④!""国有道,不废;国无道,免于刑戮⑤。"三复"白珪之玷"⑥,以其兄之子妻之。

【注释】

①南宫括字子容:姓南宫,名括,字子容。梁玉绳曰:"《论语》作适,又称南容。……《家语》作南宫韬。"《集解》引孔安国曰:"鲁人。"崔述曰:"《史记》虽载之于《弟子传》中,而以《论语》之文考之……仅有羿、奡一问,而亦非质疑问难之比,未见其必为弟子也者。"

②羿(yì)善射,奡(ào)荡舟:《集解》引孔安国曰:"羿,有穷之君,篡夏后位,其徒寒浞杀之,因其室而生奡。奡多力,能陆地行舟,为夏后少康所杀。"

③孔子弗答:《集解》引马融曰:"括意欲以禹、稷比孔子,孔子谦,故不答。"

④上德哉若人:《集解》引孔安国曰:"贱不义而贵有德,故曰君子。"按,《论语·宪问》记载有孔子赞南宫括的话。上,通"尚",崇尚,尊重。

⑤“国有道”几句：语出《论语·公冶长》：“邦有道，不废；邦无道，免于刑戮。”不废，《集解》引孔安国曰：“言见用。”

⑥三复：反复吟诵。白珪之玷：语出《诗·大雅·抑》：“白珪之玷，尚可磨也；斯言之玷，不可为也。”《集解》引孔安国曰：“南容读《诗》至此，三反之，是其心敬慎于言。”

【译文】

南宫括，字子容。他问孔子道：“后羿擅长射箭，奡能在陆地上拖舟，都不得好死；大禹和后稷亲自耕种庄稼，却得到了天下。这是为什么呢？”孔子没有回答。南宫括出去之后，孔子说：“这个人是君子啊！这个人崇尚道德啊！”“国家政治清明，他不会被埋没；国家政治黑暗，他也能免遭刑戮。”南宫括经常诵读“白珪之玷”的诗句，孔子把哥哥的女儿嫁给了他。

公皙哀字季次[①]。孔子曰：“天下无行，多为家臣，仕于都；唯季次未尝仕[②]。”

【注释】

①公皙哀字季次：《索隐》：“《家语》作‘公皙克’。”《集解》：“《孔子家语》云‘齐人’。”按，《论语》中没有公皙哀的相关记载。

②季次未尝仕：《索隐》引《家语》曰：“未尝屈节为人臣，故孔子特赏叹之。”《游侠列传》记载为：“季次、原宪，闾巷人也，读书怀独行君子之德，义不苟合当世，当世亦笑之。故季次、原宪终身空室蓬户，褐衣蔬食不厌。死而已四百余年，而弟子志之不倦。”

【译文】

公皙哀，字季次。孔子说：“天下的读书人没有善行，大多给大夫们做了家臣，在都邑当官；只有季次不曾做官。”

曾蒧字晳[①]。侍孔子，孔子曰："言尔志。"蒧曰："春服既成，冠者五六人[②]，童子六七人，浴乎沂[③]，风乎舞雩[④]，咏而归[⑤]。"孔子喟尔叹曰："吾与蒧也[⑥]！"

【注释】

①曾蒧（diǎn）字晳："蒧"字《家语》作"点"。曾点是曾参的父亲。

②冠者：指年过二十、行过加冠礼之人。

③沂：在今山东曲阜南。

④舞雩（yú）：鲁国祭天求雨场所，在今山东曲阜南。

⑤咏而归：《集解》引徐广曰："歌咏先王之道，归于夫子之门。"

⑥吾与蒧也：按，《论语·先进》记载有孔子和曾点的问答。此时侍坐并发表观点的还有子路、冉有、公西华等。黄震曰："夫子以行道救世为心，而时不我予，方与二三子私相讲明于寂寞之滨，而忽闻曾晳'浴沂''咏而归'之言，若有触其'浮海''居夷'之云者，故不觉喟然而叹，盖其意之所感者深矣。"崔述曰："孔子方与诸弟子言而晳鼓瑟自如，不亦远于礼乎？此章乃学老、庄者之所伪托而后儒误采之者。朱子谓'曾点所言有万物得所之意，故孔子与之'，论虽巧而恐其未必实也。"

【译文】

曾蒧，字晳。曾蒧陪侍在孔子身边，孔子说："谈谈你的志向吧。"曾蒧说："穿着刚做好的春装，和五六个成年人，六七个小孩子，在沂水里洗个澡，在舞雩台上吹风，然后唱着歌回家。"孔子长叹一声说："我赞同曾蒧的志趣啊！"

颜无繇字路[①]。路者，颜回父，父子尝各异时事孔子。颜回死[②]，颜路贫，请孔子车以葬[③]。孔子曰："材不材，亦各言其子也。鲤也死④，有棺而无椁，吾不徒行以为之椁⑤，以吾从大夫之后，不可以徒行。”

【注释】

①颜无繇（yóu）字路：《索隐》引《家语》曰：“少孔子六岁。”据此推算颜路生于鲁襄公二十八年，前545年。

②颜回死：有研究者认为颜回卒于鲁哀公十四年（前481），享年四十一岁。

③请孔子车以葬：《集解》引孔安国曰：“卖以做椁。”

④鲤也死：孔鲤卒于鲁哀公十二年，享年五十岁。鲤，即孔鲤，字伯鱼，孔子的儿子。

⑤徒行：徒步出行。《论语·先进》记载有孔子拒绝颜路事。泷川曰：“颜路之请固悖矣，然使路为此请，亦可以见孔子爱弟子之厚也。”

【译文】

颜无繇，字路。颜路是颜回的父亲，父子俩曾先后求学于孔子门下。颜回死了，颜路贫穷，请求孔子卖掉车子来安葬颜回。孔子说：“不论有没有才华，都是自己的儿子。孔鲤死时也是有棺无椁，我不能卖掉车子步行，因为我曾当过大夫，不能徒步出行。”

商瞿，鲁人①，字子木，少孔子二十九岁②。孔子传《易》于瞿③，瞿传楚人馯臂子弘④，弘传江东人矫子庸疵⑤，疵传燕人周子家竖⑥，竖传淳于人光子乘羽⑦，羽传齐人田子庄何⑧，何传东武人王子中同⑨，同传菑川人杨何⑩。何元朔中以治《易》为汉中大夫⑪。

【注释】

①商瞿，鲁人：崔述曰："不见于《论语》，独《史记》有之。"

②少孔子二十九岁：据此推算，商瞿生于鲁昭公二十年，前522年。

③孔子传《易》于瞿：叶梦得曰："瞿本非门人高第，略无一言见于《论语》，'性与天道'子贡且不得闻，而谓商瞿得之乎？"

④馯（hàn）臂子弘：姓馯名臂，字子弘。《索隐》曰："《儒林传》《荀卿子》及《汉书》皆云'馯臂字子弓'，今此独作'弘'，盖误耳。"

⑤矫子庸疵："矫"也作"桥"。疵，亦作"庇"。颜师古《汉书注》："桥庇，字子庸。"

⑥周子家竖：《正义》曰："周竖，字子家。《汉书》作'周丑'。"

⑦淳于：古地名，属齐。在今山东安丘东北。光子乘羽：光羽，字子乘。

⑧田子庄何：田何，字子庄。

⑨东武：汉县名，故治在今山东诸城。王子中同：王同，字子中。《正义》曰："《汉书》作'王同字子仲'。"

⑩菑川：汉诸侯国名，国都在今山东寿光。杨何：《正义》曰："《汉书》云字叔元。"梁玉绳曰："按《汉书·儒林传》，'瞿受《易》孔子，以授鲁桥庇子庸，子庸授江东馯臂子弓，子弓授燕周丑子家，子家授东武孙虞子乘，子乘授齐田何子庄'。不但里居姓名不同，传授亦各异，疑史公误。"

⑪元朔：汉武帝年号（前128—前123年）。梁玉绳曰："《史》《汉》《儒林传》皆作'元光'，此'朔'字误。"按，"元光"也是汉武帝的年号（前134—前129年）。中大夫：官名。帝王的侍从官员，备顾问应对。

【译文】

商瞿，鲁国人，字子木，比孔子小二十九岁。孔子把《周易》传给商瞿，商瞿传给楚国人馯臂子弘，馯臂子弘传给江东人矫子庸疵，矫子庸疵传给燕国人周子家竖，周子家竖传给淳于人光子乘羽，光子乘羽传给齐国人田子庄何，田子庄何传给东武人王子中同，王子中同传给菑川人杨何。杨何在元朔年间因研究《周易》做了汉朝的中大夫。

高柴字子羔①。少孔子三十岁②。子羔长不盈五尺③，受业孔子，孔子以为愚④。子路使子羔为费郈宰⑤，孔子曰："贼夫人之子⑥！"子路曰："有民人焉，有社稷焉⑦，何必读书然后为学⑧！"孔子曰："是故恶夫佞者⑨。"

【注释】

①高柴字子羔：《集解》引郑玄曰："卫人。"《正义》引《家语》曰："齐人。"梁玉绳曰："《左·哀十七》作'季羔'，《檀弓》两称'子皋'。"

②少孔子三十岁：据此推测，子羔生于鲁昭公二十一年，前521年。

③长不盈五尺：《索隐》引《家语》作"长不盈六尺"。

④孔子以为愚：《论语·先进》有所谓"柴也愚，参也鲁，师也辟"。

⑤子路使子羔为费郈（hòu）宰：按，当时子路是鲁国权臣季孙氏的家臣，故有能力作此安排。费，沈涛曰："《史记》'费'字衍文，盖古本《论语》作'郈宰'，不作'费宰'，《论衡·艺增》篇正作'郈宰'，可见汉以前本皆如是也。"译文从之。郈，古邑名，在今山东东平东南。春秋属鲁。

⑥贼夫人之子：孔颖达曰："子羔学未熟习而使为政，必累其身，所以为贼害也。"贼，害。夫人之子，指子羔。夫人，那人，彼人。

⑦有民人焉，有社稷焉：《集解》引孔安国曰："言治人事神，于是而习，亦学也。"

⑧何必读书然后为学：孔颖达曰："有人民焉而治之，有社稷之神焉而事之，治民事神于是而习之，是亦学也，何必读书然后乃谓为学也？"

⑨恶夫佞（nìng）者：李光缙曰："《檀弓》云：'成人有其兄死而不为衰者，闻子羔将为成宰，遂为衰。'即此可见子羔之美质矣，抑亦在变化气质之后乎？"按，《论语·先进》记载有孔子对子路的责备。佞，擅辩，口才好。

【译文】

高柴，字子羔。比孔子小三十岁。子羔身高不足五尺，在孔子门下学习，孔子认为子羔愚笨。子路安排子羔担任郈邑的长官，孔子说："这是害人子弟。"子路说："有百姓可以治理，有社稷之神可以侍奉，为什么一定要读书才叫做学问呢！"孔子说："所以我讨厌那些强词夺理的人。"

漆雕开字子开①。孔子使开仕，对曰："吾斯之未能信。"孔子说②。

【注释】

①漆雕开字子开：《集解》引郑玄曰："鲁人也。"《索隐》引《家语》曰："蔡人，字子若，少孔子十一岁。"又曰："习《尚书》，不乐仕。"李笠引王应麟曰："盖名启字子开，《史记》避景帝讳也。"据《家语》推测，漆雕启生于鲁昭公二年，前540年。

②孔子说：《集解》引郑玄曰："善其志道深。"《韩非子·显学》云："漆雕之议，不色挠，不目逃，行曲则违于臧获，行直则怒于诸侯。"按，《论语·公冶长》记载有孔子让漆雕开去做官事。说，后作"悦"。

【译文】

漆雕开，字子开。孔子让他去做官，他说："我对做官没有信心。"孔子很满意。

公伯缭字子周①。周愬子路于季孙②，子服景伯以告孔子[③],曰:“夫子固有惑志,缭也,吾力犹能肆诸市朝[④]。”孔子曰:“道之将行,命也;道之将废,命也。公伯缭其如命何[⑤]?”

【注释】

①公伯缭字子周:姓公伯,名缭。《集解》引马融曰:“鲁人。”《索隐》《正义》皆认为他是“谗慝之人”。

②愬:诉说,告发。季孙:指季康子。子路当时任季氏家臣。

③子服景伯:姓子服,名何,谥景伯。鲁大夫。

④肆:处死后陈尸示众。市朝:市场与朝廷,都是人多的地方。

⑤其如命何:公伯缭能对天命怎么样呢。按,《论语·宪问》记载有孔子与子服景伯的对答。梁玉绳曰:“先儒之依《史》者,只马融一人,其注《论语》曰:‘鲁人,弟子也。’朱氏考力主其说,谓‘未可以一眚掩生平’。而《索隐》引《古史考》云‘非弟子之流’,后贤皆韪之……然史公所见弟子籍,讵有窜入耶?”

【译文】

公伯缭,字子周。子周在季孙氏面前说子路的坏话,子服景伯把这件事告诉了孔子并且说:“季孙已经被公伯缭迷惑了,可是我还有力量杀死公伯缭,把他的尸体陈放在街头示众。”孔子说:“正道能够行得通,那是天意;正道被废弃,也是天意。公伯缭对天意又能怎么样呢?”

司马耕字子牛[①]。牛多言而躁[②],问仁于孔子。孔子曰:“仁者其言也讱[③]。”曰:“其言也讱,斯可谓之仁乎?”子曰:“为之难,言之得无讱乎[④]?”问君子,子曰:“君子不忧不惧。”曰:“不忧不惧,斯可谓之君子乎?”子曰:“内省不疚,夫何忧何惧[⑤]!”

【注释】

①司马耕字子牛:《集解》引孔安国曰:"宋人。"《索隐》曰:"桓魋之弟,以魋为宋司马,故牛遂以'司马'为氏也。"

②躁:浮躁。

③讱(rèn):出言迟缓谨慎。

④为之难,言之得无讱乎:《集解》引孔安国曰:"行'仁'难,言'仁'亦不得不讱也。"按,《论语·颜渊》记载有孔子与司马牛的对答。

⑤内省不疚,夫何忧何惧:《集解》引包氏曰:"自省无罪恶,无可忧惧。"《集解》引孔安国曰:"牛兄桓魋将为乱,牛自宋来学,常忧惧,故孔子解之也。"

【译文】

司马耕,字子牛。子牛话多性急。他向孔子问仁。孔子说:"有仁德的人说话迟缓谨慎。"子牛说:"说话迟缓谨慎,这就可以算是仁德吗?"孔子说:"事情做起来难,说的时候能不迟缓谨慎吗?"子牛问怎样才算君子,孔子说:"君子不忧愁,不畏惧。"子牛说:"不忧愁,不畏惧,就是君子了吗?"孔子说:"自我反省,内心无愧,有什么忧愁,有什么畏惧的呢!"

樊须字子迟[①],少孔子三十六岁[②]。樊迟请学稼,孔子曰:"吾不如老农。"请学圃,曰:"吾不如老圃。"樊迟出,孔子曰:"小人哉樊须也[③]!上好礼,则民莫敢不敬;上好义,则民莫敢不服;上好信,则民莫敢不用情[④]。夫如是,则四方之民襁负其子而至矣[⑤],焉用稼[⑥]!"樊迟问仁,子曰:"爱人。"问智,曰:"知人[⑦]。"

【注释】

①樊须字子迟:《集解》引郑玄曰:"齐人。"《索隐》《正义》都引《家

语》认为是鲁人。

②少孔子三十六岁：据此推算则樊须生于鲁昭公二十七年，前515年。按，《家语》记为“少孔子四十六岁”，据此推算则樊须生于鲁定公五年，前505年。

③小人：指平民。

④用情：以真实的感情相待。

⑤襁负：用襁褓背着。

⑥焉用稼：《集解》引包氏曰：“礼、义与信足以成德，何用学稼以教民乎？”苏辙曰：“樊迟之学为农圃，盖将与民并耕而食欤？此孟子所谓许行之学也。孟子曰：‘有大人之事，有小人之事，尧以不得舜为己忧，舜以不得禹、皋陶为己忧。以百亩之不易为己忧者，农夫也。’此孔子谓樊迟‘小人’也。”按，《论语·子路》记载有孔子反对樊须学稼事。

⑦知人：能分辨人的好坏与其各自的特长。按，《论语·颜渊》记载有樊迟问仁事。

【译文】

樊须，字子迟，比孔子小三十六岁。樊迟请求学种庄稼，孔子说：“我不如老农。”请求学种菜，孔子说：“我不如菜农。”樊迟出去后，孔子说：“樊须是小人！位尊者讲礼仪，百姓们不敢不尊敬他；当权者讲道义，百姓们不敢不服从他；领导者讲信用，百姓们不敢不用真情来对待他。做到了这些，百姓们就会拉家带口地来投奔他，哪里用得着自己去种庄稼！”樊迟问什么是仁，孔子说：“爱人。”问什么是智慧，孔子说：“了解别人。”

有若少孔子十三岁[①]。有若曰：“礼之用，和为贵[②]，先王之道斯为美。小大由之[③]，有所不行[④]；知和而和，不以礼节之，亦不可行也[⑤]。”“信近于义，言可复也[⑥]；恭近于礼，远耻辱也[⑦]；因不失其亲，亦可宗也[⑧]。”

【注释】

①有若:《论语》称“有子”,《索隐》引《家语》称其“字子有”。郑玄曰:“鲁人。”少孔子十三岁:底本作“少孔子四十三岁”,《正义》引《家语》谓“少三十三岁”,今本《家语》谓“少三十六岁”,黄本、殿本、凌本作“少孔子十三岁”。梁玉绳曰:“观弟子欲立为师一事,有若之年与孔子当不甚远,十三岁是。”今据黄本改。据此推算有若生于鲁昭公四年,前538年。

②和:和谐,协调。《礼记·中庸》:“喜怒哀乐之未发谓之中,发而皆中节谓之和。”

③小大由之:大小事都要这样来施行。

④有所不行:有行不通的时候。

⑤知和而和,不以礼节之,亦不可行也:《集解》引马融曰:“人知礼贵和,而每事从和,不以礼为节,亦不可行也。”崔述曰:“有子‘务本’之旨,‘贵和’之说,咸能发圣人未发之蕴。意其所得有深焉者,是以游、夏有‘似圣人’之品目也。”

⑥信近于义,言可复也:《集解》引何晏曰:“义不必信,信非义也。以其言可反复,故曰‘近义’。”

⑦恭近于礼,远耻辱也:《集解》引何晏曰:“恭不合礼,非礼也。以其能远耻辱,故曰近礼。”

⑧因不失其亲,亦可宗也:《集解》引孔安国曰:“因,亲也。言所亲不失其亲亦可宗敬。”因,依靠,凭借。《论语·学而》记载了有子的这两段话。

【译文】

有若,比孔子小十三岁。有若说道:“以礼治国,以和谐为可贵,先王之道,好就好在这里。事无大小都按此去做,有时会行不通;为和谐而和谐,不用礼去节制,也是不可行的。”“诚信近于义,所说的话就经得起检验;恭敬符合礼,就能远离耻辱;依靠关系深的人,才能靠得住。”

孔子既没，弟子思慕，有若状似孔子，弟子相与共立为师，师之如夫子时也。他日，弟子进问曰："昔夫子当行，使弟子持雨具，已而果雨。弟子问曰：'夫子何以知之？'夫子曰：'《诗》不云乎：月离于毕，俾滂沱矣①，昨暮月不宿毕乎②？'他日，月宿毕，竟不雨；商瞿年长无子③，其母为取室④。孔子使之齐，瞿母请之。孔子曰：'无忧，瞿年四十后当有五丈夫子⑤。'已而果然，敢问夫子何以知此？"有若默然无以应。弟子起曰："有子避之，此非子之座也⑥！"

【注释】

①月离于毕，俾滂沱矣：语出《诗经·小雅·渐渐之石》。朱熹曰："月离毕，将雨之验也。"离，后多作"罹"，遭遇。这里指运行到。毕，星名，二十八宿之一。

②宿：停留。这里指运行到。

③商瞿年长无子：《索隐》引《孔子家语》云："瞿年三十八。"

④取室：娶妻。

⑤当有五丈夫子：苏辙曰："月宿于毕而雨不应，商瞿四十而生五子，此卜祝之事，鄙儒所以谓孔子圣人者也。战国杂说，类此者多矣。孟子犹不能择，而况太史公乎！"

⑥此非子之座也：刘知幾《史通》曰："孔门弟子，圣人品藻已详，门徒臧否又定，如有若者，名不隶于四科，誉无偕于十哲，逮尼父既没，方取为师；以不答所问，始令避座，同称达者，何见事之晚乎？"洪迈曰："此两事殆近于星历卜祝之学，何足以为圣人，而谓孔子言之乎？有若不能知，何所加损，而弟子遽以是斥退之乎？……太史公之书于是为失矣。"梁玉绳曰："贤如有若，必不僭居师座；弟子亦必不因不答所问即令避座。"

【译文】

孔子逝世以后，学生们怀念他，有若长得像孔子，学生们就师事他，像以前侍奉孔子一样。有一天，学生们上前问道："从前先生出行，让弟子们带上雨具，后来果然下雨了。弟子问：'先生怎么知道会下雨呢？'先生说：'《诗》上不是说过，"月亮靠近毕宿，会有滂沱大雨"吗？昨天晚上月亮不是停留在毕宿区吗？'后来有一天，月亮也是停留在毕宿区，却没有下雨；商瞿年纪大了却没有孩子，他的母亲要为他另娶妻室。孔子派商瞿前往齐国，商瞿的母亲向孔子请求不要让他去。孔子说：'别担心，商瞿四十岁后会有五个儿子。'后来果真这样，请问先生当年怎么能够预先知道是这样的呢？"有若沉默，无以回答。学生们站起来，说："有若让开吧，这不是你的座位！"

公西赤字子华①，少孔子四十二岁②。子华使于齐，冉有为其母请粟。孔子曰："与之釜③。"请益，曰："与之庾④。"冉子与之粟五秉⑤。孔子曰："赤之适齐也，乘肥马，衣轻裘。吾闻君子周急不继富⑥。"

【注释】

①公西赤字子华：《集解》引郑玄曰："鲁人。"

②少孔子四十二岁：据此推算，公西赤生于鲁定公元年，前509年。

③釜：《集解》引马融曰："六斗四升曰釜。"

④庾：《集解》引包氏曰："十六斗曰庾。"

⑤五秉：《集解》引马融曰："十六斛曰秉，五秉合八十斛。"

⑥周急不继富：按，《论语·雍也》记载有孔子讲"周急不继富"事。崔述曰："子华以应对长才承命出使，亦卓卓者，孔子于二子皆无贬词。"周急，救济急难。周，周济，救济。

【译文】

公西赤，字子华，比孔子小四十二岁。子华出使齐国，冉有替子华的母亲请求发给粮食。孔子说："给她一釜。"冉有请求多给点，孔子说："给她一庾。"结果冉有给了她五秉。孔子说："公西赤前往齐国，坐着肥马拉的车，穿轻软的皮衣。我听说君子周济穷急的人，而不是为富人再增富。"

巫马施字子旗[①]，少孔子三十岁。陈司败问孔子曰[②]："鲁昭公知礼乎[③]？"孔子曰："知礼。"退而揖巫马旗曰："吾闻君子不党[④]，君子亦党乎？鲁君娶吴女为夫人，命之为孟子。孟子姓姬，讳称同姓[⑤]，故谓之孟子。鲁君而知礼，孰不知礼！"施以告孔子，孔子曰："丘也幸，苟有过，人必知之。臣不可言君亲之恶，为讳者，礼也[⑥]。"

【注释】

①巫马施字子旗：《集解》引郑玄曰："鲁人。"《索隐》引《家语》曰："陈人，字子期。"

②陈司败：姓陈的司败。司败，官名，即"司寇"。

③鲁昭公：春秋后期鲁国国君，姬姓，名裯，鲁襄公之子，前541—前510年在位。

④不党：不阿附，不偏私。《集解》引孔安国曰："相助匿非曰党。"

⑤讳称同姓：《集解》引孔安国曰："礼同姓不婚，而君娶之，当称'吴姬'，讳曰'孟子'。"鲁国和吴国都是周朝王室后代。

⑥臣不可言君亲之恶，为讳者，礼也：李笠曰："'臣不可以言君亲之恶'二语，不续，疑是旁注溷入。"按，《论语·述而》记载了孔子为鲁昭公避忌之事。

【译文】

巫马施,字子旗,比孔子小三十岁。陈司败问孔子道:"鲁昭公懂礼吗?"孔子回答说:"懂礼。"孔子出去后,陈司败向巫马旗作了个揖说:"我听说君子是不偏私袒护的,莫非君子也会偏私袒护?鲁昭公娶来吴女做夫人,给她起名叫她孟子。孟子本姓姬,避忌称呼同姓,所以叫她孟子。鲁君如果懂礼,那还有谁不懂礼!"巫马施转告了孔子,孔子说:"我很幸运啊,犯了错,就一定有人知道。臣子不能宣扬君主的错误,替他隐晦,就是懂礼啊。"

梁鳣字叔鱼①,少孔子二十九岁②。颜幸字子柳③,少孔子四十六岁④。冉孺字子鲁⑤,少孔子五十岁⑥。曹衈字子循⑦,少孔子五十岁⑧。伯虔字子析⑨,少孔子五十岁⑩。公孙龙字子石⑪,少孔子五十三岁⑫。

【注释】

①梁鳣字叔鱼:《集解》引《家语》曰:"齐人。"

②少孔子二十九岁:据此推算,梁鳣生于鲁昭公二十年,前522年。按,梁玉绳曰:"《家语》云'齐人'……'少孔子三十九岁',均疑莫能定也。"

③颜幸字子柳:《索隐》引郑玄曰:"鲁人。"

④少孔子四十六岁:据此推算颜幸生于鲁定公五年,前505年。按,《索隐》引《家语》谓其"少孔子三十六岁"。

⑤冉孺字子鲁:《索隐》引《家语》曰"鲁人"。

⑥少孔子五十岁:据此推算,冉孺生于鲁定公九年,前501年。

⑦曹衈字子循:梁玉绳曰:"朱氏《弟子考》《阙里文献考》据宋封上蔡侯定为蔡人,不知确否。"

⑧少孔子五十岁：据此推算，曹卹生于鲁定公九年，前501年。

⑨伯虔字子析：据《咸淳临安志》，伯虔为鲁人。

⑩少孔子五十岁：据此推算，伯虔生于鲁定公九年，前501年。

⑪公孙龙字子石：《索隐》："《家语》或作'宠'，又云'砻'。按，字'子石'，则'砻'或非谬。"《集解》："郑玄曰楚人。"《家语》："卫人。"

⑫少孔子五十三岁：据此推算，公孙龙生于鲁定公十二年，前498年。

【译文】

梁鳣字叔鱼，比孔子小二十九岁。颜幸字子柳，比孔子小四十六岁。冉孺字子鲁，比孔子小五十岁。曹卹字子循，比孔子小五十岁。伯虔字子析，比孔子小五十岁。公孙龙字子石，比孔子小五十三岁。

自子石已右三十五人①，显有年名及受业闻见于书传②。其四十有二人，无年及不见书传者纪于左③：

【注释】

①已右：以上。

②显有年名：泷川曰："枫、三本'显'作'颇'。"受业闻见于书传：泷川曰："枫、三本'闻'作'问难'，义长。"梁玉绳曰："三十五人中'无年'者十二人，不见书传者五人。"

③其四十有二人，无年及不见书传者：梁玉绳曰："四十二人中'有年'及'见书传'者，若颜骄、公良儒、秦商、申枨、叔仲会五人，史公疏也。"

【译文】

自子石以上三十五人，他们的年龄、姓名以及受业情况，都能见到文字记载。其余四十二人，年龄不可考，也没有文字记载，记在下面：

冉季字子产①。公祖句兹字子之②。秦祖字子南③。漆雕哆字子敛④。颜高字子骄⑤。漆雕徒父⑥。壤驷赤字子徒⑦。商泽⑧。石作蜀字子明⑨。任不齐字选⑩。公良孺字子正⑪。后处字子里⑫。秦冉字开⑬。公夏首字乘⑭。奚容箴字子皙⑮。公肩定字子中⑯。颜祖字襄⑰。鄡单字子家⑱。句井疆⑲。罕父黑字子索⑳。秦商字子丕㉑。申党字周㉒。颜之仆字叔㉓。荣旂字子祈㉔。县成字子祺㉕。左人郢字行㉖。燕伋字思㉗。郑国字子徒㉘。秦非字子之㉙。施之常字子恒㉚。颜哙字子声㉛。步叔乘字子车㉜。原亢籍㉝。乐欬字子声㉞。廉絜字庸㉟。叔仲会字子期㊱。颜何字冉㊲。狄黑字皙㊳。邦巽字子敛㊴。孔忠㊵。公西舆如字子上㊶。公西葴字子上㊷。

【注释】

①冉季字子产:《集解》:“郑玄曰鲁人。”

②公祖句兹字子之:姓公祖,名句兹。梁玉绳考证为“鲁人”。

③秦祖字子南:《集解》:“郑玄曰秦人。”

④漆雕哆字子敛:《集解》:“郑玄曰鲁人。”

⑤颜高字子骄:《正义》曰:“孔子在卫,南子招夫子为次乘过市,颜高为御。”《索隐》曰:“《家语》名产。”梁玉绳曰:“《孔子世家》《汉书·人表》及今《家语》并作‘颜刻’……而此所书名曰‘高’,似误。”

⑥漆雕徒父:姓漆雕,名徒父。《集解》:“《家语》字固也。”梁玉绳考证认为是“鲁人”。

⑦壤驷赤字子徒:姓壤驷,名赤。郑玄曰:“秦人。”

⑧商泽:《集解》:"《家语》曰字子季。"梁玉绳考证为"鲁人"。

⑨石作蜀:梁玉绳曰"石作复姓"。

⑩任不齐字选:《集解》:"郑玄曰楚人。"

⑪公良孺字子正:《集解》引郑玄曰:"陈人。"《正义》曰:"孔子周游,常以家车五乘从孔子。《孔子世家》亦云'语在三十五人中',今在'四十二人'数,恐太史公误也。"梁玉绳曰:"'公良'复姓。"

⑫后处字子里:《集解》:"郑玄曰齐人。"

⑬秦冉字开:《正义》曰:"《家语》无此人。"

⑭公夏首字乘:《集解》:"郑玄曰鲁人。"

⑮奚容箴字子皙:《正义》:"卫人。"梁玉绳曰:"'奚容'复姓……'箴'乃'葴'之讹,即'点'字。……《说文》言'古人名点字皙'可证。……奚容子与曾子父同名。"

⑯公肩定:梁玉绳曰:"'公肩'复姓也。"《集解》:"郑玄曰鲁人。或曰晋人。"

⑰颜祖字襄:《正义》:"鲁人。"梁玉绳曰:"《家语》作'颜相'。"

⑱鄡单(qiāo shàn)字子家:《集解》:"徐广曰:'一作"邬单"。'"梁玉绳曰:"疑是晋人。"

⑲句井疆:《集解》:"郑玄曰卫人。"梁玉绳曰:"《阙里考》谓字'子界',或云《阙里旧志》字'子野',《山东志》字'子孟',恐皆不可信。"

⑳罕父黑字子索:梁玉绳曰:"今《家语》作'宰父黑字子索','罕'乃'宰'之讹。……古人多以官为氏,'宰父'即'宰氏''右宰氏'之类。"

㉑秦商字子丕:《正义》曰:"鲁人,字丕兹。"梁玉绳曰:"即《左传》秦堇父之子丕兹也。偪阳之役与叔梁纥俱以力闻。"

㉒申党字周:《正义》曰:"鲁人。"梁玉绳曰:"实即《论语》之'申枨'也。"

㉓颜之仆字叔:《集解》:"郑玄曰鲁人。"

㉔荣旂字子祈:梁玉绳考证为“鲁人”。

㉕县成字子祺:《集解》:“郑玄曰鲁人。”梁玉绳曰:“《集解》引《家语》作‘子谋’,今《家语》作‘子横’。”

㉖左人郢字行:《集解》:“郑玄曰鲁人。”梁玉绳曰:“‘左人’复姓,出鲁郡,故郑云‘鲁人’。”

㉗燕伋字思:梁玉绳曰:“《索隐》本作‘字恩’,谓《家语》同,而今《家语》字‘子思’……《阙里考》曰‘鲁人’。”

㉘郑国字子徒:《正义》曰:“《家语》云‘薛邦字徒’,《史记》作‘国’者,避高祖讳;‘薛’字与‘郑’,字误耳。”

㉙秦非字子之:《集解》:“郑玄曰鲁人。”

㉚施之常字子恒:梁玉绳考证为“鲁人”。

㉛颜哙字子声:《集解》:“郑玄曰鲁人。”

㉜步叔乘字子车:《集解》:“郑玄曰齐人。”

㉝原亢籍:《集解》引《家语》曰:“名亢,字籍。”梁玉绳曰:“文当云‘字籍’,《史》脱之。……原子必原思之族,当是鲁人。”

㉞乐欬字子声:《正义》曰:“鲁人。”

㉟廉絜字庸:《集解》:“郑玄曰卫人。”梁玉绳曰:“《索隐》本作‘子庸’,今《家语》作‘子曹’,讹也。”

㊱叔仲会字子期:《集解》:“郑玄曰晋人。”梁玉绳考证为“鲁人”,少孔子五十四岁。

㊲颜何字冉:《集解》:“郑玄曰鲁人。”《索隐》:“《家语》字称。”

㊳狄黑字晳:梁玉绳据《家语》认为是“卫人”。

㊴邦巽字子敛:《集解》:“郑玄曰鲁人。”梁玉绳曰:“‘邦’字应作‘邽’。”

㊵孔忠:《集解》:“《家语》曰:‘忠字子蔑,孔子兄之子。’”

㊶公西舆如字子上:姓公西,名舆如。梁玉绳考证为“鲁人”。

㊷公西葴:《集解》:“郑玄曰鲁人。”梁玉绳曰:“‘葴’乃‘蒧’之讹,

《宋史·志》咸淳诏作‘点’也。”

【译文】

冉季字子产。公祖句兹字子之。秦祖字子南。漆雕哆字子敛。颜高字子骄。漆雕徒父。壤驷赤字子徒。商泽。石作蜀字子明。任不齐字选。公良孺字子正。后处字子里。秦冉字开。公夏首字乘。奚容箴字子皙。公肩定字子中。颜祖字襄。鄡单字子家。句井疆。罕父黑字子索。秦商字子丕。申党字周。颜之仆字叔。荣旂字子祈。县成字子祺。左人郢字行。燕伋字思。郑国字子徒。秦非字子之。施之常字子恒。颜哙字子声。步叔乘字子车。原亢字籍。乐欬字子声。廉絜字庸。叔仲会字子期。颜何字冉。狄黑字皙。邦巽字子敛。孔忠。公西舆如字子上。公西蒧字子上。

太史公曰：学者多称七十子之徒，誉者或过其实，毁者或损其真，钧之未睹厥容貌。则论言弟子籍，出孔氏古文近是①。余以弟子名姓文字悉取《论语》弟子问并次为篇②，疑者阙焉。

【注释】

①孔氏古文：这里指汉武帝时期从孔子住宅墙壁中发现的《论语》《孝经》《尚书》《礼记》等古文图书所载的有关孔子弟子们的资料。

②悉取《论语》弟子问：王骏图曰：“史公此篇慎之至也，观其自赞所言，凡不见于《论语》者概不敢录，其四十二人又自为一段，以为疑以传疑之例。不然诸子事实，旁征博引，累牍不休，成何体裁耶？”

【译文】

太史公说：后世许多学者都谈到孔子的七十弟子，赞扬者或言过其实，批评的或失其本真，这都是因为不曾看到他们的真相貌就去评论的缘故啊。孔门弟子的事迹，出自《论语》等古文典籍的，更接近真实。我关于孔门弟子的姓名等情况，全部取自《论语》中的师生问答，编排成篇，有疑问的就空缺着。

【集评】

范仲淹曰："孔子门人七十子之徒，天下皆知其贤焉，或为邑宰，或为家臣，或不愿仕，盖显于诸侯者寡矣，然则七十子之徒与孔子语而未尝及怨，何哉？君子之道克乎己，加乎人，穷与达外也。彼战国豪士不由孔子之门者，则有脱贫贱，逐高贵，弗夺弗厌，灭身覆宗而不悔，何哉？"（《试秘书省校书郎知耀州华原县事张君墓志铭》）

郭嵩焘曰："自唐以后从祀孔子庙堂诸贤，并取证《史记》。蘧瑗之从祀，则文翁《礼殿图》列其名，不足为典要也。明嘉靖时厘正祀典又以《家语》为断，《家语》传之王肃，故不如《史记》之征实也。至国朝增祀郑侨，则益无所取征矣。"（《史记札记》）

李景星曰："《仲尼弟子列传》不尽有事可书，则根据弟子籍，杂引《论语》各书以足成之。……其三十五人之有事迹者，则以事迹叙；其四十二人之无事迹者，则以姓氏名字叙。而又前列老子等十人以引其端，中附歼臂子弘等七人以究其绪。为幅不过十余，罗列几至百人，洋洋乎！列传中之巨观也。"（《史记评议》）

【评论】

应将本篇与《孔子世家》合观。这两篇传记是我国学术史上有关孔子与其门派的最早而又影响巨大的研究成果，对后代儒家学说的传播有重要意义，充分体现了司马迁对孔子、对先秦儒家学派的尊崇与敬仰。两篇的材料来源也大体相同，主要都是依据《论语》，此外也参考了一些其他文献。孔子本人最钟爱的学生无疑是颜回，但司马迁在本篇对颜回只是点到而已，除引入《论语》几段话外再无更多发挥。

本篇对子路、子贡的事迹叙述较多，值得讨论。子路是孔子喜爱的弟子之一。孔子甚至断言当自己“道不行”而“乘桴浮于海”（《论语·公冶长篇》）时，随侍其左右的最佳人选便是子路。然而子路不幸死于公元前480年卫国的宫廷政变，噩耗传来，孔子心伤神摧。关于子路遇难的详情，司马迁在本篇与《卫世家》均有记述。但两篇的文字竟然出入很大，观点迥异。《卫世家》基本沿用《左传》的材料，说子路是为救助其主孔悝而死，而本篇却将孔悝写成乱贼，子路正是前去向他问难而被杀。司马迁在本篇用“作乱”二字评价蒯聩、孔悝等人的行为，认为蒯聩返国夺自己儿子的君位属谋反叛乱，而孔悝更是一个助纣为虐的逆臣，子路正是出于对卫出公政权的维护才挺身而出，不惜以鲜血和生命为代价，抗议蒯聩等人的篡国行径。司马迁将子路的死因由“效忠其主”写成“讨伐乱贼”，一下子将子路之死提升到维护卫国政局稳定的层面上，从而赋予子路的悲剧结局以一种崇高的意味。韩兆琦曾总结出《史记》的十项特殊书法，其一便是“明知史实不确，亦必记入，以见作者的观点理想”。如程婴、杵臼“救孤”与曹沫“劫桓”之类，本篇对子路之死的记述亦当作如是观。

子贡也是孔子的得意门生。本篇描绘了子贡“利口巧辞”的外交才华，记录了子贡为保护鲁国免于齐国的侵犯而游说齐、吴、越、晋国的外交行动，并声称：“子贡一出，存鲁，乱齐，破吴，强晋而霸越。子贡一使，使势相破，十年之中，五国各有变。”据梁玉绳考证，“存鲁，乱齐，破吴，强晋”云云明显与史实不符。此外，孔子明确反对田氏篡齐，本篇却让子贡客观上壮大了田氏的政治势力。实际上，严守孔子思想的子贡必不会有如此忤逆其师、离经叛道之行。因此本篇中的说辞必非出自子贡本人之手，当为战国游士的伪托。周树槐曰：“吾意子贡在弟子中，与宰我并列言语之科，又结驷游诸侯，名闻天下，适有为鲁说齐之事，而其词不传，战国游士，因以意补之，罗织当时事迹，以自试其揣摩之术，而伸其捭阖之说……而史迁徒震其词，则好奇之过也。”（《壮学斋文集》卷七）分析得很有道理。

在《货殖列传》中，司马迁将本篇所记述的“子贡好废举，与时转货赀”“家累千金”云云加以发挥，说子贡“废著鬻财于曹、鲁之间，七十子之徒，赐最为饶益”；不仅如此，司马迁甚至还说“夫使孔子名布扬于天下者，子贡先后之也”。孔子之所以能赢得崇高威望，根本原因是他在政治、伦理、史学、教育等诸多领域所取得的巨大成就，对此，司马迁又焉能不知？可他却偏说主要得益于子贡的钱财。在肯定金钱魔力的表象下，是他的源自现实的深沉感慨：有“家贫，财赂不足以自赎”（《报任安书》）而不得不忍受“丑莫大焉”之宫刑的身世之悲，更有对以孔子为代表的历代儒生鄙视、诋毁商业活动的一种嘲弄。

值得说明的是，本篇记述宰予“为临菑大夫，与田常作乱”，结果被灭了整个家族。应该说司马迁的这种记述当属张冠李戴，使宰予无端地李代桃僵，替人受过了。春秋末期，齐简公属下有两个权臣，一个叫田常，一个叫监止，两个人相互对立，但都受到齐简公的宠信。有人警告齐简公说：“这两个人誓不两立，你一定要去掉其中的一个，否则会连累您遭殃。”齐简公不听。后来田常进一步消除异己，为其篡夺姜氏的齐国政权做准备，他发动政变，杀了监止，并连带杀了齐简公。这个监止，字子我，与宰予同字。两人之间其实没有任何其他关系，《左传》与《史记·田敬仲完世家》对此都写得很清楚。宋代苏辙说：“宰我之贤列于四科，其师友渊源所从来远矣。虽为不善，不至于从叛逆弑君父也。宰我不幸，平居有昼寝、短丧之过，儒者因遂信之。盖田恒之乱本与阚止争政，阚止，字子我也。田恒既杀阚止，而宰我蒙其恶名，岂不哀哉！”（《古史》）

史记卷六十八

商君列传第八

【释名】

《商君列传》围绕着"变法"记述了商鞅一生事迹。全篇可分为四部分。第一部分写商鞅在魏国不受重用的情况。公叔座认识到商鞅的才能向魏惠王推荐,又建议如不用即杀之,惠王并不认为商鞅是人才,都未听从。第二部分写商鞅听闻秦孝公招贤遂入秦,依靠景监的介绍得见孝公,经过试探,终以强国之说得到孝公信任。第三部分写商鞅在秦孝公支持下,驳斥了甘龙、杜挚等人的反对论调,决定变法,以及变法的具体内容和变法后秦国富强的情形。第四部分写商鞅不听赵良归还封地、急流勇退的劝告,孝公死后商鞅被诬蔑"谋反"而惨遭杀害的经过。篇末论赞尖锐批评了商鞅的刻薄少恩。

《商君列传》是《史记》中描写变法过程最具体、最详尽的篇章,是《史记》中的名篇之一。

商君者①,卫之诸庶孽公子也②,名鞅,姓公孙氏,其祖本姬姓也。鞅少好刑名之学③,事魏相公叔座为中庶子④。公叔座知其贤,未及进。会座病,魏惠王亲往问病⑤,曰:"公叔病有如不可讳⑥,将奈社稷何?"公叔曰:"座之中庶子公孙鞅，年虽少，有奇才，愿王举国而听之。”王嘿然[7]。王且去，座屏人言曰[8]：“王即不听用鞅[9]，必杀之，无令出境。”王许诺而去。公叔座召鞅谢曰[10]：“今者王问可以为相者，我言若[11]，王色不许我。我方先君后臣，因谓王即弗用鞅，当杀之。王许我。汝可疾去矣[12]，且见禽[13]。”鞅曰：“彼王不能用君之言任臣，又安能用君之言杀臣乎？”卒不去。惠王既去，而谓左右曰：“公叔病甚，悲乎！欲令寡人以国听公孙鞅也，岂不悖哉[14]！”

【注释】

①商君：公孙鞅因功封于商（今陕西商洛商州区东南），号商君。

②庶孽：妃妾所生的孩子。公子：古代称诸侯之庶子，以别于世子，亦泛称诸侯之子。由于公孙鞅是卫国公族，故也称“卫鞅”。

③刑名之学：法家把刑名和法术联系起来，主张循名责实，慎赏明罚。申不害、韩非都主张审合刑名，认为“刑名者，言与事也”，应当“以其事责其功”。因而后人称法家学说为刑名之学。王叔岷曰：“申不害之学亦主刑名，其刑名之学为循名责实之学；公孙鞅刑名之学，则为信赏必罚之学。”

④公叔座：姓公叔，名座。座，《战国策·魏策》及《吕氏春秋·长见》作“痤”。中庶子：官名。周代始置。职掌诸侯卿大夫之庶子的教育。中井曰：“中庶子，舍人之稍贵者。”

⑤魏惠王：姬姓，魏氏，名罃。战国时魏国国君，前369—前319年在位。

⑥不可讳：死的婉辞。讳，忌讳，避免。

⑦嘿：用同“默”，不说话，不出声。

⑧屏（bǐng）：使退避。

⑨即:假使,倘若。

⑩谢:告知。

⑪若:你。

⑫疾去:赶快离开。

⑬且见禽:凌稚隆引王元之曰:"凡谓社稷之臣,计安危之事者,在任贤去不肖而已。且鞅果贤也,可固请用之;果不肖也,可固请杀之。用则为国之宝,杀则去国之蠹,乌有始请用、中请杀、而终使逃者得为忠乎?由是知'先君后臣'之说,诚无稽之言也。"禽,"擒"的古字。

⑭悖(bèi):谬误,荒谬。

【译文】

商君,是卫国国君姬妾所生的公子,名鞅,姓公孙,他的祖先姓姬。公孙鞅年轻时喜好刑名之学,事奉魏国国相公叔座做了中庶子。公叔座知道他有才能,但还没来得及向魏王举荐。公叔座这时突然得了重病,魏惠王亲自来探问病情,问公叔座说:"您生病,万一不好,国家的事情该怎么办呢?"公叔座说:"我的中庶子公孙鞅,年纪虽轻,但有奇才,希望大王把国家大事交付给他。"魏惠王听后默不作声。等到魏惠王要走的时候,公叔座屏退周围的人,对魏惠王说:"大王如果不准备听我的推荐任用公孙鞅,那就一定要把他杀掉,不能让他走出国境。"魏惠王答应后离开了。公叔座派人把公孙鞅唤来说:"今天大王问我可以做魏国国相的人选,我推举了你,但我看大王的意思是不认可我的意见。我刚才是先对国君尽忠而后才为臣下考虑,所以我又告诉大王如果不用你,就应当杀掉。大王已经答应我了。你得马上离开魏国,不然就要被他们抓住杀掉了。"公孙鞅说:"既然大王不能听您的举荐任用我,又怎么能听您的意见杀掉我呢?"于是他并没有离开魏国。魏惠王离开公叔座家之后,就对身边的人们说:"公叔座病得太重了,真可怜啊!想让我把国家大事交付给公孙鞅,这不是太荒唐了吗!"

公叔既死，公孙鞅闻秦孝公下令国中求贤者[1]，将修缪公之业[2]，东复侵地[3]，乃遂西入秦[4]，因孝公宠臣景监以求见孝公[5]。孝公既见卫鞅，语事良久，孝公时时睡，弗听。罢而孝公怒景监曰："子之客妄人耳[6]，安足用邪！"景监以让卫鞅[7]。卫鞅曰："吾说公以帝道[8]，其志不开悟矣。"后五日，复求见鞅[9]。鞅复见孝公，益愈，然而未中旨[10]。罢而孝公复让景监，景监亦让鞅。鞅曰："吾说公以王道而未入也[11]。请复见鞅。"鞅复见孝公，孝公善之而未用也。罢而去，孝公谓景监曰："汝客善，可与语矣。"鞅曰："吾说公以霸道[12]，其意欲用之矣。诚复见我，我知之矣。"卫鞅复见孝公。公与语，不自知膝之前于席也。语数日不厌。景监曰："子何以中吾君[13]？吾君之欢甚也。"鞅曰："吾说君以帝王之道比三代[14]，而君曰：'久远，吾不能待。且贤君者，各及其身显名天下，安能邑邑待数十百年以成帝王乎[15]？'故吾以强国之术说君，君大说之耳。然亦难以比德于殷、周矣[16]。"

【注释】

①秦孝公：名渠梁，献公之子。战国时秦国国君，前361—前338年在位。

②修：重整，重建。缪公：名任好，德公少子，成公之弟，继成公为君，前659—前621年在位。任用百里奚、蹇叔等为谋臣，奋发图强，称霸西戎。缪，也作"穆"。

③东复侵地：向东收复了被侵占的土地。指战国初期以来，被魏国占领的秦国黄河以西的土地。

④乃遂西入秦：据《秦本纪》，商鞅入秦年份为孝公元年（前361）。

⑤景监：姓景的宦者。楚人，入秦后受孝公宠信。《索隐》曰："景姓，楚之族也。"

⑥妄人：无知妄为之人。

⑦让：批评，责备。

⑧帝道：五帝治国之道。

⑨后五日，复求见鞅：按，据文意，此七字应在引号内。秦孝公前已"时时睡"，怎么会再"复求见"。如果是商鞅所言，就是对景监的祈请语，意思是"五天后，请你再帮我引见一次"。

⑩未中旨：不合心意。

⑪王道：三王治国之道。即儒家所推崇的古代圣王夏禹、商汤、周文王、周武王治国之道（因武王继承文王之业，故与文王合称一王）。后世儒家则以仁义治理天下谓之王道。凌稚隆引邵宝曰："古之遗人物者必有所先，商君之言帝王也，其亦若将以为先者耳。不然则将固孝公之心而以是尝焉。再尝之而知其心之必在于富强也，故一语而辄合。盖商君于富强之术深矣。"

⑫霸道：与王道相对，指君主凭借武力、权势对国家进行统治，春秋时争霸各诸侯国多执行这种治国之策。泷川曰："孟子云：'以德行仁者王，以力假仁者霸。''王'与'霸'，截然有别，不可不知。"

⑬中（zhòng）：打动。

⑭比三代：与三代的政治局面相类。三代，指夏、商、周三朝。

⑮邑邑：通"悒悒（yì）"，忧郁不乐的样子。

⑯难以比德于殷、周：按，这里体现了司马迁法家不如儒家的观念。

【译文】

公叔座死后，公孙鞅听说秦孝公在国内下了招贤纳士的命令，准备重建秦缪公的事业，向东方收复失地，于是他就西行来到了秦国，通过孝公的宠臣景监的引荐求见秦孝公。秦孝公接见了公孙鞅，两人谈了很长时间，孝公时时打瞌睡，根本听不进去。公孙鞅走后，孝公生气地斥责景监说：“你引荐的客人是个无知妄为之人，怎么能用呢？”景监拿孝公的话责备公孙鞅。公孙鞅说：“我是用五帝的治国之道进言，看来他不能领悟。希望你在五天之后，再引荐我。”公孙鞅再次见到孝公后，情况稍好了一点儿，但还是不能使孝公满意。他走后孝公又斥责景监，景监再次责备公孙鞅。公孙鞅说：“我用三王的治国之道进言，他还是没听进去。请你再引荐我一次。”于是公孙鞅第三次见到了孝公，孝公认为他说得好但还没有采纳。公孙鞅走后，孝公对景监说：“你这位客人挺好，可以和他谈谈了。”公孙鞅说：“我用霸道进言，他是想采用了。如果你能再次引荐我，我知道该和他说什么了。”公孙鞅于是第四次见到了孝公。孝公和他谈话，膝盖向前往公孙鞅的座位凑，一直移到了座席前，自己都不知道。一连几天都没有听够。景监问公孙鞅：“你用什么打动了我们国君？我们国君高兴极了。”公孙鞅说：“我先是用五帝、三王的治国之道开导他，劝他把秦国治理得能和夏、商、周三代相比，可是他说：‘用这种办法要很长时间才能见效，我等不了。况且作为贤君，应该在他在位时就扬名于天下，我怎么能憋憋屈屈地等上几十年以至上百年再成就帝王之业呢？’所以我后来向他讲述富国强兵的办法，国君对此非常喜欢。但是这样秦国就不能达到殷朝、周朝那样的德治水平了。”

孝公既用卫鞅，鞅欲变法，恐天下议己[①]。卫鞅曰：“疑行无名，疑事无功[②]。且夫有高人之行者，固见非于世[③]；有独知之虑者[④]，必见敖于民[⑤]。愚者暗于成事，知者见于未萌[⑥]。民不可与虑始而可与乐成[⑦]。论至德者不和于俗[⑧]，成大功者不谋于众。是以圣人苟可以强国，不法其故[⑨]；苟可以利民，不循其礼。”孝公曰：“善。”甘龙曰[⑩]：“不然。圣人不易民而教[⑪]，知者不变法而治。因民而教[⑫]，不劳而成功；缘法而治者[13]，吏习而民安之。”卫鞅曰：“龙之所言，世俗之言也。常人安于故俗，学者溺于所闻[14]。以此两者居官守法可也，非所与论于法之外也[15]。三代不同礼而王，五伯不同法而霸[16]。智者作法，愚者制焉；贤者更礼，不肖者拘焉[17]。”杜挚曰：“利不百，不变法；功不十，不易器。法古无过，循礼无邪。”卫鞅曰：“治世不一道，便国不法古。故汤、武不循古而王，夏、殷不易礼而亡[18]。反古者不可非，而循礼者不足多[19]。”孝公曰：“善。”以卫鞅为左庶长[20]，卒定变法之令[21]。

【注释】

①孝公既用卫鞅，鞅欲变法，恐天下议己：王念孙曰：“‘欲’上‘鞅’字因上文而衍。此言孝公欲从鞅之言而变法，恐天下议己，非谓鞅恐天下议己也。”《商君书·更法第一》：“君曰：‘今吾欲变法以治，更礼以教百姓，恐天下之议我也。’”

②疑行无名，疑事无功：做事疑虑重重，就不会成功。疑，怀疑，犹豫。名，名望，声名。

③见非：被否定，被责难。

④独知：知人所不知，仅一人知。

⑤敖：戏谑，调笑。这里指诋毁。

⑥知：“智”的古字。未萌：事情还没有萌发。

⑦虑始：谋划事情的开始。乐成：共享成果。

⑧论至德：追求最高标准的道德。

⑨法：遵行，效法。故：这里指旧的典章制度。

⑩甘龙：《索隐》曰：“孝公之臣，甘姓，龙名也。甘氏，出春秋时甘昭公王子带后。”

⑪易民:改变人们的习惯。易,改换。

⑫因民:顺应人们的习惯。因,顺,顺应。

⑬缘法:沿用旧有的法律。缘,沿袭。

⑭溺:沉湎,拘泥。

⑮法之外:指常法之外。

⑯五伯:指“五霸”。

⑰不肖:不贤,不才。

⑱夏、殷:指夏桀、殷纣。

⑲多:称赞,肯定。

⑳以卫鞅为左庶长:梁玉绳曰:“《纪》以鞅为左庶长在变法后,当孝公五年;此在变法前,则是孝公三年矣,恐非。”左庶长,秦爵位名,秦武功爵分二十级,此为第十级。

㉑卒定变法之令:据《秦本纪》,商鞅变法开始于孝公三年(前359)。杨慎曰:“叙商鞅变法备载廷臣论难,与赵武灵王变胡服事同一书法。”泷川曰:“秦惠王将伐蜀,司马错、张仪争论王前;始皇将郡县海内,王绾、李斯各上其议。盖军国大事付之廷议,秦家法为然。”

【译文】

孝公任用公孙鞅,想实行变法,但担心国人议论自己。公孙鞅说:“修养德行如果犹豫不定就不能成名,做事情如果犹豫不定就建不成功绩。有出类拔萃的操行的人,肯定要遭到一般人的非议;有独到见解的人,必然要受到一般人的非难。愚昧的人在别人把事情办成后还迷惑不解,而聪明的人则在问题发生前就早已预见到了。至于老百姓,不能在开始做事时和他们商量,只能在办成以后和他们分享成功的利益。讲究最高道德的人和一般世俗的人是合不来的,成就大事业的人是不去和普通人商量办法的。所以圣人如果能使国家富强,就不必去效法陈规;如果能使百姓获利,就不必遵循旧礼制。”孝公说:“好。”甘龙说:“不对。

圣人在教化人时不会改变旧风俗，智者在治理国家的时候不改变旧法制。沿袭习俗来进行教导，不用费力就能获得成功；沿袭成法来治理国家，官吏们熟悉程序而百姓们也不会受到惊扰。”公孙鞅说：“甘龙说的，是些世俗的话。常人总是安于已有的习俗，学者总是囿于书本的条文。按照甘龙所说的那两条居官守法是可以的，但不可以和他讨论常法以外的事情。夏、商、周三代奉行的礼教不同但都能称王，五霸执行的法度不同但都能成为霸主。智者制定法度，而愚人只知道遵行；有才干的人改立礼教，而无能的人则只是拘泥守旧。”杜挚说：“没有百倍的好处，不能改变旧法；没有十倍的功效，不换掉旧器物。按古代的章程做绝不会错，按旧的礼法走绝不会偏邪。”公孙鞅说：“治理天下不只有一个办法，只要对国家方便就不必仿效古人。所以商汤和周武王不守古法而成就了王业，夏桀和殷纣不变旧礼而亡了国。可见改变古法的人不必批评，而遵循旧礼的人并不值得称赞。”孝公说：“好。”于是任命公孙鞅为左庶长，终于确定了变法的条令。

令民为什伍①，而相牧司连坐②。不告奸者腰斩③，告奸者与斩敌首同赏④，匿奸者与降敌同罚⑤。民有二男以上不分异者⑥，倍其赋。有军功者，各以率受上爵⑦；为私斗者，各以轻重被刑大小⑧。僇力本业⑨，耕织致粟帛多者复其身⑩。事末利及怠而贫者，举以为收孥⑪。宗室非有军功论⑫，不得为属籍⑬。明尊卑爵秩等级，各以差次名田宅⑭，臣妾衣服以家次⑮：有功者显荣，无功者虽富无所芬华⑯。

【注释】

①令民为什伍：对居民实行编制，五家为伍，十家为什。《索隐》引刘氏云：“五家为保，十保相连。”《正义》：“或为十保，或为五保。”

②牧司:相互监察检举。连坐:一人犯法,其家属亲友邻里等连带受处罚。

③告奸:告发阴私,告发犯禁者。

④与斩敌首同赏:《索隐》曰:“告奸一人,则得爵一级,故云‘与斩敌首同赏’也。”

⑤与降敌同罚:《索隐》曰:“按律:降敌者诛其身、没其家,今匿奸者言当与之同罚也。”

⑥男:这里指成年男子。分异:犹分居。

⑦以率(lǜ):按照条令。上爵:上等爵位。

⑧被刑:承受处罚。

⑨僇力:尽力。僇,通“勠”。本业:指农业。

⑩复其身:免除他的劳役负担。复,免除徭役或赋税。

⑪事末利及怠而贫者,举以为收孥:中井曰:“以为收孥者,指末利怠贫者当身而言,以为奴役也,非指其妻子。”事,从事。末利,指工商业。举,尽,全部。收孥,收为奴隶。孥,通“奴”。

⑫论:论叙,评定。

⑬属籍:宗室的谱牒。

⑭差次:等级次序。名:以己名占有。

⑮家次:指其家爵禄的等级。

⑯芬华:犹显荣。

【译文】

新法把百姓十家编为一“什”,五家编为一“伍”,互相监督,一家有人犯法,其他各家都要受到牵连。不告发犯法的人要被腰斩,而出首告发的与斩获一个敌人首级的奖赏相同,包庇窝藏犯法的人与投降敌人的人处罚相同。一家有两个以上的成年男子而不分家另立门户的,一人交两人的税。立有军功的,可以按规定加官晋爵;为私仇而打架斗殴的,各自根据情节轻重给以惩罚。新法鼓励人们尽力发展农业,那些收获粮食和织出布匹多的，可以免除劳役。对由于经商或因为懒惰而变穷的，全部把他们集中起来做奴隶。国君宗族没有立下军功可以论叙的，不能够列入享受特权的亲属名册。要明确爵位的尊卑等级，让人们按照等级高低来占有不同数量的田宅，私家奴仆的穿戴用度都要随着主人的地位而定：有军功的享受荣耀，没有军功的即使富有也没有社会地位。

令既具，未布，恐民之不信已，乃立三丈之木于国都市南门①，募民有能徙置北门者予十金②。民怪之，莫敢徙。复曰“能徙者予五十金”。有一人徙之，辄予五十金③，以明不欺。卒下令。

【注释】

①恐民之不信已，乃立三丈之木于国都市南门：泷川本作“恐民之不信己，乃立三丈之木于国都市南门”。国都，按，秦国此时的都城是栎阳（今陕西临潼东北）。市南门，集市的南门。古代都邑中的集市有固定地址，有围墙，四面有门。

②十金：《平准书》之《集解》引臣瓒曰：“秦以一溢为一金。”溢是古代重量单位，一溢为二十四两，或曰二十两。

③辄（zhé）：就。

【译文】

新法已经制定完毕，还没公布，公孙鞅担心百姓们不相信，于是就在国都市场的南门竖起一根三丈长的杆子，招募能把它扛到市场北门的百姓，扛过去就会赏给他十金。百姓们觉得很奇怪，没人敢去扛走它。于是公孙鞅又说“能把它扛到北门的，赏给他五十金”。这时有个人把杆子扛到了北门，公孙鞅就赏了他五十金，以表明不会欺骗百姓。接着就颁布了新法令。

令行于民期年[①]，秦民之国都言初令之不便者以千数[②]。于是太子犯法。卫鞅曰："法之不行，自上犯之。"将法太子。太子，君嗣也[③]，不可施刑，刑其傅公子虔[④]，黥其师公孙贾[⑤]。明日，秦人皆趋令[⑥]。行之十年[⑦]，秦民大说，道不拾遗，山无盗贼，家给人足。民勇于公战，怯于私斗，乡邑大治。秦民初言令不便者有来言令便者，卫鞅曰"此皆乱化之民也[⑧]"，尽迁之于边城。其后民莫敢议令。

【注释】

①期（jī）年：一周年。

②初令：新出的法令。泷川曰："'初'字疑因下文衍。"

③君嗣：国君的继任者。

④公子虔：战国时秦国公族。此时任太子太傅。

⑤黥：施以黥刑。即在面上刻黑字。

⑥趋令：遵行法令。

⑦行之十年：中井曰："据《秦纪》，'十年'当作'七年'，是变法七岁，当孝公即位之十年，以鞅为大良造也。"按，孝公十年为前352年。

⑧乱化：这里指破坏法令的推行。

【译文】

新法施行了一年，秦国有数以千计的人到都城来反映新法不便利。这时孝公的太子犯了法。公孙鞅说："法令之所以推行不利，关键是上面的人带头犯法。"于是他准备依法惩办太子。但太子是国君的继承人，不能对他施刑，于是就处罚了太傅公子虔，对太子的太师公孙贾施以黥刑。第二天，秦国人就都依新法办事了。新法实行了十年，秦国的百姓非常高兴，东西掉在了路上没人捡，山里没有盗贼，家家户户都很富裕。人们都勇于为国出战，不敢私斗，乡村城镇得到了很好的治理。有些当初曾经说新法不便利的人现在又来说新法便利，公孙鞅说“这些都是破坏法令推行的刁民”，于是把他们都迁到了边境上。从此百姓们再也没人敢议论新法了。

于是以鞅为大良造[①]。将兵围魏安邑[②]，降之。居三年[③]，作为筑冀阙宫庭于咸阳[④]，秦自雍徙都之[⑤]。而令民父子兄弟同室内息者为禁。而集小乡、邑、聚为县[⑥]，置令、丞，凡三十一县[⑦]。为田开阡陌封疆[⑧]，而赋税平。平斗桶权衡丈尺[⑨]。行之四年[⑩]，公子虔复犯约[⑪]，劓之[⑫]。居五年[⑬]，秦人富强，天子致胙于孝公[⑭]，诸侯毕贺。

【注释】

①以鞅为大良造：商鞅于孝公十年（前352）为大良造。大良造，官名。战国初期为秦的最高官职，掌握军政大权。同时又为爵名。亦称大上造。

②安邑：古邑名，在今山西夏县西北。

③居三年：即孝公十二年，前350年。

④作为筑：此三字属于同义连用。冀阙：古代宫廷外的门阙。《索隐》曰：“冀阙，犹魏阙也。冀，记也，出列教令，当记于此门阙。”泷川曰：“‘冀’‘魏’通，大也。”

⑤秦自雍徙都之：按，此处与史实有出入。灵公将国都由雍迁至泾阳，献公时又迁于栎阳，孝公十二年由栎阳迁于咸阳。

⑥集：归并，合并。乡、邑、聚：都是基层行政区划名。乡略同于今日的乡。邑为较大的村落。聚为小村落。

⑦凡三十一县：按，《秦本纪》作“四十一县”，《六国年表》作“三十县”。

⑧开阡陌封疆：朱熹曰："所谓开者，乃破坏铲削之意，而非创置建立之名。所谓阡陌，乃三代井田之旧，而非秦之所置矣。""尽开阡陌，悉除禁限，而听民兼并买卖，以尽人力；垦辟弃地，悉为田畴，而不使有尺寸之遗，以尽地利。……盖一时之害虽除，而千古圣贤传授精微之意于此尽矣。"阡陌，田界。封疆，界域的标记。

⑨平：均平，齐一。斗桶：同"斗甬"，即斗和斛。两种古量器。亦用为量器的统称。权衡：称量物体轻重的器具。权，秤锤。衡，秤杆。

⑩行之四年：按，商鞅变法分两个阶段推进，这里应该指第二阶段的第四年，即孝公十六年（前346）。

⑪犯约：指违法。

⑫劓（yì）：古代割掉鼻子的刑罚。

⑬居五年：应作"居三年"，即孝公十九年（前343）。

⑭天子：此指周显王。致胙（zuò）：古时天子祭祀后，将祭肉赏赐诸侯，以示礼遇。按，据《秦本纪》与《六国年表》，周天子于秦孝公二年（前360）"致胙"，孝公十九年（前343）"致伯"，即封秦孝公为霸主。

【译文】

于是孝公任命公孙鞅为大良造。派他领兵围攻魏国的安邑，使它投降了秦国。又过了三年，在咸阳建造了城阙宫殿，把国都从雍迁到了咸阳。接着秦国立法禁止父子兄弟同住一屋。把一些乡、邑、聚合并为县，各县设置县令、县丞，共设了三十一个县。又拆除了原有的田埂地界扩大耕地面积，而使赋税平衡。又立法统一了度量衡。这些新政实行了四年，公子虔又犯了法，被割掉了鼻子。到第五年，秦国就非常富强了，周天子派人给孝公送来了祭肉，各国诸侯都来祝贺。

其明年[①]，齐败魏兵于马陵[②]，虏其太子申[③]，杀将军庞涓。其明年[④]，卫鞅说孝公曰："秦之与魏，譬若人之有腹心疾[5]，非魏并秦，秦即并魏。何者？魏居领厄之西[6]，都安邑[7]，与秦界河而独擅山东之利[8]。利则西侵秦[9]，病则东收地[10]。今以君之贤圣，国赖以盛。而魏往年大破于齐，诸侯畔之[11]，可因此时伐魏。魏不支秦，必东徙。东徙，秦据河山之固[12]，东乡以制诸侯[13]，此帝王之业也。”孝公以为然，使卫鞅将而伐魏。魏使公子卬将而击之[14]。军既相距[15]，卫鞅遗魏将公子卬书曰：“吾始与公子欢[16]，今俱为两国将，不忍相攻，可与公子面相见，盟，乐饮而罢兵，以安秦、魏。”魏公子卬以为然。会盟已，饮[17]，而卫鞅伏甲士而袭虏魏公子卬，因攻其军，尽破之以归秦[18]。魏惠王兵数破于齐、秦，国内空，日以削，恐，乃使使割河西之地献于秦以和[19]。而魏遂去安邑，徙都大梁[20]。梁惠王曰：“寡人恨不用公叔座之言也。”卫鞅既破魏还，秦封之於、商十五邑[21]，号为商君。

【注释】

①其明年：即孝公二十一年，前341年。

②齐败魏兵于马陵：魏国攻打韩国，齐国派孙膑等救韩。孙膑用计在马陵大败魏兵。详见《孙子吴起列传》。此战后魏国失去霸主地位。

③太子申：魏惠王的太子，名申，时任魏国上将军。

④其明年：即孝公二十二年，前340年。

⑤腹心疾：比喻要害之患。

⑥领厄：山岭险要处，指今山西南部之中条山。领，“岭”的古字。

⑦都安邑：此处与《竹书纪年》记载不符。魏国在魏惠王九年，秦孝公元年，前361年，已迁都大梁。

⑧擅：占有，据有。山东：一般指崤山（在今河南灵宝东南）以东之地。

⑨利：形势有利。

⑩病：不利。此指攻秦不利。东收地：向东攻取地盘。

⑪畔：通“叛”。

⑫河山之固：此指黄河与崤山。

⑬东乡：即东向。乡，面向，朝着。

⑭公子卬：魏惠王的儿子，时为魏国将领。

⑮相距：对峙。距，通“拒”，对抗。

⑯欢：友好，融洽。

⑰会盟已，饮：胡三省曰：“盟已而饮也。”已，完成，结束。

⑱尽破之以归秦：以上事发生在孝公二十二年（前340）。

⑲割河西之地献于秦：梁玉绳曰：“秦惠文王八年，魏入河西地于秦，孝公时安得至西河之外乎？”泷川曰：“史将言其功，故并及后事。”

⑳徙都大梁：此处记载与《魏世家》相同。然据《竹书纪年》，魏国于秦孝公元年迁都。跟商鞅没有关系。

㉑於（wū）、商：《索隐》：“於、商，二县名，在弘农。”《正义》：“於、商在邓州内乡县东七里，古於邑也。”

【译文】

第二年，齐国在马陵大败魏军，俘虏了魏太子申，杀死了将军庞涓。一年后，公孙鞅对孝公说：“秦、魏两国的关系，就像一个人患有心腹疾病一样，不是魏国吞并秦，就是秦国吞并魏。为什么呢？魏国处在险要的中条山西部，建都安邑，与秦国以黄河为界，却单独占有了整个崤山以东的便利。如果条件有利就向西侵略秦国；条件不利就向东扩张地盘。如今由于您的贤明，秦国强盛起来了。去年魏国大败于齐，各国诸侯都背叛了它，我们可以趁此时机进攻魏国。魏国抵挡不住秦国，肯定会向东迁徙。魏国迁往东方，秦国就可以依靠黄河、崤山的险要地势，东向控制各国诸侯，这是称帝称王的事业。”孝公认为他说得对，就派公孙鞅率兵攻魏。魏国派公子卬领兵迎击。两军对垒之后，公孙鞅给公子卬送了一封信说："之前我在魏国时和公子您交好，今天我们成了两国大将，我不忍心攻打您，我想和公子见个面，当面订盟，欢宴之后撤兵，让秦、魏两国都安定。"魏将公子卬认为可以。会盟结束，正在欢饮的时候，公孙鞅让预先埋伏的甲士突然袭击，俘获了公子卬，接着猛攻魏军，彻底击溃魏军后回到秦国。魏惠王见自己的军队几次被齐国、秦国击败，国内空虚，国势渐衰，心里害怕，于是只好派人把黄河以西的土地割让给了秦国来求和。而后魏惠王离开安邑，向东迁都到大梁去了。魏惠王说："我真后悔没有听公叔座的话。"公孙鞅破魏返回后，秦孝公把於、商一带的十五个城邑封给了他，号称商君。

商君相秦十年[①]，宗室贵戚多怨望者[②]。赵良见商君[③]。商君曰："鞅之得见也，从孟兰皋[④]，今鞅请得交，可乎？"赵良曰："仆弗敢愿也。孔丘有言曰：'推贤而戴者进，聚不肖而王者退[⑤]。'仆不肖，故不敢受命。仆闻之曰：'非其位而居之曰贪位，非其名而有之曰贪名。'仆听君之义[⑥]，则恐仆贪位贪名也。故不敢闻命。"商君曰："子不说吾治秦与？"赵良曰："反听之谓聪[⑦]，内视之谓明[⑧]，自胜之谓强[⑨]。虞舜有言曰：'自卑也尚矣[⑩]。'君不若道虞舜之道[⑪]，无为问仆矣。"

【注释】

①相秦十年：《战国策·秦策》："商君治秦，法令至行……孝公行之十八年，疾且不起，欲传商君，辞不受。"

②怨望：怨恨，心怀不满。

③赵良：秦国名士。

④从孟兰皋:《索隐》曰:“孟兰皋,人姓名也,言鞅前因兰皋得与赵良相见也。”

⑤推贤而戴者进,聚不肖而王者退:崔适曰:“王字不可解,疑误。”王伯祥曰:“‘戴’谓‘爱民好治’(见《谥法》),‘王’则天下归往之义。‘推贤而戴者进’言推荐贤能则‘爱民好治’者自进;‘聚不肖而王者退’言小人盈庭则言王道者自去也。”

⑥听君之义:听从您的意思。

⑦反听:泷川曰:“枫、三本作‘外听’。”听取反面意见。

⑧内视:自我反省。

⑨自胜:自我克制。泷川曰:“内视,自省也;自胜,克己也。《韩非子·外储》篇引申子曰:‘独视者谓明,独听者谓聪,能独断者可为天下主。’语似而意反。”

⑩自卑:犹自谦。尚:尊崇。

⑪道:前一个“道”作动词,遵行,实行。

【译文】

商君在秦国当了十年国相,很多秦国的宗室贵戚怨恨他。赵良去见商君。商君说:“过去我有幸见过您,那是通过孟兰皋的介绍,现在我希望与您结交,可以吗?”赵良说:“我不敢奢望。孔丘曾经说过:‘一个人如果推贤荐士,那么能够治国爱民的人就会来投奔他;一个人如果招聚无德无才的人,那么讲求王道的人就会离去。’我无德无才,所以不敢接受您的命令。我听说:‘不是自己的位置却占据不去叫贪位,不是自己的名誉却享有不辞叫贪名。’如果我听从了您的要求,恐怕就成了‘贪位’‘贪名’了。所以我不能答应您。”商君说:“您不喜欢我治理秦国么?”赵良说:“能够听取反面的意见叫聪,能够自我反省叫明,能够约束自己叫强。虞舜曾说过:‘能够自谦的人是最值得尊重的。’您不如遵照虞舜之道去做,无须再问我了。”

商君曰："始秦戎翟之教[①]，父子无别，同室而居。今我更制其教，而为其男女之别，大筑冀阙，营如鲁、卫矣[②]。子观我治秦也，孰与五羖大夫贤[③]？"赵良曰："千羊之皮，不如一狐之掖[④]；千人之诺诺[⑤]，不如一士之谔谔[⑥]。武王谔谔以昌，殷纣墨墨以亡[⑦]。君若不非武王乎，则仆请终日正言而无诛，可乎？"商君曰："语有之矣，貌言华也[⑧]，至言实也[⑨]，苦言药也[⑩]，甘言疾也[⑪]。夫子果肯终日正言，鞅之药也。鞅将事子[⑫]，子又何辞焉！"

【注释】

①戎翟：我国古代对四方民族的泛称。亦作"戎狄"。西方曰戎，北方曰狄。

②营如鲁、卫：把秦国治理得像鲁国、卫国一样。鲁国和卫国被视为礼仪之邦。

③五羖（gǔ）大夫：即百里奚。原为虞大夫，虞亡时为晋所俘，作为陪嫁之臣入秦。后出走入楚，秦以五张牡羊皮（羖）赎回，用为大夫，称五羖大夫。助秦穆公建立霸业。事见《秦本纪》。羖，黑色的公羊。

④一狐之掖：狐狸腋下的毛皮。掖，后作"腋"。

⑤诺诺：表示顺从，不加违逆。

⑥谔谔：直言争辩的样子。

⑦墨墨：通"默默"，沉默不言。

⑧貌言：虚伪文饰的话。

⑨至言：正言，忠言。

⑩苦言：诤言，逆耳之言。

⑪甘言：甜言蜜语。

⑫事：侍奉。

【译文】

商君说："起初秦国的风俗和戎翟一样，父子无别，同室而居。如今我改变了这种风俗，使他们男女有别。又建造了高大的宫殿，把秦国治理得与鲁国和卫国一样了。您看我治理秦国，与五羖大夫百里奚比谁更好？"赵良说："一千张羊皮，顶不上一块狐腋；一千个人的附和，顶不上一个人的直言谏争。周武王由于有直言敢谏的大臣而国家昌盛，商纣王由于群臣不敢吭声而国家灭亡。您不是不反对周武王那种做法吗？那么我就整天在您面前实话实说而请不要见怪，可以吗？"商君说："有这种说法，表面好听的话像花朵，正直的话才是果实，逆耳之言是治病的良药，甜言蜜语是害人的恶疾。您如果能整天在我面前实话实说，那就将是我的良药了。我将恭敬地侍奉您，您又何必推辞！"

赵良曰："夫五羖大夫，荆之鄙人也[①]。闻秦缪公之贤而愿望见，行而无资[②]，自粥于秦客[③]，被褐食牛[④]。期年，缪公知之，举之牛口之下[⑤]，而加之百姓之上，秦国莫敢望焉[⑥]。相秦六七年[⑦]，而东伐郑[⑧]，三置晋国之君[⑨]，一救荆国之祸[⑩]。发教封内[⑪]，而巴人致贡[⑫]；施德诸侯，而八戎来服[⑬]。由余闻之，款关请见[⑭]。五羖大夫之相秦也，劳不坐乘[⑮]，暑不张盖，行于国中，不从车乘，不操干戈，功名藏于府库[⑯]，德行施于后世。五羖大夫死，秦国男女流涕，童子不歌谣，舂者不相杵[⑰]。此五羖大夫之德也。今君之见秦王也，因嬖人景监以为主[⑱]，非所以为名也。相秦不以百姓为事，而大筑冀阙，非所以为功也。刑黥太子之师傅，残伤民以骏刑[⑲]，是积怨畜祸也。教之化民也深于命，民之效上也捷于令[20]。今君又左建外易[21]，非所以为教也。君又南面而称寡人[22]，日绳秦之贵公子[23]。《诗》曰：'相鼠有体，人而无礼；人而无礼，何不遄死[24]。'以《诗》观之，非所以为寿也。

【注释】

①荆之鄙人：《正义》："百里奚，南阳宛人。属楚，故云荆。"梁玉绳曰："百里奚，虞人，非荆人。"鄙人，乡下人。

②资：指路费。

③自粥（yù）：自卖其身。粥，同"鬻"，卖。

④被褐：穿粗布短衣。食牛：喂牛。

⑤举：提拔。

⑥莫敢：没有谁敢。望：怨愤。

⑦相秦六七年：梁玉绳曰："奚之为相未知的在秦穆何年，然以伐郑、楚，三置晋君言之，则首尾已二十年，何云'六七年'也。"

⑧东伐郑：发生在缪公三十年（前630）。事见《左传·僖公三十年》与《郑世家》。

⑨三置晋国之君：《索隐》："谓立晋惠公、怀公、文公也。"

⑩一救荆国之祸：钱大昕曰："秦穆公之时，楚未有祸，秦亦无救楚事。赵良所谓救荆祸者，即指城濮之役也，谓宋有荆祸而秦救之，非谓荆有祸也。"

⑪发教：颁布命令。封内：国内。

⑫巴：古国名，在今重庆一带。

⑬八戎：八方之戎。

⑭由余闻之，款关请见：按，由余原是晋人，入戎。受戎王派遣出使秦国。秦穆公爱之，设计使其投秦，任为大夫，用其谋伐戎王，"益国十二，开地千里，遂霸西戎"。事见《秦本纪》。款，叩。

⑮坐乘：胡三省曰："古者车立乘，唯安车则坐乘耳。"

⑯功名藏于府库：记载其姓氏功勋的竹帛，藏于国家的府库之中。

⑰舂：捣米。相杵：舂杵号子声彼此应和。

⑱嬖人：君主宠爱的人。主：《孟子》赵岐注："主，谓舍于其家，以之为主人也。"这里指投靠他。

⑲骏刑：严峻的刑罚。骏，通"峻"。

⑳教之化民也深于命，民之效上也捷于令：中井曰："教者，躬行率先之谓也。谓以躬之教，深于号令；而下民效上人之所为，亦捷于号令也。谓君上之行己，为政之本也。"

㉑左建外易：中井曰："'外'字与'左'字相似，'左建'，其所建之事背道理也；'外易'，其所变之法违道理也。"

㉒寡人：寡德之人。古代王侯、士大夫自谦之词，唐以后只有皇帝才称寡人。

㉓绳：制裁。

㉔相鼠有体，人而无礼；人而无礼，何不遄（chuán）死：语出《诗经·相鼠》。相，看，视。遄，急速。

【译文】

赵良说："五羖大夫原来是楚国的一个乡下人。他听说秦缪公贤明就想去见他，但没有路费，于是就把自己卖给了一个秦国客人，穿着粗布短衣去喂牛。一年之后，秦缪公知道他了，于是就把他从牛口之下提拔起来，让他居于治理百姓的最高职位，秦国没有人敢怨愤非毁他。百里奚任秦国国相六七年，秦国东出伐郑，三次为晋国立了国君，一次阻止楚国伐宋的灾难。他在秦国国内实行教化，就使得西南的巴国向秦纳贡；他对各国诸侯施以仁德，使得各戎狄之国都来归服。流落到戎国的贤人由余听说了，也来到秦国求见。五羖大夫在秦国做国相，走路再累也不坐车子，夏天再热也不打伞，他走在都城里，没有车马仪仗跟着，没有手执武器的人员警卫，可是记载其姓氏功勋的竹帛永远保存在国家府库中，他的功德操行被后世所传颂。五羖大夫去世了，秦国的男男女女全都为他痛哭流涕，连孩子们也不唱儿歌了，舂米的人也不喊号子了。这就是五羖大夫的德行。可是您见秦孝公，是通过孝公宠臣景监的引见，这不是珍惜名誉的人的正确做法。您做了国相不为百姓着想，而去大造宫殿，这不是为国建功的人的正确做法。您对太子的师傅用刑，用严刑峻法残酷虐待百姓，这是在给自己积怨聚祸、埋下祸根。以身作则的教化比单纯的下命令更有效，百姓对君上的效法比听从命令更快捷。如今您的作为都是违背常理的，不是施行教化的正确方法。您又受封於、商南面为君，自称'寡人'，经常用法令来制裁秦国贵族子弟。《诗》里曾说：'看那老鼠还有肢体，做人怎能不讲礼仪？做人不讲礼仪，不如快点儿去死。'从《诗》的意思来看，您的作为是不能让您长寿的。

"公子虔杜门不出已八年矣①，君又杀祝懽而黥公孙贾②。《诗》曰：'得人者兴，失人者崩③。'此数事者，非所以得人也。君之出也，后车十数，从车载甲，多力而骈胁者为骖乘④，持矛而操闟戟者旁车而趋⑤。此一物不具，君固不出⑥。《书》曰：'恃德者昌，恃力者亡⑦。'君之危若朝露⑧，尚将欲延年益寿乎？

【注释】

①杜门：塞门，闭门。

②祝懽：泷川曰："盖亦太子师傅。"

③得人者兴，失人者崩：按，此二句不见于《诗经》，泷川以为是"逸诗"。

④骈胁：泷川曰："肋骨相比如一骨也。晋文公骈胁，见《左传》。此言肌肉丰满，不复见肋骨之条痕也。"中井曰："骈胁者，多力之相，故以为言，非实择骈胁人也。"骖乘：古代乘车居车右之人。

古代乘车之法，尊者居左，御者居中，随从人员居车之右。

⑤阘（xī）戟：长戟。旁（bàng）：靠近。

⑥此一物不具，君固不出：凌稚隆引唐顺之曰："出盛车从，明与五羖大夫行于国中相反。"

⑦恃德者昌，恃力者亡：按，此二句不见于今《尚书》。

⑧危若朝露：胡三省曰："朝露易晞，言不久也。"

【译文】

"公子虔闭门不出已经八年了，而您还杀了祝懽，对公孙贾施以黥刑。《诗》上说：'受人拥护的能兴盛，失去人心的会灭亡。'您做的这几件事，不是让您能得到拥护的。您一出门，后面总是跟着十几辆车，车上装载着兵器铠甲，勇猛的大力士做参乘保驾，手持武器的士兵夹护着您的车子奔跑。这些保护措施少了一样，您就坚决不出门。《书》上说：'依靠仁德的就能昌盛，倚仗武力的只能灭亡。'您处境危险就像早晨的露珠，还想要延年益寿吗？

"则何不归十五都①，灌园于鄙②，劝秦王显岩穴之士③，养老存孤，敬父兄，序有功④，尊有德，可以少安。君尚将贪商、於之富，宠秦国之教⑤，畜百姓之怨，秦王一旦捐宾客而不立朝⑥，秦国之所以收君者⑦，岂其微哉⑧？亡可翘足而待。"商君弗从。

【注释】

①十五都：《正义》曰："公孙鞅封商、於十五邑，故云十五都。"

②灌园：从事田园劳作。也代指隐居。鄙：郊野，偏僻之地。

③显：显扬。岩穴之士：隐居山林之人。

④序：指依照功绩给予奖励。

⑤宠:贵宠,荣耀。教:教令,命令。

⑥秦王:按,此称呼与史实不符。秦孝公当时没有称王。捐宾客:弃宾客而去。对秦孝公死亡的婉辞。

⑦收:拘捕。

⑧微:胡三省曰:"微,少也。"

【译文】

"您何不把受封的十五城还给国家,自己到偏僻的地方灌溉园地务农,劝说秦王起用隐居山林的贤士,赡养老者,抚恤孤儿,敬爱父兄,褒奖功臣,尊崇德高望重的人,这样您或许可以稍获安稳。您如果还要继续贪恋商、於之地的富饶,继续以在秦国发号施令为荣耀,进一步增加百姓对您的仇恨,那么等到秦王一旦驾崩,秦国想要用来逮捕您的罪名,难道还会少吗?您的灭亡简直是抬脚就到了。"但是商君不听。

后五月,而秦孝公卒①,太子立②。公子虔之徒告商君欲反③,发吏捕商君。商君亡至关下④,欲舍客舍。客人不知其是商君也⑤,曰:"商君之法,舍人无验者坐之⑥。"商君喟然叹曰⑦:"嗟乎,为法之敝一至此哉⑧!"去之魏。魏人怨其欺公子卬而破魏师,弗受⑨。商君欲之他国。魏人曰:"商君,秦之贼。秦强而贼入魏,弗归,不可。"遂内秦⑩。商君既复入秦,走商邑,与其徒属发邑兵北出击郑⑪。秦发兵攻商君,杀之于郑黾池⑫。秦惠王车裂商君以徇⑬,曰:"莫如商鞅反者!"遂灭商君之家。

【注释】

①秦孝公卒:秦孝公卒于其在位的第二十四年(前338)。

②太子:即秦惠文王。

③告商君欲反:《战国策·秦策》记载为:"孝公已死,惠王代后,莅政有顷,商君告归。人说惠王曰:'大臣太重者国危,左右太亲者身危。今秦妇人婴儿皆言商君之法,莫言大王之法,是商君反为主,大王更为臣也。且夫商君固大王仇雠也,愿大王图之。'商君归还,惠王车裂之。"

④关:似指函谷关。

⑤客人:一本作"客舍人"。

⑥舍人:让人住宿。验:凭证,证据。坐之:受牵连获罪。

⑦喟(kuì)然:叹气的样子。

⑧为法之敝一至此哉:凌稚隆引茅坤曰:"摹写商君峻法,有此一着才工。"

⑨弗受:《吕氏春秋·无义》记载为:"惠王立,以此疑公孙鞅之行,欲加罪焉。公孙鞅以其私属与母归魏。襄疵不受,曰:'以君之反公子卬也,吾无道知君。'"

⑩内秦:言将商鞅押送回秦国。内,"纳"的古字,使进入,送入。

⑪徒属:部下,部属。邑兵:封邑之兵。郑:秦地名,在今陕西渭南华州区。

⑫郑黾池:郑地之黾池。《集解》引徐广曰:"黾,或作'彭'。"《索隐》:"郑黾池者,时黾池属郑故也。而徐广云'黾或作彭'者,按《盐铁论》云'商君困于彭池'故也。"《正义》:"黾池去郑三百里,盖秦兵至郑破商邑兵,而商君东走至黾,乃擒杀之。"

⑬徇:示众。

【译文】

五个月之后,秦孝公去世,太子即位。公子虔等人上告商君谋反,秦惠文王派兵捉拿商君。商君逃到了函谷关,想住客店。客店主人不知道他是商君,说:"商君法令规定,留宿没有证件的客人,店主要连带判罪。"商君伤感地叹息说:"唉!变法的弊病竟到了这种地步啊!"于是他离开秦国去了魏国。魏国人恨他欺骗公子卬打败魏军，不肯收留他。商君想再到别的国家去。魏国人说："商君是秦国的罪犯。秦国强大，它的罪犯逃入魏国，不送回去是不行的。"于是魏国人把商君送回了秦国。商君回到秦国后，马上奔到封地商邑，与他的部下发动士兵向北攻打郑地。秦国发兵攻打商君，在郑地黾池把他杀死了。秦惠文王把商君车裂示众，说："不要像商鞅这样造反！"接着把商君的家人都杀了。

太史公曰：商君，其天资刻薄人也。迹其欲干孝公以帝王术①，挟持浮说，非其质矣②。且所因由嬖臣，及得用，刑公子虔，欺魏将卬，不师赵良之言，亦足发明商君之少恩矣③。余尝读商君《开塞》《耕战》书④，与其人行事相类。卒受恶名于秦，有以也夫⑤！

【注释】

①迹：追踪，追寻。干：干谒，求见。

②质：本心，真心。

③发明：表明。

④《开塞》《耕战》书：《索隐》："按《商君书》，开谓刑严峻则政化开，塞谓布恩赏则政化塞，其意本于严刑少恩。又为田开阡陌，及言斩敌首赐爵，是耕战书也。"

⑤有以也夫：是有原因的。桑弘羊曰："昔商君相秦也，内立法度，严刑罚，饬政教，奸伪无所容；外设百倍之利，收山泽之税，国富民强，器械完饰，蓄积有余。是以征敌伐国，攘地斥境，不赋百姓而师以赡。故利用不竭而民不知，地尽西河而民不苦。"韩愈曰："秦用商君之法，人以富，国以强，诸侯不敢抗，及七君而天下为秦。使天下为秦者，商君也。而后代之称道者，咸羞言管、商氏，

何哉？庸非求其名不责其实与？”

【译文】

太史公说：商君，真是个天性刻薄的人啊。考察他当初用五帝、三王治理国家的办法来劝说秦孝公，只是表面说说，并非他的真实意图。而且他又是通过秦孝公的一个宠臣引荐的，等到受了重用，就处罚公子虔，欺骗魏将公子卬，后来又不听赵良的劝告，这些全都可以表明商君的刻薄少恩。我曾经读过商君的《开塞》《耕战》等文章，文章的风格和他的行事大致类似。最后在秦国蒙受恶名而被杀，这是有原因的啊！

【集评】

刘向曰：“秦孝公保崤函之固，以广雍州之地，东并河西，北收上郡，国富兵强，长雄诸侯，周室归籍，四方来贺，为战国霸君，秦遂以强，六世而并诸侯，亦皆商君之谋也。夫商君极身无二虑，尽公不顾私，使民内急耕织之业以富国，外重战伐之赏以劝戎士；法令必行，内不私贵宠，外不偏疏远，是以令行而禁止，法出而奸息。故虽《书》云‘无偏无党’，《诗》云‘周道如砥，其直如矢’，司马法之励戎士，周后稷之劝农业，无以易此，此所以并诸侯也。故孙卿曰：‘四世有胜，非幸也，数也。’然无信，诸侯畏而不亲。……卫鞅内刻刀锯之刑，外深铁钺之诛，步过六尺者有罚，弃灰于道者被刑；一日临渭而论囚七百余人，渭水尽赤，号哭之声动于天地，畜怨积仇比于丘山。所逃莫之隐，所归莫之容，身死车裂，族灭无姓，其去霸王之佐亦远矣。然惠王杀之亦非也，可辅而用也。使卫鞅施宽平之法，加之以恩，申之以信，庶几霸者之佐哉！”（《新序》）

王安石曰：“自古驱民在信诚，一言为重百金轻。今人未可非商鞅，商鞅能令政必行。”（《商鞅》）

李景星曰：“《商君传》是法家样子，是衰世圣经。在天地间既有此一等人物，而太史公即有此一副笔墨写之。通篇以‘法’字为骨，开首提出‘好刑名之学’已暗为下文诸‘法’字伏根。以下曰‘鞅欲变法’，曰‘不法其故’，曰‘非所论于法之外也’，曰‘不用法而霸’，曰‘智者作法’……而以‘为法之弊’终之。赞语又曰‘刻薄’，曰‘少恩’，曰‘受恶名’，活现出法家下场，令人读之如睹。七十二地狱变相，如炎天之中陡变秋节，那不惊心动魄！盖史公于鞅之为人，尽情贬抑，所以导人于正；而于鞅所行之事极力摹写，又所以不没其实。此本是特别文字，自当以特别之眼光读之。”（《史记评议》）

【评论】

《史记》被誉为“不虚美，不隐恶”的“实录”，司马迁被称赞为独具卓越“史识”，《商君列传》就是最好的例证。出于个人的惨痛经历，司马迁对于商鞅这个法家人物从态度上是反感的，但他并没有因此而埋没、贬低商鞅的才能以及商鞅变法的功效，而是超越个人好恶，真实理性地记载了秦国由于商鞅变法而富强，并为日后的统一六国奠定了基础的事实。他在《太史公自序》中说：“鞅去卫适秦，能明其术，强霸孝公，后世遵其法。作《商君列传》第八。”表明《商君列传》的写作宗旨就是肯定商鞅变法的历史意义。

桑弘羊说：“昔商君相秦也，内立法度，严刑罚，饬政教，奸伪无所容；外设百倍之利，收山泽之税，国富民强，器械完饰，蓄积有余。是以征敌伐国，攘地斥境，不赋百姓而师以赡。故利用不竭而民不知，地尽西河而民不苦。……秦任商君，国以富强，其后卒并六国而成帝业。”（《盐铁论·非鞅》）这是对商鞅变法效果的总结。但是由于商鞅的法令因为不论出身、不讲人情，法令必行，一概以法为准绳，突破了儒家讲尊卑、重亲亲的约束，使其从一开始就承受着各方面的非议和阻力；商鞅法令本身也有相对苛酷的一面，“内刻刀锯之刑，外深铁钺之诛”（刘向《新序》），有迷信严刑酷法，不重视道德教化的缺陷；再加上商鞅诱骗魏公子等一些不正当的做法，其本人又死于“谋反”，所以在战国秦汉时代可谓臭名昭著。司马迁能独具慧眼地看到他的历史作用，肯定他的胆略与才干，实事求是地为他树碑立传，使得“商鞅变法”这一中国历史上极其重要、成就最为辉煌的变法得到了真实再现，不能不让人敬佩他超越前人的进步历史观。

篇中商鞅与甘龙、杜挚辩难一段，写得极其令人振奋，商鞅那驳斥保守派、顽固派的情景，掷地有声的言辞，坚定不移的态度，真是千载之下英风如见。商鞅所说“疑行无名，疑事无功。且夫有高人之行者，固见非于世；有独知之虑者，必见敖于民。愚者暗于成事，知者见于未萌。民不可与虑始而可与乐成。论至德者不和于俗，成大功者不谋于众。是以圣人苟可以强国，不法其故；苟可以利民，不循其礼”，可谓意坚行独，傲视古今，语如利刃，一贯而下，截断众流，不留余地，从语义到语气，都是经典的法家语，绝非纵横家流的泛泛虚谈。

商鞅变法的主要内容，其实在东方各国已有推行。如他的重法治即出于李悝《法经》六篇；其废井田，开阡陌封疆，民得买卖，又全本于李悝之“尽地力之教”。其“有军功者，各以率受上爵；为私斗者，各以轻重被刑大小。僇力本业，耕织致粟帛多者复其身。事末利及怠而贫者，举以为收孥。宗室非有军功论，不得为属籍。明尊卑爵秩等级，各以差次名田宅，臣妾衣服以家次：有功者显荣，无功者虽富无所芬华”等，则又是吴起在魏、楚所已行之而有效者，商鞅实际是给一度落后的秦国带来了东方的先进思想与制度。篇中也充分展现了变法中的艰难曲折，其阻力来自民众的习惯势力，更来自宗亲贵族的反抗、破坏。商鞅毫不迟疑地处置了故意挑动太子犯法的公子虔与公孙贾，这不仅表现了商鞅的政治魄力，也无声地表现了秦孝公的英明。正是因为秦孝公的全力支持，秦惠文王杀商君而不废其法，才使得商鞅变法终于取得成功，秦国终于后来居上。客观地说，商鞅变法之成功也与秦国丢掉传统包袱，踏实务实、锐意进取的风气有关。

本篇用大量笔墨写了赵良批评商鞅的变法，劝商鞅交权退位，可以说赵良就是司马迁的代言人。可是商鞅如果真的按赵良所说去做了，他一定就能逃脱被诬蔑、被杀害而得寿终正寝吗？立志变革的政治家与顽固守旧的保守派，其矛盾是你死我活的，保守派蓄谋剿杀改革者的手段是屡发屡胜，决不含糊的。头脑清醒的曹操告诉他的政敌们说："欲孤便尔委捐所典兵众以还执事，归就武平侯国，实不可也。何者？诚恐己离兵为人所祸也。既为子孙计，又己败则国家倾危，是以不得慕虚名而处实祸，此所不得为也。"(《让县自明本志令》)这话说得多么通透。但两千年来以此责备商鞅的人不绝于耳，却把赵良的话当作金玉良言，又是多么迂腐而不负责任。

商鞅以帝道、王道、霸道试探孝公，然后感叹孝公"亦难以比德于殷、周矣"，这一段鼓吹的是王霸之别，是典型的儒家思想。《孟子·公孙丑》有所谓"以力假仁者霸，霸必有大国。以德行仁者王，王不待大"；儒家又宣扬一代不如一代，如《孟子·告子》曾有所谓"五霸者，三王之罪人也；今之诸侯，五霸之罪人也；今之大夫，今之诸侯之罪人也"。鲁迅说："在中国的王道，看去虽然好像是和霸道对立的东西，其实却是兄弟，这之前和之后，一定要有霸道跑来的。据长久的历史上的事实所证明，则倘说先前曾有真的王道者，是妄言；说现在还有者，是新药。"(《关于中国的两三件事》)司马迁写这一段是为了表现商鞅的心机，但细思起来也有疑点。商鞅"少好刑名之学"，他的本意是说服秦孝公按照法家的办法富国强兵，何必要一试再试，幸而孝公给了他多次机会，否则他又如何在秦国立足，更不要说实现自己的抱负了。大概这里也是贬低法家的一个花招罢了。

商鞅可以说是我国古代第一个"舍身求法"的悲剧英雄，司马迁对商鞅的悲剧结局不无感慨，但在感情上对于这个法家人物却时时流露出反感情绪，尤其在篇末的论赞中，对商鞅的评述更有失公允，这一点我们也无须为史公回护。

史记卷六十九

苏秦列传第九

【释名】

苏秦是战国纵横家的代表，《苏秦列传》记述了苏秦以“游说”为主的生平事迹，并附带写了他的兄弟苏代、苏厉的事迹，大致勾勒出战国“约纵”策士的活动。

全篇可以分为两大部分，前一部分写苏秦的事迹。这是文章主干，又可以分为几层：一、苏秦早期游说不遇，受到家人亲友嘲笑；二、游说燕、赵成功，迈出“合纵”的第一步；三、游说韩、魏、齐、楚，“合纵六国”获得成功，苏秦身佩六国相印，功成名就；四、秦派犀首进行破坏，合纵失败；五、为燕行反间于齐，被与其争宠的齐大夫刺杀。死后阴谋败露。后一部分写苏代、苏厉在苏秦死后继续推行合纵。这可以视为苏秦活动的余波。

篇末论赞对苏秦一生行迹进行总评，肯定他的过人智慧和政治才干，强调其合纵六国对抗强秦的功业，对其“独蒙恶声”表示了一定的不平与同情。

苏秦者①，东周雒阳人也②。东事师于齐，而习之于鬼谷先生③。出游数岁，大困而归④。兄弟嫂妹妻妾窃皆笑之⑤，曰：“周人之俗，治产业，力工商，逐什二以为务⑥。今子释本而事口舌[7],困,不亦宜乎!”苏秦闻之而惭,自伤,乃闭室不出,出其书遍观之。曰:“夫士业已屈首受书[8],而不能以取尊荣,虽多亦奚以为[9]!”于是得周书《阴符》[10],伏而读之[11]。期年,以出揣摩[12],曰:“此可以说当世之君矣[13]。”求说周显王[14]。显王左右素习知苏秦,皆少之[15]。弗信。

【注释】

①苏秦:《索隐》:“苏秦字季子,盖苏忿生之后,己姓也。谯周云:‘秦兄弟五人,秦最少。’”《正义》曰:“《艺文志》云:‘《苏子》三十一篇,在纵横流。’”今佚。

②东周雒阳:《正义》曰:“敬王以子朝之乱从王城东迁雒阳故城,乃号东周,以王城为西周。”

③鬼谷先生:相传为战国时隐士,因居于鬼谷得名。《集解》引徐广曰:“颍川阳城有鬼谷。”《索隐》曰:“扶风池阳、颍川阳城并有鬼谷墟。”以上两解鬼谷都不在齐地,齐国也没有“鬼谷”。

④大困而归:《战国策》记载为:“黑貂之裘弊,黄金百斤尽,资用乏绝,去秦而归,羸縢履蹻,负书担橐,形容枯槁,面目犁黑,状有归色。”

⑤兄弟嫂妹妻妾窃皆笑之:《战国策》记载为:“归至家,妻不下纴,嫂不为炊,父母不与言。苏秦喟然叹曰:‘妻不以我为夫,嫂不以我为叔,父母不以我为子,是皆秦之罪也。’”

⑥逐什二以为务:言工商十分之中得二分利。

⑦释本:丢掉本行。

⑧业已屈首受书:《索隐》曰:“屈首低头,受书于师也。”

⑨而不能以取尊荣,虽多亦奚以为:史珥曰:“秦之处心积虑只为荣显其身,非真有心救世也。至其周悉列国情形,都是以全副精神行之。”

⑩周书《阴符》:《战国策》作《太公阴符》。有研究者以为即《太公兵法》。鲍彪注:"《汉志》有《阴符经》。"《正义佚文》曰:"《鬼谷子》有《阴符》七术,乐壹注云:'阴符者,私志于内,物应于外,若合符契,故云阴符。'"诸祖耿引吴敬梓曰:"任章所引《周书》曰:'将欲败之,必始辅之;将欲取之,必姑与之。'萧何引《周书》曰:'天与不取,反受其咎。'疑此即苏秦所读之《阴符》老氏之言,范蠡、张良之谋皆出于此。"

⑪伏而读之:《战国策》记载为"乃夜发书,陈箧数十,得《太公阴符》之谋,伏而诵之,简练以为揣摩。读书欲睡,引锥自刺其股,血流至足。"

⑫揣摩:鲍彪注:"揣,量;摩,研也。游说之术,或量其情,或研切之。"

⑬此可以说当世之君矣:《战国策》记载为:"安有说人主不能出其金玉锦绣,取卿相之尊者乎?"

⑭周显王:战国时周王。姬姓,名扁。周烈王之弟。前368—前321年在位。按,据苏秦年龄推算,他游说显王的可能性不大。梁玉绳曰:"周室微弱,何可为藉?《策》亦无秦说周事,恐妄。"

⑮少:轻视,瞧不起。

【译文】

苏秦是东周雒阳人。他曾向东到齐国拜师求学,在鬼谷子先生门下学习。在外游历了好几年,非常穷困地回到家来。他的兄嫂、弟妹、妻妾都私下讥笑他,说:"周人的习俗,都以治理产业,努力从事工商,追逐那十分之二的盈利为事业。如今您丢掉本行而去干耍嘴皮子的事,穷困潦倒,不也应该嘛!"苏秦听了这些话很惭愧,而且暗自伤心,于是闭门不出,把自己的书都翻出来读了一遍。他说:"一个读书人既然已经从师受教,埋头读书,如果不能用它来换取荣华富贵,掌握的知识再多又有什么用呢!"于是找到一本周书《阴符》,伏案而钻研它。下了一整年的功夫,终于悟出了揣摩君主心思的诀窍，他说：“我可以藉此去游说当代的国君了。”他请求游说周显王。周显王的近臣一向熟悉苏秦，都瞧不起他。周显王不相信他。

乃西至秦。秦孝公卒。说惠王曰①：“秦四塞之国②，被山带渭③，东有关、河④，西有汉中⑤，南有巴、蜀⑥，北有代马⑦，此天府也。以秦士民之众，兵法之教，可以吞天下，称帝而治。”秦王曰：“毛羽未成，不可以高蜚⑧；文理未明⑨，不可以并兼。”方诛商鞅，疾辩士⑩，弗用。

乃东之赵。赵肃侯令其弟成为相⑪，号奉阳君⑫。奉阳君弗说之。

【注释】

①惠王：嬴姓，名驷，谥惠文，一称“惠文君”，孝公之子，前337—前311年在位。按，有研究者认为，苏秦从未到过秦国。

②四塞：四周都有险固。

③被山带渭：群山覆盖如被，渭河贯穿如带。形容地势险要。渭，即渭水，黄河最大支流。

④关、河：《正义》：“东有黄河，有函谷、蒲津、龙门、合河等关；南山及武关、峣关；西有大陇山及陇山关、大震、乌兰等关；北有黄河南塞：是四塞之国，被山带渭以为界。”

⑤汉中：古代概指今四川盆地以北及陕西秦岭以南、汉水上游地区。

⑥巴、蜀：泛指古代巴国、蜀国所辖地区。巴国都今重庆，蜀国都今四川成都。梁玉绳曰：“是时诸郡未属秦，不知苏子何以称焉？”按，惠王后九年（前316），秦攻取巴、蜀置郡。

⑦北有代马：《索隐》：“谓代郡马邑也。《地理志》代郡又有马城县。

一云代马，谓代郡兼有胡马之利。”马邑在今山西朔州。秦王政十九年（前228），秦攻占了这一地区。

⑧蜚：通“飞”。

⑨文理：《战国策》作“文章”。高诱注：“文章，法令也。”

⑩疾：讨厌，厌恶。辩士：能言善辩之士。

⑪赵肃侯：名语，成侯之子，前349—前326年在位。按，赵肃侯与苏秦非同时代人。其弟成：即公子成。

⑫号奉阳君：梁玉绳曰：“公子成封安平君，明载《赵世家》，成并不封‘奉阳’，奉阳君是李兑。”

【译文】

于是苏秦往西去了秦国。秦孝公已死。他就游说秦惠王说：“秦国是个四面山关险固的国家，为群山所环抱，渭水如带横流，东有关隘与黄河，西有汉中，南有巴、蜀，北有代地马邑，真是天府之国啊。凭着秦国众多的百姓，训练有素的士兵，可以吞并天下，称帝而治。”秦惠王说：“就像羽毛没有长成，鸟就不能高飞的一样，我们国家的制度还没走上正轨，谈不上兼并天下。”当时秦国刚杀了商鞅，正讨厌游说之士，因而没任用苏秦。

苏秦又向东去了赵国。当时赵肃侯任用他的弟弟公子成为国相，封号叫奉阳君。奉阳君不喜欢苏秦。

去游燕，岁余而后得见。说燕文侯曰[①]：“燕东有朝鲜、辽东，北有林胡、楼烦[②]，西有云中、九原[③]，南有滹沱、易水[④]，地方二千余里，带甲数十万，车六百乘，骑六千匹，粟支数年。南有碣石、雁门之饶[⑤]，北有枣栗之利，民虽不佃作而足于枣栗矣[⑥]。此所谓天府者也。夫安乐无事，不见覆军杀将，无过燕者。大王知其所以然乎[⑦]？夫燕之所以不犯寇被甲兵者，以赵之为蔽其南也。秦、赵五战，秦再胜而赵三胜[8]。秦赵相毙，而王以全燕制其后[9]，此燕之所以不犯寇也。且夫秦之攻燕也，逾云中、九原，过代、上谷[10]，弥地数千里[11]，虽得燕城，秦计固不能守也。秦之不能害燕亦明矣。今赵之攻燕也[12]，发号出令，不至十日而数十万之军军于东垣矣[13]。渡滹沱，涉易水，不至四五日而距国都矣[14]。故曰秦之攻燕也，战于千里之外；赵之攻燕也，战于百里之内。夫不忧百里之患而重千里之外，计无过于此者[15]。是故愿大王与赵从亲[16]，天下为一[17]，则燕国必无患矣。"

【注释】

①燕文侯：《燕召公世家》及《六国年表》皆作"燕文公"，前361—前333年在位。

②林胡：古族名，战国时分布在今山西朔州北至内蒙古自治区内。从事畜牧，精骑射。楼烦：古民族名，春秋战国时分布在今河北西北部、山西北部和内蒙古等地区。

③云中：赵郡名，辖境相当今内蒙古卓资以西，黄河南岸及长城以北，土默特右旗以东，大青山以南地区。这一带不属燕。九原：地区名，约在今内蒙古包头西北，当时也不属燕国。

④滹沱：水名，在河北西部。易水：也在河北西部。

⑤南有碣石、雁门之饶：郭嵩焘曰："碣石、雁门非饶地，谓极东西二界。"泷川引姚鼐曰："碣石在燕东，海中之货自此入河；雁门在西北，沙漠之货自此入路。皆达燕南，故有其饶也。"碣石，《索隐》引《战国策》云："碣石山在常山九门县。"九门县故治在今河北藁城西北，此碣石或为太行山余脉。雁门，山名，在今山西代县西北。

⑥佃作：指耕治田地。

⑦大王知其所以然乎：据《六国年表》，苏秦说燕发生在燕文公二十八年（前334），当时只有楚、齐、魏三国称王。后来公孙衍又在燕易王十年（前323）发起“五国相王”，燕文公已不在世。本文涉及韩、魏、齐、楚，一律称“大王”，与史实不符。

⑧秦、赵五战，秦再胜而赵三胜：按，有研究者认为此五战发生在战国末年，前239、前233、前232年赵国“三胜”。再胜，胜两次。

⑨全燕：完好的燕国。

⑩上谷：燕郡名，因位处大山谷而得名。

⑪弥地：占地，延伸。

⑫今：假设连词，若。

⑬东垣：在今河北正定。

⑭距：抵达，到达。

⑮计无过于此者：凌稚隆引徐孚远曰：“欲燕亲赵，先以赵之威劫之，则其言易入。”过，谬误。

⑯从亲：指合纵相亲。

⑰天下为一：此指东方六国团结起来。

【译文】

苏秦又去燕国游说，一年多见到了燕文侯。他对燕文侯说：“燕国东有朝鲜、辽东，北有林胡、楼烦，西有云中、九原，南有滹沱河、易水，国土纵横两千多里，军队数十万，战车六百乘，战马六千匹，储存的粮食足够用好几年。南有碣石、雁门之饶，北有红枣和板栗的收益，百姓即使不耕作，光是这红枣、板栗的收获也足够富裕的了。这就是所说的天然府库。安乐无事，看不到军队覆灭、将领被杀的情景，这是哪个国家都比不上燕国的。大王您知道这是为什么吗？燕国之所以没有遭受侵犯，不受战争摧残，是因为赵国在南方做屏障。秦国和赵国打了五仗，秦国胜了两次而赵国胜了三次。两国相互杀伤，彼此削弱，而大王可以凭借完好的燕国的势力，在后边牵制着他们，这就是燕国不受敌人侵犯的原因。况且秦国要攻打燕国，就要穿越云中和九原，穿过代郡和上谷，跋涉几千里，即使攻克了燕国的城池，秦国也会考虑到没法守住它。秦国不能侵害燕国的道理很明显了。如果赵国要攻打燕国，只要发出号令，不到十天，几十万大军就会挺进到东垣驻扎了。再渡过滹沱河，涉过易水，用不了四五天的时间，就到燕国的都城了。所以说秦国攻打燕国，是在千里以外打仗；赵国攻打燕国，是在百里以内作战。不担心百里之内的忧患，却看重千里之外的战事，没有比这更错误的策略了。因而我希望大王能和赵国合纵亲善，天下结为一体，那么燕国就没什么可担心的了。”

文侯曰：“子言则可，然吾国小，西迫强赵①，南近齐，齐、赵强国也。子必欲合从以安燕，寡人请以国从。”于是资苏秦车马金帛以至赵②。

【注释】

①迫：逼近，挨近。

②资苏秦车马金帛以至赵：凌稚隆引李廷机曰：“前言赵为之蔽，此燕当德赵也；此言赵攻燕易，此燕当患赵也，说得要领，故文公首肯。”资，资助。

【译文】

燕文侯说：“您说得有道理，只是我们燕国很小，西边和强大的赵国紧挨着，南边接近齐国，齐、赵都是强国啊。您一定要用合纵的方法来保证燕国的安全，我愿举国相随。”于是燕文侯资助了苏秦车马和金银布帛，让他到赵国去游说。

而奉阳君已死①，即因说赵肃侯曰：“天下卿相人臣及布衣之士，皆高贤君之行义②，皆愿奉教陈忠于前之日久矣。

虽然，奉阳君妒而君不任事[3]，是以宾客游士莫敢自尽于前者[4]。今奉阳君捐馆舍[5]，君乃今复与士民相亲也，臣故敢进其愚虑。

【注释】

①奉阳君已死：按，李兑此时尚健在。凌稚隆曰："应前'奉阳君不说'。"

②高：尊崇，推崇。贤君：敬称赵肃侯。

③奉阳君妒而君不任事：《战国策》作"奉阳君妒，大王不得任事"。

④自尽：详尽陈述自己的意见。

⑤捐馆舍：婉称死亡。

【译文】

这时奉阳君已死，因而苏秦就趁机劝说赵肃侯道："当今天下从卿相臣子到布衣之士，都仰慕您这贤明的国君施行仁义，都希望能在您面前听从教诲，陈述忠言，为时很久了。尽管如此，只是由于奉阳君妒忌贤能而您又不大管事，所以这些宾客游士没有谁敢在您面前畅所欲言。如今奉阳君已经撒手人寰，您又可以和士民百姓亲近了，所以我才敢于向您陈述我的愚见。

"窃为君计者，莫若安民无事[1]，且无庸有事于民也[2]。安民之本，在于择交，择交而得则民安，择交而不得则民终身不安。请言外患：齐、秦为两敌而民不得安，倚秦攻齐而民不得安，倚齐攻秦而民不得安。故夫谋人之主，伐人之国，常苦出辞断绝人之交也[3]。愿君慎勿出于口。请别白黑所以异，阴阳而已矣[4]。君诚能听臣，燕必致旃裘狗马之地[5]，齐必致鱼盐之海，楚必致橘柚之园，韩、魏、中山皆可使致汤沐之奉[⑥]，而贵戚父兄皆可以受封侯。夫割地包利，五伯之所以覆军禽将而求也[⑦]；封侯贵戚，汤武之所以放弑而争也[⑧]。今君高拱而两有之[⑨]，此臣之所以为君愿也。

【注释】

①莫若安民无事：郭嵩焘曰："春秋、战国并峙称雄，尤重邦交，无交则无援矣。苏秦合纵，联六国之交，允为当时上计。是时秦并六国之端已前见，故交以图存；即无强秦之患，抑亦保国安民之要义也。"

②无庸：无须，没必要。

③常苦出辞断绝人之交也：泷川曰："言谋人之君、伐人之国，其事极大，说者常难出之于口，其故何也？以其断绝人之交也。"

④请别白黑所以异，阴阳而已矣：《索隐》："《战国策》云'请屏左右，白言所以异阴阳'，其说异此。然言别白黑者，苏秦言已今论赵国之利，必使分明，有如白黑分别，阴阳殊异也。"

⑤致：交纳，献纳。旃（zhān）裘狗马之地：因燕国靠近游牧部族，所以会如此说。旃，通"毡"。

⑥汤沐：指汤沐邑，收取赋税的私邑。

⑦五伯：即五霸。覆军禽将：损兵折将。

⑧放弑：这里指商汤放逐夏桀，周武王杀死商纣。

⑨高拱：比喻不花什么力气，事情就能办好。

【译文】

"我私下为您考虑，没有比百姓生活安宁，国家太平，并且无须让人民卷入战争中去更重要的了。使人民安定的根本，在于选择邦交，若邦交选择得当，人民就安定；若邦交选择不得当，人民就终身不安定。请允许我分析一下赵国的外患：假如赵国与齐、秦两国为敌，那么人民就得不到安宁；如果依靠秦国攻打齐国，人民也不会得到安宁；假如依靠齐国攻打秦国，人民还是得不到安宁。谋害别国的君主，进攻别的国家，那种劝人断绝关系的话是很难说出口的。希望您持慎重态度，不要轻易去说。请允许我论述国事的利与害，就像分别黑白、区分阴阳一样。您若能听从我的忠告，燕国一定会献出盛产毡裘狗马的土地，齐国一定会献出盛产鱼盐的海湾，楚国一定会献出盛产橘柚的园林，韩、魏、中山也都会献上供赵国权贵们作为收取赋税私邑的部分土地，您尊贵的亲戚、父兄们也都可以得到封侯的奖赏。割取土地、垄断权力，这是五霸不惜损兵折将所追求的；让自己的亲戚得以封侯尊贵，这是成汤与周武王采用流放与弑君的办法去实现的。如今您不用花什么气力就可以兼而有之，这就是我替您考虑的。

“今大王与秦，则秦必弱韩、魏；与齐，则齐必弱楚、魏。魏弱则割河外①，韩弱则效宜阳②，宜阳效则上郡绝③，河外割则道不通，楚弱则无援。此三策者，不可不孰计也④。夫秦下轵道⑤，则南阳危⑥；劫韩包周，则赵氏自操兵⑦；据卫取卷⑧，则齐必入朝秦。秦欲已得乎山东⑨，则必举兵而向赵矣。秦甲渡河逾漳⑩，据番吾⑪，则兵必战于邯郸之下矣。此臣之所为君患也。

【注释】

①河外：今陕西、山西黄河南段以西为河外。

②效：贡献，进献。宜阳：在今河南宜阳西。战国属韩。

③上郡绝：《正义》：“宜阳即韩城也，在洛州西，韩大郡也。上郡在同州西北。言韩弱，与秦宜阳城，则上郡路绝矣。”泷川认为上郡与宜阳距离远，疑当作“上党”。

④孰计：周密考虑。孰，“熟”的古字。

⑤轵道：亭名，在今陕西西安东北。

⑥南阳：古地区名，指今河南济源至获嘉一带，因地处太行山南、黄河之北而名。

⑦劫韩包周，则赵氏自操兵：有研究者认为赵都邯郸距离韩国遥远，“赵”疑当作“魏”。

⑧据卫取卷：按，《战国策》作“据卫取淇”，淇水在卫国旧都朝歌（今河南淇县）附近，距离齐国近。

⑨秦欲已得乎山东：《战国策》作“秦欲已得行于山东”。

⑩漳：即漳水。在今河北、河南两省边境，汇入黄河。

⑪番吾：在今河北磁县。

【译文】

“现在如果大王和秦国友好，那么秦国一定会利用这种优势去削弱韩国、魏国；如果和齐国友好，那么齐国一定会利用这种优势去削弱楚国、魏国。魏国衰弱了就要割地河外，韩国衰弱了就要献出宜阳。宜阳一旦献纳秦国，上郡就要陷入绝境；割让了河外就会切断上郡的交通；楚国衰弱了您就孤立无援。这三个方面您不能不仔细地考虑啊。秦军如果攻下轵道，那南阳就危在旦夕；秦国强夺韩国的南阳，包围周都，那么赵国就要拿起武器自卫；如果秦军占据卫地，取得卷城，那么齐国就一定得去朝拜秦国。秦国的欲望在崤山以东地区得到满足后，就一定会举兵进攻赵国。秦军渡过黄河、漳水后，占据番吾，那就一定会直捣邯郸战于城下，这是我所替您忧虑的。

“当今之时，山东之建国莫强于赵[①]。赵地方二千余里，带甲数十万，车千乘，骑万匹，粟支数年。西有常山[②]，南有河、漳，东有清河[③]，北有燕国。燕固弱国，不足畏也。秦之所害于天下者莫如赵[④]，然而秦不敢举兵伐赵者，何也？畏韩、魏之议其后也。然则韩、魏，赵之南蔽也。秦之攻韩、魏也，无有名山大川之限[5]，稍蚕食之[6]，傅国都而止[7]。韩、魏不能支秦，必入臣于秦。秦无韩、魏之规[8]，则祸必中于赵矣[9]。此臣之所为君患也。

【注释】

①山东之建国莫强于赵：按，赵国是在武灵王后才强大起来的。

②常山：即恒山，汉人避文帝讳改称常山。

③清河：古河名。战国时介于齐、赵两国之间。

④害：畏惧，怕。

⑤限：阻隔。

⑥稍：渐，逐渐。

⑦傅：贴近，迫近。

⑧规：谋求，规划。

⑨祸必中于赵矣：杨慎曰："此亦唇亡齿寒之意，亦所以申言交不得之害也。"

【译文】

"当前，崤山以东的国家没有比赵国更强的了。赵国的领土纵横二千多里，武装部队几十万人，战车千辆，战马万匹，粮食可支用好几年。西有常山，南有黄河、漳水，东有清河，北有燕国。燕国本来是个弱国，无需害怕。秦国在天下最怕的就是赵国，但是秦国不敢举兵攻伐赵国，原因是什么呢？就是怕韩、魏在后面暗算他。因此，韩、魏就可以说是赵国南边的屏障。秦国进攻韩、魏，没有高山大河阻隔，可以逐渐蚕食其土地，直到迫近其国都。韩、魏抵挡不住秦国，一定会向秦国屈服称臣。秦国解除了韩、魏暗算的顾虑，那么战祸必然会临到赵国了。这也是我替您忧虑的。

“臣闻尧无三夫之分[①]，舜无咫尺之地，以有天下；禹无百人之聚[②]，以王诸侯；汤武之士不过三千，车不过三百乘，卒不过三万[③]，立为天子：诚得其道也。是故明主外料其敌之强弱，内度其士卒贤不肖，不待两军相当而胜败存亡之机固已形于胸中矣[④]，岂掩于众人之言而以冥冥决事哉[⑤]！

“臣窃以天下之地图案之[⑥]，诸侯之地五倍于秦，料度诸侯之卒十倍于秦，六国为一，并力西乡而攻秦，秦必破矣[⑦]。今西面而事之，见臣于秦。夫破人之与破于人也，臣人之与臣于人也，岂可同日而论哉！

“夫衡人者[⑧]，皆欲割诸侯之地以予秦。秦成，则高台榭，美宫室，听竽瑟之音，前有楼阙轩辕[⑨]，后有长姣美人，国被秦患而不与其忧。是故夫衡人日夜务以秦权恐愒诸侯以求割地[⑩]，故愿大王孰计之也。

【注释】

①三夫：三百亩。夫，古代井田制，一夫受田百亩，故以百亩为夫。也有人说，“三夫”指三个部伍或三个家奴。

②聚：村落。

③汤武之士不过三千，车不过三百乘，卒不过三万：王念孙曰：“‘士’即‘卒’也，既云‘士不过三千’，不当又云‘卒不过三万’。盖《史记》本作‘汤武之土不过百里，车不过三百乘，卒不过三千’，与《赵策》小异。”按，《战国策》只记载“卒不过三千人，车不过三百乘”。

④相当：相对。机：关键。形：流露，呈现。

⑤掩：遮蔽，哄骗。冥冥：糊里糊涂。

⑥案：查考。

⑦秦必破矣：《战国策》作“秦破必矣”。

⑧衡人：倡导连横之说的人。

⑨轩辕：顾炎武曰：“当作‘轩悬’。《周礼》：‘王宫悬，诸侯轩悬。’”即指“曲悬”之乐。《汉语大词典》释为“车辀”。朱骏声《说文通训定声》：“大车左右两木直而平者谓之辕，小车居中一木曲而上者谓之辀，故亦曰轩辕，谓其穹隆而高也。”

⑩秦权：秦国的势力。恐愒（hè）：恐吓。愒，《战国策》作“猲”，鲍彪改为“喝”。

【译文】

“我听说尧没有得到过三百亩的分土，虞舜也没有得到过一尺的封地，却能拥有整个天下；禹无百人之村落，却能在诸侯中称王；商汤、周武的卿士不足三千，战车不足三百辆，士兵不足三万，却能成为天子：他们确实掌握了夺取天下的策略。因此，贤明的君主对外能估量对手的强弱，对内能衡量自己士兵素质的优劣，不用等到两军交战，胜负存亡就早已成竹在胸了，怎么会被众人的议论所蒙蔽，而昏昧不清地决断国家大事呢！

“我私下考察过天下的地图，各诸侯国的土地五倍于秦国，估计各诸侯国的士兵十倍于秦国，假如六国结成一个整体，同心协力向西攻打秦国，秦国一定会被打败。如今反而向西侍奉秦国，向秦国称臣。打败别人和被别人打败，使别人臣服和向别人称臣，难道可以同日而语么！

“主张连横的人，都想割让各诸侯国的土地给秦国。秦国的霸业成功，他们就可把楼台亭榭建得高大，把宫室建得华美，欣赏着竽瑟演奏的音乐，前有楼台、宫阙和高敞华美的车子，后有窈窕艳丽的美女，至于各国遭受秦国的祸害，他们就不去分担忧愁了。所以那些主张连衡的人凭借秦国的权势日夜不停地威胁诸侯各国，谋求割让土地。所以，我希望大王一定要认真考虑这个问题。

"臣闻明主绝疑去谗,屏流言之迹①,塞朋党之门,故尊主广地强兵之计,臣得陈忠于前矣。故窃为大王计,莫如一韩、魏、齐、楚、燕、赵以从亲,以畔秦。令天下之将相会于洹水之上②,通质③,刳白马而盟④。要约曰⑤:'秦攻楚,齐、魏各出锐师以佐之,韩绝其粮道,赵涉河、漳,燕守常山之北。秦攻韩、魏,则楚绝其后,齐出锐师而佐之,赵涉河、漳,燕守云中。秦攻齐,则楚绝其后,韩守城皋⑥,魏塞其道⑦,赵涉河、漳、博关⑧,燕出锐师以佐之。秦攻燕,则赵守常山,楚军武关⑨,齐涉勃海⑩,韩、魏皆出锐师以佐之。秦攻赵,则韩军宜阳⑪,楚军武关,魏军河外,齐涉清河,燕出锐师以佐之。诸侯有不如约者,以五国之兵共伐之。'六国从亲以宾秦⑫,则秦甲必不敢出于函谷以害山东矣。如此,则霸王之业成矣。"

【注释】

①屏(bǐng):摒弃。

②洹(huán)水:上文"清河"的上游。

③通质:互派人质。

④刳(kū):杀。

⑤要(yāo)约:立盟,订约。

⑥城皋:即"成皋",在今河南荥阳西北。属韩。

⑦魏塞其道:《索隐》曰:"即河内之道。"

⑧博关:古关名,在今山东茌平。属齐。

⑨武关:古关名,在今陕西商南。属秦。

⑩勃海:即渤海。

⑪军：驻军，驻扎。

⑫宾（bìn）：摈弃，排挤。

【译文】

“我听说明君善于决断疑虑，摒弃谗言，摒绝流言蜚语的来路，堵塞结党营私的门路，所以我才有机会在您面前陈述使国君尊崇、使土地扩展、使军队强大的计策。我私下为您考虑，不如让韩、魏、齐、楚、燕、赵合纵亲善，一致反抗秦国。让天下的将相在洹水之上聚会，盟国之间互相交换人质，杀白马歃血盟誓。彼此约定：‘假如秦国攻打楚国，那么齐、魏会分别派出精锐部队援助楚国，韩军切断秦国的运粮要道，赵军渡过黄河、漳水支援，燕军固守常山以北。假如秦国攻打韩国、魏国，那么楚军切断秦国的后援，齐国派出精锐部队去援助韩、魏，赵军渡过黄河、漳水支援，燕国固守云中一带。假如秦国攻打齐国，那么楚国会截断秦军的后路，韩国固守城皋，魏国堵塞秦军的通道，赵军渡过黄河、漳水挺进博关支援，燕国派出精锐部队去协同作战。假如秦国攻打燕国，那么赵国会固守常山，楚国的部队驻扎武关，齐军渡过渤海，韩、魏同时派出精锐部队协同作战。假如秦国攻打赵国，那么韩国的部队会驻扎宜阳，楚国的部队驻扎武关，魏国的部队驻扎河外，齐国的部队渡过清河，燕国派出精锐部队协同作战。各国有不遵守盟约的，其余五国便会联合起来讨伐它。’六国合纵相亲，共同对抗秦国，那么秦军一定不敢出函谷关来危害山东各国了。这样，您的霸王之业就成功了。”

赵王曰[①]：“寡人年少，立国日浅[②]，未尝得闻社稷之长计也。今上客有意存天下，安诸侯，寡人敬以国从。”乃饰车百乘[③]，黄金千溢，白璧百双，锦绣千纯[④]，以约诸侯[⑤]。

【注释】

①赵王：按，与前文“赵肃侯”相抵牾。

②立国：《战国策》作“莅国”，当国，治国。

③饰车：有文饰之车。

④纯（tún）：计量单位。布帛一段为一纯。

⑤以约诸侯：杨慎曰：“此篇言合纵与否之利害，为说六王说辞之要领，议论明白透彻可喜。”

【译文】

赵肃侯回答道：“我年纪轻，治国时间又短，不曾听到过使国家长治久安的策略。如今您有意使天下得以生存，使各诸侯国得以安定，我愿诚恳地倾国相从。”于是给了他一百辆装饰华美的车子，黄金千镒，白璧百双，锦绣千段，让苏秦以此来说服东方各国诸侯参与结盟。

是时周天子致文、武之胙于秦惠王①。惠王使犀首攻魏②，禽将龙贾，取魏之雕阴③，且欲东兵。苏秦恐秦兵之至赵也，乃激怒张仪，入之于秦④。

【注释】

①周天子：按，与赵肃侯同时代的周天子是周显王，前368—前321年在位。文、武之胙：祭祀文王、武王使用的祭肉。据《秦本纪》《六国年表》，周天子在秦惠文王四年（前334）致文、武胙于秦。

②犀首攻魏：犀首于惠文王五年（前333）攻魏。犀首，即公孙衍，原魏人。赴秦游说，得惠王信任。为大良造。

③雕阴：古邑名，在今陕西甘泉南。按，秦攻取雕阴的时间，各处记载不一，《六国年表》为秦惠王五年（前333），《秦本纪》为惠王七年（前331），《魏世家》为魏襄王五年（实为魏惠王后元五年，前330）。

④激怒张仪，入之于秦：详见《张仪列传》。有研究者认为张仪与苏秦没有任何关系，此细节不可信。

【译文】

这时候，周天子把祭祀文王、武王的祭肉赠送给了秦惠王。秦惠王派犀首进攻魏国，活捉了魏将龙贾，攻占了魏国的雕阴，并打算挥师向东挺进。苏秦担心秦国的部队打到赵国来，便用计激怒张仪，迫使他投奔秦国。

于是说韩宣王曰[①]："韩北有巩、成皋之固[②]，西有宜阳、商阪之塞[③]，东有宛、穰、洧水[④]，南有陉山[⑤]，地方九百余里，带甲数十万，天下之强弓劲弩皆从韩出。谿子、少府时力、距来者[⑥]，皆射六百步之外。韩卒超足而射[⑦]，百发不暇止，远者括蔽洞胸，近者镝弇心[⑧]。韩卒之剑戟皆出于冥山、棠谿、墨阳、合赙、邓师、宛冯、龙渊、太阿[⑨]，皆陆断牛马，水截鹄雁，当敌则斩；坚甲铁幕[⑩]，革抉㕹芮[⑪]，无不毕具。以韩卒之勇，被坚甲，跖劲弩[⑫]，带利剑，一人当百，不足言也。夫以韩之劲与大王之贤，乃西面事秦，交臂而服[⑬]，羞社稷而为天下笑[⑭]，无大于此者矣。是故愿大王孰计之。

【注释】

①韩宣王：昭侯之子，前332—前311年在位。

②巩：古地名，在今河南巩义。与韩国的成皋邻近。

③商阪：《正义》曰："即商山。"在今陕西商州一带。按，商阪属秦。

④东有宛、穰、洧（wěi）水：按，宛、穰方位在南。宛，即今河南南阳。穰，在今河南邓州。洧水，源出今河南登封东阳城山，东南流经新郑、鄢陵等地，东南汇入颍水。

⑤陉（xíng）山：在今河南新郑南。

⑥谿子、少府时力、距来：皆弓弩名。《集解》曰："韩有谿子弩，

又有少府所造二种之弩。”距来，王念孙曰：“‘距来’当为‘距黍’。……《广雅》曰：‘繁弱、距黍，弓也。’”少府，官署名，亦作小府，战国韩、赵等国置，掌工官器械制造。

⑦超足而射：《索隐》：“超足谓超腾用埶，盖起足蹋之而射也，故下云‘跖劲弩’是也。”《正义》：“超足，齐足也。夫欲放弩，皆坐，举足踏弩，两手引揍机，然始发之。”

⑧远者括蔽洞胸，近者镝弇（yǎn）心：《战国策》作“远者达胸，近者掩心”。括蔽，谓箭穿蔽体之物。括，通“栝”。洞胸，射穿胸口。弇心，鲍彪注：“掩心，箭中心上。”

⑨冥山：在今河南信阳东南，战国时为韩、楚分界。棠谿：古邑名，在今河南西平西。战国属韩。墨阳：古邑名，在今河南淅川北。合赙：在今河南西平西。属韩。邓师：其地当在今河南郾城东南。宛冯：指荥阳冯池。龙渊、太阿：据文意，亦当为地名。《索隐》引《太康地记》云：“汝南西平有龙泉水，可以淬刀剑，特坚利，故有龙泉之剑。”

⑩铁幕：《集解》引刘氏曰：“以铁为臂胫之衣。”徐孚远曰：“铁幕，障面也。”

⑪革抉：射箭时用的皮制臂套。㕹（fá）芮：系盾的绶带。

⑫跖（zhí）：踩踏。

⑬交臂：拱手。

⑭羞社稷：使国家蒙羞。

【译文】

于是苏秦游说韩宣王道：“韩国的北部有坚固的巩邑、成皋，西部有宜阳、商阪这样的要塞，东部有宛、穰、洧水，南部有陉山，纵横九百多里，武装部队有几十万，天下的强弓硬弩都是从韩国制造出来的。像谿子、少府制造的时力、距来等劲弩，都能射到六百步以外。韩国的士兵跳起来踏弩而射，可以连射一百多次不需停歇，远敌可以射穿他们的胸膛，近敌可以射透他们的心窝。韩国的剑戟都出产于冥山、棠谿、墨阳、合赙、邓师、宛冯、龙渊、太阿等地。在陆地上能砍杀牛马，在水里能截击鹄雁，与敌交战时能斩杀对方将士；坚硬的铠甲、铁衣和皮革制成的臂衣和盾牌，种种精良的兵器，韩国没有一样不具备。凭着韩国士兵的勇敢，披着坚固的铠甲，踏着强劲的硬弩，佩戴着锋利的宝剑，即使以一当百，也不在话下。凭着韩国兵力的强劲和大王的贤明，却向西侍奉秦国，拱手而臣服，使国家蒙受耻辱而被天下人笑话，没有比这更严重的了。因此希望大王仔细地考虑。

“大王事秦，秦必求宜阳、成皋。今兹效之，明年又复求割地。与则无地以给之，不与则弃前功而受后祸。且大王之地有尽而秦之求无已，以有尽之地而逆无已之求[1]，此所谓市怨结祸者也[2]，不战而地已削矣[3]。臣闻鄙谚曰：‘宁为鸡口，无为牛后[4]。’今西面交臂而臣事秦，何异于牛后乎？夫以大王之贤，挟强韩之兵，而有牛后之名，臣窃为大王羞之。”

【注释】

①逆：迎。

②市：换取。

③不战而地已削矣：凌稚隆引余有丁曰：“论衡害可谓彻尽，苏明允《六国论》全出于此。”苏洵《六国论》曰：“今日割五城，明日割十城，然后得一夕安寝；起视四境，而秦兵又至矣。然则诸侯之地有限，暴秦之欲无厌，奉之弥繁，侵之愈急，故不战而强弱胜负已判矣。”

④宁为鸡口，无为牛后：《正义》曰：“鸡口虽小，犹进食；牛后虽大，乃出粪也。”《索隐》引《战国策》云“宁为鸡尸，不为牛从”。延

笃注云:“尸,鸡中主也;从,谓牛子也。言宁为鸡中之主,不为牛之从后也。”

【译文】

“如果大王去侍奉秦国,秦国必定会向您索要宜阳、成皋。今年把土地献给它,明年又要索取割地。给它吧,却没有土地可给;不给吧,那么就会丢掉以前割地求和的功效而遭受后患。况且大王的土地是有限的,而秦国贪婪的索取是没有止境的,拿有限的土地去迎合无止境的索取,这就叫作拿钱购买怨恨,结下灾祸,不用打仗,而土地就被割去了。我听说有这样的俗话:‘宁为鸡口,无为牛后。’如果您西向拱手屈服于秦,这和做牛后有什么不同呢?凭着大王的贤明,又拥有强大的军队,却蒙受牛后的名声,我私下替大王感到羞愧。”

于是韩王勃然作色,攘臂瞋目①,按剑仰天太息曰:“寡人虽不肖,必不能事秦。今主君诏以赵王之教②,敬奉社稷以从。”

【注释】

①攘臂:捋起衣袖。

②主君:《索隐》曰:“礼,卿大夫称主。今嘉苏子合纵诸侯,褒而美之,故称曰‘主’。”金正炜曰:“时赵封苏秦以武安君,故得称‘主君’。”诏:告知。秦汉以后专为皇帝“制诏”之专称。

【译文】

韩王一下子变了脸色,他捋起袖子,睁大双眼,按住佩剑,仰望天空叹息道:“我虽没有出息,也决不去侍奉秦国。如今您奉赵王的使命来指教我,我愿意把整个国家托付给您,听从您的安排。”

又说魏襄王曰①："大王之地，南有鸿沟、陈、汝南、许、郾、昆阳、召陵、舞阳、新都、新郪②，东有淮、颍、煮枣、无胥③，西有长城之界④，北有河外、卷、衍、酸枣⑤，地方千里。地名虽小⑥，然而田舍庐庑之数⑦，曾无所刍牧⑧。人民之众，车马之多，日夜行不绝，輷輷殷殷⑨，若有三军之众。臣窃量大王之国不下楚。然衡人怵王交强虎狼之秦以侵天下⑩，卒有秦患⑪，不顾其祸。夫挟强秦之势以内劫其主，罪无过此者。魏，天下之强国也；王，天下之贤王也。今乃有意西面而事秦，称东藩⑫，筑帝宫⑬，受冠带⑭，祠春秋⑮，臣窃为大王耻之。

【注释】

①魏襄王：惠王之子，名嗣，一说名赫，前318—前296年在位。

②鸿沟：古运河名。魏惠王十年开凿通，古道自今河南荥阳北之黄河引出，东流至今河南开封东北，南折流经淮阳，入颍水。陈：即今河南淮阳和安徽亳州一带。按，当时陈地属楚。汝南：一说指上蔡（今河南上蔡西南）。一说在汝水之南、楚方城之北，当今河南宝丰、鲁山、平顶山一带。许：在今河南许昌。郾：在今河南偃城。昆阳：在今河南叶县。召陵：今河南漯河东北。舞阳：在今河南舞阳西北。新都：在今河南新野东。按，新都当时属楚。新郪：在今安徽太和西北。亦属楚。

③淮：即淮河。颍：即颍水，源于河南登封嵩山西南，东南流，至安徽寿县入淮河。煮枣：古邑名，在今山东东明南。无胥：地望说法不一。有说即宿胥口，在今河南滑县西南。也有说指扶苏城，在今河南商水东南。

④西有长城之界：自今河南原阳西境，东行至原阳东南，由此折而西

南，止于今郑州附近。

⑤北有河外、卷、衍、酸枣：按，这是针对魏的都城大梁而言的。卷，古邑名，在今河南原阳西南。衍，古地名，在今河南郑州北。酸枣，古邑名，在今河南延津西南。

⑥名：名义。

⑦庐庑：房屋及其两侧的小屋。这里泛指居民屋舍。数（cù）：稠密，密集。

⑧刍牧：割草放牧。

⑨輷輷（hōng）殷殷：群车并行的响声。

⑩怵（xù）：诱导，引诱。

⑪卒：后多作“猝”，突然。

⑫东藩：东方的藩臣。

⑬筑帝宫：《索隐》：“谓为秦筑宫，备其巡狩而舍之，故谓之帝宫。”

⑭受冠带：《索隐》：“谓冠带制度皆受秦法。”中井曰：“受制度者必实赐命服。”

⑮祠春秋：《索隐》：“言春秋贡奉，以助秦祭祀。”

【译文】

苏秦又去游说魏襄王说：“大王的国土，南边有鸿沟、陈地、汝南、许地、郾地、昆阳、召陵、舞阳、新都、新郪，东边有淮河、颍河、煮枣、无胥，西边有长城作边界，北边有河外、卷地、衍地、酸枣，国土纵横千里。您的国土说起来虽然不是很大，但房舍密集，连割草放牧的地方都没有了。人口稠密，车马众多，日夜行驰，络绎不绝，轰轰隆隆，好像有三军人马的声势。我私下估量大王的国势和楚国不相上下。然而那些主张连横的人却想引诱您伙同虎狼一样凶恶的秦国去侵吞天下，一旦魏国遭受秦国的危害，谁都不会顾及您的灾祸。依仗着秦国强大的势力，在内部劫持自己的君主，罪恶没有比这更严重的了。魏国是天下的强国；大王您是天下的贤君。如今却想西向侍奉秦国，自称是秦国的东方属国，为秦国建造行宫，接受秦国的服饰制度，春秋两季给秦国献礼祭祀，我私下替您感到羞愧。

“臣闻越王句践战敝卒三千人，禽夫差于干遂①；武王卒三千人，革车三百乘②，制纣于牧野③：岂其士卒众哉，诚能奋其威也。今窃闻大王之卒，武士二十万，苍头二十万，奋击二十万，厮徒十万④，车六百乘，骑五千匹。此其过越王句践、武王远矣，今乃听于群臣之说而欲臣事秦。夫事秦必割地以效实⑤，故兵未用而国已亏矣。凡群臣之言事秦者，皆奸人，非忠臣也。夫为人臣，割其主之地以求外交，偷取一时之功而不顾其后，破公家而成私门，外挟强秦之势以内劫其主，以求割地，愿大王孰察之。

【注释】

①干遂：古邑名，在今江苏苏州西北的阳山下。

②革车：兵车。

③牧野：在今河南淇县西南。

④“武士二十万”几句：按，魏军有武士、苍头、厮徒、奋击之别。武士，即武卒。战国时魏国按规定标准选拔的步兵。苍头，头裹青巾的部队。奋击，能奋力击敌的士卒。厮徒，即杂役。

⑤割地以效实：《索隐》曰：“谓割地献秦，以效己之诚实。”中井曰：“效实，即割地之事。……谓事秦不得用虚名，必用实地。”

【译文】

“我听说越王句践用三千疲惫的兵士作战，在干遂活捉了吴王夫差；周武王只用了三千士兵，三百辆蒙着皮革的战车，在牧野制服了商纣：他们哪里是靠着兵多将广，只是因为他们能发挥自己的威力。我私下听说大王的军事力量，武士有二十万，苍头有二十万，奋击有二十万，厮徒有十万，战车六百辆，战马五千匹。这些实力超过越王句践和周武王很远了，可是如今您却听信群臣的建议，想以臣子的身份服事秦国。如果服事秦国，必然要割让土地来表示自己的忠诚，那么还没动用军队，国家就已经被削弱了。凡是群臣中妄言服事秦国的，都是奸妄之人，而不是忠臣。作为臣子，割让自己君主的土地来交好外国，苟且取得一时的成功而不顾后果，损公肥私，对外凭借强秦的势力来劫持自己的国君，以求把土地割让给秦国，希望大王要仔细地审察这种情况。

"《周书》曰：'绵绵不绝，蔓蔓奈何？豪氂不伐，将用斧柯[①]。'前虑不定，后有大患，将奈之何？大王诚能听臣，六国从亲，专心并力壹意，则必无强秦之患。故敝邑赵王使臣效愚计，奉明约[②]，在大王之诏诏之[③]。"

魏王曰："寡人不肖，未尝得闻明教。今主君以赵王之诏诏之，敬以国从[④]。"

【注释】

①绵绵不绝，蔓蔓奈何？豪氂（lí）不伐，将用斧柯：语出《逸周书·和寤》。错误或坏事在其萌芽状态时就要根除，不让其发展下去，终成祸患。绵绵，微弱的样子。蔓蔓，延展貌。豪氂，很短的长度单位。斧柯，斧柄。

②明约：盟约。

③在大王之诏诏之：泷川曰："枫、三本不重'诏'字，与《策》合，此涉下文衍。"

④敬以国从：凌稚隆引邓以瓒曰："合从惟韩、魏稍不为利，盖二国近秦，不事秦则受兵最速，故苏秦于二国但以割地为不利、称臣为

耻，盖亦词穷。”杨慎曰：“说魏襄王，大概与说韩王之词同，盖韩、魏一体也。其要亦在乎事秦必割地以效实，故‘兵未用而国已亏’，与‘不战而地已削’之语正同。中间明衡人及群臣皆不忠，而‘公’‘私’‘内’‘外’之言尤为明白。

【译文】

“《周书》上说：‘草木滋长出细弱的嫩枝时，不及时去掉它，到处滋长延伸了怎么办？细弱的嫩枝不及时砍掉它，等到长得粗壮了，就得动用斧头去砍了。’事前的考虑不成熟，事后就有灾祸临头，那时该怎么办呢？大王如果听从我的建议，让六国合纵相亲，齐心合力，就一定不会再遭受强秦的侵犯了。因此敝国的赵王派我来献上不成熟的策略，奉上明约，一切全听您的吩咐。”

魏王说：“我没有出息，从没听说过如此贤明的指教。如今您奉赵王的使命来指教我，我愿以魏国相随。”

因东说齐宣王曰[①]：“齐南有泰山[②]，东有琅邪[③]，西有清河，北有勃海，此所谓四塞之国也。齐地方二千余里，带甲数十万，粟如丘山。三军之良[④]，五家之兵[⑤]，进如锋矢[⑥]，战如雷霆，解如风雨[⑦]。即有军役，未尝倍泰山，绝清河，涉勃海也[⑧]。临菑之中七万户[⑨]，臣窃度之，不下户三男子[⑩]，三七二十一万，不待发于远县，而临菑之卒固已二十一万矣。临菑甚富而实，其民无不吹竽鼓瑟，弹琴击筑，斗鸡走狗，六博蹋鞠者[⑪]。临菑之涂，车毂击[⑫]，人肩摩，连衽成帷，举袂成幕，挥汗成雨，家殷人足，志高气扬。夫以大王之贤与齐之强，天下莫能当。今乃西面而事秦，臣窃为大王羞之。

【注释】

①齐宣王：田氏，名辟彊。威王之子，前319—前301年在位。按，依本传年代推断，苏秦游说的应该是齐威王，时间在齐威王二十四年（前333）。

②泰山：即今之泰山。

③琅邪：山名，在今山东诸城东南。

④三军：泛指齐国军队。

⑤五家之兵：也指齐国之兵。

⑥进如锋矢：《正义》曰："若锋芒之刀，良弓之矢，用之有进而无退。"中井曰："锋矢，谓镞之细尖如锋芒也。"

⑦战如雷霆，解如风雨：泷川曰："雷霆喻其威力，风雨喻其速捷。"

⑧未尝倍泰山，绝清河，涉勃海：《正义》："言临淄自足也。绝，涉，皆度也。勃海，沧州也。齐有军役，不用度河取二部。"

⑨临菑：也作"临淄"，齐国都城，在今山东淄博临淄区。因城临淄水得名。

⑩不下户三男子：泷川曰："'户'当在'不'字上。"《战国策》作"下户三男子"。

⑪六博：古代的一种游戏。十二棋，六黑六白，两人对投以较胜负。蹋鞠：踢球。

⑫车毂击：形容路上车辆多。车毂，车轮中心插轴的部分。亦泛指车轮。

【译文】

苏秦又到东方游说齐宣王说："齐国南有泰山，东有琅邪山，西有清河，北有勃海，这可说是四面都有天险的国家了。齐国的土地纵横两千余里，士卒几十万人，粮食堆积得像山丘一样高。三军精良，齐国的兵卒，进攻如同刀刃、良弓那样勇猛捷速，打起仗来好像雷霆震怒一样猛烈，撤退好像风雨一样很快地消散。自有战役以来，从未离开过泰山，也不曾渡清河，涉勃海。光是临淄就有居民七万户，我私下估计，每户不少于三个男子，三七二十一万，用不着征集远处县邑的兵源，光是临淄的士兵本来就有二十一万了。临淄富有而殷实，这里的居民吹竽鼓瑟，弹琴击筑，斗鸡走狗，赌棋踢球。临淄城的街道上，车辆相互碰撞，人们摩肩接踵，张开衣襟就可成为围帐，举起袖子就可遮蔽太阳，挥汗就如下雨一样，家家殷实人人富足，志气昂扬。凭着大王的贤明和齐国的强大，天下没有谁能对抗。现在您却要向西去奉事秦国，我私下替您感到羞愧。

“且夫韩、魏之所以重畏秦者，为与秦接境壤界也①。兵出而相当②，不出十日而战胜存亡之机决矣③。韩、魏战而胜秦，则兵半折，四境不守；战而不胜，则国已危，亡随其后。是故韩、魏之所以重与秦战，而轻为之臣也。今秦之攻齐则不然。倍韩、魏之地④，过卫阳晋之道⑤，径乎亢父之险⑥，车不得方轨⑦，骑不得比行⑧，百人守险，千人不敢过也。秦虽欲深入，则狼顾⑨，恐韩、魏之议其后也。是故恫疑虚猲⑩，骄矜而不敢进，则秦之不能害齐亦明矣。

“夫不深料秦之无奈齐何，而欲西面而事之，是群臣之计过也。今无臣事秦之名而有强国之实，臣是故愿大王少留意计之。”

齐王曰：“寡人不敏，僻远守海，穷道东境之国也，未尝得闻余教⑪。今足下以赵王诏诏之，敬以国从⑫。”

【注释】

①壤界：犹交界。

②相当：两军对敌，对抗。

③战胜存亡之机决矣：胡三省曰：“‘胜’下当有‘负’字。”泷川曰：

"'战胜'应作'胜负'。"机,关键。

④倍:通"背"。

⑤过卫阳晋之道:泷川曰:"《张仪传》亦云:'秦兵下攻卫阳晋,大关天下之胸。'又云:'劫卫取阳晋,则赵不南。'阳晋之险可知矣。"阳晋,古邑名,在今山东郓城西。属卫。

⑥径:经过,穿过。亢父:古邑名,在今山东济宁南。属齐。

⑦方轨:两车并行。

⑧比行:并排行进。

⑨狼顾:狼行走时,常转过头看,以防袭击。比喻人有所畏惧。《正义》曰:"狼性怯,走常还顾。"

⑩恫疑虚猲:中井曰:"秦恫疑,不敢逾阳晋、亢父而前,且虚声喝骂,云欲取齐。下文苏代称秦王正告天下之辞可以为'虚喝'注脚。"恫疑,恐惧疑虑。虚猲,亦作"虚喝"。虚张声势,企图威胁。猲,通"喝"。

⑪余教:很多的教诲。

⑫敬以国从:郭嵩焘曰:"秦并六国,范雎'远交近攻'之一言足以尽其用矣,是以终秦之世未尝交兵于齐。韩、魏支秦于前,燕、赵延秦于后,韩、魏一有蹉跌,则秦兵旦夕压齐之境。故当说齐以辅韩、魏,不当说使绝秦而已,此苏秦之智所以出范雎之下也。"茅坤曰:"齐无患于秦,故特以'事秦'辱之。"

【译文】

"况且韩、魏之所以非常畏惧秦国,是因为他们和秦国边界相接。假如双方派出军队交战,不出十天,胜负存亡的关键就决定了。如果韩、魏战胜了秦国,那么自己的兵力要损失一半,四面的国境无法保卫;如果作战不能取胜,那么国家接着就陷入危亡的境地。这就是韩、魏在跟秦国开战上很慎重,而很轻易地想要向秦国臣服的原因。至于秦国要进攻齐国,就不是这样了。秦军背对着韩、魏的土地,经过卫国阳晋的通道,穿过亢父的险道，在那里，车辆不能并驶骑兵不能并行，一百人守住险地，一千人都过不去。即使秦国军队想要深入，也会像狼一样疑虑重重，时常回顾，生怕韩、魏在后面暗算它。所以它虚张声势，恐吓威胁。它虽然骄横矜夸却不敢冒险进攻，那么秦国不能危害齐国的形势也就相当明了了。

“不能充分估计秦国对齐国无可奈何，却想向西奉事秦国，这是群臣们策略上的错误。现在齐国还没有向秦国臣服的丑名而且有强大的实力，所以我希望大王稍微留心考虑决定对策。”

齐王说：“我不是一个聪明的人，居住在这偏僻遥远、紧靠大海、道路绝尽、地处东境的国家，没听过您很多的教诲。如今您奉赵王的使命来指教我，我愿带领着齐国相随。”

乃西南说楚威王曰①：“楚，天下之强国也；王，天下之贤王也。西有黔中、巫郡②，东有夏州、海阳③，南有洞庭、苍梧④，北有陉塞、郇阳⑤，地方五千余里，带甲百万，车千乘，骑万匹，粟支十年。此霸王之资也。夫以楚之强与王之贤，天下莫能当也。今乃欲西面而事秦，则诸侯莫不西面而朝于章台之下矣⑥。

【注释】

①楚威王：名商，宣王之子，怀王之父，前339—前328年在位。

②黔中：楚郡名，因黔山而得名。楚威王置。辖境相当今之湖南西部与贵州东北部一带地区。巫郡：楚郡名，因巫山而得名。楚怀王置。辖境相当今重庆东部与湖北西部一带地区。

③夏州：战国楚邑。地望说法不一，一说即今武汉西南大江中的白沙洲。海阳：古地名。地望说法不一，一说即今江苏扬州以东直

至海滨的长江北岸一带地区。一说即今江苏泰州。

④洞庭:即今洞庭湖。苍梧:即九嶷山,在今湖南宁远南。

⑤陉塞:即陉山,在今河南郾城东。郇阳:古邑名,在今陕西旬阳东北。

⑥章台:战国时秦国离宫台名。这里代指秦国。

【译文】

于是,苏秦向西南去游说楚威王,他说:"楚国是天下强大的国家;大王是天下贤明的君主。楚国西有黔中、巫郡,东有夏州、海阳,南有洞庭、苍梧,北有陉塞、郇阳,土地纵横五千多里,士兵一百万,战车千辆,战马万匹,储备的粮食够用十年。这是称霸天下的资本。凭着楚国的强大和您的贤明,天下没有谁能抵挡。如今您却想向西侍奉秦国,那么天下就再没有哪个诸侯不向西面拜服在秦国的章台宫下了。

"秦之所害莫如楚,楚强则秦弱,秦强则楚弱,其势不两立。故为大王计,莫如从亲以孤秦。大王不从亲,秦必起两军,一军出武关,一军下黔中,则鄢、郢动矣[①]。臣闻治之其未乱也,为之其未有也。患至而后忧之,则无及已。故愿大王蚤孰计之。大王诚能听臣,臣请令山东之国奉四时之献,以承大王之明诏,委社稷,奉宗庙,练士厉兵,在大王之所用之。大王诚能用臣之愚计,则韩、魏、齐、燕、赵、卫之妙音美人必充后宫,燕、代橐驼良马必实外厩[②]。故从合则楚王,衡成则秦帝。今释霸王之业,而有事人之名,臣窃为大王不取也。

【注释】

①一军下黔中,则鄢、郢动矣:《正义》曰:"秦兵出武关,则临鄢矣;兵下黔中,则临郢矣。"黔中,有研究者认为当作汉中,当时秦国

还没有占有巴、蜀。鄢、郢，鄢为鄢邑，在今湖北宜城，楚国别都；郢为楚都，在今湖北荆州。时人常以鄢郢连称。

②橐驼：即骆驼。

【译文】

“秦国最大的忧患没有比得上楚国的，楚国强大那么秦国就会弱小，秦国强大那么楚国就会弱小。从这种情势判断，两国不能同时并存。所以我为大王策划，不如合纵相亲来孤立秦国。如果大王不采纳合纵政策，秦国一定会出动两支军队，一支从武关出击，一支直下黔中，那么鄢、郢的局势就动摇了。我听说治理国家要赶在问题发生之前，做事要在它还没形成的时候。灾难降临了才去忧虑，那就来不及了。所以我希望大王及早考虑。大王果真能听取我的意见，我愿意号召崤山以东诸国向您进贡四时的礼物，接受您英明的指教，把社稷宗庙托付给您，操练兵士，做好战备，听从您的调遣。大王如能采纳我不成熟的计策，那韩、魏、齐、燕、赵、卫等国好听的音乐和美女就会充满您的后宫，燕、代等地的骆驼良马就会充满您的马厩。所以说，合纵成功，楚国就能成就霸王之业；连横成功，秦国便会称帝。如今您要放弃称王称霸的功业，蒙受侍奉别人的丑名，我私下认为大王这种做法不可取。

“夫秦，虎狼之国也，有吞天下之心。秦，天下之仇雠也①。衡人皆欲割诸侯之地以事秦，此所谓养仇而奉仇者也。夫为人臣，割其主之地以外交强虎狼之秦，以侵天下，卒有秦患，不顾其祸。夫外挟强秦之威以内劫其主，以求割地，大逆不忠，无过此者。故从亲则诸侯割地以事楚，衡合则楚割地以事秦，此两策者相去远矣，二者大王何居焉②？故敝邑赵王使臣效愚计，奉明约，在大王诏之。”

【注释】

①秦，天下之仇雠也：按，这一描述与史实不符。长平战役之后，山东六国才真正意识到秦国的威胁。仇雠，仇人，仇敌。

②何居：在哪儿。这里指选择哪一方。

【译文】

“秦国是一个虎狼一样凶恶的国家，有吞并天下的野心。秦国是天下共同的仇敌。主张连横的人都想割各国的土地去献给秦国，这就叫作供养仇人孝敬仇人。作为臣子，割让自己国君的土地，用来和如狼似虎的强秦相交往，侵扰天下，而自己的国家突然遭受秦国的侵害，他们却不顾及这些灾祸。对外依仗着强秦的威势，用来在内部劫持自己的君主，索取割地，大逆不忠，没有比这更严重的了。如果合纵相亲，那么诸侯就会割地侍楚；连横成功，楚国就得割地侍秦。这两种策略高下相差太远了。这二者，大王要选择哪一方呢？所以敝国赵王派我来奉献这不成熟的策略，奉上明约，全靠大王晓谕众人了。”

楚王曰：“寡人之国西与秦接境，秦有举巴、蜀并汉中之心。秦，虎狼之国，不可亲也。而韩、魏迫于秦患，不可与深谋，与深谋恐反人以入于秦①，故谋未发而国已危矣。寡人自料以楚当秦，不见胜也；内与群臣谋，不足恃也。寡人卧不安席，食不甘味，心摇摇然如县旌而无所终薄②。今主君欲一天下，收诸侯，存危国，寡人谨奉社稷以从③。”

于是六国从合而并力焉④。苏秦为从约长，并相六国⑤。

【注释】

①恐反人以入于秦：泷川引冈白驹曰：“恐有反人以入于秦。”也有研究者认为当作：“恐反以楚谋入告于秦。”

②县旌：悬挂着的旗子。终薄：安顿，着落。

③谨奉社稷以从：杨慎曰："秦、楚其势不两立，'从合则楚王，衡成则秦帝'，说辞之纲也。"刘辰翁曰："当时山东之国，惟齐、楚之强可与秦抗衡，而齐不近秦患，楚则近秦患，故言其强'不当事秦'虽同，而楚则以'势不两立'者激之，此其异也。"

④于是六国从合而并力焉：鲍彪曰："五国之听苏子也，革面而已，非能深究横从之利害也。惟威王雅有难秦之心，然亦深患诸国之不可合，徒称'从命'者也。"

⑤苏秦为从约长，并相六国：按，《战国策》没有苏秦"为从约长，并相六国"的记载。

【译文】

楚王说："我国西面和秦国接壤，秦国抱有夺取巴、蜀和吞并汉中的野心。秦是虎狼一样凶恶的国家，不可以亲近。韩、魏经常遭受秦国侵害的威胁，不可和他们作深入地策划，和他们深入地策划，若有叛逆的人泄露给秦国，会使计划没施行国家就面临危险了。我自己估计，单靠楚国的力量去对抗秦国，不一定能取胜；在朝廷内和群臣谋划，他们又不可信赖。我睡觉不安稳，吃饭吃不香，心神不定，不得安宁。现在您打算使天下统一，团结诸侯，使处于危境的国家保存下来，我愿把整个国家托付给您，听从您的安排。"

于是，六国合纵成功，同心协力了。苏秦做了合纵联盟的盟长，兼任六国国相。

北报赵王，乃行过雒阳，车骑辎重①，诸侯各发使送之甚众，疑于王者②。周显王闻之恐惧③，除道④，使人郊劳⑤。苏秦之昆弟妻嫂侧目不敢仰视，俯伏侍取食。苏秦笑谓其嫂曰："何前倨而后恭也⑥？"嫂委蛇蒲服⑦，以面掩地而谢曰[8]:“见季子位高金多也[9]。”苏秦喟然叹曰[10]:“此一人之身,富贵则亲戚畏惧之,贫贱则轻易之[11],况众人乎!且使我有雒阳负郭田二顷,吾岂能佩六国相印乎[12]!”于是散千金以赐宗族朋友。初,苏秦之燕,贷人百钱为资,及得富贵,以百金偿之。遍报诸所尝见德者[13]。其从者有一人独未得报,乃前自言。苏秦曰:“我非忘子。子之与我至燕,再三欲去我易水之上[14],方是时,我困,故望子深[15],是以后子。子今亦得矣[16]。”

苏秦既约六国从亲,归赵,赵肃侯封为武安君,乃投从约书于秦。秦兵不敢窥函谷关十五年[17]。

【注释】

①辎重:外出时携带的物资。

②疑:通“拟”。

③周显王闻之恐惧:陈子龙曰:“以前不用苏子,且尝致胙于秦也。”

④除道:清除道路。

⑤郊劳:到郊外迎接并慰问。

⑥前倨而后恭:先前傲慢,后来恭敬。

⑦委蛇:通“逶迤”,曲折而行。蒲服:伏地膝行。

⑧以面掩地而谢曰:《战国策》作“妻侧目而视,倾耳而听;嫂蛇行匍伏,四拜自跪而谢”。

⑨季子:谯周曰:“苏秦字季子。”《索隐》曰:“其嫂呼小叔为‘季子’耳,未必即其字。”

⑩喟(kuì)然:叹气的样子。

⑪轻易:轻视,简慢。

⑫使我有雒阳负郭田二顷,吾岂能佩六国相印乎:史珥曰:“专为铺

写俗情，故一一细皴。'位高多金'，闲中指点，此子长哀世之意，可观可感。"泷川曰："衣锦归乡，苏秦得意可想，与晋文公、汉高祖、范睢、韩信、朱买臣、疏广诸人，事似意殊。"负郭，近郊。

⑬见德：恩遇自己。

⑭去：离开。

⑮望：怨恨，责怪。

⑯今：即，将。

⑰秦兵不敢窥函谷关十五年：《通鉴考异》曰："《史记·苏秦传》：'秦兵不敢窥函谷关十五年。'又云：'其后秦使犀首欺齐、魏，与共伐赵，苏秦去赵而从约皆解。'齐、魏伐赵，败从约，止在明年耳……《秦本纪》：'惠文王七年，公子卬与魏战，虏其将龙贾。'后二年事耳；乌在其'不窥函谷十五年'？此出于游谈之士夸大苏秦而云尔。"梁玉绳曰："苏子初说燕从约，至齐、魏伐赵而从约解，首尾止三年耳，安得'十五年不窥函谷'哉？《通鉴考异》及《古史》谓说客浮语，夸大苏秦而云耳。《张仪》《范睢传》亦有此语，并妄也。《秦策》苏子言'齐宣王攻函谷，秦十年远迹'；又言'秦昭王解兵不出，二十九年不相攻'，其妄正类。"

【译文】

苏秦北上向赵王汇报，途中经过雒阳，随行的车辆马匹满载着行装，各诸侯派来送行的使者很多，气派比得上君王。周显王听到这个消息感到害怕，赶快找人为他清除道路，并派使臣到郊外迎接慰劳。苏秦的兄弟妻嫂侧目不敢抬头正视他，都俯伏在地上，侍候他用饭。苏秦笑着问他的嫂嫂："你为什么以前对我那么傲慢，现在却对我这么恭顺呢？"嫂嫂弯曲着身子匍匐前进，把脸贴在地上谢罪说："因为我看到小叔您地位显贵，钱财多啊。"苏秦感慨地叹息说："同样是我这个人，富贵了，亲戚就敬畏我，贫贱时，就慢待我，何况是别的人呢！假如我当初在雒阳近郊有二顷良田，我哪里能发奋佩上六国的相印呢！"于是他施散千金，分赐给族人和朋友。当初，苏秦前往燕国时，跟人借了一百钱做路费，现在富贵了，便用一百金去偿还。凡是对他有恩的人，苏秦都给予了报答。他的随从人员中只有一个人没有得到赏赐，这个人去找苏秦申明。苏秦说："我不是忘了您。当初您和我到燕国去，在易水边您曾多次想离开我，那时我处境困难，所以对您很不满，所以才把您放在后边。您现在也可以得到赏赐了。"

苏秦约定六国合纵相亲之后，回到赵国，赵肃侯封他为武安君，于是苏秦把合纵盟约书送交秦国。从此秦国不敢窥伺函谷关以外的国家，长达十五年之久。

其后秦使犀首欺齐、魏，与共伐赵，欲败从约。齐、魏伐赵，赵王让苏秦。苏秦恐，请使燕，必报齐。苏秦去赵而从约皆解①。

【注释】

①苏秦去赵而从约皆解：《集解》引徐广曰："自初说燕至此三年。"吴见思曰："'败从约'只略说，为苏秦讳也。心机用尽，功业中毁，兜头一提，使人浩叹。"又曰："说六国，一篇数千言；而'从约皆解'，一句即了，如冰消瓦解。盖亲昆弟尚有争财妒忌者，欲六国一心，原为难事也。"按，现代研究者认为苏秦"合从六国"之事纯属子虚乌有。去，离开。

【译文】

后来秦国派犀首欺骗齐国和魏国，和它们联合攻打赵国，打算破坏合纵联盟。齐、魏进攻赵国，赵王就责备苏秦。苏秦害怕了，请求出使燕国，发誓报复齐国。苏秦离开赵国之后，合纵联盟就瓦解了。

秦惠王以其女为燕太子妇[①]。是岁[②]，文侯卒[③]，太子立，是为燕易王[④]。易王初立，齐宣王因燕丧伐燕，取十城[⑤]。易王谓苏秦曰："往日先生至燕，而先王资先生见赵，遂约六国从。今齐先伐赵，次至燕，以先生之故为天下笑，先生能为燕得侵地乎？"苏秦大惭，曰："请为王取之。"

【注释】

①秦惠王以其女为燕太子妇：按，有研究者认为也是子虚乌有的事。

②是岁：即秦惠王五年，燕文公二十九年，前333年。

③文侯卒：《燕召公世家》与《六国年表》皆作"文公"。是。

④燕易王：文公之子，前332—前321年在位。

⑤齐宣王因燕丧伐燕，取十城：《燕召公世家》记载与此同。按，宣王伐燕在燕哙时，宣王在其后十三年才即位。有研究者认为"取燕十城"是燕昭王二十年（前292）"权之战"的战果。

【译文】

秦惠王把他的女儿嫁给燕国太子做妻子。这一年，燕文侯去世，太子即位，这就是燕易王。燕易王刚刚即位，齐宣王趁着燕国发丧之机，攻打燕国，一连攻克了十座城池。燕易王对苏秦说："从前先生到燕国来，先王资助您去见赵王，于是才约定六国合纵。如今齐国首先进攻赵国，接着又打到燕国，因为先生的缘故被天下人耻笑，先生能替燕国收复被侵占的土地吗？"苏秦感到非常惭愧，说："请让我替大王把失地收回来。"

苏秦见齐王[①]，再拜，俯而庆，仰而吊[②]。齐王曰："是何庆吊相随之速也？"苏秦曰："臣闻饥人所以饥而不食乌喙者[③]，为其愈充腹而与饿死同患也[④]。今燕虽弱小，即秦王之少婿也。大王利其十城而长与强秦为仇。今使弱燕为雁行而强秦敝其后⑤，以招天下之精兵⑥，是食乌喙之类也⑦。”齐王愀然变色曰⑧：“然则奈何？”苏秦曰：“臣闻古之善制事者，转祸为福，因败为功。大王诚能听臣计，即归燕之十城。燕无故而得十城，必喜；秦王知以己之故而归燕之十城，亦必喜。此所谓弃仇雠而得石交者也⑨。夫燕、秦俱事齐，则大王号令天下，莫敢不听。是王以虚辞附秦⑩，以十城取天下。此霸王之业也。”王曰：“善。”于是乃归燕之十城⑪。

【注释】

①苏秦见齐王：依本传，本齐王是“齐宣王”，然而齐国当时的国君是齐威王。

②俯而庆，仰而吊：《集解》引刘氏曰：“当时庆吊应有其词，但史家不录耳。”

③乌喙：有毒的植物。又名“乌头”“土附子”等。

④愈：《战国策》作“偷”。王念孙曰：“‘愈’‘偷’通。”苟且。

⑤雁行（háng）：居前的行列。敝其后：在后掩护。

⑥天下之精兵：泷川引冈白驹曰：“秦兵为天下精兵。”

⑦是食乌喙之类也：凌稚隆引吕祖谦曰：“苏秦去年合从，力诋横人以秦恐喝诸侯，今年乃自为此言，大抵辩士之论皆如此。”吴见思曰：“初欲六国困秦，后即借秦以恐喝六国，极写苏秦反复处。然当时事势，不得不然也。”

⑧愀（qiǎo）然：忧愁貌。

⑨石交：友谊牢固的朋友。

⑩附：归附。

⑪乃归燕之十城：按，司马迁应该是把发生于二十年以后的事误混

于此了。吴见思曰："首用苏秦者，燕也，为苏秦之所感；首伐赵而败纵约者，齐也，为苏秦之所恨。故前之出赵入燕，今之出燕入齐，所以报齐者甚深，为燕者甚切。"黄式三曰："齐宣王伐赵、伐燕，始解纵约，苏氏兄弟所以长怨齐而卒敝齐也。苏秦力诋横人，此以秦恐喝者，齐既畏秦而媚之，苏秦乘机而言，不足疑也。"按，苏秦游说六国事虽子虚乌有，但效忠于燕却是事实。

【译文】

苏秦见到齐王，拜了两拜，弯下腰去向齐王表示庆贺，仰起头来又向齐王表示哀悼。齐王说："为什么庆贺和哀悼相继这么快呢？"苏秦说："我听说饥饿的人，宁愿饥饿而不吃乌头这种有毒植物，是因为这种东西虽然能暂时填饱肚子，但很快能让人丧命，和饿死没什么两样。燕国虽然弱小，但燕王是秦王的小女婿。大王贪图十座城池的利益，而不惜与强大的秦国长久结仇。如今使弱小的燕国做先锋，强大的秦国在后做掩护，从而招致天下的精锐部队攻击你，这和吃乌头是相类似的啊。"齐王的脸色一下子变得凄怆而严肃，说："事情已经这样了，该怎么办呢？"苏秦说："我听说古代善于控制事态发展的人，能够转祸为福，利用失败取得成功。大王果真能听从我的计策，就立即归还燕国的十座城池。燕国平白收回十城，一定高兴；秦王知道您是因为他归还了燕国的十城，也一定会高兴。这是放下仇恨、结金石之交的做法。燕国、秦国都服事齐国，那您号令天下，没人敢不听从。您只不过是口头上依附秦国，而用十城换取了天下。这是霸王的功业啊。"齐王说："好。"于是就归还了燕国的十座城池。

人有毁苏秦者曰[①]："左右卖国反覆之臣也[②]，将作乱。"苏秦恐得罪，归，而燕王不复官也。苏秦见燕王曰："臣，东周之鄙人也[③]，无有分寸之功，而王亲拜之于庙而礼之于廷。

今臣为王却齐之兵而攻得十城，宜以益亲。今来而王不官臣者，人必有以不信伤臣于王者。臣之不信，王之福也。臣闻忠信者，所以自为也④；进取者⑤，所以为人也。且臣之说齐王，曾非欺之也。臣弃老母于东周，固去自为而行进取也⑥。今有孝如曾参⑦，廉如伯夷⑧，信如尾生⑨。得此三人者以事大王，何若？”王曰：“足矣。”苏秦曰：“孝如曾参，义不离其亲一宿于外，王又安能使之步行千里而事弱燕之危王哉？廉如伯夷，义不为孤竹君之嗣⑩，不肯为武王臣，不受封侯而饿死首阳山下。有廉如此，王又安能使之步行千里而行进取于齐哉？信如尾生，与女子期于梁下⑪，女子不来，水至不去，抱柱而死。有信如此，王又安能使之步行千里却齐之强兵哉？臣所谓以忠信得罪于上者也。”燕王曰：“若不忠信耳，岂有以忠信而得罪者乎？”苏秦曰：“不然。臣闻客有远为吏而其妻私于人者，其夫将来，其私者忧之，妻曰‘勿忧，吾已作药酒待之矣’。居三日，其夫果至，妻使妾举药酒进之。妾欲言酒之有药，则恐其逐主母也⑫；欲勿言乎，则恐其杀主父也。于是乎详僵而弃酒⑬。主父大怒，笞之五十。故妾一僵而覆酒，上存主父，下存主母，然而不免于笞，恶在乎忠信之无罪也夫？臣之过，不幸而类是乎！”燕王曰：“先生复就故官。”益厚遇之⑭。

【注释】

①毁：诋毁，毁谤。

②左右：意谓摇摆不定。

③鄙人：鄙俗的人。

④自为:为了自己。

⑤进取:求取,追求。

⑥去:放弃,丢开。行:实行。

⑦曾参:孔子的学生。以孝著称。详见《仲尼弟子列传》。

⑧伯夷:商末孤竹君之子,因兄弟让位而出逃。详见《伯夷列传》。

⑨尾生:传说中信守承诺的人。

⑩嗣:接班人,继位者。

⑪期:约定。梁:桥。

⑫主母:婢妾、仆役对女主人之称。

⑬详(yáng):诈,假装。僵:倒下。

⑭益厚遇之:茅坤曰:"此段弃酒之喻,即蒯通说齐王信之故态。"

【译文】

有人诽谤苏秦说:"苏秦是个左右摇摆、出卖国家、反复无常的人,他会作乱的。"苏秦害怕获罪,就回到燕国,燕王不再让他任职了。苏秦觐见燕王说:"我本是东周一个鄙陋的人,没有半点儿功劳,而大王亲自在宗庙里授予我官职,在朝廷上以礼相待。现在我替您说退了齐国的军队,并且收复了十座城池,您对我应当更加亲近才对。现在我回到燕国后,大王却不让我任职了,这一定是有人用不诚实的罪名在您面前中伤我。我不诚实,正是您的福分。我听说,讲忠信只不过是为了自己;而进取者,一切都是替别人打算。我去游说齐王,从来不是在欺骗他。我把年老的母亲丢在东周,这本来就是一种抛弃个人利益,而一心进取的行为。如今有人像曾参那样孝顺,像伯夷那样廉洁,像尾生那样守信。得此三人来侍奉大王,您觉得怎样?"燕王回答说:"足够了。"苏秦说:"像曾参一样孝顺,为尽孝道,决不离开父母在外面过上一夜。像这样您又怎么能让他步行千里来到弱小的燕国,侍奉处在危困中的国君呢?像伯夷一样的廉洁,坚守正义,不愿做孤竹君的继承人,不肯做周武王的臣子,不接受赐爵封侯而最终饿死在首阳山下。像他这样廉洁,您又怎么能让他步行千里到齐国干一番事业取回十座城池呢？像尾生那样诚信，和女子相约在桥下，女子到期没来，洪水来了也不离去，紧抱桥柱被水淹死。像这样的诚信，您又怎么能让他步行千里退去齐国强大的军队呢？我正是因为对您讲忠信，才得罪了您呀。”燕王说：“你不是真的忠与信，哪有因为对人忠信而获罪的呢？”苏秦说：“不对。我听说有个到远地做官的人，他的妻子与别人私通，他将要回来了，妻子的姘夫担心，妻子说‘不用担心，我已经准备好毒酒等着他了’。过了三天，她丈夫果然回来了，妻子让侍妾端着有毒的酒给他喝。侍妾想告诉他酒中有毒，又恐怕他把主母赶走；可是不告诉他吧，又怕毒酒害死了主父。于是她假装跌倒，把酒泼在了地上。主父大怒，将她打了五十竹板。所以侍妾一跌倒而泼掉了那杯毒酒，在上保存了主父，在下保存了主母，可是自己却免不掉挨竹板子，怎么能说忠诚信实就不能获罪呢？不幸的是我的罪过跟侍妾的遭遇相类似啊！”燕王说：“先生恢复原来的官职吧。”从此更加优待苏秦。

易王母，文侯夫人也，与苏秦私通[①]。燕王知之，而事之加厚。苏秦恐诛，乃说燕王曰：“臣居燕不能使燕重，而在齐则燕必重[②]。”燕王曰：“唯先生之所为。”于是苏秦详为得罪于燕而亡走齐，齐宣王以为客卿[③]。齐宣王卒，湣王即位[④]，说湣王厚葬以明孝，高宫室大苑囿以明得意，欲破敝齐而为燕[⑤]。燕易王卒，燕哙立为王[⑥]。其后齐大夫多与苏秦争宠者，而使人刺苏秦，不死，殊而走[⑦]。齐王使人求贼，不得。苏秦且死，乃谓齐王曰：“臣即死，车裂臣以徇于市，曰‘苏秦为燕作乱于齐’，如此则臣之贼必得矣。”于是如其言，而杀苏秦者果自出，齐王因而诛之。燕闻之曰：“甚矣，齐之为苏生报仇也[⑧]!”

【注释】

①易王母,文侯夫人也,与苏秦私通:按,《战国策》没有记载。

②臣居燕不能使燕重,而在齐则燕必重:按,此谋划做间谍事,应在昭王时。

③客卿:指出身别国而在该国任高级辅佐官的人。以其位同列卿,参与决政,而国君又往往待之如上宾,故称。

④齐宣王卒,湣王即位:按,《史记》对齐国诸侯的纪年大都谱列错误,齐宣王卒、齐湣王立,应相当于燕昭王十一年(前301)。

⑤欲破敝齐而为燕:《论衡·薄葬》:“苏秦为燕,使齐国之民高大其冢,多藏财物,财尽民贫,国空兵弱,燕军卒至,无以卫国,国破城亡,主出民散。”破敝,破坏损害。

⑥燕易王卒,燕哙立为王:按,齐湣王时期,燕国是燕昭王在位。

⑦殊而走:《集解》:“殊者,死也,与诛同指。而此云‘不死,殊而走’者,苏秦时虽不即死,然是死创,古云‘殊’。”

⑧甚矣,齐之为苏生报仇也:按,苏秦的报仇谋划,《战国策》没有记载。凌稚隆曰:“史鱼将卒,以在朝不能进蘧伯玉退弥子瑕,命其子置尸牖下以谏,于是灵公吊而问之,遂进伯玉而退子瑕,此以尸行其忠者也。若苏秦之徇市,正与吴起伏王尸之意同,此以尸行其诈者也。呜呼,可畏哉!”苏生,苏先生。

【译文】

燕易王的母亲是燕文侯的夫人,和苏秦私通。燕王知道这件事,却对苏秦的待遇更加优厚。苏秦害怕被杀,就劝说燕易王道:“我留在燕国,不能使燕国的地位提高,假如我在齐国,就一定能提高燕国的地位。”燕王说:“一切听任先生去做吧。”于是,苏秦假装得罪了燕王而逃跑到齐国,齐宣王便任用他为客卿。齐宣王去世,齐湣王继位,苏秦就劝说齐湣王把葬礼办得铺张隆重，用来表明自己的孝道，高高地建筑宫室，大规模地开辟园林，以显示自己的得意，想以此损耗齐国，从而有利于燕国。燕易王去世，燕王哙继位。后来，齐国的大夫中有很多人与苏秦争宠，派人暗杀苏秦，苏秦没死，带着重伤逃走了。齐王派人去抓凶手，没有抓到。苏秦快要死了，对齐王说："我快要死了，请您把我在广场上车裂示众，宣称'苏秦为了燕国要在齐国作乱'，这样，那杀害我的凶手就一定能抓到了。"齐王照苏秦的话做，刺杀苏秦的凶手果然露面了，齐王就把他捉来杀了。燕国听到这个消息说："齐国用这种办法替苏先生报仇，也太过分了！"

苏秦既死，其事大泄。齐后闻之，乃恨怒燕。燕甚恐。苏秦之弟曰代，代弟苏厉[①]，见兄遂[②]，亦皆学。及苏秦死，代乃求见燕王[③]，欲袭故事[④]。曰："臣，东周之鄙人也。窃闻大王义甚高，鄙人不敏，释锄耨而干大王[⑤]。至于邯郸，所见者绌于所闻于东周[⑥]，臣窃负其志[⑦]。及至燕廷，观王之群臣下吏，王，天下之明王也。"燕王曰："子所谓明王者何如也？"对曰："臣闻明王务闻其过，不欲闻其善，臣请谒王之过。夫齐、赵者，燕之仇雠也[⑧]；楚、魏者，燕之援国也。今王奉仇雠以伐援国，非所以利燕也。王自虑之，此则计过，无以闻者，非忠臣也。"王曰："夫齐者固寡人之仇，所欲伐也，直患国敝力不足也。子能以燕伐齐，则寡人举国委子。"对曰："凡天下战国七，燕处弱焉。独战则不能，有所附则无不重。南附楚，楚重；西附秦，秦重；中附韩、魏，韩、魏重。且苟所附之国重，此必使王重矣[⑨]。今夫齐，长主而自用也[⑩]。南攻楚五年[⑪]，畜聚竭；西困秦三年[⑫]，士卒罢敝；北与燕人战⑬，覆三军，得二将⑭。然而以其余兵南面举五千乘之大宋⑮，而包十二诸侯⑯。此其君欲得，其民力竭，恶足取乎⑰！且臣闻之，数战则民劳，久师则兵敝矣⑱。”

【注释】

①苏秦之弟曰代，代弟苏厉：梁玉绳曰：“据《秦策》，苏秦有嫂而呼为‘季子’。上文一则曰‘兄弟嫂妹’，一则曰‘昆弟妻嫂’，似秦居第四；乃《燕策》及《史》又以代、厉为秦弟，何也？”有研究者认为苏代是兄长。

②遂：成，实现。

③燕王：据司马迁原意，此燕王指燕王哙。

④袭故事：按老规章办。按，此处“苏代”应该是“苏秦”，“燕王”应该是“燕昭王”，这才是苏秦真实历史活动的开始。《说苑·君道》记载了燕昭王招贤，“苏子闻之，从周归燕，……果以弱燕并强齐”。

⑤释：放下。耨（nòu）：锄头。干：干谒，求见。

⑥所见者绌于所闻于东周：按，《战国策》作“至于邯郸，所闻于邯郸者又高于所闻东周”。徐孚远曰：“代至邯郸，而所闻不称，此隐语也。下文云‘赵者，燕之深仇’，则是闻诸邯郸之言，将以间燕、赵也。”绌，通“诎”，屈缩。

⑦窃负其志：内心感到有些失望。负志，失意，不得志。这里指失望。

⑧齐、赵者，燕之仇雠也：有学者认为“赵”字衍。按，齐宣王曾趁燕王哙之乱大举伐燕，结下深仇。

⑨苟所附之国重，此必使王重矣：《正义》曰：“言附诸国，诸国重燕，而燕尊重。”

⑩长（zhǎng）主：《索隐》曰：“谓齐王年长也。或作‘齐强，故言长主’。”按，此时的齐王为齐湣王。自用：独断专行，不接受别人的意见。

⑪南攻楚五年：周赧王十二年（前303），齐、韩、魏因为楚背叛从亲之约加以讨伐。两年后，秦、齐、韩、魏联合伐楚。再两年后，孟尝君去齐相秦。

⑫西困秦三年：据《六国年表》，此指周赧王十七年至十九年（前298—前296）齐、韩、魏三国讨伐秦国攻入函谷关事。

⑬北与燕人战：有研究者认为此指周赧王十九年（前296）齐、燕权之战。权亦称桓。《战国策·齐策五》："昔者，齐、燕战于桓之曲，燕不胜，十万之众尽。"

⑭覆三军，得二将：《集解》曰："齐覆三军，而燕失二将。"

⑮余兵：犹残兵。举五千乘之大宋：事在周赧王二十九年（前286）。举，拔，攻下。

⑯包：谓包围攻取。十二诸侯：当指泗水流域的宋、卫、鲁、邹、滕、薛、郳、莒、费、郯、任、邾十二国。

⑰恶足取乎：按，《战国策》作"安犹取哉"，意即还能再攻取什么呢。

⑱入师：按，当为"久师"，长期征战，连年用兵。

【译文】

苏秦死后，他暗中损害齐国的事情完全暴露出来。齐国知道后，十分恼恨燕国。燕王很害怕。苏秦的弟弟叫苏代，苏代的弟弟叫苏厉，他们看到哥哥功成名就，遂顺心愿，也都发奋学习纵横之术。苏秦死后，苏代就去求见燕王，想继承苏秦的旧业。苏代说："我是东周一个鄙陋的人。听说大王义高，我很愚笨，放下农活而来求见大王。我到了邯郸，所见到的情况和我在东周所听到的相差很远，我内心感到失望。等到了燕国朝廷，遍观大王的臣子、下吏，才知道大王是天下贤明的国君啊。"燕王说："您所说的贤明的国君是什么样的呢？"苏代回答说："我听说贤明的国君一定愿听到别人指出他的过失，而不希望只听到别人称赞他的优点，请允许我说明大王的过失。齐国和赵国，是燕国的仇敌；楚国和魏国，是燕国的盟国。如今大王却去奉承仇敌而攻打自己的盟国，这对燕国是没有好处的。请大王自己想一想，这是策略上的失误，不把这种失误讲给您听的人，就不是忠臣。”燕王说：“齐国本来是我的敌人，是我想要讨伐的国家，只是担心国家衰弱，没有足够的力量。假如您能以燕国现有的力量讨伐齐国，那么我愿把整个国家托付给您。”苏代回答说：“天下能够互相征战的国家共有七个，而燕国处于弱小的地位。单独作战不能取得胜利，然而只要有所依附，被依附的没有不提高声威的。向南依附楚国，楚国的地位就会提高；向西依附秦国，秦国的地位就会提高；中间依附韩、魏，韩、魏的地位会提高。您依附的国家地位提高，一定会让您的地位也提高。如今齐国国君年纪大而固执自信，听不进别人的意见。他向南攻打楚国长达五年之久，积聚的财富消耗尽了；西边被秦国困扰了三年，士兵们疲惫衰弱；向北和燕国人作战，以三军覆没的代价，仅仅俘虏了两名将领。然而还要发动剩余的兵力向南攻打拥有五千辆战车的宋国，吞并十二个小诸侯国。这样的国君一心想要扩张，可是民力已经枯竭了，还能再攻取什么呢！而且我听说，战争频繁，百姓就要劳顿；长期用兵，士兵就疲敝。”

燕王曰：“吾闻齐有清济、浊河可以为固[①]，长城、钜防足以为塞[②]，诚有之乎？”对曰：“天时不与，虽有清济、浊河，恶足以为固！民力罢敝，虽有长城、钜防，恶足以为塞！且异日济西不师，所以备赵也；河北不师，所以备燕也。今济西、河北尽已役矣[③]，封内敝矣[④]。夫骄君必好利，而亡国之臣必贪于财。王诚能无羞从子母弟以为质[⑤]，宝珠玉帛以事左右，彼将有德燕而轻亡宋[⑥]，则齐可亡已[⑦]。”燕王曰：“吾终以子受命于天矣[⑧]。”燕乃使一子质于齐[⑨]。而苏厉因燕质子而求见齐王。齐王怨苏秦，欲囚苏厉。燕质子为谢，已遂委质为齐臣[⑩]。

【注释】

①清济：即济水，自河南流来，经今济南北，东北流，入渤海。浊河：即黄河。

②长城、钜防：即齐长城，西起今山东济南长清区西南的广里，大致沿古济水东北，绕经泰山西北侧向东，复东行经沂源北，东南折至今青岛黄岛区西南之琅邪，大体为当时齐国之南境。《竹书纪年》："齐闵王筑防以为长城。"防是齐长城的别名。

③济西、河北尽已役矣：徐孚远曰："二境之师不出，专以备燕、赵，今用兵不休，故二境皆发也。"济西，古地区名，指济水以西的齐国地区。河北，黄河西北属于齐国的地区。

④封内：国境之内。

⑤从子：兄弟之子，即侄子。按，《战国策》作"宠子"，得宠的子女。

⑥将有德燕：《战国策》作"且德燕"。"有"字衍。德，感恩，感激。轻：看轻。

⑦则齐可亡已：泷川曰："齐国力益敝，可伐而亡也。"

⑧吾终以子受命于天矣：吕祖谦曰："论齐之亡形，莫详于此。《战国策》误以为说燕王哙，使哙能有志如是，岂至覆国乎！论其世，考其事，皆说昭王之辞也。"

⑨乃使一子质于齐：梁玉绳曰："《燕策》作'燕王之弟质齐'，疑此误也。……此质子应是王哙之子，昭王之弟。"按，即襄安君。

⑩遂委质为齐臣：按，有研究者认为，因燕质子见齐王及侍燕质子于齐都是苏秦事。委质，献身，委身。

【译文】

燕王说："我听说齐国据有清济、浊河可以用来固守，长城、钜防足以作为要塞，果真是这样吗？"苏代说："天时对它不利，即使有清济、浊河，哪里能够固守！民力已经疲敝，即使有长城、钜防，哪里能够成为要塞！况且，以前不征发济西的兵力，目的是为了防备赵国的入侵；不征发河北的兵力，目的是为了防备燕国的入侵。如今，济西、河北的兵力都被征发参战了，境内的防卫力量已很薄弱了。骄横的国君一定好利，亡国的臣子一定贪财。您要是不惜把侄儿、弟弟送出去做人质，拿宝珠玉帛去贿赂齐王的亲信，齐国就会对燕国友好而去放心大胆地吞并宋国，那么齐国就可以被我们消灭了。”燕王说：“我终于靠着您而得以承受上天的旨意了。”于是燕国就派了一个公子到齐国做人质。苏厉也借着这个机会求见齐王。齐王怨恨苏秦，打算把苏厉囚禁起来。燕国质子替他在齐王面前谢罪，随后苏厉就委身做了齐国的臣子。

燕相子之与苏代婚[①]，而欲得燕权，乃使苏代侍质子于齐。齐使代报燕，燕王哙问曰：“齐王其霸乎？”曰：“不能。”曰：“何也？”曰：“不信其臣。”于是燕王专任子之，已而让位，燕大乱[②]。齐伐燕，杀王哙、子之[③]。燕立昭王[④]，而苏代、苏厉遂不敢入燕，皆终归齐，齐善待之。

【注释】

①子之：燕国国相。与苏代婚：《燕召公世家》记载为：“苏秦之在燕，与其相子之为婚，而苏代与子之交。”与本传记载不同。

②燕王专任子之，已而让位，燕大乱：按，《燕召公世家》记载与此有异。据《燕召公世家》，苏代劝燕王哙重用子之，至燕王哙三年（前318），又有说客劝燕王哙把国君之位让给子之。子之“南面行王事”的第四年（前315），燕国内乱。

③齐伐燕，杀王哙、子之：据《燕召公世家》记载，燕国大乱后，“孟轲谓齐王曰：‘今伐燕，此文、武之时，不可失也。’王因令章子将五都之兵，以因北地之众以伐燕。士卒不战，城门不闭，燕君哙死，齐大胜”。事在齐宣王六年，燕王哙七年，前314年。

④昭王:名职,一说名平。燕王哙之子。其元年为前311年。

【译文】

燕国的国相子之与苏代结为姻亲,子之想夺取燕国的政权,便派苏代到齐国侍奉质子。齐王让苏代回燕国复命,燕王哙问苏代:"齐王大概要称霸了吧?"苏代说:"不能。"燕王问:"为什么?"回答说:"齐王不信任他的臣子。"于是,燕王专一重用子之,不久又把王位禅让给子之,燕国因此大乱。齐国趁机攻打燕国,杀了燕王哙和子之。燕国拥立昭王即位,而苏代、苏厉就再不敢到燕国来,最后都归附了齐国,齐国对他们很优待。

苏代过魏,魏为燕执代[①]。齐使人谓魏王曰[②]:"齐请以宋地封泾阳君[③],秦必不受。秦非不利有齐而得宋地也,不信齐王与苏子也。今齐、魏不和如此其甚,则齐不欺秦。秦信齐,齐、秦合,泾阳君有宋地,非魏之利也。故王不如东苏子[④],秦必疑齐而不信苏子矣。齐、秦不合,天下无变,伐齐之形成矣。"于是出苏代。代之宋,宋善待之[⑤]。

【注释】

①苏代过魏,魏为燕执代:按,有研究者认为,被拘捕的是苏秦,而非苏代。事情发生在前286年。执,拘捕。

②魏王:指魏襄王,前318—前296年在位。

③泾阳君:名市,秦昭王异母弟,初封泾阳(今陕西泾阳西北)。

④东:使向东,使往东。苏子:按,据文意为苏代,实应为苏秦。

⑤代之宋,宋善待之:齐湣王十五年(前286),趁着宋国内乱,齐、秦第三次联合伐宋,齐国攻灭了宋国。各国大为震恐,魏国献出安邑和河内以向秦国求和,并拘捕了苏秦。齐国派苏厉去游说,苏

秦才得以回到齐国。

【译文】

苏代经过魏国，魏国替燕国拘捕了苏代。齐国派人对魏王说："齐国要把宋国土地封给秦王的弟弟泾阳君，秦国一定不会接受。秦国不是不想控制齐国和得到宋国的土地，而是不相信齐王和苏先生。如今齐国和魏国矛盾已经达到如此严重的地步，那么齐国就不会去欺骗秦国。秦国相信齐国，齐、秦联合起来，泾阳君就会得到宋国的土地，这就不是一件有利于魏国的事了。所以大王不如让苏先生东归齐国，秦王一定会怀疑齐王，而又不相信苏先生了。齐、秦不能合作，天下局势就不会改变，讨伐齐国的时机也就形成了。"于是魏国释放了苏代。苏代到了宋国，宋王友好地对待他。

齐伐宋①，宋急，苏代乃遗燕昭王书曰："夫列在万乘而寄质于齐②，名卑而权轻；奉万乘助齐伐宋，民劳而实费；夫破宋，残楚淮北③，肥大齐，仇强而国害：此三者皆国之大败也。然且王行之者，将以取信于齐也。齐加不信于王④，而忌燕愈甚，是王之计过矣。夫以宋加之淮北，强万乘之国也⑤，而齐并之，是益一齐也。北夷方七百⑥，加之以鲁、卫，强万乘之国也，而齐并之，是益二齐也。夫一齐之强，燕犹狼顾而不能支，今以三齐临燕，其祸必大矣。虽然，智者举事，因祸为福，转败为功。齐紫，败素也，而贾十倍⑦；越王句践栖于会稽，复残强吴而霸天下：此皆因祸为福，转败为功者也。

【注释】

①齐伐宋：时间是齐湣王十五年，燕昭王二十六年，前286年。

②寄质于齐：按，燕昭王曾使其弟襄安君到齐国做人质。

③残楚淮北：按，淮北当时应属宋。

④齐加不信于王：《战国策》作“齐未加信于足下”。

⑤强万乘之国也：鲍彪注：“宋，五千乘国也，又加之淮北，则万乘而强。”也有人以为，据《尔雅·释诂》“强，当也”，这里是指以五千乘之宋加之淮北，足与万乘之国相当。

⑥北夷：《索隐》曰：“谓山戎、北狄附齐者。”王念孙曰：“‘北夷’当作‘九夷’。……九夷之地东与十二诸侯接，而鲁为十二诸侯之一，故此言齐并九夷与鲁卫也。”

⑦齐紫，败素也，而贾十倍：《正义》曰：“齐君好紫，故齐俗尚之。取恶素帛染为紫，其价十倍贵于余。”凌稚隆引柯维骐曰：“败素虽无用，而齐染紫以售重价，智者举事，转败为功，正此类也。”贾，“价”的古字。

【译文】

齐国进攻宋国，宋国危急，苏代就写了一封信送给燕昭王，说：“燕国是一个万乘大国，却向齐国派遣了人质，名声卑下而势力弱小；以大国的身份帮助齐国攻打宋国，使得百姓劳困而财力消耗；即便打败宋国，残害楚国的淮北，只能壮大齐国，帮助仇敌日益强大而残害了自己的国家：这三方面都是对燕国很不利的事。虽然如此，可是大王还在继续这样干下去，是为了取得齐国的信任。齐国对大王更加不信任，而且对燕国的忌恨越来越深，这就说明大王的策略是错误的。把宋国和楚国淮北加在一起，抵得上一个强大的万乘国家，而齐国吞并了它，就等于使齐国增加了一倍的国力。北夷纵横七百里，再把鲁国和卫国加上，又抵得上一个强大的万乘国家，齐国吞并了它们，这就等于使齐国增加了二倍的国力。以一个齐国的强大，燕国还惊疑恐惧而不能应付，现在用三个齐国的力量压到燕国头上，那灾祸一定很大了。话虽如此，明智的人做事能够变祸为福，转败为胜。齐国的紫绢，本是用差的白绢染成，却能够提高十倍的价钱；越王句践被困栖身在会稽山上，却打败了强大的吴国而称霸天下：这都是变祸为福、转败为胜的例子。

"今王若欲因祸为福，转败为功，则莫若挑霸齐而尊之[1]，使使盟于周室，焚秦符[2]，曰'其大上计，破秦；其次，必长宾之'[3]。秦挟宾以待破[4]，秦王必患之。秦五世伐诸侯[5]，今为齐下，秦王之志苟得穷齐，不惮以国为功[6]。然则王何不使辩士以此言说秦王曰：'燕、赵破宋肥齐，尊之为之下者，燕、赵非利之也。燕、赵不利而势为之者，以不信秦王也。然则王何不使可信者接收燕、赵，令泾阳君、高陵君先于燕、赵[7]？秦有变[8]，因以为质，则燕、赵信秦。秦为西帝，燕为北帝，赵为中帝，立三帝以令于天下[9]。韩、魏不听则秦伐之，齐不听则燕、赵伐之，天下孰敢不听？天下服听，因驱韩、魏以伐齐，曰"必反宋地，归楚淮北"。反宋地，归楚淮北，燕、赵之所利也；并立三帝，燕、赵之所愿也。夫实得所利，尊得所愿，燕、赵弃齐如脱蹝矣[10]。今不收燕、赵，齐霸必成。诸侯赞齐而王不从，是国伐也[11]；诸侯赞齐而王从之，是名卑也。今收燕、赵，国安而名尊；不收燕、赵，国危而名卑。夫去尊安而取危卑，智者不为也。'秦王闻若说，必若刺心[12]。然则王何不使辩士以此若言说秦[13]？秦必取，齐必伐矣。夫取秦，厚交也；伐齐，正利也。尊厚交，务正利，圣王之事也。"

【注释】

①挑：挑逗，怂恿，引诱。

②焚秦符:张照曰:“符者,节信也。……‘焚秦符’者,绝之也。《楚世家》曰:‘齐折楚符而合于秦。’”

③宾:排抑。此指困住。

④挟宾:泷川引冈白驹曰:“犹云‘被宾’。”

⑤秦五世:指献公、孝公、惠文王、武王、昭王五代。

⑥苟得穷齐,不惮(dàn)以国为功:吴见思曰:“苟得破齐,不惮以国殉之也。”泷川曰:“赌国求胜也。”

⑦高陵君:秦昭王同母弟。

⑧有变:鲍彪曰:“谓背二国。”

⑨立三帝以令于天下:袁黄曰:“六国惟燕最弱,即令少得志,岂敢与齐、秦并帝哉?此所谓‘空言亡施’者。”

⑩蹝(xǐ):草鞋。

⑪是国伐也:鲍彪曰:“秦受齐伐。”

⑫必若刺心:泷川曰:“言其切己。”

⑬此若言:犹言“此言”。王念孙曰:“连言‘此若’者,古人自有复语耳。”

【译文】

“现在大王要变祸为福,转败为胜,莫如怂恿各国尊齐国为霸主,派遣使臣与周室结盟,烧毁秦国的信符,宣告说‘最高明的策略就是攻破秦国,其次是一定要永远排斥它’。秦国遭到各国共同的排斥面临被攻破的威胁,秦王必定为此而忧虑。秦国连续五代都主动攻打各诸侯国,如今却屈居齐国之下,按照秦王的意志,如果能迫使齐国走投无路,就不怕拿整个国家作赌注以求得成功。既然如此,那么大王何不派遣说客用这些话去劝说秦王:‘燕、赵两国打败宋国,壮大齐国,尊崇它并甘愿屈从它,燕、赵并不能从中得到什么好处。他们这样做,是因为不信任秦国。既然如此,那您为什么不派遣一个信得过的人与燕、赵交好,让泾阳君、高陵君先到燕国、赵国去呢?如果秦国背信弃义,就用他们做人质,这样燕国和赵国就相信秦国了。这样一来，秦国在西方称帝，燕国在北方称帝，赵国在中部称帝，树立三帝对天下发号施令。假如韩国、魏国不服从，那么秦国就出兵攻打它，齐国不服从，那么燕国、赵国就出兵攻打它，这样一来，天下谁敢不听命？天下都听命了，就趁势驱使韩、魏攻打齐国，说"必须交出宋国的失地，归还楚国的淮北"。交出宋国的失地，归还楚国的淮北，对燕国和赵国都是有利的事；并立三帝，也是燕、赵愿意的事。他们实际上得到了好处，名分上如愿以偿，那么让燕国和赵国抛弃齐国，就好像甩掉鞋子一样的容易。您如果不争取燕、赵，齐国的霸业就一定成功。各国拥护齐国而您不服从，秦国就会遭到攻伐；各国拥护齐国而您也服从，您的声望就下降了。争取燕、赵，会使国家安宁而声望崇高；不争取燕、赵，会使国家危险而声望下降。丢掉尊荣和安宁，却选择危险和卑下，明智的人是不会这样干的。'秦王听到这些话，心头必被刺痛。那您为什么不派说客用这些话去游说秦国？届时，秦国定会被争取过来，齐国也一定会遭到讨伐了。结交秦国，这是重要的外交；讨伐齐国，是正当的利益。处理好重要的外交事务，追求正当的利益，这是圣王的事业啊。"

燕昭王善其书，曰："先人尝有德苏氏①，子之之乱而苏氏去燕。燕欲报仇于齐，非苏氏莫可。"乃召苏代，复善待之，与谋伐齐。竟破齐，湣王出走②。

【注释】

①先人尝有德苏氏：指开篇所说的燕国资助苏秦前往赵国倡导合纵事。

②竟破齐，湣王出走：燕昭王二十八年，齐湣王十七年，前284年，燕国攻破齐国。详见《田敬仲完世家》《乐毅列传》。

【译文】

燕昭王认可苏代这封信，说："先王曾对苏家有恩德，后来因为子之的乱子，苏氏才离开了燕国。燕国想向齐国报仇，非得苏氏不可。”于是就召回苏代，又很好地对待他，和他商议讨伐齐国的事。最终打败齐国，迫使齐湣王出逃。

久之，秦召燕王①，燕王欲往，苏代约燕王曰②：“楚得枳而国亡③，齐得宋而国亡④，齐、楚不得以有枳、宋而事秦者，何也？则有功者，秦之深仇也。秦取天下，非行义也，暴也。秦之行暴，正告天下⑤。

【注释】

①秦召燕王：谓秦昭王召燕昭王。

②约：阻止，劝阻。

③枳（zhǐ）：古邑名，在今四川涪陵。按，前279年，楚将庄跻越过黔中郡一直攻到滇池。枳属黔中郡。国亡：指秦昭王二十九年，楚顷襄王二十一年，前278年，秦将白起攻陷楚国国都郢（今湖北荆州），楚国被迫迁都于陈（今河南淮阳）。

④齐得宋而国亡：据《六国年表》，齐于周赧王二十九年（前286）灭宋；周赧王三十一年（前284），燕将乐毅率五国兵攻破齐国，齐湣王被楚将淖齿杀死。

⑤正告：公开宣告。

【译文】

过了很久，秦国邀请燕王入秦，燕王就想前往，苏代阻止燕王说：“楚国取得了枳地而使国都丢失，齐国取得了宋地导致国家毁灭。齐、楚不能占有枳、宋，反而还要奉事秦国，这是为什么呢？那是因为谁获胜，谁就是秦国的大敌。秦国夺取天下，不是凭借着推行正义，而是施以暴力。秦国施以暴力，是公开宣告于天下的。

“告楚曰：‘蜀地之甲，乘船浮于汶[①]，乘夏水而下江[②]，五日而至郢。汉中之甲[③]，乘船出于巴[④]，乘夏水而下汉，四日而至五渚[⑤]。寡人积甲宛东下随[⑥]，智者不及谋，勇士不及怒，寡人如射隼矣[⑦]。王乃欲待天下之攻函谷[⑧]，不亦远乎！’楚王为是故，十七年事秦[⑨]。

【注释】

①汶：汶水，又作“汶江”，即长江的支流岷江。

②夏水：夏季水盛。

③汉中：秦郡名，辖境相当今陕西东南部与湖北西北部一带地区。

④巴：巴水。

⑤五渚：地望说法不一，《集解》认为在今湖南洞庭湖一带，《索隐》以为在“宛、邓之间，临汉水”。

⑥宛：古地名，在今河南南阳。随：古地名，在今湖北随县。

⑦射隼（sǔn）：这里指代打猎。隼，鹰属猛禽。

⑧王：楚顷襄王，一称“楚顷王”“楚襄王”，名横，怀王之子，前298—前263年在位。

⑨十七年：有研究者认为应指从顷襄王四年至二十年（前295—前279）。

【译文】

“秦王警告楚国说：‘蜀地的军队，坐船浮于汶江之上，趁着夏季盛大的水势直入长江，五天就能抵达郢都。汉中的军队，坐着船从巴江出发，趁着夏季盛涨的水势直下汉江，四天就能到达五渚。我亲自在宛东集结军队，直下随地，楚国的聪明人还来不及谋划，勇士还来不及发怒，我进击你们像用飞箭射杀鹰隼一样神速。而楚王你还想等待天下各国一起来攻打函谷关，岂不是为时太遥远了！’楚王就是因为这个缘故，事奉了秦国十七年。

“秦正告韩曰：‘我起乎少曲[①]，一日而断大行[②]。我起乎宜阳而触平阳[③]，二日而莫不尽繇[④]。我离两周而触郑[⑤]，五日而国举[⑥]。’韩氏以为然，故事秦。

【注释】

①少曲：韩地名。地望说法不一：《索隐》说地“近宜阳”（宜阳故治在今河南宜阳西）；《正义》说“当与高平相近”（高平故城在今河南孟州西北）；钱坫以为“少曲”即“少水之曲”，在今河南济源西，其地正当太行山西南。钱坫说为是。

②断大行：断绝韩国连接其都城（在今河南新郑）和上党地区的太行山通道。这条通道位于“少曲”东北。

③触：冒犯，进击。平阳：韩地名，在今山西临汾西南。

④繇：《索隐》解为“摇动”。一说解为徭戍。

⑤离：《正义佚文》：“离，历也。”

⑥国：指韩国都城。举：攻陷，攻克。

【译文】

“秦国严正地警告韩国说：‘我军从少曲出发，一天就可以切断太行山的通道。我军从宜阳出发，直接攻击平阳，两天就能使韩国各地的局势发生动摇。我经过西周、东周去进攻新郑，五天就可攻占你们的国都。’韩王认为确实如此，所以奉事秦国。

“秦正告魏曰：‘我举安邑[①]，塞女戟[②]，韩氏太原卷[③]。我下轵[④]，道南阳、封、冀[⑤]，包两周[⑥]。乘夏水，浮轻舟，强弩在前，锬戈在后[⑦]，决荥口[⑧]，魏无大梁；决白马之口[⑨]，魏无外黄、济阳[⑩]；决宿胥之口[⑪]，魏无虚、顿丘[⑫]。陆攻则击河内[⑬]，水攻则灭大梁。’魏氏以为然，故事秦。

【注释】

①安邑：在今山西夏县西北。属魏。

②女戟：《索隐》曰：“地名，盖在太行山之西。”

③韩氏太原卷：《正义》引刘伯庄曰：“‘太原’当作‘太行’；‘卷’犹‘断绝’。”

④轵（zhǐ）：即轵道，亭名，在今陕西咸阳东北。

⑤道：经由，取道。南阳：魏地名，指今河南济源至获嘉一带，因地处太行山南、黄河之北而名。封：封陵，在今山西风陵渡东。属魏。冀：在今山西稷山。属魏。

⑥两周：指东周国和西周国。

⑦锬（yǎn）：通“剡”，锋利。

⑧荥口：在今河南荥阳北。

⑨白马之口：即白马津，在今河南滑县东北。

⑩外黄：魏邑名，在今河南民权西北。济阳：魏邑名，在今河南兰考东北。

⑪宿胥之口：在今河南浚县西南。

⑫虚：魏邑名，在今河南延津东。顿丘：魏邑名，在今河南浚县北。

⑬河内：指今河南新乡、淇县一带，处于古黄河以北。

【译文】

“秦国还严正地警告魏国说：‘我军攻克安邑，围困女戟，韩国通往太行山的道路就被截断。我军直下轵道，取道南阳、封、冀，包抄东西两周。趁着夏季旺盛的水势，驾着轻便的战船，强劲的弓弩摆在前面，锋利的戈矛跟在后头，掘开荥泽水口，魏国的大梁就会被洪水吞没不复存在了；掘开白马渡口，魏国的外黄、济阳就会不复存在了；掘开宿胥渡口，魏国的虚、顿丘就会不复存在了。从陆路进攻，可以直指河内；从水路进攻，可以毁灭大梁。’魏国认为情况确实是这样，所以奉事秦国。

“秦欲攻安邑，恐齐救之，则以宋委于齐。曰：‘宋王无道[1]，为木人以象寡人[2]，射其面。寡人地绝兵远[3]，不能攻也。王苟能破宋有之，寡人如自得之。’已得安邑，塞女戟，因以破宋为齐罪。

“秦欲攻韩，恐天下救之，则以齐委于天下。曰：‘齐王四与寡人约[4]，四欺寡人，必率天下以攻寡人者三。有齐无秦，有秦无齐，必伐之，必亡之。’已得宜阳、少曲，致蔺、离石[5]，因以破齐为天下罪。

“秦欲攻魏重楚[6]，则以南阳委于楚。曰：‘寡人固与韩且绝矣。残均陵，塞黾厄[7]，苟利于楚，寡人如自有之。’魏弃与国而合于秦，因以塞黾厄为楚罪。

“兵困于林中[8]，重燕、赵，以胶东委于燕[9]，以济西委于赵[10]。已得讲于魏[11]，至公子延[12]，因犀首属行而攻赵[13]。

“兵伤于谯石，而遇败于阳马[14]，而重魏，则以叶、蔡委于魏[15]。已得讲于赵，则劫魏不为割[16]。困则使太后弟穰侯为和[17]，嬴则兼欺舅与母[18]。

“适燕者曰‘以胶东’[19]，适赵者曰‘以济西’，适魏者曰‘以叶、蔡’，适楚者曰‘以塞黾厄’，适齐者曰‘以宋’。此必令言如循环，用兵如刺蜚[20]，母不能制，舅不能约。

【注释】

①宋王：名偃，前328—前286年在位。

②为木人以象寡人：做了一个我的木偶像。

③地绝：指地理位置远。

④齐王：此指齐湣王。四与寡人约："四约"与下文"四欺"，皆不可考。

⑤致蔺、离石：指韩国割让蔺与离石给秦国。蔺，在今山西离石西。离石，在今山西离石。按，蔺和离石当时是赵国领土，不属韩。

⑥秦欲攻魏重楚：《正义》曰："畏楚救魏。"

⑦残均陵，塞黾厄：按，均陵、黾厄是楚国领地，不属魏。残，摧毁。塞，占据。均陵，即今湖北丹江口。黾厄，古塞名，也称"冥厄"，"黾塞"，即今河南信阳西南平靖关。

⑧兵困于林中：按，此指秦昭王二十四年（前283）秦攻魏大梁，经魏相田文游说，赵、燕出兵前来相救。林中，地名，在今河南尉氏西。

⑨胶东：即今山东胶东半岛。属齐。

⑩济西：指济水以西地区。属齐。

⑪讲：通"构"，交合，连接。

⑫至公子延：《索隐》曰："'至'当为'质'，谓以公子延为质也。"郭嵩焘以为"公子延"应作"公子繇"。

⑬犀首：即公孙衍，得秦惠王信任，先后任将军、大良造。属行（háng）：《索隐》曰："谓连兵相续也。"这里率军。

⑭兵伤于谯石，而遇败于阳马：指伐赵失败。谯石，《战国策》作"离石"。阳马，其地未详。《战国策》作"马陵"。

⑮叶：楚邑名，在今河南叶县西南。蔡：楚地名，在今河南上蔡西南。

⑯则劫魏不为割：底本作"则劫魏，魏不为割"，今从黄善夫本。金正炜曰："文以六字为句，谓前以叶、蔡委于魏，今劫魏而不为之割也。"

⑰穰侯：即魏冉，昭王母宣太后弟。事迹详见《穰侯列传》。

⑱嬴：胜。舅与母：指宣太后与穰侯魏冉。宣太后扶植昭王即位，及魏冉立下开疆拓土之功而见弃事详见《范雎列传》《穰侯列传》。

⑲適：通"谪"，责备，谴责。

⑳刺蜚：李光缙曰："喻易也。蜚，虫名。"泷川曰："枫、三本作'刺韭'。'刺韭'犹言'薙草'。"

【译文】

"秦国打算攻打安邑，担心齐国救援它，就把宋地许给齐国。说：'宋王无道，做了一个像我模样的木偶，射它的面部。我的国土与宋阻绝，军队距离宋国遥远，不可能去攻打它。您如果能打败宋国并占领它，我会像自己占有一样高兴。'后来，秦国攻下了安邑，占据了女戟，反而把攻破宋国作为齐国的罪过。

"秦国想攻打韩国，担心天下诸侯发兵援助，就把齐国许给天下。说：'齐王四次跟我订立盟约，四次欺骗我，他三次下决心要率领天下各国攻击我。齐国存在就没有秦国，秦国存在就没有齐国，我一定要讨伐它，灭掉它。'等到夺得了韩国的宜阳、少曲，占领了蔺和离石，又把打败齐国作为各国的罪名。

"秦国想进攻魏国，担心楚国救魏，于是把南阳许给楚国。说：'我本来就要跟韩国断交了。摧毁均陵，占据黾厄，如果有利于楚国，我会像自己占有它们一样高兴。'后来魏国抛弃盟国而和秦国联合，秦国就把占据黾厄作为楚国的罪名。

"秦国的军队被困在林中，担心燕国和赵国前来救援林中，把胶东许给燕国，把济西许给赵国。等到秦国和魏国和解了，就把公子延作为人质，派犀首率军攻打赵国。

"秦国的军队在谯石遭到重创，在阳马又被打败，担心魏国救援，便把叶地和蔡地许给魏国。等到他和赵国和解后，就威胁魏国，而不肯依照约定分割土地。秦军陷入困境，就让太后的弟弟穰侯去讲和，等他取得了胜利，连自己的舅舅和母亲也都受到欺骗。

"秦王要指责燕国，便把攻打胶东作为罪名；要指责赵国，便把攻占济西作为罪名；要指责魏国，就把攻占叶、蔡作为罪名；要指责楚国，就把攻占黾厄作为罪名；要指责齐国，就把攻伐宋国作为罪名。这样，秦王话说得就像车轱辘转，总会找到进攻别国的理由，用兵打仗如同刺杀蜚虫那么轻易。即使他的母亲都不能制止，他的舅舅都无法约束。

“龙贾之战、岸门之战、封陵之战、高商之战、赵庄之战[①]，秦之所杀三晋之民数百万，今其生者皆死秦之孤也[②]。西河之外，上雒之地，三川晋国之祸，三晋之半[③]，秦祸如此其大也。而燕、赵之秦者[④]，皆以争事秦说其主，此臣之所大患也。”

【注释】

①龙贾之战：据《六国年表》，战事发生在魏惠王后元二年（前333）。秦军在雕阴（今陕西甘泉南）打败魏军，俘虏了魏将龙贾。《集解》系于魏惠王后元五年（前330）。岸门之战：战事发生在韩宣惠王十九年（前314）。秦军在岸门（今河南许昌西北）打败韩军。封陵之战：战事发生在魏襄王十六年（前303）。秦军攻取了魏国的封陵（今山西风陵渡东）。高商之战：《集解》曰：“此战事不见。”赵庄之战：据《六国年表》，战事发生在赵武灵王十三年（前313）。“秦拔我蔺，虏将赵庄”。

②死秦之孤：因与秦国爆发战争而成为孤儿。

③西河之外，上雒之地，三川晋国之祸，三晋之半：《索隐》：“以言西河之外，上雒之地及三川晋国，皆是秦与魏战之处，秦兵祸败我三晋之半，是秦祸如此其大者乎。”西河之外，古称黄河南北流向的部分为西河，则黄河以西的陕西东部地区称西河外。上雒之地，指今陕西洛河流域一代。三川，指黄河、洛水、伊水三水流域地区。晋国之祸，三晋之半，吴师道曰：“言秦已得三晋之半也。”

④燕、赵之秦者：谓东方诸国中的亲秦派。

【译文】

"龙贾之战、岸门之战、封陵之战、高商之战、赵庄之战,秦国所杀韩、赵、魏三国百姓有几百万,现在这三个国家还活着的人都是抗秦战争中死者的遗孤。西河以外,上雒地区,三川一带都遭受了战火的摧毁,秦已占有三晋土地的一半,秦国带来的灾祸竟然如此严重。而燕、赵两国中的亲秦派都争相以侍奉秦国来游说自己的国君,这是我最担心的事。"

燕昭王不行。苏代复重于燕①。

燕使约诸侯从亲如苏秦时,或从或不,而天下由此宗苏氏之从约②。代、厉皆以寿死,名显诸侯。

【注释】

①苏代复重于燕:陈子龙曰:"秦之情势皆悉之,苏代此篇非策士之浮辞也。昭王英主,苟非情实之语,岂能动之?"锺惺曰:"苏代约燕王一书,比之苏秦,其说更密更炼。七国情形,胸中、目中、掌中井井然;其笔头、口头落落然。'正告'天下数段,言秦之横;'適燕者'数段,言其谲。虽模写暴秦罪状,然秦所以制六国之道,要领作用,无不出于此。其文纵横出没,奇变莫测,古人规一事,固非逐节而虑之;出而为一文,又岂逐句而成之者哉?"吴闿生推崇它"奇横突兀,战国第一篇文字"。

②宗苏氏之从约:锺惺曰:"苏氏兄弟起结皆在燕,虽中间成败离合稍异,终以燕为着脚。"宗,尊崇,继承。

【译文】

燕昭王因此没有去秦国。于是苏代又被燕王重用。

燕王派苏代联络各国合纵相亲,就如同苏秦在世时一样,诸侯们有的加入了联盟,有的没加入联盟,而各国人士从此都推崇苏氏兄弟所缔结的合纵盟约。苏代、苏厉都得以寿终正寝,名声显扬各国。

太史公曰：苏秦兄弟三人，皆游说诸侯以显名，其术长于权变。而苏秦被反间以死，天下共笑之，讳学其术。然世言苏秦多异，异时事有类之者皆附之苏秦。夫苏秦起闾阎[①]，连六国从亲，此其智有过人者。吾故列其行事，次其时序[②]，毋令独蒙恶声焉。

【注释】

①闾阎：泛指民间。

②次其时序：整理头绪，按时间顺序加以叙述。

【译文】

太史公说：苏秦兄弟三人，都是因为游说诸侯而名扬天下，他们的本领是擅长权谋机变。苏秦因施反间计而被处死，天下人都嘲笑他，讳忌研习他的学说。而世间对苏秦事迹的传说也有许多差异，凡是不同时期和苏秦相类的事迹，都附会到苏秦身上。苏秦出身于民间，却能联合六国合纵相亲，这正说明他的才智有超过一般人的地方。所以我按时间顺序编列了他的事迹，不使他只蒙受不好的名声。

【集评】

曹操曰："夫有行之士未必能进取，进取之士未必能有行也。陈平岂笃行，苏秦岂守信耶？而陈平定汉业，苏秦济弱燕。由此言之，士有偏短，庸可废乎？"（《三国志·武帝纪》）

苏辙曰："秦强而诸侯弱，游谈之士为横者易为功，为纵者难为力。然而纵成则诸侯利而秦病，横成则秦帝而诸侯虏。要之，二者皆出于权谲，而纵为愈与。苏秦本说秦为横，不合，而激于燕、赵，甘心于其所难为之。期年歃血于洹水之上，可不谓能乎？然口血未干，犀首一出，而齐、赵背盟，纵约皆破。盖诸侯异心，譬如连鸡不能俱栖，势固然矣。而太史

公以为约书入秦，秦人为之闭函谷关者十五年，此说客之浮语，而太史公信之，过矣。”（《古史》）

吕祖谦曰：“苏秦说六国辞有与当时事不合者，皆辩士所增饰也。公子成与李兑弑主父于沙丘，而说赵之辞乃谓‘奉阳君捐馆舍’；当是时，秦之势未能胜齐、楚，而说齐、楚之辞皆曰‘西面而事秦’；后此二十年张仪连衡说楚怀王犹曰‘长为昆弟之国’，况楚威王之世乎？凡此类皆后人所增也。”（《大事记》）

郭嵩焘曰：“秦自孝公用商鞅为富国强兵之计，其势足以制六国而乘其敝；而六国之君苟取窥利自便而已，交兵掠地，无有已时。当时惟苏秦合纵，于六国所以自立，最为得其要略，不可以其说士之言而少之。”又曰：“六国时，惟楚可以支秦；而齐最远，可以安坐承秦之敝。魏不得楚之援，不敢拒秦；韩、赵不得齐之援，亦不敢并力向秦；韩、魏相与拒秦以翼蔽山东，而规画天下大势，保全韩、魏以当秦人之冲，齐、楚之所宜深思远虑，以谋自全之策者也。观楚威王之言，亦略知天下形势与秦人为患之隐忧，惜乎六国诸臣之不足知此也。苏秦，说士之弋取富贵者耳，何与天下之大计哉？以苏秦为六国合从，则尤非其人也。”（《史记札记》）

【评论】

司马迁在《太史公自序》中说：“天下患衡秦毋餍，而苏子能存诸侯，约从以抑贪强。作《苏秦列传》第九。”表明他是基于苏秦约纵抗秦的历史作用为其立传；在《苏秦列传》的“太史公曰”中表明了他梳理辩正苏秦的生平、为苏秦洗刷恶名、揭示其过人之能的意图。所以《苏秦列传》可以看作是一篇为苏秦翻案的文章，司马迁要以一种与世俗不同的标准来叙述、评价苏秦的为人行事。

司马迁有“不令己失时，立功名于天下”的人生价值取向，因此对于那些追求功名的人都有一种认同与赞赏，这样就会表现出以人物的历史功业为主要评价标准而将某些所谓的道德标准放在其次的倾向。基于此，也更加明确地展现了很多历史人物的历史功绩，从而使其大放异彩。苏秦正是不择手段地追求人生价值最大化的代表人物，司马迁应该说从总体上对他予以了肯定。苏秦的思想不脱纵横家“取尊荣”的庸俗，但他在逆境中发愤读书，终于学成，实现了人生目标，这是司马迁特别肯定的。他又能抓住机遇，锐意进取，凭着过人才智，将各怀鬼胎的六国捏合成抗秦的同盟，成就六国合纵的大功业，使“秦兵不敢窥函谷关十五年”，司马迁对此深为赞叹。

由此，司马迁也引发人们思考道德与功利矛盾性的问题。司马迁让苏秦针对人们对他缺乏“忠信”的指责向燕王进行了一番辩解，其中有所谓“臣闻忠信者，所以自为也；进取者，所以为人也”，将忠信与事功对立起来，有一定的诡辩成分，但不能不说其中也有合理的一面。这是对传统的道德观进行逆向思索，揭示其在一定历史状态下的局限性。对于想要做大事成大功的人来说，死守某些道德观会显得愚蠢，必须打破它。古人一向遵从着太上立德，其次立功的准则，苏秦的话确乎有石破天惊的感觉。话虽是苏秦说的，司马迁将其记入历史，也可知他对此必是深有感触，也可见他对这个问题的重视。确实，这对矛盾正是导致人的悲剧性生存状态的一大根源。

苏秦是从“草根”到卿相的典型，司马迁也特别着意地刻画了他困顿与发达时人们对他的不同态度。这两段都见于《战国策》，但在司马迁的改写下，前后呼应，写透了世态炎凉。篇首苏秦游说不成狼狈而归一段，《战国策·秦策》中写道：“说秦王书十上而说不行，黑貂之裘弊，黄金百斤尽，资用乏绝，去秦而归。……妻不下纴，嫂不为炊，父母不与言。……乃夜发书，陈箧数十，得《太公阴符》之谋，伏而诵之，简练以为揣摩。读书欲睡，引锥自刺其股，血流至足。曰：‘安有说人主不能出其金玉锦绣、取卿相之尊者乎？’期年揣摩成，曰：‘此真可以说当世之君矣。’”论精彩生动比《苏秦列传》更胜一筹，但《苏秦列传》增加了家人笑话他的话：“周人之俗，治产业，力工商，逐什二以为务。今子释本而事口舌,困,不亦宜乎?”对比之下,突出了苏秦的大志,效果与《陈涉世家》中陈涉与庸耕伙伴之对比相同。而苏秦佩六国相印归乡一段,《战国策·秦策》中写道:“将说楚王,路过洛阳。父母闻之,清宫除道,张乐设饮,郊迎三十里;妻侧目而视,倾耳而听;嫂虵行匍伏,四拜自跪而谢。苏秦曰:‘嫂何前倨而后卑也?’嫂曰:‘以季子之位尊而多金。’苏秦曰:‘嗟乎!贫贱则父母不子,富贵则亲戚畏惧。人生世上,势位富厚,盖可忽乎哉!’”《苏秦列传》改写后出现了三处不同:一、还乡的时间,改为说服楚国之后,将回赵国,中途经过洛阳的时候,这时苏秦已说服六国合纵,为约长,并相六国,到达了成功的巅峰。二、关于郊迎,改为周显王使人郊劳,规格大大提高了。三、苏秦喟叹的内容,改为“使我有洛阳负郭田二顷,吾岂能佩六国相印乎”。如此一来,前后两段形成完美呼应,把一个单纯地追求富贵权势的苏秦变成了一个在逆境中不懈奋斗,终于成名的奋发图强的苏秦,大大提升了他的思想境界。而苏秦之嫂那句“季子位高多金”的回答司马迁保留了下来,此语坦率到令人悲哀,所谓家族亲情在富贵权势面前是多么不堪一击。相比较于《孟尝君列传》《廉颇蔺相如列传》《魏其武安侯列传》《平津侯主父列传》等对“市道交”的批判,《苏秦列传》更加直接、尖锐。

本篇的写作艺术也有其分外高超之处。篇中录有苏秦的大段说辞,它们大多来自《战国策》,《战国策》中的说辞有一个共同点就是“言利处则讳其害,言得处则蔽其失”(茅坤《史记钞》),煽动性大于真实性;而且文章气势盛壮,笔锋快利,汪洋恣肆,《苏秦列传》也呈现出这一特点。李景星因此评此文说:“有排山倒海之势,并不是一泻无余;有风雨离合之致,并不是散漫无归。”(《史记评议》)苏秦游说六国的说辞尤其精彩,苏秦能把握六国君主各自的心理,掌握六国的国力国情及地理人情,针对不同的国家采用不同侧重点的说辞,可以说是一篇一个模样,而不像张仪的说辞,几乎全是一个面孔的虚声恫吓,以势压人。

《苏秦列传》是司马迁精心结撰的一篇很重要的文章,是司马迁的社会理想与其价值观、审美观的集中表现，从“成一家之言”的角度分析，本文有其不容忽视的意义。但是其真实性早从宋代起就有人开始怀疑，到马王堆帛书（即定名为《战国纵横家书》者）出土后，历史界遂大体上形成定论，唐兰、杨宽、马雍、缪文远、牛鸿恩等对此说之甚详，可归结如下几点：一、张仪的政治活动要比苏秦早二三十年，张仪生活在秦惠文王与秦武王时期，张仪忠心为秦，张仪在秦国的地位与其协助秦国向外扩张的部分活动是真实可信的。二、苏秦的政治活动主要在燕昭王与齐湣王时代，苏秦忠心为燕，他在魏国、赵国以及其他国家进行的活动基本上都与帮着燕国谋取齐国相关，苏秦最后为燕国在齐国当间谍，在颠覆齐国的活动中泄露被杀。《苏秦列传》把苏秦写成一个专门站在东方六国的立场，团结东方六国共同抗击强秦的倡导者与组织者，这是司马迁的思想，而不是苏秦的实际。本篇所载苏秦为劝说东方六国所结撰的诸多长篇辞令，大都是出于战国末期，甚至是秦汉之际的纵横学派的模拟。三、苏秦不可能与张仪同门师事于鬼谷子，尤其不可能出现苏秦既贵，张仪往投苏秦，苏秦激之西去秦国等等。四、本篇写了苏氏兄弟三人，称苏秦为长，苏代、苏厉为弟。而写其落魄与其得意的世态炎凉时却又故意牵出其嫂以为说辞，此亦不得其解。从后世人们称苏秦为“季子”的称呼看，苏秦似应年纪最小，苏代、苏厉云云者，或当皆苏秦之兄。

史记卷七十

张仪列传第十

【释名】

《张仪列传》主要写力主连横的张仪的事迹，并附记陈轸、犀首（按，即公孙衍）事。故此可将本篇分为前后两部分，前一部分写张仪，后一部分写陈轸与犀首。对于张仪的记述，也可以分为四部分：第一部分写张仪在苏秦的暗中支持下入秦。第二部分写张仪与司马错在秦惠王前辩论伐蜀之事，张仪不赞成伐蜀而力主伐韩，司马错则认为伐蜀更有利，秦惠王认可司马错之论，起兵灭蜀。第三部分写张仪相魏，游说魏国背纵连横，之后又说服楚、韩、齐、赵、燕五国与秦连横。在这一部分中，又以欺骗楚怀王绝齐，并在楚怀王因而兵败失地对其恨之入骨之际再入楚国并说服怀王与秦连横为重点。第四部分写张仪在秦武王继位后受排挤，死于魏国。篇末论赞，司马迁评价苏秦、张仪为“倾危之士”，但相比之下更同情苏秦。

本篇与《苏秦列传》可称姊妹篇，应对照阅读。

张仪者，魏人也。始尝与苏秦俱事鬼谷先生，学术，苏秦自以不及张仪。张仪已学而游说诸侯。尝从楚相饮，已而楚相亡璧，门下意张仪，曰：“仪贫无行，必此盗相君之璧。”共执张仪，掠笞数百[①]，不服，醳之[②]。其妻曰：“嘻[③]！子毋读书游说，安得此辱乎？”张仪谓其妻曰：“视吾舌尚在不？”其妻笑曰：“舌在也。”仪曰：“足矣。”[④]

【注释】

①掠笞（chī）：拷打，鞭打。

②醳（shì）：通“释”，释放，舍弃。

③嘻：《索隐》引郑玄曰：“悲恨之声。”

④仪曰：“足矣”：郭嵩焘曰：“苏秦、张仪并见笑家人妻子，而两人心境各出一机杼：苏秦犹有世俗耻心之存；若仪者，斯可谓之顽钝无耻者矣。”姚苎田曰：“摘为小品，诚不愧雁宕一峰、峨眉片月也。”

【译文】

张仪是魏国人。当初曾与苏秦一起跟随鬼谷先生，学习纵横游说之术，苏秦自认为才学比不上张仪。张仪完成学业，就去游说诸侯。一次，他陪从楚国国相饮酒，席后，楚相的玉璧不见了，相府的人认为是张仪偷了，他们说：“张仪又穷又不讲德行，一定是他偷了国相的玉璧。”众人捉住张仪，打了他几百板子，张仪始终没有承认，他们只好释放了他。张仪的妻子说：“嘿！你要是不去读书游说，怎么会受到这样的屈辱呢？”张仪对妻子说：“你看看我的舌头还在不在？”他的妻子笑着说：“舌头还在呀。”张仪说：“这就够了。”

苏秦已说赵王而得相约从亲[①]，然恐秦之攻诸侯，败约后负[②]，念莫可使用于秦者[③]，乃使人微感张仪曰[④]：“子始与苏秦善，今秦已当路[⑤]，子何不往游，以求通子之愿？”张仪于是之赵，上谒求见苏秦[⑥]。苏秦乃诫门下人不为通，又使不得去者数日。已而见之，坐之堂下，赐仆妾之食，因而数让之曰："以子之材能，乃自令困辱至此。吾宁不能言而富贵子？子不足收也。"谢去之。张仪之来也，自以为故人，求益，反见辱，怒，念诸侯莫可事[⑦]，独秦能苦赵，乃遂入秦。

【注释】

①得相约从亲：已经缔结合纵联盟。按，多数研究者认为不可信。

②败约后负：合纵联盟被破坏，功亏一篑。

③使用于秦：指在秦国主持政务。

④微感：暗中触动。

⑤当路：有权势，身居要位。

⑥上谒：递上名帖。谒，名刺。

⑦诸侯：此指东方的几个诸侯国。莫可事：没有值得效力的。

【译文】

当时，苏秦已经说服赵王与东方诸国合纵亲善，可是他害怕秦国攻打各诸侯国，合纵联盟遭到破坏，又考虑到没有合适的人可以派到秦国，于是派人暗中引导张仪说："您当初和苏秦感情很好，现在苏秦已经掌权，您怎么不去拜访他，以求展现您的理想呢？"于是张仪前往赵国，递上名帖求见苏秦。苏秦事先告诫手下不为他通报，又设法留住不让他走，这样过了几天，才接见他。苏秦让张仪坐在堂下，赐给他奴仆侍妾吃的饭菜，而且一再责备他说："以您的才能，却将自己弄到如此受困受辱的地步。我不是不能说句话使您富贵起来。但您不值得收留啊。"苏秦拒绝了张仪的请求，让他走了。张仪来的时候，本以为与苏秦是旧友，想求得帮助，反而遭受了侮辱，十分气愤，又考虑到诸侯中没有谁值得侍奉，只有秦国能给赵国苦头吃，于是便去了秦国。

苏秦已而告其舍人曰[①]："张仪，天下贤士，吾殆弗如也。今吾幸先用，而能用秦柄者[②]，独张仪可耳。然贫，无因以进。吾恐其乐小利而不遂，故召辱之，以激其意。子为我阴奉之。”乃言赵王，发金币车马，使人微随张仪，与同宿舍，稍稍近就之，奉以车马金钱，所欲用，为取给，而弗告。张仪遂得以见秦惠王③。惠王以为客卿④，与谋伐诸侯。

【注释】

①舍人：王公贵官的侍从宾客。

②柄：权柄。

③秦惠王：也称秦惠文王，名驷，谥惠文。孝公之子，前337—前311年在位。

④客卿：秦有客卿之官。请其他诸侯国的人来秦国做官，其位为卿，而以客礼待之，故称。

【译文】

之后苏秦对其舍人说：“张仪是天下的能人，我恐怕比不上他。如今我有幸先被任用，而能掌握秦国政权的，就只有张仪了。但是他贫穷，没有进身的资本。我担心他以小的利益为满足而不能成就大的功业，所以把他叫来侮辱他，来激发他的意志。您替我暗地里帮助他。”于是苏秦禀明赵王，拿出金钱、财物和车马，派人暗中跟着他，和他投宿同一客栈，逐渐接近他，还以车马金钱奉送他，凡是他需要的，都供给他，却不说明谁给的。于是张仪才有机会拜见了秦惠王。惠王任用他做客卿，和他商议攻打诸侯的大计。

苏秦之舍人乃辞去。张仪曰：“赖子得显，方且报德，何故去也？”舍人曰：“臣非知君，知君乃苏君。苏君忧秦伐赵败从约，以为非君莫能得秦柄，故感怒君①，使臣阴奉给君资，尽苏君之计谋。今君已用，请归报。”张仪曰：“嗟乎，此在吾术中而不悟[②]，吾不及苏君明矣！吾又新用，安能谋赵乎？为吾谢苏君，苏君之时，仪何敢言？且苏君在，仪宁渠能乎[③]！”张仪既相秦[④]，为文檄告楚相曰：“始吾从若饮，我不盗而璧，若笞我。若善守汝国，我顾且盗而城[⑤]！”

【注释】

①感怒：激怒。

②术：泷川曰：“‘术’字承上文‘学术’。”

③宁渠能乎：哪里就有这种本事？宁，岂。渠，遽，就。凌稚隆曰：“《战国策》并不载楚相辱张仪，及苏秦激之入秦事。”泷川引《吕览·报更》篇云：“张仪，魏氏余子也，将西游于秦，过东周。昭文君谓之曰：‘闻客之秦，寡人之国小，不足以留客。虽游，然岂必遇哉？客或不遇，请为寡人而一归也，国虽小，请与客共之。’张仪还走，北面再拜。张仪行，昭文君送而资之。张仪所德于天下者，无若昭文君。”有研究者认为，这是把战国末年范雎入秦为相的故事搬到了张仪身上，司马迁误采了。据《战国策》等，张仪的政敌是犀首、惠施，并非苏秦。张仪与犀首、惠施的政治斗争，都和司马迁所记张仪、苏秦合纵连衡事不符。

④张仪既相秦：梁玉绳曰：“仪为相在惠王十年（前328），是时初用于秦，非为相也。”

⑤顾且：反而将要。

【译文】

这时，苏秦派来的舍人要告辞离去。张仪说：“依靠您鼎力相助，我才得到显贵的地位，正要报答您的恩德，为什么要走呢？”舍人说：“我并不了解您，了解您的是苏先生。苏先生担心秦国攻打赵国而破坏合纵的计划，认为除您没有人能够掌握秦国的大权，所以故意激怒您，派我暗中为您提供经费，这全是苏先生的计谋。如今您已被重用，我该回去向苏先生报告了。”张仪说：“唉呀，这些权谋本来都是我研习过的范围而我却没有察觉到，我没有苏先生高明啊！况且我刚刚被任用，又怎么能图谋攻打赵国呢？请替我感谢苏先生，苏先生当权的时代，我张仪怎么敢奢谈攻赵呢？况且有苏先生在，我哪有本事和他作对呢？”张仪当了秦国的国相后，写了一封讨伐文书警告楚国国相道：“当初我跟你一起饮酒，我没有偷你的玉璧，你鞭打了我。好好守住你的国家吧，我要来偷你的城池了！”

苴、蜀相攻击①，各来告急于秦。秦惠王欲发兵以伐蜀，以为道险狭难至，而韩又来侵秦。秦惠王欲先伐韩，后伐蜀，恐不利；欲先伐蜀，恐韩袭秦之敝，犹豫未能决。司马错与张仪争论于惠王之前②，司马错欲伐蜀，张仪曰：“不如伐韩。”王曰：“请闻其说。”

【注释】

①苴（bāo）、蜀相攻击：《正义》引《华阳国志》云：“昔蜀王封其弟于汉中，号曰苴侯，因命之邑曰葭萌。苴侯与巴王为好，巴与蜀为仇。故蜀王怒，伐苴。苴奔巴，求救于秦。秦遣张仪从子午道伐蜀。蜀王自葭萌御之，败绩，走至武阳，为秦军所害。秦遂灭蜀，因取苴与巴焉。”苴，古民族名。巴人的一支。分布在今广元西南。

②司马错：秦国名将，曾先后两次伐蜀。又见于《秦本纪》《太史公自序》。

【译文】

苴、蜀两国相互攻打，分别来向秦国告急求援。秦惠王想要派兵攻蜀，认为蜀道险窄，难以到达，而且韩国又可能来入侵。秦惠王想先攻打韩国，然后再讨伐蜀国，恐怕有所不利；想先打蜀国，又怕韩国乘机偷袭，犹豫不决。司马错和张仪在惠王面前争论不休，司马错主张讨伐蜀国，张仪说：“不如先讨伐韩国。”秦惠王说：“请你们说说理由，让我听听。”

仪曰：“亲魏善楚，下兵三川①，塞什谷之口②，当屯留之道③。魏绝南阳④，楚临南郑⑤，秦攻新城、宜阳⑥，以临二周之郊⑦，诛周王之罪⑧，侵楚、魏之地⑨。周自知不能救，九鼎宝器必出。据九鼎，案图籍⑩，挟天子以令于天下，天下莫敢不听，此王业也。今夫蜀，西僻之国而戎翟之伦也，敝兵劳众不足以成名，得其地不足以为利。臣闻争名者于朝，争利者于市。今三川、周室，天下之朝市也，而王不争焉，顾争于戎翟，去王业远矣。”

【注释】

①下：秦国地势高，故称向东方出兵为“下”。三川：关中地区三条河流的合称。所指不一。东周时以黄河、伊水、洛水称“三川”。

②什谷：古地名，在今河南巩义东北。属韩。

③屯留：古邑名，在今山西屯留南。属晋。

④魏绝南阳：《正义》：“南阳，怀州也。是当屯留之道，令魏绝断坏羊肠、韩上党之路也。”南阳，韩地名，约在今河南济源至获嘉一带，因地处太行山之南、黄河之北而得名。

⑤楚临南郑：《正义》：“是塞什谷之口也。令楚兵临郑南，塞轘辕郣口，断韩南阳之兵也。”南郑，古邑名，在今河南新郑。战国属韩。

⑥新城：古邑名，在今河南伊川西南。战国属韩。宜阳：古县名，治所在今河南宜阳西。战国韩置。

⑦二周：指东周、西周。按，周分裂为两个小国的详情见《周本纪》

与《苏秦列传》注。

⑧周王：按，《战国策》作“周主”，应指东、西两个周君，与上文“临二周之郊”一致。

⑨侵楚、魏之地：有研究者认为，秦国不应该在与周、韩相持之际，反而又去侵略友军，所以“楚、魏”二字原来应是“三川”。

⑩图籍：这里指各诸侯国的地理形势图。鲍彪认为是“土地之图，人民金谷之籍”。

【译文】

张仪说：“亲近魏国，和楚国友好，然后出兵三川，堵绝什谷的隘口，挡住屯留的要道。这样，使魏国将南阳的通道断绝，让楚国出兵逼近南郑，秦军进击新城和宜阳，径直逼近西周和东周的城郊，讨伐周王的罪恶，再攻占楚、魏的土地。周王自己知道局势无法挽救，一定会献出九鼎宝器。秦国占有了九鼎之宝，掌握了天下的地图和户籍，挟制着周天子而向天下发号施令，天下各国没有谁敢不听从的，这是统一天下的大业啊！如今蜀国是西方偏僻的国家，像戎狄一样的落后民族，搞得我们士兵疲惫、百姓劳苦，也不能够扬名天下，夺取了他们的土地也得不到实际的好处。我听说，争功名的应到朝廷去，争实利的应到市集去。如今的三川、周室好比是天下的朝廷和市集，大王您不去争夺，反而要到戎狄那样的落后地区去竞争，这距离帝王大业太遥远了。”

司马错曰：“不然。臣闻之，欲富国者务广其地，欲强兵者务富其民，欲王者务博其德，三资者备而王随之矣①。今王地小民贫，故臣愿先从事于易②。夫蜀，西僻之国也，而戎翟之长也，有桀、纣之乱。以秦攻之，譬如使豺狼逐群羊。得其地足以广国，取其财足以富民缮兵，不伤众而彼已服焉。拔一国而天下不以为暴，利尽西海而天下不以为贪③，是我一举而名实附也[4]，而又有禁暴止乱之名[5]。今攻韩，劫天子，恶名也，而未必利也，又有不义之名[6]，而攻天下所不欲[7]，危矣。臣请谒其故：周，天下之宗室也[8]；齐，韩之与国也[9]。周自知失九鼎，韩自知亡三川，将二国并力合谋，以因乎齐、赵而求解乎楚、魏[10]。以鼎与楚，以地与魏，王弗能止也。此臣之所谓危也。不如伐蜀完[11]。"

【注释】

①三资：即指"地""民""德"。鲍彪曰："三者于国，如人之有货资。"

②先从事于易：锺惺曰："一'易'字甚醒，此张仪之所以伏也。伐蜀一事，史不为错立传，于张仪传见之，嘉仪之能为国以从错；且伐蜀后秦以富强轻天下，为仪连横地耳。"

③西海：《索隐》："西海谓蜀川也。海者珍藏所聚生，犹谓秦中为'陆海'然也。其实西亦有海也。"《正义》："海之言晦也，西夷晦昧无知，故言海也。言利尽西方羌戎。"

④一举而名实附：指名实双收。《索隐》曰："名谓传其德也，实谓土地财货。"鲍彪曰："不贪暴，名也；得国，实也。"

⑤而又有禁暴止乱之名：泷川引黄式三曰："'而又'一句当在'是我'句上。"

⑥又有不义之名：鲍彪曰："韩无罪而伐之，不义也。"

⑦天下所不欲：指天下都不希望周室被攻。

⑧天下之宗室：胡三省曰："周室为天下所宗，故谓之宗室。"

⑨齐，韩之与国也：按，有研究者认为应作"齐、赵，韩、周之与国也"。下文"齐、赵"二字也是顺此而来。与国，友邦，盟国。

⑩求解：请求解救或解除。

⑪不如伐蜀完：鲍彪曰："不虞伤败。"完，完善。

【译文】

司马错说："不是这样。我听说，想使国家富强的人，一定要开拓它的疆土；想使军队强大的人，一定要使百姓富足；想要统一天下的人，一定要广施恩德。这三种条件具备了，帝王大业也就水到渠成了。如今，大王的疆土还很狭小，百姓还很贫穷，所以我希望大王先做些容易办到的事情。蜀国是西方偏僻的国家，是戎狄各族的首领，却有桀、纣一样的乱德。用秦国的军队去攻蜀，就好像让豺狼去驱赶羊群一样。夺取蜀的土地足以扩展疆土，取得蜀的财富足以让百姓富裕军备充足，用不着损兵折将，他们就已经屈服了。攻克一个蜀国，天下人不会认为是暴虐；占有西部地区的财富，天下人不会认为是贪婪。这样我们一举可以名实两得，而且可以获得禁暴止乱的好名声。如果去攻打韩国，劫持周天子，会得恶名，而且不一定有好处，又有不义之名，攻打天下人都不希望攻打的国家，是危险的。请让我陈述理由：周是天下的宗室，齐是韩国的盟国。周王自己知道要失掉传国的九鼎，韩国自己知道将会失去三川，这两国必将通力合谋，依靠齐国和赵国的力量，与楚国、魏国谋求和解。如果他们把九鼎宝器送给楚国，把土地让给魏国，大王是不能阻止的。这就是我所说的危险。攻打韩国还不如攻打蜀国更为稳妥。"

惠王曰："善，寡人请听子。"卒起兵伐蜀，十月，取之，遂定蜀①，贬蜀王更号为侯②，而使陈庄相蜀③。蜀既属秦，秦以益强，富厚，轻诸侯。

【注释】

①十月，取之，遂定蜀：本传将伐蜀事系于惠王前九年张仪为相前，《秦本纪》与《六国年表》则系于秦惠王后九年（前316）。

②贬蜀王更号为侯：泷川曰："《纪》《表》并云'击蜀，灭之'，与此异。"

③陈庄：秦将领。

【译文】

惠王说："说的好，我听您的。"于是出兵攻蜀，十月间，攻取了蜀国。平定蜀国后，贬谪蜀王改封号为侯，并派陈庄担任蜀国的国相。蜀国归秦以后，秦国因而更加强大、富足，更加轻视其他诸侯了。

秦惠王十年[①]，使公子华与张仪围蒲阳[②]，降之。仪因言秦复与魏，而使公子繇质于魏[③]。仪因说魏王曰："秦王之遇魏甚厚，魏不可以无礼。"魏因入上郡、少梁[④]，谢秦惠王。惠王乃以张仪为相，更名少梁曰夏阳[⑤]。

【注释】

①秦惠王十年：即秦惠王前元十年，前328年。

②公子华：《六国年表》作"公子桑"，也作"公子革"。蒲阳：古邑名，在今山西隰县。

③公子繇：惠文王之子。

④入上郡、少梁：梁玉绳曰："按《纪》《表》及《魏世家》，是年'入上郡于秦'，无'少梁'二字。魏之'少梁'已于秦孝公八年取之矣。"上郡，辖境相当今陕西黄梁河以北，洛河以东，东北到延安、子安一带。原来属魏。少梁，县名，在今陕西韩城南。

⑤更名少梁曰夏阳：梁玉绳曰："按《秦纪》，更名在惠王十一年。"

【译文】

秦惠王十年，派公子华和张仪率兵包围了魏国的蒲阳，守军投降。张仪提出秦国把蒲阳交还魏国，并派公子繇到魏国做人质。张仪又趁机劝说魏王道："秦国对待魏国很宽厚，魏国不可不以礼相报。"魏国因此就把上郡、少梁献给秦国，用以答谢秦惠王。惠王就任用张仪为国相，把少梁改名为夏阳。

仪相秦四岁，立惠王为王①。居一岁，为秦将，取陕②，筑上郡塞。其后二年③，使与齐、楚之相会啮桑④。东还而免相，相魏以为秦⑤，欲令魏先事秦而诸侯效之。魏王不肯听仪。秦王怒，伐取魏之曲沃、平周⑥，复阴厚张仪益甚。张仪惭，无以归报。留魏四岁而魏襄王卒，哀王立⑦。张仪复说哀王，哀王不听。于是张仪阴令秦伐魏。魏与秦战，败。

【注释】

①立惠王为王：惠王十三年（前325），由“公”改号称“王”，明年称作“后元元年”。

②陕：古地名，在今河南三门峡西。

③其后二年：即秦惠王后元三年，齐威王三十五年，楚怀王七年，前322年。

④与齐、楚之相会啮桑：梁玉绳曰：“按《纪》《表》及《魏》与《田完世家》，啮桑之会在取陕之明年，此云‘后二年’，误。又但举齐、楚而不及魏，说在《纪》中。”按，有研究者认为啮桑之会在秦惠王后元二年，前323年。啮桑，古邑名，在今江苏沛县西南。

⑤相魏以为秦：为了秦国的利益去魏国做相。时在秦惠王后元三年，魏惠王后元十三年（前322）。

⑥曲沃：古邑名，在今山西闻喜东北。泷川曰：“河南陕县有曲沃故城，非晋都曲沃。”按，陕县的“曲沃”当时属韩。平周：古邑名，其地说法不一，有说在今山西介休西。

⑦魏襄王卒，哀王立：梁玉绳曰：“‘襄’当作‘惠’；‘哀’当作‘襄’。”按，秦惠王后元六年（前319），魏惠王去世，魏襄王即位。译文

据改。

【译文】

张仪出任秦国国相四年，正式拥戴惠王为王。过了一年，张仪担任秦国的将军，夺取了陕地，修筑了上郡要塞。此后两年，秦惠王派张仪到啮桑去与齐、楚的国相盟会。回国后，张仪被免掉国相职位，为了秦国去魏国当了国相，想让魏国领头归附秦国，再让其他各国仿效。魏王不肯接受张仪的建议。秦王发怒，攻取了魏国的曲沃、平周，私下给张仪更丰厚的待遇。张仪感到惭愧，觉得没什么可回报秦王的。他留任魏国四年，魏惠王去世，襄王即位。张仪又劝说襄王，襄王也不听从。于是，张仪暗中让秦国攻打魏国。魏国和秦国交战，失败了。

明年①，齐又来败魏于观津②。秦复欲攻魏，先败韩申差军③，斩首八万，诸侯震恐。而张仪复说魏王曰："魏地方不至千里，卒不过三十万。地四平，诸侯四通辐凑④，无名山大川之限。从郑至梁二百余里⑤，车驰人走，不待力而至⑥。梁南与楚境，西与韩境，北与赵境，东与齐境，卒戍四方，守亭障者不下十万。梁之地势，固战场也。梁南与楚而不与齐，则齐攻其东；东与齐而不与赵，则赵攻其北；不合于韩，则韩攻其西；不亲于楚，则楚攻其南。此所谓四分五裂之道也。且夫诸侯之为从者，将以安社稷、尊主、强兵、显名也。今从者一天下，约为昆弟，刑白马以盟洹水之上⑦，以相坚也。而亲昆弟同父母，尚有争钱财，而欲恃诈伪反覆苏秦之余谋⑧，其不可成亦明矣。

【注释】

①明年：即秦惠王后元八年，齐宣王三年，魏襄王二年，前317年。

②败魏于观津:《六国年表》作"观泽"。观泽,古邑名,在今河南清丰西南。

③败韩申差军:《秦本纪》记载为:"七年,韩、赵、魏、燕、齐帅匈奴共攻秦,秦使庶长疾与战修鱼,虏其将申差,败赵公子渴、韩太子奂,斩首八万二千。"据《六国年表》与本传,这次战役发生于秦惠王后元八年。

④四通辐凑:《战国策》作"诸侯四通,条达辐凑"。比喻不好防守,易于被攻破。

⑤从郑至梁二百余里:梁玉绳曰:"《策》作'从郑至梁,不过百里;从陈至梁,二百余里',此有脱误。"郑,此指韩国都城新郑。

⑥不待力:不费力。《战国策》作"不待倦"。

⑦刑白马:古时有事结盟,杀马歃血,以示诚信。刑白马即杀白马歃血。洹水:流经今河南安阳北。

⑧余谋:犹言小谋略。苏秦实际年辈比张仪晚,而司马迁以为苏秦在张仪前。

【译文】

第二年,齐国又在观津打败了魏军。秦国想要再次攻打魏国,先打败了韩国申差的部队,杀死了八万官兵,诸侯震恐。张仪又劝告魏王道:"魏国土地纵横不到一千里,士兵超不过三十万。四面地势平坦,各国从四面八方都可以进攻,没有高山大河的阻隔。从新郑到魏国只有二百多里路,战车驰骋,步兵奔走,不费多大力气就能到达。魏国的南边和楚国接壤,西边和韩国接壤,北边和赵国接壤,东边和齐国接壤,士兵驻守四面边疆,光是防守边塞堡垒的人就不少于十万。魏国的地势,本来就是个战场。如果与南边的楚国交好而不与齐国交好,那齐国就会攻打东面;和东方的齐国交好而不亲附赵国,那赵国就会攻打北面;与韩国不和,那韩兵就会进攻西面;与楚国不亲,那楚兵就会进犯南面。这就叫作四分五裂的地理形势啊。再说各国诸侯缔结合纵联盟的目的,是为了凭靠它使国家安宁，君主尊崇，军队强大，名声显赫。现在各合纵国想统一天下，结为兄弟，在洹水边上杀白马立誓为盟，以坚定彼此联盟的意志。然而同一父母所生的亲兄弟，还有争夺钱财的，您还打算凭借苏秦虚伪欺诈、反复无常的策略，不可能成功是很明显的了。

“大王不事秦，秦下兵攻河外①，据卷、衍、燕、酸枣②，劫卫取阳晋③，则赵不南，赵不南而梁不北，梁不北则从道绝，从道绝则大王之国欲毋危不可得也。秦折韩而攻梁④，韩怯于秦，秦、韩为一，梁之亡可立而须也⑤。此臣之所为大王患也。为大王计，莫如事秦。事秦则楚、韩必不敢动；无楚、韩之患，则大王高枕而卧，国必无忧矣。且夫秦之所欲弱者莫如楚，而能弱楚者莫如梁。楚虽有富大之名而实空虚；其卒虽多，然而轻走易北，不能坚战。悉梁之兵南面而伐楚，胜之必矣。割楚而益梁，亏楚而适秦⑥，嫁祸安国⑦，此善事也。大王不听臣，秦下甲士而东伐，虽欲事秦，不可得矣。

【注释】

①河外：此指黄河以南今河南郑州、滑县一带。

②卷：古邑名，在今河南原阳西。战国属魏。衍：也称“衍氏”，魏邑名，在今河南郑州北。燕：古地名，在今河南延津东北。属魏。酸枣：魏邑名，在今河南延津西南。

③阳晋：古邑名，在今山东郓城西。属卫。

④折：《战国策》作“挟”，挟制。

⑤立而须：言很快，时间短。

⑥亏：减损，削弱。适秦：王念孙曰：“适者，悦也，言攻楚而悦秦也。”

⑦嫁祸安国：郭嵩焘曰：“前既劫之以事秦，又歆之以伐楚之利，以使

自败其约。”

【译文】

“大王您要是不服事秦国，秦国出兵攻打河外，占据卷、衍、燕、酸枣等地，劫持卫国夺取阳晋，那么赵国的军队就不能南下支援魏国，赵国的军队不能南下而魏国的军队不能北上，魏军不能北上，合纵联盟的通道就被断绝了，合纵联盟一断绝，那么大王的国家要想没有危险是不可能的了。秦国挟持韩国转而攻打魏国，韩国害怕秦国，与秦国联为一体，魏国的灭亡就在眼前了。这就是我为大王担心的啊。现在为大王着想，不如去依附秦国。依附了秦国，楚国、韩国就一定不敢妄动；没有了韩、楚侵扰的祸患，大王就可以高枕而卧，国家肯定没有什么忧虑了。况且，秦国想要削弱的首先是楚国，而能够削弱楚国的首先是魏国。楚国虽然有富足强大的名声，而实际很空虚；它的士兵虽然很多，然而总是轻易地逃跑溃散，不能够艰苦奋战。我们调集魏国的全部军队向南攻打楚国，获胜是肯定的。分割楚的国土来扩大魏的疆域，损伤楚国使秦国高兴，转嫁了灾祸，安定了国家，这是一件好事啊。假如大王不听从我的建议，秦国出动精锐部队向东进攻，那时即使您想要臣侍秦国，恐怕也来不及了。

“且夫从人多奋辞而少可信，说一诸侯而成封侯，是故天下之游谈士莫不日夜扼腕瞋目切齿以言从之便①，以说人主。人主贤其辩而牵其说，岂得无眩哉②！臣闻之，积羽沉舟，群轻折轴，众口铄金，积毁销骨。故愿大王审定计议，且赐骸骨辟魏③。”

【注释】

①扼腕：用一只手握住另一个手腕，表示激动、兴奋。

②岂得无眩哉：杨慎曰：“衡之说，大抵与纵之说相反，纵夸其国强，则

衡必败其国弱；纵言事秦与不交与国之害，而衡反以为利，以不事秦之祸恐喝之，以纵不可成离其心，大略如此。”眩，迷惑，迷乱。

③辟：离开。

【译文】

“况且，那些主张合纵的人，大多只会讲大话，唱高调，很少让人信任，他们只想游说一个国君达到封侯的目的，所以天下游说之士无不整日慷慨激昂地宣扬合纵的好处，来劝说君主。君主们欣赏他们的漂亮言辞被他们牵着走，怎么可能不被迷惑呢！我听说：羽毛堆积多了能把船压沉，轻的东西聚载多了能把车轴压断，众人的口舌能使金属熔化，众多的诽谤可以毁掉一个人。故此我请求大王审慎地决定国家大计，并请让我离开魏国吧。”

哀王于是乃倍从约而因仪请成于秦①。张仪归，复相秦②。三岁而魏复背秦为从③。秦攻魏，取曲沃④。明年⑤，魏复事秦。

【注释】

①哀王于是乃倍从约而因仪请成于秦：鲍彪曰：“魏迩秦而无阻固，凡横人之辞若可听，唯魏也，故仪先之。魏一摇，而诸国动矣。”吴师道曰：“魏非不知纵之利而秦之不可信也，劫于秦之强而患于与国之不一。后三年，魏复背秦合纵，其情可见矣。”哀王，应为“襄王”。倍从约，背叛合纵之约。

②张仪归，复相秦：张仪于秦惠王后元八年（前317）回到秦国。按，前文张仪与司马错辩论事发生在惠王后元九年（前316）。

③三岁：即秦惠王后元十一年，前314年。

④曲沃：前文已有惠王三年“取曲沃、平周”，泷川以为前“曲沃”即今河南三门峡的曲沃镇。

⑤明年：即秦惠王后元十二年，魏襄王六年，前313年。

【译文】

魏襄王于是背弃合纵盟约，通过张仪请求和秦国讲和。张仪回到秦国，重新出任国相。三年后，魏国又背弃秦国加入了合纵联盟。秦国就出兵攻打魏国，夺取了曲沃。第二年，魏国再次臣事秦国。

秦欲伐齐，齐、楚从亲，于是张仪往相楚①。楚怀王闻张仪来②，虚上舍而自馆之③。曰："此僻陋之国，子何以教之？"仪说楚王曰："大王诚能听臣，闭关绝约于齐④，臣请献商、於之地六百里⑤，使秦女得为大王箕帚之妾⑥，秦、楚娶妇嫁女，长为兄弟之国。此北弱齐而西益秦也，计无便此者。"楚王大说而许之。群臣皆贺，陈轸独吊之⑦。楚王怒曰："寡人不兴师发兵得六百里地，群臣皆贺，子独吊，何也？"陈轸对曰："不然。以臣观之，商、於之地不可得而齐、秦合，齐、秦合则患必至矣。"楚王曰："有说乎？"陈轸对曰："夫秦之所以重楚者，以其有齐也。今闭关绝约于齐，则楚孤。秦奚贪夫孤国⑧，而与之商、於之地六百里？张仪至秦，必负王，是北绝齐交，西生患于秦也，而两国之兵必俱至。善为王计者，不若阴合而阳绝于齐，使人随张仪。苟与吾地，绝齐未晚也；不与吾地，阴合谋计也⑨。"楚王曰："愿陈子闭口毋复言，以待寡人得地。"乃以相印授张仪，厚赂之。于是遂闭关绝约于齐，使一将军随张仪。

【注释】

①张仪往相楚：张仪于秦惠王后元十二年，楚怀王十六年，前313

年，前往楚国。泷川曰："'相'字疑衍，与下文'乃以相印授张仪'复。"

②楚怀王：名槐，威王之子，前328—前299年在位。

③自馆之：亲自为张仪安排住宿。中井解为："谓就馆见客也。"

④闭关绝约于齐：高诱注："关，楚北方城之塞也。绝齐欢合之交也。"

⑤商、於（wū）：有研究者以为系指商（今陕西商洛东南）、於（今河南内乡东）两邑及两邑之间地区，即今丹江中、下游一带。《索隐》引刘氏曰："商即今之商州，有古商城；其西二百余里有古於城。"

⑥秦女：秦王之女。

⑦陈轸：游说之士。吊：慰问。

⑧秦奚贪夫孤国：泷川曰："《楚世家》《秦策》'贪'作'重'，义长。"

⑨不与吾地，阴合谋计也：鲍彪曰："轸之策此可谓明矣，而怀王不听，愚而好自用者也，其死秦宜哉！"徐孚远曰："张仪诈而楚王贪，故陈轸为两可之辞。若楚果绝齐，虽得商、於，未为福也。"

【译文】

秦国想攻打齐国，然而齐、楚两国缔结了合纵相亲的盟约，秦王于是派遣张仪前往楚国担任相职。楚怀王听说张仪来了，空出上等的宾馆，亲自到宾馆安排他住宿。怀王问道："这是个偏僻鄙陋的国家，您来这里，要指教我什么呢？"张仪游说楚王道："大王如果能够听取我的意见，就关闭北方的要塞和齐国断绝往来，解除盟约，我请秦王献出商、於一带六百里的土地，让秦王把女儿嫁给大王，秦、楚两国娶妇嫁女，永久结为兄弟之国。北面削弱齐国，西面有益于秦国，没有比这更好的计策了。"怀王非常高兴地答应了他。大臣们都向怀王道贺，只有陈轸对他表示慰问。怀王生气地说："我不兴师动众就能得到六百里土地，大臣们都来庆贺，唯有你表示慰问，这是为什么？"陈轸答道："不是这样。依我看，商、於之地不可能得到，而且齐、秦两国会联合，齐、秦一联合，那楚国的灾难就一定会降临了。”怀王问道:“能说明理由吗?”陈轸回答说:“秦国之所以看重楚国,是因为楚国有结盟的齐国。如今和齐国断绝往来,废除盟约,那么楚国就孤立了。秦国怎会重视一个处于孤立的国家,而给它六百里商、於之地呢?张仪回到秦国,一定背叛大王,这样一来,楚国北面与齐国断交,西面从秦国招来祸患,那他们两国的军队就一定会同时进攻楚国了。妥善地替大王考虑,不如跟齐国暗中修好,而表面上断交,派人跟着张仪到秦国。如果给我们土地,再与齐国断交也不迟;不给我们土地,我们就与齐国暗中联合商量对策。”怀王说:“你闭上嘴不要再说了,等着看我得到土地吧。”怀王将楚国的相印授予张仪,还馈赠了大量的财物。于是就关闭了北方的要塞和齐国断绝了关系,废除了盟约,同时派出一位将军随同张仪前往秦国。

张仪至秦,详失绥堕车①,不朝三月。楚王闻之,曰:“仪以寡人绝齐未甚邪?”乃使勇士至宋,借宋之符,北骂齐王②。齐王大怒,折节而下秦③。秦、齐之交合,张仪乃朝,谓楚使者曰:“臣有奉邑六里,愿以献大王左右。”楚使者曰:“臣受令于王,以商、於之地六百里,不闻六里。”还报楚王,楚王大怒,发兵而攻秦。陈轸曰:“轸可发口言乎④?攻之不如割地反以赂秦⑤,与之并兵而攻齐,是我出地于秦,取偿于齐也,王国尚可存。”楚王不听,卒发兵而使将军屈匄击秦⑥。秦、齐共攻楚,斩首八万,杀屈匄,遂取丹阳、汉中之地⑦。楚又复益发兵而袭秦,至蓝田⑧,大战,楚大败,于是楚割两城以与秦平。

【注释】

①详(yáng):假装。绥:挽以登车的绳子。

②借宋之符，北骂齐王：胡三省曰："既'闭关绝约'，则齐、楚之信使不通，故使宋遗借宋符以至齐。"符，信物，通行证。

③折节而下秦：《楚世家》作"折楚符而合于秦"。

④发口：开口。凌稚隆曰："应上'闭口'。"

⑤不如割地反以赂秦：《战国策》云："不如因而赂之一名都。"邓以瓒曰："轸意非真欲赂秦，只是极言攻秦之非计，观'不如反'及'尚'字可见。"

⑥屈匄（gài）：楚国将领。

⑦丹阳：楚地区名，指今陕西、河南两省间丹江以北地区。汉中：楚郡名，辖境相当今陕西东南角至湖北西北角地区。

⑧蓝田：秦县名，在今陕西蓝田西。据《秦本纪》《楚世家》《六国年表》，张仪欺骗楚怀王、夺取汉中并在蓝田打败楚军事发生在秦惠王后元十三年，楚怀王十七年，前312年。

【译文】

张仪到了秦国，假装上车时没有拉稳绳子而从车上堕下，三个月不上朝。楚怀王听说了，说："张仪认为我与齐国绝交还不坚决吧？"就派勇士去宋国，借了宋国的符节往北到齐国去斥骂齐王。齐王大怒，折断了符节转身投靠了秦国。秦、齐建交后，张仪才上朝，他对楚国的使者说："我有秦王赐给的六里封地，愿把它献给楚王。"楚国使者说："我奉楚王的命令，来接收商、於之地六百里，不曾听说过六里。"使者回报楚王，楚王大怒，立刻要出动军队攻打秦国。陈轸说："我可以开口讲话了吗？攻打秦国不如反过来割地送给它，再与秦国合兵攻齐，这样我们割给秦国的土地，就可从齐国获得补偿，大王的国家还可以生存。"怀王不听，终于出动军队并派将军屈匄进攻秦国。秦、齐两国共同攻打楚国，杀死官兵八万，并杀死屈匄，于是夺取了丹阳、汉中的土地。楚国又派出更多的军队去袭击秦国，在蓝田与秦军激战，楚军大败，楚国于是割让两个城邑去跟秦国讲和。

秦要楚欲得黔中地[①]，欲以武关外易之[②]。楚王曰："不愿易地，愿得张仪而献黔中地。"秦王欲遣之，口弗忍言。张仪乃请行。惠王曰："彼楚王怒子之负以商、於之地，是且甘心于子。"张仪曰："秦强楚弱，臣善靳尚[③]，尚得事楚夫人郑袖，袖所言皆从。且臣奉王之节使楚，楚何敢加诛？假令诛臣而为秦得黔中之地，臣之上愿。"遂使楚。楚怀王至则囚张仪[④]，将杀之。靳尚谓郑袖曰："子亦知子之贱于王乎？"郑袖曰："何也？"靳尚曰："秦王甚爱张仪而不欲出之[⑤]，今将以上庸之地六县赂楚[⑥]，以美人聘楚，以宫中善歌讴者为媵[⑦]。楚王重地尊秦[⑧]，秦女必贵而夫人斥矣。不若为言而出之[⑨]。"于是郑袖日夜言怀王曰："人臣各为其主用。今地未入秦，秦使张仪来，至重王。王未有礼而杀张仪，秦必大怒攻楚。妾请子母俱迁江南，毋为秦所鱼肉也。"怀王后悔，赦张仪，厚礼之如故[⑩]。

【注释】

①要：要胁。黔中：楚郡名，辖境相当今湖南西部及贵州东北部。

②欲以武关外易之：《楚世家》称秦欲"分汉中之半以和楚"。武关，在今陕西商南东南丹江北岸。易，交换。

③靳尚：楚国大臣。又见于《屈原列传》。

④楚怀王至则囚张仪：语序应为"张仪至，楚怀王则囚之"。

⑤不欲：《索隐》曰："'不'字当作'必'，时张仪为楚所囚，故必欲出之也。"译文从之。

⑥上庸：在今湖北竹山西南。

⑦媵（yìng）：陪嫁的臣仆。

⑧楚王：徐孚远曰："当言'大王'，言'楚王'误。"

⑨不若为言而出之：凌稚隆引焦竑曰："陈平愚阏氏而解白登之围，盖本诸此。"

⑩厚礼之如故：吴师道曰："张仪商、於之欺，虽竖子犹能知之，以陈轸之智固不为难也。仪之肆意而无忌者，知怀王之愚，而轸之言必不入也。不然，他日楚之请，仪将惧其甘心焉。而仪请自往，卒不能害，岂非中其所料也哉！"据《楚世家》，楚王先囚后放张仪事发生于怀王十八年，秦惠王后元十四年，前311年。

【译文】

秦国要挟楚国，想得到黔中一带的土地，要用武关以外的土地交换它。楚王说："我不愿意交换土地，只要得到张仪，愿献出黔中地区。"秦王想要遣送张仪，又不忍开口说出来。张仪却请求前往。秦惠王说："楚王恨您背弃了给商、於之地的诺言，正想杀掉您解恨呢！"张仪说："秦强楚弱，我与楚国的靳尚要好，靳尚侍奉楚王的夫人郑袖，而郑袖说的话楚王全听。况且我是奉大王的命令出使楚国的，楚王怎么敢杀我？假如杀死我而替秦国取得黔中的土地，这也是我的最高愿望。"张仪于是出使楚国。楚怀王等张仪一到就把他囚禁起来，要杀掉他。靳尚对郑袖说："您知道您将被大王鄙弃吗？"郑袖问道："为什么呢？"靳尚说："秦王很宠爱张仪，一定要救他出去，打算把上庸六县送给楚国，把美人嫁给楚王，用秦宫中能歌善舞的女子作陪嫁。楚王重视土地，尊重秦国，以后秦国的美女一定会尊贵，而夫人您将被废黜了。您不如为张仪说情救他出来。"郑袖于是日夜对怀王说："做臣子的各为自己的君主效劳。现在我们的土地还没给秦国，秦王派张仪来，这表明对您非常尊重。大王没有以礼相待，还要杀掉张仪，秦王一定大怒，发兵进攻楚国。请让我母子迁到江南去吧，以免遭受残害。"怀王后悔了，赦免了张仪，像过去一样优厚地款待他。

张仪既出，未去，闻苏秦死，乃说楚王曰："秦地半天下，兵敌四国，被险带河①，四塞以为固。虎贲之士百余万，车千乘，骑万匹，积粟如丘山。法令既明，士卒安难乐死，主明以严②，将智以武，虽无出甲③，席卷常山之险④，必折天下之脊⑤，天下有后服者先亡。且夫为从者，无以异于驱群羊而攻猛虎，虎之与羊不格明矣⑥。今王不与猛虎而与群羊，臣窃以为大王之计过也。

【注释】

①被险带河：《战国策》作"被山带河"。被，后作"披"，依靠。

②明以严：既贤明又威严。

③虽无出甲：王念孙曰："'虽'读曰'唯'。言是唯无出甲，出甲则席卷常山而折天下之脊也。""不更言'出甲'者，蒙上而省也。"

④席卷常山之险：意即翻越恒山，夷灭赵国。常山，即恒山，在今河北曲阳西北。

⑤折天下之脊：按，赵国是当时东方合纵诸国的首领，如被秦国摧毁，即如折断了天下的脊柱。

⑥不格：不敌。鲍彪曰："格，犹'敌'。"

【译文】

张仪出来后，还没有离开楚国，就听说苏秦死了，于是游说楚怀王说："秦国的土地占了天下的一半，兵力足以抵挡四周的国家，背靠天险，有黄河围绕，四周有要塞可以坚守。雄兵有一百多万，战车千辆，战马万匹，贮存的粮食堆积如山。法令严明，士兵们都不避艰苦危难，乐于为国牺牲，国君贤明而威严，将帅智谋而勇武，秦国没有出兵，只要出兵就可以席卷险要的常山，折断天下的脊骨，天下诸国凡是归顺在后的必然先遭灭亡。主张合纵的人，无异于驱赶着羊群进攻凶猛的老虎，虎与羊之间力量的悬殊是十分明白的。现在大王不亲附猛虎却亲附群羊，臣私下认为大王的谋略是错误的。

“凡天下强国，非秦而楚，非楚而秦，两国交争，其势不两立。大王不与秦，秦下甲据宜阳[①]，韩之上地不通[②]。下河东[③]，取成皋[④]，韩必入臣，梁则从风而动。秦攻楚之西，韩、梁攻其北，社稷安得毋危？且夫从者聚群弱而攻至强，不料敌而轻战，国贫而数举兵，危亡之术也。臣闻之，兵不如者勿与挑战，粟不如者勿与持久。夫从人饰辩虚辞，高主之节[⑤]，言其利不言其害，卒有秦祸，无及为已！是故愿大王之孰计之。

【注释】

①宜阳：古县名，战国韩置，在今河南宜阳西，以宜阳山而得名。

②上地：有研究者以为即指“上党之地”。

③河东：指今山西临汾、运城一带。

④成皋：古邑名，在今河南荥阳汜水镇。战国属韩。

⑤高主之节：泷川曰：“高不事秦之节也。”

【译文】

“当今，天下强大的国家，不是秦国便是楚国，不是楚国便是秦国，两国相互争战，势不两立。大王不结交秦国，秦国发兵占据宜阳，韩国上党地区就与国都断了联络。秦国攻下河东，占有成皋，韩国一定会投降，魏国也就会趁此时机行动。秦国攻打楚国的西面，韩、魏攻打楚国的北面，国家怎么会不危险？再说那些主张合纵的人聚集了一群弱小的国家攻打最强大的国家，不权衡敌对国的力量而轻易地发动战争，国家穷困而又频繁地打仗，这就是导致危亡的策略。我听说，军队不如对方强，不要挑起战端；粮食没有对方多，就不要打持久战。那些主张合纵的人，粉饰言辞，空发议论，抬高他们国君的节行，只说对国君的好处，不说对国君的危害，秦兵突然来袭，就来不及对付了！希望大王认真考虑。

“秦西有巴、蜀，大船积粟，起于汶山①，浮江已下②，至楚三千余里。舫船载卒③，一舫载五十人，与三月之食，下水而浮，一日行三百余里，里数虽多，然而不费牛马之力，不至十日而距扞关④。扞关惊，则从境以东尽城守矣⑤，黔中、巫郡非王之有⑥。秦举甲出武关，南面而伐，则北地绝⑦。秦兵之攻楚也，危难在三月之内，而楚待诸侯之救，在半岁之外，此其势不相及也。夫待弱国之救，忘强秦之祸，此臣所以为大王患也。大王尝与吴人战，五战而三胜⑧，阵卒尽矣；偏守新城⑨，存民苦矣⑩。臣闻功大者易危，而民敝者怨上。夫守易危之功而逆强秦之心，臣窃为大王危之。且夫秦之所以不出兵函谷十五年以攻齐、赵者⑪，阴谋有合天下之心。楚尝与秦构难，战于汉中，楚人不胜，列侯执珪死者七十余人⑫，遂亡汉中。楚王大怒，兴兵袭秦，战于蓝田。此所谓两虎相搏者也。夫秦、楚相敝⑬，而韩、魏以全制其后，计无危于此者矣。愿大王孰计之。

【注释】

①汶山：即今岷山，在今四川松潘北。

②浮江已下：犹言“浮江而下”。沿着长江顺流而下。

③舫（fǎng）船：两船相并。亦泛指船。

④距：抵达，通到。扞关：古关名，其地望说法不一，一说在今湖北宜

昌西。

⑤从境以东:《战国策》作“从竟陵以东”。竟陵,古邑名,在今湖北潜江西北。属楚。城守:据城防守。

⑥黔中、巫郡非王之有:陈子龙曰:“秦得蜀而楚势危,浮江之说,王濬之下吴也;武关之势,西魏之下梁也,此亦有当情势之言。”巫郡,楚郡名,楚怀王置,辖境相当今重庆东部的巫山、奉节一带。

⑦北地:胡三省注:“楚北境之地,陈、蔡、汝、颍是也。”

⑧大王尝与吴人战,五战而三胜:徐孚远曰:“怀王时,吴之属楚久矣,安得与吴人五战?此言误。”《战国策》作“五战三胜而亡之”,有研究者认为,吴灭于越,此楚“与吴人战”指楚灭越之战。

⑨新城:《索隐》曰:“当在吴、楚之间。”《正义》曰:“新攻得之城,未详所在。”

⑩存民:《战国策》作“居民”。

⑪不出兵函谷十五年:吴师道曰:“前二年、五年、六年,皆有攻赵之事。”按,这是司马迁采《战国策》中的材料修改弥缝而成。

⑫列侯:此指建立功勋而被封侯。执珪:泛指封爵。

⑬相敝:相继疲敝。

【译文】

“秦国西面有巴、蜀之地,用大船装运粮食,从汶山起程,沿长江而下,到楚国三千余里。用大船运载兵士,每艘大船可载五十人和三个月的粮食,顺流而下,每天行驶三百余里,虽然走了这么远,然而不要费牛马牵引的劳力,不到十天就可到达楚国的扞关。扞关形势一紧张,那么竟陵以东,所有的城邑就都要据城守御了,黔中、巫郡将不再属于大王所有了。秦国发动军队出武关,向南边进攻,楚国的北部地区就被切断。秦军攻打楚国,三个月内可以造成楚国的危难,而楚国等待其他诸侯的救援,需要半年以上的时间,从这形势看来,根本来不及。依靠弱小国家的救援,忽略强秦带来的祸患,这是我替大王担忧的原因啊。大王曾经与吴国人打仗，打了五次胜了三次，临阵的士兵差不多死光了；楚军在偏远的地方守卫新攻占的城邑，百姓太辛苦了。我听说功业大的国君容易招灾；人民穷困就埋怨君主。守候着容易遭到危险的功业而违背强秦的心意，我私下替大王感到危险。秦国之所以十五年不从函谷关出兵攻打齐、赵诸国，是因为它在暗中策划，有吞并天下的野心。楚国曾经与秦国发生冲突，双方在汉中交战，楚国没有取得胜利，却有七十多位列侯执珪者战死，于是丢掉了汉中。楚王大怒，出兵袭击秦国，又在蓝田打了一仗。这就是所说的两虎相斗啊。秦国和楚国相互厮杀疲惫困顿，而韩、魏两国用全力趁它们疲惫之后予以打击，没有比这更危险的策略了。希望大王认真考虑。

"秦下甲攻卫阳晋，必大关天下之匈[①]。大王悉起兵以攻宋，不至数月而宋可举，举宋而东指，则泗上十二诸侯尽王之有也[②]。凡天下而以信约从亲相坚者苏秦[③]，封武安君，相燕，即阴与燕王谋伐破齐而分其地[④]；乃详有罪出走入齐，齐王因受而相之；居二年而觉，齐王大怒，车裂苏秦于市[⑤]。夫以一诈伪之苏秦，而欲经营天下，混一诸侯，其不可成亦明矣。今秦与楚接境壤界[⑥]，固形亲之国也[⑦]。大王诚能听臣，臣请使秦太子入质于楚，楚太子入质于秦，请以秦女为大王箕帚之妾，效万室之都以为汤沐之邑[⑧]，长为昆弟之国，终身无相攻伐。臣以为计无便于此者。"

【注释】

①秦下甲攻卫阳晋，必大关天下之匈：《索隐》曰："盖其地是秦、晋、齐、楚之交道也。以言秦兵据阳晋，是大关天下胸，则他国不得动也。"匈，"胸"的古字。

②泗上:指泗水流域。泗水源于今山东泗水东蒙山南麓,经曲阜、兖州南流入江苏,再经徐州东南流,于淮安淮阴汇入淮河。十二诸侯:有研究者认为指宋、卫、鲁、邹、滕、薛、郳、莒、费、郯、任、邳。

③凡天下而以信约从亲相坚者苏秦:大意是,天下之所以相信合纵必能成功,就是因为苏秦。

④相燕,即阴与燕王谋伐破齐而分其地:按,《燕召公世家》将苏秦的活动时期错系于燕易王(前332—前321年在位)时代,而实际是在燕昭王(前311—前279年在位)时代。

⑤车裂苏秦于市:据《苏秦列传》,苏秦被人行刺,临死前与齐王谋画假意裂己之尸以抓捕刺客,事后齐国才发觉中了反间计。据现代研究者考订,苏秦为燕昭王入齐行反间计,直到乐毅进兵前才被发觉,齐湣王将其车裂。且苏秦死于周赧王三十一年(前284),张仪死于周赧王五年(前309)。

⑥接境壤界:接壤连界。

⑦形亲:鲍彪曰:"其势当亲。"

⑧效万室之都以为汤沐之邑:泷川曰:"以其地之赋税,供汤沐之具。"黄洪宪曰:"说诸侯皆曰'事秦',独楚曰'入质''效地',亦以楚之强足以敌秦云尔。"

【译文】

"秦国出兵攻占卫国的阳晋以后,一定会截断天下的交通要道。大王发动全部兵力进攻宋国,不到数月就可拿下,攻占了宋国再向东进军,那么泗水流域的许多小国便全归大王所有了。天下各国之所以相信合纵相亲必能成功,就是因为苏秦,他被封为武安君,出任燕国的国相,却在暗中与燕王策划攻破齐国,并且分割它的土地;假装获罪于燕王,逃亡到齐国,齐王因此收留了他而且任用他做了国相;两年后事情暴露,齐王大怒,把苏秦在市集车裂了。凭着一个狡诈虚伪的苏秦,却想治理天下,把各国诸侯联在一起,这不可能成功也是明摆着的了。现在秦国与楚国边界相接，本来就是地理形势亲密的国家。大王真能听从我的意见，我可以请秦王派太子到楚国来做人质，楚太子到秦国去做人质，我可以请秦王把女儿嫁给大王做妻子，再献上拥有万户人家的大城，收取赋税作为大王的生活补贴，永结兄弟邻邦，终生不相互打仗。我认为没有比这更合适的策略了。”

于是楚王已得张仪而重出黔中地与秦①，欲许之。屈原曰②：“前大王见欺于张仪，张仪至，臣以为大王烹之；今纵弗忍杀之，又听其邪说，不可③。”怀王曰：“许仪而得黔中④，美利也。后而倍之⑤，不可。”故卒许张仪，与秦亲。

【注释】

①于是：这时，此时。重出：不肯拿出。

②屈原：楚国宗室，芈姓，屈氏，名平，字原，又字灵均。曾为左徒、三闾大夫等职。事迹详见《屈原列传》。

③又听其邪说，不可：郭嵩焘曰：“按《屈原传》，屈原使而还，张仪已去楚矣，与此所叙不同，似《屈原传》为得其实。”

④得：这里指保住。

⑤倍：通“背”。

【译文】

此时，楚王已经得到张仪，而难于割出黔中地区给秦国，便想答应张仪。屈原说：“前次大王被张仪骗了，这次张仪前来，我认为大王会烹杀他；如今释放了他，不忍杀死他，还听信他的邪妄之言，这可不行。”怀王说：“答应张仪的建议可以保住黔中土地，这是很有利的事啊。已经答应而又违约，不可。”所以最终答应了张仪，与秦国亲善。

张仪去楚，因遂之韩，说韩王曰①：“韩地险恶山居②，五谷所生，非菽而麦，民之食大抵菽饭藿羹[3]。一岁不收，民不餍糟糠。地不过九百里，无二岁之食。料大王之卒，悉之不过三十万，而厮徒负养在其中矣[4]。除守徼亭障塞[5]，见卒不过二十万而已矣[6]。秦带甲百余万，车千乘，骑万匹，虎贲之士跿跔科头贯颐奋戟者[7]，至不可胜计。秦马之良，戎兵之众[8]，探前趹后蹄间三寻腾者[9]，不可胜数。山东之士被甲蒙胄以会战[10]，秦人捐甲徒裼以趋敌[11]，左挈人头[12]，右挟生虏。夫秦卒与山东之卒，犹孟贲之与怯夫；以重力相压，犹乌获之与婴儿。夫战孟贲、乌获之士以攻不服之弱国，无异垂千钧之重于鸟卵之上，必无幸矣[13]。夫群臣诸侯不料地之寡[14]，而听从人之甘言好辞，比周以相饰也[15]，皆奋曰‘听吾计可以强霸天下’。夫不顾社稷之长利而听须臾之说[16]，诖误人主[17]，无过此者。

【注释】

①韩王：指韩襄王，名仓，宣惠王之子，前311—前296年在位。

②险恶山居：胡三省注：“韩有宜阳、成皋，南尽鲁阳，皆山险之地。”

③菽饭藿羹：指吃粗茶淡饭。菽，豆类的统称。藿，豆叶。

④厮徒：服杂役的人。负养：从事运输和饲养等役的人。

⑤徼（jiào）亭障塞：泛指边境上的防御工事。徼亭，边境的哨所。障塞，堡垒。

⑥见卒：现有的兵卒。

⑦跿跔（tú jū）：《集解》曰：“跳跃也。”又曰：“偏举一足曰跿跔。”金正炜曰：“即‘徒跣’之讹，与‘科头’为对文。”贯颐：《索隐》曰：“谓两手捧颐而直入敌，言其勇也。”王念孙引王引之曰：“贯，读

为‘弯弓’之‘弯’；颐，弓名。‘弯弓’与下文‘奋戟’对文。”

⑧戎兵之众：张文虎曰：“上下皆言马，此句杂出，且上文已言之矣，疑衍。”

⑨探前趹后：《索隐》曰：“谓马前足探向前，后足趹于后。趹谓后足抉地，言马之走势疾也。”蹄间三寻：《索隐》曰：“七尺谓寻，言马走之疾，前后蹄间一掷过三寻也。”

⑩山东之士：泛指东方六国的士兵。被甲蒙胄：指全副武装。

⑪捐甲徒裼：脱去铠甲，赤脚光身。

⑫挈（qiè）：提，执。

⑬无幸：不能幸免。

⑭群臣诸侯：《战国策》无“群臣”。

⑮比周：结党营私。

⑯须臾之说：指眼前的游说。

⑰诖（guà）误：贻误，连累。

【译文】

张仪离开楚国，就借此机会前往韩国，游说韩王说：“韩国地势险恶，人都住在山区，生产的粮食不是麦就是豆，人们吃的大都是豆子饭、豆叶汤。一年没收成，人们连糟糠这样粗劣的食物都吃不饱。土地不足九百里，储存的粮不够两年食用。估计大王的士兵，总共也超不过三十万人，这其中还包括许多杂役人员。除掉防守驿亭、边防要塞的士兵，现有的军队不过二十万罢了。而秦国士卒有一百多万，战车千辆，战马万匹，勇猛的兵士不戴头盔踊跃奔杀，能弯弓射敌持戟冲锋的，多得数不清。秦军战马精良，前蹄扬起，后蹄腾空，一跃就是两丈多远的，数不胜数。山东六国的军队披甲戴盔地与秦军交战，秦军脱掉盔甲光着膀子，打着赤脚来迎敌，个个左手提人头，右手挟俘虏。秦兵与山东六国的兵相比就像大力士孟贲跟懦夫一样；用巨大的威力压下去，犹如力士乌获对婴孩一样。用孟贲、乌获那样的军队去攻打不服从的弱国，无异于把千钧重力压在鸟卵之上,肯定是一个也剩不下了。那些诸侯、大臣不估量自己的土地狭小,却听信主张合纵的人的甜言蜜语,他们结伙营私,互相掩饰,都振奋地说‘听从我的策略,可以在天下称霸’。不顾国家的长远利益而听从眼前的游说,贻误国君,没有比这更为严重的了。

“大王不事秦,秦下甲据宜阳,断韩之上地,东取成皋、荥阳①,则鸿台之宫、桑林之苑非王之有也②。夫塞成皋,绝上地,则王之国分矣。先事秦则安,不事秦则危。夫造祸而求其福报,计浅而怨深,逆秦而顺楚,虽欲毋亡,不可得也。故为大王计,莫如为秦③。秦之所欲莫如弱楚,而能弱楚者莫如韩。非以韩能强于楚也,其地势然也。今王西面而事秦以攻楚,秦王必喜。夫攻楚以利其地,转祸而说秦,计无便于此者。”韩王听仪计。

【注释】

①荥阳:古邑名,今河南郑州古荥镇。

②鸿台之宫、桑林之苑:《索隐》曰:“皆韩之宫苑。”

③为秦:《战国策》作“事秦”。

【译文】

“假如大王不奉事秦国,秦国出动武装部队占据宜阳,切断韩国的上党地区,向东夺取成皋、荥阳,那么鸿台的宫殿、桑林的林苑,就不再为大王拥有了。秦军阻塞了成皋,截断了上党地区的通道,大王的国土就被分割开了。早归顺秦国就安全,不归顺秦国就危险。制造祸端而求好报,谋虑浅陋而结怨很深,违背秦国而顺从楚国,要想使国家不亡,那是不可能的啊。所以为大王着想,不如帮助秦国。秦国最大的希望是削弱楚国,而最能削弱楚国的就是韩国。不是因为韩国比楚国强大,而是由韩国的地势决定的。如今，假如大王向西臣事秦国攻打楚国，秦王一定很高兴。攻打楚国有利于韩国增加领土，转移祸患取悦秦国，没有比这更好的计策了。”韩王听从了张仪的计策。

张仪归报，秦惠王封仪五邑，号曰武信君。使张仪东说齐湣王曰[①]：“天下强国无过齐者，大臣父兄殷众富乐[②]。然而为大王计者，皆为一时之说，不顾百世之利。从人说大王者，必曰：‘齐西有强赵，南有韩与梁。齐，负海之国也，地广民众，兵强士勇，虽有百秦，将无奈齐何。’大王贤其说而不计其实。夫从人朋党比周，莫不以从为可。臣闻之，齐与鲁三战而鲁三胜[③]，国以危，亡随其后，虽有战胜之名，而有亡国之实。是何也？齐大而鲁小也。今秦之与齐也，犹齐之与鲁也[④]。秦、赵战于河、漳之上[⑤]，再战而赵再胜秦；战于番吾之下[⑥]，再战又胜秦。四战之后，赵之亡卒数十万，邯郸仅存，虽有战胜之名而国已破矣。是何也？秦强而赵弱。今秦、楚嫁女娶妇，为昆弟之国。韩献宜阳；梁效河外[⑦]；赵入朝渑池，割河间以事秦[⑧]。大王不事秦，秦驱韩、梁攻齐之南地，悉赵兵渡清河[⑨]，指博关[⑩]，临菑、即墨非王之有也[⑪]。国一日见攻[⑫]，虽欲事秦，不可得也。是故愿大王孰计之也。”

齐王曰：“齐僻陋，隐居东海之上，未尝闻社稷之长利也。”乃许张仪。

【注释】

①东说齐湣王：按，《战国策》作“张仪为秦连横说齐王”。齐湣王应是“齐宣王”。

②大臣父兄殷众富乐：泷川曰："父兄，同姓老臣也。"殷众，众多。

③齐与鲁三战而鲁三胜：鲍彪注："鲁战胜齐，史书不传。"吴师道曰："此取譬之说，犹《孟子》言'邹人与楚人战'，与下文不同。"梁玉绳曰："齐与鲁三战而鲁三胜事，史无所见，吴师道以为取譬之说，或当然也。"

④今秦之与齐也，犹齐之与鲁也：《战国策》作"赵之与秦也"。

⑤河、漳：黄河、漳水。漳水，在今河北、河南两省边境。

⑥战于番吾之下：梁玉绳曰："赵却秦番吾，实有其事，在王迁四年，岂作《策》者误以后事为前事欤？"番吾，当时赵国有两个番吾，一在今河北平山东南，一在今河北磁县。

⑦韩献宜阳；梁效河外：梁玉绳曰："秦取宜阳之时，仪死四年矣。"胡三省曰："秦盖以河东为河外，梁则以河西为河外，张仪以秦言之也。"按，据《樗里子甘茂列传》，宜阳是秦将甘茂于秦武王三年（前308）攻取的，非韩所献。河外入秦时在魏襄王十三年，亦由攻取而得。

⑧赵入朝渑池，割河间以事秦：梁玉绳曰："朝渑池时，无割河间事，且渑池之会，仪死三十年矣。"赵入朝渑池发生在赵惠文王二十年，秦昭王二十八年，前279年。详见《廉颇蔺相如列传》。渑池，古邑名，在今河南渑池西。河间，《索隐》曰："谓河、漳之间邑。"《正义》曰："瀛州县。"

⑨悉：全部。清河：古河名。战国时介于齐、赵两国之间。

⑩博关：古关名，在今山东茌平。

⑪即墨：古邑名，在今山东平度东南。

⑫一日：犹言"一旦"。

【译文】

张仪回到秦国向秦惠王报告，惠王赏赐给他五座城邑，封号为武信君。派张仪向东游说齐湣王说："天下强大的国家没有超过齐国的，齐国的臣民众多，富足安乐。但是替大王谋划的，都是一时之说，而不顾国家长远的利益。主张合纵的人游说大王，一定会说：‘齐国西面有强大的赵国，南面有韩国和魏国。齐国是背靠大海的国家，土地广阔，人口众多，军队强大，士兵勇敢，即使有一百个秦国，也拿齐国没办法。’大王认为他们的说法很高明，却没能考虑到实际的情况。主张合纵的人，结党营私，排斥异己，没有人不认为合纵可行。我听说，齐国和鲁国打了三次仗，而鲁国战胜了三次，而国家危亡跟随其后。虽有战胜的名声，却有亡国的实质。这是为什么呢？是因为齐国强大而鲁国弱小啊。现在的秦国对于齐国，就跟齐国对于鲁国一样。秦、赵两国在黄河、漳水之间交战，两次交战赵国两次打败了秦国；在番吾城下交战，两次交战又两次打败了秦军。四次作战之后，赵国死亡的兵士有几十万，只有首都邯郸得以幸存，虽有战胜的名声，但是国家已残破了。这是为什么呢？是因为秦国强而赵国弱啊。现在秦、楚两国之间嫁女娶妇，成了兄弟盟国。韩国献出了宜阳，魏国献出河外，赵王到渑池朝见秦王，割让河间来服事秦国。大王不归顺秦国，秦国驱使韩、魏两国攻打齐国南部，全部发动赵军渡过清河直指博关，临淄、即墨就不属大王所有了。国家一旦被进攻，即使是想要臣事秦国，也不可能了。因此希望大王仔细地考虑考虑。”

齐王说：“齐国偏僻落后，僻处东海边上，不曾听过关于国家长远利益的高见。”于是采纳了张仪的建议。

张仪去，西说赵王曰[①]：“敝邑秦王使使臣效愚计于大王。大王收率天下以宾秦[②]，秦兵不敢出函谷关十五年。大王之威行于山东[③]，敝邑恐惧慑伏，缮甲厉兵[④]，饰车骑[⑤]，习驰射，力田积粟，守四封之内，愁居慑处，不敢动摇，唯大王有意督过之也[⑥]。今以大王之力[⑦]，举巴、蜀，并汉中，包两周，迁九鼎[⑧]，守白马之津[⑨]。秦虽僻远，然而心忿含怒之日久矣[10]。今秦有敝甲凋兵，军于渑池[11]，愿渡河逾漳，据番吾[12]，会邯郸之下，愿以甲子合战，以正殷纣之事[13]，敬使使臣先闻左右。凡大王之所信为从者恃苏秦。苏秦荧惑诸侯，以是为非，以非为是，欲反齐国，而自令车裂于市。夫天下之不可一亦明矣。今楚与秦为昆弟之国，而韩、梁称为东藩之臣[14]，齐献鱼盐之地[15]，此断赵之右臂也。夫断右臂而与人斗，失其党而孤居，求欲毋危，岂可得乎？今秦发三将军：其一军塞午道[16]，告齐使兴师渡清河，军于邯郸之东；一军军成皋，驱韩、梁军于河外；一军军于渑池。约四国为一以攻赵，赵破，必四分其地。是故不敢匿意隐情，先以闻于左右。臣窃为大王计，莫如与秦王遇于渑池，面相见而口相结，请案兵无攻。愿大王之定计。"

【注释】

①赵王：指赵武灵王，名雍，前325—前299年在位。提倡胡服骑射，进行军事改革。

②宾（bìn）：摈弃，排斥。

③山东：崤山以东。这里泛指东方各诸侯国。

④缮甲厉兵：修治铠甲，磨利刀剑。

⑤饰车骑：整修车骑。

⑥唯大王有意督过之也：中井曰："'唯'下疑脱'恐'字。'过'亦责之也。"

⑦今以大王之力：泷川曰："犹曰'赖大王神灵'。"

⑧包两周，迁九鼎：梁玉绳曰："此不过大言之耳，收取两周非惠王，迁鼎亦无其事。"

⑨白马之津：渡口名，在今河南滑县北。

⑩心忿含怒：杨慎曰："遣苏秦为纵者赵王也，赵王为宗盟之主，故言秦王之积忿含怒于赵。"

⑪敝甲凋兵，军于渑池：胡三省曰："'败甲凋兵，谦其辞；言军于渑池，则张其势以临赵矣。"

⑫渡河逾漳，据番吾：胡三省曰："言欲自渑池北渡河，又自此东逾漳水而进据番吾，此亦张声势以临赵也。"

⑬以甲子合战，以正殷纣之事：意谓秦国将在甲子日征伐赵国，就像周武王征伐殷纣一样。正，治罪。

⑭韩、梁称为东藩之臣：按，都是在张仪死后才发生的事。

⑮齐献鱼盐之地：胡三省曰："此时齐未尝献地于秦，张仪驾说以恐动赵耳。"

⑯午道：《索隐》曰："当在赵之东，齐之西也。郑玄云'一纵一横为午'，谓交道也。"纵横交贯的要道。

【译文】

张仪离开齐国，向西游说赵王说："敝国秦王派我向大王进献一条不成熟的策略。大王率领天下诸侯来抵制秦国，秦国的军队十五年不敢出函谷关。大王的声威遍布山东各国，敝邑担惊受怕，屈服不敢妄动，整治军备，磨砺武器，整顿战车战马，练习跑马射箭，努力种地，储存粮食，守护在四方边境之内，忧愁畏惧地生活着，不敢轻举妄动，唯恐大王起意进攻我们。现在多蒙大王您的作用，秦国已攻占巴、蜀，吞并了汉中，取得了西周和东周，迁走了九鼎，据守白马渡口。秦国虽然偏僻边远，可心中积愤已久。现在秦国有残兵败将驻守在渑池，准备渡过黄河越过漳水，占领番吾，与赵军在邯郸城下相会，希望在甲子日会战，仿效周武王伐纣的旧事，特派我事先传达给大王的侍从官员。大王相信缔结合纵联盟的原因，是仗着有苏秦。苏秦迷惑诸侯，把对的说成错的，把错的说成对的，他想要反对齐国，而自己让人家在刑场上五马分尸。天下诸侯不可能统一是很明显的了。如今，楚国和秦国已结成了兄弟盟国，而韩国和魏国已向秦国臣服，成为东方的属国，齐国奉献出盛产鱼盐的地方，这就等于斩断了赵国的右臂。断了右臂而和人家争斗，失去同伙而孤立无援，想要国家不危险，怎么可能办到呢？现在秦王派出三个将军：其中一支军队阻截午道，通知齐国让它发兵渡过清河，驻扎在邯郸的东面；一支军队驻扎在成皋，驱使韩国和魏国的军队驻扎在河外；一支军队驻扎在渑池。邀集四国一起进攻赵国，赵国灭亡了，一定被四国瓜分国土。所以我不敢隐瞒秦国的意图，先传达给大王的侍从官员。我私下替大王考虑，不如与秦王在渑池会晤，面对面亲口谈，请求停止用兵，不要进攻。希望大王拿定主意。”

赵王曰：“先王之时，奉阳君专权擅势①，蔽欺先王，独擅绾事②，寡人居属师傅，不与国谋计。先王弃群臣，寡人年幼，奉祀之日新，心固窃疑焉，以为一从不事秦，非国之长利也。乃且愿变心易虑，割地谢前过以事秦。方将约车趋行③，适闻使者之明诏。”赵王许张仪，张仪乃去④。

【注释】

①先王之时，奉阳君专权擅势：中井曰：“据是文，似奉阳君听苏秦为合纵者。然按《苏秦传》，奉阳君不悦秦，而秦之合纵在奉阳君死之后，是等或记载之误耳。”先王，指赵肃侯，名语，成侯之子，前349—前326年在位。奉阳君，即李兑。事迹详见《赵世家》。

②独擅绾事：《战国策》作“独制官事”。泷川曰：“‘擅’与上文复，《策》为长。”

③约车：泷川曰：“约，束也。结马于车也。”趋行：急行，赶路。李笠曰：“趋，音‘促’。”

④赵王许张仪，张仪乃去：按，有研究者认为《史记》所载苏秦、张仪

纵横之辞都不可信。杨慎曰:“说赵王之词又与说齐、楚者异矣,盖遣秦为纵者赵王也。赵王为宗盟之主,故言秦王之‘积忿含怒于赵’,而以‘合兵请战’之词胁之于前,又以‘面相见身相结’之计怵之于后,故赵王惧而割地谢过也。”锺惺曰:“教六国攻秦者难于弱,苏秦之于韩是也;教六国事秦者难于强,张仪之于赵武灵王是也。……观仪之说赵,又与他国不同,抑扬吞吐,线索机锋甚妙甚苦,所谓‘恫疑虚喝骄矜’六字,俱于此见之。”郭嵩焘曰:“张仪说赵王挟制尤力者,以苏秦之合从始于赵也,此亦针锋两两相对处。”吴见思曰:“竟是一篇战书,合天下之纵者在赵,散天下之纵者亦在赵,故于此加意焉。”

【译文】

赵王说:“先王在世的时候,奉阳君独揽权势,蒙蔽欺骗先王,独自控制政事,我还深居宫内,从师学习,没有参与国家大事的谋划。先王去世后,我年纪轻,继承君位的时间也不长,我心中确实暗自怀疑这种做法,认为各国联合一体,不奉事秦国,不是赵国的长远利益。于是我准备改变主意,割让土地,弥补以前的过错,归顺秦国。正要收拾车马启程时,正好赶上听到您明智的教诲。”赵王听取了张仪的建议,张仪便离开了赵国。

北之燕,说燕昭王曰[①]:“大王之所亲莫如赵。昔赵襄子尝以其姊为代王妻[②],欲并代,约与代王遇于句注之塞[③],乃令工人作为金斗,长其尾,令可以击人。与代王饮,阴告厨人曰:‘即酒酣乐,进热啜[④],反斗以击之。’于是酒酣乐,进热啜,厨人进斟,因反斗以击代王,杀之,王脑涂地。其姊闻之,因摩笄以自刺,故至今有摩笄之山[⑤]。代王之亡,天下莫不闻。夫赵王之狼戾无亲,大王之所明见。且以赵王为可亲乎?赵兴兵攻燕,再围燕都而劫大王[⑥],大王割十城以谢。今赵王已入朝渑池，效河间以事秦。今大王不事秦，秦下甲云中、九原⑦，驱赵而攻燕，则易水、长城非大王之有也⑧。且今时赵之于秦犹郡县也，不敢妄举师以攻伐。今王事秦，秦王必喜，赵不敢妄动，是西有强秦之援，而南无齐、赵之患，是故愿大王孰计之。”

【注释】

①燕昭王：名职，一说名平，燕王哙之子，前311—前278年在位。

②赵襄子：赵鞅之子，名无恤，前475—前425年在位。

③句注：古山名，在今山西代县西北。

④热啜：热饮料。

⑤因摩笄（jī）以自刺，故至今有摩笄之山：吴见思曰：“燕、代亦接壤，故引代事明之。”笄，簪子。摩笄之山，一说指今河北宣化的鸡鸣山，一说指今河北蔚县的马头山。

⑥再围燕都而劫大王：凌稚隆引邓以瓒曰：“燕所恃者赵，故即以赵恐喝之。”再围，围困了两次。燕都，在今北京。按，据现代研究者考证，围困燕都发生在张仪死后。

⑦云中：赵郡名，赵武灵王置，辖境相当今内蒙古卓资以西，黄河南岸及长城以北，土默特右旗以东，大青山以南地区。九原：古邑名，在今内蒙古包头西北。

⑧则易水、长城非大王之有也：泷川曰：“张仪说楚王曰‘黔中、巫郡非王有’，说韩王曰‘鸿台之宫、桑林之苑非王有’，说齐王曰‘临淄、即墨非王之有也’，说燕王曰‘易水、长城非大王之有也’，皆以威喝之，以势制之。仪之术，止于此。”易水，在今河北西部。

【译文】

张仪往北到了燕国，游说燕昭王说：“大王最亲近的国家没有比得上赵国的吧。过去赵襄子曾经把自己的姐姐嫁给代王为妻，想吞并代国，约定在句注要塞和代王会晤，就命令工匠做了一个金斗，加长了斗柄，让它可以击杀人。赵襄子与代王喝酒，暗中告诉厨工说：'趁酒喝到酣畅欢乐时，你送上热羹，趁机把斗柄反转过来击杀他。'于是当喝酒喝到酣畅欢乐时，送上热腾腾的羹汁，厨工趁着斟羹汁的机会，反转斗柄击中代王，杀死了他，代王的脑浆流了一地。赵襄子的姐姐听到这件事，磨快簪子自杀了，所以至今还有一个名叫摩笄的山。代王的死，天下没有谁不知道。赵王的狠毒暴戾，不认亲戚，大王明明看到了。还认为赵王可以亲近吗？赵国曾经发兵进攻燕国，两次围困燕国的都城威逼大王，大王割让了十座城池去谢罪。现在赵王已经到渑池朝见秦王，献出河间归顺秦国。如果大王不归附秦国，秦国就会出兵云中、九原，驱使赵国攻打燕国，那么易水、长城就不再属于大王所有了。况且当前赵国对于秦国就如同郡县一般，不敢妄自兴兵打仗。如今，假如大王奉事秦国，秦王一定高兴，赵国不敢轻举妄动，这就等于西边有强大秦国的支援，而南边解除了齐国、赵国的侵犯，所以希望大王仔细地考虑考虑。"

燕王曰："寡人蛮夷僻处，虽大男子，裁如婴儿①，言不足以采正计②。今上客幸教之，请西面而事秦，献恒山之尾五城③。"燕王听仪。

【注释】

①裁：通"才"。

②言不足以采正计：《战国策》作"言不足以求正，谋不足以决事"。

③献恒山之尾五城：全祖望《经史问答》云："秦所取六国之地，韩、魏最先，次之者楚，其后及赵。然所取，必其为秦之界上。今《策》言张仪一出，赵以河间为献，燕以常山之尾五城为献，齐以鱼盐之地三百里为献，非不识地理之言乎？河间、常山，秦亦何从

得而有之？况齐人海右鱼盐之地乎？以秦之察，岂受此愚？……吾不知作《策》者何以东西南北之不谙，而为此谬语也。”梁玉绳：“《史》载仪说六国，皆本于《策》，多不可信。”

【译文】

燕王说：“我就像蛮夷之徒一样处在落后荒远的地方，这里的人即使是大男子，都仅仅像个婴儿，不能分辨是非、听取正确意见。今天有幸得到您的教诲，我愿意向西面奉事秦国，献出恒山脚下五座城池。”燕王听取了张仪的建议。

仪归报，未至咸阳而秦惠王卒①，武王立②。武王自为太子时不说张仪，及即位，群臣多谗张仪曰：“无信，左右卖国以取容③。秦必复用之，恐为天下笑。”诸侯闻张仪有郤武王，皆畔衡，复合从④。

【注释】

①秦惠王卒：秦惠王卒于后元十四年，前311年。

②武王：惠王之子，名荡。

③左右：反复无定。取容：讨好别人以求安身。

④皆畔衡，复合从：吴见思曰：“说完六国，仪归，不知若何尊重，乃积如丘山，消如冰雪，可为一叹。”

【译文】

张仪回秦国报告，还没走到咸阳，秦惠王去世了，秦武王即位。武王从做太子时就不喜欢张仪，等到继承王位，很多大臣说张仪的坏话：“张仪不讲信用，反复无定，出卖国家，以谋图国君的恩宠。我们秦国再任用他，恐怕会被天下人笑话。”各国诸侯听说张仪与秦武王有隔阂，都纷纷背叛了连横策略，又恢复了合纵联盟。

秦武王元年[①]，群臣日夜恶张仪未已，而齐让又至。张仪惧诛，乃因谓秦武王曰："仪有愚计，愿效之。"王曰："奈何？"对曰："为秦社稷计者，东方有大变，然后王可以多割得地也。今闻齐王甚憎仪，仪之所在，必兴师伐之。故仪愿乞其不肖之身之梁，齐必兴师而伐梁。梁、齐之兵连于城下而不能相去[②]，王以其间伐韩，入三川，出兵函谷而毋伐[③]，以临周[④]，祭器必出[⑤]。挟天子，按图籍[⑥]，此王业也。"秦王以为然，乃具革车三十乘，入仪之梁。齐果兴师伐之。梁哀王恐[⑦]。张仪曰："王勿患也，请令罢齐兵[⑧]。"乃使其舍人冯喜之楚，借使之齐[⑨]，谓齐王曰[⑩]："王甚憎张仪，虽然，亦厚矣王之托仪于秦也[⑪]！"齐王曰："寡人憎仪，仪之所在，必兴师伐之，何以托仪？"对曰："是乃王之托仪也。夫仪之出也，固与秦王约曰：'为王计者，东方有大变，然后王可以多割得地。今齐王甚憎仪，仪之所在，必兴师伐之。故仪愿乞其不肖之身之梁，齐必兴师伐之。齐、梁之兵连于城下而不能相去，王以其间伐韩，入三川，出兵函谷而无伐，以临周，祭器必出。挟天子，案图籍，此王业也。'秦王以为然，故具革车三十乘而入之梁也。今仪入梁，王果伐之，是王内罢国而外伐与国[⑫]，广邻敌以内自临[⑬]，而信仪于秦王也。此臣之所谓'托仪'也。"齐王曰："善。"乃使解兵[⑭]。张仪相魏一岁，卒于魏也[⑮]。

【注释】

①秦武王元年：前310年。

②不能相去：胡三省曰："言兵交不解，各欲去而不能也。"

③毋伐：《左传·庄公二十九年》："凡师有钟鼓曰伐。"

④周：此指西周王城，在今河南洛阳。

⑤祭器：《索隐》曰："凡王者大祭祀，必陈设文物轩车彝器等，因谓此等为'祭器'也。"中井曰："祭器，专指彝器，钟鼎之类是也。"

⑥挟天子，按图籍：泷川曰："于当时为大计，故仪屡言之。"

⑦梁哀王：应作"梁襄王"。

⑧请令罢齐兵：王念孙曰："'令'当作'今'，言请即令齐罢兵也。"

⑨借使之齐：胡三省曰："之，往也，如也。不敢径遣人使齐，而往楚借使。借使，言借楚人以为使。"

⑩齐王：指齐宣王。

⑪托：寄托，安置。

⑫罢：使疲劳，衰弱。与国：友邦，盟国。

⑬广邻敌以内自临：《战国策》作"广邻敌以自临"。

⑭乃使解兵：鲍彪云："彪谓此计之必售，策之必行者也。仪之所谟，于时有妾妇之所羞，市人之所不为者，若誉南后以取金，欺商、於以卖楚，皆可鄙也，唯此为文无害。仪亦明年死矣，宜其言之善与！"

⑮相魏一岁，卒于魏也：泷川曰："《年表》：'魏哀王十年，张仪死。'即周赧王六年，秦武王二年也。"又有研究者认为张仪卒于魏襄王九年，秦武王元年，前310年。梁玉绳曰："仪特自秦入魏耳，未必复相魏也。盖因楚昭鱼有'恐仪相魏'之语而误。"

【译文】

秦武王元年，大臣们日日夜夜诋毁张仪，齐国又派人来谴责张仪。张仪害怕被杀，趁机对武王说："我有个不成熟的计策，希望献给大王。"武王问道："什么样的计策？"张仪说："为秦国考虑，要使东方发生动乱，然后大王才可以割得更多的土地。现在听说齐王很恨我，只要我在哪个国家，他一定会出动军队讨伐它。所以，我希望让我这个不成才的人到魏国去，齐国必然要出动军队攻打魏国。魏国和齐国的军队在城下混战而谁都没法回师的时候，大王利用这个间隙攻打韩国，打进三川，军队开出函谷关而不要攻打别的国家，直接挺进，兵临周都，周天子一定会献出祭器。大王就可以挟持天子，掌握天下的地图和户籍，这是成就帝王的功业啊。”秦王认为他说得对，就准备了三十辆兵车，送张仪到魏国。齐王果然出动军队攻打魏国。魏襄王很害怕。张仪说：“大王不要担忧，我让齐国罢兵。”张仪派舍人冯喜去楚国，借用楚国使者的名义前往齐国，对齐王说：“大王十分憎恨张仪，虽然这样，但大王为了让张仪在秦国安身，也做得够周到了。”齐王说：“我痛恨张仪，不管张仪走到哪里，我都要兴兵讨伐到哪里，怎么说让张仪有安身之处呢？”使者回答说：“这就是使张仪有安身之处啊。张仪离开秦国时，本来就和秦王讲好，说：‘为秦王着想，要使东方动乱，然后才可以割得更多的土地。现在齐王很恨我，我到哪个国家，齐王必定兴兵讨伐哪个国家。因此我希望让我这不才之人到魏国去，齐王一定会发兵伐魏。齐、魏两军在城下交战谁都没有办法回师的时候，大王就趁机攻打韩国，进入三川，出兵函谷关但不要攻打别的国家，直接挺近，兵临周都，周室一定会交出祭器。大王就能挟持周天子，掌握天下的地图和户籍，这是帝王大业啊。’秦王认为对，所以准备了三十辆兵车送他入魏。现在张仪到了魏国而您果然攻打魏国，这就使您对内消耗国力，对外攻打盟邦，广树敌人来包围自己，而使张仪更加受到秦王信任啊！这就是我说的让张仪安身。”齐王说：“你说得对。”就下令撤军。张仪在魏做了一年国相，就死在魏国了。

陈轸者，游说之士[①]。与张仪俱事秦惠王，皆贵重，争宠。张仪恶陈轸于秦王曰：“轸重币轻使秦、楚之间[②]，将为国交也，今楚不加善于秦而善轸者，轸自为厚而为王薄也。且轸欲去秦而之楚，王胡不听乎？”王谓陈轸曰：“吾闻子欲去秦之楚，有之乎？”轸曰：“然。”王曰：“仪之言果信矣。”轸曰：“非独仪知之也，行道之士尽知之矣。昔子胥忠于其君而天下争以为臣，曾参孝于其亲而天下愿以为子。故卖仆妾不出闾巷而售者③，良仆妾也；出妇嫁于乡曲者④，良妇也。今轸不忠其君，楚亦何以轸为忠乎？忠且见弃，轸不之楚何归乎？”王以其言为然，遂善待之⑤。

【注释】

①陈轸（zhěn）者，游说之士：凌稚隆曰：“起首不叙邑里，而直曰‘游说之士’，与叙《虞卿》《廉颇》《李牧》诸传首句同。”泷川曰：“《张仪传》一篇文字，非别为陈轸、犀首立传也。轸盖齐人，其在楚见上文。此叙在秦，下文曰奔楚、过梁、至秦，史公所以为‘游说之士’。《秦策》秦惠王谓陈轸曰‘子秦人也’，言其仕秦也。”

②重币轻使：郭嵩焘曰：“按《集韵》：‘轻，疾也。’……轻使，犹言频数往使也。”《战国策》作“驰秦、楚之间”。

③仆妾：泛指奴仆婢妾。

④出妇：被丈夫休弃的妇女。乡曲：指乡里。

⑤遂善待之：鲍彪曰：“轸之辩类捷给，而其所称譬皆当于人心，不诡于正论。周衰，辩士未有若轸之绝伦离群者也。”

【译文】

陈轸是游说的策士。和张仪共同侍奉秦惠王，都很尊贵而受到重用，常常互相争宠。张仪向秦惠王诋毁陈轸说：“陈轸携带大量财礼频繁出使于秦、楚之间，本应搞好两国的邦交，如今楚国却不曾对秦国更加友好反而对陈轸亲善，足见陈轸为自己打算的多而为大王打算的少啊。而且陈轸想要离开秦国前往楚国，大王为什么不随他呢？”秦王对陈轸说：“我听说先生想要离开秦国到楚国去，有这样的事吗？”陈轸说：“有。”秦王说："张仪的话果然可信。"陈轸说："不单是张仪知道这回事，就连行路之人也都知道这回事。从前伍子胥忠于他的国君，天下国君都争着要他做臣子，曾参孝敬他的父母，天下的父母都希望他做儿子。所以被出卖的奴仆侍妾不等走出里巷就卖掉了，因为都是好奴仆；被遗弃的妻子还能在本乡本土嫁出去，因为都是好女人。如今，陈轸如果对自己的国君不忠诚，楚国又凭什么认为陈轸能对它忠诚呢？忠心还要被抛弃，我不去楚国又去哪里呢？"秦惠王认为陈轸说得对，就很好地对待他。

居秦期年，秦惠王终相张仪，而陈轸奔楚。楚未之重也，而使陈轸使于秦。过梁，欲见犀首①。犀首谢弗见。轸曰："吾为事来②，公不见轸，轸将行，不得待异日。"犀首见之。陈轸曰："公何好饮也？"犀首曰："无事也。"曰："吾请令公厌事可乎③？"曰："奈何？"曰："田需约诸侯从亲④，楚王疑之，未信也。公谓于王曰：'臣与燕、赵之王有故，数使人来，曰"无事何不相见"，愿谒行于王。'王虽许公，公请毋多车，以车三十乘，可陈之于庭，明言之燕、赵。"燕、赵客闻之，驰车告其王，使人迎犀首。楚王闻之大怒，曰："田需与寡人约，而犀首之燕、赵，是欺我也⑤。"怒而不听其事。齐闻犀首之北，使人以事委焉。犀首遂行，三国相事皆断于犀首⑥。轸遂至秦。

【注释】

①犀首：本魏官名，公孙衍曾任此官，故借称公孙衍。

②吾为事来：《索隐》曰："言我故来，欲有教汝之事，何不相见。"

③吾请令公厌事：《索隐》曰："厌者，饱也，谓欲令其多事也。"

④从亲：合纵相亲。

⑤田需与寡人约，而犀首之燕、赵，是欺我也：徐孚远曰："梁、楚相约，欲绝燕、赵；而犀首自梁之燕、赵，将以卖楚，故楚王怒云'是欺我也'。"

⑥皆断于犀首：《战国策》作"犀首遂主天下之事，复相魏"。鲍彪曰："轸之所立，唯此有七国捭阖风气，不然，醇乎醇矣。"吴师道曰："陈轸过犀首而不见，宜若有憾焉，而必见之，又教以收天下之事任，何也？二人皆不善于张仪者也，激犀首以重任，皆所以倾仪而已。"

【译文】

陈轸在秦国逗留了一年，秦惠王最终用了张仪做国相，陈轸就投奔了楚国。楚国没有重用他，却派他出使秦国。陈轸路过魏国时，想要见一见犀首。犀首谢绝不见。陈轸说："我有事才来，您不见我，我要走了，不能等到第二天呢。"犀首便接见了他。陈轸说："您为什么喜欢喝酒呢？"犀首说："没事可做。"陈轸说："我让您有很多事做，可以吗？"犀首问道："有什么办法？"陈轸说："魏相田需邀集各国诸侯合纵结盟，楚王怀疑他，不相信。您去对魏王说：'我和燕、赵两国的国君有老交情，他们多次派人来对我说"你没有事为什么不来见见面"，我请大王允许我去。'魏王即使同意您去，您也不必多要车辆，只需有三十辆车，就把它们摆在庭院内，公开说要到燕、赵两国去。"燕、赵两国的外交人员听到这个消息，立即飞车回去禀告各自的国君，两国都派人迎接犀首。楚王听了大怒，说："魏相田需来与我结盟，而他们的犀首却前往燕国和赵国，这是欺骗我啊！"楚王很生气不再理睬田需合纵的事。齐国听说犀首前往北方，派人把国家的政事托付给他。犀首就去齐国了，这样三国国相的事务，都由犀首决断。陈轸于是回到秦国。

韩、魏相攻，期年不解[①]。秦惠王欲救之[②]，问于左右。

左右或曰救之便，或曰勿救便，惠王未能为之决。陈轸适至秦，惠王曰："子去寡人之楚，亦思寡人不？"陈轸对曰："王闻夫越人庄舄乎[3]？"王曰："不闻。"曰："越人庄舄仕楚执珪，有顷而病。楚王曰：'舄故越之鄙细人也，今仕楚执珪，贵富矣，亦思越不？'中谢对曰[4]：'凡人之思故，在其病也。彼思越则越声，不思越则楚声。'使人往听之，犹尚越声也。今臣虽弃逐之楚，岂能无秦声哉！"惠王曰："善。今韩、魏相攻，期年不解，或谓寡人救之便，或曰勿救便，寡人不能决，愿子为子主计之余，为寡人计之[5]。"陈轸对曰："亦尝有以夫卞庄子刺虎闻于王者乎[6]？庄子欲刺虎，馆竖子止之[7]，曰：'两虎方且食牛，食甘必争，争则必斗，斗则大者伤，小者死，从伤而刺之，一举必有双虎之名。'卞庄子以为然，立须之[8]。有顷，两虎果斗，大者伤，小者死。庄子从伤者而刺之，一举果有双虎之功。今韩、魏相攻，期年不解，是必大国伤，小国亡，从伤而伐之，一举必有两实。此犹庄子刺虎之类也。臣主与王何异也[9]？"惠王曰："善。"卒弗救。大国果伤，小国亡[10]，秦兴兵而伐，大克之。此陈轸之计也。

【注释】

①韩、魏相攻，期年不解：吴师道曰："秦惠十三年，韩举、赵护与魏战败绩，去楚绝齐时远甚，他不见韩、魏相攻事。"

②救：制止。

③越人庄舄（xì）：亦称"越舄"。仕楚。

④中谢：官名。古代王侯的侍御近臣。

⑤子为子主计之余，为寡人计之：《索隐》曰："子，指陈轸也；子主，

谓楚王。”董份曰：“谦言先其君而后及秦也。”

⑥卞庄子：鲁国大夫。闻：告诉，告知。

⑦馆竖子：《桃源抄》引刘伯庄云：“馆竖，掌官馆之小吏也。”

⑧须：等候，等待。

⑨臣主与王何异也：《索隐》曰：“臣主，为轸之主，楚王也；王，秦惠王。以言我主与王俱宜待韩、魏之毙而击之，亦无异也。”李笠曰：“上云‘子为子主计之余为寡人计之’，此语正应前语。”徐孚远曰：“轸言己之为秦王计，不后于楚王也。《索隐》说非。”王骏图取《索隐》说，以为若陈轸“自言亦忠于秦王，则近于龌龊献媚”，“失游说家立言之身分口气”。吴见思曰：“先出一庄舄，以譬喻起；又出一卞庄子，以譬喻结，隐隐相对，文章之妙。”

⑩小国亡：中井曰：“不必实灭也，谓破败之甚。”

【译文】

韩国与魏国交战，打了一年不能和解。秦惠王想去制止，询问大臣们的意见。大臣们有的说制止好，有的说不制止好，秦惠王拿不定主意。恰好陈轸来到秦国，秦惠王问他：“先生离开我到楚国，也念我吗？”陈轸答道：“大王听说过越人庄舄吗？”惠王说：“没有听说过。”陈轸说：“越人庄舄在楚国任执珪，不久病了。楚王问：‘庄舄原是越国一个地位低下的人，如今在楚国做到执珪的高官，已经富贵了，也想念越国吗？’一位侍从回答道：‘大凡人们思念自己的故乡，是在他生病的时候。假如他思念越国，就会操越国的腔调，要是不思念越国就要操楚国的腔调。’楚王派人去听，庄舄还是操越国的腔调。如今我即使被遗弃跑到楚国，难道能没有了秦国的腔调吗！”秦惠王说：“你说得好。现在韩、魏两国交战，一年了不能和解，有人说我去制止好，有人说不去制止好，我不能决定，希望你在替楚国出谋划策的余暇，也为我出出主意。”陈轸说：“有人把卞庄子刺虎的事告诉过大王吗？庄子想去刺杀老虎，旅舍里的一个仆役劝阻他说：‘两只老虎正在吃牛，吃到味道好的地方必然会争抢，一争抢就会打起来，打斗会使大虎受伤，小虎死亡，趁大虎受伤的时候去刺死他，一举就会赢得刺死两虎的名声。’卞庄子认为对，站着等待时机。过了一会儿，两只老虎果然打起来，大的受了伤，小的死了。卞庄子向受伤的老虎刺去，果然获得了一举杀死二虎的成果。如今韩、魏两国交战，一年不能和解，这一定会使大国受损，小国危亡，攻打受损的国家，一举会有击破两国的胜利果实。这跟卞庄子刺杀猛虎是一类事。我为自己的国君出主意和为大王出主意有什么不同呢?”惠王说：“说的好。”最终没有去制止韩、魏两国交战。果然大国受了损伤，小国危亡，这时秦王出兵攻打，取得大胜。这是陈轸的计策。

犀首者，魏之阴晋人也①，名衍，姓公孙氏。与张仪不善。

张仪为秦之魏，魏王相张仪。犀首弗利，故令人谓韩公叔曰②：“张仪已合秦、魏矣，其言曰‘魏攻南阳③，秦攻三川’。魏王所以贵张子者，欲得韩地也。且韩之南阳已举矣，子何不少委焉以为衍功④，则秦、魏之交可错矣⑤。然则魏必图秦而弃仪，收韩而相衍。”公叔以为便，因委之犀首以为功。果相魏，张仪去⑥。

【注释】

①阴晋：古邑名，在今陕西华阴东。战国属魏。

②韩公叔：《东周策》鲍彪注：“韩公族。”泷川曰：“《韩世家》有公叔伯婴，此曰‘公叔’，疑伯婴。”

③南阳：古地区名，指今河南济源至获嘉一带，因地处太行山南、黄河之北而名。

④何不少委焉以为衍功：鲍彪曰：“请以事委衍。”

⑤错：此指破坏，使停顿。

⑥果相魏，张仪去：泷川曰："'果'上添'犀首'二字看。"

【译文】

犀首，魏国阴晋人，名衍，姓公孙氏。他跟张仪关系不好。

张仪为了秦国到魏国去，魏王任用张仪做国相。犀首认为对自己不利，所以派人对韩国的公叔说："张仪已经让秦、魏两国联合了，他提出'魏国进攻韩国的南阳，秦国攻取韩国的三川'。魏王器重张仪的原因，是想获得韩国的土地。况且韩国的南阳已经被占领，先生为什么不暂时把南阳交给我，让我去向魏王献功，那么秦、魏两国的交往就会中断。这样的话，魏国一定谋取秦国而抛弃张仪，结交韩国而让我出任国相。"公叔认为好，便把南阳交给犀首作为他的战功。犀首果然做了魏国的国相，张仪离开了。

义渠君朝于魏①。犀首闻张仪复相秦，害之②。犀首乃谓义渠君曰："道远不得复过③，请谒事情。"曰："中国无事④，秦得烧掇焚杅君之国⑤；有事⑥，秦将轻使重币事君之国⑦。"其后五国伐秦⑧。会陈轸谓秦王曰："义渠君者，蛮夷之贤君也，不如赂之以抚其志。"秦王曰："善。"乃以文绣千纯⑨，妇女百人遗义渠君。义渠君致群臣而谋曰："此公孙衍所谓邪⑩？"乃起兵袭秦，大败秦人李伯之下⑪。

张仪已卒之后⑫，犀首入相秦⑬。尝佩五国之相印，为约长⑭。

【注释】

①义渠君：战国时戎人君长。拥众数千，据今陕西西部。

②犀首闻张仪复相秦，害之：按，据《秦本纪》《六国年表》，张仪复相秦时在秦惠王后元八年，魏襄王二年，前317年，在五国伐秦之

后。害，畏惧，怕。

③道远不得复过：《索隐》曰："言义渠道远，今日以后不复得更过相见。"

④中国无事：《正义》曰："中国，谓关东六国；无事，不共攻秦。"

⑤烧掇：《索隐》曰："谓焚烧而侵掠。"焚杅（yú）：《索隐》曰："焚揉而牵制也。"《正义》曰："掇，判也；杅，割也，言攻伐侵略也。"

⑥有事：《正义》曰："谓六国攻秦。"

⑦轻使重币事君之国：《正义》曰："事义渠之国，欲令相助。"轻使，鲍彪曰："轻，言其行疾。"泷川曰："犀首此言，令义渠君勿援秦也。"

⑧其后五国伐秦：时在秦惠王后元七年，魏襄王元年，前318年。

⑨文绣：刺绣华美的丝织品或衣服。纯（tún）：计量单位。布帛一段为一纯。

⑩此公孙衍所谓邪：凌稚隆曰："应前'重币轻使事君之国'。"

⑪李伯：《战国策》作"李帛"。今地未详。

⑫张仪已卒之后：据《秦本纪》，张仪卒于秦武王二年（前309）。

⑬犀首入相秦：梁玉绳曰："继张仪而为秦相者，樗里疾、甘茂、薛文、楼缓、魏冉，不闻公孙衍相秦之事。考《国策》'秦王爱公孙衍，欲以为相。甘茂入贺，王怒其泄而逐之'，盖因此误传。"

⑭尝佩五国之相印，为约长：《索隐》曰："犀首后相五国，或纵或横，常为约长。"中井曰："佩五国之相印，是一时佩五颗也，盖相秦时事，非后来次第为相。"梁玉绳曰："即《陈轸传》相三国事而夸大也。"

【译文】

义渠君前来朝拜魏王。犀首听说张仪复任秦相，担心对自己不利。犀首就对义渠君说："贵国道路遥远，今日分别，不容易再来，请允许我告诉您一件事。"犀首接着说："中原各国不联合进攻秦国，秦国才会烧杀侵略您的国家；中原各国讨伐秦国，秦国将会迅速派出使臣用厚礼讨好您的国家。”此后，楚、魏、齐、韩、赵五国共同讨伐秦国。正赶上陈轸对秦王说：“义渠君是蛮夷各国中的贤明君主，不如赠送财物用来安抚他的心绪。”秦王说：“好。”就把一千段锦绣和一百名美女赠送给义渠君。义渠君把群臣招来商量说：“这就是公孙衍告诉我的情形吗？”于是就起兵袭击秦国，在李伯城下大败秦军。

张仪死了以后，犀首到秦国出任国相。他曾经佩带五国的相印，做过联盟的领袖。

太史公曰：三晋多权变之士①，夫言从衡强秦者大抵皆三晋之人也②。夫张仪之行事甚于苏秦，然世恶苏秦者，以其先死，而仪振暴其短以扶其说③，成其衡道。要之，此两人真倾危之士哉④！

【注释】

①三晋：此指韩、赵、魏三国。权变：随机应变。

②言从衡强秦：郭嵩焘曰：“合纵以拒秦，连衡以事秦，用术各别，而史公并谓其‘言纵衡强秦’，盖秦之势日趋于强，言纵衡者其究皆秦之利也。”从衡，合纵连横。

③振暴：张扬暴露。

④此两人真倾危之士哉：董份曰：“观太史公赞语中，颇亦有与苏而抑仪者，盖苏起闾阎匹夫，当秦方盛时，遂能联六国之心，并用其师，以遏方强之敌，此其势甚有难者。今观其说词，亦有跨压天下、驱役列国、控御强秦之气，可谓奇绝矣。方天下畏秦，纵势且解，仪倚秦之力，乘将解之势，比于苏固独易者，而其辞亦不如苏之精严，微觉力缓。”倾危，狡诈。

【译文】

太史公说：三晋这块地方有许多权宜机变的人物，那些主张合纵、连横使秦国强大的，大多是三晋人。张仪的作为超过苏秦，然而世人讨厌苏秦的原因，是由于他死在张仪之前，张仪能宣扬暴露苏秦合纵外交的短处，以此来显示自己言论的正确，促成连横的策略。总之，他们两个真正称得上是倾邦覆国的人物啊！

【集评】

姚苎田曰："苏、张同门学术，而苏秦早自以为不及张仪。迨其后，仪以相秦善终，秦以术穷车裂。虽其人品本无低昂，而迹其成败之由，秦之不及仪也明矣。……今观《战国策》所载苏秦说六国之辞，机局变化，议论精悍，绝无印板气格，所不欲明言者，'连鸡不能俱栖'之一着耳。张仪说六国事秦，则一味恫疑虚喝，欺昧丧心，文笔涣漫，亦无好致。然则秦之术何必不胜仪？正由露颖太早，既不能为用秦之易，则不得不为用六国之难。自知傀儡场中刻木牵丝，原无实用，聊借一朝轰烈吐引锥刺股之气耳。苏、张皆小人之尤，而张更狙诈无赖，故附辨之，即史公'毋令独蒙恶声'之旨也。"（《史记菁华录》）

郭嵩焘曰："史公之意于仪、秦极有轩轾，与世俗之言抵牾，欲知苏秦之愈于张仪，观其行事了然矣。"又曰："苏秦、张仪遍历诸侯以售其术，其行径正同，然苏秦犹有赵王资之，所说者尊主强国之术也；张仪则一意挟秦以恫喝诸侯而已，张仪之说行，而六国之亡决矣。何也？说者与受其说者皆无复有生人之气存故也。"（《史记札记》）

吴见思曰："苏、张是一时人、一流人，俱游说六国，便有六篇文章接连写此两传，岂不费力？乃苏传滔滔滚滚数千言，张传滔滔滚滚又数千言，各尽其致；游说一纵一横，文法亦一纵一横，吾何以测之也哉！"（《史记论文》）

张耒曰："纵而散者，苏秦负其责；横而合者，张仪任其咎。陈轸之智

不逮二子，而不主纵横之任，乘势伺变而行其说。故其为说不劳，而其身处于安逸。故轸者，说士之巨擘哉！”（《史记评林》引）

【评论】

张仪与苏秦一主连横，一主合纵，是战国时期策士的代表。司马迁认为苏秦活动的时间要早于张仪，于是列苏秦于前，列张仪于后，但据学者们考证，苏秦的时代要晚于张仪二三十年。《张仪列传》与《苏秦列传》一样，所用资料都存在比较大的问题，而且张仪的真正形象与历史贡献都被低估了。

根据马非百、杨宽、钱穆、牛鸿恩等学者的考证，大致可以得出以下结论：

一、苏秦、张仪同门师事鬼谷子的传说，是由孙膑、庞涓的故事发展而来的，完全不足信。

二、张仪对秦国的发展壮大之功确可名著青史，远非苏秦等一般纵横家所可仰望。马非百说：“张仪在惠王一代，对于秦国统一运动，所贡献者实不只一端。张仪初为秦相魏，破坏魏、齐同盟，使魏去齐而懕秦；后又相楚，破坏楚、齐同盟，使楚去齐而懕秦。虽以屈原、惠施群起反对，而张仪终能运用其灵活之外交手腕以战胜之。李斯所谓‘散六国之从，使之西面而事秦者’，此二事殆其最彰明较著者矣。张仪外交政策之主要核心厥为弱楚，而弱楚之谋之得以成功，又由于巴、蜀、汉中之兼并。盖此南进政策之得以顺利进行，实苏秦之合从运动有以无意中助成之也。而张仪之善于利用形势，亦诚不可及哉！”（《秦集史》）杨宽说：“张仪在秦国推行连横策略是获得成功的，达到了对外兼并土地的目的，使得秦惠王能够东‘拔三川之地，西并巴蜀，北收上郡，南取汉中’，‘散六国之众，使之西面事秦’（李斯语），这是因为他用‘外连横而斗诸侯’的策略配合了当时秦国耕战政策的推行。”（《战国史》）

三、所谓“苏秦激张仪西入秦”纯属虚构。凌稚隆说：“《战国策》并不载楚相辱张仪，及苏秦激之入秦事。”钱穆说：“吕氏宾客尚不知有苏秦激张仪入秦之说也，考《战国策》及韩非、吕不韦书，仪之政敌乃犀首、惠施，非苏秦。仪入秦而犀首去，仪来魏而惠施去，皆与史公记仪、秦合纵连衡事不符。”（《先秦诸子系年考辨》）

四、张仪说魏王、楚王、韩王、齐王、赵王、燕王与秦连衡事，分别见《战国策》之《魏策一》《楚策二》《韩策一》《齐策一》《赵策二》《燕策一》。其中所叙事实比较可信者，只有《楚策二》所记的张仪与楚怀王几次较量，使楚国损兵折将、大伤元气事，其他都被战国史研究者所否定。全祖望《经史答问》云：“秦所取六国之地，韩、魏最先，次之者楚，其后及赵。然所取，必其为秦之界上。今《策》言张仪一出，赵以河间为献，燕以常山之尾五城为献，齐以鱼盐之地三百里为献，非不识地理之言乎？河间、常山，秦亦何从得而有之？况齐人海右鱼盐之地乎？以秦之察，岂受此愚？……吾不知作《策》者何以东西南北之不谙，而为此谬语也。”牛鸿恩说：“考察这些说辞中说到的事实，如苏秦说燕‘秦赵五战，秦再胜而赵三胜’，张仪说齐‘今赵之于秦也’‘战于河漳之上’，‘战于番吾之下’，‘邯郸仅存’云云，可证明它们的拟作时代确实在《谏逐客书》（前237）的产生之后。”（《苏秦事迹之真伪》）

《史记》所载苏秦、张仪的事迹有许多不可信，但从司马迁表现其“一家之言”的角度，以及两篇文章的文学性，仍有许多不能否定、不能忽视的成就在。就《张仪列传》来说，主要有以下几点：

首先，《张仪列传》表现了司马迁一贯赞赏的追求理想，不轻言放弃的精神。张仪被诬盗璧，受笞而回，他的妻子嘲笑他，他说只要舌头还在就一定能成就事业，这不仅是对自己的自信，也是执着追求的表现。苏秦正是因为了解张仪的这种性格特点，才会用“激将法”激他入秦，如果张仪是个一遇到困难阻碍就低头，就怨天尤人的人，苏秦这招根本不会奏效。

其次，这篇列传正面展示了战国策士左右时局的巨大能量。张仪也好，陈轸也好，犀首也好，他们都有翻手为云、覆手为雨的本领。张仪通过游说，散六国纵约，而各与秦连横，这是他才能发挥的极致；即如他为了摆脱秦国群臣日夜向秦王告恶状，自己随时有可能被诛的困难处境而想的办法，也让齐、魏两国战而复和，简直是将各国玩弄于股掌之上。陈轸也一计就使犀首掌握了魏、楚、齐三国的大权。犀首也能一句话就破坏了魏、秦联合攻韩的局面，变成魏、韩联合对秦。刘向在《战国策书录》中说："苏秦、张仪、公孙衍、陈轸、代、厉之属，生从横短长之说，左右倾侧。"又说这些人是"高才秀士"，能"出奇策异智，转危为安，运亡为存，亦可喜，皆可观"，而司马迁也在本篇末"太史公曰"中说苏秦与张仪"此两人直倾危之士哉"。司马迁并不喜欢战国策士们朝秦暮楚，专事游说为自己谋利的处世态度，但对他们过人的才能还是很佩服的。

第三，本文揭示出尔虞我诈、自私自利的风气弥漫于整个社会。刘向说战国风气是"捐礼让而贵战争，弃仁义而用诈谲"，是"贪饕无耻，竟进无厌；国异政教，各自制断；上无天子，下无方伯；力功争强，胜者为右；兵革不休，诈伪并起"（《战国策书录》），本文所反映的正是这样一种社会现实。张仪破坏齐、楚联盟的伎俩可谓无赖之极；陈轸、犀首与张仪也互相倾轧。张仪等策士为了自己的利益使尽手段，各国国君也是利令智昏、见利忘义。楚怀王为了不战而得商、於六百里土地，不听忠言，几次三番上张仪的当；秦惠王为了贪图楚黔中地，也拱手把功臣张仪送给楚王；而郑袖则为了固宠，力促楚王放了楚国的仇敌张仪。本来尔虞我诈、自私自利是出身低微又渴望成名的战国策士在极力钻营的过程中逐渐形成的一种负面的群体特征，但随着这些人慢慢进入高层，这一风气就逐渐弥漫于整个社会了，而它又反过来为策士品格的进一步败坏提供了土壤，并且形成了恶性循环。司马迁对这种士风与世风是厌恶而警惕的，因此他在文中对此给予了全面揭露与批判。如果联想到汉武帝时期的多欲政治，司马迁在这里的批判就更具深刻的警世意义了。

从传记文学的角度看，本篇也是《史记》中的名篇。吴见思曰："苏、张是一时人、一流人，俱游说六国，便有六篇文章，接连写此两传，岂不费力？乃苏传滔滔滚滚数千言，张传滔滔滚滚又数千言，各尽其致；游说一纵一横，文法亦一纵一横，吾何以测之哉！”（《史记论文》）《张仪列传》成功地刻划出了张仪、陈轸、犀首三个著名的战国策士形象。张仪活动能量最大，虽然多施用欺诈手段，但找不到他对秦国诈伪反复的例证，始终忠心耿耿，为秦国的发展强大立了大功；陈轸则在秦、楚两边讨好，主要为自己谋利，而兼顾国家；犀首则在魏而不为魏，专为自己。司马迁写三人笔法也不同。写张仪主要是通过联缀《战国策》中相关文章，通过说辞来写。在开头司马迁先写一个最能表现其性格的小故事，然后是苏秦激其西入秦，然后是张仪在秦国的作为，包括欺骗楚怀王、游说六国等，最后交待张仪的失意与死亡，基本是按照张仪的生平来写，事迹是比较详细的。写陈轸，则主要写了三则小故事，以见其机智，而从这三个故事中可以看出陈轸是个具有高超进言技巧的人，并非一味用大言“虚喝”，而善于通过讲故事、举例子说服对方。可以说司马迁笔下的陈轸是个比较可爱的策士。犀首写得较略，都围绕他的谋权来写，可以看出犀首是个权力欲极强的人，为了获得权力可以不择手段。此文题为《张仪列传》，陈轸、犀首的传记既是附传，又都与张仪有关，李景星说是“因其相反而附之”，也即是说是从反面衬托的一种写法，是《史记》人物合传的一种特殊形式。

樗里子甘茂列传第十一

【释名】

《樗里子甘茂列传》是同时在秦国为左、右丞相的樗里子和甘茂的合传，还附载了甘茂之孙甘罗的事迹。樗里子和甘茂都活跃在秦惠王、武王、昭王时期，在秦与东方六国的角逐中立下了重要功劳。樗里子的主要事迹有：在秦惠王时期伐魏据曲沃、伐赵拔蔺、伐楚取汉中；在秦昭王时权衡得失，释蒲而使秦军免受无益之劳。甘茂的主要事迹有：在秦惠王时期佐魏章略定汉中；秦武王时期平蜀乱、拔韩宜阳；秦昭王时期，劝秦昭王联韩拒楚，使楚无可乘之机。对于甘罗，本篇记载了他十二岁说服张唐出任燕相，自己出使赵国说赵王割五城以广河间，从而被封为上卿之事。篇末论赞称道了樗里子、甘茂、甘罗的突出才智及其为秦国发展所做出的历史贡献。

樗里子者①，名疾，秦惠王之弟也②，与惠王异母。母，韩女也③。樗里子滑稽多智④，秦人号曰“智囊”。

【注释】

①樗（chū）里子：姓嬴，名疾。中井曰：“里有樗，故名‘樗里’；居‘樗里’之人，因称‘樗里子’。”

②秦惠王：也称秦惠文王，名驷，谥惠文。孝公之子，前337—前311年在位。

③韩女也：韩国国君之女。余有丁曰：“为《甘茂传》挟韩而议张本。”

④滑稽：《索隐》曰：“邹诞解云：‘滑，乱也；稽，同也。谓辩捷之人言非若是，言是若非，谓能乱同异也。’一云滑稽，酒器，可转注吐酒不已，以言俳优之人出口成章，词不穷竭，如滑稽之吐酒不已也。”《正义》曰：“滑，水流自出；稽，计也。言其智计宣吐如泉，流出无尽。故扬雄《酒赋》云‘鸱夷滑稽，腹大如壶’是也。颜师古曰：‘滑稽，转利之称也。滑，乱也；稽，碍也，其变无留也。’一说，稽，考也，言其滑乱不可考较。”

【译文】

樗里子，名疾，是秦惠王的弟弟，与秦惠王同父异母。樗里子的母亲是韩国人。樗里子为人能言善辩，足智多谋，所以秦国人称呼他为“智囊”。

秦惠王八年①，爵樗里子右更②。使将而伐曲沃③，尽出其人，取其城，地入秦。秦惠王二十五年④，使樗里子为将伐赵，虏赵将军庄豹⑤，拔蔺⑥。明年，助魏章攻楚⑦，败楚将屈丐，取汉中地⑧。秦封樗里子，号为严君⑨。

【注释】

①秦惠王八年：也即魏惠王后元五年，前330年。

②右更：秦爵二十级之第十四级。受此爵得以主领更卒（即轮番服役之士兵），故名右更。

③曲沃：古邑名，在今河南灵宝东北。属魏。

④秦惠王二十五年：即惠王后元十二年，赵武灵王十三年，前313年。

⑤虏赵将军庄豹：梁玉绳曰："一作'赵庄'。"泷川曰："《秦纪》作'赵将壮'；《赵世家》《年表》作'赵壮'。"沈家本曰："疑'豹'字衍。"

⑥蔺：古邑名，在今山西离石西。属赵。

⑦魏章：秦国将领。

⑧汉中：战国楚郡，楚怀王时置，因汉水得名。辖境相当今湖北西北部和陕西东南部的汉水上游地区。

⑨号为严君：《索隐》曰："严君是爵邑之号，当是封之严道。"严道，古邑名，在今四川荥经。

【译文】

秦惠王八年，樗里子被封右更的爵位。秦王派他率兵去攻打魏国的曲沃，他把那里的人全都赶走，占领了城邑，土地归属秦国。秦惠王二十五年，秦王任樗里子为将军攻伐赵国，把赵国将军庄豹俘虏了，夺取了蔺邑。第二年，他协助魏章攻打楚国，打败楚将屈丐，夺取了汉中地区。秦王赐封樗里子，封号是严君。

秦惠王卒，太子武王立[①]，逐张仪、魏章[②]，而以樗里子、甘茂为左、右丞相[③]。秦使甘茂攻韩，拔宜阳[④]。使樗里子以车百乘入周[⑤]。周以卒迎之[⑥]，意甚敬。楚王怒[⑦]，让周[⑧]，以其重秦客[⑨]。游腾为周说楚王曰[⑩]："知伯之伐仇犹[⑪]，遗之广车[⑫]，因随之以兵，仇犹遂亡[⑬]。何则？无备故也。齐桓公伐蔡[⑭]，号曰诛楚，其实袭蔡[⑮]。今秦，虎狼之国，使樗里子以车百乘入周，周以仇犹、蔡观焉[⑯]，故使长戟居前，强弩在后，名曰卫疾，而实囚之。且夫周岂能无忧其社稷哉？恐一旦亡国以忧大王[⑰]。"楚王乃悦[⑱]。

【注释】

①太子武王立：武王名荡，谥武，亦称“武烈王”，前310—前307年在位。

②逐张仪、魏章：据《秦本纪》《六国年表》，张仪和魏章于武王元年被驱逐。张仪，惠文王时任秦相。事迹详见《张仪列传》。

③以樗里子、甘茂为左、右丞相：据《秦本纪》《六国年表》，樗里子、甘茂于武王二年分任左右丞。李光缙曰：“《战国策》云：‘秦惠公死，公孙衍欲穷张仪，李雠谓衍曰：不如召甘茂于魏，召公孙显于韩，起樗里子于国，三人者，皆张子之仇也，公用之，则诸侯必见张子之无秦矣。’此云‘逐张仪而以樗里子、甘茂为左右丞相’，从李雠之言也。”

④拔宜阳：据《秦本纪》《六国年表》，秦国于秦武王四年，韩襄王五年，前307年，攻取宜阳。宜阳，古县名，治所在今河南宜阳西。

⑤周：此指寄居于西周的周赧王。西周所据王城（即今河南洛阳）位于宜阳东北，相距不远。

⑥周：此指西周君。以卒迎之：按，据后文“楚王怒”判断，这应该是一种隆重的仪式。

⑦楚王：即楚怀王，名槐。威王之子，前328—前299年在位。

⑧让：谴责，责备。

⑨重：指以隆重之礼相待。

⑩游腾：楚人，姓游名腾，西周君说客。

⑪知伯：春秋末期晋国正卿，姬姓，荀氏，名瑶。详见《晋世家》。仇犹：少数民族部落名，在今山西盂县。

⑫广车：《集解》引郑玄曰：“横阵之车。”即兵车。

⑬仇犹遂亡：《韩非子·说林下》：“知伯将伐仇由，而道难不通，乃铸大钟遗仇由之君。仇由之君大悦，除道将内之。赤章曼枝曰：‘不可，此小之所以事大也，而今也大以来，卒必随之，不可内也。’仇

由之君不听，遂内之。七月，而仇由亡矣。”

⑭齐桓公伐蔡：详见《左传·僖公四年》《齐太公世家》。齐桓公，名小白，前685—前643年在位。在位期间，“九合诸侯，一匡天下”，成为春秋时期第一位霸主。

⑮号曰诛楚，其实袭蔡：按，游腾之说与史实不符。齐桓公有一姬妾是蔡女，由于触怒桓公被遣回蔡国，蔡国将她改嫁。齐桓公以此为借口袭蔡，并连带着伐了楚。

⑯观：看待。

⑰以忧大王：鲍彪曰：“恐秦亡之，为楚王忧。”

⑱楚王乃悦：王符曾曰：“寻常意思，经其咳吐，便如露滚绿荷，战国第一妙舌也。”

【译文】

秦惠王去世，太子武王即位，驱逐了张仪和魏章，以樗里子和甘茂分任左、右丞相。秦王派甘茂攻打韩国，打下了宜阳。派樗里子带着一百辆车去朝见周王。周王派士兵迎接他们，看起来很是恭敬。楚王知道后怒不可遏，责备周王不应该对秦国的使臣这么尊宠。游腾替周王去楚国向楚王解释说：“先前知伯攻打仇犹时，用赠送广车的办法，趁机让军队跟在后面，结果仇犹灭亡了。为什么呢？就是因为他们解除了防备。齐桓公伐蔡，号称攻打楚国，其实是偷袭蔡国。现在的秦国是虎狼一样的国家，他们派樗里子带了一百辆车朝见周王，居心叵测，周王是吸取了仇犹、蔡国的教训，所以才把持长矛的士兵排列前边，强弩压在后头，名义上说是护卫樗里子，实际上是看管他，以防不测。再说，周王难道不担心自己国家的安危吗？我们恐怕一旦亡国会给大王您带来麻烦。”这么一说，楚王才高兴起来。

秦武王卒，昭王立①，樗里子又益尊重。昭王元年②，樗里子将伐蒲③。蒲守恐，请胡衍④。胡衍为蒲谓樗里子曰：

“公之攻蒲，为秦乎？为魏乎？为魏则善矣，为秦则不为赖矣[5]。夫卫之所以为卫者，以蒲也[6]。今蒲入于秦，卫必折而从之[7]。魏亡西河之外而无以取者[8]，兵弱也。今并卫于魏，魏必强。魏强之日，西河之外必危矣。且秦王将观公之事，害秦而利魏，王必罪公。”樗里子曰：“奈何？”胡衍曰：“公释蒲勿攻，臣试为公入言之[9]，以德卫君。”樗里子曰：“善。”胡衍入蒲，谓其守曰：“樗里子知蒲之病矣[10]，其言曰必拔蒲。衍能令释蒲勿攻。”蒲守恐，因再拜曰：“愿以请。”因效金三百斤[11]，曰：“秦兵苟退，请必言子于卫君，使子为南面[12]。”故胡衍受金于蒲以自贵于卫。于是遂解蒲而去[13]。还击皮氏[14]，皮氏未降，又去。

【注释】

①昭王：名稷，又作“则”，惠王之子，武王异母弟。初为质于燕。武王死，无子，诸公子争立，昭王靠其母宣太后与舅穰侯之力得即王位。争位事见《穰侯列传》。

②昭王元年：前306年。

③蒲：卫邑名，在今河南长垣。属卫。

④胡衍：其人无考。

⑤不为赖：不利。《集解》曰：“赖，利也。”

⑥以蒲也：《正义》曰：“蒲是卫国之鄣卫。”

⑦今蒲入于秦，卫必折而从之：《索隐》曰：“《战国策》云：‘今蒲入于秦，卫必折而入于魏。’”王念孙曰：“作‘蒲入于秦’者是也。据高注云：‘卫知必失蒲，必自入于魏以求救’，则正文作‘今蒲入于秦，卫必折而入于魏’明矣。”译文从之。

⑧魏亡西河之外：据《秦本纪》，秦惠文王八年（前330），“魏纳河

西地”；秦惠文王十年（前328），“魏纳上郡十五县”。西河之外，《正义》曰：“谓同、华等州。”古称黄河南北流向的部分为西河，故称今陕西东部邻近黄河西岸的一带地区为“西河之外”。无以取：没有办法收回。

⑨入言之：《战国策》作“请为公入戒蒲守”。

⑩病：艰难，困苦。

⑪效：贡献，进献。

⑫使子为南面：让您成为封君。

⑬遂解蒲而去：以上胡衍说樗里子停止攻蒲事，见《战国策·卫策》。梁玉绳曰：“樗里子亦得三百金而归，见《国策》，史略不言樗里。”郭嵩焘曰：“胡衍说樗里子释蒲以德卫君，‘入言’者，入告蒲守，以使卫君德樗里子之释蒲也；及语蒲守，则自以为德，战国策士诡辩如此。樗里子之智能及百岁之后，而不能咫尺窥知策士之心，此所以可畏哉！”凌稚隆引王维桢曰：“樗里子听胡衍而释蒲勿攻，衍以德卫受金而贵，传称樗里‘滑稽多智’，衍又其尤哉！”吴见思曰：“远能见泰山而近不能见眉睫，智亦何足恃哉？”

⑭皮氏：古邑名，在今山西河津。属魏。吴见思曰：“攻蒲被诈，击皮氏又未降，索性为‘智囊’扫兴一番。”

【译文】

秦武王死去，昭王即位，樗里子更受尊重。昭王元年，樗里子将要率兵攻打卫国的蒲城。蒲城的守将很害怕，便请胡衍出主意。于是胡衍就替蒲城守将出面对樗里子说：“您攻打蒲城，是为了秦国，还是为了魏国？为魏国还好；如果是为了秦国，就不算有利了。卫国之所以还能作为一个国家生存到现在，就是因为有蒲城存在。现在您攻打蒲城，使蒲城归秦国，那卫国就会转而依附魏国。魏国当初丢失了西河以外的城邑却无法夺回来，是因为兵力薄弱。现在您把卫国推向它，魏国必定强大起来。魏国一旦强大，你们原先夺去的西河以外的土地就危险了。再说秦王也在察看您此次的行动，如果您做的事情危害秦国而对魏国有利，则秦王定要加罪于您。”樗里子说：“那你觉得应该怎么办呢？”胡衍说：“您放弃蒲城别进攻，我试着替您到蒲城说说这个意思，让卫国国君不忘您给予他的恩德。”樗里子说：“好吧！”胡衍去了蒲城，对蒲城的守将说：“樗里子已经知道蒲城的困境了，他扬言一定要攻下蒲城。可是我却能让他放弃蒲城，不再进攻。”蒲城的守将很害怕，向他行再拜礼说：“请您帮帮忙。”献给胡衍三百金，说：“秦兵如果撤退了，我一定把您推荐给卫君，让您成为封君。”于是胡衍从蒲城得到重金而使自己在卫国成了显贵。这时，樗里子已解围撤离了蒲城。樗里子在回军途中攻打了魏国的皮氏，皮氏没有投降，樗里子回去了。

昭王七年①，樗里子卒，葬于渭南章台之东②。曰：“后百岁，是当有天子之宫夹我墓。”樗里子疾室在于昭王庙西渭南阴乡樗里③，故俗谓之樗里子。至汉兴，长乐宫在其东④，未央宫在其西⑤，武库正直其墓⑥。秦人谚曰：“力则任鄙⑦，智则樗里。”

【注释】

①昭王七年：前300年。

②渭南章台：战国时秦国离宫台名，在秦都咸阳渭河南。

③阴乡：古乡名，在今陕西西安西。樗里：阴乡的樗里村。

④长乐宫：汉宫殿名，在今陕西西安西北。因在未央宫之东，也称东宫，西汉时为太后所居，建成于高祖七年（前200）。

⑤未央宫：故址在今陕西西安西北。常为朝见之处。

⑥正直：正对着。

⑦任鄙：秦武王时力士。《秦本纪》记载有“武王有力好戏，力士任

鄗、乌获、孟说等皆至大官”。

【译文】

昭王七年，樗里子去世，葬在了渭水南岸章台的东面。他临终前曾预言：“百年之后，会有天子的宫殿把我的坟墓夹在中间。”当时樗里子嬴疾的家在昭王庙西边渭水南岸的阴乡樗里，所以人们称他为樗里子。等到汉朝兴起后，所建长乐宫就在他坟墓的东边，未央宫盖在了他坟墓的西面，储藏兵器的武库正对着他的坟墓。当时秦国人有句谚语：“论力气大要数任鄙，论智谋要数樗里。”

甘茂者，下蔡人也①，事下蔡史举先生②，学百家之说。因张仪、樗里子而求见秦惠王。王见而说之，使将，而佐魏章略定汉中地③。

【注释】

①下蔡：古邑名，在今安徽凤台。

②史举：战国时楚国监门。

③略定汉中地：发生在惠王后元十三年，前312年。

【译文】

甘茂是下蔡人，曾侍奉下蔡史举先生，学习诸子百家的学说。通过张仪和樗里子的引荐拜见了秦惠王。秦惠王一见就非常喜欢他，让他做了将军，协助魏章平定了汉中地区。

惠王卒，武王立。张仪、魏章去，东之魏①。蜀侯辉、相壮反②，秦使甘茂定蜀。还，而以甘茂为左丞相③，以樗里子为右丞相。秦武王三年，谓甘茂曰：“寡人欲容车通三川④，以窥周室⑤，而寡人死不朽矣。”甘茂曰：“请之魏，约以伐韩，而令向寿辅行[6]。”甘茂至，谓向寿曰：“子归，言之于王曰：‘魏听臣矣，然愿王勿伐。’事成，尽以为子功。”向寿归，以告王，王迎甘茂于息壤[7]。甘茂至，王问其故。对曰：“宜阳，大县也，上党、南阳积之久矣[8]。名曰县，其实郡也[9]。今王倍数险[10]，行千里攻之，难。昔曾参之处费[11]，鲁人有与曾参同姓名者杀人，人告其母曰：‘曾参杀人。’其母织自若也。顷之，一人又告之曰：‘曾参杀人。’其母尚织自若也。顷又一人告之曰：‘曾参杀人。’其母投杼下机[12]，逾墙而走。夫以曾参之贤与其母信之也[13]，三人疑之[14]，其母惧焉。今臣之贤不若曾参，王之信臣又不如曾参之母信曾参也，疑臣者非特三人，臣恐大王之投杼也[15]。始张仪西并巴、蜀之地，北开西河之外[16]，南取上庸[17]，天下不以多张子而以贤先王[18]。魏文侯令乐羊将而攻中山[19]，三年而拔之[20]。乐羊返而论功，文侯示之谤书一箧。乐羊再拜稽首曰：‘此非臣之功也，主君之力也。’今臣，羁旅之臣也[21]，樗里子、公孙奭二人者挟韩而议之[22]，王必听之，是王欺魏王而臣受公仲侈之怨也[23]。”王曰：“寡人不听也，请与子盟。”卒使丞相甘茂将兵伐宜阳。五月而不拔，樗里子、公孙奭果争之。武王召甘茂，欲罢兵。甘茂曰：“息壤在彼[24]。”王曰：“有之。”因大悉起兵[25]，使甘茂击之。斩首六万，遂拔宜阳[26]。韩襄王使公仲侈入谢[27]，与秦平。

【注释】

①张仪、魏章去，东之魏：据《张仪列传》，张仪于武王元年前往魏

国，一年后死在那里。魏章不知所终。

②蜀侯辉、相壮反：据《秦本纪》，惠王后元十四年（前311），"蜀相壮杀蜀侯来降"；武王元年（前310），"杀蜀相壮"。蜀侯，《索隐》曰："秦之公子，封蜀也。"按，秦于惠王后元九年（前316）灭蜀，十一年封公子通于蜀。相壮，《索隐》引《华阳国志》云："秦惠王封子通为蜀侯，以陈庄为相。"中井曰："据《张仪传》，惠王之时伐取蜀，贬蜀王为侯，使陈庄相蜀。然则'蜀侯'，盖原蜀王，或当其子。本纪则有'公子通封于蜀'之文，事相淆乱。"另据《华阳国志》，"陈壮反"发生在周赧王六年。蜀侯反秦则在秦昭王六年，不同时。

③以甘茂为左丞相：有研究者认为，时在武王二年，前309年。

④容车：说法不一，一说指道路狭窄，仅能通过一辆车子。泷川曰："欲容车之广，通三川之路也，不必须广。"一说为：《后汉书·祭遵传》李贤注："容车，容饰之车，象生时也。"则"容车"是丧葬时运载死者衣冠及画像的车。译文取前说。三川：指今河南洛阳一带，因其地有伊水、洛水、黄河三条河流而言。

⑤窥：李光缙曰："将欲取之，而不正言，故曰'窥'。"

⑥令向寿辅行：中井曰："甘茂与向寿不相善，然率之而行者，恐其在中作诡构也。"泷川曰："武王亦欲使向寿监视甘茂。"向寿，秦人，宣太后母家亲戚。

⑦息壤：秦邑名，应该在陕西咸阳东。

⑧上党：郡名，战国韩置，辖境相当于今山西之长治、高平一带。南阳：地区名，指今河南济源至获嘉一带，因地处太行山之南、黄河之北而得名。以上二地与宜阳所在之三川郡相邻近。积之久矣：《正义》曰："韩之北三郡积贮在河南宜阳县之日久矣。"积，指屯粮备战。

⑨名曰县，其实郡也：杜佑曰："春秋时列国相灭，多以其地为县，则

县大而郡小。故赵鞅曰:‘上大夫受县,下大夫受郡。’至于战国,则郡大而县小矣。故甘茂曰:‘宜阳大县,其实郡也。’”

⑩倍数险:《正义》曰:“谓函谷及三崤、五谷。”倍,通“背”,背向,背对。

⑪曾参:孔子弟子。费:古邑名,在今山东费县西北。属鲁。

⑫投杼:抛开手中的梭子。杼,织机的梭子,用以持纬线。

⑬以曾参之贤与其母信之也:李笠曰:“此句‘贤’‘信’二字并举,‘信之’误倒,当据《秦策》乙。”《秦策》作“以曾参之贤,与母之信也”。译文从之。

⑭疑之:鲍彪注:“使其母疑。”

⑮臣恐大王之投杼也:李笠曰:“‘昔曾参之处费’至‘臣恐大王之投杼也’一段,《秦策》在下文‘寡人不听也’上,疑《史记》错简。”李光缙引胡时化曰:“譬喻是古人文章一大机括,始于‘元首’‘股肱’之歌,溢于‘舟楫’‘盐梅’之命,波澜于《诗》之比体,下及孟、荀、庄、列,文章奇特处亦多譬喻,而战国此策,尤其善用者也。”

⑯北开西河之外:据《秦本纪》,事在惠文王十年,前328年。“张仪相秦,魏纳上郡十五县”。上郡辖境正是“西河”之地。

⑰南取上庸:据《秦本纪》,事在惠王后元十三年,前312年。“攻楚汉中,取地六百里”。上庸,地属汉中郡,在今湖北竹山。

⑱多:称赞,赞美。

⑲魏文侯:名斯,前445—前396年在位。乐羊:魏国将领。中山:古国名,春秋时期北方少数民族白狄所建,在今河北正定东北。本称鲜虞,后改中山。据《赵世家》,献侯十年(前414)“中山武公初立”。《索隐》曰:“武公居顾。”时当魏文侯三十二年。

⑳三年而拔之:魏于文侯三十八年(前408)攻伐中山,三年后攻灭。

㉑羁旅:客居异乡。甘茂原为楚人,故有此说。

㉒公孙奭(shì):秦国公子,《战国策》也作“公孙郝”“公孙赫”。挟

韩而议之：王念孙曰："《秦策》及《新序·杂事》篇无'之'字，此涉下文而衍。"

㉓王欺魏王而臣受公仲侈之怨：泷川曰："负约，故曰'欺魏王'；为伐韩之计，故曰'受公仲侈之怨'。"公仲侈，韩国国相。

㉔息壤在彼：王骏图曰："言息壤之盟，犹在彼也。"凌约言曰："只'息壤在彼'一句，秦王之疑顿释矣，笔力万钧。"

㉕因大悉起兵：《战国策》作"因悉起兵"。

㉖遂拔宜阳：秦国在秦武王三年，韩襄王四年，前308年，攻取宜阳。

㉗韩襄王：名仓，前311—前296年在位。谢：谢罪，请罪。

【译文】

惠王去世，武王即位。张仪、魏章离开秦国，向东去了魏国。蜀侯辉和蜀相壮谋反，于是秦武王指派甘茂去平定蜀地。完成使命后，秦武王任命甘茂为左丞相，任命樗里子为右丞相。秦武王三年，秦武王对甘茂说："我什么时候能打开一条哪怕只能通过一辆车子的窄路，到三川一带去看看周朝都城，即使死去也算心满意足了。"甘茂便说："请让我去魏国，与魏国相约去攻打韩国，请允许向寿陪我一同前往。"甘茂到了魏国后，就对向寿说："您回去后，就对秦王说：'魏国已经听信我的话了，但是希望大王不要攻打韩国。'事情成功后，功劳全是您的。"向寿回去后，报告了秦武王，秦武王亲自到息壤迎接甘茂。甘茂抵达息壤，秦武王问他为什么不攻打韩国。甘茂说："宜阳是个大县城，上党、南阳积贮的财赋贮藏在那里很久了。名义上是个县城，实际上是一个郡城。现在您要背对险要之地，行军千里来攻打它，很难。过去曾参家在费地，鲁国有个和曾参同名的人杀了人，有人告诉曾参的母亲说：'曾参杀人了。'他母亲继续织布，神情自若，根本不相信。过了一会儿，又有一个人来告诉她说：'曾参杀人了。'她还是继续织布，神情不变。过了一会儿，又有一个人来告诉她说：'曾参杀人了。'曾参的母亲就丢开梭子，翻墙逃跑了。凭着曾参的贤德与他母亲对他的深信不疑，结果三个人的话让她产生了怀疑，让她害怕了。现在我的品质比不上曾参，大王对我的信任也比不上曾参母亲对她儿子的信任，而怀疑我的人不止三个，我担心有一天您也会像曾参母亲那样怀疑我啊。再比如说，张仪在西边兼并巴、蜀的土地，在北面扩大了西河之外的疆域，向南夺取了上庸，当时普天下的人们没有因此称赞张仪而是歌颂先王。魏文侯派乐羊带兵攻打中山，三年后才攻下。当乐羊回朝评定功劳的时候，魏文侯给他看了一箱子毁谤他的书信。乐羊再拜磕头，对魏文侯说：'灭掉中山不是我的功劳，而是全靠国君您的大力支持啊。'我现在只不过是寄居在秦国的客人，如果樗里子和公孙奭二人以韩国国力强盛为理由来同我争议攻韩的得失，您肯定就会听信他们，这样一来您就背叛了魏王，而我也会受到韩相公仲侈的怨恨。"秦武王说："我不会听他们的话，我可以和你盟誓！"就这样，秦武王派甘茂领兵去攻打韩国的宜阳了。连续攻了五个月还没有攻下来，这时樗里子和公孙奭果然提出了反对意见。秦武王召回甘茂，想要撤兵。甘茂说："息壤之盟还在那里呢。"秦武王说："是有这回事。"于是就增派大兵，让甘茂去攻打宜阳。共斩首六万，攻下了宜阳。韩襄王派国相公仲侈到秦国请罪，与秦国讲和了。

武王竟至周[①]，而卒于周[②]。其弟立，为昭王。王母宣太后[③]，楚女也。楚怀王怨前秦败楚于丹阳而韩不救[④]，乃以兵围韩雍氏[⑤]。韩使公仲侈告急于秦。秦昭王新立，太后楚人，不肯救。公仲因甘茂，茂为韩言于秦昭王曰："公仲方有得秦救，故敢扞楚也[⑥]。今雍氏围，秦师不下峭，公仲且仰首而不朝[⑦]，公叔且以国南合于楚[⑧]。楚、韩为一，魏氏不敢不听，然则伐秦之形成矣。不识坐而待伐孰与伐人之利？"秦王曰："善。"乃下师于峭以救韩，楚兵去[⑨]。

【注释】

①周：指周都王城（在今河南洛阳）。

②卒于周：《秦本纪》记载为："武王有力，好戏，力士任鄙、乌获、孟说皆至大官，王与孟说举鼎绝膑，八月，武王死。"凌稚隆曰："著武王卒于周，以终前'窥周室死不恨'之语。"

③宣太后：原为楚人，姓芈，惠王的姬妾，号"八子"，谥宣。昭王即位后，尊为太后。

④楚怀王：名槐，前328—前299年在位。秦败楚于丹阳：秦军于秦惠文王后元十三年，楚怀王十七年，前312年，在丹阳打败楚军。丹阳，地区名，在今河南淅川、西峡西，因其地处丹水之北而得名。

⑤围韩雍氏：黄式三引马氏《绎史》曰："楚围雍氏有三，其一则秦惠王后元十三年，秦、韩败楚屈匄于丹阳，楚王怨韩而围雍氏；其二则秦武王死，昭王新立，《战国策》'韩令使者求救于秦'与《甘茂传》所言，即此役也；其三则韩襄王十二年，公子咎与虮虱争国，遂令楚围雍氏。"雍氏，古邑名，在今河南禹州东北。

⑥公仲方有得秦救，故敢扞楚也：《战国策》作"公仲柄得秦师，故敢捍楚"。鲍彪注："柄，持也。"吴师道曰："《史记》'枋有秦师'。"金正炜引陆佃云："枋，柄也。"扞，对抗，抵抗。

⑦仰首：金正炜曰："言韩将轻秦。"中井曰："仰首，失措不知所出之状。"《战国策》作"抑首"。按，公仲侈是亲秦派。

⑧公叔且以国南合于楚：泷川曰："公叔，韩公子。"按，公叔应该是韩国大臣中的亲楚派。

⑨楚兵去：按，梁玉绳以为甘茂为韩国游说秦王出兵事发生在秦昭王元年，前306年。

【译文】

秦武王终于来到了周朝的国都，而且最后还死在了周朝的国都。秦武王的弟弟即位，这就是秦昭王。秦昭王的母亲宣太后是楚国女子。楚怀王由于怨恨从前秦国在丹阳打败楚国的时候,韩国坐视不救,于是就带兵围攻韩国雍氏。韩国派国相公仲侈到秦国告急。当时秦昭王新即位,太后是楚国人,不肯去救韩。公仲侈就去找甘茂,甘茂替韩国向秦昭王进言说:"公仲侈正因为有可能得到秦国的援助,所以才敢于抵御楚国。现在雍氏被楚国围攻,而秦军却不肯东出崤山救援,这样就会使得公仲侈失措而不再朝拜秦国,公叔从而使得韩国去归附楚国。而楚国和韩国一旦联合,魏国也就不敢不听它们的摆布,这样一来,它们联合进攻秦国的形势就形成了。您觉得坐等别人进攻与主动进攻别人相比,哪样有利?"秦昭王说:"你说得对。"于是立刻派兵东出崤山救援韩国,楚国就退兵了。

秦使向寿平宜阳[1],而使樗里子、甘茂伐魏皮氏[2]。向寿者,宣太后外族也[3],而与昭王少相长,故任用[4]。向寿如楚[5],楚闻秦之贵向寿,而厚事向寿。向寿为秦守宜阳[6],将以伐韩,韩公仲使苏代谓向寿曰[7]:"禽困覆车[8]。公破韩,辱公仲[9],公仲收国复事秦,自以为必可以封[10]。今公与楚解口地[11],封小令尹以杜阳[12]。秦、楚合,复攻韩,韩必亡。韩亡,公仲且躬率其私徒以阏于秦[13]。愿公孰虑之也[14]。"向寿曰:"吾合秦、楚非以当韩也,子为寿谒之公仲,曰秦、韩之交可合也。"苏代对曰:"愿有谒于公。人曰:'贵其所以贵者贵[15]。'王之爱习公也[16],不如公孙奭;其智能公也[17],不如甘茂。今二人者皆不得亲于秦事,而公独与王主断于国者何?彼有以失之也。公孙奭党于韩,而甘茂党于魏,故王不信也。今秦、楚争强而公党于楚,是与公孙奭、甘茂同道也,公何以异之?人皆言楚之善变也,而公必亡之[18],是自为责也。公不如与王谋其变也[19]，善韩以备楚[20]，如此则无患矣。韩氏必先以国从公孙奭而后委国于甘茂[21]。韩，公之仇也，今公言善韩以备楚，是外举不僻仇也[22]。”向寿曰：“然，吾甚欲韩合[23]。”对曰：“甘茂许公仲以武遂[24]，反宜阳之民[25]，今公徒收之[26]，甚难。”向寿曰：“然则奈何？武遂终不可得也？”对曰：“公奚不以秦为韩求颍川于楚[27]？此韩之寄地也[28]。公求而得之，是令行于楚而以其地德韩也。公求而不得，是韩、楚之怨不解而交走秦也[29]。秦、楚争强，而公徐过楚以收韩[30]，此利于秦。”向寿曰：“奈何[31]？”对曰：“此善事也。甘茂欲以魏取齐，公孙奭欲以韩取齐。今公取宜阳以为功，收楚、韩以安之[32]，而诛齐、魏之罪，是以公孙奭、甘茂无事也[33]。”

【注释】

①平宜阳：陈仁锡曰：“平者，正其疆界，和其人民也。”

②皮氏：古邑名，在今山西河津。属魏。

③外族：母家亲族。

④任用：信任重用。

⑤向寿如楚：中井曰：“述前事也。”泷川曰：“‘向寿’下添‘尝’字看。”

⑥向寿为秦守宜阳：泷川曰：“‘向寿为秦’上添‘及’字看。”

⑦苏代：《苏秦列传》以为是苏秦的弟弟，实际应该是苏秦的哥哥。详见《苏秦列传》注。

⑧禽困覆车：《集解》曰：“譬禽兽得困急，犹能抵触倾覆人车。”禽，《说文》云：“走兽总名。”

⑨公破韩，辱公仲：指拔宜阳等事。

⑩自以为必可以封：泷川曰：“‘可以封’下添‘而未得’三字看。”

⑪解口:《索隐》曰:“秦地名,近韩。”

⑫小令尹:楚官名。一说是楚国之县令,一说是低于“令尹”的高级官员。杜阳:秦邑名。地望不详。

⑬躬率:亲自率领。以阏(è)于秦:《战国策·韩策》作“以斗于秦”。凌稚隆曰:“‘躬率私徒以阏于秦’,正前‘禽困覆车’。文种行成于吴,而谓‘以五千敢死之士,当十万久疲之兵’,语意类此。”鲍彪则曰:“谓且贼寿于秦。”阏,遏制,抑制。

⑭孰虑:周密考虑。

⑮贵其所以贵者贵:泷川引安井衡曰:“言自贵己所以贵者,长不失其贵。”

⑯爱习:亲近熟悉。

⑰智能:评估其智能。

⑱必亡之:认定它不善变。

⑲谋:考虑。

⑳善韩以备楚:《正义》曰:“令秦亲韩而备楚之变改。”

㉑从:投靠,听从。按,公孙奭是亲韩派。委国:把国家的统治权交给别人。甘茂是亲魏派,跟韩国关系近。

㉒僻:避让,回避。

㉓甚欲韩合:按“欲”下似应有“与”字。

㉔武遂:古邑名,本属韩,被秦国占领。在今山西垣曲东南。

㉕反宜阳之民:徐孚远曰:“欲秦归宜阳俘民于韩,非并以宜阳地归韩也。后言‘竟以武遂归韩’,亦不言宜阳也。”

㉖徒:白白地,简单地。指没有任何条件、代价。

㉗颍川:韩郡名,辖境在今河南禹州一带,当时已被楚国占领。

㉘寄地:凌稚隆曰:“颍川本韩地,楚取之,故云‘寄地’。”

㉙交走:争相趋附。

㉚徐过楚以收韩:《正义》曰:“二国皆事秦,公则渐说楚之过失以收

韩。”过，指出过失。

㉛奈何：中井曰：“又言‘奈何’者，沉吟之意也，非诘问。”

㉜收楚、韩以安之：凌稚隆曰：“楚归颍川，楚、韩讲，故曰‘安’。”

㉝无事：指什么都干不成。

【译文】

秦昭王派向寿去稳定宜阳的局面，让樗里子和甘茂进攻魏国的皮氏。向寿是宣太后的娘家亲戚，和秦昭王年少时就互相推重，所以受到重用。向寿前往楚国，楚国听说秦国尊重向寿，便优厚地礼遇向寿。等到向寿驻守宜阳，打算进攻韩国，韩国国相公仲侈让苏代去对向寿说：“野兽被围困急了是能撞翻猎人车子的。过去您曾经攻破韩国，让公仲侈遭受侮辱，但公仲侈仍可收拾韩国局面去事奉秦国，当时他本来以为肯定可以得到秦国的封赐。现在您把解口送给楚国，把杜阳封给楚国的小令尹。如果秦国和楚国联合起来攻打韩国，那么韩国肯定灭亡。如果韩国灭亡了，那么公仲侈必将亲率他的一群死党去顽强抵抗秦国。希望您仔细考虑这个问题。”向寿说：“我让秦国和楚国联合，并不是对付韩国的，请你去和公仲侈申明我的意思，就说韩国和秦国可以建立联盟。”苏代回答说：“我愿意向您进言。常言道：‘一个人必须时刻记着他今天的富贵是怎样取得的，这样他才能保住今后的富贵。’论受秦王的喜欢，您比不上公孙奭；论个人的才能，您比不上甘茂。可是如今这两个人都不能直接参与秦国的决策，而只有您能与秦王对秦国大事做出决策，这是为什么呢？就是因为他们都有过失，失去了秦王的信任。公孙奭跟韩国关系好，甘茂跟魏国关系好，所以秦王不信任他们。现在秦国与楚国争强，可是您却跟楚国关系好，这就和公孙奭、甘茂走的是同一条路，您跟他们有什么区别呢？现在大家都说楚国是一个善变的国家，而您定要说它不善变，这是自己找罪呀。您不如与秦王谋划对付楚国善变的策略，拉拢韩国以防备楚国，这样一来您就没有忧患了。再说韩国在国家大事上一定先听从公孙奭，而后把国家命运委托给甘茂。韩国是您的仇敌,现在您提议跟韩国亲善,以防备楚国,这就是外举不避仇。”向寿说:“好,我是很想与韩国合作的。”苏代说:“可是甘茂曾答应公仲侈把武遂退还给韩国,让宜阳人民返回家园,现在您一味想着收回,恐怕很难办。”向寿说:“既然如此,那怎么办?难道武遂终究不能得到吗?”苏代说:“您为什么不借重秦国的声威,替韩国向楚国要颍川呢?颍川是被楚国占领的韩国地盘。您向楚国提出要求而让韩国得到了它,这是您的命令在楚国得到实行,同时又给韩国做了好事。如果您提出要求而楚国不给,那么韩国和楚国的怨恨不能消除,就会交相巴结秦国。秦、楚两国争强,您稍微责备一下楚国而亲近韩国,这是有利于秦国的。”向寿说:“那要怎么办呢?”苏代说:“这是件好事啊。因为甘茂想要借着魏国的力量去攻占齐国的地盘,公孙奭想依靠韩国的力量去攻取齐国的地盘。现在您取得了宜阳,建立了功勋,又能笼络楚国、韩国安抚它们,进而再诛罚齐国、魏国的罪过,这样一来,公孙奭和甘茂可就什么也干不成了。”

甘茂竟言秦昭王,以武遂复归之韩。向寿、公孙奭争之①,不能得。向寿、公孙奭由此怨,谗甘茂。茂惧,辍伐魏蒲阪②,亡去。樗里子与魏讲③,罢兵。

【注释】

①争:反对,谏阻。

②辍伐魏蒲阪:梁玉绳曰:“‘蒲阪’乃‘皮氏’之误。”

③讲:《索隐》曰:“读曰‘媾’。媾,犹‘和’也。”按,以上苏代为韩国游说向寿罢兵事,发生在秦昭王元年,韩襄王六年,前306年。《战国策》没有明说前去游说的是苏代。

【译文】

甘茂最终还是向秦昭王进言,把武遂还给了韩国。向寿和公孙奭竭力反对,也没有起作用。向寿和公孙奭因此而怨恨甘茂,在秦昭王面前说甘茂的坏话。甘茂恐惧，怕有不测，于是停止进攻魏国的蒲阪，逃走了。接着樗里子与魏国讲和，撤兵作罢。

甘茂之亡秦奔齐，逢苏代。代为齐使于秦。甘茂曰："臣得罪于秦，惧而遁逃，无所容迹。臣闻贫人女与富人女会绩[①]，贫人女曰：'我无以买烛，而子之烛光幸有余，子可分我余光，无损子明而得一斯便焉。'今臣困而君方使秦而当路矣[②]。茂之妻子在焉，愿君以余光振之[③]。"苏代许诺。遂致使于秦。已，因说秦王曰："甘茂，非常士也。其居于秦，累世重矣[④]。自崤塞及至鬼谷[⑤]，其地形险易皆明知之。彼以齐约韩、魏反以图秦，非秦之利也。"秦王曰："然则奈何？"苏代曰："王不若重其贽[⑥]，厚其禄以迎之，使彼来则置之鬼谷[⑦]，终身勿出[⑧]。"秦王曰："善。"即赐之上卿[⑨]，以相印迎之于齐。甘茂不往。苏代谓齐湣王曰[⑩]："夫甘茂，贤人也。今秦赐之上卿，以相印迎之。甘茂德王之赐，好为王臣，故辞而不往。今王何以礼之？"齐王曰："善。"即位之上卿而处之[⑪]。秦因复甘茂之家以市于齐[⑫]。

【注释】

①绩：缉麻。把麻析成细缕捻接起来。

②当路：有权势居要位。

③振：救济，赈济。

④累世：李光缙曰："甘茂事惠、武、昭三王，故云'累世'。"

⑤鬼谷：地名，其地望所指不一。

⑥贽：初次见人时所执的礼物。

⑦置之鬼谷:《正义》曰:“阳城鬼谷时属韩,秦不得言‘置之’。”

⑧终身勿出:意即将其软禁起来。吴见思曰:“句句若不为甘茂者,盖甘茂所托者妻子,而甘茂意不在秦,故不妨过激也。”

⑨上卿:古官名。周制天子及诸侯皆有卿,分上、中、下三等,最尊贵者谓“上卿”。

⑩齐湣王:姓田,名地,宣王之子,前300—前284年在位。

⑪处:《索隐》曰:“犹‘留’也。”

⑫复甘茂之家:免除甘茂家的赋税徭役。以市于齐:泷川曰:“市以货喻,言秦礼甘茂,欲不使为齐有也。”凌稚隆曰:“‘秦因复甘茂之家’句,足前‘余光振之’之意。”陈仁锡曰:“即冯谖之策耳。”按,据《战国策》,以“余光”救助甘茂的是苏秦。

【译文】

甘茂逃出秦国跑到齐国,路上碰到了苏代。苏代是作为齐国的使者出使秦国的。甘茂说:“我在秦国获罪,怕遭殃祸便逃了出来,现在连个安身之处也没有。我听说过这样一个故事:一个贫家女子和一个富家女子在一起搓麻线,贫家女子说:‘我们家没钱买蜡烛,而你们家蜡烛的光亮还有富余,请您分给我一点儿剩余的光亮,这无损于您的照明,而我也得以共享这种方便。’眼下我处于困窘境地,而您正好要出使秦国,大权在握。我的妻儿还在秦国,希望您能用余光拯救他们。”苏代答应了。于是出使到达秦国。完成使命后,苏代趁便对秦王说:“甘茂不是个平常的人。他在秦国受到好几代国君的重用。从崤塞至鬼谷,全部地形何处险要何处平展,他都了如指掌。假如他让齐联合韩、魏一道反过来图谋秦国,这对秦国来说不是好事。”秦王说:“那该怎么办?”苏代说:“大王不如加重送给甘茂的礼物,提高俸禄来迎接他,假如他回来,就把他安置在鬼谷,终身不准出来。”秦王说:“好!”随即封甘茂为上卿,并派人带着秦国的相印,到齐国去迎接他。但是甘茂执意不回秦国。苏代对齐湣王说:“甘茂是个贤人。现在秦王给了他上卿的职位,并派人带着相印请他回去，甘茂感激您对他的恩德，喜欢做大王的臣下，因此推辞邀请不去秦国。您准备用什么礼遇来对待他呢？”齐王说：“好！”立刻赐予他上卿的爵位，让他在齐国安定了下来。秦国一见如此，也赶快免除了甘茂全家的赋税徭役来同齐国争着收买甘茂。

齐使甘茂于楚，楚怀王新与秦合婚而欢①。而秦闻甘茂在楚，使人谓楚王曰：“愿送甘茂于秦。”楚王问于范蜎曰②：“寡人欲置相于秦，孰可？”对曰：“臣不足以识之。”楚王曰：“寡人欲相甘茂，可乎？”对曰：“不可。夫史举，下蔡之监门也，大不为事君，小不为家室，以苟贱不廉闻于世，甘茂事之顺焉③。故惠王之明，武王之察④，张仪之辩，而甘茂事之，取十官而无罪。茂诚贤者也，然不可相于秦。夫秦之有贤相，非楚国之利也。且王前尝用召滑于越，而内行章义之难，越国乱⑤，故楚南塞厉门而郡江东⑥。计王之功所以能如此者，越国乱而楚治也。今王知用诸越而忘用诸秦，臣以王为巨过矣。然则王若欲置相于秦，则莫若向寿者可。夫向寿之于秦王，亲也，少与之同衣，长与之同车，以听事⑦。王必相向寿于秦，则楚国之利也。”于是使使请秦相向寿于秦。秦卒相向寿，而甘茂竟不得复入秦，卒于魏。

【注释】

①新与秦合婚而欢：据《楚世家》：怀王二十四年，秦昭王二年，“秦昭王初立，乃厚赂于楚，楚往迎妇”。而《集解》引徐广云：“昭王二年时，迎妇于楚。”

②范蜎（xuān）：《战国策·楚策》作“范环”，楚人。

③顺：通“慎”，谨慎。

④察：苛察，苛求。

⑤内行章义之难，越国乱：泷川曰：“使召滑启章义作难于越也。章义，盖越人。”《战国策》作“用滑于越，而纳勾章，昧之难，越乱”，洪亮吉曰：“勾章，地名，属会稽。昧，楚将唐昧。谓怀王二十八年，齐、秦、韩、魏共攻楚杀昧也。”梁玉绳曰：“言纳召滑于勾章之地，楚虽有唐昧之难，而能得越地，以滑乱之也。”泷川曰：“《史》《策》异义，洪、梁二氏，依《策》作说。”

⑥南塞厉门：南以厉门为塞。厉门，《正义》曰：“度岭南之要路。”其地望不详。郡江东：将旧属吴、越的江东之地占为己有，并在其地设郡。

⑦听事：任职决事。

【译文】

齐王派甘茂出使楚国，这时楚怀王刚刚与秦国通婚结亲，打得火热。秦国听说甘茂在楚国，派人对楚怀王说：“希望把甘茂送到秦国来。”楚王问范蜎说：“我准备在秦国安置一个国相，你看谁合适？”范蜎说：“我的能力不够，看不准谁合适。”楚王说：“我想让甘茂去，可以吗？”范蜎说：“不行。史举是下蔡一个看守城门的人，大的方面不能侍奉国君，小的方面不能管好家庭，在社会上落了个苟且卑贱、污秽贪婪的名声，可是甘茂对待他很恭顺。就惠王那样明智，武王那样敏锐，张仪那样善辩，可甘茂在他们面前，连续为官十几任也没有罪过。这都说明甘茂确实是一个贤能的人，但是不能让他做秦国的国相。因为秦国有了贤能的国相，对楚国不是好事。当初您曾派了召滑到越国去执政，结果他鼓动章义发难，造成了越国的混乱，楚国正是趁着这个时机才能够开拓疆域，以厉门为边塞，在江东设郡。您当时之所以能取得这种胜利，不就是因为越国混乱而楚国团结统一吗？现在您只知道把这种谋略用到越国而不知道把它用到秦国，我认为这是您的重大过失。您要是想在秦国安置国相，没有比向寿更合适的了。向寿和秦王有亲属关系,小时候同穿一件衣服,长大后同乘一辆车子,秦王让向寿参与国政。因此要是向寿在秦国做了国相,那肯定是对楚国有利的。”于是楚王派人去向秦王请求让向寿任秦国国相。秦国最终任向寿为国相,甘茂则没能回到秦国,最后死在了魏国。

甘茂有孙曰甘罗。甘罗者,甘茂孙也。茂既死后,甘罗年十二,事秦相文信侯吕不韦①。秦始皇帝使刚成君蔡泽于燕②,三年而燕王喜使太子丹入质于秦③。秦使张唐往相燕④,欲与燕共伐赵以广河间之地⑤。张唐谓文信侯曰:“臣尝为秦昭王伐赵⑥,赵怨臣,曰:‘得唐者与百里之地。’今之燕必经赵,臣不可以行。”文信侯不快,未有以强也⑦。甘罗曰:“君侯何不快之甚也?”文信侯曰:“吾令刚成君蔡泽事燕三年,燕太子丹已入质矣,吾自请张卿相燕而不肯行⑧。”甘罗曰:“臣请行之。”文信侯叱曰:“去!我身自请之而不肯,女焉能行之?”甘罗曰:“大项橐生七岁为孔子师⑨,今臣生十二岁于兹矣,君其试臣,何遽叱乎?”于是甘罗见张卿曰:“卿之功孰与武安君⑩?”卿曰:“武安君南挫强楚,北威燕、赵⑪,战胜攻取,破城堕邑,不知其数,臣之功不如也。”甘罗曰:“应侯之用于秦也⑫,孰与文信侯专⑬?”张卿曰:“应侯不如文信侯专。”甘罗曰:“卿明知其不如文信侯专与⑭?”曰:“知之。”甘罗曰:“应侯欲攻赵⑮,武安君难之,去咸阳七里而立死于杜邮⑯。今文信侯自请卿相燕而不肯行,臣不知卿所死处矣。”张唐曰:“请因孺子行。”令装治行⑰。

【注释】

①吕不韦:原为韩国商人,因帮助庄襄王回国立为太子,并即位,得为秦相,封文信侯。事迹详见《吕不韦列传》。

②秦始皇帝:名政,庄襄王之子,前246继位为秦王,前221完成统一六国之业,改号为皇帝。刚成君蔡泽:燕国人,长于辩论。入秦代范雎为相,几个月后即辞去相位。昭王封以刚成君。

③燕王喜:姬姓,名喜,孝王之子,前254—前222年在位。太子丹:燕王喜之子,名丹。事迹详见《刺客列传》《燕召公世家》。

④张唐:秦国将领。

⑤欲与燕共伐赵以广河间之地:泷川曰:"时秦已取榆次三十七城,置太原郡,欲遂取太行以东,以至河也。"河间,在今河北献县东南。

⑥尝为秦昭王伐赵:据《秦本纪》,战事发生在秦昭王五十年,前257年。

⑦强:勉强,强迫。

⑧张卿:对张唐的敬称。

⑨大项橐(tuó):大,《战国策》作"夫"。李笠曰:"小司马因误本曲为之说。"项橐是人名,《淮南子·修务训》:"项橐七岁为孔子师。"崔适曰:"此亦寓言也,甘罗自以年十二不为小,故假托是说以相形,非真有项橐其人也。"《索隐》曰:"尊其道德,故曰'大项橐'。"

⑩武安君:即白起,以功封武安君。事迹详见《白起王翦列传》。

⑪南挫强楚,北威燕、赵:按,白起为秦攻取韩、魏、赵、楚七十余城,举其功之大者有:秦昭王二十八年(前279)攻占楚国鄢、邓、西陵;二十九年(前278)攻陷郢都,焚烧夷陵;四十七年(前260)于长平大破赵军,坑杀俘虏四十万人。

⑫应侯:即范雎,原魏人,后相秦,被封为应侯。事迹详见《范雎蔡泽列传》。

⑬专:专权,大权独揽。

⑭明知：真的知道。

⑮应侯欲攻赵：时在昭王四十九年，前258年。

⑯立死于杜邮：按，白起与相国范雎意见不合，激怒昭襄王，被逼自杀事，详见《白起列传》。杜邮，邮亭名，在今陕西咸阳东北。

⑰令装治行：司马光曰："甘罗以稚子名显于世，非有他奇略，正以势力恐张唐耳。虽云慧敏，然君子治世，无所取焉。"

【译文】

甘茂有个孙子名叫甘罗。甘罗是甘茂的孙子。甘茂死后，甘罗十二岁时，事奉秦国丞相文信侯吕不韦。此前，秦始皇帝派刚成君蔡泽去燕国，三年后燕王喜把太子丹送到秦国做人质。这时秦国想派张唐到燕国去做国相，打算跟燕国一起进攻赵国来扩张河间一带的地盘。张唐对文信侯吕不韦说："我在昭王时曾攻打过赵国，赵国恨我，说：'抓到张唐的赏百里之地。'现在去燕国必经赵国，我不能前往。"吕不韦听了不高兴，但又不好勉强他。甘罗问吕不韦："君侯您为什么这么不高兴呢？"吕不韦说："我让刚成君蔡泽到燕国去做国相到今天已经三年了，燕太子丹也来秦国做人质了，我亲自请张唐到燕国去做国相，可是他不愿意去。"甘罗说："请允许我说服他去燕国。"吕不韦呵叱说："快走开！我亲自请他都不行，你怎么能让他去呢？"甘罗说："大项橐七岁就当了孔子的老师，我现在都已经十二岁了，您就让我去试试，何必这么急着呵叱我呢？"于是甘罗就去拜见张唐，说："您的功劳和武安君白起比谁大？"张唐说："武安君曾经向南打败了强大的楚国，向北威震燕、赵两国，他战而能胜，攻而必克，不知攻破了多少城邑，我的功劳当然比不上他。"甘罗又问："应侯范雎在秦国得到任用，和文信侯吕不韦比，谁在秦国更加独断专行？"张唐说："应侯不如文信侯独断专行。"甘罗说："您真的知道应侯不如文信侯更加独断专行吗？"张唐说："知道。"甘罗说："应侯想要攻打赵国，武安君认为很难，结果刚离开咸阳七里路就在杜邮被赐死了。如今文信侯亲自请您去燕国做国相而您执意不肯去，我不知道您会死在什么地方。”张唐说：“那就依着你这个童子的意见，我一定去。”于是叫人整理行装，准备上路。

行有日，甘罗谓文信侯曰：“借臣车五乘，请为张唐先报赵。”文信侯乃入言之于始皇曰：“昔甘茂之孙甘罗，年少耳，然名家之子孙，诸侯皆闻之。今者张唐欲称疾不肯行，甘罗说而行之。今愿先报赵，请许遣之。”始皇召见，使甘罗于赵。赵襄王郊迎甘罗①。甘罗说赵王曰：“王闻燕太子丹入质秦欤？”曰：“闻之。”曰：“闻张唐相燕欤？”曰：“闻之。”“燕太子丹入秦者，燕不欺秦也。张唐相燕者，秦不欺燕也。燕、秦不相欺者，伐赵，危矣。燕、秦不相欺，无异故，欲攻赵而广河间。王不如赍臣五城以广河间②，请归燕太子，与强赵攻弱燕。”赵王立自割五城以广河间。秦归燕太子。赵攻燕，得上谷三十城③，令秦有十一④。甘罗还报秦，乃封甘罗以为上卿⑤，复以始甘茂田宅赐之。

【注释】

①赵襄王：嬴姓，赵氏，名偃，孝成王之子，前244—前236年在位。

②赍（jī）：带，送。

③上谷：燕郡名，辖境在今河北宣化、怀来一带。

④令秦有十一：梁玉绳曰：“燕太子丹自秦逃归，非秦归之。秦连岁攻赵，救亡不暇，安能攻燕？始皇十九年赵灭后，代王与燕合兵军上谷，是时为始皇二十五年，何云得上谷三十城？皆非事实。”《索隐》：“谓以十一城与秦也。”

⑤乃封甘罗以为上卿：梁玉绳曰：“甘罗十二为丞相，此世俗妄谈，乃

《仪礼·丧服》传、疏已有‘甘罗十二相秦’之语，岂非误读《国策》《史记》乎？”郭嵩焘曰：“战国策士多因事设辞，无事实，史公取以为《甘罗传》，误也。”

【译文】

待至张唐行期已经确定，甘罗对吕不韦说：“请让我带着五辆车，替张唐先到赵国去打个招呼。”于是吕不韦就进宫把甘罗的请求报告给秦始皇帝说：“甘茂有个孙子叫甘罗，年纪虽然不大，却不愧是名门子孙，各国都知道他。现在张唐想托病不肯去燕国，甘罗劝导了他，他就去了。现在甘罗想先去赵国把张唐的事向赵王通报一声，请您准许派他前往。”秦始皇帝就召见了甘罗，派他出使赵国。赵襄王亲自到郊外迎接甘罗。甘罗对赵王说：“大王听说燕太子丹到秦国做人质了吗？”赵襄王说：“已经听说了。”甘罗说：“您听说张唐要去燕国做国相了吗？”赵襄王说：“听说了。”甘罗说：“燕太子丹到秦国做人质，表明燕国不欺骗秦国。张唐去燕国做国相，表明秦国不欺骗燕国。燕、秦两国互相不欺骗对方，共同攻打赵国，那就危险了。燕国和秦国互不相欺，没有什么别的原因，仅仅为了想攻打赵国，从而扩大河间一带的地盘。您不如答应我给秦国五座城，以扩大秦国在河间的地盘；而我请秦王让燕太子丹回去，然后和强大的赵国一起去攻打弱小的燕国。”赵王一听立刻划出五座城邑来扩大秦国在河间的地盘。而秦国也随即放回了燕太子丹。赵国便进攻燕国，夺得了上谷一带的三十座城池，送给秦国十一座。甘罗回来报告秦始皇，秦始皇于是封甘罗为上卿，并把原先甘茂的土地宅舍也都赐给了甘罗。

太史公曰：樗里子以骨肉重，固其理，而秦人称其智，故颇采焉。甘茂起下蔡闾阎，显名诸侯，重强齐、楚[①]。甘罗年少，然出一奇计，声称后世。虽非笃行之君子[②]，然亦战国之策士也[③]。方秦之强时，天下尤趋谋诈哉[④]！

【注释】

①重强齐、楚:《正义》曰:“甘茂为强齐、楚所重。”《集解》引徐广曰:“此当云‘见重强齐’。”

②笃(dǔ)行:淳朴方正。

③策士:谋士,出谋划策之人。

④天下尤趋谋诈哉:戴表元曰:“战国之世,秦人以形势、诈力颉颃诸侯,故为秦者易为功,而事诸侯者难为力。樗里、二甘、魏冉之于当时,固非有过人杰出之谋,而白起、王翦虽为善战,然不过纵燎于顺风,采果于垂熟,而凡其尽锐以为取胜之道者,皆其不可再用者也。此非惟不当责以古良将之风,其视同时廉颇、李牧辈犹远愧之,而得为贤乎?盖当是时,秦势八九成矣,天方假毒其手以树君中原,谋不必工,所施而服;战不必良,所向而克。彼诸侯之臣,固有贤于樗里、二甘、魏冉之谋,勇于白起、王翦之战,其君用之未必能专,信之未必能决,而又连栖争鸣,佐寇自贼,颠倒谬误,卒俱坠于彀中而后已。而数子乘时逐利,各以能名见登于好事之齿舌;彼诸国之臣,其材实过之者,国败身辱,而名字因暧昧而不彰,岂非所遇者幸不幸耶?”趋,追求,讲究。

【译文】

太史公说:樗里子因为是秦王的骨肉兄弟而受到尊重,这本来是常理,但秦国人称颂的是他的才智,因此较多地采录了他的事迹。甘茂出身于下蔡平民之家,在诸侯之中声名卓著,被强大的齐国、楚国所尊崇。甘罗年纪很轻,然而献出一条妙计,便流芳百世。虽然他们算不上品行忠厚的君子,但也是战国时代的谋士。当秦国强盛起来的时候,天下的士人都争先推崇权变谋诈之术呢!

【集评】

吴见思曰:“樗里子与甘茂合传,以同为丞相作关合,而余事则随处照应，以为章法。……而中间附一向寿、一甘罗，处处穿插照应。而甘茂、向寿两人，又打成一片。樗里子有官爵、有封号、有名，俱不称，称其俗名，又直至篇末点明，是另一种序法。”（《史记论文》）

凌约言曰：“樗里子以惠王异母弟而致其信，任之不疑，历武王、昭王，任为相，又益尊重。夫秦素猜忌而残忍之国也，非‘智囊’何以周旋其间，而结数主之心耶？”（《史记评林》引）

凌稚隆曰：“‘滑稽多智’是一篇骨子，中叙其伐曲沃、伐赵、伐楚、释蒲，以至于知百岁后事，皆言其‘智’也。故以‘智则樗里’句结之，正与前‘秦人号曰智囊’句相应。”（《史记评林》）

苏辙曰：“苏秦为诸侯弱秦，而张仪为秦弱诸侯，其说犹可言也。如樗里疾、公孙奭党于韩，甘茂党于魏，向寿党于楚，皆借秦之强，以摇动诸侯而成其私，民生其间，其受害可胜言乎？今世虽无战国相倾之势，然士居其间，其以喜怒成败天下事者多矣。人主诚得其情，其罪可胜诛乎？”（《古史》）

柳宗元曰：“彼甘罗者，左右反复，得利弃信，使秦背燕之亲，已而反与赵合以致危于燕，天下是以益知秦无礼不信，视函谷关若虎狼之窟，罗之徒实使然也。”（《史记评林》引）

【评论】

此篇以樗里子、甘茂题篇，实际上除记叙二人事迹外，还以此二人为线索，反映了战国时期众多策士的主体风貌，展示了策士对秦国发展的重要作用。樗里子是秦国的宗室，号称“智囊”，历秦惠文王、武王、昭王三朝而荣宠日盛；甘茂是来自楚国的策士，出身不高，但博学多才。二人都在秦伐六国的战争中立下赫赫战功，也都在外交上为秦国做出了贡献。在他们周围，还活跃着游腾、胡衍、苏代等策士，他们也为樗里子、甘茂分析时局、出谋划策，帮助他们做出正确选择。樗里子、甘茂为相的时期，正是秦灭六国的准备期，这些策士出现在秦国，正是秦国多方罗致人才的结果。而这些策士也确实帮助秦国在军事、外交等方面取得了一系列胜利,为后来的统一奠定了基础。

本篇也是集中展示策士们的智慧的篇章。胡衍、苏代等人通过对时局的精确把握分析表现自己的智慧,游腾通过对历史典故的灵活阐释表现自己的智慧,而十二岁的甘罗则是通过对人情世故的深切体察表现自己的智慧,而以一个十二岁的孩童就对人情世故捉摸得如此透彻,的确让人惊叹佩服。司马迁在文末“太史公曰”中说:“樗里子……而秦人称其智,故颇采焉。甘茂起下蔡闾阎,显名诸侯,重强齐、楚。甘罗年少,然出一奇计,声称后世。虽非笃行之君子,然亦战国之策士也。方秦之强时,天下尤趋谋诈哉。”称“智”、称“奇计”、称“谋诈”,表明本篇宗旨其实就是写战国策士们的形形色色、不受道德约束的“智”,而这也正是战国时代的“智”的特色。

战国时期的策士们与他们所事之国之间的关系是很松散的。他们游走于诸国之间,用则留,不用则去,各国君主需要策士们为自己解决困难,开疆拓土;策士们要求名求利,他们是完全的互相利用,传统的忠、义等道德观念被抛弃了,这是当时的社会现实、时代风气,因此不能用后世君臣的观念去看待他们,要求他们,他们是时代的产物,也代表了时代。这一点在甘茂身上表现得较为突出。甘茂在为秦国谋事的同时,也借重秦国为自己谋利。他伐韩则结盟于魏而与樗里子、公孙奭党争,伐魏而中辍亡去,出亡后又挟齐而要挟秦国,最后卒于与自己亲善的魏国。造成他这种行为的原因,是策士之间的矛盾,而矛盾的产生主要就是他们的各怀私利。

文中对甘茂为秦武王攻取宜阳的描写非常精彩。甘茂在接受任务之前已料到樗里子和公孙奭会在秦王面前诋毁他,所以先在息壤与秦王见面,连举曾子之母三次听到有人说曾子杀人而不得不信、张仪立下大功而人们称颂秦惠王能始终支持他,以及乐羊攻中山魏文侯始终不听谗言而信用他三个例子,得到了秦武王不会听信谗言的誓言。果然,攻打宜阳遇到了困难,“五月而不拔,樗里子、公孙奭果争之”,武王想叫他回来,他一句“息壤在彼”,坚定了武王的信念,最后终于攻下了宜阳。这里所叙的事实是历朝所常见的,许多功亏一篑的事件实在令人惋惜。干扰、动摇君主决心的因素是多方面的,甚至有些人就是乐于看到该项战事的失败。甘茂深刻理解这方面的人情事理,他的预先采取措施,保证了宜阳之战的胜利,但其中不得已的苦衷也实在令人扼腕。

甘罗十二岁就表现出超人的成熟与才智,其事据学者们考证多认为是虚构的,司马迁取之入传,是失误。但这段故事在当时流传很广,而甘罗的自荐与毛遂的自荐相似,他们这种不让自己的才华被埋没,抓住机会让人生大放异彩的人生观是司马迁非常欣赏的,所以他将这个故事写入史册,正是他为倜傥非常之人立传的宗旨的表现。